2026
세무사
객관식 상법

세무사 시험대비

머리말

이번에 제9판으로 출간되는 **세무사 객관식 상법** 교재는 2011년부터 2025년까지 15년간의 세무사 및 회계사 시험 상법 기출문제를 대상으로 하고 있습니다. 15년간의 기출문제 362개를 교과서 진도 순서대로 배치한 후 각각의 문제에 해설을 달았습니다.

풍부한 해설은 이 책의 가장 큰 강점입니다. 개개의 지문마다 관련된 판례와 법조문을 모두 인용하여 수험생들이 문제를 풀고 정리하는 과정에서 다른 책을 찾아볼 필요가 없도록 하였습니다. 기존의 해설 중에서 다소 아쉬웠던 부분은 상세하게 보충하고, 중요한 판례는 추가로 반영하였습니다. 판례변경에 따라 기존 기출문제의 내용 및 정답이 달라지는 부분도 있습니다.

덧붙여 ① 수험생들이 주요사항을 암기하는데 도움이 되도록 핵심암기사항을 앞글자로 정리하여 부록 1로 첨부하였고, ② 상법상 추정인지 간주인지 혼동하는 경우가 많아 추정규정을 정리하여 부록 2로 첨부하였습니다.

앞으로도 더 좋은 강의, 더 좋은 교재를 통해 수험생들의 합격을 위해 노력할 것을 약속합니다.

2025년 5월 어느 날 새벽에
편저자 정 인 국

CONTENTS

회사법

Chapter 01 회사법 서론

TOPIC 01 001~005
회사의 개관/능력/종류 / 2

Chapter 02 주식회사의 설립

TOPIC 02 006~012
주식회사의 설립절차 / 9

TOPIC 03 013~018
변태설립사항 / 18

TOPIC 04 019~031
설립관여자의 책임 / 가장납입 / 설립하자소송 / 27

Chapter 03 주식과 주주

TOPIC 05 032~038
주식과 주주의 개관 / 42

TOPIC 06 039~050
종류주식 / 50

TOPIC 07 051~057
주권 / 65

TOPIC 08 058~063
주식양도와 명의개서 / 72

TOPIC 09 064~074
주식양도의 제한 / 80

TOPIC 10 075~079
자기주식 취득의 제한 / 96

TOPIC 11 080~084
주식상호보유의 제한 / 모자회사 / 103

TOPIC 12 085~087
지배주주의 소수주식 취득 / 109

TOPIC 13 088~090
주식에 대한 담보설정 / 113

TOPIC 14 091~094
주식매수선택권 / 116

TOPIC 15 095~099
자본금 감소 / 123

Chapter 04 주주총회

TOPIC 16 100
주주총회의 권한 / 131

TOPIC 17 101~110
주주총회의 개최 / 133

CONTENTS

TOPIC 18 111~122
주주의 의결권 / 148

TOPIC 19 123~133
주주총회결의 / 162

TOPIC 20 134~139
주식매수청구권 / 177

TOPIC 21 140~152
주주총회 결의의 하자 / 186

TOPIC 22 153~155
종류주주총회 / 203

Chapter 05 이사와 감사

TOPIC 23 156~171
이사의 개관 / 207

TOPIC 24 172~177
이사회 / 229

TOPIC 25 178
이사회 내 위원회 / 236

TOPIC 26 179~185
대표이사 개관 / 238

TOPIC 27 186~190
표현대표이사 / 247

TOPIC 28 191~199
이사의 의무 / 255

TOPIC 29 200~205
이사의 책임 / 267

TOPIC 30 206~209
업무집행지시자 / 276

TOPIC 31 210~213
집행임원 / 283

TOPIC 32 214~216
감사 / 288

TOPIC 33 217~225
감사위원회 / 292

TOPIC 34 226~232
주주의 직접감독 / 305

Chapter 06 주식회사의 자금조달

TOPIC 35 233~237
신주발행 개관 / 314

TOPIC 36 238~244
신주인수권 / 321

TOPIC 37 245~253
위법한 신주발행에 대한 규제 / 330

TOPIC 38 254~258
사채 일반 / 341

TOPIC 39 259~267
특수사채 / 348

Chapter 07 주식회사의 회계

TOPIC 40 268~277
재무제표의 승인 / 361

TOPIC 41 278~279
준비금 / 374

TOPIC 42 280~288
이익배당 / 377

Chapter 08 기타 회사

TOPIC 43 289~296
합명회사 / 387

TOPIC 44 297~305
합자회사 / 396

TOPIC 45 306~311
유한책임회사 / 406

TOPIC 46 312~323
유한회사 / 414

Chapter 09 회사의 구조조정

TOPIC 47 324
조직변경 / 428

TOPIC 48 325~338
합병 / 430

TOPIC 49 339~343
분할 / 450

TOPIC 50 344~351
주식의 포괄적 교환 및 이전 / 457

TOPIC 51 352~362
회사의 해산 및 청산 / 469

부록 1
상법 '앞글자' 정리사항 / 482

부록 2
상법상 추정규정 정리 / 488

회사법

TOPIC 01 • 회사의 개관/능력/종류

001

상법상 1인 주식회사에 관한 설명으로 옳은 것은? (판례에 의함)

① 주주총회의 소집권한 없는 자가 총회를 소집하였더라도 1인주주가 참석하여 이의없이 결의한 경우 총회소집의 하자는 치유된다.
② 1인주주 겸 대표이사가 임무위반행위로써 회사에 손해를 가한 경우 회사의 손해는 그 1인주주의 손해이므로 배임행위에 해당하지 않는다.
③ 실제로 주주총회를 개최한 사실이 없었던 경우 1인주주에 의하여 의결이 있었던 것총회의사록이 작성되었더라도 그 내용의 결의가 있었다고 볼 수 없다.
④ 주주총회가 법령 또는 정관상 요구되는 이사회의 결의 없이 소집되었다면 1인 주주가 참석하여 이의없이 결의하였더라도 해당 총회의 결의는 무효이다.
⑤ 회사의 영업을 양도함에 있어서 1인주주 겸 대표이사가 동의하였더라도 주주총회의 특별결의를 대신할 수 없다.

....

①, ③, ④ 1인 주식회사의 경우에는 주주총회와 관련한 절차상 하자가 있더라도 1인 주주의 의사에 부합하는 이상 유효한 결의로 본다.

> **관련판례**
>
> [대법원 2004.12.10, 선고, 2004다25123, 판결]
> 주식회사에 있어서 회사가 설립된 이후 총 주식을 한 사람이 소유하게 된 이른바 1인회사의 경우에는 그 주주가 유일한 주주로서 주주총회에 출석하면 전원 총회로서 성립하고 그 주주의 의사대로 결의가 될 것임이 명백하므로 따로 총회소집절차가 필요 없고, 실제로 총회를 개최한 사실이 없었다 하더라도 그 1인 주주에 의하여 의결이 있었던 것으로 주주총 회의사록이 작성되었다면 특별한 사정이 없는 한 그 내용의 결의가 있었던 것으로 볼 수 있고, 이는 실질적으로 1인회사인 주식회사의 주주총회의 경우도 마찬가지이며, 그 주주총회 의사록이 작성되지 아니한 경우라도 증거에 의하여 주주총회 결의가 있었던 것으로 볼 수 있다.

② 1인회사의 경우 그 사원과 회사의 법인격은 별개이기 때문에 임무위반행위로써 회사에 손해를 가한 경우에는 배임죄가 성립한다.

> **관련판례**
>
> [대법원 1996.8.23, 선고, 96도1525, 판결]
> 피고인이 사실상 자기 소유인 1인주주 회사들 중의 한 개 회사 소유의 금원을 자기 소유의 다른 회사의 채무변제를 위하여 지출하거나 그 다른 회사의 어음결제대금으로 사용한 경우, 주식회사의 주식이 사실상 1인의 주주에 귀속하는 1인회사에 있어서는 행위의 주체와 그 본인 및 다른 회사와는 별개의 인격체이므로, 그 법인인 주식회사 소유의 금원은 임의로 소비하면 횡령죄가 성립되고 그 본인 및 주식회사에게 손해가 발생하였을 때에는 배임죄가 성립한다.

001 ①

⑤ 주식회사의 영업양도는 주총특별결의 사항이지만, 1인주주의 의사에 부합한다면 주총특별결의를 거치지 않은 경우에도 당해 영업양도는 유효하다.

> **관련판례**
>
> [대법원 1976.5.22. 선고, 73다52, 판결]
> 1인회사의 소유재산을 그 회사의 대표이사이자 1인주주가 처분하였다면 그러한 처분의사결정은 곧 주주총회의 특별결의에 대치되는 것이라 할 것이므로 그 재산이 회사의 유일한 영업재산이라 하더라도 동 처분은 유효하다 할 것이다.

002

상법상 회사의 법률관계에 관한 설명으로 옳은 것은? (이견이 있으면 판례에 의함)

① 회사는 상행위나 그 밖의 영리를 목적으로 설립한 법인으로서 그 종류에 관계없이 1인 회사를 설립할 수 있다.
② 1인 주식회사에서 주주총회가 정관상 요구되는 이사회 소집결의 없이 이루어진 경우 1인주주가 아무런 이의 없이 참석하여 결의하고 의사록이 작성되었더라도 그 결의는 무효이다.
③ 1인 주식회사에서 주주총회의 특별결의를 요하는 회사의 영업전부를 양도하는 경우 1인 주주의 의사결정으로 주주총회의 특별결의를 대체할 수 없다.
④ 이사가 1인인 주식회사에서 이사가 자기 또는 제3자의 계산으로 회사와 거래하기 위해서는 미리 주주총회에서 해당 거래에 관한 중요사실을 밝히고 주주총회의 승인을 받아야 한다.
⑤ 상법은 이사가 2인 주식회사에서 감사는 이사가 법령 또는 정관에 위반한 행위를 하거나 그 행위를 할 염려가 있다고 인정되는 경우 주주총회를 소집하여 이를 보고하도록 규정하고 있다.

• •

① 인적회사(합명, 합자회사)의 경우에는 1인 회사 설립이 불가하다.

> 제178조(정관의 작성) 합명회사의 설립에는 2인 이상의 사원이 공동으로 정관을 작성하여야 한다.
> 제268조 (회사의 조직) 합자회사는 무한책임사원과 유한책임사원으로 조직한다.

② 1인주주가 출석하면 유효하다. 1인 회사 및 주주 전원동의의 경우에는 회사법상 절차상 하자는 모두 치유된다.

> **관련판례**
>
> [대법원 2004.12.10. 선고, 2004다25123, 판결]
> 주식회사에 있어서 회사가 설립된 이후 총 주식을 한 사람이 소유하게 된 이른바 1인회사의 경우에는 그 주주가 유일한 주주로서 주주총회에 출석하면 전원 총회로서 성립하고 그 주주의 의사대로 결의가 될 것임이 명백하므로 따로 총회소집절차가 필요 없고, 실제로 총회를 개최한 사실이 없었다 하더라도 그 1인 주주에 의하여 의결이 있었던 것으로 주주총회의 사록이 작성되었다면 특별한 사정이 없는 한 그 내용의 결의가 있었던 것으로 볼 수 있고, 이는 실질적으로 1인회사인 주식회사의 주주총회의 경우도 마찬가지이며, 그 주주총회의사록이 작성되지 아니한 경우라도 증거에 의하여 주주총회 결의가 있었던 것으로 볼 수 있다.

002 ④

③ 1인주주의 의사결정은 주주총회의 특별결의를 대체할 수 있다.

> **관련판례**
>
> [대법원 1976.5.11 선고 73다52판결]
> 실질상 1인회사의 소유재산을 그 회사의 대표이자 1인 주주가 처분하였다면 그러한 처분의사결정은 곧 주주총회의 특별결의에 대치하는 것으로 할 것이므로 그 재산이 회사의 유일한 영업재산이라 하더라도 동 처분은 유효하다.

④ 이사가 1인인 경우의 자기거래는 주주총회의 승인이 필요하다.

> 제383조(원수, 임기) ④ 제1항 단서의 경우에는 제302조제2항제5호의2, 제317조제2항제3호의2, 제335조제1항 단서 및 제2항, 제335조의2제1항·제3항, 제335조의3제1항·제2항, 제335조의7제1항, 제340조의3제1항제5호, 제356조제6호의2, 제397조제1항·제2항, 제397조의2제1항, 제398조, 제416조 본문, 제451조제2항, 제461조제1항 본문 및 제3항, 제462조의3제1항, 제464조의2제1항, 제469조, 제513조제2항 본문 및 제516조의2제2항 본문(준용되는 경우를 포함한다) 중 "이사회"는 각각 "주주총회"로 보며, 제360조의5제1항 및 제522조의3제1항 중 "이사회의 결의가 있는 때"는 "제363조제1항에 따른 주주총회의 소집통지가 있는 때"로 본다.
>
> 제398조 (이사 등과 회사 간의 거래) 다음 각 호의 어느 하나에 해당하는 자가 자기 또는 제3자의 계산으로 회사와 거래를 하기 위하여는 미리 이사회에서 해당 거래에 관한 중요사실을 밝히고 이사회의 승인을 받아야 한다. 이 경우 이사회의 승인은 이사 3분의 2 이상의 수로써 하여야 하고, 그 거래의 내용과 절차는 공정하여야 한다.

⑤ 이사가 법령 또는 정관에 위반한 행위를 하거나 그 행위를 할 염려가 있는 경우에 감사는 이를 이사회에 보고하여야 한다(제391조의2 제2항). 다만 상법상 자본금 총액이 10억원 미만인 회사(소규모 주식회사)는 이사회 및 감사가 임의기관에 불과하여(제409조 제4항), 감사의 이사회(또는 주주총회) 보고에 관한 규정은 존재하지 않는다.

> 제383조(원수, 임기) ① 이사는 3명 이상이어야 한다. 다만, 자본금 총액이 10억원 미만인 회사는 1명 또는 2명으로 할 수 있다.
> ⑤ 제1항 단서의 경우에는 제341조제2항 단서, 제390조, 제391조, 제391조의2, 제391조의3, 제392조, 제393조제2항부터 제4항까지, 제399조제2항, 제408조의2제3항·제4항, 제408조의3제2항, 제408조의4제2호, 제408조의5제1항, 제408조의6, 제408조의7, 제412조의4, 제449조의2, 제462조제2항 단서, 제526조제3항, 제527조제4항, 제527조의2, 제527조의3제1항 및 제527조의5제2항은 적용하지 아니한다.
>
> 제391조의2(감사의 이사회출석·의견진술권) ① 감사는 이사회에 출석하여 의견을 진술할 수 있다.
> ② 감사는 이사가 법령 또는 정관에 위반한 행위를 하거나 그 행위를 할 염려가 있다고 인정한 때에는 이사회에 이를 보고하여야 한다.
>
> 제409조 (선임) ④ 제1항, 제296조제1항 및 제312조에도 불구하고 자본금의 총액이 10억원 미만인 회사의 경우에는 감사를 선임하지 아니할 수 있다.

003

상법상 1인회사에 관한 설명으로 틀린 것은? (이견이 있으면 판례에 의함)

① 합명회사와 합자회사는 1인회사가 인정되지 않지만 주식회사, 유한회사, 유한책임회사는 1인회사가 인정된다.
② 1인 주식회사에서 주주총회의 소집절차가 위법하더라도 1인 주주가 참석하여 총회개최에 동의하고 아무 이의없이 결의한 것이라면 그 결의는 효력이 있다.
③ 이사의 자기거래에 대하여 사전에 1인 주주의 동의가 있었다면 그 1인 주식회사는 이사회의 승인이 없었음을 이유로 책임을 회피할 수 없다.
④ 1인 주식회사에서 1인주주인 대표이사가 임무위반행위로써 회사에 재산상의 손해를 발생케 하였더라도 배임죄가 성립되지 않는다.
⑤ 1인 주식회사에서 1인주주가 회사 소유의 돈을 임의로 소비하였다면 횡령죄가 성립한다.

• •

① 인적회사(합명, 합자회사)의 경우에는 1인 회사가 인정되지 않지만, 물적회사(주식회사, 유한회사) 및 유한책임회사의 경우 1인회사의 설립과 존속이 모두 가능하다.

> 제178조(정관의 작성) 합명회사의 설립에는 2인 이상의 사원이 공동으로 정관을 작성하여야 한다.
> 제268조 (회사의 조직) 합자회사는 무한책임사원과 유한책임사원으로 조직한다.

② 1인 주식회사 또는 주주 전원의 동의가 있는 경우에는 절차상의 하자는 모두 치유된다.

관련판례

[대법원 2004.12.10, 선고, 2004다25123, 판결]
주식회사에 있어서 회사가 설립된 이후 총 주식을 한 사람이 소유하게 된 이른바 1인회사의 경우에는 그 주주가 유일한 주주로서 주주총회에 출석하면 전원 총회로서 성립하고 그 주주의 의사대로 결의가 될 것임이 명백하므로 따로 총회소집절차가 필요 없고, 실제로 총회를 개최한 사실이 없다 하더라도 그 1인 주주에 의하여 의결이 있었던 것으로 주주총 회의사록이 작성되었다면 특별한 사정이 없는 한 그 내용의 결의가 있었던 것으로 볼 수 있고, 이는 실질적으로 1인회사인 주식회사의 주주총회의 경우도 마찬가지이며, 그 주주총회 의사록이 작성되지 아니한 경우라도 증거에 의하여 주주총회 결의가 있었던 것으로 볼 수 있다.

③ 1인 주식회사 또는 주주 전원의 동의가 있는 경우에는 절차상의 하자는 모두 치유된다.

관련판례

[대법원 2002. 7. 12., 선고, 2002다20544, 판결]
회사의 채무부담행위가 상법 제398조 소정의 이사의 자기거래에 해당하여 이사회의 승인을 요한다고 할지라도, 위 규정의 취지가 회사 및 주주에게 예기치 못한 손해를 끼치는 것을 방지함에 있다고 할 것이므로, 그 채무부담행위에 대하여 사전에 주주 전원의 동의가 있었다면 회사는 이사회의 승인이 없었음을 이유로 그 책임을 회피할 수 없다.

④ 1인회사의 경우 그 사원과 회사의 법인격은 별개이기 때문에 임무위반행위로써 회사에 손해를 가한 경우에는 배임죄가 성립한다.

> **관련판례**
>
> [대법원 1996.8.23, 선고, 96도1525, 판결]
> 피고인이 사실상 자기 소유인 1인주주 회사들 중의 한 개 회사 소유의 금원을 자기 소유의 다른 회사의 채무변제를 위하여 지출하거나 그 다른 회사의 어음결제대금으로 사용한 경우, 주식회사의 주식이 사실상 1인의 주주에 귀속하는 1인회사에 있어서는 행위의 주체와 그 본인 및 다른 회사와는 별개의 인격체이므로, 그 법인인 주식회사 소유의 금원은 임의로 소비하면 횡령죄가 성립되고 그 본인 및 주식회사에게 손해가 발생하였을 때에는 배임죄가 성립한다.

⑤ 1인회사의 경우 그 사원과 회사의 법인격은 별개이기 때문이다.

> **관련판례**
>
> [대법원 1982. 4. 13., 선고, 80도537, 판결]
> 나. 납입가장죄의 입법취지는 주식회사의 자본충실을 기하려는 것이므로 회사설립등기가 된 다음에 바로 그 납입한 돈을 인출한 경우에는 이를 회사를 위하여 사용하였다는 특별한 사정이 없는 한 납입가장죄가 성립한다.
> 다. 1인 주식회사에 있어서 주주가 회사재산을 개인적 용도를 위하여 소비한 경우에는 횡령죄가 성립한다.

004

상법상 회사의 능력에 관한 설명으로 틀린 것은? (이견이 있으면 판례에 의함)

① 회사의 권리능력은 회사의 설립근거가 된 법률과 회사의 정관상의 목적에 의하여 제한을 받는다.
② 회사를 대표하는 이사가 회사의 업무집행으로 인하여 타인에게 손해를 가한 경우에는 회사의 불법행위책임이 인정된다.
③ 회사의 대표기관 이외의 임원 또는 사용인이 회사의 업무집행으로 인하여 타인에게 불법행위를 한 경우에는 회사의 사용자배상책임이 인정되지 않는다.
④ 회사는 다른 회사의 주주나 유한책임사원 또는 유한책임회사의 업무집행자가 될 수 있으나 다른 회사의 무한책임사원은 될 수 없다.
⑤ 회사는 신체상의 자유권, 생명권, 친족권 또는 상속권 등의 권리는 없으나 유증을 받을 수는 있다.

••••••••••••••••••••••

① 판례는 회사의 권리능력은 정관에 기재된 목적에 의해 제한된다고 보고 있다(제한긍정설). 다만 판례도 "목적에 반하지 않는" 혹은 "목적달성에 필요한"이라고 하기 때문에 제한부정설과 별다른 차이는 없다.

> **관련판례**
>
> [대법원 1999.10.8, 선고, 98다2488, 판결]
> 회사의 권리능력은 회사의 설립 근거가 된 법률과 회사의 정관상의 목적에 의하여 제한되나 그 목적범위 내의 행위라 함은 정관에 명시된 목적 자체에 국한되는 것이 아니라, 그 목적을 수행하는 데 있어 직접, 간접으로 필요한 행위는 모두 포함되고 목적수행에 필요한 지의 여부는 행위의 객관적 성질에 따라 판단할 것이고 행위자의 주관적, 구체적 의사에 따라 판단할 것은 아니다.

② 회사의 자기행위책임에 해당한다.

> 제210조(손해배상책임) 회사를 대표하는 사원이 그 업무집행으로 인하여 타인에게 손해를 가한 때에는 회사는 그 사원과 연대하여 배상할 책임이 있다.

004 ③

③ 타인행위책임으로서, 회사의 사용자배상책임이 인정된다.

> **■ 민법**
> **제756조(사용자의 배상책임)** ① 타인을 사용하여 어느 사무에 종사하게 한 자는 피용자가 그 사무집행에 관하여 제3자에게 가한 손해를 배상할 책임이 있다. 그러나 사용자가 피용자의 선임 및 그 사무감독에 상당한 주의를 한 때 또는 상당한 주의를 하여도 손해가 있을 경우에는 그러하지 아니하다.

④ 회사는 다른 회사의 무한책임사원이 되지 못한다(제173조). 회사가 다른 회사의 채무에 대하여 무한책임을 부담하는 무한책임사원이 될 경우, 다른 회사가 망하면 회사도 같이 망하기 때문이다. 다만 유한책임회사의 경우 법인이 업무집행자가 될 수 있다는 명시적인 규정이 존재한다(제287조의3 제4호).

> **제173조(권리능력의 제한)** 회사는 다른 회사의 무한책임사원이 되지 못한다.
> **제287조의3(정관의 기재사항)** 정관에는 다음 각 호의 사항을 적고 각 사원이 기명날인하거나 서명하여야 한다.
> 1. 제179조제1호부터 제3호까지, 제5호 및 제6호에서 정한 사항
> 2. 사원의 출자의 목적 및 가액
> 3. 자본금의 액
> 4. 업무집행자의 성명(법인인 경우에는 명칭) 및 주소

⑤ 유증은 유언에 의한 증여로서 수증자는 자연인에 한하지 않는다.

005

상법상 회사의 능력에 관한 설명으로 옳은 것은?

① 판례에 의하면 회사의 형법상 일반적인 범죄능력은 인정되지 않는다.
② 회사는 다른 회사의 유한책임사원이 될 수 없고 청산중의 회사는 청산의 목적범위 내로 권리능력이 제한된다.
③ 판례에 의하면 회사는 정관에서 정한 목적범위 내로 그 권리능력이 제한되지 않는다.
④ 대표이사가 그 업무집행으로 인하여 타인에게 손해를 가한 경우 그 타인에 대하여 회사가 배상할 책임이 있고 대표이사는 책임을 지지 않는다.
⑤ 회사는 친권, 상속권, 유증을 받을 권리 등 자연인에게 인정되는 특유한 권리를 가질 수 없다.

....

① 법인은 기관인 자연인을 통해 행위를 하기 때문에, 자연인이 범죄를 행하는 것이지 법인이 범죄를 행한다는 것은 논리적으로 상정할 수 없다. 다만 법률이 특별히 정하고 있는 경우, 자연인인 행위자뿐만 아니라 법인에 대해서도 형벌(벌금)을 과할 수 있을 뿐이다.

> **관련판례**
> **[대법원 1994. 2. 8. 선고 93도1483 판결]**
> 법인은 기관인 자연인을 통하여 행위를 하게 되는 것이기 때문에, 자연인이 법인의 기관으로서 범죄행위를 한 경우에도 행위자인 자연인이 범죄행위에 대한 형사책임을 지는 것이고, 다만 법률이 목적을 달성하기 위하여 특별히 규정하고 있는 경우에만 행위자를 벌하는 외에 법률효과가 귀속되는 법인에 대하여도 벌금형을 과할 수 있을 뿐이다.

005 ①

② 회사는 다른 회사의 무한책임사원이 되지 못한다(제173조). 반대해석하면 유한책임사원은 될 수 있다. 한편 청산중인 회사는 청산의 목적범위 내에서 존속한다(제245조).

> **제173조(권리능력의 제한)** 회사는 다른 회사의 무한책임사원이 되지 못한다.
> **제245조(청산 중의 회사)** 회사는 해산된 후에도 청산의 목적범위 내에서 존속하는 것으로 본다.

③ 판례에 따르면 정관의 목적범위에 속하지 않는 행위는 회사에 대하여 효력이 없다(제한긍정설). 다만 판례는 목적범위 내의 행위를 판단함에 있어 그 목적을 수행하는데 직접·간접으로 필요한 행위를 모두 포함시키고 있기 때문에 결과에 있어서는 '제한부정설'과 별반 차이가 없다.

> **관련판례**
> [대법원 1999.10.8. 선고, 98다2488, 판결]
> 회사의 권리능력은 회사의 설립 근거가 된 법률과 회사의 정관상의 목적에 의하여 제한되나 그 목적범위 내의 행위라 함은 정관에 명시된 목적 자체에 국한되는 것이 아니라, 그 목적을 수행하는 데 있어 직접, 간접으로 필요한 행위는 모두 포함되고 목적수행에 필요한지의 여부는 행위의 객관적 성질에 따라 판단할 것이고 행위자의 주관적, 구체적 의사에 따라 판단할 것은 아니다.

④ 회사와 대표이사가 연대하여 책임을 진다.

> **제389조(대표이사)** ③ 제208조제2항, 제209조, 제210조와 제386조의 규정은 대표이사에 준용한다.
> **제210조(손해배상책임)** 회사를 대표하는 사원이 그 업무집행으로 인하여 타인에게 손해를 가한 때에는 회사는 그 사원과 연대하여 배상할 책임이 있다.

⑤ 친권과 상속권은 자연인에게 특유한 권리·의무이므로 법인인 회사에는 인정되지 않는다. 다만 수유자(유증을 받는 자)의 자격에는 제한이 없기 때문에 회사가 유증을 받는 것은 가능하다.

TOPIC 02 • 주식회사의 설립절차

006

상법상 주식회사의 정관의 절대적 기재사항이 아니면서 설립등기사항인 것은?

① 상호
② 자본금의 액
③ 회사가 발행할 주식의 총수
④ 회사의 공고방법
⑤ 회사의 설립시 발행하는 주식의 총수

•••••••••••••••••••••

② 자본금의 액은 (설립)등기사항이지 정관기재사항이 아니다.

> **제289조(정관의 작성, 절대적 기재사항)** ① 발기인은 정관을 작성하여 다음의 사항을 적고 각 발기인이 기명날인 또는 서명하여야 한다.
>   1. 목적
>   2. 상호
>   3. 회사가 발행할 주식의 총수
>   4. 액면주식을 발행하는 경우 1주의 금액
>   5. 회사의 설립 시에 발행하는 주식의 총수
>   6. 본점의 소재지
>   7. 회사가 공고를 하는 방법
>   8. 발기인의 성명·주민등록번호 및 주소
>
> **제317조(설립의 등기)** ② 제1항의 설립등기에 있어서는 다음의 사항을 등기하여야 한다.
>   1. 제289조제1항제1호 내지 제4호, 제6호와 제7호에 게기한 사항
>   2. 자본금의 액
>   3. 발행주식의 총수, 그 종류와 각종주식의 내용과 수
>   3의2. 주식의 양도에 관하여 이사회의 승인을 얻도록 정한 때에는 그 규정
>   3의3. 주식매수선택권을 부여하도록 정한 때에는 그 규정
>   3의4. 지점의 소재지
>   4. 회사의 존립기간 또는 해산사유를 정한 때에는 그 기간 또는 사유
>   5. 삭제 〈2011.4.14.〉
>   6. 주주에게 배당할 이익으로 주식을 소각할 것을 정한 때에는 그 규정
>   7. 전환주식을 발행하는 경우에는 제347조에 게기한 사항
>   8. 사내이사, 사외이사, 그 밖에 상무에 종사하지 아니하는 이사, 감사 및 집행임원의 성명과 주민등록번호
>   9. 회사를 대표할 이사 또는 집행임원의 성명·주민등록번호 및 주소
>   10. 둘 이상의 대표이사 또는 대표집행임원이 공동으로 회사를 대표할 것을 정한 경우에는 그 규정
>   11. 명의개서대리인을 둔 때에는 그 상호 및 본점소재지
>   12. 감사위원회를 설치한 때에는 감사위원회 위원의 성명 및 주민등록번호

006 ②

007

상법상 주식회사 정관의 절대적 기재사항이 <u>아닌</u> 것은?

① 이사의 성명·주민등록번호 및 주소
② 회사가 발행할 주식의 총수
③ 액면주식을 발행하는 경우 1주의 금액
④ 회사의 설립시에 발행하는 주식의 총수
⑤ 회사가 공고를 하는 방법

••••••••••••••••••••••

① 이사의 성명 등은 정관기재사항은 아니고 등기사항이다.

> **제317조(설립의 등기)** ② 제1항의 설립등기에 있어서는 <u>다음의 사항을 등기하여야 한다.</u>
>   1. 제289조제1항제1호 내지 제4호, 제6호와 제7호에 게기한 사항
>   2. 자본금의 액
>   3. 발행주식의 총수, 그 종류와 각종주식의 내용과 수
>   3의2. 주식의 양도에 관하여 이사회의 승인을 얻도록 정한 때에는 그 규정
>   3의3. 주식매수선택권을 부여하도록 정한 때에는 그 규정
>   3의4. 지점의 소재지
>   4. 회사의 존립기간 또는 해산사유를 정한 때에는 그 기간 또는 사유
>   5. 삭제 〈2011.4.14.〉
>   6. 주주에게 배당할 이익으로 주식을 소각할 것을 정한 때에는 그 규정
>   7. 전환주식을 발행하는 경우에는 제347조에 게기한 사항
>   8. <u>사내이사, 사외이사, 그 밖에 상무에 종사하지 아니하는 이사, 감사 및 집행임원의 성명과 주민등록번호</u>
>   9. 회사를 대표할 이사 또는 집행임원의 성명·주민등록번호 및 주소
>   10. 둘 이상의 대표이사 또는 대표집행임원이 공동으로 회사를 대표할 것을 정한 경우에는 그 규정
>   11. 명의개서대리인을 둔 때에는 그 상호 및 본점소재지
>   12. 감사위원회를 설치한 때에는 감사위원회 위원의 성명 및 주민등록번호

②, ③, ④, ⑤ 정관의 절대적 등기사항이다. "목상예1본<u>공</u>시발"로 기억하자.

> **제289조(정관의 작성, 절대적 기재사항)** ① 발기인은 정관을 작성하여 다음의 사항을 적고 각 발기인이 기명날인 또는 서명하여야 한다.
>   1. 목적
>   2. 상호
>   3. <u>회사가 발행할 주식의 총수</u>
>   4. <u>액면주식을 발행하는 경우 1주의 금액</u>
>   5. <u>회사의 설립 시에 발행하는 주식의 총수</u>
>   6. 본점의 소재지
>   7. <u>회사가 공고를 하는 방법</u>
>   8. 발기인의 성명·주민등록번호 및 주소

007 ①

008

상법상 주식회사의 설립에 관한 설명으로 옳은 것은?

① 발기인조합은 정관작성, 주식인수 기타 회사설립에 필요한 행위를 하므로 그 법적인 지위가 설립 중의 회사와 동일하게 취급된다.
② 판례에 의하면 설립중의 회사는 발기인의 주식인수 여부를 불문하고 정관이 작성된 때에 성립한다.
③ 정관에 발기인으로 기명날인 또는 서명을 한 자라도 회사의 설립사무에 실제로 종사하지 않았다면 발기인으로 볼 수 없다.
④ 자본금 총액이 15억원인 회사를 발기설립할 경우 해당 회사의 정관은 공증인의 인증을 받음으로써 효력이 생긴다.
⑤ 발기인이 설립중의 회사를 대표하여 특정인과 회사성립 후에 일정한 재산을 양수할 것을 약정한 경우 재산의 종류, 수량, 가격과 그 양도인의 성명을 등기하여야 효력이 생긴다.

••••••••••••••••••••••••

① 설립중의 회사 단계에서 발생한 권리의무는 성립 후 회사에 당연히 귀속되지만, 발기인조합 단계에서 발생한 권리의무는 별개의 이전절차를 거쳐야만 성립 후 회사에 귀속된다. 즉 설립중의 회사와 발기인조합은 그 법적 지위가 다르다.
② 적어도 발기인이 1주 이상의 주식을 인수하여야 설립 중의 회사가 성립한다(발기인 1주 인수시설).

> **관련판례**
>
> [대법원 1970.8.31. 선고, 70다1357, 판결]
> 설립 중의 회사라 함은 설립등기 이전에 어느 정도 실체가 형성된 미완성의 회사를 말하는 강학상의 개념으로서 이는 정관이 작성되고 발기인이 1주 이상의 주식을 인수하였을 때 비로소 성립한다.

③ 발기인은 형식적으로 결정된다. 즉 정관에 기명날인 또는 서명한 자가 발기인이다.

> **제289조(정관의 작성, 절대적 기재사항)** ① 발기인은 정관을 작성하여 다음의 사항을 적고 각 발기인이 기명날인 또는 서명하여야 한다.
> 1. 목적
> 2. 상호
> 3. 회사가 발행할 주식의 총수
> 4. 액면주식을 발행하는 경우 1주의 금액
> 5. 회사의 설립 시에 발행하는 주식의 총수
> 6. 본점의 소재지
> 7. 회사가 공고를 하는 방법
> 8. 발기인의 성명·주민등록번호 및 주소
> 9. 삭제

④ (ⅰ) 자본금 총액 10억원 미만, (ⅱ) 발기설립의 2가지 요건이 충족되어야 공증인의 인증을 생략할 수 있다. 「소발/공/납/생략」으로 정리하자.

> **제292조(정관의 효력발생)** 정관은 공증인의 인증을 받음으로써 효력이 생긴다. 다만, 자본금 총액이 10억원 미만인 회사를 제295조제1항에 따라 발기설립(發起設立)하는 경우에는 제289조제1항에 따라 각 발기인이 정관에 기명날인 또는 서명함으로써 효력이 생긴다.

008 ④

⑤ 재산인수는 변태설립사항이므로 (등기가 아니라) 원시정관에 기재하여야 효력이 생긴다(정관의 상대적 기재사항).

> **제290조(변태설립사항)** 다음의 사항은 정관에 기재함으로써 그 효력이 있다.
> 1. 발기인이 받을 특별이익과 이를 받을 자의 성명
> 2. 현물출자를 하는 자의 성명과 그 목적인 재산의 종류, 수량, 가격과 이에 대하여 부여할 주식의 종류와 수
> 3. 회사성립후에 양수할 것을 약정한 재산의 종류, 수량, 가격과 그 양도인의 성명
> 4. 회사가 부담할 설립비용과 발기인이 받을 보수액

009

상법상 주식회사의 모집설립에 관한 설명으로 옳은 것은?

① 정관으로 회사가 부담할 설립비용과 발기인이 받을 보수액을 정한 때에는, 이사는 이에 관한 조사를 하게 하기 위하여 검사인의 선임을 법원에 청구하여야 한다.
② 이사와 감사는 취임 후 지체없이 회사의 설립에 관한 모든 사항이 법령 또는 정관의 규정에 위반되지 아니하는지의 여부를 조사하여 창립총회에 보고하여야 한다.
③ 자본금 총액이 10억원 미만인 회사를 모집설립하는 경우에는, 은행의 납입금 보관금액에 관한 증명서를 그 잔고증명서로 대체할 수 있다.
④ 납입과 현물출자의 이행이 완료된 때에는 발기인은 지체없이 의결권의 과반수로 이사와 감사를 선임하여야 한다.
⑤ 법원은 변태설립사항이 부당하다고 인정한 때에는 이를 변경하여 각 발기인에게 통고할 수 있다.

•••••••••••••••••••••

① 발기설립의 경우에는 이사가(제298조 제4항), 모집설립의 경우에는 발기인이(제310조 제1항) 법원에 검사인선임을 청구한다. 틀리기 쉬운 내용이니 반드시 암기하여야 한다(빨리법 모발창).

> **제298조(이사·감사의 조사·보고와 검사인의 선임청구)** ④ 정관으로 제290조 각호의 사항을 정한 때에는 이사는 이에 관한 조사를 하게 하기 위하여 검사인의 선임을 법원에 청구하여야 한다. 다만, 제299조의2의 경우에는 그러하지 아니하다.
> **제310조(변태설립의 경우의 조사)** ① 정관으로 제290조에 게기한 사항을 정한 때에는 발기인은 이에 관한 조사를 하게 하기 위하여 검사인의 선임을 법원에 청구하여야 한다.
> ② 전항의 검사인의 보고서는 이를 창립총회에 제출하여야 한다.
> ③ 제298조제4항 단서 및 제299조의2의 규정은 제1항의 조사에 관하여 이를 준용한다.

② 발기설립(제298조 제1항)과 모집설립(제313조 제1항)을 불문하고 이사와 감사는 취임 후 지체없이 설립경과를 조사하여야 한다. 다만 조사내용의 보고는 발기설립에서는 발기인에게, 모집설립에서는 창립총회에 한다.

> **제298조(이사·감사의 조사·보고와 검사인의 선임청구)** ① 이사와 감사는 취임후 지체없이 회사의 설립에 관한 모든 사항이 법령 또는 정관의 규정에 위반되지 아니하는지의 여부를 조사하여 발기인에게 보고하여야 한다.
> **제313조(이사, 감사의 조사, 보고)** ① 이사와 감사는 취임후 지체없이 회사의 설립에 관한 모든 사항이 법령 또는 정관의 규정에 위반되지 아니하는지의 여부를 조사하여 창립총회에 보고하여야 한다.

009 ②

③ 소규모회사가 "발기설립"하는 경우라야 잔고증명서로 대체가 가능하다(제318조 제3항). "소발공납생략"으로 정리하자. 모집설립에서는 예외가 없으므로 반드시 납입증명서를 제출해야 한다.

> **제318조(납입금 보관자의 증명과 책임)** ① 납입금을 보관한 은행이나 그 밖의 금융기관은 발기인 또는 이사의 청구를 받으면 그 보관금액에 관하여 증명서를 발급하여야 한다.
> ② 제1항의 은행이나 그 밖의 금융기관은 증명한 보관금액에 대하여는 납입이 부실하거나 그 금액의 반환에 제한이 있다는 것을 이유로 회사에 대항하지 못한다.
> ③ <u>자본금 총액이 10억원 미만인 회사를 제295조제1항에 따라 발기설립하는 경우에는 제1항의 증명서를 은행이나 그 밖의 금융기관의 잔고증명서로 대체할 수 있다.</u>

④ 발기설립의 경우에는 발기인총회에서 이사와 감사를 선임하고(제296조 제1항), 모집설립의 경우에는 창립총회에서 선임한다(제312조).

> **제296조(발기설립의 경우의 임원선임)** ① 전조의 규정에 의한 납입과 현물출자의 이행이 완료된 때에는 <u>발기인은 지체없이 의결권의 과반수로 이사와 감사를 선임하여야 한다.</u>
> ② 발기인의 의결권은 그 인수주식의 1주에 대하여 1개로 한다.
> **제312조(임원의 선임)** <u>창립총회에서는 이사와 감사를 선임하여야 한다.</u>

⑤ 법원이 아니라 창립총회가 변경한다. 검사인이 변태설립사항을 조사하면 그 조사한 사항을, (ⅰ) 발기설립에서는 법원에 보고한 후(제299조 제1항) 법원이 변경조치를 취하는 반면(제300조 제1항), (ⅱ) 모집설립에서는 창립총회에 보고한 후(제310조 제2항) 창립총회가 변경조치를 취한다(제314조 제1항).

> **제299조(검사인의 조사, 보고)** ① 검사인은 제290조 각 호의 사항과 제295조에 따른 현물출자의 이행을 조사하여 <u>법원에 보고하여야 한다.</u>
> **제300조(법원의 변경처분)** ① 법원은 검사인 또는 공증인의 조사보고서 또는 감정인의 감정결과와 발기인의 설명서를 심사하여 제290조의 규정에 의한 사항을 <u>부당하다고 인정한 때에는 이를 변경</u>하여 각 발기인에게 통고할 수 있다.
> **제310조(변태설립의 경우의 조사)** ① 정관으로 제290조에 게기한 사항을 정한 때에는 발기인은 이에 관한 조사를 하게 하기 위하여 검사인의 선임을 법원에 청구하여야 한다.
> ② 전항의 <u>검사인의 보고서는 이를 창립총회에 제출</u>하여야 한다.
> **제314조(변태설립사항의 변경)** ① <u>창립총회에서는</u> 제290조에 게기한 사항이 부당하다고 인정한 때에는 <u>이를 변경할 수 있다.</u>

010

상법상 주식회사의 설립에 관한 설명으로 틀린 것은?

① 본점의 소재지는 정관의 절대적 기재사항이다.
② 회사가 부담할 설립비용과 발기인이 받을 보수액은 정관에 기재함으로써 그 효력이 있다.
③ 모집설립시 납입장소를 변경할 때에는 창립총회의 결의가 있으면 법원의 허가를 얻을 필요가 없다.
④ 모집설립시 창립총회의 결의는 출석한 주식인수인의 의결권의 3분의 2 이상이며 인수된 주식의 총수의 과반수에 해당하는 다수로 하여야 한다.
⑤ 법원이 선임한 검사인이 악의 또는 중대한 과실로 인하여 그 임무를 해태한 때에는 회사 또는 제3자에 대하여 손해를 배상할 책임이 있다.

••••••••••••••••••••••

① 정관의 절대적 기재사항은 "목/상/예/1/본/공/시/발"로 정리하자.

> 제289조(정관의 작성, 절대적 기재사항) ① 발기인은 정관을 작성하여 다음의 사항을 적고 각 발기인이 기명날인 또는 서명하여야 한다.
> 1. 목적
> 2. 상호
> 3. 회사가 발행할 주식의 총수
> 4. 액면주식을 발행하는 경우 1주의 금액
> 5. 회사의 설립 시에 발행하는 주식의 총수
> 6. 본점의 소재지
> 7. 회사가 공고를 하는 방법
> 8. 발기인의 성명·주민등록번호 및 주소

② 변태설립사항은 "현/재/특/비/보"로 정리하자.

> 제290조(변태설립사항) 다음의 사항은 정관에 기재함으로써 그 효력이 있다.
> 1. 발기인이 받을 특별이익과 이를 받을 자의 성명
> 2. 현물출자를 하는 자의 성명과 그 목적인 재산의 종류, 수량, 가격과 이에 대하여 부여할 주식의 종류와 수
> 3. 회사성립후에 양수할 것을 약정한 재산의 종류, 수량, 가격과 그 양도인의 성명
> 4. 회사가 부담할 설립비용과 발기인이 받을 보수액

③ 납입장소를 변경하려면 법원의 허가를 얻어야 한다. 참고로 발기설립의 경우에는 법원의 허가를 요하지 않는다.

> 제306조(납입금의 보관자 등의 변경) 납입금의 보관자 또는 납입장소를 변경할 때에는 법원의 허가를 얻어야 한다.

④ 옳은 내용이다. 아직 회사가 성립되기 이전이므로 '주주'가 아니라 '주식인수인'이라는 점에도 주의하여야 한다.

> 제309조(창립총회의 결의) 창립총회의 결의는 출석한 주식인수인의 의결권의 3분의 2 이상이며 인수된 주식의 총수의 과반수에 해당하는 다수로 하여야 한다.

⑤ "악의 또는 중과실"이 있는 경우에 손해배상책임을 진다. 즉 경과실의 경우에는 검사인의 손해배상책임이 인정되지 않는다.

> 제325조(검사인의 손해배상책임) 법원이 선임한 검사인이 악의 또는 중대한 과실로 인하여 그 임무를 해태한 때에는 회사 또는 제3자에 대하여 손해를 배상할 책임이 있다.

010 ③

011

상법상 주식회사의 설립에 관한 설명으로 옳은 것은?

① 발기설립에서 회사 설립 에 발행하는 주식에 대한 납입과 현물출자의 이행이 완료된 때에는 발기인은 지체없이 의결권의 과반수로 이사와 감사를 선임하여야 한다.
② 모집설립에서 이사와 감사는 창립총회에서 선임하고 그 이사와 감사는 취임 후 지체없이 회사의 설립에 관한 모든 사항이 법령 또는 정관의 규정에 위반되지 아니하는지의 여부를 조사하여 발기인에 보고하여야 한다.
③ 모집설립에서 창립총회의 결의는 출석한 주식인수인의 의결권의 과반수이며 인수된 주식의 총수의 과반수에 해당하는 다수로 하여야 한다.
④ 회사가 성립하지 못한 경우에는 발기인에게 그 설립에 관한 행위에 대하여 책임을 묻지 못한다.
⑤ 회사성립 후에는 주식을 인수한 자는 주식청약서의 요건의 흠결을 이유로 하여 그 인수의 무효를 주장할 수 없지만, 사기 또는 강박을 이유로 하여 그 인수를 취소하는 것은 가능하다.

••••••••••••••••••••••••

① (i) 발기설립의 경우에는 발기인총회에서 이사와 감사를 선임하고(제296조 제1항), 모집설립의 경우에는 창립총회에서 선임한다(제312조). (ii) 발기인총회에서의 의사결정은 인원다수결이 원칙이지만, 이사·감사선임의 경우에는 지분다수결로 이루어진다는 점도 주의해야 한다.

> **제296조(발기설립의 경우의 임원선임)** ① 전조의 규정에 의한 납입과 현물출자의 이행이 완료된 때에는 발기인은 지체없이 의결권의 과반수로 이사와 감사를 선임하여야 한다.
> ② 발기인의 의결권은 그 인수주식의 1주에 대하여 1개로 한다.
> **제312조(임원의 선임)** 창립총회에서는 이사와 감사를 선임하여야 한다.

② 이사와 감사가 설립경과를 조사하면 그 조사한 사항을, (i) 발기설립에서는 발기인에게 보고하는 반면(제298조 제1항), 모집설립에서는 창립총회에 보고한다(제313조 제1항). 변태설립사항에 대한 보고와 구별할 수 있어야 한다.

> **제298조(이사·감사의 조사·보고와 검사인의 선임청구)** ① 이사와 감사는 취임후 지체없이 회사의 설립에 관한 모든 사항이 법령 또는 정관의 규정에 위반되지 아니하는지의 여부를 조사하여 발기인에게 보고하여야 한다.
> **제313조(이사, 감사의 조사, 보고)** ① 이사와 감사는 취임후 지체없이 회사의 설립에 관한 모든 사항이 법령 또는 정관의 규정에 위반되지 아니하는지의 여부를 조사하여 창립총회에 보고하여야 한다.

③ 출석한 주식인수인의 의결권의 과반수가 아니라 2/3이다.

> **제309조(창립총회의 결의)** 창립총회의 결의는 출석한 주식인수인의 의결권의 3분의 2 이상이며 인수된 주식의 총수의 과반수에 해당하는 다수로 하여야 한다.

④ 회사불성립시의 발기인 책임에 대한 설명이다.

> **제326조(회사불성립의 경우의 발기인의 책임)** ① 회사가 성립하지 못한 경우에는 발기인은 그 설립에 관한 행위에 대하여 연대하여 책임을 진다.
> ② 전항의 경우에 회사의 설립에 관하여 지급한 비용은 발기인이 부담한다.

011 ①

⑤ 회사설립시 주식발행의 경우, 주식인수인이 (ⅰ) 창립총회에서 권리를 행사하거나, (ⅱ) 설립등기를 한 후에는 주식청약서의 요건의 흠결을 이유로 하는 무효를 주장하거나 사기·강박·착오를 이유로 하는 취소권을 행사하지 못한다.

> **제320조(주식인수의 무효 주장, 취소의 제한)** ① 회사성립 후에는 주식을 인수한 자는 주식청약서의 요건의 흠결을 이유로 하여 그 인수의 무효를 주장하거나 사기, 강박 또는 착오를 이유로 하여 그 인수를 취소하지 못한다.

012

상법상 주식회사의 설립중의 회사에 관한 설명으로 틀린 것은? (이견이 있으면 판례에 의함)

① 판례에 따르면 설립중의 회사란 주식회사의 설립과정에서 발기인이 회사의 설립을 위하여 필요한 행위로써 취득하게 된 권리의무가 회사의 설립과 동시에 그 설립된 회사에 귀속되는 관계를 설명하기 위한 강학상의 개념이다.
② 발기인 조합의 법적 성질은 민법상의 조합이므로 민법의 조합에 관한 규정이 적용된다.
③ 모집설립의 경우 이사와 감사(상법상 설립조사보고에 참가하지 못하는 자 제외)는 취임 후 지체없이 회사의 설립에 관한 모든 사항이 법령 또는 정관의 규정에 위반되지 아니하는지 여부를 조사하여 창립총회에 보고하여야 한다.
④ 판례에 따르면 설립중의 회사의 실체가 갖추어지기 이전에 발기인이 취득한 권리의무는 구체적인 사정에 따라 발기인 개인 또는 발기인조합에 귀속된다.
⑤ 발기인이 설립중의 회사의 기관의 지위에서 모집주주와 주식인수계약을 체결하고 주금액 납입을 받은 경우 회사가 불성립하게 되면 설립중의 회사가 책임을 부담하지 않고 발기인이 책임을 부담하는데 이는 과실책임이다.

----

① 옳은 내용이다.

> **관련판례**
>
> [대법원 1994.1.28. 선고, 93다50215, 판결]
> 설립중의 회사라 함은 주식회사의 설립과정에서 발기인이 회사의 설립을 위하여 필요한 행위로 인하여 취득하게 된 권리의무가 회사의 설립과 동시에 그 설립된 회사에 귀속되는 관계를 설명하기 위한 강학상의 개념으로서 정관이 작성되고 발기인이 적어도 1주 이상의 주식을 인수하였을 때 비로소 성립하는 것이고, 이러한 설립중의 회사로서의 실체가 갖추어지기 이전에 발기인이 취득한 권리, 의무는 구체적 사정에 따라 발기인 개인 또는 발기인조합에 귀속되는 것으로서 이들에게 귀속된 권리의무를 설립 후의 회사에 귀속시키기 위하여는 양수나 채무인수 등의 특별한 이전행위가 있어야 한다.

② 발기인조합은 회사의 설립을 목적으로 하는 발기인 상호간의 계약에 따라 성립하는 민법상의 조합의 일종이다.
③ 옳은 내용이다.

> **제313조(이사, 감사의 조사, 보고)** ① 이사와 감사는 취임후 지체없이 회사의 설립에 관한 모든 사항이 법령 또는 정관의 규정에 위반되지 아니하는지의 여부를 조사하여 창립총회에 보고하여야 한다.

④ 옳은 내용이다.

> **관련판례**
>
> [대법원 1994.1.28, 선고, 93다50215, 판결]
> 설립중의 회사라 함은 주식회사의 설립과정에서 발기인이 회사의 설립을 위하여 필요한 행위로 인하여 취득하게 된 권리의무가 회사의 설립과 동시에 그 설립된 회사에 귀속되는 관계를 설명하기 위한 강학상의 개념으로서 정관이 작성되고 발기인이 적어도 1주 이상의 주식을 인수하였을 때 비로소 성립하는 것이고, 이러한 설립중의 회사로서의 실체가 갖추어지기 이전에 발기인이 취득한 권리, 의무는 구체적 사정에 따라 발기인 개인 또는 발기인조합에 귀속되는 것으로서 이들에게 귀속된 권리의무를 설립 후의 회사에 귀속시키기 위하여는 양수나 채무인수 등의 특별한 이전행위가 있어야 한다.

⑤ 과실 불문하고 책임을 지는 무과실책임이다.

> 제326조(회사불성립의 경우의 발기인의 책임) ① 회사가 성립하지 못한 경우에는 발기인은 그 설립에 관한 행위에 대하여 연대하여 책임을 진다.
> ② 전항의 경우에 회사의 설립에 관하여 지급한 비용은 발기인이 부담한다.

TOPIC 03 • 변태설립사항

013

상법상 주식회사 설립에 관한 다음 사례의 설명 중에서 틀린 것은?

> A는 단독으로 자본금 5천만원(1주 액면가액 5천원, 설립시 발행주식총수 1만주)으로 하는 甲주식회사를 발기설립하고자 한다. 정관에 발기인으로 기명날인한 A는 설립중의 회사의 기관의 지위에서 甲회사 성립 후에 B로부터 원재료를 2천만원에 양수한다는 계약을 체결하였으나, 이 계약에 관하여 甲회사 원시정관에는 A의 경과실로 아무런 기재도 하지 않았다. 그런데 甲회사 원시정관에는 발기인 A의 보수의 대가로 5백만원을 지급한다는 사항, 회사 창업 공로의 대가로 A가 가진 보통주식에 복수의 의결권을 부여해 준다는 내용이 기재되어 있다(상법 소정의 변태설립에 필요한 모든 절차를 거침).

① 발기인 A와 B간의 계약은 무효이므로 B는 甲.
② B에게 손해가 발생한 경우 B는 A에게 상법 제322조 제2항의 발기인의 제3자에 대한 손해배상책임을 물을 수 있다.
③ A는 회사성립 후 보수 5백만원을 甲회사에 청구할 수 있다.
④ 상법 소정의 변태설립에 필요한 모든 절차를 밟았어도 甲회사가 A의 보수가 부당하게 과대 지급된 것을 입증한 경우 甲회사는 A에게 손해배상을 청구할 수 있다.
⑤ 甲회사 창업에 기여한 대가로 A가 회사로부터 자신 소유의 보통주식에 복수의결권을 부여받기로 한 약정은 무효이다.

••••••••••••••••••

① 원재료 구입계약은 변태설립사항 중 「재산인수」에 해당한다. 따라서 정관에 규정하지 않으면 회사에 효력이 미치지 않는다.
② 제3자인 B에 대한 손해배상책임은 고의 또는 중과실 책임인데 지문상 A는 경과실이므로 책임이 없다.
③ 발기인이 받을 보수는 '설립비용 등'에 해당한다. 정관에 기재된 이상 회사에 청구할 수 있다.

> **제290조(변태설립사항)** 다음의 사항은 정관에 기재함으로써 그 효력이 있다.
> 1. 발기인이 받을 특별이익과 이를 받을 자의 성명
> 2. 현물출자를 하는 자의 성명과 그 목적인 재산의 종류, 수량, 가격과 이에 대하여 부여할 주식의 종류와 수
> 3. 회사성립후에 양수할 것을 약정한 재산의 종류, 수량, 가격과 그 양도인의 성명
> 4. <u>회사가 부담할 설립비용과 발기인이 받을 보수액</u>

④ 검사인(공증인)의 조사와 같은 변태설립사항 조사절차를 이행하였다고 하더라도 보수가 과대하게 지급되었다면 실질적으로 위법한 경우이므로 회사는 A에게 손해배상을 청구할 수 있다. 이 경우 검사인 등도 악의 또는 중대한 과실이 있는 경우 회사에 대해 손해배상책임을 부담한다.
⑤ 주주평등의 원칙에 반하는 특별이익(예컨대 의결권에 대한 특혜, 이익배당률의 차등)은 인정하지 않는다.

013 ②

014

상법상 주식회사의 변태설립사항에 관한 설명으로 옳은 것은?

① 발기인에 대한 회사설비 이용에 관한 특혜의 부여는 회사설립사무에 종사한 노동의 대가로써 받는 발기인의 보수이다.
② 회사의 설립비용은 정관에 기재함으로써 그 효력이 발생하고 주식청약서에는 기재할 필요가 없다.
③ 영업용 컴퓨터를 현물출자하는 경우에는 납입기일의 다음날로부터 30일 이내에 출자의 목적물을 인도하면 된다.
④ 유가증권은 현물출자의 목적인 재산에 해당되지 않는다.
⑤ 판례에 의하면 개업준비를 위한 금전차입은 설립비용에 포함되지 않는다.

·······························

① 발기인의 보수가 아니라 특별이익에 해당한다.

> 제290조(변태설립사항) 다음의 사항은 정관에 기재함으로써 그 효력이 있다.
> 1. 발기인이 받을 특별이익과 이를 받을 자의 성명
> 2. 현물출자를 하는 자의 성명과 그 목적인 재산의 종류, 수량, 가격과 이에 대하여 부여할 주식의 종류와 수
> 3. 회사성립후에 양수할 것을 약정한 재산의 종류, 수량, 가격과 그 양도인의 성명
> 4. 회사가 부담할 설립비용과 발기인이 받을 보수액

② 변태설립사항이므로 주식청약서에도 기재하여야 한다. 정관에 기재하는 주요한 사항은 주식청약서에도 기재해야 한다고 정리하면 된다.

> 제302조(주식인수의 청약, 주식청약서의 기재사항) ② 주식청약서는 발기인이 작성하고 다음의 사항을 적어야 한다.
> 1. 정관의 인증년월일과 공증인의 성명
> 2. 제289조제1항과 제290조에 게기한 사항
> 3. 회사의 존립기간 또는 해산사유를 정한 때에는 그 규정
> 4. 각 발기인이 인수한 주식의 종류와 수
> 5. 제291조에 게기한 사항
> 5의2. 주식의 양도에 관하여 이사회의 승인을 얻도록 정한 때에는 그 규정
> 6. 삭제 〈2011.4.14.〉
> 7. 주주에게 배당할 이익으로 주식을 소각할 것을 정한 때에는 그 규정
> 8. 일정한 시기까지 창립총회를 종결하지 아니한 때에는 주식의 인수를 취소할 수 있다는 뜻
> 9. 납입을 맡을 은행 기타 금융기관과 납입장소
> 10. 명의개서대리인을 둔 때에는 그 성명·주소 및 영업소

③ 납입기일에 지체없이 인도하여야 한다.

> 제295조(발기설립의 경우의 납입과 현물출자의 이행) ① 발기인이 회사의 설립 시에 발행하는 주식의 총수를 인수한 때에는 지체없이 각 주식에 대하여 그 인수가액의 전액을 납입하여야 한다. 이 경우 발기인은 납입을 맡을 은행 기타 금융기관과 납입장소를 지정하여야 한다.
> ② 현물출자를 하는 발기인은 납입기일에 지체없이 출자의 목적인 재산을 인도하고 등기, 등록 기타 권리의 설정 또는 이전을 요할 경우에는 이에 관한 서류를 완비하여 교부하여야 한다.

④ 유가증권도 금전 이외의 재산이므로 현물출자에 포함한다.

014 ⑤

⑤ 개업준비를 위한 금전차입은 개업준비비로서 설립비용에 포함되지 않는다. 개업준비행위가 발기인의 권한 범위에는 포함된다는 것과 혼동하지 말자.

> **관련판례**
>
> [대법원 1965.4.13, 선고, 64다1940, 판결]
> 피고조합은 그 조합원의 가구의 공동생산, 공동가공, 공동소비를 목적으로 하여 설립된 조합인 바 피고조합이 설립되기 전의 설립중인 피고조합 발기인들이 관청에서 하는 부당한 가구 등의 도급수의계약체결을 방지하는데 공동노력하기로 하고 그에 필요한 비용을 차입한 금원은 특별한 사정이 없는 한 설립중인 위 조합의 설립자체를 위한 비용이라고 볼 수 없는 것을 그 조합의 목적사업을 위한 비용이라 하여 설립후의 조합에게 변제할 책임이 있다고 판단하였음은 설립중인 법인의 행위에 대하여서의 설립후의 법인의 책임에 관한 법리를 오해한 위법이 있다고 할 것이다.

015

甲주식회사의 발기인 A와 B는 납입자본금총액을 1억 6천만원으로 정한 후 A는 1억원을 현금으로 납입하고, B는 甲회사의 창고부지로 사용하기 위하여 6천만원에 상당하는 B소유 토지를 현물출자하기로 하였다. 상법상 다음의 설명 중 옳은 것은? (이견이 있으면 판례에 의함)

① A가 납입금 1억원 중 9천만원을 사채업자로부터 일시차입하여 주금납입의 외형을 갖추고 회사설립절차를 마친 후 바로 납입금을 인출하여 차입금을 변제하였다면 이는 회사설립의 중대한 하자가 되어 회사설립무효의 원인이 된다.
② B는 자신의 성명, 현물출자하는 재산의 종류와 가격 및 이에 대하여 부여할 주식의 종류와 수를 정관에 기재하고 납입기일에 지체없이 해당 토지에 대한 소유권 이전등기를 마쳐야 한다.
③ B가 현물출자한 재산총액이 자본금총액의 5분의 1을 초과하고 대통령령으로 정한 금액을 초과하기 때문에 현물출자의 이행에 관하여 법원이 선임한 검사인 또는 공인된 감정인의 조사를 받아야 한다.
④ 법원이 선임한 검사인은 B의 현물출자 재산이 과대평가되었다고 판단한 경우에 한하여 그 결과를 법원에 보고하고 법원은 조사결과 보고서를 각 발기인에게 교부하여야 한다.
⑤ B의 현물출자에 대한 법원선임 검사인의 조사는 공인된 감정인의 감정으로 대신할 수 있으며 이 경우 감정인은 조사 또는 감정결과를 발기인에게 보고하여야 한다.

••••••••••••••••••••••••

① 통모가장납입과는 달리 차입가장납입은 유효하다.

> **관련판례**
>
> [대법원 1998.12.23, 선고, 97다20649, 판결 외]
> 주식회사를 설립하면서 일시적인 차입금으로 주금납입의 외형을 갖추고 회사 설립절차를 마친 다음 바로 그 납입금을 인출하여 차입금을 변제하는 이른바 가장납입의 경우에도 주금납입의 효력을 부인할 수는 없다.

015 ③

② 이전등기에 필요한 서류를 교부하면 된다.

> **제295조(발기설립의 경우의 납입과 현물출자의 이행)** ② 현물출자를 하는 발기인은 납입기일에 지체없이 출자의 목적인 재산을 인도하고 등기, 등록 기타 권리의 설정 또는 이전을 요할 경우에는 이에 관한 <u>서류를 완비하여 교부하여야 한다.</u>

③ 현물출자한 재산총액이 자본총액의 1/5(3200만원)을 초과하고 대통령령으로 정한 금액(5천만원)을 초과하므로 검사인의 조사, 보고가 제외되는 경우에 해당하지 않는다.

> **제299조(검사인의 조사, 보고)** ② 제1항은 다음 각 호의 어느 하나에 해당할 경우에는 적용하지 아니한다.
>   1. 제290조제2호 및 제3호의 <u>재산총액이 자본금의 5분의 1을 초과하지 아니하고 대통령령으로 정한 금액을 초과하지 아니하는 경우</u>

④ 문제에서 甲 주식회사의 발기인 A가 금전을, 발기인 B가 현물을 출자한다고 나와 있고 다른 출자자에 대한 내용이 없으므로「발기설립」에 해당한다. 발기설립에서 법원이 선임한 검사인은 과대평가 여부를 불문하고 현물출자의 이행을 법원에 보고하여야 하고, 법원이 아니라 검사인이 조사보고서 등본을 각 발기인에게 교부하여야 한다.

> **제299조(검사인의 조사, 보고)** ① <u>검사인은 제290조 각 호의 사항과 제295조에 따른 현물출자의 이행을 조사하여 법원에 보고하여야 한다.</u>
> ② 제1항은 다음 각 호의 어느 하나에 해당할 경우에는 적용하지 아니한다.
>   1. 제290조제2호 및 제3호의 재산총액이 자본금의 5분의 1을 초과하지 아니하고 대통령령으로 정한 금액을 초과하지 아니하는 경우
>   2. 제290조제2호 또는 제3호의 재산이 거래소에서 시세가 있는 유가증권인 경우로서 정관에 적힌 가격이 대통령령으로 정한 방법으로 산정된 시세를 초과하지 아니하는 경우
>   3. 그 밖에 제1호 및 제2호에 준하는 경우로서 대통령령으로 정하는 경우
> ③ <u>검사인은 제1항의 조사보고서를 작성한 후 지체 없이 그 등본을 각 발기인에게 교부하여야 한다.</u>
> ④ 검사인의 조사보고서에 사실과 다른 사항이 있는 경우에는 발기인은 이에 대한 설명서를 법원에 제출할 수 있다.

⑤ 발기설립의 경우, 법원이 선임한 검사인과 마찬가지로 감정인 역시 조사결과를 (발기인이 아니라) 법원에 보고하여야 한다.

> **제299조의2(현물출자등의 증명)** 제290조제1호 및 제4호에 기재한 사항에 관하여는 공증인의 조사·보고로, 제290조제2호 및 제3호의 규정에 의한 사항과 제295조의 규정에 의한 현물출자의 이행에 관하여는 공인된 감정인의 감정으로 제299조제1항의 규정에 의한 검사인의 조사에 갈음할 수 있다. 이 경우 <u>공증인 또는 감정인은 조사 또는 감정결과를 법원에 보고하여야 한다.</u>

016

상법상 주식회사의 설립에 관한 설명으로 틀린 것은?

① 판례에 의하면 설립중의 회사는 정관이 작성되고 발기인이 적어도 1주 이상의 주식을 인수하였을 때에 성립한다.
② 판례에 의하면 발기인이 설립중의 회사 명의로 그 권한 내에서 한 행위의 효과는 회사의 설립과 동시에 그 설립된 회사에 귀속된다.
③ 발기인이 받을 보수액은 정관에 기재해야 효력이 있고 법원이 선임한 검사인의 조사를 받거나 공증인의 조사·보고를 받아야 한다.
④ 발기설립에서 이사와 감사는 취임 후 지체 없이 회사의 설립에 관한 모든 사항이 법령 또는 정관의 규정에 위반되지 아니하는지의 여부를 조사하여 발기인에게 보고하여야 한다.
⑤ 모집설립에서 검사인은 현물출자와 그 이행을 조사하여 법원에 보고하여야 하고 법원은 현물출자가 부당하다고 인정하면 이를 변경할 수 있다.

··························

① 「발기인 1주 이상 인수시설」에 대한 설명이다.

> **관련판례**
>
> [대법원 2000. 1. 28. 선고 99다35737 판결]
> 설립중의 회사가 성립하기 위해서는 정관이 작성되고 발기인이 적어도 1주 이상의 주식을 인수하였을 것을 요건으로 한다.

② 발기인이 설립 중의 회사의 대표기관으로서 법률행위를 하면 일단 그 법률효과는 설립 중의 회사에 귀속되었다가 회사의 설립등기 이후에 별도의 이전행위를 거치지 않더라도 당연히 성립 후의 회사에 승계된다.

> **관련판례**
>
> [대법원 1994.1.28. 선고, 93다50215, 판결]
> 설립중의 회사라 함은 주식회사의 설립과정에서 발기인이 회사의 설립을 위하여 필요한 행위로 인하여 취득하게 된 권리의무가 회사의 설립과 동시에 그 설립된 회사에 귀속되는 관계를 설명하기 위한 강학상의 개념으로서 정관이 작성되고 발기인이 적어도 1주 이상의 주식을 인수하였을 때 비로소 성립하는 것이고, 이러한 설립중의 회사로서의 실체가 갖추어지기 이전에 발기인이 취득한 권리, 의무는 구체적 사정에 따라 발기인 개인 또는 발기인조합에 귀속되는 것으로서 이들에게 귀속된 권리의무를 설립 후의 회사에 귀속시키기 위하여는 양수나 채무인수 등의 특별한 이전행위가 있어야 한다.

③ 변태설립사항 중 '발기인의 보수'에 관한 설명이다.

> 제290조(변태설립사항) 다음의 사항은 정관에 기재함으로써 그 효력이 있다.
>   4. 회사가 부담할 설립비용과 발기인이 받을 보수액
>
> 제299조(검사인의 조사, 보고) ① 검사인은 제290조 각 호의 사항과 제295조에 따른 현물출자의 이행을 조사하여 법원에 보고하여야 한다.
>
> 제299조의2(현물출자 등의 증명) 제290조제1호 및 제4호에 기재한 사항에 관하여는 공증인의 조사·보고로, 제290조 제2호 및 제3호의 규정에 의한 사항과 제295조의 규정에 의한 현물출자의 이행에 관하여는 공인된 감정인의 감정으로 제299조제1항의 규정에 의한 검사인의 조사에 갈음할 수 있다. 이 경우 공증인 또는 감정인은 조사 또는 감정결과를 법원에 보고하여야 한다.

016 ⑤

④ 이사와 감사가 설립경과를 조사하면 그 조사한 사항을, (ⅰ) 발기설립에서는 발기인에게 보고하는 반면(제298조 제1항), 모집설립에서는 창립총회에 보고한다(제313조 제1항).

> **제298조(이사·감사의 조사·보고와 검사인의 선임청구)** ① 이사와 감사는 취임후 지체없이 회사의 설립에 관한 모든 사항이 법령 또는 정관의 규정에 위반되지 아니하는지의 여부를 조사하여 발기인에게 보고하여야 한다.
> **제313조(이사, 감사의 조사, 보고)** ① 이사와 감사는 취임후 지체없이 회사의 설립에 관한 모든 사항이 법령 또는 정관의 규정에 위반되지 아니하는지의 여부를 조사하여 창립총회에 보고하여야 한다.

⑤ 검사인이 변태설립사항을 조사하면 그 조사한 사항을, (ⅰ) 발기설립에서는 법원에 보고한 후(제299조 제1항) 법원이 변경조치를 취하는 반면(제300조 제1항), (ⅱ) 모집설립에서는 창립총회에 보고한 후(제310조 제2항) 창립총회가 변경조치를 취한다(제314조 제1항).

> **제299조(검사인의 조사, 보고)** ① 검사인은 제290조 각 호의 사항과 제295조에 따른 현물출자의 이행을 조사하여 법원에 보고하여야 한다.
> **제300조(법원의 변경처분)** ① 법원은 검사인 또는 공증인의 조사보고서 또는 감정인의 감정결과와 발기인의 설명서를 심사하여 제290조의 규정에 의한 사항을 부당하다고 인정한 때에는 이를 변경하여 각 발기인에게 통고할 수 있다.
> **제310조(변태설립의 경우의 조사)** ① 정관으로 제290조에 게기한 사항을 정한 때에는 발기인은 이에 관한 조사를 하게 하기 위하여 검사인의 선임을 법원에 청구하여야 한다.
> ② 전항의 검사인의 보고서는 이를 창립총회에 제출하여야 한다.
> **제314조(변태설립사항의 변경)** ① 창립총회에서는 제290조에 게기한 사항이 부당하다고 인정한 때에는 이를 변경할 수 있다.

017

상법상 주식회사의 모집설립 절차에 관한 설명으로 틀린 것은?

① 설립절차를 주관하는 자는 정관에 발기인으로 기명날인 또는 서명을 하지 않은 이상 주식을 인수할 의무가 없다.
② 발기인이 현물출자를 하는 경우 발기인의 성명과 그 목적인 재산의 종류, 수량, 가격과 이에 대하여 부여할 주식의 종류와 수를 주식청약서에 기재해야 한다.
③ 주식청약서에 기재된 주소로 주식청약인에 대한 통지 또는 최고가 이루어진 경우, 그 통지 또는 최고는 보통 그 도달할 시기에 도달한 것으로 본다.
④ 주식인수인이 인수가액을 납입하지 않은 때에는 실권절차를 거치지 않아도 그 권리를 잃는다.
⑤ 창립총회에서는 정관에 기재되어 있는 발기인이 받을 보수액이 부당하다고 인정한 때에는 이를 변경할 수 있다.

· ·

① 발기인에게는 주식을 인수할 의무가 있다. 발기인은 형식적으로 결정되므로, 정관에 기명날인 또는 서명한 자가 발기인이다.

> **제289조(정관의 작성, 절대적 기재사항)** ① 발기인은 정관을 작성하여 다음의 사항을 적고 각 발기인이 기명날인 또는 서명하여야 한다.

017 ④

    1. 목적
    2. 상호
    3. 회사가 발행할 주식의 총수
    4. 액면주식을 발행하는 경우 1주의 금액
    5. 회사의 설립 시에 발행하는 주식의 총수
    6. 본점의 소재지
    7. 회사가 공고를 하는 방법
    8. **발기인의 성명·주민등록번호 및 주소**
    9. 삭제

② 변태설립사항은 정관의 상대적 기재사항이다. 정관에 기재해야 하는 중요한 사항은 주식청약서에도 기재해야 한다고 정리하면 된다.

제290조(변태설립사항) 다음의 사항은 <u>정관에 기재함으로써 그 효력이 있다.</u>
  1. 발기인이 받을 특별이익과 이를 받을 자의 성명
  2. <u>현물출자를 하는 자의 성명과 그 목적인 재산의 종류, 수량, 가격과 이에 대하여 부여할 주식의 종류와 수</u>
  3. 회사성립 후에 양수할 것을 약정한 재산의 종류, 수량, 가격과 그 양도인의 성명
  4. 회사가 부담할 설립비용과 발기인이 받을 보수액

제302조(주식인수의 청약, 주식청약서의 기재사항) ② 주식청약서는 발기인이 작성하고 다음의 사항을 적어야 한다.
  1. 정관의 인증년월일과 공증인의 성명
  2. 제289조제1항과 제290조에 게기한 사항
  3. 회사의 존립기간 또는 해산사유를 정한 때에는 그 규정
  4. 각 발기인이 인수한 주식의 종류와 수
  5. 제291조에 게기한 사항
      5의2. 주식의 양도에 관하여 이사회의 승인을 얻도록 정한 때에는 그 규정
  6. 삭제
  7. 주주에게 배당할 이익으로 주식을 소각할 것을 정한 때에는 그 규정
  8. 일정한 시기까지 창립총회를 종결하지 아니한 때에는 주식의 인수를 취소할 수 있다는 뜻
  9. 납입을 맡을 은행 기타 금융기관과 납입장소
  10. 명의개서대리인을 둔 때에는 그 성명·주소 및 영업소

③ 추정이 아니라 간주이다. 추정규정만 별도로 정리하고, 나머지는 다 간주라고 생각하면 된다.

제304조(주식인수인 등에 대한 통지, 최고) ① <u>주식인수인 또는 주식청약인에 대한 통지나 최고는 주식인수증 또는 주식청약서에 기재한 주소 또는 그 자로부터 회사에 통지한 주소로 하면 된다.</u>
② <u>전항의 통지 또는 최고는 보통 그 도달할 시기에 도달한 것으로 본다.</u>

④ (ⅰ)「발기설립」시 주식인수인이 출자이행을 하지 않으면 민법의 일반원칙에 따라 강제이행을 한다. (ⅱ) 반면에「모집설립」의 경우에는 출자불이행에 대해 특칙으로서 실권절차가 규정되어 있다(제307조). (ⅲ) 참고로「유상증자」의 경우에는 실권절차 없이 당연실권된다.

제307조(주식인수인의 실권절차) ① <u>주식인수인이 제305조의 규정에 의한 납입을 하지 아니한 때에는 발기인은 일정한 기일을 정하여 그 기일내에 납입을 하지 아니하면 그 권리를 잃는다는 뜻을 기일의 2주간전에 그 주식인수인에게 통지하여야 한다.</u>
② 전항의 통지를 받은 주식인수인이 <u>그 기일내에 납입의 이행을 하지 아니한 때에는 그 권리를 잃는다.</u> 이 경우에는 발기인은 다시 그 주식에 대한 주주를 모집할 수 있다.

⑤ 검사인이 변태설립사항을 조사하면 그 조사한 사항을, (ⅰ) 발기설립에서는 법원에 보고한 후 법원이 변경조치를 취하는 반면, (ⅱ) 모집설립에서는 창립총회에 보고한 후 창립총회가 변경조치를 취한다.

변태설립사항 조사	빨 / 리 / 법 모 / 발 / 창		법원에 검사인 선임청구	검사인의 보고
		발기설립	이사가	법원에
		모집설립	발기인이	창립총회에

■ 발기설립의 경우

제299조(검사인의 조사, 보고) ① 검사인은 제290조 각 호의 사항과 제295조에 따른 현물출자의 이행을 조사하여 **법원에 보고**하여야 한다.

제300조(법원의 변경처분) ① 법원은 검사인 또는 공증인의 조사보고서 또는 감정인의 감정결과와 발기인의 설명서를 심사하여 제290조의 규정에 의한 사항을 <u>부당하다고 인정한 때에는 이를 변경</u>하여 각 발기인에게 통고할 수 있다.

■ 모집설립의 경우

제310조(변태설립의 경우의 조사) ① 정관으로 제290조에 게기한 사항을 정한 때에는 발기인은 이에 관한 조사를 하게 하기 위하여 검사인의 선임을 법원에 청구하여야 한다.
② 전항의 <u>검사인의 보고서는 이를 창립총회에 제출</u>하여야 한다.

제314조(변태설립사항의 변경) ① <u>창립총회에서는</u> 제290조에 게기한 사항이 부당하다고 인정한 때에는 <u>이를 변경할 수 있다.</u>

018

상법상 주식회사의 모집설립에 관한 설명으로 옳은 것은?

① 발기인은 주식인수가액의 납입을 맡을 은행 기타 금융기관과 납입장소를 정하여야 한다.
② 발기인은 납입금의 보관자 또는 납입장소를 변경한 때에는 이를 법원에 신고하여야 한다.
③ 이사는 변태설립사항에 관한 조사를 하게 하기 위하여 검사인의 선임을 법원에 청구하여야 한다.
④ 창립총회의 결의는 출석한 주식인수인의 의결권의 과반수와 인수된 주식총수의 3분의 1 이상의 수로써 하여야 한다.
⑤ 법원이 선임한 검사인이 악의 또는 과실로 인하여 그 임무를 해태한 때에는 회사 또는 제3자에 대하여 손해를 배상할 책임이 있다.

••••••••••••••••••••

① 발기설립이건 모집설립이건 인수가액을 납입하는 곳은 "발기인이 지정한 은행 기타 금융기관과 납입장소"이다.

제302조(주식인수의 청약, 주식청약서의 기재사항)
② 주식청약서는 발기인이 작성하고 다음의 사항을 적어야 한다.
　1. 정관의 인증년월일과 공증인의 성명
　2. 제289조제1항과 제290조에 게기한 사항
　3. 회사의 존립기간 또는 해산사유를 정한 때에는 그 규정
　4. 각 발기인이 인수한 주식의 종류와 수
　5. 제291조에 게기한 사항
　　5의2. 주식의 양도에 관하여 이사회의 승인을 얻도록 정한 때에는 그 규정

018 ①

> 6. 삭제 〈2011.4.14.〉
> 7. 주주에게 배당할 이익으로 주식을 소각할 것을 정한 때에는 그 규정
> 8. 일정한 시기까지 창립총회를 종결하지 아니한 때에는 주식의 인수를 취소할 수 있다는 뜻
> 9. 납입을 맡을 은행 기타 금융기관과 납입장소
> 10. 명의개서대리인을 둔 때에는 그 성명·주소 및 영업소

② 법원에 신고하면 족한 것이 아니라 법원의 허가를 얻어야 한다. 「모집설립」의 경우에는 그 은행 기타 금융기관과 납입장소를 반드시 주식청약서에 기재해야 하고, 이를 변경하기 위해서는 법원의 허락을 얻어야 한다는 점에서 「발기설립」과 구별된다.

> **제295조(발기설립의 경우의 납입과 현물출자의 이행)** ① 발기인이 회사의 설립 시에 발행하는 주식의 총수를 인수한 때에는 지체없이 각 주식에 대하여 그 인수가액의 전액을 납입하여야 한다. 이 경우 발기인은 납입을 맡을 은행 기타 금융기관과 납입장소를 지정하여야 한다.
>
> **제301조(모집설립의 경우의 주식모집)** 발기인이 회사의 설립시에 발행하는 주식의 총수를 인수하지 아니하는 때에는 주주를 모집하여야 한다.
>
> **제306조(납입금의 보관자 등의 변경)** 납입금의 보관자 또는 납입장소를 변경할 때에는 법원의 허가를 얻어야 한다.

③ 발기설립의 경우에는 이사가(제298조 제4항), 모집설립의 경우에는 발기인이(제310조 제1항) 법원에 검사인선임을 청구한다. 틀리기 쉬운 내용이니 반드시 암기하여야 한다(빨리법 모발창).

> **제298조(이사·감사의 조사·보고와 검사인의 선임청구)** ④ 정관으로 제290조 각호의 사항을 정한 때에는 이사는 이에 관한 조사를 하게 하기 위하여 검사인의 선임을 법원에 청구하여야 한다. 다만, 제299조의2의 경우에는 그러하지 아니하다.
>
> **제310조(변태설립의 경우의 조사)** ① 정관으로 제290조에 게기한 사항을 정한 때에는 발기인은 이에 관한 조사를 하게 하기 위하여 검사인의 선임을 법원에 청구하여야 한다.
> ② 전항의 검사인의 보고서는 이를 창립총회에 제출하여야 한다.
> ③ 제298조제4항 단서 및 제299조의2의 규정은 제1항의 조사에 관하여 이를 준용한다.

④ 출석한 주식인수인의 의결권의 과반수가 아니라 3분의 2 이상이고, 인수된 주식 총수의 3분의 1 이상이 아니라 과반수이다. 아직 회사가 성립되기 이전이므로 '주주'가 아니라 '주식인수인'이라는 점에도 주의하여야 한다.

> **제309조(창립총회의 결의)** 창립총회의 결의는 출석한 주식인수인의 의결권의 3분의 2 이상이며 인수된 주식의 총수의 과반수에 해당하는 다수로 하여야 한다.

⑤ "악의 또는 과실"이 아니라 "악의 또는 중과실"이 있는 경우에 손해배상책임을 진다. 즉 경과실의 경우에는 검사인의 손해배상책임이 인정되지 않는다.

> **제325조(검사인의 손해배상책임)** 법원이 선임한 검사인이 악의 또는 중대한 과실로 인하여 그 임무를 해태한 때에는 회사 또는 제3자에 대하여 손해를 배상할 책임이 있다.

TOPIC 04 · 설립관여자의 책임 / 가장납입 / 설립하자소송

019

상법상 주식회사의 설립시 주식의 인수, 납입 및 관련 책임에 관한 설명으로 틀린 것은?

① 주식인수의 청약을 하는 자가 진의(眞意)를 가지고 청약하지 않았다는 사실을 발기인이 알았다면 해당 청약은 효력이 없다.
② 회사 설립시에 발행하는 주식의 총수가 인수된 때에는 발기인은 지체없이 주식인수인에 대하여 각 주식에 대한 인수가액의 전액을 납입시켜야 한다.
③ 회사 성립후에는 주식을 인수한 자는 주식청약서의 요건의 흠결을 이유로 하여 그 인수의 무효를 주장할 수 없다.
④ 회사 설립시에 발행한 주식으로서 회사성립 후에 아직 인수되지 아니한 주식이 있을 경우 발기인이 이를 공동으로 인수한 것으로 본다.
⑤ 주식청약서 기타 주식모집에 관한 서면에 성명과 회사의 설립에 찬조하는 뜻을 기재할 것을 승낙한 자는 발기인과 동일한 책임이 있다.

• •

① 비진의 의사표시의 상대방이 이를 알았거나 알 수 있었을 경우에는 무효이지만, 주식의 인수에는 이 규정이 적용되지 않으므로 상대방이 알았거나 알 수 있어도 유효하다.

> 제302조(주식인수의 청약, 주식청약서의 기재사항)
> ③ 민법 제107조제1항 단서의 규정은 주식인수의 청약에는 적용하지 아니한다.
>
> ■ 민법
> 제107조(진의 아닌 의사표시) ① 의사표시는 표의자가 진의아님을 알고 한 것이라도 그 효력이 있다. 그러나 상대방이 표의자의 진의아님을 알았거나 이를 알 수 있었을 경우에는 무효로 한다.
> ② 전항의 의사표시의 무효는 선의의 제3자에게 대항하지 못한다.

② 전액납입주의에 대한 설명이다.

> 제305조(주식에 대한 납입) ① 회사설립시에 발행하는 주식의 총수가 인수된 때에는 발기인은 지체없이 주식인수인에 대하여 각 주식에 대한 인수가액의 전액을 납입시켜야 한다.

③ 회사설립시 주식발행의 경우, 주식인수인이 (i) 창립총회에서 권리를 행사하거나, (ⅱ) 설립등기를 한 후에는 주식청약서의 요건의 흠결을 이유로 하는 무효를 주장하거나 사기·강박·착오를 이유로 하는 취소권을 행사하지 못한다.

> 제320조(주식인수의 무효 주장, 취소의 제한) ① 회사성립 후에는 주식을 인수한 자는 주식청약서의 요건의 흠결을 이유로 하여 그 인수의 무효를 주장하거나 사기, 강박 또는 착오를 이유로 하여 그 인수를 취소하지 못한다.

④ 발기인의 인수담보책임을 말한다.

> 제321조(발기인의 인수, 납입담보책임) ① 회사설립시에 발행한 주식으로서 회사성립후에 아직 인수되지 아니한 주식이 있거나 주식인수의 청약이 취소된 때에는 발기인이 이를 공동으로 인수한 것으로 본다.

019 ①

⑤ 유사발기인의 책임을 말한다.

> **제327조(유사발기인의 책임)** 주식청약서 기타 주식모집에 관한 서면에 성명과 회사의 설립에 찬조하는 뜻을 기재할 것을 승낙한 자는 발기인과 동일한 책임이 있다.

020

상법상 주식회사의 설립에 관한 설명으로 틀린 것은?

① 자본금 총액 10억원 미만인 회사를 상법 제295조 제1항에 따라 발기설립하는 경우에 정관은 공증인의 인증을 받지 않아도 그 효력이 발생한다.
② 발기인이 회사의 설립에 관하여 그 임무를 해태한 경우에는 회사에 대하여 연대하여 손해배상책임을 부담한다.
③ 회사 설립시에 발행한 주식으로서 회사 성립 후에 아직 인수되지 아니한 주식이 있는 경우에는 발기인이 이를 공동으로 인수한 것으로 본다.
④ 주식청약서에 성명과 회사의 설립에 찬조하는 뜻을 기재할 것을 승낙한 자는 발기인과 동일한 책임을 부담한다.
⑤ 회사가 성립하지 못한 경우에 발기인은 그 설립에 관한 행위에 대하여 과실이 있는 경우에만 책임을 부담한다.

- - - - - - - - - - - - - - - - - - -

① 소규모회사의 특례는 "소발/공/납/생략"으로 정리하자.

> **제292조(정관의 효력발생)** 정관은 공증인의 인증을 받음으로써 효력이 생긴다. 다만, 자본금 총액이 10억원 미만인 회사를 제295조제1항에 따라 발기설립(發起設立)하는 경우에는 제289조제1항에 따라 각 발기인이 정관에 기명날인 또는 서명함으로써 효력이 생긴다.

② 임무를 해태한 발기인 간에 부진정연대책임이 인정된다.

> **제322조(발기인의 손해배상책임)** ① 발기인이 회사의 설립에 관하여 그 임무를 해태한 때에는 그 발기인은 회사에 대하여 연대하여 손해를 배상할 책임이 있다.
> ② 발기인이 악의 또는 중대한 과실로 인하여 그 임무를 해태한 때에는 그 발기인은 제3자에 대하여도 연대하여 손해를 배상할 책임이 있다.

③ 과실여부를 불문하고 발기인에게 인수담보책임이 인정된다.

> **제321조(발기인의 인수, 납입담보책임)** ① 회사설립시에 발행한 주식으로서 회사성립후에 아직 인수되지 아니한 주식이 있거나 주식인수의 청약이 취소된 때에는 발기인이 이를 공동으로 인수한 것으로 본다.
> ② 회사성립후 제295조제1항 또는 제305조제1항의 규정에 의한 납입을 완료하지 아니한 주식이 있는 때에는 발기인은 연대하여 그 납입을 하여야 한다.
> ③ 제315조의 규정은 전2항의 경우에 준용한다.

④ 유사발기인은 발기인과 동일한 책임이 있다. 여기서 유사발기인이란 "주식청약서 기타 주식모집에 관한 서면에 성명과 회사의 설립에 찬조하는 뜻을 기재할 것을 승낙한 자"를 말한다.

020 ⑤

> **제327조(유사발기인의 책임)** 주식청약서 기타 주식모집에 관한 서면에 성명과 회사의 설립에 찬조하는 뜻을 기재할 것을 승낙한 자는 발기인과 동일한 책임이 있다.

⑤ 회사 불성립시 발기인의 책임은 무과실책임이다.

> **제326조(회사불성립의 경우의 발기인의 책임)** ① 회사가 성립하지 못한 경우에는 발기인은 그 설립에 관한 행위에 대하여 연대하여 책임을 진다.
> ② 전항의 경우에 회사의 설립에 관하여 지급한 비용은 발기인이 부담한다.

021

상법상 주식회사 발기인의 회사에 대한 자본충실책임에 관한 설명으로 틀린 것은?

① 설립등기 후 주식인수인의 주식인수의 청약이 취소된 때는 별도의 의사표시가 없어도 발기인이 이를 인수한 것으로 본다.
② 설립등기 후 주식인수인이 납입을 완료하지 않은 주식이 있는 때는 발기인이 납입담보책임을 부담한다.
③ 주식인수인이 납입을 해태한 경우 발기인이 납입담보책임을 이행하면 주식인수인이 그 주식을 취득한다.
④ 주식인수인이 인수를 취소한 주식에 대해 발기인이 인수담보책임을 이행하면 발기인이 그 주식을 취득한다.
⑤ 발기인의 인수담보책임이나 납입담보책임은 총주주의 동의로 면제할 수 있다.

······················

① 미성년자가 회사 설립 이후 주식인수를 취소한 경우를 생각하면 된다. 회사 설립시 발행한 주식으로써 설립등기 후 주식인수가 취소된 경우 발기인이 이를 공동으로 인수한 것으로 본다(인수담보책임).

> **제321조(발기인의 인수, 납입담보책임)** ① 회사설립시에 발행한 주식으로서 회사성립후에 아직 인수되지 아니한 주식이 있거나 주식인수의 청약이 취소된 때에는 발기인이 이를 공동으로 인수한 것으로 본다.

② 설립시 발기인은 납입담보책임을 부담한다.

> **제321조(발기인의 인수, 납입담보책임)** ② 회사성립후 제295조제1항 또는 제305조제1항의 규정에 의한 납입을 완료하지 아니한 주식이 있는 때에는 발기인은 연대하여 그 납입을 하여야 한다.

③ 발기인이 납입담보책임을 부담한 경우 납입을 해태한 주식인수인이 주주가 되며, 발기인은 그 주주에 대한 구상권 행사가 가능하다.
④ 발기인이 인수담보책임을 이행한 경우 발기인이 주주자격을 취득한다. 주주의 자격은 인수로 확정되기 때문이다. 참고로 설립시와 달리 성립 후 신주발행시의 경우에는 이사는 인수담보책임만을 부담하며 납입담보책임은 없다(제428조 제1항).
⑤ 총주주의 동의로 면제할 수 있는 책임은 회사에 대한 손해배상책임에 한정되며, 자본충실책임은 면제할 수 없다.

021 ⑤

> 제321조(발기인의 인수, 납입담보책임) ① 회사설립시에 발행한 주식으로서 회사성립후에 아직 인수되지 아니한 주식이 있거나 주식인수의 청약이 취소된 때에는 발기인이 이를 공동으로 인수한 것으로 본다.
> ② 회사성립후 제295조제1항 또는 제305조제1항의 규정에 의한 납입을 완료하지 아니한 주식이 있는 때에는 발기인은 연대하여 그 납입을 하여야 한다.
> ③ 제315조의 규정은 전2항의 경우에 준용한다.
>
> 제399조(회사에 대한 책임) ① 이사가 고의 또는 과실로 법령 또는 정관에 위반한 행위를 하거나 그 임무를 게을리한 경우에는 그 이사는 회사에 대하여 연대하여 <u>손해를 배상할 책임</u>이 있다.
>
> 제400조(회사에 대한 책임의 감면) ① <u>제399조에 따른 이사의 책임은 주주 전원의 동의로 면제할 수 있다.</u>

022

상법상 주식회사의 설립에 관한 설명으로 옳은 것은? (이견이 있으면 판례에 의함)

① 발기설립의 경우 납입과 현물출자의 이행이 완료된 때 발기인은 지체없이 의결권의 과반수로 이사와 감사를 선임하여야 하는데, 발기인의 의결권은 1인에 대하여 1개로 한다.
② 발기인이 납입취급은행 이외의 제3자로부터 납입금액을 차입하여 주금을 납입한 다음 회사가 성립하면 즉시 납입금 전액을 인출하는 방식으로 가장납입을 한 경우에도 주금납입의 효력은 있다.
③ 회사의 설립 당시 주식발행사항의 결정에 관하여 정관에 달리 정하고 있지 않은 경우, 발기인의 전원이 동의하더라도 전환주식은 발행할 수 없다.
④ 회사 설립무효는 소만으로 주장할 수 있고, 원고가 승소한 경우 소급효가 인정된다.
⑤ 회사가 성립하지 못한 경우에 발기인은 회사의 설립에 관하여 지급한 비용을 부담하지 않는다.

① 이사·감사 선임시 발기인의 의결권은 1주 1의결권으로 한다. 회사 설립 후 주주총회에서 이사·감사 선임시 주식 수만큼 의결권을 행사할 수 있는 것과 대응해서 생각하면 된다.

> 제296조(발기설립의 경우의 임원선임) ① 전조의 규정에 의한 납입과 현물출자의 이행이 완료된 때에는 <u>발기인은 지체없이 의결권의 과반수로 이사와 감사를 선임하여야 한다.</u>
> ② 발기인의 의결권은 그 인수주식의 1주에 대하여 1개로 한다.

② 통모가장납입과는 달리 차입가장납입은 유효하다.

관련판례

[대법원 1998.12.23, 선고, 97다20649, 판결 외]
주식회사를 설립하면서 일시적인 차입금으로 주금납입의 외형을 갖추고 회사 설립절차를 마친 다음 바로 그 납입금을 인출하여 차입금을 변제하는 이른바 가장납입의 경우에도 주금납입의 효력을 부인할 수는 없다.

③ 전환주식의 발행은 주식발행사항의 결정에 해당한다. 회사설립시 정관작성과 주식발행사항의 결정은 발기인 전원의 동의로 한다.

> 제291조(설립 당시의 주식발행사항의 결정) 회사설립 시에 발행하는 주식에 관하여 다음의 사항은 정관으로 달리 정하지 아니하면 발기인 전원의 동의로 이를 정한다.
> 1. 주식의 종류와 수

022 ②

2. 액면주식의 경우에 액면 이상의 주식을 발행할 때에는 그 수와 금액
　　3. 무액면주식을 발행하는 경우에는 주식의 발행가액과 주식의 발행가액 중 자본금으로 계상하는 금액

④ (ⅰ) 회사설립의 무효는 단체법적 법률관계로서 획일적인 처리가 필요하기 때문에 소(訴)만으로 주장할 수 있다. (ⅱ) 제328조 제2항에서 제190조를 준용하므로, 설립무효판결에는 소급효가 인정되지 않는다.

> **제328조(설립무효의 소)** ① 회사설립의 무효는 <u>주주·이사 또는 감사에 한하여</u> 회사성립의 날로부터 2년내에 <u>소만으로 이를 주장할 수 있다</u>.
> ② <u>제186조 내지 제193조의 규정은 제1항의 소에 준용</u>한다.
>
> **제190조(판결의 효력)** 설립무효의 판결 또는 설립취소의 판결은 제3자에 대하여도 그 효력이 있다. 그러나 <u>판결 확정전에 생긴 회사와 사원 및 제3자간의 권리의무에 영향을 미치지 아니한다</u>.

⑤ 회사불성립시에 발기인들은 그 설립에 관한 행위에 대하여 연대하여 책임을 지고, 회사설립에 관하여 지급한 비용을 부담한다.

> **제326조(회사불성립의 경우의 발기인의 책임)** ① 회사가 성립하지 못한 경우에는 발기인은 그 설립에 관한 행위에 대하여 연대하여 책임을 진다.
> ② 전항의 경우에 <u>회사의 설립에 관하여 지급한 비용은 발기인이 부담한다</u>.

023

상법상 주식회사의 설립에 관한 설명으로 옳은 것은? (이견이 있으면 판례에 의함)

① 회사설립 시에 발행하는 주식의 종류와 수는 정관으로 달리 정하지 아니하면 발기인의 과반수로 이를 정한다.
② 정관은 발기인 2인 이상이 공동으로 작성하여야 한다.
③ 설립중의 회사는 정관이 작성되고 발기인이 적어도 1주 이상의 주식을 인수하면 성립한다.
④ 정관은 설립등기를 함으로써 효력이 생기지만 자본금 총액이 10억원 미만인 회사의 경우 공증인의 인증을 받음으로써 효력이 생긴다.
⑤ 회사가 성립되었으나 인수된 주식의 납입을 완료하지 아니한 때에는 발기인이 이를 공동으로 인수한 것으로 본다.

··········

① 회사설립시 정관작성과 주식발행사항의 결정은 발기인 전원의 동의로 한다.

> **제291조(설립 당시의 주식발행사항의 결정)** 회사설립 시에 발행하는 주식에 관하여 다음의 사항은 <u>정관으로 달리 정하지 아니하면 발기인 전원의 동의로 이를 정한다</u>.
> 　1. <u>주식의 종류와 수</u>
> 　2. 액면주식의 경우에 액면 이상의 주식을 발행할 때에는 그 수와 금액
> 　3. 무액면주식을 발행하는 경우에는 주식의 발행가액과 주식의 발행가액 중 자본금으로 계상하는 금액

② 인적회사(합명, 합자회사)의 경우에는 1인 회사가 인정되지 않지만, 물적회사(주식회사, 유한회사) 및 유한책임회사의 경우 1인회사의 설립과 존속이 모두 가능하다.

> **제288조(발기인)** 주식회사를 설립함에는 발기인이 정관을 작성하여야 한다.

023 ③

③ 「발기인 1주 이상 인수시설」에 대한 설명이다.

> **관련판례**
> [대법원 2000. 1. 28. 선고 99다35737 판결]
> 설립중의 회사가 성립하기 위해서는 정관이 작성되고 발기인이 적어도 1주 이상의 주식을 인수하였을 것을 요건으로 한다.

④ 주식회사의 원시정관은 「공증인의 인증」을 받아야 효력이 생기나, 자본금 총액이 10억원 미만인 주식회사를 발기설립하는 경우에는 공증인의 인증을 요하지 않고 「각 발기인이 정관에 기명날인 또는 서명」을 하면 그 효력이 생긴다. 「소발/공/납/생략」으로 정리하자.

> 제292조(정관의 효력발생) 정관은 공증인의 인증을 받음으로써 효력이 생긴다. 다만, 자본금 총액이 10억원 미만인 회사를 제295조제1항에 따라 발기설립(發起設立)하는 경우에는 제289조제1항에 따라 각 발기인이 정관에 기명날인 또는 서명함으로써 효력이 생긴다.

⑤ 「인수된 주식」의 납입이 완료되지 않은 경우이므로 발기인은 납입담보책임을 진다.

> 제321조(발기인의 인수, 납입담보책임) ② 회사성립후 제295조제1항 또는 제305조제1항의 규정에 의한 납입을 완료하지 아니한 주식이 있는 때에는 발기인은 연대하여 그 납입을 하여야 한다.

024

주식회사가 성립한 경우 발기인의 상법상 책임에 관한 설명으로 틀린 것은?

① 회사 설립시에 발행한 주식으로서 회사 성립후에 주식인수의 청약이 취소된 때에는 발기인이 이를 공동으로 인수한 것으로 본다.
② 비상장회사에서 발행주식총수의 100분의 1 이상에 해당하는 주식을 가진 주주는 회사에 대하여 발기인의 책임을 추궁할 소의 제기를 청구할 수 있다.
③ 발기인이 회사의 설립에 관하여 그 임무를 해태한 경우 회사에 대하여 연대하여 손해를 배상할 책임이 있다.
④ 발기인이 회사의 설립에 관하여 악의 또는 중대한 과실로 인하여 그 임무를 해태한 경우 제3자에 대하여 연대하여 손해를 배상할 책임이 있다.
⑤ 회사의 모집설립시에 인수된 주식 중 납입되지 아니한 주식이 있는 경우 발기인이 부담하는 납입담보책임은 모든 모집주주들의 동의로 면제될 수 있다.

••••••••••••••••••••••

① 발기인의 인수담보책임을 말한다.

> 제321조(발기인의 인수, 납입담보책임) ① 회사설립시에 발행한 주식으로서 회사성립후에 아직 인수되지 아니한 주식이 있거나 주식인수의 청약이 취소된 때에는 발기인이 이를 공동으로 인수한 것으로 본다.
> ② 회사성립후 제295조제1항 또는 제305조제1항의 규정에 의한 납입을 완료하지 아니한 주식이 있는 때에는 발기인은 연대하여 그 납입을 하여야 한다.
> ③ 제315조의 규정은 전2항의 경우에 준용한다.

024 ⑤

② 발기인에 대한 주주의 대표소송을 말한다.

> **제324조(발기인의 책임면제, 주주의 대표소송)** 제400조, 제403조부터 제406조까지 및 제406조의2는 발기인에 준용한다.
>
> **제403조(주주의 대표소송)** ① 발행주식의 총수의 100분의 1 이상에 해당하는 주식을 가진 주주는 회사에 대하여 이사의 책임을 추궁할 소의 제기를 청구할 수 있다.

③ 발기인의 회사에 대한 손해배상책임을 말한다. 여기서 "연대하여"란 발기인이 여러 명인 경우에 각자 손해 전부에 대하여 책임을 진다는 의미이다.

> **제322조(발기인의 손해배상책임)** ① 발기인이 회사의 설립에 관하여 그 임무를 해태한 때에는 그 발기인은 회사에 대하여 연대하여 손해를 배상할 책임이 있다.

④ 발기인의 제3자에 대한 손해배상책임을 말한다.

> **제322조(발기인의 손해배상책임)**
> ② 발기인이 악의 또는 중대한 과실로 인하여 그 임무를 해태한 때에는 그 발기인은 제3자에 대하여도 연대하여 손해를 배상할 책임이 있다.

⑤ 회사에 대한 손해배상책임(제399조)과는 달리 자본충실책임은 총주주의 동의로도 면제하지 못한다. 회사의 자본금은 회사채권자에 대한 책임재산으로 작용하기 때문이다.

> **제324조(발기인의 책임면제, 주주의 대표소송)** 제400조, 제403조부터 제406조까지 및 제406조의2는 발기인에 준용한다.
>
> **제400조(회사에 대한 책임의 감면)** ① 제399조에 따른 이사의 책임은 주주 전원의 동의로 면제할 수 있다.
>
> **제399조(회사에 대한 책임)** ① 이사가 고의 또는 과실로 법령 또는 정관에 위반한 행위를 하거나 그 임무를 게을리한 경우에는 그 이사는 회사에 대하여 연대하여 손해를 배상할 책임이 있다.
> ② 전항의 행위가 이사회의 결의에 의한 것인 때에는 그 결의에 찬성한 이사도 전항의 책임이 있다.
> ③ 전항의 결의에 참가한 이사로서 이의를 한 기재가 의사록에 없는 자는 그 결의에 찬성한 것으로 추정한다.

025

상법상 주식회사의 설립에 관한 설명으로 옳은 것은 모두 몇 개인가?

> ㈎ 발기설립이든 모집설립이든 발기인은 적어도 1주 이상의 주식을 인수하여야 한다.
> ㈏ 발기설립의 경우 이사와 감사의 선임은 발기인들의 의결권의 과반수로 하지만, 모집설립의 경우에는 창립총회에서 출석한 주식인수인의 의결권의 3분의 2 이상이며 인수된 주식 총수의 과반수로 한다.
> ㈐ 법정대리인의 동의 없이 주식을 인수한 미성년자가 회사 성립 후에 주식인수계약을 취소하면 상업등기된 자본금이 부족하게 되므로 회사설립무효의 소의 원인이 된다.
> ㈑ 모집설립의 경우 창립총회에서 선임된 이사는 선임된 때로부터 설립중의 회사의 업무를 집행한다.
> ㈒ 설립중의 회사가 특정인으로부터 재산을 양수하기로 하는 계약은 정관의 기재 없이 체결된 경우에도 유효하다.
> ㈓ 회사가 성립하지 않으면 유사발기인은 발기인과 연대하여 주식인수인에 대하여 주금액 반환책임을 진다.

① 1개   ② 2개   ③ 3개
④ 4개   ⑤ 5개

㈎, ㈏, ㈓ 3개이다.

㈎ 발기설립이든 모집설립이든 발기인은 적어도 1주 이상의 주식을 인수하여야 한다.

> 제293조(발기인의 주식인수) 각 발기인은 서면에 의하여 주식을 인수하여야 한다.

㈏ 발기인총회와 창립총회에 대한 설명이다.

> 제309조(창립총회의 결의) 창립총회의 결의는 출석한 주식인수인의 의결권의 3분의 2 이상이며 인수된 주식의 총수의 과반수에 해당하는 다수로 하여야 한다.

㈐ 주식회사의 경우 주관적 하자는 설립의 하자로 인정하지 않기 때문에 '미성년자의 주식인수 취소'를 이유로 회사설립이 무효로 되지는 않는다. 이 경우 주식인수가 실효된 이상 발기인의 인수담보책임으로 해결한다.

> 제321조(발기인의 인수, 납입담보책임) ① 회사설립시에 발행한 주식으로서 회사성립후에 아직 인수되지 아니한 주식이 있거나 주식인수의 청약이 취소된 때에는 발기인이 이를 공동으로 인수한 것으로 본다.

㈑ 설립중의 회사에서는 발기인이 설립에 관한 업무를 수행한다. 설립중의 회사의 이사와 감사는 업무집행기관이 아닌 감사기관으로서, 설립경과조사 업무를 담당한다.

> 제313조(이사, 감사의 조사, 보고) ① 이사와 감사는 취임후 지체없이 회사의 설립에 관한 모든 사항이 법령 또는 정관의 규정에 위반되지 아니하는지의 여부를 조사하여 창립총회에 보고하여야 한다.

㈒ 재산인수는 변태설립사항이므로 정관에 기재가 없는 경우에는 효력이 없다.

> 제290조(변태설립사항) 다음의 사항은 정관에 기재함으로써 그 효력이 있다.
>   1. 발기인이 받을 특별이익과 이를 받을 자의 성명
>   2. 현물출자를 하는 자의 성명과 그 목적인 재산의 종류, 수량, 가격과 이에 대하여 부여할 주식의 종류와 수
>   3. 회사성립후에 양수할 것을 약정한 재산의 종류, 수량, 가격과 그 양도인의 성명
>   4. 회사가 부담할 설립비용과 발기인이 받을 보수액

㈓ 유사발기인은 발기인과 동일한 책임을 부담하므로, 무과실책임인 자본충실책임과 회사불성립의 경우의 책임을 부담한다.

025 ③

제326조(회사불성립의 경우의 발기인의 책임) ① 회사가 성립하지 못한 경우에는 발기인은 그 설립에 관한 행위에 대하여 연대하여 책임을 진다.
② 전항의 경우에 회사의 설립에 관하여 지급한 비용은 발기인이 부담한다.
제327조(유사발기인의 책임) 주식청약서 기타 주식모집에 관한 서면에 성명과 회사의 설립에 찬조하는 뜻을 기재할 것을 승낙한 자는 발기인과 동일한 책임이 있다.

026

상법상 주식회사의 설립시 주금납입에 관한 사안의 설명으로 틀린 것은? (판례에 의함)

> 甲주식회사의 주식인수인 A는 발기인 B와 공모하여 주금납입금에 해당하는 금액(20억원)을 사채업자로부터 차입하여 주금납입취급은행에 납입하였다. 이후 B는 납입금보관증명서를 교부받아 설립등기를 마친 직후 이를 인출하여 위 차용금채무의 변제에 사용하였다.

① B의 행위는 등기를 위하여 납입을 가장하는 것으로서 상법상 납입가장죄가 성립한다.
② 사안의 경우 금원의 이동에 따른 현실의 불입이 있는 것이므로 주금납입의 효력이 발생한다.
③ 사안에서 A는 인출된 금액을 甲주식회사에게 상환할 의무를 지지 않는다.
④ 사안과 달리 B가 납입금 중 3억원을 甲주식회사의 회사채무의 지급 용도로 사용한 경우 그 3억에 대하여는 납입을 가장한 것이라고 할 수 없다.
⑤ 사안에서 A와 B의 행위에도 불구하고 회사 설립의 효력에는 영향이 없다.

· ·

① 발기인은 납입가장죄의 주체가 된다.

제628조(납입가장죄등) ① 제622조제1항에 게기한 자가 납입 또는 현물출자의 이행을 가장하는 행위를 한 때에는 5년 이하의 징역 또는 1천500만원 이하의 벌금에 처한다.
② 제1항의 행위에 응하거나 이를 중개한 자도 제1항과 같다.
제622조(발기인, 이사 기타의 임원등의 특별배임죄) ① 회사의 발기인, 업무집행사원, 이사, 집행임원, 감사위원회위원, 감사 또는 제386조제2항, 제407조제1항, 제415조 또는 제567조의 직무대행자, 지배인 기타 회사영업에 관한 어느 종류 또는 특정한 사항의 위임을 받은 사용인이 그 임무에 위배한 행위로써 재산상의 이익을 취하거나 제3자로 하여금 이를 취득하게 하여 회사에 손해를 가한 때에는 10년 이하의 징역 또는 3천만원 이하의 벌금에 처한다.
② 회사의 청산인 또는 제542조제2항의 직무대행자, 제175조의 설립위원이 제1항의 행위를 한 때에도 제1항과 같다.

② (공모가장납입과는 달리) 판례는 차입가장납입에 대해서는 유효하다고 본다.

관련판례

[대법원 1983.5.24, 선고, 82누522, 판결]
일시적인 차입금으로 주금납입의 외형을 갖추고 회사설립이나 증자후 곧바로 그 납입금을 인출하여 차입금을 변제하는 주금의 가장납입 소위 견금의 경우에도 금원의 이동에 따른 현실의 불입이 있는 것이고 설령 그것이 주금납입의 가장수단으로 이용된 것이라 할지라도 이는 납입을 하는 발기인, 이사들의 주관적 의도에 불과하고 이러한 내심적 사정은 회사의 설립이나 증자와 같은 집단적 절차의 일환을 이루는 주금납입의 효력을 좌우할 수 없다.

026 ③

③ 판례는 회사가 체당납입한 것으로 본다. 그러므로 A는 회사에 대하여 상환의무를 부담한다.

> **관련판례**
>
> **[대법원 1985.1.29, 선고, 84다카1823, 판결]**
> 주금의 가장납입의 경우에도 주금납입의 효력을 부인할 수 없으므로 주금납입절차는 일단 완료되고 주식인수인이나 주주의 주금납입의무도 종결되었다고 보아야 하나, 이러한 가장납입에 있어서 회사는 일시 차입금을 가지고 주주 주금을 체당 납입한 것과 같이 볼 수 있으므로 주금납입의 절차가 완료된 후에 회사는 주주에 대하여 체당 납입한 주금의 상환을 청구할 수 있다.

④ 회사채무의 지급용도로 사용한 것은 출자된 금원에 대한 정당한 사용이다.
⑤ 판례는 (차입)가장납입을 유효한 납입으로 인정하기 때문에 설립무효사유에 해당하지 않는다.

027

상법상 주식회사의 설립시 주금의 납입에 관한 설명으로 **틀린** 것은?

① 모집설립에서 납입금의 보관자 또는 납입장소를 변경할 때에는 법원의 허가를 얻어야 한다.
② 납입금을 보관한 은행이 발기인 또는 이사의 청구에 따라 그 보관금액에 관하여 증명서를 발급한 경우 그 금액의 반환에 제한이 있다는 것을 이유로 회사에 대항하지 못한다.
③ 자본금 총액이 10억원 미만인 회사가 발기설립을 하는 경우에는 납입금의 보관금액에 관한 증명서를 은행이나 그 밖의 금융기관의 잔고증명서로 대체할 수 있다.
④ 판례에 의하면 발기인이 제3자로부터 일시적으로 금전을 차입하여 주금을 납입하고 회사 성립 후 즉시 인출하여 차입금을 변제한 경우에는 주금납입으로서의 효력이 없다.
⑤ 타인의 승낙을 얻어 그 명의로 주식을 인수한 자는 그 타인과 연대하여 주금을 납입할 책임이 있다.

....

① '모집설립'의 경우에는 그 은행 기타 금융기관과 납입장소를 반드시 주식청약서에 기재해야 하고, 이를 변경하기 위해서는 법원의 허락을 얻어야 한다는 점에서 '발기설립'과 구별된다.

> **제295조(발기설립의 경우의 납입과 현물출자의 이행)** ① 발기인이 회사의 설립 시에 발행하는 주식의 총수를 인수한 때에는 지체없이 각 주식에 대하여 그 인수가액의 전액을 납입하여야 한다. 이 경우 발기인은 납입을 맡을 은행 기타 금융기관과 납입장소를 지정하여야 한다.
> **제301조(모집설립의 경우의 주식모집)** 발기인이 회사의 설립시에 발행하는 주식의 총수를 인수하지 아니하는 때에는 주주를 모집하여야 한다.
> **제306조(납입금의 보관자 등의 변경)** 납입금의 보관자 또는 납입장소를 변경할 때에는 <u>법원의 허가</u>를 얻어야 한다.

② 바로 이러한 이유로 인해 통모가장납입은 현실적으로 거의 발생하지 않는다.

> **제318조(납입금 보관자의 증명과 책임)** ② 제1항의 은행이나 그 밖의 금융기관은 증명한 보관금액에 대하여는 납입이 부실하거나 그 금액의 반환에 제한이 있다는 것을 이유로 회사에 대항하지 못한다.

③ 옳은 내용이다.

> **제318조(납입금 보관자의 증명과 책임)** ③ 자본금 총액이 10억원 미만인 회사를 제295조제1항에 따라 발기설립 하는 경우에는 제1항의 증명서를 은행이나 그 밖의 금융기관의 잔고증명서로 대체할 수 있다.

027 ④

④ '차입가장납입' 또는 '위장납입'에 대한 설명이다. 차입가장납입은 일시적이나마 주금액이 금융기관에 실제로 납입되기 때문에 판례는 납입으로서의 효력을 인정하고 있다.

> **관련판례**
>
> [대법원 1998. 12. 23. 선고 97다20649 판결]
> 주식회사를 설립하면서 일시적인 차입금으로 주금납입의 외형을 갖추고 회사 설립절차를 마친 다음 바로 그 납입금을 인출하여 차입금을 변제하는 이른바 가장납입의 경우에도 <u>주금납입의 효력을 부인할 수는 없다</u>.

⑤ 옳은 내용이다. 다만 이 경우 회사에 대한 관계에서 주주로서의 권리를 행사할 수 있는 자는 그 타인(명의대여자)이다.

> **제332조(가설인, 타인의 명의에 의한 인수인의 책임)** ① 가설인의 명의로 주식을 인수하거나 타인의 승락없이 그 명의로 주식을 인수한 자는 주식인수인으로서의 책임이 있다.
> ② <u>타인의 승락을 얻어 그 명의로 주식을 인수한 자는 그 타인과 연대하여 납입할 책임이 있다.</u>

028

발기인 A는 甲주식회사를 설립하면서 B로부터 일시적으로 자금을 차입하여 주식인수대금으로 납입하고 회사설립등기를 한 후 곧바로 그 납입금을 인출하여 B에 대한 차입금을 변제하였다. 상법상 이에 관한 설명으로 **틀린** 것은? (이견이 있으면 판례에 의함)

① 이 경우 금원의 이동에 따른 현실의 납입이 있으므로 주식인수대금 납입으로서의 효력이 인정된다.
② 주식인수대금 납입절차는 일단 완료되고 설립절차상의 다른 하자가 없는 한 甲회사 설립의 효력이 있으며 A는 주주로서의 지위를 갖는다.
③ A가 납입한 돈은 일단 회사의 자본금이 되는 것이기 때문에 나중에 A가 이를 인출하여 차입금을 변제한 것은 업무상횡령죄가 성립한다.
④ 甲회사는 A에 대하여 주식인수대금 상당액의 상환을 청구할 수 있다.
⑤ A가 인출한 납입금을 회사를 위하여 사용한 것이 아니라 B에 대한 차입금을 변제하였으므로 실질적으로 회사의 자본이 늘어난 것이 아니어서 납입가장죄가 성립한다.

••••••••••••••••••••••

① 판례는 통모가장납입의 경우와는 달리 차입가장납입의 경우에는 그 효력을 인정하고 있다.

> **관련판례**
>
> [대법원 1998.12.23. 선고, 97다20649, 판결 외]
> 주식회사를 설립하면서 일시적인 차입금으로 주금납입의 외형을 갖추고 회사 설립절차를 마친 다음 바로 그 납입금을 인출하여 차입금을 변제하는 이른바 가장납입의 경우에도 주금납입의 효력을 부인할 수는 없다.

② 납입으로서의 효력을 인정하는 이상 회사설립등기가 됨과 동시에 주주로서의 지위를 확득한다.
③ 납입자본금을 빼돌려 임의로 소비하였다면 업무상 횡령죄가 되겠지만, 차입가장납입 후 차입금을 변제하는 것은 납입가장죄에 해당할지언정 업무상 횡령에는 해당하지 않는다. 업무상 횡령에 해당하려면 회사의 자산이 감소해야 하는데, 이 경우에는 회사의 자산이 감소된 사실이 없기 때문이다.

028 ③

> **관련판례**
>
> **[대법원 2004. 6. 17., 선고, 2003도7645, 전원합의체 판결]**
> 상법 제628조 제1항 소정의 납입가장죄는 회사의 자본충실을 기하려는 법의 취지를 유린하는 행위를 단속하려는 데 그 목적이 있는 것이므로, 당초부터 진실한 주금납입으로 회사의 자금을 확보할 의사 없이 형식상 또는 일시적으로 주금을 납입하고 이 돈을 은행에 예치하여 납입의 외형을 갖추고 주금납입증명서를 교부받아 설립등기나 증자등기의 절차를 마친 다음 바로 그 납입한 돈을 인출한 경우에는, 이를 회사를 위하여 사용하였다는 특별한 사정이 없는 한 실질적으로 회사의 자본이 늘어난 것이 아니어서 납입가장죄 및 공정증서원본불실기재죄와 불실기재공정증서원본행사죄가 성립하고, 다만 납입한 돈을 곧바로 인출하였다고 하더라도 그 인출한 돈을 회사를 위하여 사용한 것이라면 자본충실을 해친다고 할 수 없으므로 주금납입의 의사 없이 납입한 것으로 볼 수는 없고, 한편 주식회사의 설립업무 또는 증자업무를 담당한 자와 주식인수인이 사전 공모하여 주금납입취급은행 이외의 제3자로부터 납입금에 해당하는 금액을 차입하여 주금을 납입하고 납입취급은행으로부터 납입금보관증명서를 교부받아 회사의 설립등기절차 또는 증자등기절차를 마친 직후 이를 인출하여 위 차입금채무의 변제에 사용하는 경우, 위와 같은 행위는 실질적으로 회사의 자본을 증가시키는 것이 아니고 등기를 위하여 납입을 가장하는 편법에 불과하여 주금의 납입 및 인출의 전과정에서 회사의 자본금에는 실제 아무런 변동이 없다고 보아야 할 것이므로, 그들에게 회사의 돈을 임의로 유용한다는 불법영득의 의사가 있다고 보기 어렵다 할 것이고, 이러한 관점에서 상법상 납입가장죄의 성립을 인정하는 이상 회사 자본이 실질적으로 증가됨을 전제로 한 업무상횡령죄가 성립한다고 할 수는 없다.

④ 판례는 회사가 체당납입한 것으로 본다. 그러므로 A는 회사에 대하여 상환의무를 부담한다.

> **관련판례**
>
> **[대법원 1985.1.29, 선고, 84다카1823, 판결]**
> 주금의 가장납입의 경우에도 주금납입의 효력을 부인할 수 없으므로 주금납입절차는 일단 완료되고 주식인수인이나 주주의 주금납입의무도 종결되었다고 보아야 하나, 이러한 가장납입에 있어서 회사는 일시 차입금을 가지고 주주주금을 체당 납입한 것과 같이 볼 수 있으므로 주금납입의 절차가 완료된 후에 회사는 주주에 대하여 체당 납입한 주금의 상환을 청구할 수 있다.

⑤ 업무상 횡령죄는 성립하지 않으나 납입가장죄는 성립한다(③ 해설 참조).

029

상법상 주식회사 설립무효에 관한 설명으로 옳은 것은?

① 주식회사 설립하자의 경우 설립취소의 소가 인정되며 주관적 무효원인이 있어도 설립무효의 소를 제기할 수 있다.
② 주식회사 설립무효의 소는 소제기 이익이 있는 자는 누구나 회사성립의 날로부터 2년 내에 소로써 이를 주장할 수 있다.
③ 정관의 상대적 기재사항이 불비한 때 주식회사 설립무효의 소를 제기할 수 있다.
④ 주식회사 설립무효판결은 법률관계를 획일적으로 확정하기 위하여 소급효를 인정하므로 회사 성립 후 무효판결 전에 행하여진 법률행위는 모두 무효가 된다.
⑤ 주식회사 설립시에 정관에 기재하는 발행예정주식총수가 1천주인 경우 회사 설립 시에 1주만 발행하더라도 설립무효의 원인이 되지 않는다.

029 ⑤

① 주식회사의 경우에는 설립취소의 소(사원의 주관적 사유)는 인정되지 않으며, 설립절차의 객관적 사유를 이유로 한 설립무효의 소만 인정된다. 주주 개인의 주관적 사유는 그 주식인수의 무효 내지 취소의 사유가 될 뿐이다.
② 주주, 이사, 감사에 한정된다.

> **제328조(설립무효의 소)** ① 회사설립의 무효는 <u>주주·이사 또는 감사에 한하여</u> 회사성립의 날로부터 2년내에 소만으로 이를 주장할 수 있다.

③ 절대적 기재사항이 흠결된 경우에 정관무효 및 설립무효의 원인이 된다.
④ 주총결의 관련 소송과 감자무효 소송을 제외하고는 소급효가 인정되지 않는다.

> **제190조(판결의 효력)** 설립무효의 판결 또는 설립취소의 판결은 제3자에 대하여도 그 효력이 있다. 그러나 <u>판결 확정전에 생긴 회사와 사원 및 제3자간의 권리의무에 영향을 미치지 아니한다.</u>

⑤ 설립시 최저발행주식수에 관한 상법규정은 삭제되었다.

030

상법상 회사설립의 무효 또는 취소의 소에 관한 설명 중 **틀린** 것은?

① 합명회사 설립의 무효는 그 사원에 한하여, 설립의 취소는 그 취소권있는 자에 한하여 회사성립의 날로부터 2년 내에 소만으로 이를 주장할 수 있다.
② 주식회사 설립의 무효는 주주, 이사 또는 감사에 한하여 회사성립의 날로부터 2년 내에 소만으로 이를 주장할 수 있다.
③ 주식회사 설립무효의 소에서 원고가 승소한 경우 그 판결의 대세적 효력과 소급적 효력이 인정되며 회사는 해산에 준하여 청산절차가 개시된다.
④ 창립총회에 출석하여 권리를 행사한 주식인수인은 회사성립 전에도 사기, 강박 또는 착오를 이유로 하여 그 인수를 취소하지 못한다.
⑤ 주식회사 설립무효의 소에서 원고가 패소한 경우 원고에게 악의 또는 중대한 과실이 있는 때에는 회사에 대하여 연대하여 손해를 배상할 책임이 있다.

① 설립취소의 소에서 취소권자는 제한능력자, 하자 있는 의사표시를 한 자, 그 대리인 또는 승계인을 말한다(민법 제140조).

> **제184조(설립무효, 취소의 소)** ① <u>회사의 설립의 무효는 그 사원에 한하여, 설립의 취소는 그 취소권있는 자에 한하여 회사성립의 날로부터 2년내에 소만으로 이를 주장할 수 있다.</u>
> ② 민법 제140조의 규정은 전항의 설립의 취소에 준용한다.
>
> ■ 민법
> **제140조(법률행위의 취소권자)** 취소할 수 있는 법률행위는 제한능력자, 착오로 인하거나 사기·강박에 의하여 의사표시를 한 자, 그의 대리인 또는 승계인만이 취소할 수 있다.

030 ③

② 주식회사의 경우 설립무효의 소의 제소권자는 주주, 이사, 감사이다.

> 제328조(설립무효의 소) ① 회사설립의 무효는 주주·이사 또는 감사에 한하여 회사성립의 날로부터 2년 내에 소만으로 이를 주장할 수 있다.

③ 회사법상 소송은 불소급효가 원칙이다. 소급효가 인정되는 소송은 주총결의의 하자를 다투는 소송과 감자무효의 소에 한정된다(소결감으로 정리하자). 이 경우 회사는 해산에 준하여 청산절차가 개시된다.

> 제190조(판결의 효력) 설립무효의 판결 또는 설립취소의 판결은 제3자에 대하여도 그 효력이 있다. 그러나 판결확정전에 생긴 회사와 사원 및 제3자간의 권리의무에 영향을 미치지 아니한다.
>
> 제193조(설립무효, 취소판결의 효과) ① 설립무효의 판결 또는 설립취소의 판결이 확정된 때에는 해산의 경우에 준하여 청산하여야 한다.
> ② 전항의 경우에는 법원은 사원 기타의 이해관계인의 청구에 의하여 청산인을 선임할 수 있다.

④ 설립시 주식인수의 경우에는 창립총회에 출석하여 권리를 행사하거나 설립등기가 이루어진 후, 신주발행의 경우에는 증자등기 후 1년이 경과하면 이와 같은 취소나 무효를 주장하지 못한다.

> 제320조(주식인수의 무효 주장, 취소의 제한) ① 회사성립 후에는 주식을 인수한 자는 주식청약서의 요건의 흠결을 이유로 하여 그 인수의 무효를 주장하거나 사기, 강박 또는 착오를 이유로 하여 그 인수를 취소하지 못한다.
> ② 창립총회에 출석하여 그 권리를 행사한 자는 회사의 성립 전에도 전항과 같다.

⑤ 다만 패소원고에게 경과실만 인정되는 경우에는 손해배상책임이 없다.

> 제191조(패소원고의 책임) 설립무효의 소 또는 설립취소의 소를 제기한 자가 패소한 경우에 악의 또는 중대한 과실이 있는 때에는 회사에 대하여 연대하여 손해를 배상할 책임이 있다.

031

상법상 주식회사의 설립에 관한 설명으로 옳은 것은?

① 발기인이 악의 또는 중대한 과실로 인하여 그 임무를 해태한 때에는 그 발기인은 제3자에 대하여도 연대하여 손해를 배상할 책임이 있다.
② 회사설립시에 발행하는 주식에 관하여 그 주식의 종류와 수에 관한 사항은 정관으로 달리 정하지 아니하면 발기인의 의결권의 과반수로 이를 정한다.
③ 회사설립의 무효는 주주·이사 또는 이해관계 있는 채권자에 한하여 회사성립의 날로부터 2년 내에 소만으로 이를 주장할 수 있다.
④ 상법은 회사의 설립시에 발행하는 주식의 총수는 회사가 발행할 주식의 총수의 4분의 1 이상이어야 한다고 규정하고 있다.
⑤ 회사성립 후에는 주식을 인수한 자는 사기·강박 또는 착오를 이유로 하여 그 인수를 취소할 수 있다.

031 ①

① 발기인의 제3자에 대한 손해배상책임의 내용이다.

> **제322조(발기인의 손해배상책임)** ① 발기인이 회사의 설립에 관하여 그 임무를 해태한 때에는 그 발기인은 회사에 대하여 연대하여 손해를 배상할 책임이 있다.
> ② 발기인이 악의 또는 중대한 과실로 인하여 그 임무를 해태한 때에는 그 발기인은 제3자에 대하여도 연대하여 <u>손해를 배상할 책임이 있다.</u>

② (ⅰ) 원시정관의 작성 및 (ⅱ) 설립시 주식발행사항의 결정은 발기인의 "의결권의 과반수"가 아니라 "전원의 동의"를 얻어야 한다.

③ 주식회사 설립무효의 소의 제소권자는 (ⅰ) 주주, (ⅱ) 이사, (ⅲ) 감사로 한정된다.

> **제328조(설립무효의 소)** ① 회사설립의 무효는 <u>주주·이사 또는 감사에 한하여</u> 회사성립의 날로부터 2년내에 소만으로 이를 주장할 수 있다.
> ② 제186조 내지 제193조의 규정은 제1항의 소에 준용한다.

④ 설립시에 발행하는 주식의 총수에 관한 제한은 존재하지 않는다. 따라서 설립시 1주만 발행하는 것도 가능하다.

⑤ 설립시 주식인수의 경우에는 창립총회에 출석하여 권리를 행사하거나 설립등기가 이루어진 후, 신주발행의 경우에는 증자등기 후 1년이 경과하면 이와 같은 취소나 무효를 주장하지 못 한다.

> **제320조(주식인수의 무효 주장, 취소의 제한)** ① 회사성립 후에는 주식을 인수한 자는 주식청약서의 요건의 흠결을 이유로 하여 그 인수의 무효를 주장하거나 사기, 강박 또는 착오를 이유로 하여 그 인수를 취소하지 못한다.
> ② 창립총회에 출석하여 그 권리를 행사한 자는 회사의 성립 전에도 전항과 같다.

TOPIC 05 · 주식과 주주의 개관

032

상법상 액면주식과 무액면주식에 관한 설명으로 틀린 것은?

① 주식회사는 정관으로 액면주식과 무액면주식을 병행하여 발행할 수 없다.
② 회사는 정관으로 정하는 바에 따라 발행된 액면주식 전부를 무액면주식으로 전환할 수 있고 이를 다시 전부 액면주식으로 전환할 수 있다.
③ 회사가 성립 후 발행하는 무액면주식의 자본금은 주식 발행가액의 2분의 1 이상의 금액으로서 이사회 또는 주주총회에서 자본금으로 계상하기로 하는 금액의 총액으로 한다.
④ 회사가 액면주식을 무액면주식으로 전환할 때 자본금을 변경하지 못하므로 전환 시에 자본충실의 원칙상 발행주식총수를 감소하여 발행할 수 없다.
⑤ 회사가 발기설립시에 무액면주식을 발행하는 경우 주식의 발행가액과 주식의 발행가액 중 자본금으로 계상하는 금액은 정관으로 달리 정하지 않으면 발기인 전원의 동의로 이를 정한다.

••••••••••••••••••••••••

① 옳은 내용이다.

> **제329조(자본금의 구성)** ① 회사는 정관으로 정한 경우에는 주식의 전부를 무액면주식으로 발행할 수 있다. 다만, 무액면주식을 발행하는 경우에는 액면주식을 발행할 수 없다.
> ② 액면주식의 금액은 균일하여야 한다.
> ③ 액면주식 1주의 금액은 100원 이상으로 하여야 한다.
> ④ 회사는 정관으로 정하는 바에 따라 발행된 액면주식을 무액면주식으로 전환하거나 무액면주식을 액면주식으로 전환할 수 있다.
> ⑤ 제4항의 경우에는 제440조, 제441조 본문 및 제442조를 준용한다.

② 옳은 내용이다.

> **제329조(자본금의 구성)** ① 회사는 정관으로 정한 경우에는 주식의 전부를 무액면주식으로 발행할 수 있다. 다만, 무액면주식을 발행하는 경우에는 액면주식을 발행할 수 없다.
> ② 액면주식의 금액은 균일하여야 한다.
> ③ 액면주식 1주의 금액은 100원 이상으로 하여야 한다.
> ④ 회사는 정관으로 정하는 바에 따라 발행된 액면주식을 무액면주식으로 전환하거나 무액면주식을 액면주식으로 전환할 수 있다.
> ⑤ 제4항의 경우에는 제440조, 제441조 본문 및 제442조를 준용한다.

③ 주식발행사항의 결정이므로 (ⅰ) 회사 성립 후에는 이사회에서 정하고, 정관에 규정이 있는 경우에는 주주총회에서 정한다. (ⅱ) 회사 설립시에는 정관에 규정이 없으면 발기인 전원의 동의로 한다.

> **제416조(발행사항의 결정)** 회사가 그 성립 후에 주식을 발행하는 경우에는 다음의 사항으로서 정관에 규정이 없는 것은 이사회가 결정한다. 다만, 이 법에 다른 규정이 있거나 정관으로 주주총회에서 결정하기로 정한 경우에는 그러하지 아니하다.
> 1. 신주의 종류와 수

032 ④

> 2. 신주의 발행가액과 납입기일
>   2의2. 무액면주식의 경우에는 신주의 발행가액 중 자본금으로 계상하는 금액
> 3. 신주의 인수방법
> 4. 현물출자를 하는 자의 성명과 그 목적인 재산의 종류, 수량, 가액과 이에 대하여 부여할 주식의 종류와 수
> 5. 주주가 가지는 신주인수권을 양도할 수 있는 것에 관한 사항
> 6. 주주의 청구가 있는 때에만 신주인수권증서를 발행한다는 것과 그 청구기간
>
> **제291조(설립 당시의 주식발행사항의 결정)** 회사설립 시에 발행하는 주식에 관하여 다음의 사항은 <u>정관으로 달리 정하지 아니하면 발기인 전원의 동의로 이를 정한다.</u>
> 1. 주식의 종류와 수
> 2. 액면주식의 경우에 액면 이상의 주식을 발행할 때에는 그 수와 금액
> 3. 무액면주식을 발행하는 경우에는 주식의 발행가액과 주식의 발행가액 중 자본금으로 계상하는 금액

④ 틀린 내용이다. 무액면주식은 자본금과 주식수에 상관관계가 없다.

> **제329조(자본금의 구성)** ① 회사는 정관으로 정한 경우에는 주식의 전부를 무액면주식으로 발행할 수 있다. 다만, 무액면주식을 발행하는 경우에는 액면주식을 발행할 수 없다.
> ② 액면주식의 금액은 균일하여야 한다.
> ③ 액면주식 1주의 금액은 100원 이상으로 하여야 한다.
> ④ <u>회사는 정관으로 정하는 바에 따라 발행된 액면주식을 무액면주식으로 전환하거나 무액면주식을 액면주식으로 전환할 수 있다.</u>
> ⑤ 제4항의 경우에는 제440조, 제441조 본문 및 제442조를 준용한다.
>
> **제451조(자본금)** ① 회사의 자본금은 이 법에서 달리 규정한 경우 외에는 발행주식의 액면총액으로 한다.
> ② 회사가 무액면주식을 발행하는 경우 회사의 자본금은 주식 발행가액의 2분의 1 이상의 금액으로서 이사회(제416조 단서에서 정한 주식발행의 경우에는 주주총회를 말한다)에서 자본금으로 계상하기로 한 금액의 총액으로 한다. 이 경우 주식의 발행가액 중 자본금으로 계상하지 아니하는 금액은 자본준비금으로 계상하여야 한다.
> ③ <u>회사의 자본금은 액면주식을 무액면주식으로 전환하거나 무액면주식을 액면주식으로 전환함으로써 변경할 수 없다.</u>

⑤ 옳은 내용이다. 발기설립이건 모집설립이건 마찬가지이다.

> **제291조(설립 당시의 주식발행사항의 결정)** 회사설립 시에 발행하는 주식에 관하여 다음의 사항은 <u>정관으로 달리 정하지 아니하면 발기인 전원의 동의로 이를 정한다.</u>
> 1. 주식의 종류와 수
> 2. 액면주식의 경우에 액면 이상의 주식을 발행할 때에는 그 수와 금액
> 3. 무액면주식을 발행하는 경우에는 주식의 발행가액과 주식의 발행가액 중 자본금으로 계상하는 금액

033

상법상 주식회사의 액면주식과 무액면주식에 관한 설명으로 틀린 것은?

① 액면주식의 경우 1주의 금액은 100원 이상이어야 하고 액면을 초과하여 발행한 경우 그 초과액은 자본준비금으로 적립하여야 한다.
② 무액면주식을 발행한 회사의 자본금은 주식 발행가액의 2분의 1 이상의 금액으로서 이사회(정관으로 신주발행을 주주총회에서 결정하기로 정한 경우에는 주주총회)에서 자본금으로 계상하기로 한 금액의 총액으로 한다.
③ 회사는 정관으로 정하는 바에 따라 액면주식 또는 무액면주식을 선택하여 발행할 수 있지만 무액면주식을 발행하는 경우에는 액면주식을 발행할 수 없다.
④ 무액면주식을 병합할 경우 회사는 1월 이상의 기간을 정하여 그 뜻과 그 기간 내에 주권을 회사에 제출할 것을 공고하고 주주명부에 기재된 주주와 질권자에 대하여는 각별로 그 통지를 하여야 한다.
⑤ 액면주식을 무액면주식으로 전환하는 경우 자본금이 동일하게 유지되어야 하므로 전환에 의해 발행되는 무액면주식의 수는 기존의 주식 수와 동일하여야 한다.

• •

① 제329조 제3항, 제459조 제1항

> **제329조(자본금의 구성)** ③ 액면주식 1주의 금액은 100원 이상으로 하여야 한다.
> **제459조(자본준비금)** ① 회사는 자본거래에서 발생한 잉여금을 대통령령으로 정하는 바에 따라 자본준비금으로 적립하여야 한다.

② 제451조 제2항

> **제451조(자본금)** ② 회사가 무액면주식을 발행하는 경우 회사의 자본금은 주식 발행가액의 2분의 1 이상의 금액으로서 이사회(제416조 단서에서 정한 주식발행의 경우에는 주주총회를 말한다)에서 자본금으로 계상하기로 한 금액의 총액으로 한다. 이 경우 주식의 발행가액 중 자본금으로 계상하지 아니하는 금액은 자본준비금으로 계상하여야 한다.

③ 제329조 제1항

> **제329조(자본금의 구성)** ① 회사는 정관으로 정한 경우에는 주식의 전부를 무액면주식으로 발행할 수 있다. 다만, 무액면주식을 발행하는 경우에는 액면주식을 발행할 수 없다.

④ (무액면이건 액면이건) 주식을 병합할 때에는 제440조 이하의 절차에 따른다.

> **제440조(주식병합의 절차)** 주식을 병합할 경우에는 회사는 1월 이상의 기간을 정하여 그 뜻과 그 기간 내에 주권을 회사에 제출할 것을 공고하고 주주명부에 기재된 주주와 질권자에 대하여는 각별로 그 통지를 하여야 한다.

⑤ 액면주식을 무액면주식으로 전환하는 경우 자본금이 동일하게 유지되어야 하나(제451조 제3항), 무액면주식을 발행한 회사에서 주식수와 자본금은 아무런 상관이 없다. 무액면주식 발행시 자본금은 발행가액의 1/2 이상의 금액으로서 이사회가 정한 금액으로 한다(제451조 제2항).

> **제451조(자본금)** ① 회사의 자본금은 이 법에서 달리 규정한 경우 외에는 발행주식의 액면총액으로 한다.
> ② 회사가 무액면주식을 발행하는 경우 회사의 자본금은 주식 발행가액의 2분의 1 이상의 금액으로서 이사회(제416조 단서에서 정한 주식발행의 경우에는 주주총회를 말한다)에서 자본금으로 계상하기로 한 금액의 총액으로 한다. 이 경우 주식의 발행가액 중 자본금으로 계상하지 아니하는 금액은 자본준비금으로 계상하여야 한다.
> ③ 회사의 자본금은 액면주식을 무액면주식으로 전환하거나 무액면주식을 액면주식으로 전환함으로써 변경할 수 없다.

033 ⑤

034

상법상 회사에 관한 설명으로 옳은 것만을 모두 고른 것은?

> ㄱ. 합명회사는 주식회사의 주주가 될 수 없다.
> ㄴ. 판례에 의하면, 1인회사의 경우 실제로 주주총회를 개최한 사실이 없더라도 1인주주에 의하여 의결이 있었던 것으로 주주총회 의사록이 작성되었다면 특별한 사정이 없는 한 그 내용의 결의가 있었던 것으로 볼 수 있다.
> ㄷ. 판례에 의하면, 회사의 권리능력은 회사의 정관상의 목적에 의하여 제한되나 그 목적범위 내의 행위라 함은 정관에 명시된 목적 자체에 국한되는 것이 아니라, 그 목적을 수행하는 데 있어 직접 또는 간접으로 필요한 행위는 모두 포함된다.
> ㄹ. 회사는 정관으로 정하지 않아도 이사회 결의에 의하여 발행된 액면주식을 무액면주식으로 전환할 수 있다.

① ㄱ, ㄴ　　　② ㄱ, ㄷ　　　③ ㄱ, ㄹ
④ ㄴ, ㄷ　　　⑤ ㄴ, ㄷ, ㄹ

ㄱ. 틀린 내용이다. 주식회사의 주주는 유한책임을 질 뿐이므로 그 자격에는 제한이 없다. 법인주주도 가능하고 개인주주도 가능하다. 참고로 회사는 합명회사의 사원이 될 수 없다. 합명회사의 사원은 모두 업무집행권을 가지고 무한책임을 져야 하므로 자연인만이 가능하다.

ㄴ. 1인 주식회사의 경우에는 주주총회와 관련한 절차상 하자가 있더라도 1인 주주의 의사에 부합하는 이상 유효한 결의로 본다.

관련판례

[대법원 2004.12.10. 선고, 2004다25123, 판결]
주식회사에 있어서 회사가 설립된 이후 총 주식을 한 사람이 소유하게 된 이른바 1인회사의 경우에는 그 주주가 유일한 주주로서 주주총회에 출석하면 전원 총회로서 성립하고 그 주주의 의사대로 결의가 될 것임이 명백하므로 따로 총회소집절차가 필요 없고, 실제로 총회를 개최한 사실이 없었다 하더라도 그 1인 주주에 의하여 의결이 있었던 것으로 주주총 회의사록이 작성되었다면 특별한 사정이 없는 한 그 내용의 결의가 있었던 것으로 볼 수 있고, 이는 실질적으로 1인회사인 주식회사의 주주총회의 경우도 마찬가지이며, 그 주주총회 의사록이 작성되지 아니한 경우라도 증거에 의하여 주주총회 결의가 있었던 것으로 볼 수 있다.

ㄷ. 판례는 회사의 권리능력은 정관에 기재된 목적에 의해 제한된다고 보고 있다(제한긍정설). 다만 판례도 "목적에 반하지 않는" 혹은 "목적달성에 필요한"이라고 하기 때문에 제한부정설과 별다른 차이는 없다.

관련판례

[대법원 1999.10.8. 선고, 98다2488, 판결]
회사의 권리능력은 회사의 설립 근거가 된 법률과 회사의 정관상의 목적에 의하여 제한되나 그 목적범위 내의 행위라 함은 정관에 명시된 목적 자체에 국한되는 것이 아니라, 그 목적을 수행하는 데 있어 직접, 간접으로 필요한 행위는 모두 포함되고 목적수행에 필요한 지의 여부는 행위의 객관적 성질에 따라 판단할 것이고 행위자의 주관적, 구체적 의사에 따라 판단할 것은 아니다.

ㄹ. 틀린 내용이다. 액면주식을 무액면주식으로 전환하려면 정관에 무액면주식에 관한 내용이 규정되어 있어야 한다.

034 ④

> **제329조(자본금의 구성)** ① 회사는 정관으로 정한 경우에는 주식의 전부를 무액면주식으로 발행할 수 있다. 다만, 무액면주식을 발행하는 경우에는 액면주식을 발행할 수 없다.
> ② 액면주식의 금액은 균일하여야 한다.
> ③ 액면주식 1주의 금액은 100원 이상으로 하여야 한다.
> ④ 회사는 정관으로 정하는 바에 따라 발행된 액면주식을 무액면주식으로 전환하거나 무액면주식을 액면주식으로 전환할 수 있다.
> ⑤ 제4항의 경우에는 제440조, 제441조 본문 및 제442조를 준용한다.

035

상법상 비상장주식회사의 주식에 관한 설명으로 옳은 것은?

① 액면주식을 발행하는 회사는 정관으로 정한 경우에 주식의 일부를 무액면주식으로 발행할 수 있다.
② 회사는 발행된 액면주식의 전부 또는 일부를 무액면주식으로 전환할 수 있다.
③ 회사는 무액면주식을 액면주식으로 전환할 경우 1월 이상의 기간을 정하여 그 뜻과 그 기간 내에 주권을 회사에 제출할 것을 공고하고 주주명부에 기재된 주주와 질권자에 대하여는 각별로 통지하여야 한다.
④ 무액면주식을 발행한 회사의 자본금은 발행가의 총액으로 한다.
⑤ 회사는 주주총회의 보통결의로 액면미달의 가액으로 신주를 발행할 수 있다.

•••••••••••••••••••••••••

① 무액면주식을 발행하는 경우에는 액면주식을 발행할 수 없으므로, 주식의 일부를 무액면주식으로 발행할 수 없다.

> **제329조(자본금의 구성)** ① 회사는 정관으로 정한 경우에는 주식의 전부를 무액면주식으로 발행할 수 있다. 다만, 무액면주식을 발행하는 경우에는 액면주식을 발행할 수 없다.

② 전부의 전환만이 허용된다.

> **제329조(자본금의 구성)** ④ 회사는 정관으로 정하는 바에 따라 발행된 액면주식을 무액면주식으로 전환하거나 무액면주식을 액면주식으로 전환할 수 있다.

③ (무액면이건 액면이건) 주식을 병합할 때에는 제440조 이하의 절차에 따른다.

> **제329조(자본금의 구성)** ④ 회사는 정관으로 정하는 바에 따라 발행된 액면주식을 무액면주식으로 전환하거나 무액면주식을 액면주식으로 전환할 수 있다.
> ⑤ 제4항의 경우에는 제440조, 제441조 본문 및 제442조를 준용한다.
> **제440조(주식병합의 절차)** 주식을 병합할 경우에는 회사는 1월 이상의 기간을 정하여 그 뜻과 그 기간 내에 주권을 회사에 제출할 것을 공고하고 주주명부에 기재된 주주와 질권자에 대하여는 각별로 그 통지를 하여야 한다.

④ 무액면주식 발행시 자본금은 발행가액의 1/2 이상의 금액으로서 이사회가 정한 금액으로 한다

> **제451조(자본금)** ② 회사가 무액면주식을 발행하는 경우 회사의 자본금은 주식 발행가액의 2분의 1 이상의 금액으로서 이사회(제416조 단서에서 정한 주식발행의 경우에는 주주총회를 말한다)에서 자본금으로 계상하기로 한 금액의 총액으로 한다. 이 경우 주식의 발행가액 중 자본금으로 계상하지 아니하는 금액은 자본준비금으로 계상하여야 한다.

035 ③

⑤ 액면미달발행은 주총특별결의 사항이다. 「2/**특**/저/법/1월」로 정리하자.

> **제417조(액면미달의 발행)** ① 회사가 성립한 날로부터 2년을 경과한 후에 주식을 발행하는 경우에는 회사는 제434조의 규정에 의한 주주총회의 결의와 법원의 인가를 얻어서 주식을 액면미달의 가액으로 발행할 수 있다.
>
> **제434조(정관변경의 특별결의)** 제433조제1항의 결의는 출석한 주주의 의결권의 3분의 2 이상의 수와 발행주식 총수의 3분의 1 이상의 수로써 하여야 한다.

036

상법상 주식의 병합, 분할, 소각에 관한 설명으로 틀린 것은?

① 무액면주식을 발행한 회사가 배당가능이익을 재원으로 하여 취득한 자기주식은 자본금 감소 없이 이사회 결의만으로 소각할 수 있다.
② 액면주식을 분할하기 위해서는 정관변경 절차를 거쳐야 한다.
③ 액면주식이 분할된 경우 이로 인해 종전의 주주가 받을 주식에 대하여도 종전의 주식을 목적으로 한 질권을 행사할 수 있다.
④ 액면주식이 분할되면 발행주식 총수가 증가하지만 자본금에는 변화가 없다.
⑤ 회사의 이익을 주주들에게 분배할 목적으로 액면주식을 병합하는 방법으로 행하는 자본금 감소는 채권자이의절차가 완료되지 않았더라도 주권제출기간이 종료하면 그 효력이 생긴다.

· ·

① 일반적인 주식소각은 주주총회 특별결의를 필요로 하나, 배당가능이익을 재원으로 하여 취득한 자기주식의 소각은 이익소각에 해당하므로 자본금 감소 절차를 거치지 않고 이사회 결의만으로 가능하다.

> **제343조(주식의 소각)** ① 주식은 자본금 감소에 관한 규정에 따라서만 소각(消却)할 수 있다. 다만, 이사회의 결의에 의하여 회사가 보유하는 자기주식을 소각하는 경우에는 그러하지 아니하다.

② 액면 1주의 금액이 정관의 절대적 기재사항이기 때문에 정관의 변경이 필요하다.

> **제289조(정관의 작성, 절대적 기재사항)** ① 발기인은 정관을 작성하여 다음의 사항을 적고 각 발기인이 기명날인 또는 서명하여야 한다.
> 1. 목적
> 2. 상호
> 3. 회사가 발행할 주식의 총수
> 4. 액면주식을 발행하는 경우 1주의 금액
> 5. 회사의 설립 시에 발행하는 주식의 총수
> 6. 본점의 소재지
> 7. 회사가 공고를 하는 방법
> 8. 발기인의 성명·주민등록번호 및 주소

③ 주식의 소각, 병합, 분할로 인해 종전의 주주가 받을 금전이나 주식은 질권(등록질과 약식질 모두 인정)의 물상대위가 인정된다.

> **제339조(질권의 물상대위)** 주식의 소각, 병합, 분할 또는 전환이 있는 때에는 이로 인하여 종전의 주주가 받을 금전이나 주식에 대하여도 종전의 주식을 목적으로한 질권을 행사할 수 있다.

036 ⑤

④ 주식의 자본금의 변동 없이 단순히 권면액이 분할하고 주식의 수가 증가하게 된다.
⑤ 유상감자에 해당하므로 채권자 보호절차가 종결되었을 것을 전제로 주권제출기한이 만료되었을 때 그 효력이 발생한다. 다만, 결손보전목적 감자의 경우에는 채권자보호절차를 생략 가능하다.

> **제440조(주식병합의 절차)** 주식을 병합할 경우에는 회사는 1월 이상의 기간을 정하여 그 뜻과 그 기간 내에 주권을 회사에 제출할 것을 공고하고 주주명부에 기재된 주주와 질권자에 대하여는 각별로 그 통지를 하여야 한다.
>
> **제441조(동전)** 주식의 병합은 전조의 기간이 만료한 때에 그 효력이 생긴다. 그러나 제232조의 규정에 의한 절차가 종료하지 아니한 때에는 그 종료한 때에 효력이 생긴다.
>
> **제232조(채권자의 이의)** ① 회사는 합병의 결의가 있은 날부터 2주내에 회사채권자에 대하여 합병에 이의가 있으면 일정한 기간내에 이를 제출할 것을 공고하고 알고 있는 채권자에 대하여는 따로따로 이를 최고하여야 한다. 이 경우 그 기간은 1월 이상이어야 한다.

037

상법상 주식에 관한 설명으로 옳은 것은?

① 회사의 자본금은 액면주식을 무액면주식으로 전환함으로써 변경할 수 없으나, 무액면주식을 액면주식으로 전환함으로써 변경할 수 있다.
② 회사는 정관으로 정한 경우에는 분할 후의 액면주식 1주의 금액을 100원 미만으로 하는 주식분할을 할 수 있다.
③ 회사설립시 무액면주식을 발행하는 경우에는 주식의 발행가액 중 자본금으로 계상하는 금액에 관한 사항은 정관으로 달리 정하지 아니하면 발기인 과반수의 동의로 이를 정한다.
④ 수인이 공동으로 주식을 인수한 자는 연대하여 납입할 책임이 있다.
⑤ 주식이 수인의 공유에 속하는 때 공유자는 주주의 권리를 행사할 자 1인을 정하여야 하고, 주주의 권리를 행사할 자가 없는 때에는 공유자에 대한 통지는 공유자 전원에 대하여 하여야 한다.

••••••••••••••••••••••••

① 액면주식을 무액면주식으로 전환하는 과정에서(그 반대도 마찬가지), (i) 회사의 자본금을 감소시킨다면 그 자체로서 자본충실의 원칙에 반하고, (ii) 회사의 자본금을 증가시키더라도 출자의 납입 없이 자본금만 증가하여 역시 자본충실원칙에 반한다.

> **제451조(자본금)** ① 회사의 자본금은 이 법에서 달리 규정한 경우 외에는 발행주식의 액면총액으로 한다.
> ② 회사가 무액면주식을 발행하는 경우 회사의 자본금은 주식 발행가액의 2분의 1 이상의 금액으로서 이사회(제416조 단서에서 정한 주식발행의 경우에는 주주총회를 말한다)에서 자본금으로 계상하기로 한 금액의 총액으로 한다. 이 경우 주식의 발행가액 중 자본금으로 계상하지 아니하는 금액은 자본준비금으로 계상하여야 한다.
> ③ <u>회사의 자본금은 액면주식을 무액면주식으로 전환하거나 무액면주식을 액면주식으로 전환함으로써 변경할 수 없다.</u>

② 주식의 액면금은 항상 100원 이상이어야 한다.

> **제329조의2(주식의 분할)** ① 회사는 제434조의 규정에 의한 주주총회의 결의로 주식을 분할할 수 있다.
> ② 제1항의 경우에 <u>분할 후의 액면주식 1주의 금액은 제329조제3항에 따른 금액 미만으로 하지 못한다.</u>
> **제329조(자본금의 구성)** ③ <u>액면주식 1주의 금액은 100원 이상</u>으로 하여야 한다.

037 ④

③ 설립시 (ⅰ) 정관작성과 (ⅱ) 주식발행사항의 결정은 발기인 전원의 동의로 하여야 한다.

> **제291조(설립 당시의 주식발행사항의 결정)** 회사설립 시에 발행하는 주식에 관하여 다음의 사항은 <u>정관으로 달리 정하지 아니하면 발기인 전원의 동의</u>로 이를 정한다.
> 1. 주식의 종류와 수
> 2. 액면주식의 경우에 액면 이상의 주식을 발행할 때에는 그 수와 금액
> 3. <u>무액면주식을 발행하는 경우에는 주식의 발행가액과 주식의 발행가액 중 자본금으로 계상하는 금액</u>

④ 옳은 내용이다.

> **제333조(주식의 공유)** ① <u>수인이 공동으로 주식을 인수한 자는 연대하여 납입할 책임이 있다.</u>

⑤ 주주가 사망하여 여러 명의 상속인들이 주식을 공동소유하는 경우를 생각해보면 된다.

> **제333조(주식의 공유)** ② <u>주식이 수인의 공유에 속하는 때에는 공유자는 주주의 권리를 행사할 자 1인을 정하여야 한다.</u>
> ③ <u>주주의 권리를 행사할 자가 없는 때에는 공유자에 대한 통지나 최고는 그 1인에 대하여 하면 된다.</u>

038

액면주식의 주권을 발행한 비상장주식회사의 상법 제329조의2 소정의 주식분할에 관한 설명으로 옳은 것은?

① 주식분할을 하기 위해서는 주주총회의 특별결의를 거쳐야 한다.
② 회사가 공고한 주권제출기간 중에 주주가 주권을 제출하면 그 시점에 주식분할의 효력이 발생한다.
③ 주식분할이 이루어져도 발행주식총수는 증가하지 않는다.
④ 주식분할이 이루어져도 1주의 액면금액은 감소하지 않는다.
⑤ 주식분할이 이루어지면 회사의 자본금이 증가한다.

• •

① 주식의 액면금은 정관기재사항이므로 주식분할은 정관변경절차에 따라 주주총회의 특별결의를 요한다.

> **제329조의2(주식의 분할)** ① 회사는 <u>제434조의 규정에 의한 주주총회의 결의로 주식을 분할할 수 있다.</u>

② 주권을 제출한 때가 아니라, 주권제출기한이 종결한 때에 주식분할의 효력이 발생한다.

> **제329조의2(주식의 분할)** ① 회사는 제434조의 규정에 의한 주주총회의 결의로 주식을 분할할 수 있다.
> ③ 제440조부터 제443조까지의 규정은 제1항의 규정에 의한 주식분할의 경우에 이를 준용한다.
>
> **제440조(주식병합의 절차)** 주식을 병합할 경우에는 회사는 1월 이상의 기간을 정하여 그 뜻과 그 기간 내에 주권을 회사에 제출할 것을 공고하고 주주명부에 기재된 주주와 질권자에 대하여는 각별로 그 통지를 하여야 한다.
>
> **제441조(동전)** <u>주식의 병합은 전조의 기간이 만료한 때에 그 효력이 생긴다.</u> 그러나 제232조의 규정에 의한 절차가 종료하지 아니한 때에는 그 종료한 때에 효력이 생긴다.

③, ④, ⑤ 주식의 분할이 있으면 주금액은 줄어들지만 그에 비례하여 발행주식의 총수가 증가하므로 회사의 자본금은 일정하다.

038 ①

TOPIC 06 • 종류주식

039

상법상 주식회사의 종류주식으로 인정되지 <u>않는</u> 것은?

① 회사가 전환권을 가지는 전환주식
② 주주가 상환권을 가지는 상환주식
③ 의결권이 배제된 보통주식
④ 발행 회사의 의결권 제한 주식을 상환대가로 하는 상환주식
⑤ 이익배당에 있어 우선적 지위를 가지는 참가적·비누적적 우선주

••••••••••••••••••••••

④ 틀린 내용이다. 상환대가로 종류주식을 주게 되면 "상환"이 아니라 "전환"이 되어버리기 때문에 허용하지 않는다.

> **제345조(주식의 상환에 관한 종류주식)** ① 회사는 정관으로 정하는 바에 따라 회사의 이익으로써 소각할 수 있는 종류주식을 발행할 수 있다. 이 경우 회사는 정관에 상환가액, 상환기간, 상환의 방법과 상환할 주식의 수를 정하여야 한다.
> ② 제1항의 경우 회사는 상환대상인 주식의 취득일부터 2주 전에 그 사실을 그 주식의 주주 및 주주명부에 적힌 권리자에게 따로 통지하여야 한다. 다만, 통지는 공고로 갈음할 수 있다.
> ③ 회사는 정관으로 정하는 바에 따라 주주가 회사에 대하여 상환을 청구할 수 있는 종류주식을 발행할 수 있다. 이 경우 회사는 정관에 주주가 회사에 대하여 상환을 청구할 수 있다는 뜻, 상환가액, 상환청구기간, 상환의 방법을 정하여야 한다.
> ④ 제1항 및 제3항의 경우 <u>회사는 주식의 취득의 대가로 현금 외에 유가증권(다른 종류주식은 제외한다)이나 그 밖의 자산을 교부할 수 있다</u>. 다만, 이 경우에는 그 자산의 장부가액이 제462조에 따른 배당가능이익을 초과하여서는 아니 된다.
> ⑤ 제1항과 제3항에서 규정한 주식은 종류주식(상환과 전환에 관한 것은 제외한다)에 한정하여 발행할 수 있다.

039 ④

040

상법상 종류주식에 관한 설명으로 틀린 것은?

① 주식회사가 종류주식을 발행한 때에는 정관에 다른 정함이 없어도 이사회 또는 주주총회의 결의에 따라 의결권 있는 주식과 의결권 없는 주식 간에 소각에 관하여 특수하게 정할 수 있다.
② 주식회사는 "보통주 이익배당률에 1%를 가산한 배당률"을 내용으로 하는 종류주식을 발행할 수 있다.
③ 회사는 정관의 정함으로 보통주에서 의결권이 배제·제한되는 종류주식을 발행할 수 있다.
④ 주식회사가 상환종류주식을 발행한 경우 회사는 상환종류주식 취득의 대가로 상법 제462조 제1항에 따른 배당가능이익을 초과하지 않는 범위 내에서 현금 외에 유가증권이나 그 밖의 자산을 교부할 수도 있고 다른 종류주식으로 교부할 수도 있다.
⑤ 회사에서 의결권이 없거나 제한되는 종류주식이 발행주식총수의 4분의 1을 초과하여 발행된 경우 회사는 지체 없이 그 제한을 초과하지 아니하도록 하기 위하여 필요한 조치를 하여야 한다.

••••••••••••••••••••

① 다만 그로 인해 손해를 보는 주주들의 종류주주총회의 결의가 필요하다.

> 제344조(종류주식) ① 회사는 이익의 배당, 잔여재산의 분배, 주주총회에서의 의결권의 행사, 상환 및 전환 등에 관하여 내용이 다른 종류의 주식(이하 "종류주식"이라 한다)을 발행할 수 있다.
> ② 제1항의 경우에는 정관으로 각 종류주식의 내용과 수를 정하여야 한다.
> ③ 회사가 종류주식을 발행하는 때에는 정관에 다른 정함이 없는 경우에도 주식의 종류에 따라 신주의 인수, 주식의 병합·분할·소각 또는 회사의 합병·분할로 인한 주식의 배정에 관하여 특수하게 정할 수 있다.
> ④ 종류주식 주주의 종류주주총회의 결의에 관하여는 제435조제2항을 준용한다.

② 이익을 배당하는 조건에 해당한다.

> 제344조의2(이익배당, 잔여재산분배에 관한 종류주식) ① 회사가 이익의 배당에 관하여 내용이 다른 종류주식을 발행하는 경우에는 정관에 그 종류주식의 주주에게 교부하는 배당재산의 종류, 배당재산의 가액의 결정방법, 이익을 배당하는 조건 등 이익배당에 관한 내용을 정하여야 한다.
> ② 회사가 잔여재산의 분배에 관하여 내용이 다른 종류주식을 발행하는 경우에는 정관에 잔여재산의 종류, 잔여재산의 가액의 결정방법, 그 밖에 잔여재산분배에 관한 내용을 정하여야 한다.

③ 상법 제344조의3 제1항.

> 제344조의3(의결권의 배제·제한에 관한 종류주식) ① 회사가 의결권이 없는 종류주식이나 의결권이 제한되는 종류주식을 발행하는 경우에는 정관에 의결권을 행사할 수 없는 사항과, 의결권행사 또는 부활의 조건을 정한 경우에는 그 조건 등을 정하여야 한다.
> ② 제1항에 따른 종류주식의 총수는 발행주식총수의 4분의 1을 초과하지 못한다. 이 경우 의결권이 없거나 제한되는 종류주식이 발행주식총수의 4분의 1을 초과하여 발행된 경우에는 회사는 지체 없이 그 제한을 초과하지 아니하도록 하기 위하여 필요한 조치를 하여야 한다.

④ 다른 종류주식은 포함되지 않는다. 다른 종류주식을 교부하면 상환이 아니라 전환이 되어버린다.

> 제345조(주식의 상환에 관한 종류주식) ① 회사는 정관으로 정하는 바에 따라 회사의 이익으로써 소각할 수 있는 종류주식을 발행할 수 있다. 이 경우 회사는 정관에 상환가액, 상환기간, 상환의 방법과 상환할 주식의 수를 정하여야 한다.

040 ④

② 제1항의 경우 회사는 상환대상인 주식의 취득일부터 2주 전에 그 사실을 그 주식의 주주 및 주주명부에 적힌 권리자에게 따로 통지하여야 한다. 다만, 통지는 공고로 갈음할 수 있다.
③ 회사는 정관으로 정하는 바에 따라 주주가 회사에 대하여 상환을 청구할 수 있는 종류주식을 발행할 수 있다. 이 경우 회사는 정관에 주주가 회사에 대하여 상환을 청구할 수 있다는 뜻, 상환가액, 상환청구기간, 상환의 방법을 정하여야 한다.
④ 제1항 및 제3항의 경우 회사는 주식의 취득의 대가로 현금 외에 <u>유가증권(다른 종류주식은 제외한다)이나 그 밖의 자산을 교부할 수 있다</u>. 다만, 이 경우에는 그 자산의 장부가액이 제462조에 따른 배당가능이익을 초과하여서는 아니 된다.
⑤ 제1항과 제3항에서 규정한 주식은 종류주식(상환과 전환에 관한 것은 제외한다)에 한정하여 발행할 수 있다.

⑤ 의결권이 없거나 제한되는 종류주식을 과다하게 발행한 후 소수의 보통주 지분만으로 회사를 지배하는 왜곡된 현상이 발생하는 것을 막기 위함이다.

제344조의3(의결권의 배제·제한에 관한 종류주식) ① 회사가 의결권이 없는 종류주식이나 의결권이 제한되는 종류주식을 발행하는 경우에는 정관에 의결권을 행사할 수 없는 사항과, 의결권행사 또는 부활의 조건을 정한 경우에는 그 조건 등을 정하여야 한다.
② 제1항에 따른 종류주식의 총수는 발행주식총수의 4분의 1을 초과하지 못한다. 이 경우 <u>의결권이 없거나 제한되는 종류주식이 발행주식총수의 4분의 1을 초과하여 발행된 경우에는 회사는 지체 없이 그 제한을 초과하지 아니하도록 하기 위하여 필요한 조치를 하여야 한다.</u>

041

甲주식회사는 전환우선주식 2,000주를 6,000원에 발행하였다(정관상 1주의 액면금액은 4,000원임). A가 전환우선주식 2,000주에 대하여 전환권을 행사한 경우에 전환우선주식은 발행가액 4,000원인 보통주식 (㉠)로 전환되며 甲주식회사의 자본금은 (㉡)이다(되었다). 다음에서 ㉠과 ㉡에 들어갈 것으로 옳은 것은?

① ㉠ – 3,000주, ㉡ – 증가
② ㉠ – 2,000주, ㉡ – 불변
③ ㉠ – 3,000주, ㉡ – 불변
④ ㉠ – 4,000주, ㉡ – 증가
⑤ ㉠ – 2,000주, ㉡ – 감소

∙∙∙∙∙∙∙∙∙∙∙∙∙∙∙∙∙∙∙∙∙∙∙∙∙∙∙∙∙∙∙

전환 전 주식의 "총" 발행가액과 전환 후 주식의 "총" 발행가액이 일치하여야 한다(제348조). 전환우선주의 총 발행가액은 1200만원(2000주×6000원)이고 전환 후 보통주의 총 발행가액도 1200만원(X주×4000원)이므로, 전환 후 보통주식수는 3000주가 된다. 전환 전 자본금은 800만원(2000주×4000원)이고 전환 후 자본금은 1200만원(3000주×4000원)이므로 전환 후 자본금은 증가한다.

제348조(전환으로 인하여 발행하는 주식의 발행가액) 전환으로 인하여 신주식을 발행하는 경우에는 전환전의 주식의 발행가액을 신주식의 발행가액으로 한다.

041 ①

042

상법상 종류주식에 관한 설명으로 틀린 것은?

① 회사가 종류주식을 발행하는 경우 정관에 다른 정함이 없어도 주식의 종류에 따라 신주의 인수, 주식의 병합·분할·소각 또는 회사의 합병·분할로 인한 주식의 배정에 관하여 특수하게 정할 수 있다.
② 상환에 관한 종류주식을 발행한 경우 회사는 주식취득의 대가로 배당가능이익의 범위 내에서 현금 외에 다른 종류주식을 포함한 유가증권이나 그 밖의 자산을 교부할 수 있다.
③ 의결권배제·제한에 관한 종류주식의 총수는 발행주식총수의 4분의 1을 초과하지 못하며 정관에 그 조건을 규정하지 않은 경우에는 의결권을 행사하거나 의결권을 부활하지 못한다.
④ 전환에 관한 종류주식의 경우 전환청구기간 또는 전환기간 내에는 정관에서 정한 다른 종류주식의 발행예정주식총수 중에서 전환으로 인하여 새로 발행할 주식의 수는 그 발행을 유보하여야 한다.
⑤ 잔여재산분배에 관한 종류주식을 발행하는 경우 회사는 정관에 잔여재산의 종류, 잔여재산의 가액의 결정방법, 그 밖에 잔여재산분배에 관한 내용을 정하여야 한다.

••••••••••••••••••••••

① 그 이외에 주식의 다른 성질(권리 등)에 대해서 정하기 위해서는 정관에 규정을 두어야 한다.

> 제344조 (종류주식) ③ 회사가 종류주식을 발행하는 때에는 정관에 다른 정함이 없는 경우에도 주식의 종류에 따라 신주의 인수, 주식의 병합·분할·소각 또는 회사의 합병·분할로 인한 주식의 배정에 관하여 특수하게 정할 수 있다.

② 회사의 다른 종류주식은 허용하지 않는다. 만약 다른 종류주식에 의해 상환을 하게 되면, 상환이 아니라 전환이 되어버리기 때문이다.

> 제345조(주식의 상환에 관한 종류주식) ④ 제1항 및 제3항의 경우 회사는 주식의 취득의 대가로 현금 외에 유가증권(다른 종류 주식은 제외한다)이나 그 밖의 자산을 교부할 수 있다. 다만, 이 경우에는 그 자산의 장부가액이 제462조에 따른 배당가능이익을 초과하여서는 아니 된다.

③ 제344조의3 제1항의 반대해석상, 정관에 그 규정을 규정하지 않은 경우에는 의결권을 행사하거나 의결권을 부활하지 못한다고 보아야 한다.

> 제344조의3(의결권의 배제·제한에 관한 종류주식) ① 회사가 의결권이 없는 종류주식이나 의결권이 제한되는 종류주식을 발행하는 경우에는 정관에 의결권을 행사할 수 없는 사항과, 의결권행사 또는 부활의 조건을 정한 경우에는 그 조건 등을 정하여야 한다.
> ② 제1항에 따른 종류주식의 총수는 발행주식총수의 4분의 1을 초과하지 못한다. 이 경우 의결권이 없거나 제한되는 종류주식이 발행주식총수의 4분의 1을 초과하여 발행된 경우에는 회사는 지체 없이 그 제한을 초과하지 아니하도록 하기 위하여 필요한 조치를 하여야 한다.

④ 옳은 내용이다.

> 제346조(주식의 전환에 관한 종류주식) ④ 제344조제2항에 따른 종류주식의 수 중 새로 발행할 주식의 수는 전환청구기간 또는 전환의 기간 내에는 그 발행을 유보(留保)하여야 한다.

042 ②

⑤ 정관의 상대적 기재사항에 해당한다.

> **제344조의2(이익배당, 잔여재산분배에 관한 종류주식)** ② 회사가 잔여재산의 분배에 관하여 내용이 다른 종류주식을 발행하는 경우에는 정관에 잔여재산의 종류, 잔여재산의 가액의 결정방법, 그 밖에 잔여재산분배에 관한 내용을 정하여야 한다.

043

상법상 상환에 관한 종류주식과 전환에 관한 종류주식에 관한 설명으로 옳은 것은?

① 회사가 의결권이 제한되는 종류주식을 발행하면서 그 주주에게 당해 주식의 상환을 청구할 수 있는 권리를 부여할 수 없다.
② 회사가 상환권을 가진 상환에 관한 종류주식을 발행한 회사가 그 종류주식을 상환하면 회사의 자본금은 감소한다.
③ 상환에 관한 종류주식을 발행한 회사가 그 종류주식을 상환할 경우 다른 회사가 발행한 종류주식을 상환의 대가로 교부할 수 있다.
④ 주주명부 폐쇄기간 중에 전환에 관한 종류주식을 가진 주주가 의결권 있는 주식으로 전환을 청구하면 그 폐쇄기간 중의 주주총회 결의에서 전환으로 발행된 신주의 의결권을 행사할 수 있다.
⑤ 전환에 관한 종류주식의 경우 전환으로 인해 발행되는 신주 1주의 액면가와 전환으로 인해 소멸하는 전환주식 1주의 액면가는 다를 수 있다.

••••••••••••••••••••••••••

① 상환에 관한 종류주식은 전환종류주식으로는 발행할 수 없을 뿐이고, 의결권 없는 종류주식 또는 이익배당·잔여재산분배에 관한 종류주식으로 발행할 수 있다.

> **제345조(주식의 상환에 관한 종류주식)** ① 회사는 정관으로 정하는 바에 따라 회사의 이익으로써 소각할 수 있는 종류주식을 발행할 수 있다. 이 경우 회사는 정관에 상환가액, 상환기간, 상환의 방법과 상환할 주식의 수를 정하여야 한다.
> ③ 회사는 정관으로 정하는 바에 따라 주주가 회사에 대하여 상환을 청구할 수 있는 종류주식을 발행할 수 있다. 이 경우 회사는 정관에 주주가 회사에 대하여 상환을 청구할 수 있다는 뜻, 상환가액, 상환청구기간, 상환의 방법을 정하여야 한다.
> ⑤ 제1항과 제3항에서 규정한 주식은 종류주식(상환과 전환에 관한 것은 제외한다)에 한정하여 발행할 수 있다.

② 상환종류주식을 소각하는 재원이 되는 것은 자본금과는 별개의 항목인 배당가능이익이므로 주식수의 감소에도 불구하고 자본금에는 변동이 없다. 이러한 주식의 소각은 자본금감소절차로서의 소각이 아니기 때문에 이때에는 액면주식의 수와 자본금의 관계가 예외적으로 단절된다.
③ 회사는 상환종류주식을 취득한 대가로 주주에게 금전이 아닌 유가증권이나 그 밖의 자산을 교부할 수 있다. 즉 현물상환이 가능하다. 상환종류주식의 상환대가로 회사의 주식을 교부할 수는 없지만(이 경우는 상환이 아니라 전환이 되어버린다), 다른 회사의 주식은 현물상환에 해당하기 때문에 교부할 수 있다.

> **제345조(주식의 상환에 관한 종류주식)** ① 회사는 정관으로 정하는 바에 따라 회사의 이익으로써 소각할 수 있는 종류주식을 발행할 수 있다. 이 경우 회사는 정관에 상환가액, 상환기간, 상환의 방법과 상환할 주식의 수를 정하여야 한다.

043 ③

③ 회사는 정관으로 정하는 바에 따라 주주가 회사에 대하여 상환을 청구할 수 있는 종류주식을 발행할 수 있다. 이 경우 회사는 정관에 주주가 회사에 대하여 상환을 청구할 수 있다는 뜻, 상환가액, 상환청구기간, 상환의 방법을 정하여야 한다.
④ 제1항 및 제3항의 경우 회사는 주식의 취득의 대가로 현금 외에 유가증권(다른 종류주식은 제외한다)이나 그 밖의 자산을 교부할 수 있다. 다만, 이 경우에는 그 자산의 장부가액이 제462조에 따른 배당가능이익을 초과하여서는 아니 된다.

④ 주주명부폐쇄기간 중 의결권 있는 주식으로 전환이 이루어졌다 하더라도 그 주식의 의결권을 해당 주주총회에서 행사할 수 없다.

제350조(전환의 효력발생) ② 제354조제1항의 기간 중에 전환된 주식의 주주는 그 기간 중의 총회의 결의에 관하여는 의결권을 행사할 수 없다.
제354조(주주명부의 폐쇄, 기준일) ① 회사는 의결권을 행사하거나 배당을 받을 자 기타 주주 또는 질권자로서 권리를 행사할 자를 정하기 위하여 일정한 기간을 정하여 주주명부의 기재변경을 정지하거나 일정한 날에 주주명부에 기재된 주주 또는 질권자를 그 권리를 행사할 주주 또는 질권자로 볼 수 있다.

⑤ 회사가 여러 종류의 주식을 발행한 경우에도 각 주식의 액면가는 균일하여야 한다.

제329조(자본금의 구성) ② 액면주식의 금액은 균일하여야 한다.

044

상법상 주식회사의 종류주식에 관한 설명으로 옳은 것은?

① 회사가 잔여재산의 분배에 관하여 내용이 다른 종류주식을 발행하는 경우에는 정관의 규정이 없더라도 이사회 결의로 잔여재산의 종류, 잔여재산의 가액의 결정방법, 그 밖에 잔여재산분배에 관한 내용을 정할 수 있다.
② 회사가 종류주식을 발행하는 경우 정관에 다른 정함이 있는 경우에 한하여 그 종류에 따라 회사의 합병·분할로 인한 주식의 배정에 관하여 특수하게 정할 수 있다.
③ 회사가 의결권의 배제·제한에 관한 종류주식을 발행주식총수의 4분의 1을 초과하여 발행한 경우 그 초과 발행된 종류주식에 대하여 그 발행일로부터 6월 이내에 회사의 이익으로써 소각하여야 한다.
④ 회사가 주식의 상환에 관한 종류주식을 발행하는 경우 주식의 취득의 대가로 현금 외에 다른 종류주식을 포함한 유가증권 또는 그 밖의 자산을 교부할 수 있다.
⑤ 영업연도 중간에 발행된 신주에 대해 이익배당을 할 때, 이익배당기준일에 주주명부에 기재된 주주라면 구주의 주주와 신주의 주주를 불문하고 동액배당을 한다.

• •

① 「잔여재산의 종류, 잔여재산의 가액의 결정방법, 그 밖에 잔여재산분배에 관한 내용」은 종류주식 자체의 속성에 해당하므로 정관에 미리 규정하여야 한다.

제344조의2(이익배당, 잔여재산분배에 관한 종류주식) ① 회사가 이익의 배당에 관하여 내용이 다른 종류주식을 발행하는 경우에는 정관에 그 종류주식의 주주에게 교부하는 배당재산의 종류, 배당재산의 가액의 결정방법, 이익을 배당하는 조건 등 이익배당에 관한 내용을 정하여야 한다.

044 ⑤

② 회사가 잔여재산의 분배에 관하여 내용이 다른 종류주식을 발행하는 경우에는 정관에 잔여재산의 종류, 잔여재산의 가액의 결정방법, 그 밖에 잔여재산분배에 관한 내용을 정하여야 한다.

② 정관에 다른 정함이 없는 경우에도 특수하게 정할 수 있다.

제344조(종류주식) ① 회사는 이익의 배당, 잔여재산의 분배, 주주총회에서의 의결권의 행사, 상환 및 전환 등에 관하여 내용이 다른 종류의 주식(이하 "종류주식"이라 한다)을 발행할 수 있다.
② 제1항의 경우에는 정관으로 각 종류주식의 내용과 수를 정하여야 한다.
③ 회사가 종류주식을 발행하는 때에는 정관에 다른 정함이 없는 경우에도 주식의 종류에 따라 신주의 인수, 주식의 병합·분할·소각 또는 회사의 합병·분할로 인한 주식의 배정에 관하여 특수하게 정할 수 있다.
④ 종류주식 주주의 종류주주총회의 결의에 관하여는 제435조제2항을 준용한다.

③ 발행일로부터 6월 이내에 회사의 이익으로 소각하는 것이 아니라, 지체 없이 그 제한을 초과하지 아니하도록 하기 위하여 필요한 조치를 하여야 한다.

제344조의3(의결권의 배제·제한에 관한 종류주식) ① 회사가 의결권이 없는 종류주식이나 의결권이 제한되는 종류주식을 발행하는 경우에는 정관에 의결권을 행사할 수 없는 사항과, 의결권행사 또는 부활의 조건을 정한 경우에는 그 조건 등을 정하여야 한다.
② 제1항에 따른 종류주식의 총수는 발행주식총수의 4분의 1을 초과하지 못한다. 이 경우 의결권이 없거나 제한되는 종류주식이 발행주식총수의 4분의 1을 초과하여 발행된 경우에는 회사는 지체 없이 그 제한을 초과하지 아니하도록 하기 위하여 필요한 조치를 하여야 한다.

④ 회사의 다른 종류주식은 상환대가로 교부할 수 없다. 회사의 다른 종류주식을 상환대가로 교부하면 상환이 아니라 전환이 되어버린다.

제345조(주식의 상환에 관한 종류주식) ① 회사는 정관으로 정하는 바에 따라 회사의 이익으로써 소각할 수 있는 종류주식을 발행할 수 있다. 이 경우 회사는 정관에 상환가액, 상환기간, 상환의 방법과 상환할 주식의 수를 정하여야 한다.
② 제1항의 경우 회사는 상환대상인 주식의 취득일부터 2주 전에 그 사실을 그 주식의 주주 및 주주명부에 적힌 권리자에게 따로 통지하여야 한다. 다만, 통지는 공고로 갈음할 수 있다.
③ 회사는 정관으로 정하는 바에 따라 주주가 회사에 대하여 상환을 청구할 수 있는 종류주식을 발행할 수 있다. 이 경우 회사는 정관에 주주가 회사에 대하여 상환을 청구할 수 있다는 뜻, 상환가액, 상환청구기간, 상환의 방법을 정하여야 한다.
④ 제1항 및 제3항의 경우 회사는 주식의 취득의 대가로 현금 외에 유가증권(다른 종류주식은 제외한다)이나 그 밖의 자산을 교부할 수 있다. 다만, 이 경우에는 그 자산의 장부가액이 제462조에 따른 배당가능이익을 초과하여서는 아니 된다.
⑤ 제1항과 제3항에서 규정한 주식은 종류주식(상환과 전환에 관한 것은 제외한다)에 한정하여 발행할 수 있다.

⑤ 기존의 배당간주일 규정이 삭제됨에 따라, 신주의 발행일과 상관없이 구주와 신주 모두에게 동등하게 이익배당을 하게 된다.

제350조(전환의 효력발생) ① 주식의 전환은 주주가 전환을 청구한 경우에는 그 청구한 때에, 회사가 전환을 한 경우에는 제346조제3항제2호의 기간이 끝난 때에 그 효력이 발생한다.
② 제354조제1항의 기간 중에 전환된 주식의 주주는 그 기간 중의 총회의 결의에 관하여는 의결권을 행사할 수 없다.
③ 삭제 〈2020. 12. 29.〉

045

상법상 종류주식에 관한 설명으로 틀린 것은?

① 의결권이 없거나 제한되는 종류주식이 발행주식총수의 4분의 1을 초과하여 발행된 경우, 회사는 지체없이 그 제한을 초과하지 않도록 하기 위하여 필요한 조치를 하여야 한다.
② 회사가 의결권이 없거나 제한되는 종류주식을 발행하는 때에는, 정관에 의결권을 행사할 수 없는 사항과, 의결권행사 또는 부활의 조건을 정한 경우에는 그 조건 등을 정하여야 한다.
③ 회사가 정관으로 정하는 바에 따라 회사의 이익으로써 소각할 수 있는 종류주식을 발행하는 경우, 회사는 정관에 상환가액, 상환기간, 상환의 방법과 상환할 주식의 수를 정하여야 한다.
④ 회사가 종류주식을 발행하는 경우에는, 정관에 정함이 없더라도 주주는 인수한 주식을 다른 종류주식으로 전환할 것을 청구할 수 있다.
⑤ 회사가 잔여재산의 분배에 관하여 내용이 다른 종류주식을 발행하는 경우에는, 정관에 잔여재산의 종류, 잔여재산의 가액의 결정방법, 그 밖에 잔여재산분배에 관한 내용을 정하여야 한다.

•••••••••••••••••••••••

① 의결권이 없거나 제한되는 종류주식이 과다하게 발행되면 소수의 보통주식만으로 회사를 지배하는 왜곡된 현상이 발생할 수 있기 때문이다.

> 제344조의3(의결권의 배제·제한에 관한 종류주식) ① 회사가 의결권이 없는 종류주식이나 의결권이 제한되는 종류주식을 발행하는 경우에는 정관에 의결권을 행사할 수 없는 사항과, 의결권행사 또는 부활의 조건을 정한 경우에는 그 조건 등을 정하여야 한다.
> ② 제1항에 따른 종류주식의 총수는 발행주식총수의 4분의 1을 초과하지 못한다. 이 경우 <u>의결권이 없거나 제한되는 종류주식이 발행주식총수의 4분의 1을 초과하여 발행된 경우에는 회사는 지체 없이 그 제한을 초과하지 아니하도록 하기 위하여 필요한 조치를 하여야 한다.</u>

② 주식의 의결권에 대한 배제·제한을 남용할 수 없도록 하기 위함이다.

> 제344조의3(의결권의 배제·제한에 관한 종류주식) ① <u>회사가 의결권이 없는 종류주식이나 의결권이 제한되는 종류주식을 발행하는 경우에는 정관에 의결권을 행사할 수 없는 사항과, 의결권행사 또는 부활의 조건을 정한 경우에는 그 조건 등을 정하여야 한다.</u>
> ② 제1항에 따른 종류주식의 총수는 발행주식총수의 4분의 1을 초과하지 못한다. 이 경우 의결권이 없거나 제한되는 종류주식이 발행주식총수의 4분의 1을 초과하여 발행된 경우에는 회사는 지체 없이 그 제한을 초과하지 아니하도록 하기 위하여 필요한 조치를 하여야 한다.

③ 종류주식의 발행은 정관의「상대적 기재사항」으로, 그에 관한 주요한 사항은 사전에 정관으로 규정되어 있어야 한다고 정리하면 된다.

> 제345조(주식의 상환에 관한 종류주식) ① 회사는 정관으로 정하는 바에 따라 <u>회사의 이익으로써 소각할 수 있는</u> 종류주식을 발행할 수 있다. 이 경우 <u>회사는 정관에 상환가액, 상환기간, 상환의 방법과 상환할 주식의 수를 정하여야 한다.</u>

④ 정관으로 정하는 바에 따라 전환청구가 가능하다.

> 제346조(주식의 전환에 관한 종류주식) ① 회사가 <u>종류주식을 발행하는 경우에는 정관으로 정하는 바에 따라 주주는 인수한 주식을 다른 종류주식으로 전환할 것을 청구할 수 있다.</u> 이 경우 전환의 조건, 전환의 청구기간, 전환으로 인하여 발행할 주식의 수와 내용을 정하여야 한다.

045 ④

② 회사가 종류주식을 발행하는 경우에는 정관에 일정한 사유가 발생할 때 회사가 주주의 인수 주식을 다른 종류주식으로 전환할 수 있음을 정할 수 있다. 이 경우 회사는 전환의 사유, 전환의 조건, 전환의 기간, 전환으로 인하여 발행할 주식의 수와 내용을 정하여야 한다.
③ 제2항의 경우에 이사회는 다음 각 호의 사항을 그 주식의 주주 및 주주명부에 적힌 권리자에게 따로 통지하여야 한다. 다만, 통지는 공고로 갈음할 수 있다.
  1. 전환할 주식
  2. 2주 이상의 일정한 기간 내에 그 주권을 회사에 제출하여야 한다는 뜻
  3. 그 기간 내에 주권을 제출하지 아니할 때에는 그 주권이 무효로 된다는 뜻
④ 제344조제2항에 따른 종류주식의 수 중 새로 발행할 주식의 수는 전환청구기간 또는 전환의 기간 내에는 그 발행을 유보(留保)하여야 한다.

⑤ ②, ③, ④와 동일한 취지이다.

제344조의2(이익배당, 잔여재산분배에 관한 종류주식) ① 회사가 이익의 배당에 관하여 내용이 다른 종류주식을 발행하는 경우에는 정관에 그 종류주식의 주주에게 교부하는 배당재산의 종류, 배당재산의 가액의 결정방법, 이익을 배당하는 조건 등 이익배당에 관한 내용을 정하여야 한다.
② 회사가 잔여재산의 분배에 관하여 내용이 다른 종류주식을 발행하는 경우에는 정관에 잔여재산의 종류, 잔여재산의 가액의 결정방법, 그 밖에 잔여재산분배에 관한 내용을 정하여야 한다.

046

상법상 상환주식에 관한 설명으로 **틀린** 것은?

① 회사는 정관으로 정하는 바에 따라 회사의 이익으로써 소각할 수 있는 종류주식을 발행할 수 있다.
② 회사는 주식 취득의 대가로 현금 외에 다른 종류주식을 교부할 수 있다.
③ 회사는 정관으로 정하는 바에 따라 주주가 회사에 대하여 상환을 청구할 수 있는 종류주식을 발행할 수 있다.
④ 주주가 회사에 대하여 상환을 청구할 수 있는 종류주식을 발행하는 경우, 회사는 정관에 주주가 회사에 대하여 상환을 청구할 수 있다는 뜻, 상환가액, 상환청구기간, 상환의 방법을 정하여야 한다.
⑤ 상환주식은 종류주식(상환과 전환에 관한 것은 제외한다)에 한정하여 발행할 수 있다.

••••••••••••••••••••••••

① "상환"이란 빚을 갚는다는 의미이다. 회사에 이익이 발생하였을 경우 이를 재원으로 주주의 주식을 취득하여 소각하는(즉 없애버리는) 종류주식을 「상환주식」이라 한다.

제345조(주식의 상환에 관한 종류주식) ① 회사는 정관으로 정하는 바에 따라 회사의 이익으로써 소각할 수 있는 종류주식을 발행할 수 있다. 이 경우 회사는 정관에 상환가액, 상환기간, 상환의 방법과 상환할 주식의 수를 정하여야 한다.

② 회사의 다른 종류주식은 취득의 대가가 될 수 없다. 상환대가로 다른 종류주식을 교부하면 상환이 아니라 전환이 되어버리기 때문이다.

제345조(주식의 상환에 관한 종류주식) ④ 제1항 및 제3항의 경우 회사는 주식의 취득의 대가로 현금 외에 유가증권(다른 종류주식은 제외한다)이나 그 밖의 자산을 교부할 수 있다. 다만, 이 경우에는 그 자산의 장부가액이 제462조에 따른 배당가능이익을 초과하여서는 아니 된다.

046 ②

③ 회사가 상환권을 가지는 경우뿐만 아니라, 주주가 상환을 청구하는 유형도 가능하다.

> **제345조(주식의 상환에 관한 종류주식)** ③ 회사는 정관으로 정하는 바에 따라 주주가 회사에 대하여 상환을 청구할 수 있는 종류주식을 발행할 수 있다. 이 경우 회사는 정관에 주주가 회사에 대하여 상환을 청구할 수 있다는 뜻, 상환가액, 상환청구기간, 상환의 방법을 정하여야 한다.

④ 주주의 상환청구시 그 조건에 대하여 분쟁이 발생하지 않도록, 정관에 미리 상환조건을 규정해야 한다.

> **제345조(주식의 상환에 관한 종류주식)** ③ 회사는 정관으로 정하는 바에 따라 주주가 회사에 대하여 상환을 청구할 수 있는 종류주식을 발행할 수 있다. 이 경우 회사는 정관에 주주가 회사에 대하여 상환을 청구할 수 있다는 뜻, 상환가액, 상환청구기간, 상환의 방법을 정하여야 한다.

⑤ (ⅰ) "상환에 관한 상환주식"이라는 말은 개념상 성립할 수 없기 때문이다. (ⅱ) "전환에 관한 상환주식"은 실제로는 빈번히 발행되고 있다. 전환권과 상환권이 동시에 인정되는 우선주를 실무상 "전환상환우선주"라고 부른다. 다만 법조문에서는 안된다고 규정하고 있으니, 수험상으로는 법조문대로 답을 찾는 수밖에 없다.

> **제345조(주식의 상환에 관한 종류주식)** ⑤ 제1항과 제3항에서 규정한 주식은 종류주식(상환과 전환에 관한 것은 제외한다)에 한정하여 발행할 수 있다.

047

상법상 주식에 관한 설명으로 틀린 것은? (이견이 있으면 판례에 의함)

① 정관이나 상환주식인수계약 등에서 특별한 정함이 없는 경우, 상환주식의 상환권자인 주주가 상환권을 행사하였다면, 회사로부터 상환금을 지급받지 않더라도 그 행사시점에 주주의 지위를 상실한다.
② 회사의 자본금은 액면주식을 무액면주식으로 전환함으로써 변경할 수 없다.
③ 3개월 전부터 계속하여 발행주식총수의 100분의 3에 해당하는 주식을 가진 상장회사의 주주는 임시주주총회의 소집청구권을 갖는다.
④ 액면주식을 발행한 회사는 주주총회의 특별결의로 주식을 분할할 수 있다.
⑤ 비상장회사는 정관이 정하는 바에 따라 그 발행하는 주식의 양도에 관하여 이사회의 승인을 받도록 할 수 있다.

••••••••••••••••••••••

① "상환"이란 빚을 갚는다는 뜻이다. 상환주주가 상환권을 행사했는데 회사가 상환금을 지급하지 않았다면 아직 상환의 효과가 발생하지 않았으므로 상환주주는 여전히 주주의 지위에 있다.

> **관련판례**
>
> [대법원 2020. 4. 9., 선고, 2017다251564, 판결]
> 회사는 정관으로 정하는 바에 따라 주주가 회사에 대하여 상환을 청구할 수 있는 종류주식을 발행할 수 있다. 이 경우 회사는 정관에 주주가 회사에 대하여 상환을 청구할 수 있다는 뜻, 상환가액, 상환청구기간, 상환의 방법을 정하여야 한다(상법 제345조 제3항). 주주가 상환권을 행사하면 회사는 주식 취득의 대가로 주주에게 상환금을 지급할 의무를 부담하고, 주주는 상환금을 지급받음과 동시에 회사에게 주식을 이전할 의무를 부담

047 ①

> 한다. 따라서 정관이나 상환주식인수계약 등에서 특별히 정한 바가 없으면 <u>주주가 회사로부터 상환금을 지급받을 때까지는 상환권을 행사한 이후에도 여전히 주주의 지위에 있다.</u>

② 액면주식을 무액면주식으로 전환하는 과정에서(그 반대도 마찬가지), (ⅰ) 회사의 자본금을 감소시킨다면 그 자체로서 자본충실의 원칙에 반하고, (ⅱ) 회사의 자본금을 증가시키더라도 출자의 납입 없이 자본금만 증가하여 역시 자본충실원칙에 반한다.

> **제451조(자본금)** ① 회사의 자본금은 이 법에서 달리 규정한 경우 외에는 발행주식의 액면총액으로 한다.
> ② 회사가 무액면주식을 발행하는 경우 회사의 자본금은 주식 발행가액의 2분의 1 이상의 금액으로서 이사회(제416조 단서에서 정한 주식발행의 경우에는 주주총회를 말한다)에서 자본금으로 계상하기로 한 금액의 총액으로 한다. 이 경우 주식의 발행가액 중 자본금으로 계상하지 아니하는 금액은 자본준비금으로 계상하여야 한다.
> ③ <u>회사의 자본금은 액면주식을 무액면주식으로 전환하거나 무액면주식을 액면주식으로 전환함으로써 변경할 수 없다.</u>

③ (ⅰ) 상장회사 특례규정에 따른 소수주주권의 경우 지분비율은 완화되지만 6개월 이상의 보유기간을 요한다. (ⅱ) 반면에 상장·비상장을 불문하고 원칙적인 소수주주권을 행사할 경우에는 보유기간 제한 없이 3/100의 지분비율만 충족하면 된다.

> **제542조의6(소수주주권)** ① 6개월 전부터 계속하여 상장회사 발행주식총수의 1천분의 15 이상에 해당하는 주식을 보유한 자는 제366조(제542조에서 준용하는 경우를 포함한다) 및 <u>제467조에 따른 주주의 권리를 행사할 수 있다.</u>
> ⑩ 제1항부터 제7항까지는 제542조의2제2항에도 불구하고 <u>이 장의 다른 절에 따른 소수주주권의 행사에 영향을 미치지 아니한다.</u>

> **제366조(소수주주에 의한 소집청구)** ① 발행주식총수의 100분의 3 이상에 해당하는 주식을 가진 주주는 회의의 목적사항과 소집의 이유를 적은 서면 또는 전자문서를 이사회에 제출하여 임시총회의 소집을 청구할 수 있다.

④ (ⅰ) 주식분할은 주총특별결의 사항이다. (ⅱ) 한편 액면주식을 발행한 회사에서의 주식분할은 결국 '액면금의 변경'을 의미하므로 이때는 정관의 절대적 기재사항인 '1주의 액면가(제289조 제1항 4호)'가 변경된다. 따라서 정관이 변경된다는 점에서 보더라도 주주총회의 특별결의를 거쳐야 한다.

> **제329조의2(주식의 분할)** ① <u>회사는 제434조의 규정에 의한 주주총회의 결의로 주식을 분할할 수 있다.</u>
> ② 제1항의 경우에 분할 후의 액면주식 1주의 금액은 제329조제3항에 따른 금액 미만으로 하지 못한다.
> ③ 제440조부터 제443조까지의 규정은 제1항의 규정에 의한 주식분할의 경우에 이를 준용한다.

> **제434조(정관변경의 특별결의)** 제433조제1항의 결의는 출석한 주주의 의결권의 3분의 2 이상의 수와 발행주식총수의 3분의 1 이상의 수로써 하여야 한다.

⑤ (ⅰ) 비상장회사의 경우 주식양도에 관하여 이사회의 승인을 얻도록 "제한"할 수 있다. (ⅱ) 반면에 상장회사의 경우에는 거래소에서의 자유로운 주식양도를 전제로 하는 것이므로, 주식양도를 제한할 수 없고 만약 제한하면 상장폐지사유가 된다.

> **제335조(주식의 양도성)** ① 주식은 타인에게 양도할 수 있다. 다만, <u>회사는 정관으로 정하는 바에 따라 그 발행하는 주식의 양도에 관하여 이사회의 승인을 받도록 할 수 있다.</u>

048

상법상 비상장주식회사의 종류주식에 관한 설명으로 옳은 것만을 모두 고른 것은?

> ㄱ. 회사는 정관에 정한 바에 따라 이익의 배당, 잔여재산의 분배, 주주총회에서의 의결권의 행사, 상환 및 전환 등에 관하여 내용이 다른 종류의 주식을 발행할 수 있다.
> ㄴ. 회사가 종류주식을 발행할 때 정관에 정함이 없으면 회사의 합병·분할로 인한 주식의 배정에 관하여 주식의 종류에 따라 특수하게 정할 수 없다.
> ㄷ. 의결권이 없거나 제한되는 종류주식의 수는 발행주식총수의 4분의 1을 초과하지 못한다.
> ㄹ. 회사는 상환주식을 상환할 때 그 주식의 취득 대가로 현금 외에 다른 종류주식이나 그 밖의 자산을 교부할 수 있다.
> ㅁ. 전환주식의 전환으로 인하여 신주식을 발행하는 경우에는 전환전의 주식의 발행가액을 신주식의 발행가액으로 한다.

① ㄱ, ㄴ, ㄷ ② ㄱ, ㄷ, ㅁ ③ ㄱ, ㄹ, ㅁ
④ ㄴ, ㄷ, ㄹ ⑤ ㄴ, ㄹ, ㅁ

• •

옳은 것은 ㄱ, ㄷ, ㅁ 이다
ㄱ. 옳은 내용이다.

> 제344조(종류주식) ① 회사는 이익의 배당, 잔여재산의 분배, 주주총회에서의 의결권의 행사, 상환 및 전환 등에 관하여 내용이 다른 종류의 주식(이하 "종류주식"이라 한다)을 발행할 수 있다.
> ② 제1항의 경우에는 정관으로 각 종류주식의 내용과 수를 정하여야 한다.

ㄴ. 정관에 다른 정함이 없는 경우에도 특수하게 정할 수 있다.

> 제344조(종류주식) ③ 회사가 종류주식을 발행하는 때에는 정관에 다른 정함이 없는 경우에도 주식의 종류에 따라 신주의 인수, 주식의 병합·분할·소각 또는 회사의 합병·분할로 인한 주식의 배정에 관하여 특수하게 정할 수 있다.

ㄷ. 의결권이 없거나 제한되는 종류주식이 과다하게 발행되면 소수의 보통주식만으로 회사를 지배하는 왜곡된 현상이 발생할 수 있기 때문이다.

> 제344조의3(의결권의 배제·제한에 관한 종류주식) ① 회사가 의결권이 없는 종류주식이나 의결권이 제한되는 종류주식을 발행하는 경우에는 정관에 의결권을 행사할 수 없는 사항과, 의결권행사 또는 부활의 조건을 정한 경우에는 그 조건 등을 정하여야 한다.
> ② 제1항에 따른 종류주식의 총수는 발행주식총수의 4분의 1을 초과하지 못한다. 이 경우 의결권이 없거나 제한되는 종류주식이 발행주식총수의 4분의 1을 초과하여 발행된 경우에는 회사는 지체 없이 그 제한을 초과하지 아니하도록 하기 위하여 필요한 조치를 하여야 한다.

ㄹ. 상환대가로 종류주식을 주게 되면 「상환」이 아니라 「전환」이 되어버리기 때문에 허용하지 않는다.

> 제345조(주식의 상환에 관한 종류주식) ① 회사는 정관으로 정하는 바에 따라 회사의 이익으로써 소각할 수 있는 종류주식을 발행할 수 있다. 이 경우 회사는 정관에 상환가액, 상환기간, 상환의 방법과 상환할 주식의 수를 정하여야 한다.
> ② 제1항의 경우 회사는 상환대상인 주식의 취득일부터 2주 전에 그 사실을 그 주식의 주주 및 주주명부에 적힌 권리자에게 따로 통지하여야 한다. 다만, 통지는 공고로 갈음할 수 있다.

048 ②

③ 회사는 정관으로 정하는 바에 따라 주주가 회사에 대하여 상환을 청구할 수 있는 종류주식을 발행할 수 있다. 이 경우 회사는 정관에 주주가 회사에 대하여 상환을 청구할 수 있다는 뜻, 상환가액, 상환청구기간, 상환의 방법을 정하여야 한다.
④ 제1항 및 제3항의 경우 회사는 <u>주식의 취득의 대가로 현금 외에 유가증권(다른 종류주식은 제외한다)이나 그 밖의 자산을 교부할 수 있다.</u> 다만, 이 경우에는 그 자산의 장부가액이 제462조에 따른 배당가능이익을 초과하여서는 아니 된다.

ㅁ. 여기서 발행가액이란 총발행가액을 말한다. 전환 전 주식의 "총" 발행가액과 전환 후 주식의 "총" 발행가액이 일치하여야 한다

제348조(전환으로 인하여 발행하는 주식의 발행가액) 전환으로 인하여 신주식을 발행하는 경우에는 전환전의 주식의 발행가액을 신주식의 발행가액으로 한다.

049

상법상 액면주식을 발행하는 비상장주식회사의 상환주식 또는 전환주식에 관한 설명으로 옳은 것은?

① 회사가 상환주식을 이익으로써 소각한 경우 회사의 자본금도 감소한다.
② 회사가 상환주식을 상환할 때에는 그 회사의 자회사가 발행한 종류주식을 취득의 대가로 교부할 수 있다.
③ 전환주식을 소유한 주주가 전환을 청구한 경우 회사가 이에 대해 승낙을 한 시점에 전환의 효력이 발생한다.
④ 상환주식과 전환주식의 종류와 내용은 회사가 발행하는 주권에 기재하지 않아도 무방하다.
⑤ 주주명부 폐쇄기간 중에 전환된 주식의 주주는 그 기간 중의 주주총회 결의에 관하여 의결권을 행사할 수 있다.

······························

① 상환주식 소각의 재원은 자본금과는 별개의 항목인 배당가능이익이므로, 이 경우 주식수의 감소에도 불구하고 자본금에는 변동이 없다.
② 상환종류주식의 상환대가로 회사의 주식을 교부할 수는 없지만(이 경우는 상환이 아니라 전환이 되어버린다), 다른 회사(예컨대 자회사)의 주식은 현물상환에 해당하기 때문에 교부할 수 있다.

제345조(주식의 상환에 관한 종류주식) ① 회사는 정관으로 정하는 바에 따라 회사의 이익으로써 소각할 수 있는 종류주식을 발행할 수 있다. 이 경우 회사는 정관에 상환가액, 상환기간, 상환의 방법과 상환할 주식의 수를 정하여야 한다.
③ 회사는 정관으로 정하는 바에 따라 주주가 회사에 대하여 상환을 청구할 수 있는 종류주식을 발행할 수 있다. 이 경우 회사는 정관에 주주가 회사에 대하여 상환을 청구할 수 있다는 뜻, 상환가액, 상환청구기간, 상환의 방법을 정하여야 한다.
④ 제1항 및 제3항의 경우 회사는 <u>주식의 취득의 대가로 현금 외에 유가증권(다른 종류주식은 제외한다)이나 그 밖의 자산을 교부할 수 있다.</u> 다만, 이 경우에는 그 자산의 장부가액이 제462조에 따른 배당가능이익을 초과하여서는 아니 된다.

③ 주주가 전환을 청구한 경우에는 회사의 승낙 여부를 불문하고 청구시에 전환의 효력이 발생한다. 즉 이때의 전환청구권은 형성권이다.

049 ②

> **제350조(전환의 효력발생)** ① 주식의 전환은 주주가 전환을 청구한 경우에는 그 청구한 때에, 회사가 전환을 한 경우에는 제346조제3항제2호의 기간이 끝난 때에 그 효력이 발생한다.

④ 여기서 회사가 발행하는 주권은 당해 상환주식과 전환주식뿐만 아니라, 회사가 이후 발행하는 모든 주식의 주권을 말한다. 즉 보통주를 발행하는 경우에도 기존에 발행한 상환주식이나 전환주식이 있으면 이에 관한 정보를 제공해야 한다는 의미이다.

> **제356조(주권의 기재사항)** 주권에는 다음의 사항과 번호를 기재하고 대표이사가 기명날인 또는 서명하여야 한다.
> 1. 회사의 상호
> 2. 회사의 성립년월일
> 3. 회사가 발행할 주식의 총수
> 4. 액면주식을 발행하는 경우 1주의 금액
> 5. 회사의 성립후 발행된 주식에 관하여는 그 발행 연월일
> 6. 종류주식이 있는 경우에는 그 주식의 종류와 내용
>   6의2. 주식의 양도에 관하여 이사회의 승인을 얻도록 정한 때에는 그 규정

⑤ 주주명부폐쇄 초일에 주주명부에 기재된 주주만이 해당 주주총회에서 의결권을 행사할 수 있다.

> **제350조(전환의 효력발생)** ② 제354조제1항의 기간 중에 전환된 주식의 주주는 그 기간 중의 총회의 결의에 관하여는 의결권을 행사할 수 없다.
>
> **제354조(주주명부의 폐쇄, 기준일)** ① 회사는 의결권을 행사하거나 배당을 받을 자 기타 주주 또는 질권자로서 권리를 행사할 자를 정하기 위하여 일정한 기간을 정하여 주주명부의 기재변경을 정지하거나 일정한 날에 주주명부에 기재된 주주 또는 질권자를 그 권리를 행사할 주주 또는 질권자로 볼 수 있다.

050

상법상 종류주식에 관한 설명으로 **틀린** 것은?

① 주식의 전환에 관한 종류주식에서 전환으로 인하여 신주식을 발행하는 경우에는 전환전의 주식의 발행가액을 신주식의 발행가액으로 한다.
② 주주가 인수한 주식을 다른 종류주식으로 전환할 것을 청구할 수 있는 종류주식에서 주주가 전환을 청구한 경우에는 그 청구를 한 때에 전환의 효력이 발생한다.
③ 의결권의 배제·제한에 관한 종류주식이라도 정관으로 의결권 행사 또는 부활의 조건을 정할 수 있다.
④ 회사가 주식의 전환에 관한 종류주식을 발행하는 경우 정관에 일정한 사유가 발생한 때 회사가 주주의 인수 주식을 다른 종류주식으로 전환할 수 있음을 정할 수 있다.
⑤ 회사가 주식의 상환에 관한 종류주식을 발행한 경우 회사는 상환의 대가로 현금만을 교부할 수 있다.

....

① 여기서 발행가액이란 총발행가액을 말한다. 전환 전 주식의 「총」 발행가액과 전환 후 주식의 「총」 발행가액이 일치하여야 한다.

050 ⑤

> **제348조(전환으로 인하여 발행하는 주식의 발행가액)** 전환으로 인하여 신주식을 발행하는 경우에는 전환전의 주식의 발행가액을 신주식의 발행가액으로 한다.

② 주주가 전환을 청구한 경우와 회사가 전환을 한 경우의 효력발생시기를 구분하여야 한다. 주주의 전환청구권은 형성권이다.

> **제350조(전환의 효력발생)** ① 주식의 전환은 주주가 전환을 청구한 경우에는 그 청구한 때에, 회사가 전환을 한 경우에는 제346조제3항제2호의 기간이 끝난 때에 그 효력이 발생한다.

③ 의결권이 제한되는 배당우선주의 경우, 「배당가능이익이 없음을 이유로 배당이 이루어지지 않으면 다음 사업연도에는 의결권이 부활한다」는 내용을 정관에 기재하는 경우가 그 예이다.

> **제344조의3(의결권의 배제·제한에 관한 종류주식)** ① 회사가 의결권이 없는 종류주식이나 의결권이 제한되는 종류주식을 발행하는 경우에는 정관에 의결권을 행사할 수 없는 사항과, 의결권행사 또는 부활의 조건을 정한 경우에는 그 조건 등을 정하여야 한다.

④ 전환주식에 대한 설명이다.

> **제346조(주식의 전환에 관한 종류주식)** ② 회사가 종류주식을 발행하는 경우에는 정관에 일정한 사유가 발생할 때 회사가 주주의 인수 주식을 다른 종류주식으로 전환할 수 있음을 정할 수 있다. 이 경우 회사는 전환의 사유, 전환의 조건, 전환의 기간, 전환으로 인하여 발행할 주식의 수와 내용을 정하여야 한다.

⑤ 회사는 상환종류주식을 취득한 대가로 주주에게 금전이 아닌 유가증권이나 그 밖의 자산을 교부할 수 있다. 즉「현물상환」이 가능하다. 상환종류주식의 상환대가로 회사의 주식을 교부할 수는 없지만(이 경우는 상환이 아니라 전환이 되어버린다), 다른 회사의 주식은 현물상환에 해당하기 때문에 교부할 수 있다.

> **제345조(주식의 상환에 관한 종류주식)** ① 회사는 정관으로 정하는 바에 따라 회사의 이익으로써 소각할 수 있는 종류주식을 발행할 수 있다. 이 경우 회사는 정관에 상환가액, 상환기간, 상환의 방법과 상환할 주식의 수를 정하여야 한다.
> ③ 회사는 정관으로 정하는 바에 따라 주주가 회사에 대하여 상환을 청구할 수 있는 종류주식을 발행할 수 있다. 이 경우 회사는 정관에 주주가 회사에 대하여 상환을 청구할 수 있다는 뜻, 상환가액, 상환청구기간, 상환의 방법을 정하여야 한다.
> ④ 제1항 및 제3항의 경우 회사는 주식의 취득의 대가로 현금 외에 유가증권(다른 종류주식은 제외한다)이나 그 밖의 자산을 교부할 수 있다. 다만, 이 경우에는 그 자산의 장부가액이 제462조에 따른 배당가능이익을 초과하여서는 아니 된다.

TOPIC 07 주권

051

상법상 주권의 선의취득과 제권판결에 관한 설명으로 틀린 것은?

① 주권이 발행되지 않고 전자등록부에 등록된 주식을 취득하여 등록한 경우에는 주식의 선의취득이 인정되지 않는다.
② 주주가 주권의 불소지 신고를 하여 제출한 주권을 회사가 무효로 한 경우에는 그 주권에 대한 선의취득이 인정될 수 없다.
③ 상속이나 회사의 합병과 같이 법률의 규정에 의하여 주권을 취득한 경우에는 선의취득이 인정되지 않는다.
④ 판례에 의하면 주권의 선의취득은 양도인이 무권리자인 경우뿐만 아니라 무권대리인인 경우에도 인정된다.
⑤ 주권을 상실한 자는 제권판결을 얻지 아니하면 회사에 대하여 주권의 재발행을 청구하지 못한다.

••••••••••••••••••••

① 전자등록부에 등록된 주식(이른바 전자증권)에 대해서도 선의취득이 인정된다.

> **제356조의2(주식의 전자등록)** ① 회사는 주권을 발행하는 대신 정관으로 정하는 바에 따라 전자등록기관(유가증권 등의 전자등록 업무를 취급하는 기관을 말한다. 이하 같다)의 전자등록부에 주식을 등록할 수 있다.
> ② 전자등록부에 등록된 주식의 양도나 입질(入質)은 전자등록부에 등록하여야 효력이 발생한다.
> ③ 전자등록부에 주식을 등록한 자는 그 등록된 주식에 대한 권리를 적법하게 보유한 것으로 추정하며, 이러한 전자등록부를 선의(善意)로, 그리고 중대한 과실 없이 신뢰하고 제2항의 등록에 따라 권리를 취득한 자는 그 권리를 적법하게 취득한다.
> ④ 전자등록의 절차·방법 및 효과, 전자등록기관에 대한 감독, 그 밖에 주식의 전자등록 등에 필요한 사항은 따로 법률로 정한다.

② 주권의 선의취득은 유효한 주권을 전제로 한다. 주주가 주권불소지를 신고하고 회사에 제출한 주권은 무효로 되기 때문에 선의취득이 인정되지 않는다.

> **제358조의2(주권의 불소지)** ① 주주는 정관에 다른 정함이 있는 경우를 제외하고는 그 주식에 대하여 주권의 소지를 하지 아니하겠다는 뜻을 회사에 신고할 수 있다.
> ② 제1항의 신고가 있는 때에는 회사는 지체없이 주권을 발행하지 아니한다는 뜻을 주주명부와 그 복본에 기재하고, 그 사실을 주주에게 통지하여야 한다. 이 경우 회사는 그 주권을 발행할 수 없다.
> ③ 제1항의 경우 이미 발행된 주권이 있는 때에는 이를 회사에 제출하여야 하며, 회사는 제출된 주권을 무효로 하거나 명의개서대리인에게 임치하여야 한다.
> ④ 제1항 내지 제3항의 규정에 불구하고 주주는 언제든지 회사에 대하여 주권의 발행 또는 반환을 청구할 수 있다.

③ 주권의 선의취득을 위해서는 양수인에게 주권이 교부되어야 한다(특정승계). 따라서 주권이 교부된 적이 없이 상속이나 합병과 같이 포괄승계를 원인으로 권리를 취득한 경우에는 선의취득이 인정되지 않는다.

> **제336조(주식의 양도방법)** ① 주식의 양도에 있어서는 주권을 교부하여야 한다.
> ② 주권의 점유자는 이를 적법한 소지인으로 추정한다.

051 ①

④ 주식거래의 안전이라는 취지에서 판례는 양도인이 무권리자인 경우뿐만 아니라 무권대리인인 경우에도 주권의 선의취득을 인정한다.

> **관련판례**
> [대법원 1995. 2. 10., 선고, 94다55217, 판결]
> 가. 어음의 선의취득으로 인하여 치유되는 하자의 범위 즉, 양도인의 범위는 양도인이 무권리자인 경우뿐만 아니라 대리권의 흠결이나 하자 등의 경우도 포함된다.
> 나. 어음 문면상 회사 명의의 배서를 위조한 총무부장으로부터 어음할인의 방법으로 그 어음을 취득한 사안에서, 악의 또는 중대한 과실이 없다고 보아 선의취득을 인정한 사례.

⑤ 유효한 복수의 주권이 중복하여 유통되는 문제가 발생하기 때문이다.

> **제360조(주권의 제권판결, 재발행)** ① 주권은 공시최고의 절차에 의하여 이를 무효로 할 수 있다.
> ② 주권을 상실한 자는 제권판결을 얻지 아니하면 회사에 대하여 주권의 재발행을 청구하지 못한다.

052

상법상 주권의 불소지제도에 관한 설명으로 옳은 것은?

① 주권의 불소지는 정관에 주권불소지제도를 배제하는 규정이 없는 경우에 인정되며, 주주명부에 명의개서를 하지 않은 주주도 회사에 통지함으로써 불소지신고를 할 수 있다.
② 상장주식회사는 주주의 편의를 위하여 주권의 불소지제도를 채택하여야 한다.
③ 주권이 미발행된 상태에서 주주의 주권의 불소지신고가 있는 경우 회사는 불소지신고된 주식에 관해 주권을 발행할 수 없다.
④ 이미 발행된 주권이 있는 경우 주주의 주권의 불소지신고가 있다면 그 주권은 주권의 제출여부와 상관없이 불소지신고시에 효력을 상실한다.
⑤ 주주가 주권의 불소지신고를 한 경우에는 회사에 대하여 그 주권의 발행을 청구할 수 없다.

•••••••••••••••••••

① 주권의 불소지는 정관에 이를 배제하는 규정이 없는 경우에 인정된다(제358조의2 제1항). 한편 주권의 소지 없이 주주명부의 기재만으로 주주의 권리를 행사하는 제도이므로 주주명부의 기재가 필요하다(제2항).

> **제358조의2(주권의 불소지)** ① 주주는 정관에 다른 정함이 있는 경우를 제외하고는 그 주식에 대하여 주권의 소지를 하지 아니하겠다는 뜻을 회사에 신고할 수 있다.
> ② 제1항의 신고가 있는 때에는 회사는 지체없이 주권을 발행하지 아니한다는 뜻을 주주명부와 그 복본에 기재하고, 그 사실을 주주에게 통지하여야 한다. 이 경우 회사는 그 주권을 발행할 수 없다.
> ③ 제1항의 경우 이미 발행된 주권이 있는 때에는 이를 회사에 제출하여야 하며, 회사는 제출된 주권을 무효로 하거나 명의개서대리인에게 임치하여야 한다.
> ④ 제1항 내지 제3항의 규정에 불구하고 주주는 언제든지 회사에 대하여 주권의 발행 또는 반환을 청구할 수 있다.

② 상법상 이와 같은 강제규정은 존재하지 않는다.
③ 동조 제2항
④ 주권을 제출하고 회사가 주권을 무효로 하여야 한다(동조 제3항).
⑤ 언제든지 발행을 청구할 수 있다(동조 제4항).

052 ③

053

상법상 주식 및 주권에 관한 설명으로 <u>틀린</u> 것은?

① 원칙적으로 주식의 이전은 취득자의 성명과 주소를 주주명부에 기재하지 아니하면 회사에 대항하지 못한다.
② 이미 발행된 주권이 주주의 주권불소지 신고에 의하여 회사에 제출된 경우, 회사는 그 제출된 주권을 무효로 해야 하므로 이를 임치할 수 없다.
③ 주식의 소각, 병합, 분할 또는 전환이 있는 때에는 이로 인하여 종전의 주주가 받을 금전이나 주식에 대하여도 종전의 주식을 목적으로 한 질권을 행사할 수 있다.
④ 주식을 질권의 목적으로 하는 때에는 주권을 질권자에게 교부하여야 한다.
⑤ 주식의 등록질의 경우에는, 질권자는 회사로부터 이익배당에 따른 금전의 지급을 받아 다른 채권자에 우선하여 자기채권의 변제에 충당할 수 있다.

....

① 주주명부의 명의개서는 회사에 대한 대항요건이다.

> **제337조(주식의 이전의 대항요건)** ① <u>주식의 이전은 취득자의 성명과 주소를 주주명부에 기재하지 아니하면 회사에 대항하지 못한다.</u>

② 이미 발행된 주권이 주주의 주권불소지 신고에 의하여 회사에 제출된 경우, 회사는 그 제출된 주권을 무효로 하거나 명의개서대리인에게 임치하여야 한다. 여기서 "임치"란 보관을 맡기는 것을 말한다. 주주가 주권불소지를 한 경우에도 언제든지 반환청구를 할 수 있으므로, 이를 대비하여 회사는 주권을 무효로 하지 않고 임치할 수도 있는 것이다.

> **제358조의2(주권의 불소지)** ① 주주는 정관에 다른 정함이 있는 경우를 제외하고는 그 주식에 대하여 주권의 소지를 하지 아니하겠다는 뜻을 회사에 신고할 수 있다.
> ② 제1항의 신고가 있는 때에는 회사는 지체없이 주권을 발행하지 아니한다는 뜻을 주주명부와 그 복본에 기재하고, 그 사실을 주주에게 통지하여야 한다. 이 경우 회사는 <u>그 주권을 발행할 수 없다.</u>
> ③ 제1항의 경우 <u>이미 발행된 주권이 있는 때에는 이를 회사에 제출하여야 하며, 회사는 제출된 주권을 무효로 하거나 명의개서대리인에게 임치하여야 한다.</u>
> ④ 제1항 내지 제3항의 규정에 불구하고 <u>주주는 언제든지 회사에 대하여 주권의 발행 또는 반환을 청구할 수 있다.</u>

③ 질권의 물상대위에 대한 설명이다.

> **제339조(질권의 물상대위)** 주식의 소각, 병합, 분할 또는 전환이 있는 때에는 이로 인하여 종전의 주주가 받을 금전이나 주식에 대하여도 종전의 주식을 목적으로 한 질권을 행사할 수 있다.

④ 대상물을 질권자에게 인도하는 것은 질권의 성립요건이다.

> **제338조(주식의 입질)** ① <u>주식을 질권의 목적으로 하는 때에는 주권을 질권자에게 교부하여야 한다.</u>
> ② 질권자는 계속하여 주권을 점유하지 아니하면 그 질권으로써 제삼자에게 대항하지 못한다.

⑤ 등록질이 약식질에 비하여 유리한 점은 (ⅰ) 담보물을 처분하기 위해 주권압류가 불필요하다는 것과 (ⅱ) 회사에 대해 우선변제권을 주장할 수 있다는 것이다.

053 ②

> **제340조(주식의 등록질)** ① 주식을 질권(質權)의 목적으로 한 경우에 회사가 질권설정자의 청구에 따라 그 성명과 주소를 주주명부에 덧붙여 쓰고 그 성명을 주권(株券)에 적은 경우에는 질권자는 회사로부터 이익배당, 잔여재산의 분배 또는 제339조에 따른 금전의 지급을 받아 다른 채권자에 우선하여 자기채권의 변제에 충당할 수 있다.

054

상법상 비상장주식회사의 주권에 관한 설명으로 틀린 것은?

① 주권은 공시최고의 절차에 의하여 이를 무효로 할 수 있다.
② 회사는 적법한 주권의 불소지 신고가 있는 때에는 지체없이 주권을 발행하지 아니한다는 뜻을 주주명부와 그 복본에 기재하여야 한다.
③ 주권은 회사의 성립후 또는 신주의 납입기일후가 아니면 발행하지 못한다.
④ 주권이 발행된 경우 정관에 정함이 없으면 주주는 그 주식에 대하여 주권의 소지를 하지 아니하겠다는 뜻을 회사에 신고할 수 없다.
⑤ 주권을 상실한 자는 제권판결을 얻지 아니하면 회사에 대하여 주권의 재발행을 청구하지 못한다.

••••••••••••••••••••••••••••

① 「공시최고의 절차」란 공시최고 후 제권판결을 말한다. 제권판결을 받게 되면 주권은 권리가 제거되어 무효가 된다.

> **제360조 (주권의 제권판결, 재발행)** ① 주권은 공시최고의 절차에 의하여 이를 무효로 할 수 있다.

② 명의개서대리인이 있는 경우에는 복본에도 기재해야 한다.

> **제358조의2(주권의 불소지)** ① 주주는 정관에 다른 정함이 있는 경우를 제외하고는 그 주식에 대하여 주권의 소지를 하지 아니하겠다는 뜻을 회사에 신고할 수 있다.
> ② 제1항의 신고가 있는 때에는 회사는 지체없이 주권을 발행하지 아니한다는 뜻을 주주명부와 그 복본에 기재하고, 그 사실을 주주에게 통지하여야 한다. 이 경우 회사는 그 주권을 발행할 수 없다.

③ 주권은 회사의 주주로서의 권리를 표창하는 유가증권이므로, (ⅰ) 일단 회사가 성립되어야 하고, (ⅱ) 주주가 되기 위해 주식대금을 납입하여야 한다.

> **제355조(주권발행의 시기)** ① 회사는 성립후 또는 신주의 납입기일후 지체없이 주권을 발행하여야 한다.
> ② 주권은 회사의 성립후 또는 신주의 납입기일후가 아니면 발행하지 못한다.

④ 주권의 불소지 신고는 주권이 발행된 후에도 할 수 있다. 상법도 이를 전제로 주권제출의무를 규정하고 있다.

> **제358조의2(주권의 불소지)** ① 주주는 정관에 다른 정함이 있는 경우를 제외하고는 그 주식에 대하여 주권의 소지를 하지 아니하겠다는 뜻을 회사에 신고할 수 있다.
> ② 제1항의 신고가 있는 때에는 회사는 지체없이 주권을 발행하지 아니한다는 뜻을 주주명부와 그 복본에 기재하고, 그 사실을 주주에게 통지하여야 한다. 이 경우 회사는 그 주권을 발행할 수 없다.
> ③ 제1항의 경우 이미 발행된 주권이 있는 때에는 이를 회사에 제출하여야 하며, 회사는 제출된 주권을 무효로 하거나 명의개서대리인에게 임치하여야 한다.

054 ④

⑤ 유효한 복수의 주권이 중복하여 유통되는 문제가 발생하기 때문이다.

> **제360조(주권의 제권판결, 재발행)** ② 주권을 상실한 자는 제권판결을 얻지 아니하면 회사에 대하여 주권의 재발행을 청구하지 못한다.

055

상법상 비상장주식회사 주주의 주권 불소지 신고에 관한 설명으로 틀린 것은? (정관에서 주권 불소지 신고를 금지하고 있지 않음)

① 주주가 주권이 발행되기 전에 주권 불소지를 신고하였음에도 주권이 발행된 경우 그 주권은 선의취득의 대상이 될 수 없다.
② 주주가 주권이 발행되기 전에 주권 불소지를 신고한 이상 그 후 다른 주주들에게 주권이 발행되더라도 불소지를 신고한 주주는 주권의 교부 없이 주식을 양도할 수 있다.
③ 주권을 발행받은 주주가 주권 불소지 신고를 하려면 주권을 회사에 제출해야 한다.
④ 주권을 발행받은 주주가 주권 불소지 신고를 한 경우 회사는 제출된 주권을 무효로 하거나 명의개서대리인에게 임치하여야 한다.
⑤ 주권을 발행받은 주주가 주권 불소지 신고를 한 경우 그 주주는 언제든지 회사에 대해 주권의 발행 또는 반환을 청구할 수 있다.

••••••••••••••••••••••••••

① 선의취득의 대상이 되는 주권은 유효한 주권임을 전제로 한다. 불소지신고에 관한 상법 규정에 위반하여 발행 또는 유통된 주권은 주권으로서의 효력이 없기 때문에 선의취득의 대상이 되지 않는다. 주주가 주권불소지신고를 하고 회사에 제출하여 무효가 된 주권을 취득한 경우에도 마찬가지이다.
② 불소지신고를 한 주주가 주식을 양도하고자 할 때에는 회사에 대하여 주권의 발행 또는 반환을 청구한 후에 그 주권을 교부함으로써 양도하여야 한다.

> **제358조의2(주권의 불소지)** ① 주주는 정관에 다른 정함이 있는 경우를 제외하고는 그 주식에 대하여 주권의 소지를 하지 아니하겠다는 뜻을 회사에 신고할 수 있다. 〈개정 2014. 5. 20.〉
> ② 제1항의 신고가 있는 때에는 회사는 지체없이 주권을 발행하지 아니한다는 뜻을 주주명부와 그 복본에 기재하고, 그 사실을 주주에게 통지하여야 한다. 이 경우 회사는 그 주권을 발행할 수 없다.
> ③ 제1항의 경우 이미 발행된 주권이 있는 때에는 이를 회사에 제출하여야 하며, 회사는 제출된 주권을 무효로 하거나 명의개서대리인에게 임치하여야 한다.
> ④ 제1항 내지 제3항의 규정에 불구하고 주주는 언제든지 회사에 대하여 주권의 발행 또는 반환을 청구할 수 있다.
>
> **제336조(주식의 양도방법)** ① 주식의 양도에 있어서는 주권을 교부하여야 한다.

③ 불소지신고의 대상이 된 해당 주권이 유통되는 일이 없도록 회사에 제출해야 한다.

> **제358조의2(주권의 불소지)** ① 주주는 정관에 다른 정함이 있는 경우를 제외하고는 그 주식에 대하여 주권의 소지를 하지 아니하겠다는 뜻을 회사에 신고할 수 있다. 〈개정 2014. 5. 20.〉
> ② 제1항의 신고가 있는 때에는 회사는 지체없이 주권을 발행하지 아니한다는 뜻을 주주명부와 그 복본에 기재하고, 그 사실을 주주에게 통지하여야 한다. 이 경우 회사는 그 주권을 발행할 수 없다.

055 ②

③ 제1항의 경우 이미 발행된 주권이 있는 때에는 이를 회사에 제출하여야 하며, 회사는 제출된 주권을 무효로 하거나 명의개서대리인에게 임치하여야 한다.

④ 이미 발행된 주권이 주주의 주권불소지 신고에 의하여 회사에 제출된 경우, 회사는 그 제출된 주권을 무효로 하거나 명의개서대리인에게 임치하여야 한다. 「임치」란 보관을 맡기는 것을 말한다. 주주가 주권불소지를 한 경우에도 언제든지 반환청구를 할 수 있으므로, 이를 대비하여 회사는 주권을 무효로 하지 않고 임치할 수도 있는 것이다.

제358조의2(주권의 불소지) ① 주주는 정관에 다른 정함이 있는 경우를 제외하고는 그 주식에 대하여 주권의 소지를 하지 아니하겠다는 뜻을 회사에 신고할 수 있다.
② 제1항의 신고가 있는 때에는 회사는 지체없이 주권을 발행하지 아니한다는 뜻을 주주명부와 그 복본에 기재하고, 그 사실을 주주에게 통지하여야 한다. 이 경우 회사는 그 주권을 발행할 수 없다.
③ 제1항의 경우 이미 발행된 주권이 있는 때에는 이를 회사에 제출하여야 하며, 회사는 제출된 주권을 무효로 하거나 명의개서대리인에게 임치하여야 한다.

⑤ 이러한 권리는 주식양도의 자유와 관련되는 것이므로, 정관에 의해서도 제한하거나 금지할 수 없다. 주주의 투하자본회수를 보장하기 위해서이다.

제358조의2(주권의 불소지) ④ 제1항 내지 제3항의 규정에 불구하고 주주는 언제든지 회사에 대하여 주권의 발행 또는 반환을 청구할 수 있다.

056

상법상 주권의 기재사항으로 규정되어 있지 않은 것은?

① 무액면주식을 발행하는 경우 1주의 발행가액
② 회사의 상호
③ 회사가 발행할 주식의 총수
④ 액면주식을 발행하는 경우 1주의 금액
⑤ 회사의 성립 후 발행된 주식의 발행 연월일

••••••••••••••••••••••

① (액면주식이건, 무액면주식이건) 주식의 발행가액은 자본시장에서 수요와 공급에 따라 결정되므로 유동적일 수밖에 없다. 따라서 주권에 사전에 기재할 내용이 아니다.
④ 여기서 말하는 1주의 금액은 액면금을 말한다.

제356조(주권의 기재사항) 주권에는 다음의 사항과 번호를 기재하고 대표이사가 기명날인 또는 서명하여야 한다.
  1. 회사의 상호
  2. 회사의 성립년월일
  3. 회사가 발행할 주식의 총수
  4. 액면주식을 발행하는 경우 1주의 금액
  5. 회사의 성립후 발행된 주식에 관하여는 그 발행 연월일
  6. 종류주식이 있는 경우에는 그 주식의 종류와 내용
    6의2. 주식의 양도에 관하여 이사회의 승인을 얻도록 정한 때에는 그 규정

056 ①

057

상법상 비상장주식회사의 주권에 관한 설명으로 틀린 것은? (주식의 전자등록에 관련된 문제는 논외로 함)

① 회사의 성립 전에 발행한 주권은 무효로 한다.
② 주주는 정관에 주권의 불소지 신고가 가능하다는 정함이 있는 경우에 한하여 그 주식에 대하여 주권의 소지를 하지 아니하겠다는 뜻을 회사에 신고할 수 있다.
③ 주권을 상실한 자는 제권판결을 얻지 아니하면 회사에 대하여 주권의 재발행을 청구하지 못한다.
④ 주식의 양도에 관하여 이사회의 승인을 얻도록 정한 때에는 그 규정을 주권에 기재하여야 한다.
⑤ 무효인 주권에 대하여는 주권의 선의취득이 인정될 수 없다.

••••••••••••••••••••••••

① 주권은 회사의 주주로서의 권리를 표창하는 유가증권이므로 일단 회사가 성립되어야 한다.

> 제355조(주권발행의 시기) ① 회사는 성립후 또는 신주의 납입기일후 지체없이 주권을 발행하여야 한다.
> ② 주권은 회사의 성립후 또는 신주의 납입기일후가 아니면 발행하지 못한다.
> ③ 전항의 규정에 위반하여 발행한 주권은 무효로 한다. 그러나 발행한 자에 대한 손해배상의 청구에 영향을 미치지 아니한다.

② 주권의 불소지는 정관에 이를 배제하는 규정이 없는 경우에 인정된다.

> 제358조의2(주권의 불소지) ① 주주는 정관에 다른 정함이 있는 경우를 제외하고는 그 주식에 대하여 주권의 소지를 하지 아니하겠다는 뜻을 회사에 신고할 수 있다.

③ 제권판결 없이 재발행을 허용하면, 유효한 복수의 주권이 중복하여 유통되는 문제가 발생하기 때문이다.

> 제360조(주권의 제권판결, 재발행) ① 주권은 공시최고의 절차에 의하여 이를 무효로 할 수 있다.
> ② 주권을 상실한 자는 제권판결을 얻지 아니하면 회사에 대하여 주권의 재발행을 청구하지 못한다.

④ 주식양도를 제한하는 것은 주주 및 주주와 주식거래를 하는 자에게 중대한 영향을 미치기 때문이다.

> 제356조(주권의 기재사항) 주권에는 다음의 사항과 번호를 기재하고 대표이사가 기명날인 또는 서명하여야 한다.
>   1. 회사의 상호
>   2. 회사의 성립연월일
>   3. 회사가 발행할 주식의 총수
>   4. 액면주식을 발행하는 경우 1주의 금액
>   5. 회사의 성립후 발행된 주식에 관하여는 그 발행 연월일
>   6. 종류주식이 있는 경우에는 그 주식의 종류와 내용
>   6의2. 주식의 양도에 관하여 이사회의 승인을 얻도록 정한 때에는 그 규정

⑤ 선의취득의 대상이 되는 주권은 유효한 주권임을 전제로 한다. 불소지신고에 관한 상법 규정에 위반하여 발행 또는 유통된 주권은 주권으로서의 효력이 없기 때문에 선의취득의 대상이 되지 않는다. 주주가 주권불소지신고를 하고 회사에 제출하여 무효가 된 주권을 취득한 경우에도 마찬가지이다.

057 ②

TOPIC 08 • 주식양도와 명의개서

058

상법상 주주명부에 관한 설명으로 **틀린** 것은?

① 회사는 정관으로 정하는 바에 따라 전자주주명부를 작성할 수 있으며 전자주주명부에는 전자우편주소를 적어야 한다.
② 회사는 배당을 받을 자를 정하기 위하여 3개월 이내의 일정한 기간을 정하여 주주명부의 기재변경을 정지할 수 있다.
③ 회사가 정관으로 주주명부의 폐쇄기간을 정한 때에는 그 기간의 2주간 전에 이를 공고하여야 한다.
④ 판례에 의하면 주주가 주주명부의 열람·등사청구를 한 경우 회사는 그 청구에 정당한 목적이 없다는 점을 증명하여 이를 거절할 수 있다.
⑤ 주주 또는 질권자에 대한 회사의 통지 또는 최고는 주주명부에 기재한 주소 또는 그 자로부터 회사에 통지한 주소로 하면 된다.

•••••••••••••••••••••

① 옳은 내용이다.

> **제352조의2(전자주주명부)** ① 회사는 정관으로 정하는 바에 따라 전자문서로 주주명부(이하 "전자주주명부"라 한다)를 작성할 수 있다.
> ② 전자주주명부에는 제352조제1항의 기재사항 외에 전자우편주소를 적어야 한다.
> ③ 전자주주명부의 비치·공시 및 열람의 방법에 관하여 필요한 사항은 대통령령으로 정한다.
> **제352조(주주명부의 기재사항)** ① 주식을 발행한 때에는 주주명부에 다음의 사항을 기재하여야 한다.
> 　1. 주주의 성명과 주소
> 　2. 각 주주가 가진 주식의 종류와 그 수
> 　　2의2. 각 주주가 가진 주식의 주권을 발행한 때에는 그 주권의 번호
> 　3. 각 주식의 취득년월일

② 배당을 받을 자를 정하기 위하여 3개월의 범위 내에서 주주명부를 폐쇄할 수 있다.

> **제354조(주주명부의 폐쇄, 기준일)** ① 회사는 의결권을 행사하거나 배당을 받을 자 기타 주주 또는 질권자로서 권리를 행사할 자를 정하기 위하여 일정한 기간을 정하여 주주명부의 기재변경을 정지하거나 일정한 날에 주주명부에 기재된 주주 또는 질권자를 그 권리를 행사할 주주 또는 질권자로 볼 수 있다.
> ② 제1항의 기간은 3월을 초과하지 못한다.

③ 정관으로 그 기간을 정한 경우에는 공고를 하지 않아도 된다.

> **제354조(주주명부의 폐쇄, 기준일)** ① 회사는 의결권을 행사하거나 배당을 받을 자 기타 주주 또는 질권자로서 권리를 행사할 자를 정하기 위하여 일정한 기간을 정하여 주주명부의 기재변경을 정지하거나 일정한 날에 주주명부에 기재된 주주 또는 질권자를 그 권리를 행사할 주주 또는 질권자로 볼 수 있다.
> ④ 회사가 제1항의 기간 또는 날을 정한 때에는 그 기간 또는 날의 2주간전에 이를 공고하여야 한다. 그러나 정관으로 그 기간 또는 날을 지정한 때에는 그러하지 아니하다.

058 ③

④ 정당한 목적이 없다는 점에 대한 증명책임은 회사가 부담한다.

> **관련판례**
>
> [대법원 2017. 11. 9., 선고, 2015다235841, 판결]
> 주주 또는 회사채권자가 상법 제396조 제2항에 의하여 주주명부 등의 열람·등사청구를 한 경우 회사는 그 청구에 정당한 목적이 없는 등의 특별한 사정이 없는 한 이를 거절할 수 없고, 이 경우 <u>정당한 목적이 없다는 점에 관한 증명책임은 회사가 부담한다</u>. 이러한 법리는 상법 제396조 제2항을 유추적용하여 실질주주명부의 열람·등사청구권을 인정하는 경우에도 동일하게 적용된다.

⑤ 주주명부의 면책력을 말한다.

> **제353조(주주명부의 효력)** ① 주주 또는 질권자에 대한 회사의 통지 또는 최고는 주주명부에 기재한 주소 또는 그 자로부터 회사에 통지한 주소로 하면 된다.

059

비상장회사 甲이 정관이 정하는 바에 따라 결산기 말일의 다음 날부터 정기주주총회 종료일까지 주주명부를 폐쇄한 경우에 관한 설명으로 틀린 것은?

① 甲회사의 주주가 주주명부 폐쇄기간 중에 전환권을 행사하여 전환주식을 보통주로 전환한 경우 정기총회에서는 전환된 보통주의 주주로서 의결권을 행사할 수 있다.
② 甲회사는 주주명부 폐쇄기간 중에 질권설정자의 주식에 대한 질권등록 청구가 있더라도 질권등록을 할 수 없다.
③ 甲회사의 주주는 주주명부 폐쇄기간 중에도 주권불소지 신고를 할 수 있다.
④ 甲회사는 주주명부 폐쇄기간이 개시되기 2주간 전에 폐쇄기간을 공고할 필요가 없다.
⑤ 주소가 변경된 주주가 주주명부 폐쇄기간 중에 그 주소의 변경기재를 청구하면 甲회사는 이를 변경할 수 있다.

....

① 전환으로 인하여 새롭게 발행된 주식은 그 기간 중의 주주총회에서는 의결권이 없다.

> **제350조(전환의 효력발생)** ② 제354조제1항의 기간 중에 <u>전환된 주식의 주주는 그 기간 중의 총회의 결의에 관하여는 의결권을 행사할 수 없다</u>.
> **제354조(주주명부의 폐쇄, 기준일)** ① 회사는 의결권을 행사하거나 배당을 받을 자 기타 주주 또는 질권자로서 권리를 행사할 자를 정하기 위하여 일정한 기간을 정하여 주주명부의 기재변경을 정지하거나 일정한 날에 주주명부에 기재된 주주 또는 질권자를 그 권리를 행사할 주주 또는 질권자로 볼 수 있다.

② 폐쇄기간 중에 불가능한 행위는 주주의 권리변동사항의 기재(명의개서, 질권등록)뿐이다.

> **제354조(주주명부의 폐쇄, 기준일)** ① 회사는 의결권을 행사하거나 배당을 받을 자 기타 주주 또는 질권자로서 권리를 행사할 자를 정하기 위하여 일정한 기간을 정하여 <u>주주명부의 기재변경을 정지</u>하거나 일정한 날에 <u>주주명부에 기재된 주주 또는 질권자를 그 권리를 행사할 주주 또는 질권자로 볼 수 있다</u>.

③, ⑤ 명의개서와 질권등록을 제외한 다른 모든 사항의 기재는 가능하다.

> **제350조(전환의 효력발생)** ① 주식의 전환은 주주가 전환을 청구한 경우에는 그 청구한 때에, 회사가 전환을 한 경우에는 제346조제3항제2호의 기간이 끝난 때에 그 효력이 발생한다.

059 ①

④ 정관에 주주명부 폐쇄기간에 관한 기재가 있기 때문이다.

> 제354조(주주명부의 폐쇄, 기준일) ④ 회사가 제1항의 기간 또는 날을 정한 때에는 그 기간 또는 날의 2주간 전에 이를 공고하여야 한다. 그러나 정관으로 그 기간 또는 날을 지정한 때에는 그러하지 아니하다.

060

상법상 비상장회사의 전자문서 사용에 관한 설명으로 틀린 것은?

① 회사는 정관이 정하는 바에 따라 전자문서로 주주명부를 작성하는 경우 전자주주명부에는 서면 주주명부와 달리 주주의 주소 외에 전자우편주소를 기재하여야 한다.
② 회사는 정관으로 정하는 바에 따라 전자적 방법으로 주주총회의 소집에 관한 공고를 할 수 있으며 이를 위하여 회사의 인터넷 홈페이지의 주소를 등기하여야 한다.
③ 의결권 있는 발행주식총수의 100분의 3 이상에 해당하는 주주가 집중투표에 의하여 이사를 선임할 것을 청구하는 경우 그 청구는 이사선임을 위한 주주총회일의 7일 전까지 서면 또는 전자문서로 하여야 한다.
④ 회사는 주주총회 및 이사회의 의사록을 서면 또는 전자문서로 작성하여 주주 또는 채권자가 열람할 수 있도록 비치할 의무가 있다.
⑤ 회사가 전자주주명부를 작성하고 그 내용을 주주 또는 채권자가 서면으로 인쇄할 수 있는 상태에 두면 상법상 주주명부의 비치의무를 다한 것으로 본다.

----

① 옳은 내용이다.

> 제352조의2(전자주주명부) ① 회사는 정관으로 정하는 바에 따라 전자문서로 주주명부(이하 "전자주주명부"라 한다)를 작성할 수 있다.
> ② 전자주주명부에는 제352조제1항의 기재사항 외에 전자우편주소를 적어야 한다.
> ③ 전자주주명부의 비치·공시 및 열람의 방법에 관하여 필요한 사항은 대통령령으로 정한다.
> 제352조(주주명부의 기재사항) ① 주식을 발행한 때에는 주주명부에 다음의 사항을 기재하여야 한다.
>   1. 주주의 성명과 주소
>   2. 각 주주가 가진 주식의 종류와 그 수
>   2의2. 각 주주가 가진 주식의 주권을 발행한 때에는 그 주권의 번호
>   3. 각 주식의 취득년월일

② 옳은 내용이다.

> 제289조(정관의 작성, 절대적 기재사항) ③ 회사의 공고는 관보 또는 시사에 관한 사항을 게재하는 일간신문에 하여야 한다. 다만, 회사는 그 공고를 정관으로 정하는 바에 따라 전자적 방법으로 할 수 있다.
> ■ 상법시행령
> 제6조(전자적 방법을 통한 회사의 공고) ② 법 제289조제3항 단서에 따라 회사가 정관에서 전자적 방법으로 공고할 것을 정한 경우에는 회사의 인터넷 홈페이지 주소를 등기하여야 한다.

③ 옳은 내용이다.

> **제382조의2(집중투표)** ① 2인 이상의 이사의 선임을 목적으로 하는 총회의 소집이 있는 때에는 의결권없는 주식을 제외한 발행주식총수의 100분의 3 이상에 해당하는 주식을 가진 주주는 정관에서 달리 정하는 경우를 제외하고는 회사에 대하여 집중투표의 방법으로 이사를 선임할 것을 청구할 수 있다.
> ② 제1항의 청구는 주주총회일의 7일 전까지 서면 또는 전자문서로 하여야 한다.

④ (ⅰ) 상법상 (주주총회이건 이사회이건) 의사록을 전자문서로 작성하게 하는 규정은 없다. (ⅱ) 이사회의사록은 비치대상도 아니다. (ⅲ) 주총의사록과는 달리 이사회 의사록은 채권자에게 열람등사청구권도 인정되지 않는다. 채권자에게 열람등사청구권이 인정되는 경우는 「채열/분합계/재/주/부/부/정」으로 정리하자.

> **제373조(총회의 의사록)** ① 총회의 의사에는 의사록을 작성하여야 한다.
> ② 의사록에는 의사의 경과요령과 그 결과를 기재하고 의장과 출석한 이사가 기명날인 또는 서명하여야 한다.
> **제391조의3(이사회의 의사록)** ① 이사회의 의사에 관하여는 의사록을 작성하여야 한다.
> ② 의사록에는 의사의 안건, 경과요령, 그 결과, 반대하는 자와 그 반대이유를 기재하고 출석한 이사 및 감사가 기명날인 또는 서명하여야 한다.
> ③ 주주는 영업시간내에 이사회의사록의 열람 또는 등사를 청구할 수 있다.
> ④ 회사는 제3항의 청구에 대하여 이유를 붙여 이를 거절할 수 있다. 이 경우 주주는 법원의 허가를 얻어 이사회의사록을 열람 또는 등사할 수 있다.
> **제396조(정관 등의 비치, 공시의무)** ① 이사는 회사의 정관, 주주총회의 의사록을 본점과 지점에, 주주명부, 사채원부를 본점에 비치하여야 한다. 이 경우 명의개서대리인을 둔 때에는 주주명부나 사채원부 또는 그 복본을 명의개서대리인의 영업소에 비치할 수 있다.
> ② 주주와 회사채권자는 영업시간 내에 언제든지 제1항의 서류의 열람 또는 등사를 청구할 수 있다.

⑤ 옳은 내용이다.

> **제352조의2(전자주주명부)** ① 회사는 정관으로 정하는 바에 따라 전자문서로 주주명부(이하 "전자주주명부"라 한다)를 작성할 수 있다.
> ② 전자주주명부에는 제352조제1항의 기재사항 외에 전자우편주소를 적어야 한다.
> ③ 전자주주명부의 비치·공시 및 열람의 방법에 관하여 필요한 사항은 대통령령으로 정한다.
>
> ■ **상법시행령**
> **제11조(전자주주명부)** ① 법 제352조의2에 따라 회사가 전자주주명부를 작성하는 경우에 회사의 본점 또는 명의개서대리인의 영업소에서 전자주주명부의 내용을 서면으로 인쇄할 수 있으면 법 제396조제1항에 따라 주주명부를 갖추어 둔 것으로 본다.

061

상법상 주주명부와 명의개서에 관한 설명으로 **틀린** 것은? (이견이 있으면 판례에 의함)

① 회사는 특별한 사정이 없는 한 주주명부에 기재를 마치지 아니한 자의 주주권 행사를 인정할 수 없다.
② 회사는 주주명부상 주주 외에 실제 주식을 인수한 자가 따로 존재하는 사실을 안 경우 주주명부상 주주의 주주권 행사를 부인할 수 있다.
③ 회사가 명의개서청구를 부당하게 지연하는 경우 주식양수인은 명의개서를 하지 않고도 회사에 대한 관계에서 주주권을 행사할 수 있다.
④ 주주명부상의 주주는 실질적 권리를 증명하지 않아도 주주권을 행사할 수 있지만 주주명부의 기재에 창설적 효력이 인정되는 것은 아니다.
⑤ 주식양도인은 특별한 사정이 없는 한 회사에 대하여 주식 양수인 명의로 명의개서를 하여 달라고 청구할 권리가 없다.

••••••••••••••••••••••

①, ②

> **관련판례**
>
> [대법원 2017. 3. 23., 선고, 2015다248342, 전원합의체 판결]
> 특별한 사정이 없는 한, 주주명부에 적법하게 주주로 기재되어 있는 자는 회사에 대한 관계에서 주식에 관한 의결권 등 주주권을 행사할 수 있고, 회사 역시 주주명부상 주주 외에 실제 주식을 인수하거나 양수하고자 하였던 자가 따로 존재한다는 사실을 알았든 몰랐든 간에 주주명부상 주주의 주주권 행사를 부인할 수 없으며, 주주명부에 기재를 마치지 아니한 자의 주주권 행사를 인정할 수도 없다.

③

> **관련판례**
>
> [대법원 2017.3.23, 선고, 2015다248342, 전원합의체 판결]
> 주주명부에 기재를 마치지 않고도 회사에 대한 관계에서 주주권을 행사할 수 있는 경우는 주주명부에의 기재 또는 명의개서청구가 부당하게 지연되거나 거절되었다는 등의 극히 예외적인 사정이 인정되는 경우에 한한다.

④ 주주명부의 명의개서는 회사에 대한 대항요건인 것이고 주주로서의 권리를 창설하는 효력이 인정되는 것은 아니다. 주주로서의 권리를 취득하는 시점은 주권을 교부받은 때이다.
⑤ 주식의 양도인은 회사에 대해서 양수인으로의 명의개서를 요구할 수 없다.

> **관련판례**
>
> [대법원 2010.10.14, 선고, 2009다89665, 판결]
> 명의개서청구권은 기명주식을 취득한 자가 회사에 대하여 주주권에 기하여 그 기명주식에 관한 자신의 성명, 주소 등을 주주명부에 기재하여 줄 것을 청구하는 권리로서 기명주식을 취득한 자만이 그 기명주식에 관한 명의개서청구권을 행사할 수 있다. 또한 기명주식의 취득자는 원칙적으로 취득한 기명주식에 관하여 명의개서를 할 것인지 아니면 명의개서 없이 이를 타인에게 처분할 것인지 등에 관하여 자유로이 결정할 권리가 있으므로, 주식 양도인은 다른 특별한 사정이 없는 한 회사에 대하여 주식 양수인 명의로 명의개서를 하여 달라고 청구할 권리가 없다. 이러한 법리는 주권이 발행되어 주권의 인도에 의하여 기명주식이 양도되는 경우뿐만 아니라, 회사 성립 후 6월이 경과하도록 주권이 발행되지 아니하여 양도인과 양수인 사이의 의사표시에 의하여 기명주식이 양도되는 경우에도 동일하게 적용된다.

061 ②

062

상법상 주권을 발행한 비상장회사의 주주명부에 관한 설명으로 틀린 것은? (이견이 있으면 판례에 의함)

① 주식의 이전은 취득자의 성명과 주소를 주주명부에 기재하지 아니하면 회사에 대항하지 못한다.
② 주식을 취득한 자는 특별한 사정이 없는 한 점유하고 있는 주권의 제시 등의 방법으로 자신이 주식을 취득한 사실을 증명함으로써 회사에 대하여 단독으로 그 명의개서를 청구할 수 있다.
③ 정관이 정하는 바에 따라 전자문서로 주주명부를 작성한 경우에는 그 주주명부에 전자우편주소를 적어야 한다.
④ 회사는 의결권을 행사할 자를 정하기 위하여 주주로서 권리를 행사할 날에 앞선 3월 내의 일정한 날에 주주명부에 기재된 주주를 그 권리를 행사할 주주로 볼 수 있다.
⑤ 주식양수인이 명의개서를 청구한 경우 회사는 그 청구자가 진정한 주주인가에 대하여 실질적인 자격 여부까지 심사할 의무를 부담한다.

---

① 주식의 경우 회사에 대한 대항요건은 명의개서이고, 제3자에 대한 대항요건은 주권의 점유이다.

> **제337조(주식의 이전의 대항요건)** ① 주식의 이전은 취득자의 성명과 주소를 주주명부에 기재하지 아니하면 회사에 대항하지 못한다.

② 주권이 발행되어 있는 경우라면 양수인은 회사에 주권을 제시하면서 명의개서를 청구하면 된다. 주권의 점유자는 적법한 소지인으로 추정되기 때문이다.

> **관련판례**
> [대법원 2019. 5. 16., 선고, 2016다240338, 판결]
> 주식을 취득한 자는 특별한 사정이 없는 한 점유하고 있는 주권의 제시 등의 방법으로 자신이 주식을 취득한 사실을 증명함으로써 회사에 대하여 단독으로 그 명의개서를 청구할 수 있다.

③ 인스타그램 주소나 카카오톡 아이디는 안 적어도 된다.

> **제352조의2(전자주주명부)** ① 회사는 정관으로 정하는 바에 따라 전자문서로 주주명부(이하 "전자주주명부"라 한다)를 작성할 수 있다.
> ② 전자주주명부에는 제352조제1항의 기재사항 외에 전자우편주소를 적어야 한다.
> ③ 전자주주명부의 비치·공시 및 열람의 방법에 관하여 필요한 사항은 대통령령으로 정한다.
>
> **제352조(주주명부의 기재사항)** ① 주식을 발행한 때에는 주주명부에 다음의 사항을 기재하여야 한다.
>   1. 주주의 성명과 주소
>   2. 각 주주가 가진 주식의 종류와 그 수
>   2의2. 각 주주가 가진 주식의 주권을 발행한 때에는 그 주권의 번호
>   3. 각 주식의 취득년월일

④ 주주명부 기준일에 대한 설명이다.

> **제354조(주주명부의 폐쇄, 기준일)** ① 회사는 의결권을 행사하거나 배당을 받을 자 기타 주주 또는 질권자로서 권리를 행사할 자를 정하기 위하여 일정한 기간을 정하여 주주명부의 기재변경을 정지하거나 일정한 날에 주주명부에 기재된 주주 또는 질권자를 그 권리를 행사할 주주 또는 질권자로 볼 수 있다.
> ② 제1항의 기간은 3월을 초과하지 못한다.
> ③ 제1항의 날은 주주 또는 질권자로서 권리를 행사할 날에 앞선 3월내의 날로 정하여야 한다.

062 ⑤

> ④ 회사가 제1항의 기간 또는 날을 정한 때에는 그 기간 또는 날의 2주간전에 이를 공고하여야 한다. 그러나 정관으로 그 기간 또는 날을 지정한 때에는 그러하지 아니하다.

⑤ 주권의 점유자는 적법한 소지인으로 추정되기 때문이다.

> **관련판례**
>
> **[대법원 2019. 8. 14., 선고, 2017다231980, 판결]**
> 주권의 점유자는 적법한 소지인으로 추정되므로(상법 제336조 제2항), 주권을 점유하는 자는 반증이 없는 한 그 권리자로 인정되고 이를 다투는 자는 반대사실을 입증하여야 한다. 주권이 발행되어 있는 주식을 양도할 때에는 주권을 교부하여야 하고(상법 제336조 제1항), 주권이 발행되어 있는 주식을 양수한 자는 주권을 제시하여 양수사실을 증명함으로써 회사에 대해 단독으로 명의개서를 청구할 수 있다. 이때 회사는 청구자가 진정한 주권을 점유하고 있는가에 대한 형식적 자격만을 심사하면 족하고, 나아가 청구자가 진정한 주주인가에 대한 실질적 자격까지 심사할 의무는 없다. 따라서 주권이 발행되어 있는 주식을 취득한 자가 주권을 제시하는 등 그 취득사실을 증명하는 방법으로 명의개서를 신청하고, 그 신청에 관하여 주주명부를 작성할 권한 있는 자가 형식적 심사의무를 다하였으며, 그에 따라 명의개서가 이루어졌다면, 특별한 사정이 없는 한 그 명의개서는 적법한 것으로 보아야 한다.

063

상법상 비상장주식회사의 주주명부와 명의개서에 관한 설명으로 틀린 것은? (이견이 있으면 판례에 의함)

① 명의개서를 하지 아니한 주식의 양수인은 회사에 대항하지 못한다.
② 회사는 명의개서를 마치지 않은 주식양수인에게 의결권 행사를 허락할 수 있으나 특별한 사정이 있으면 그러하지 아니하다.
③ 주주명부의 폐쇄기간은 3월을 초과할 수 없고, 회사는 정관에 폐쇄기간의 정함이 없으면 폐쇄기간 개시 2주간전에 이를 공고하여야 한다.
④ 회사는 정관으로 정하는 바에 따라 전자문서로 주주명부를 작성할 수 있다.
⑤ 회사가 명의개서대리인을 둔 때에는 주주명부나 사채원부 또는 그 복본을 명의개서대리인의 영업소에 비치할 수 있다.

....

① 대법원은 이른바 「형식설」을 택하고 있으므로 명의개서를 한 경우라야 주주로서의 권리를 행사할 수 있다.

> **관련판례**
>
> **[대법원 2017. 3. 23. 선고 2015다248342 전원합의체 판결]**
> 주주명부에 주주로 기재되어 있는 자는 특별한 사정이 없는 한 회사에 대한 관계에서 주식에 관한 의결권 등 주주권을 적법하게 행사할 수 있고, 회사의 주식을 양수하였더라도 주주명부에 기재를 마치지 아니하면 주식의 양수를 회사에 대항할 수 없다는 법리에 비추어 볼 때 자연스러운 결과이다.

② 원칙과 예외가 바뀌었다. 특별한 사정이 없는 한, 회사는 주주명부상 주주가 아닌 명의개서를 마치지 않은 자에 대해서 주주권행사를 인정할 수 없다.

> **관련판례**
>
> **[대법원 2017. 3. 23. 선고 2015다248342 전원합의체 판결]**
> 주주명부상의 주주만이 회사에 대한 관계에서 주주권을 행사할 수 있다는 법리는 주주에 대하여만 아니라 회사에 대하여도 마찬가지로 적용되므로, 회사는 특별한 사정이 없는 한 주주명부에 기재된 자의 주주권 행사를 부인하거나 주주명부에 기재되지 아니한 자의 주주권 행사를 인정할 수 없다.

③ (ⅰ) 주주로서 권리를 행사할 자를 정하기 위해 3개월의 범위 내에서 주주명부를 폐쇄할 수 있다. (ⅱ) 한편 정관으로 그 기간을 정한 경우에는 공고를 하지 않아도 된다.

> **제354조(주주명부의 폐쇄, 기준일)** ① 회사는 의결권을 행사하거나 배당을 받을 자 기타 주주 또는 질권자로서 권리를 행사할 자를 정하기 위하여 일정한 기간을 정하여 주주명부의 기재변경을 정지하거나 일정한 날에 주주명부에 기재된 주주 또는 질권자를 그 권리를 행사할 주주 또는 질권자로 볼 수 있다.
> ② 제1항의 기간은 3월을 초과하지 못한다.
> ③ 제1항의 날은 주주 또는 질권자로서 권리를 행사할 날에 앞선 3월내의 날로 정하여야 한다.
> ④ 회사가 제1항의 기간 또는 날을 정한 때에는 그 기간 또는 날의 2주간전에 이를 공고하여야 한다. 그러나 정관으로 그 기간 또는 날을 지정한 때에는 그러하지 아니하다.

④ 이를 「전자주주명부」라 한다.

> **제352조의2(전자주주명부)** ① 회사는 정관으로 정하는 바에 따라 전자문서로 주주명부(이하 "전자주주명부"라 한다)를 작성할 수 있다.

⑤ 옳은 내용이다.

> **제396조(정관 등의 비치, 공시의무)** ① 이사는 회사의 정관, 주주총회의 의사록을 본점과 지점에, 주주명부, 사채원부를 본점에 비치하여야 한다. 이 경우 명의개서대리인을 둔 때에는 주주명부나 사채원부 또는 그 복본을 명의개서대리인의 영업소에 비치할 수 있다.

TOPIC 09 • 주식양도의 제한

064

상법상 주식양도의 제한에 관한 설명으로 **틀린** 것은?

① 판례에 의하면 주식의 양도에 관하여 이사회의 승인을 받도록 규정한 정관에도 불구하고 이사회의 승인 없이 주식을 양도한 경우 주주 사이의 주식양도계약 자체가 효력이 없다.
② 회사가 권리를 실행함에 있어 그 목적을 달성하기 위하여 필요한 경우에는 자기주식의 취득가액 총액이 배당가능이익의 금액을 초과하더라도 자기주식을 취득할 수 있다.
③ 주권 발행 전 주식의 양도가 회사성립 후 또는 신주의 납입기일 후 6월이 경과한 후에 이루어진 경우에는 회사에 대하여 효력이 있다.
④ 자회사는 주식의 포괄적 교환으로 인하여 모회사의 주식을 취득한 경우 그 주식을 취득한 날로부터 6월 이내에 이를 처분하여야 한다.
⑤ 회사가 다른 회사의 발행주식총수의 10분의 1을 초과하여 주식을 취득한 때에는 그 다른 회사에 대하여 지체없이 이를 통지하여야 한다.

• •

① 제335조의7에 의하면 양수인도 회사에 양도승인을 청구할 수 있는데, 이는 승인 없는 양도행위라고 하더라도 당사자 간의 채권적 효력은 있음을 전제로 하는 규정이다.

> **제335조의7(주식의 양수인에 의한 승인청구)** ① 주식의 양도에 관하여 이사회의 승인을 얻어야 하는 경우에 주식을 취득한 자는 회사에 대하여 그 주식의 종류와 수를 기재한 서면으로 그 취득의 승인을 청구할 수 있다.
> ② 제335조의2제2항 내지 제4항, 제335조의3 내지 제335조의6의 규정은 제1항의 경우에 이를 준용한다.

② 권리의 실행을 위한 취득은 특정목적 취득에 해당하므로 배당가능이익의 금액을 초과하더라도 자기주식을 취득할 수 있다.

> **제341조의2(특정목적에 의한 자기주식의 취득)** 회사는 다음 각 호의 어느 하나에 해당하는 경우에는 제341조에도 불구하고 자기의 주식을 취득할 수 있다.
> 1. 회사의 합병 또는 다른 회사의 영업전부의 양수로 인한 경우
> 2. 회사의 권리를 실행함에 있어 그 목적을 달성하기 위하여 필요한 경우
> 3. 단주(端株)의 처리를 위하여 필요한 경우
> 4. 주주가 주식매수청구권을 행사한 경우
>
> **제341조(자기주식의 취득)** ① 회사는 다음의 방법에 따라 자기의 명의와 계산으로 자기의 주식을 취득할 수 있다. 다만, 그 취득가액의 총액은 직전 결산기의 대차대조표상의 순자산액에서 제462조제1항 각 호의 금액을 뺀 금액을 초과하지 못한다.
> 1. 거래소에서 시세(時勢)가 있는 주식의 경우에는 거래소에서 취득하는 방법
> 2. 제345조제1항의 주식의 상환에 관한 종류주식의 경우 외에 각 주주가 가진 주식 수에 따라 균등한 조건으로 취득하는 것으로서 대통령령으로 정하는 방법

③ 옳은 내용이다.

> **제335조(주식의 양도성)** ③ 주권발행 전에 한 주식의 양도는 회사에 대하여 효력이 없다. 그러나 회사성립후 또는 신주의 납입기일 후 6월이 경과한 때에는 그러하지 아니하다.

064 ①

④ 옳은 내용이다.

> **제342조의2(자회사에 의한 모회사주식의 취득)** ① 다른 회사의 발행주식의 총수의 100분의 50을 초과하는 주식을 가진 회사(이하 "母會社"라 한다)의 주식은 다음의 경우를 제외하고는 그 다른 회사(이하 "子會社"라 한다) 가 이를 취득할 수 없다.
> 1. 주식의 포괄적 교환, 주식의 포괄적 이전, 회사의 합병 또는 다른 회사의 영업전부의 양수로 인한 때
> 2. 회사의 권리를 실행함에 있어 그 목적을 달성하기 위하여 필요한 때
> ② 제1항 각호의 경우 자회사는 그 주식을 취득한 날로부터 6월 이내에 모회사의 주식을 처분하여야 한다.
> ③ 다른 회사의 발행주식의 총수의 100분의 50을 초과하는 주식을 모회사 및 자회사 또는 자회사가 가지고 있는 경우 그 다른 회사는 이 법의 적용에 있어 그 모회사의 자회사로 본다.

⑤ 경영권인수를 위한 적대적 인수합병 과정에서 비공개 주식인수에 따른 폐단을 방지하기 위함이다.

> **제342조의3(다른 회사의 주식취득)** 회사가 다른 회사의 발행주식총수의 10분의 1을 초과하여 취득한 때에는 그 다른 회사에 대하여 지체없이 이를 통지하여야 한다.

065

상법상 주주 또는 주권에 관한 설명으로 옳은 것은?

① 주식을 양도할 경우 주권을 교부하여야 하며 이 경우 현실의 인도방법에 의한 교부만이 가능하다.
② 주주에 대한 회사의 통지 또는 최고는 주주명부에 기재한 주소 또는 그 자로부터 회사에 통지된 주소로 하면 된다.
③ 판례에 의하면 주식회사가 주주가 아닌 제3자에게 주주권을 표창하는 문서를 작성하여 교부한 경우 그 문서는 주권으로서의 효력을 갖는다.
④ 주권의 점유자는 해당 주권의 적법한 소지인으로 추정되므로 명의개서를 하지 않더라도 회사에 대항할 수 있다.
⑤ 판례에 의하면 타인의 명의로 주식을 인수하여 대금을 납입한 경우 회사에 대하여 명의차용자가 주주가 된다.

• •

① 주권을 교부하는 방법은 현실의 인도가 일반적이겠지만, 간이인도·점유개정·목적물반환청구권의 양도 등 민법상 관념적인 인도방식도 가능하다.
② 주주명부의 면책력을 말한다.

> **제353조(주주명부의 효력)** ① 주주 또는 질권자에 대한 회사의 통지 또는 최고는 주주명부에 기재한 주소 또는 그 자로부터 회사에 통지한 주소로 하면 된다.

③ '진정한' 주주에게 교부한 경우에만 주권의 효력이 발생한다. 따라서 위의 경우에는 주권의 선의취득이 인정되지 않는다.

> **관련판례**
>
> [대법원 2000.3.23. 선고, 99다67529. 판결]
> 상법 제355조의 주권발행은 같은 법 제356조 소정의 형식을 구비한 문서를 작성하여 이를 주주에게 교부하는 것을 말하고 위 문서가 주주에게 교부된 때에 비로소 주권으로서의 효력을 발생하는 것이므로 회사가 주주권을 표창하는 문서를 작성하여 이를 주주가 아닌 제3자에게 교부하여 주었다 할지라도 위 문서는 아직 회사의 주권으로서의 효력을 가지지 못한다.

065 ②

④ 주권을 점유한 자는 적법한 소지인으로 추정되어 주주자격의 입증 없이 명의개서를 청구할 수 있을 뿐이고, 회사에 대항하려면 명의개서가 일단 이루어져야 한다.

> **제336조(주식의 양도방법)** ② 주권의 점유자는 이를 적법한 소지인으로 추정한다.
>
> **제337조(주식의 이전의 대항요건)** ① 주식의 이전은 취득자의 성명과 주소를 주주명부에 기재하지 아니하면 회사에 대항하지 못한다.

⑤ 판례는 과거에는 이른바「실질설」을 택하여 명의차용자가 주주가 된다고 보았으나, 2017년 전원합의체판결로「형식설」로 판례를 변경함에 따라 명의대여자가 주주가 된다.

관련판례

[대법원 2017.3.23. 선고, 2015다248342, 전원합의체 판결]
주식을 양수하였으나 아직 주주명부에 명의개서를 하지 아니하여 주주명부에는 양도인이 주주로 기재되어 있는 경우뿐만 아니라, 주식을 인수하거나 양수하려는 자가 타인의 명의를 빌려 회사의 주식을 인수하거나 양수하고 타인의 명의로 주주명부에의 기재까지 마치는 경우에도, 회사에 대한 관계에서는 주주명부상 주주만이 주주로서 의결권 등 주주권을 적법하게 행사할 수 있다.

066

상법상 다음 사례에 관한 설명으로 옳은 것은? (이견이 있으면 판례에 의함)

> 甲주식회사는 2011년 3월 초에 설립등기를 하였는데 주권은 발행하지 않고 있다. 甲회사 설립당시부터 계속 주식을 보유하고 있던 주주 A는 2011년 12월 20일 자신의 주식을 B에게 양도하였으나, 명의개서는 하지 않았다. 甲회사는 매년 12월 말일이 결산일인데 2012년 3월 중순 주주총회결의로 이익배당을 하기로 결의하였다(이익배당의 기준일은 정기주주총회일로 함). 이 후 2012년 12월 중순 경에 A는 명의개서미필을 기회로 C에게 주식을 이중양도하였다.

① 판례에 따르면 B는 A의 협력을 받아 공동으로 甲회사에 대하여 명의개서를 청구하여야 한다.
② 甲회사가 A에게 이익배당금을 지급한 경우에도 반드시 B에게 다시 이익배당금을 지급하여야 한다.
③ 판례에 따르면 A는 甲회사에 확정일자 있는 주식양도통지를 하여 B로 하여금 제3자에 대한 대항요건을 갖출 수 있도록 해 줄 의무는 없다.
④ 판례에 따르면 B가 주식을 취득한 사실을 증명한 경우라면 명의개서 청구에 소정 서류의 제출을 요한다고 하는 정관의 규정이 있다 하더라도 甲회사는 소정의 서류가 갖추어지지 않았다는 이유로 명의개서를 거부할 수 없다.
⑤ 판례에 따르면 A가 주식을 B와 C에게 이중양도한 경우 B와 C 상호간의 주주로서의 지위취득의 선후는 주식매매계약의 체결순서에 따른다.

066 ④

① 주식양수사실을 증명하여 양수인 단독으로 가능하다.

> **관련판례**
>
> [대법원 2006.09.14, 선고, 2005다45537, 판결]
> 주권발행 전 주식의 양도는 당사자의 의사표시만으로 효력이 발생하고, 주권발행 전 주식을 양수한 사람은 특별한 사정이 없는 한 양도인의 협력을 받을 필요 없이 단독으로 자신이 주식을 양수한 사실을 증명함으로써 회사에 대하여 그 명의개서를 청구할 수 있지만, 회사 이외의 제3자에 대하여 양도 사실을 대항하기 위하여는 지명채권의 양도에 준하여 확정일자 있는 증서에 의한 양도통지 또는 승낙을 갖추어야 한다는 점을 고려할 때, 양도인은 회사에 그와 같은 양도통지를 함으로써 양수인으로 하여금 제3자에 대한 대항요건을 갖출 수 있도록 해 줄 의무를 부담한다. 따라서 양도인이 그러한 채권양도의 통지를 하기 전에 제3자에게 이중으로 양도하고 회사에게 확정일자 있는 양도통지를 하는 등 대항요건을 갖추어 줌으로써 양수인이 그 제3자에게 대항할 수 없게 되었고, 이러한 양도인의 배임행위에 제3자가 적극 가담한 경우라면, 제3자에 대한 양도행위는 사회질서에 반하는 법률행위로서 무효이다.

② 주주명부의 「면책력」에 따라, 회사는 배당금을 중복하여 지급하지 않아도 된다.

> **제337조(주식의 이전의 대항요건)** ① 주식의 이전은 취득자의 성명과 주소를 주주명부에 기재하지 아니하면 회사에 대항하지 못한다.
> ② 회사는 정관이 정하는 바에 의하여 명의개서대리인을 둘 수 있다. 이 경우 명의개서대리인이 취득자의 성명과 주소를 주주명부의 복본에 기재한 때에는 제1항의 명의개서가 있는 것으로 본다.

③ B가 대항력을 확보할 수 있도록 해 줄 의무가 있다.

> **관련판례**
>
> [대법원 2006.09.14, 선고, 2005다45537, 판결]
> 주권발행 전 주식의 양도는 당사자의 의사표시만으로 효력이 발생하고, 주권발행 전 주식을 양수한 사람은 특별한 사정이 없는 한 양도인의 협력을 받을 필요 없이 단독으로 자신이 주식을 양수한 사실을 증명함으로써 회사에 대하여 그 명의개서를 청구할 수 있지만, 회사 이외의 제3자에 대하여 양도 사실을 대항하기 위하여는 지명채권의 양도에 준하여 확정일자 있는 증서에 의한 양도통지 또는 승낙을 갖추어야 한다는 점을 고려할 때, 양도인은 회사에 그와 같은 양도통지를 함으로써 양수인으로 하여금 제3자에 대한 대항요건을 갖출 수 있도록 해 줄 의무를 부담한다. 따라서 양도인이 그러한 채권양도의 통지를 하기 전에 제3자에게 이중으로 양도하고 회사에게 확정일자 있는 양도통지를 하는 등 대항요건을 갖추어 줌으로써 양수인이 그 제3자에게 대항할 수 없게 되었고, 이러한 양도인의 배임행위에 제3자가 적극 가담한 경우라면, 제3자에 대한 양도행위는 사회질서에 반하는 법률행위로서 무효이다.

④ 옳은 내용이다.

> **관련판례**
>
> [대법원 1995.03.24, 선고, 94다47728, 판결]
> 주권발행 전에 한 주식의 양도도 회사성립 후 또는 신주의 납입기일 후 6월이 경과한 때에는 회사에 대하여 효력이 있는 것으로서, 이 경우 주식의 양도는 지명채권의 양도에 관한 일반원칙에 따라 당사자의 의사표시만으로 효력이 발생하는 것이고, 상법 제337조 제1항에 규정된 주주명부상의 명의개서는 주식을 취득한 자가 회사에 대한 관계에서 주주의 권리를 행사하기 위한 대항요건에 지나지 않고, 회사 이외의 제3자에 대한 관계에서의 대항요건은 아니므로, 회사성립 후 또는 신주의 납입기일 후 6월이 경과하도록 회사가 주권을 발행하지 아니한 경우 그 주식을 취득한 자는 특별한 사정이 없는 한 상대방의 협력을 받을 필요 없이 단독으로 자신이 주식을 취득한 사실을 증명함으로써 회사에 대하여 그 명의개서를 청구할 수 있는 것이고, 이

경우에 명의개서의 청구에 소정 서류의 제출을 요한다고 하는 정관의 규정이 있다 하더라도, 이는 주식의 취득이 적법하게 이루어진 것임을 회사로 하여금 간이명료하게 알 수 있게 하는 방법을 정한 것에 불과하여 주식을 취득한 자가 그 취득사실을 증명한 이상 회사는 위와 같은 서류가 갖추어지지 아니하였다는 이유로 명의개서를 거부할 수는 없다.

⑤ 확정일자에 의한 통지 또는 승낙의 순서에 의한다.

관련판례

[대법원 2006.09.14, 선고, 2005다45537, 판결]
주주명부에 기재된 명의상의 주주는 회사에 대한 관계에 자신의 실질적 권리를 증명하지 않아도 주주의 권리를 행사할 수 있는 자격수여적 효력을 인정받을 뿐이지 주주명부의 기재에 의하여 창설적 효력을 인정받는 것은 아니므로, 실질상 주식을 취득하지 못한 사람이 명의개서를 받았다고 하여 주주의 권리를 행사할 수 있는 것이 틀린 내용이다. 따라서 주권발행 전 주식의 이중양도가 문제되는 경우, 그 이중양수인 중 일부에 대하여 이미 명의개서가 경료되었는지 여부를 불문하고 누가 우선순위자로서 권리취득자인지를 가려야 하고, 이 때 이중양수인 상호간의 우열은 지명채권 이중양도의 경우에 준하여 확정일자 있는 양도통지가 회사에 도달한 일시 또는 확정일자 있는 승낙의 일시의 선후에 의하여 결정하는 것이 원칙이다.

067

상법상 다음의 ☐ 에 들어갈 내용으로 바르게 묶은 것은?

> 주식의 양도에 관하여 정관에 따라 이사회 승인을 얻어야 하는 경우 주식을 양도하고자 하는 주주는 회사에 대하여 양도 상대방 및 양도하고자 하는 주식의 종류와 수를 기재한 서면으로 양도승인을 청구할 수 있다. 회사는 이 청구가 있는 날부터 ☐(가)☐ 내에 주주에게 그 승인여부를 서면으로 통지하여야 하며, 양도승인거부의 통지를 한 경우 주주는 통지를 받은 날부터 ☐(나)☐ 내에 회사에 대하여 양도 상대방의 지정 또는 그 주식의 매수를 청구할 수 있다. 이 경우 이사회가 양도 상대방을 지정하면, 그 청구가 있은 날부터 ☐(다)☐ 내에 주주 및 지정된 상대방에게 서면으로 이를 통지하여야 한다. 상대방으로 지정된 자는 지정통지를 받은 날부터 ☐(라)☐ 내에 지정청구를 한 주주에 대하여 서면으로 그 주식을 자기에게 매도할 것을 청구할 수 있다.

	(가)	(나)	(다)	(라)
①	1월	20일	2주간	10일
②	2주간	10일	1주간	20일
③	1월	30일	2주간	10일
④	2주간	10일	1주간	30일
⑤	1월	20일	2주간	20일

••••••••••••••••••••
(가) 회사가 양도승인여부를 서면으로 통지하는 기간은 1월

제335조의2(양도승인의 청구)
② 회사는 제1항의 청구가 있는 날부터 1월 이내에 주주에게 그 승인여부를 서면으로 통지하여야 한다.

(나) 양도승인거부의 통지를 받은 주주가 회사에 대하여 상대방 지정 또는 주식매수를 청구하는 기간은 20일

> **제335조의2(양도승인의 청구)** ④ 제2항의 양도승인거부의 통지를 받은 주주는 통지를 받은 날부터 <u>20일 내</u>에 회사에 대하여 양도의 상대방의 지정 또는 그 주식의 매수를 청구할 수 있다.

(다) 주주의 양도상대방 지정청구에 대해서 이사회의 통지기간은 2주

> **제335조의3(양도상대방의 지정청구)** ① 주주가 양도의 상대방을 지정하여 줄 것을 청구한 경우에는 이사회는 이를 지정하고, 그 청구가 있는 날부터 <u>2주간내</u>에 주주 및 지정된 상대방에게 서면으로 이를 통지하여야 한다.

(라) 양도상대방으로 지정된 자가 주주에 대해서 주식매도를 청구하는 기간은 10일

> **제335조의4(지정된 자의 매도청구권)** ① 제335조의3제1항의 규정에 의하여 상대방으로 지정된 자는 지정통지를 받은 날부터 <u>10일 이내</u>에 지정청구를 한 주주에 대하여 서면으로 그 주식을 자기에게 매도할 것을 청구할 수 있다.

068

2017년 1월 5일에 설립등기를 마친 비상장주식회사인 甲회사는 정관에 주식의 양도에 관하여 이사회의 승인을 받도록 하는 규정을 두었다. 甲회사 주주 A는 2017년 7월 15일 자신이 보유한 주식을 B에게 양도하였다. 상법상 이에 관한 설명으로 옳은 것은?

① 주식의 양도에 있어서는 주권을 교부하여야 하며 주권의 점유자는 이를 적법한 소지인으로 간주한다.
② 판례에 의하면 A가 주식양도에 관하여 이사회의 승인을 받지 않은 경우 그 주식양도는 당사자인 A와 B 사이에 효력이 없다.
③ 甲회사가 주식양도시까지 주권을 발행하지 않은 경우에는 A가 이사회의 승인을 받았다고 하더라도 A와 B 사이의 주식양도는 甲회사에 대하여 그 효력이 없다.
④ A가 甲회사에 대하여 주식양도의 승인을 청구하였으나 甲회사가 20일 내에 이를 거절한 때에는 A는 그 거절의 통지를 받은 날로 부터 1월 이내에 甲회사에 대하여 주식양도의 상대방의 지정을 청구할 수 있다.
⑤ A가 甲회사에 대하여 주식양도의 상대방의 지정을 청구한 경우 이사회는 그 청구가 있는 날로부터 2주간 내에 이를 지정하고 A와 지정된 상대방에게 서면으로 이를 통지하여야 한다.

• •

① 간주가 아니라 추정이다. 상법상 추정의 법리에 대해서는 별도로 정리할 필요가 있다.

> **제336조(주식의 양도방법)** ① 주식의 양도에 있어서는 주권을 교부하여야 한다.
> ② <u>주권의 점유자는 이를 적법한 소지인으로 추정</u>한다.

② 이사회의 승인을 받지 않은 거래라도 당사자 간에는 효력이 있다. 회사에 대해서 효력이 없는 것이다.

> **제335조(주식의 양도성)** ① 주식은 타인에게 양도할 수 있다. 다만, <u>회사는 정관으로 정하는 바에 따라 그 발행하는 주식의 양도에 관하여 이사회의 승인을 받도록 할 수 있다.</u>
> ② 제1항 단서의 규정에 위반하여 이사회의 승인을 얻지 아니한 주식의 양도는 회사에 대하여 효력이 없다.

068 ⑤

③ 甲 회사의 설립등기는 2017. 1. 5. 에 있었고 주주 A의 주식양도는 그로부터 6개월이 경과한 후인 2017. 7. 15. 에 이루어졌다. 6개월 경과 후의 주식양도는 회사에 대해서 효력이 있다.

> 제335조(주식의 양도성) ③ 주권발행전에 한 주식의 양도는 회사에 대하여 효력이 없다. 그러나 <u>회사성립후 또는 신주의 납입기일후 6월이 경과한 때에는 그러하지 아니하다.</u>

④ A가 甲회사에 대하여 주식양도의 승인을 청구하였으나 甲회사가 "1월(30일)" 내에 이를 거절한 때에는 A는 그 거절의 통지를 받은 날로 부터 "20일" 이내에 甲회사에 대하여 주식양도의 상대방의 지정을 청구할 수 있다. 「승 / 거 / 지 / 통 / 매」와 「30 / 20 / 14 / 10」으로 정리해야 한다.

> 제335조의2(양도승인의 청구) ① 주식의 양도에 관하여 이사회의 승인을 얻어야 하는 경우에는 주식을 양도하고자 하는 주주는 회사에 대하여 양도의 상대방 및 양도하고자 하는 주식의 종류와 수를 기재한 서면으로 양도의 승인을 청구할 수 있다.
> ② <u>회사는 제1항의 청구가 있는 날부터 1월 이내에 주주에게 그 승인여부를 서면으로 통지하여야 한다.</u>
> ③ 회사가 제2항의 기간내에 주주에게 거부의 통지를 하지 아니한 때에는 주식의 양도에 관하여 이사회의 승인이 있는 것으로 본다.
> ④ 제2항의 양도승인거부의 통지를 받은 주주는 통지를 받은 날부터 20일내에 회사에 대하여 양도의 상대방의 지정 또는 그 주식의 매수를 청구할 수 있다.

⑤ 2주일은 14일이므로, 역시 「승 / 거 / 지 / 통 / 매」와 「30 / 20 / 14 / 10」으로 정리해야 한다.

> 제335조의3(양도상대방의 지정청구)
> ① 주주가 양도의 상대방을 지정하여 줄 것을 청구한 경우에는 이사회는 이를 지정하고, 그 청구가 있는 날부터 <u>2주간내에</u> 주주 및 지정된 상대방에게 서면으로 이를 통지하여야 한다.

069

甲주식회사는 2018년 5월 10일 설립되었는데 2019년 2월 24일 현재까지 주권을 발행하지 않고 있는 상태에서 甲회사의 주주가 그 주식을 양도하고자 한다. 상법상 이에 관한 설명으로 **틀린** 것은? (이견이 있으면 판례에 의함)

① 甲회사의 주주가 주식을 양도하는 경우 회사에 대해서도 효력이 있고 그 양도는 지명채권의 양도에 관한 일반원칙에 따라 당사자의 의사표시만으로 효력이 발생한다.
② 甲회사의 주식을 양수하는 자는 특별한 사정이 없는 한 양도인의 협력을 받을 필요없이 단독으로 자신이 주식을 양수한 사실을 증명함으로써 회사에 대하여 명의개서를 청구할 수 있다.
③ 甲회사 주식의 이중양도가 문제되는 경우 그 이중양수인 상호간의 우열은 확정일자 있는 양도통지가 회사에 도달한 일시 또는 확정일자 있는 승낙의 일시의 선후에 의하여 결정한다.
④ 甲회사의 주식에 대한 양도통지가 확정일자 없는 증서에 의하여 이루어졌더라도 나중에 그 증서에 확정일자를 얻은 경우에는 원래의 양도통지일에 소급하여 제3자에 대한 대항력을 취득한다.
⑤ 甲회사의 주식을 양수한 자가 회사에 대하여 의결권을 행사하기 위해서는 주주명부에 주주로서 명의개서를 해야 한다.

069 ④

① 설립일인 2018년 5월 10일로부터 6개월이 경과한 뒤인 2019년 2월 24일까지도 주권을 발행하지 않고 있으므로 지명채권양도의 방식으로 주식을 양도할 수 있다.

> **제335조(주식의 양도성)** ③ 주권발행전에 한 주식의 양도는 회사에 대하여 효력이 없다. 그러나 회사성립후 또는 신주의 납입기일후 6월이 경과한 때에는 그러하지 아니하다.

② 주식양수사실을 증명하여 양수인 단독으로 가능하다.

관련판례

[대법원 2006.09.14. 선고, 2005다45537, 판결]
주권발행 전 주식의 양도는 당사자의 의사표시만으로 효력이 발생하고, 주권발행 전 주식을 양수한 사람은 특별한 사정이 없는 한 양도인의 협력을 받을 필요 없이 단독으로 자신이 주식을 양수한 사실을 증명함으로써 회사에 대하여 그 명의개서를 청구할 수 있지만, 회사 이외의 제3자에 대하여 양도 사실을 대항하기 위하여는 지명채권의 양도에 준하여 확정일자 있는 증서에 의한 양도통지 또는 승낙을 갖추어야 한다는 점을 고려할 때, 양도인은 회사에 그와 같은 양도통지를 함으로써 양수인으로 하여금 제3자에 대한 대항요건을 갖출 수 있도록 해 줄 의무를 부담한다. 따라서 양도인이 그러한 채권양도의 통지를 하기 전에 제3자에게 이중으로 양도하고 회사에게 확정일자 있는 양도통지를 하는 등 대항요건을 갖추어 줌으로써 양수인이 그 제3자에게 대항할 수 없게 되었고, 이러한 양도인의 배임행위에 제3자가 적극 가담한 경우라면, 제3자에 대한 양도행위는 사회질서에 반하는 법률행위로서 무효이다.

③ 확정일자에 의한 통지 또는 승낙의 순서에 의한다.

관련판례

[대법원 2006.09.14. 선고, 2005다45537, 판결]
주주명부에 기재된 명의상의 주주는 회사에 대한 관계에 자신의 실질적 권리를 증명하지 않아도 주주의 권리를 행사할 수 있는 자격수여적 효력을 인정받을 뿐이지 주주명부의 기재에 의하여 창설적 효력을 인정받는 것은 아니므로, 실질상 주식을 취득하지 못한 사람이 명의개서를 받았다고 하여 주주의 권리를 행사할 수 있는 것이 틀린 내용이다. 따라서 주권발행 전 주식의 이중양도가 문제되는 경우, 그 이중양수인 중 일부에 대하여 이미 명의개서가 경료되었는지 여부를 불문하고 누가 우선순위자로서 권리취득자인지를 가려야 하고, 이 때 이중양수인 상호간의 우열은 지명채권 이중양도의 경우에 준하여 확정일자 있는 양도통지가 회사에 도달한 일시 또는 확정일자 있는 승낙의 일시의 선후에 의하여 결정하는 것이 원칙이다.

④ 원래의 양도통지일에 소급하는 것이 아니라 확정일자일에 대항력이 발생한다.
⑤ 회사에 대하여 대항력을 취득하려면 주주명부에 명의개서가 이루어져야 한다.

> **제337조(주식의 이전의 대항요건)** ① 주식의 이전은 취득자의 성명과 주소를 주주명부에 기재하지 아니하면 회사에 대항하지 못한다.
> ② 회사는 정관이 정하는 바에 의하여 명의개서대리인을 둘 수 있다. 이 경우 명의개서대리인이 취득자의 성명과 주소를 주주명부의 복본에 기재한 때에는 제1항의 명의개서가 있는 것으로 본다.

070

상법상 주권이 발행된 경우의 주식양도에 관한 설명으로 틀린 것은? (이견이 있으면 판례에 의함)

① 주식의 양도에 있어서는 주권을 교부하여야 한다.
② 주권의 점유자는 이를 적법한 소지인으로 추정한다.
③ 주식의 이전은 취득자의 성명과 주소를 주주명부에 기재하지 아니하면 회사에 대항하지 못하는 것이 원칙이다.
④ 회사는 정관이 정하는 바에 의하여 명의개서대리인을 둘 수 있다.
⑤ 주식을 양수하려는 자가 타인의 명의를 빌려 회사의 주식을 양수하고 타인의 명의로 주주명부에의 기재까지 마치는 경우, 회사에 대한 관계에서는 주주명부상 주주가 아니라 그 타인의 명의를 차용한 자만이 주주로서 의결권 등 주주권을 적법하게 행사할 수 있다.

••••••••••••••••••••••••

① 주권은 주주로서의 권리가 화체되어 있는 유가증권이기 때문이다. 이를「처분증권성」이라고도 한다.

> 제336조(주식의 양도방법) ① 주식의 양도에 있어서는 주권을 교부하여야 한다.

② 다시 말하면 적법한 소지인이 아니라는 점에 대한 입증책임은 회사에게 있다.

> 제336조(주식의 양도방법) ② 주권의 점유자는 이를 적법한 소지인으로 추정한다.

③ 명의개서의 효력 중「대항력」에 대한 설명이다.

> 제337조(주식의 이전의 대항요건) ① 주식의 이전은 취득자의 성명과 주소를 주주명부에 기재하지 아니하면 회사에 대항하지 못한다.

④ 이 경우 회사의 주주명부는 복본(원본이 여러개)이 존재하게 된다.

> 제337조(주식의 이전의 대항요건) ② 회사는 정관이 정하는 바에 의하여 명의개서대리인을 둘 수 있다. 이 경우 명의개서대리인이 취득자의 성명과 주소를 주주명부의 복본에 기재한 때에는 제1항의 명의개서가 있는 것으로 본다.

⑤ 판례는 과거에는 이른바「실질설」을 택하여 명의차용자가 주주가 된다고 보았으나, 2017년 전원합의체판결로「형식설」로 판례를 변경함에 따라 명의대여자가 주주가 된다.

관련판례

[대법원 2017.3.23. 선고, 2015다248342, 전원합의체 판결]
주식을 양수하였으나 아직 주주명부에 명의개서를 하지 아니하여 주주명부에는 양도인이 주주로 기재되어 있는 경우뿐만 아니라, 주식을 인수하거나 양수하려는 자가 타인의 명의를 빌려 회사의 주식을 인수하거나 양수하고 타인의 명의로 주주명부에의 기재까지 마치는 경우에도, 회사에 대한 관계에서는 주주명부상 주주만이 주주로서 의결권 등 주주권을 적법하게 행사할 수 있다.

070 ⑤

071

상법상 주식 양도시 이사회의 승인을 얻을 것을 정관에서 정하고 있는 비상장주식회사의 주주가 주식을 양도하고자 하는 경우에 관한 설명으로 옳은 것은?

① 주식을 양도할 경우 이사회 승인이 요구된다는 사정은 설립등기시 등기해야 할 사항에 포함되지 않는다.
② 양도인이 회사에 대해 주식양도에 대한 승인을 청구하지 않은 경우 양수인은 회사에 대해 주식취득의 승인을 청구할 수 없다.
③ 양도인이 회사에 대해 주식양도에 대한 승인을 청구하였으나 그 날로부터 1월 내에 회사가 거부통지를 하지 않으면 이사회의 승인이 있는 것으로 본다.
④ 양도인이 회사에 대해 주식양도에 대한 승인을 청구할 때에는 서면이 아닌 구두에 의하여도 할 수 있다.
⑤ 만약 회사의 자본금 총액이 10억원 미만이고 이사 1인만 재직 중이라면 그 이사가 단독으로 주식양도에 대한 승인 여부를 결정한다.

....

① 주식양도를 제한하는 것은 주주 및 주주와 주식거래를 하는 자에게 중대한 영향을 미치므로, 등기를 통해 제한내용을 대외적으로 공시해야 한다.

> ② 제1항의 설립등기에 있어서는 다음의 사항을 등기하여야 한다.
> 1. 제289조제1항제1호 내지 제4호, 제6호와 제7호에 게기한 사항
> 2. 자본금의 액
> 3. 발행주식의 총수, 그 종류와 각종주식의 내용과 수
>   3의2. 주식의 양도에 관하여 이사회의 승인을 얻도록 정한 때에는 그 규정
>   3의3. 주식매수선택권을 부여하도록 정한 때에는 그 규정
>   3의4. 지점의 소재지
> 4. 회사의 존립기간 또는 해산사유를 정한 때에는 그 기간 또는 사유
> 5. 삭제
> 6. 주주에게 배당할 이익으로 주식을 소각할 것을 정한 때에는 그 규정
> 7. 전환주식을 발행하는 경우에는 제347조에 게기한 사항
> 8. 사내이사, 사외이사, 그 밖에 상무에 종사하지 아니하는 이사, 감사 및 집행임원의 성명과 주민등록번호
> 9. 회사를 대표할 이사 또는 집행임원의 성명·주민등록번호 및 주소
> 10. 둘 이상의 대표이사 또는 대표집행임원이 공동으로 회사를 대표할 것을 정한 경우에는 그 규정
> 11. 명의개서대리인을 둔 때에는 그 상호 및 본점소재지
> 12. 감사위원회를 설치한 때에는 감사위원회 위원의 성명 및 주민등록번호

② 주식양도인이 회사에 양도승인을 청구할 수 있을 뿐만 아니라, 주식양수인도 회사에 직접 양도승인을 청구할 수 있다.

> 제335조의7(주식의 양수인에 의한 승인청구) ① 주식의 양도에 관하여 이사회의 승인을 얻어야 하는 경우에 주식을 취득한 자는 회사에 대하여 그 주식의 종류와 수를 기재한 서면으로 그 취득의 승인을 청구할 수 있다.

071 ③

③ 주식은 양도할 수 있는 것이 원칙이므로, 주주의 양도승인에 대하여 회사의 응답이 없으면 양도를 승인한 것으로 본다. 「승/거/지/통/매」와 「30/20/14/10」으로 정리하자.

> **제335조의2(양도승인의 청구)** ① 주식의 양도에 관하여 이사회의 승인을 얻어야 하는 경우에는 주식을 양도하고자 하는 주주는 회사에 대하여 양도의 상대방 및 양도하고자 하는 주식의 종류와 수를 기재한 서면으로 양도의 승인을 청구할 수 있다.
> ② 회사는 제1항의 청구가 있는 날부터 1월 이내에 주주에게 그 승인여부를 서면으로 통지하여야 한다.
> ③ 회사가 제2항의 기간내에 주주에게 거부의 통지를 하지 아니한 때에는 주식의 양도에 관하여 이사회의 승인이 있는 것으로 본다.
> ④ 제2항의 양도승인거부의 통지를 받은 주주는 통지를 받은 날부터 20일내에 회사에 대하여 양도의 상대방의 지정 또는 그 주식의 매수를 청구할 수 있다.

정관상 주식양도 제한시 양도절차	승 / 거 / 지 / 통 / 매	1. 양도승인청구 (30일 내)
		2. 회사의 거부통지 (20일 내)
	30 / 20 / 14 / 10	3. 상대방 지정청구 (14일 내)
		4. 상대방 지정통지 (10일 내)
		5. 상대방의 매도청구

④ 서면으로만 하여야 한다.

> **제335조의2(양도승인의 청구)** ① 주식의 양도에 관하여 이사회의 승인을 얻어야 하는 경우에는 <u>주식을 양도하고자 하는 주주는 회사에 대하여 양도의 상대방 및 양도하고자 하는 주식의 종류와 수를 기재한 서면으로 양도의 승인을 청구할 수 있다.</u>

⑤ 이사가 결정하는 것이 아니라, 주주총회에서 결정한다. 1명 또는 2명의 이사만이 있는 소규모회사의 경우 원래 법률상 이사회에서 결의할 사항을 주주총회에서 결의하도록 정한 규정들이 다수 있는데, 주식양도를 승인하는 결의가 이에 해당한다.

> **제383조(원수, 임기)** ① 이사는 3명 이상이어야 한다. 다만, 자본금 총액이 10억원 미만인 회사는 1명 또는 2명으로 할 수 있다.
> ④ 제1항 단서의 경우에는 제302조제2항제5호의2, 제317조제2항제3호의2, 제335조제1항 단서 및 제2항, 제335조의2제1항·제3항, 제335조의3제1항·제2항, 제335조의7제1항, 제340조의3제1항제5호, 제356조제6호의2, 제397조제1항·제2항, 제397조의2제1항, 제398조, 제416조 본문, 제451조제2항, 제461조제1항 본문 및 제3항, 제462조의3제1항, 제464조의2제1항, 제469조, 제513조제2항 본문 및 제516조의2 제2항 본문(준용되는 경우를 포함한다) 중 "이사회"는 각각 "**주주총회**"로 보며, 제360조의5제1항 및 제522조의3제1항 중 "이사회의 결의가 있는 때"는 "제363조제1항에 따른 주주총회의 소집통지가 있는 때"로 본다.
>
> **제335조(주식의 양도성)** ① 주식은 타인에게 양도할 수 있다. 다만, <u>회사는 정관으로 정하는 바에 따라 그 발행하는 주식의 양도에 관하여 이사회의 승인을 받도록 할 수 있다.</u>

072

상법상 비상장주식회사의 주식양도에 관한 설명으로 틀린 것은? (주식의 전자등록에 관련된 문제는 논외로 하고, 이견이 있으면 판례에 의함)

① 주권발행 전에 한 주식의 양도가 회사성립 후 또는 신주의 납입기일 후 6월이 경과하기 전에 이루어졌다고 하더라도 그 이후 6월이 경과하고 그때까지 회사가 주권을 발행하지 않았다면 회사에 대하여도 유효한 주식양도가 된다.
② 주권발행 후 주식양도에 있어서는 당사자 사이의 양도에 관한 의사의 합치만으로는 그 효력이 발생하지 아니하고, 그러한 의사의 합치에 더하여 주권을 교부하여야 그 효력이 발생한다.
③ 정관이 정한 바에 따라 주식의 양도에 관하여 이사회의 승인을 얻어야 하는 경우 주식을 양도하고자 하는 주주가 회사에 대하여 양도의 승인을 청구하였으나 회사가 그 청구가 있는 날부터 1월 이내에 양도승인거부의 통지를 하지 아니한 때에는 그 주식의 양도에 관하여 이사회의 승인이 있는 것으로 본다.
④ 정관이 정한 바에 따라 주식의 양도에 관하여 이사회의 승인을 얻어야 하는 경우 주식을 양도하고자 하는 주주가 회사에 대하여 양도의 승인을 청구하였으나 회사가 정해진 기간 내에 양도승인거부의 통지를 하였다면 그러한 통지를 받은 주주는 정해진 기간 내에 회사에게 양도의 상대방의 지정만을 청구할 수 있다.
⑤ 정관이 정한 바에 따라 주식의 양도에 관하여 이사회의 승인을 얻어야 하는 경우 이사회의 승인을 받지 아니한 주식의 양도는 회사에 대하여 효력이 없다.

••••••••••••••••••••••••

① 6월이 경과하도록 회사가 주권을 발행하지 않은 이상, 6월 전 양도의 하자는 치유된다.

> **관련판례**
>
> [대법원 2002. 3. 15., 선고, 2000두1850, 판결]
> 상법 제335조 제3항은 "주권발행 전에 한 주식의 양도는 회사에 대하여 효력이 없다. 그러나 회사성립 후 또는 신주의 납입기일 후 6월이 경과한 때에는 그러하지 아니하다."라고 규정하고 있는바, 주권발행 전의 주식의 양도는 지명채권의 양도에 관한 일반원칙에 따라 당사자의 의사표시만으로 효력이 발생하는 것이고, <u>한편 주권발행 전에 한 주식의 양도가 회사성립 후 또는 신주의 납입기일 후 6월이 경과하기 전에 이루어졌다고 하더라도 그 이후 6월이 경과하고 그 때까지 회사가 주권을 발행하지 않았다면, 그 하자는 치유되어 회사에 대하여도 유효한 주식양도가 된다고 봄이 상당하다.</u>

② 주권은 주주로서의 권리가 화체되어 있는 유가증권이기 때문에, 주식양도가 효력을 발생하려면 주권 자체를 교부해야 한다. 이를 「처분증권성」이라고도 한다.

> **제336조(주식의 양도방법)** ① 주식의 양도에 있어서는 주권을 교부하여야 한다.

③ 주식은 양도할 수 있는 것이 원칙이므로, 주주의 양도승인에 대하여 30일 내에 회사의 응답이 없으면 양도를 승인한 것으로 본다. 「승/거/지/통/매」와 「30/20/14/10」으로 정리하자.

> **제335조의2(양도승인의 청구)** ① 주식의 양도에 관하여 이사회의 승인을 얻어야 하는 경우에는 주식을 양도하고자 하는 주주는 회사에 대하여 양도의 상대방 및 양도하고자 하는 주식의 종류와 수를 기재한 서면으로 양도의 승인을 청구할 수 있다.

072 ④

② 회사는 제1항의 청구가 있는 날부터 1월 이내에 주주에게 그 승인여부를 서면으로 통지하여야 한다.
③ 회사가 제2항의 기간내에 주주에게 거부의 통지를 하지 아니한 때에는 주식의 양도에 관하여 이사회의 승인이 있는 것으로 본다.
④ 제2항의 양도승인거부의 통지를 받은 주주는 통지를 받은 날부터 20일내에 회사에 대하여 양도의 상대방의 지정 또는 그 주식의 매수를 청구할 수 있다.

④ 이사회로부터 양도승인을 거부당한 주주는 회사에 대하여 (ⅰ) 양도상대방의 지정 「또는」 (ⅱ) 회사의 주식매수를 청구할 수 있다.

제335조의2(양도승인의 청구) ④ 제2항의 양도승인거부의 통지를 받은 주주는 통지를 받은 날부터 20일내에 회사에 대하여 양도의 상대방의 지정 또는 그 주식의 매수를 청구할 수 있다.

⑤ 이사회의 승인을 받지 않은 주식양도는 회사에 대해서 효력이 없지만, 당사자 간에는 효력이 있다.

제335조(주식의 양도성) ① 주식은 타인에게 양도할 수 있다. 다만, 회사는 정관으로 정하는 바에 따라 그 발행하는 주식의 양도에 관하여 이사회의 승인을 받도록 할 수 있다.
② 제1항 단서의 규정에 위반하여 이사회의 승인을 얻지 아니한 주식의 양도는 회사에 대하여 효력이 없다.

073

상법상 회사성립 후 6월이 경과한 이후의 주권발행 전 주식양도에 관한 설명으로 틀린 것은? (이견이 있으면 판례에 의함)

① 주권발행 전 주식의 양도는 지명채권의 양도에 관한 일반원칙에 따라 당사자의 의사표시만으로 효력이 발생한다.
② 주권발행 전 주식을 양수한 자는 특별한 사정이 없는 한 양도인의 협력을 받아 양도인과 공동으로 회사에 대하여 그 명의개서를 청구하여야 한다.
③ 회사 이외의 제3자에 대하여 주식의 양도 사실을 대항하기 위하여는 지명채권의 양도에 준하여 확정일자 있는 증서에 의한 양도통지 또는 승낙을 갖추어야 한다.
④ 주권발행 전 주식의 이중양도가 문제되는 경우, 이중양수인 상호간의 우열은 지명채권 이중양도의 경우에 준하여 확정일자 있는 양도통지가 회사에 도달한 일시 또는 확정일자 있는 승낙의 일시의 선후에 의하여 결정하는 것이 원칙이다.
⑤ 만약 주권발행 전에 한 주식양도가 회사성립 후 6월이 경과하기 전에 이루어졌다고 하더라도 그 회사성립 후 6월이 경과하고 그 때까지 회사가 주권을 발행하지 않았다면, 그 하자는 치유되어 회사에 대하여도 유효한 주식양도가 된다.

••••••••••••••••••••
① 유가증권이 발행되기 전이므로, 권리의 양도는 민법상 지명채권 양도방식에 의해야 한다.

관련판례

[대법원 2006.09.14. 선고, 2005다45537, 판결]
주권발행 전 주식의 양도는 당사자의 의사표시만으로 효력이 발생하고, 주권발행 전 주식을 양수한 사람은

073 ②

특별한 사정이 없는 한 양도인의 협력을 받을 필요 없이 단독으로 자신이 주식을 양수한 사실을 증명함으로써 회사에 대하여 그 명의개서를 청구할 수 있지만, 회사 이외의 제3자에 대하여 양도 사실을 대항하기 위하여는 지명채권의 양도에 준하여 확정일자 있는 증서에 의한 양도통지 또는 승낙을 갖추어야 한다는 점을 고려할 때, 양도인은 회사에 그와 같은 양도통지를 함으로써 양수인으로 하여금 제3자에 대한 대항요건을 갖출 수 있도록 해 줄 의무를 부담한다. 따라서 양도인이 그러한 채권양도의 통지를 하기 전에 제3자에게 이중으로 양도하고 회사에게 확정일자 있는 양도통지를 하는 등 대항요건을 갖추어 줌으로써 양수인이 그 제3자에게 대항할 수 없게 되었고, 이러한 양도인의 배임행위에 제3자가 적극 가담한 경우라면, 제3자에 대한 양도행위는 사회질서에 반하는 법률행위로서 무효이다.

② 양수인 단독으로 명의개서를 청구할 수 있다. 주식 양도인은 양수인이 명의개서를 청구하는데 필요한 협력의무를 부담할 뿐이다.

관련판례

[대법원 2006.09.14. 선고, 2005다45537, 판결]
주권발행 전 주식의 양도는 당사자의 의사표시만으로 효력이 발생하고, 주권발행 전 주식을 양수한 사람은 특별한 사정이 없는 한 양도인의 협력을 받을 필요 없이 단독으로 자신이 주식을 양수한 사실을 증명함으로써 회사에 대하여 그 명의개서를 청구할 수 있지만, 회사 이외의 제3자에 대하여 양도 사실을 대항하기 위하여는 지명채권의 양도에 준하여 확정일자 있는 증서에 의한 양도통지 또는 승낙을 갖추어야 한다는 점을 고려할 때, 양도인은 회사에 그와같은 양도통지를 함으로써 양수인으로 하여금 제3자에 대한 대항요건을 갖출 수 있도록 해 줄 의무를 부담한다. 따라서 양도인이 그러한 채권양도의 통지를 하기 전에 제3자에게 이중으로 양도하고 회사에게 확정일자 있는 양도통지를 하는 등 대항요건을 갖추어 줌으로써 양수인이 그 제3자에게 대항할 수 없게 되었고, 이러한 양도인의 배임행위에 제3자가 적극 가담한 경우라면, 제3자에 대한 양도행위는 사회질서에 반하는 법률행위로서 무효이다.

③ 지명채권양도의 대항요건에 관한 민법규정이 적용된다.

■ **민법**
제450조(지명채권양도의 대항요건) ① 지명채권의 양도는 양도인이 채무자에게 통지하거나 채무자가 승낙하지 아니하면 채무자 기타 제삼자에게 대항하지 못한다.
② 전항의 통지나 승낙은 확정일자있는 증서에 의하지 아니하면 채무자 이외의 제삼자에게 대항하지 못한다.

④ 민법 제450조의 취지에 비추어볼 때, (ⅰ) 확정일자 있는 통지와 확정일자 없는 통지 간에는 일자의 선후를 불문하고 확정일자 있는 통지가 우선한다(제1항), (ⅱ) 확정일자 있는 통지 간에는 일자의 선후에 의한다(제2항), (ⅲ) 확정일자 없는 통지 간에는 먼저 명의개서한 자가 우선한다.

⑤ 6월이 경과하도록 회사가 주권을 발행하지 않은 이상, 6월 전 양도의 하자는 치유된다.

관련판례

[대법원 2002. 3. 15., 선고, 2000두1850, 판결]
상법 제335조 제3항은 "주권발행 전에 한 주식의 양도는 회사에 대하여 효력이 없다. 그러나 회사성립 후 또는 신주의 납입기일 후 6월이 경과한 때에는 그러하지 아니하다."라고 규정하고 있는바, 주권발행 전의 주식의 양도는 지명채권의 양도에 관한 일반원칙에 따라 당사자의 의사표시만으로 효력이 발생하는 것이고, 한편 주권발행 전에 한 주식의 양도가 회사성립 후 또는 신주의 납입기일 후 6월이 경과하기 전에 이루어졌다고 하더라도 그 이후 6월이 경과하고 그 때까지 회사가 주권을 발행하지 않았다면, 그 하자는 치유되어 회사에 대하여도 유효한 주식양도가 된다고 봄이 상당하다.

074

상법상 비상장주식회사의 주식양도에 관한 설명으로 <u>틀린</u> 것은? (이견이 있으면 판례에 의함)

① 주식의 인수로 인한 권리의 양도는 회사가 승인하면 회사에 대하여 효력이 있다.
② 회사는 정관으로 정하는 바에 따라 그 발행하는 주식의 양도에 관하여 이사회의 승인을 받도록 할 수 있다.
③ 신주의 납입기일후 6월이 경과한 때에는 주권발행전에 주식을 양도하더라도 그 양도는 회사에 대하여 효력이 있다.
④ 회사성립후 6월 경과 전에 주권발행전의 주식을 양도한 때에는 6월이 경과하도록 회사가 주권을 발행하지 않으면 그 양도의 하자가 치유된다.
⑤ 회사는 다른 회사의 영업전부의 양수로 인한 경우 자기의 주식을 취득할 수 있다.

·······························

① 권리주의 양도는 회사가 승인해도 효력이 없다.

> **제319조(권리주의 양도)** 주식의 인수로 인한 권리의 양도는 회사에 대하여 효력이 없다.

② 참고로 이사회의 승인을 얻도록 「제한」하는 것으로 가능하지만 양도 자체의 「금지」는 허용되지 않는다.

> **제335조(주식의 양도성)** ① 주식은 타인에게 양도할 수 있다. 다만, 회사는 정관으로 정하는 바에 따라 그 발행하는 주식의 양도에 관하여 이사회의 승인을 받도록 할 수 있다.

③ 신주식의 효력발생 후 6월이 경과하면 회사에 대하여도 효력이 있다.

> **관련판례**
>
> [대법원 1996. 6. 25., 선고, 96다12726, 판결]
> 상법 제335조 제2항 소정의 주권발행 전에 한 주식의 양도는 회사 성립 후 또는 신주의 납입기일 후 6월이 경과한 때에는 회사에 대하여 효력이 있는 것으로서, 이 경우 주식의 양도는 지명채권의 양도에 관한 일반원칙에 따라 당사자의 의사표시만으로 효력이 발생하는 것이고, 주권이 발행된 경우의 기명주식 양도의 절차를 밟지 아니하였다고 하여 주식양도의 효력이 없다고 할 수 없다.

> **제335조(주식의 양도성)** ③ 주권발행전에 한 주식의 양도는 회사에 대하여 효력이 없다. 그러나 회사성립후 또는 신주의 납입기일후 6월이 경과한 때에는 그러하지 아니하다.

④ 6월이 경과하도록 회사가 주권을 발행하지 않은 이상, 6월 전 양도의 하자는 치유된다.

> **관련판례**
>
> [대법원 2002. 3. 15., 선고, 2000두1850, 판결]
> 상법 제335조 제3항은 "주권발행 전에 한 주식의 양도는 회사에 대하여 효력이 없다. 그러나 회사성립 후 또는 신주의 납입기일 후 6월이 경과한 때에는 그러하지 아니하다."라고 규정하고 있는바, 주권발행 전의 주식의 양도는 지명채권의 양도에 관한 일반원칙에 따라 당사자의 의사표시만으로 효력이 발생하는 것이고, 한편 주권발행 전에 한 주식의 양도가 회사성립 후 또는 신주의 납입기일 후 6월이 경과하기 전에 이루어졌다고 하더라도 그 이후 6월이 경과하고 그 때까지 회사가 주권을 발행하지 않았다면, 그 하자는 치유되어 회사에 대하여도 유효한 주식양도가 된다고 봄이 상당하다.

074 ①

⑤ 특정목적에 의한 자기주식취득은 배당가능이익이 없는 경우에도 가능하다. 「합/영/실/단/청」으로 정리하자.

> **제341조의2(특정목적에 의한 자기주식의 취득)** 회사는 다음 각 호의 어느 하나에 해당하는 경우에는 제341조에도 불구하고 자기의 주식을 취득할 수 있다.
> 1. 회사의 합병 또는 다른 회사의 영업전부의 양수로 인한 경우
> 2. 회사의 권리를 실행함에 있어 그 목적을 달성하기 위하여 필요한 경우
> 3. 단주(端株)의 처리를 위하여 필요한 경우
> 4. 주주가 주식매수청구권을 행사한 경우

TOPIC 10 · 자기주식 취득의 제한

075

상법상 자기주식 취득의 제한에 관한 설명으로 옳은 것은?

① 판례는 회사가 자기주식 취득에 관한 제한을 위반하였더라도 상대방이 그 위반사실을 알지 못한 때에는 유효한 취득으로 본다.
② 회사는 거래소의 시세 있는 자기주식을 거래소에서 취득할 수 있으나, 그 취득가액의 총액이 금액은 상법상 이익배당이 가능한 한도를 넘어서는 안 된다.
③ 회사는 발행주식총수의 100분의 10 이내에서 자기주식을 질권의 목적으로 받을 수 있다.
④ 주주가 회사에 대하여 주식매수청구권을 행사한 때 회사는 자기주식을 취득할 수 있으나 취득한 주식을 지체 없이 처분하여야 한다.
⑤ 회사가 자기주식양도형의 주식매수선택권 행사에 대비해서 자기주식을 유상취득하기 위해서는 원칙적으로 이사회의 결의를 거쳐야 한다.

•••••••••••••••••••••••

① 상대방의 선악을 불문하고 위법한 자기주식의 취득은 무효이다.

> **관련판례**
>
> **[대법원 2003.5.16. 선고, 2001다44109, 판결]**
> 주식회사가 자기의 계산으로 자기의 주식을 취득하는 것은 회사의 자본적 기초를 위태롭게 하여 회사와 주주 및 채권자의 이익을 해하고 주주평등의 원칙을 해하며 대표이사 등에 의한 불공정한 회사지배를 초래하는 등의 여러 가지 폐해를 생기게 할 우려가 있으므로 상법은 일반 예방적인 목적에서 이를 일률적으로 금지하는 것을 원칙으로 하면서, 예외적으로 자기주식의 취득이 허용되는 경우를 유형적으로 분류하여 명시하고 있으므로 상법 제341조, 제341조의2, 제342조의2 또는 증권거래법 등에서 명시적으로 자기주식의 취득을 허용하는 경우 외에, 회사가 자기주식을 무상으로 취득하는 경우 또는 타인의 계산으로 자기주식을 취득하는 경우 등과 같이, 회사의 자본적 기초를 위태롭게 하거나 주주 등의 이익을 해한다고 할 수 없는 것이 유형적으로 명백한 경우에도 자기주식의 취득이 예외적으로 허용되지만, 그 밖의 경우에 있어서는, 설령 회사 또는 주주나 회사채권자 등에게 생길지도 모르는 중대한 손해를 회피하기 위하여 부득이 한 사정이 있다고 하더라도 자기주식의 취득은 허용되지 아니하는 것이고 위와 같은 금지규정에 위반하여 회사가 자기주식을 취득하는 것은 당연히 무효이다.

② 취득가액의 총액은 배당가능이익을 초과하지 못한다.

> **제341조(자기주식의 취득)** ① 회사는 다음의 방법에 따라 자기의 명의와 계산으로 자기의 주식을 취득할 수 있다. 다만, 그 취득가액의 총액은 직전 결산기의 대차대조표상의 순자산액에서 제462조제1항 각 호의 금액을 뺀 금액을 초과하지 못한다.
> 1. 거래소에서 시세(時勢)가 있는 주식의 경우에는 거래소에서 취득하는 방법
> 2. 제345조제1항의 주식의 상환에 관한 종류주식의 경우 외에 각 주주가 가진 주식 수에 따라 균등한 조건으로 취득하는 것으로서 대통령령으로 정하는 방법
> ③ 회사는 해당 영업연도의 결산기에 대차대조표상의 순자산액이 제462조제1항 각 호의 금액의 합계액에 미치지 못할 우려가 있는 경우에는 제1항에 따른 주식의 취득을 하여서는 아니 된다.

075 ②

> **제462조(이익의 배당)** ① 회사는 대차대조표의 순자산액으로부터 다음의 금액을 공제한 액을 한도로 하여 이익배당을 할 수 있다.
>   1. 자본금의 액
>   2. 그 결산기까지 적립된 자본준비금과 이익준비금의 합계액
>   3. 그 결산기에 적립하여야 할 이익준비금의 액
>   4. 대통령령으로 정하는 미실현이익

③ 원칙적으로 발행주식총수의 20분의 1을 초과하여 질취하지 못한다.

> **제341조의3(자기주식의 질취)** 회사는 발행주식총수의 20분의 1을 초과하여 자기의 주식을 질권의 목적으로 받지 <u>못한다</u>. 다만, 제341조의2제1호 및 제2호의 경우에는 그 한도를 초과하여 질권의 목적으로 할 수 있다.

④ 처분은 정관 규정 또는 이사회의 결의에 따른다.

> **제342조(자기주식의 처분)** 회사가 보유하는 자기의 주식을 처분하는 경우에 다음 각 호의 사항으로서 <u>정관에 규정이 없는 것은 이사회가 결정한다</u>.
>   1. 처분할 주식의 종류와 수
>   2. 처분할 주식의 처분가액과 납입기일
>   3. 주식을 처분할 상대방 및 처분방법

⑤ 이 경우는 '특정목적에 의한 자기주식취득(제341조의2)'이 아니라 '배당가능이익에 의한 자기주식취득(제341조)'에 해당하므로, 회사는 원칙적으로 주주총회의 결의를 거쳐야 한다.

> **제341조의2(특정목적에 의한 자기주식의 취득)** 회사는 다음 각 호의 어느 하나에 해당하는 경우에는 제341조에도 불구하고 자기의 주식을 취득할 수 있다.
>   1. 회사의 합병 또는 다른 회사의 영업전부의 양수로 인한 경우
>   2. 회사의 권리를 실행함에 있어 그 목적을 달성하기 위하여 필요한 경우
>   3. 단주(端株)의 처리를 위하여 필요한 경우
>   4. 주주가 주식매수청구권을 행사한 경우
>
> **제341조(자기주식의 취득)** ① 회사는 다음의 방법에 따라 자기의 명의와 계산으로 자기의 주식을 취득할 수 있다. 다만, 그 취득가액의 총액은 직전 결산기의 대차대조표상의 순자산액에서 제462조제1항 각 호의 금액을 뺀 금액을 초과하지 못한다.
>   1. 거래소에서 시세(時勢)가 있는 주식의 경우에는 거래소에서 취득하는 방법
>   2. 제345조제1항의 주식의 상환에 관한 종류주식의 경우 외에 각 주주가 가진 주식 수에 따라 균등한 조건으로 취득하는 것으로서 대통령령으로 정하는 방법
> ② <u>제1항에 따라 자기주식을 취득하려는 회사는 미리 주주총회의 결의로 다음 각 호의 사항을 결정하여야 한다</u>. 다만, 이사회의 결의로 이익배당을 할 수 있다고 정관으로 정하고 있는 경우에는 이사회의 결의로써 주주총회의 결의를 갈음할 수 있다.
>   1. 취득할 수 있는 주식의 종류 및 수
>   2. 취득가액의 총액의 한도
>   3. 1년을 초과하지 아니하는 범위에서 자기주식을 취득할 수 있는 기간

076

상법상 자기주식에 관한 설명으로 틀린 것은?

① 주식회사는 배당가능이익이 없더라도 단주를 처리하기 위한 경우 또는 주주가 주식매수청구권을 행사한 경우 자기주식을 취득할 수 있다.
② 주주총회에서 배당가능이익으로 자기주식취득을 결의하고 상법 소정의 사항을 결정하면 이사회는 이에 구속되고 그 결정대로 반드시 자기주식을 취득하여야 한다.
③ 상법의 해석상 주식회사는 무상으로 자기주식을 취득할 수 있으며 위탁매매업자가 위탁자의 계산으로 자기주식을 매수하는 것도 허용된다.
④ 주식회사는 회사의 합병 또는 다른 회사의 영업전부의 양수로 인한 경우 발행주식총수의 20분의 1을 초과하여 자기주식을 질권의 목적으로 받을 수 있다.
⑤ 회사가 상법 제462조 제1항에 따른 배당가능이익으로 자기주식을 취득하려는 경우 미리 주주총회 또는 이사회의 결의로써 상법 제341조 제2항 소정의 사항을 결정하는데 이 경우 자기주식을 취득할 수 있는 기간은 1년을 초과하지 못한다.

••••••••••••••••••••••••

① 특정목적에 의한 자기주식취득은 배당가능이익이 없는 경우에도 가능하다. 합병(영업전부양수), 권리실행의 목적달성의 경우에도 인정한다.

> **제341조의2(특정목적에 의한 자기주식의 취득)** 회사는 다음 각 호의 어느 하나에 해당하는 경우에는 제341조에도 불구하고 자기의 주식을 취득할 수 있다.
> 1. 회사의 합병 또는 다른 회사의 영업전부의 양수로 인한 경우
> 2. 회사의 권리를 실행함에 있어 그 목적을 달성하기 위하여 필요한 경우
> 3. 단주(端株)의 처리를 위하여 필요한 경우
> 4. 주주가 주식매수청구권을 행사한 경우

② 당기에 배당가능이익이 없을 것으로 우려되는 경우에는 주주총회의 결의에도 불구하고 자기주식을 취득하여서는 아니 된다.

> **제341조(자기주식의 취득)** ① 회사는 다음의 방법에 따라 자기의 명의와 계산으로 자기의 주식을 취득할 수 있다. 다만, 그 취득가액의 총액은 직전 결산기의 대차대조표상의 순자산액에서 제462조제1항 각 호의 금액을 뺀 금액을 초과하지 못한다.
> 1. 거래소에서 시세(時勢)가 있는 주식의 경우에는 거래소에서 취득하는 방법
> 2. 제345조제1항의 주식의 상환에 관한 종류주식의 경우 외에 각 주주가 가진 주식 수에 따라 균등한 조건으로 취득하는 것으로서 대통령령으로 정하는 방법
> ② 제1항에 따라 자기주식을 취득하려는 회사는 미리 주주총회의 결의로 다음 각 호의 사항을 결정하여야 한다. 다만, 이사회의 결의로 이익배당을 할 수 있다고 정관으로 정하고 있는 경우에는 이사회의 결의로써 주주총회의 결의를 갈음할 수 있다.
> 1. 취득할 수 있는 주식의 종류 및 수
> 2. 취득가액의 총액의 한도
> 3. 1년을 초과하지 아니하는 범위에서 자기주식을 취득할 수 있는 기간
> ③ 회사는 해당 영업연도의 결산기에 대차대조표상의 순자산액이 제462조제1항 각 호의 금액의 합계액에 미치지 못할 우려가 있는 경우에는 제1항에 따른 주식의 취득을 하여서는 아니 된다.

076 ②

④ 해당 영업연도의 결산기에 대차대조표상의 순자산액이 제462조제1항 각 호의 금액의 합계액에 미치지 못함에도 불구하고 회사가 제1항에 따라 주식을 취득한 경우 이사는 회사에 대하여 연대하여 그 미치지 못한 금액을 배상할 책임이 있다. 다만, 이사가 제3항의 우려가 없다고 판단하는 때에 주의를 게을리하지 아니하였음을 증명한 경우에는 그러하지 아니하다.

③ 무상으로 자기주식을 취득하는 것은 자본충실의 원칙 등에 위배될 가능성이 전혀 없기 때문에 해석상 인정된다. 한편 주식의 위탁매매업자(예컨대 키움닷컴증권)가 위탁자(예컨대 개인투자자)의 계산으로 자기주식(예컨대 키움닷컴주식)을 매수할 수 있다.

④ 옳은 내용이다.

제341조의3(자기주식의 질취) 회사는 발행주식총수의 20분의 1을 초과하여 자기의 주식을 질권의 목적으로 받지 못한다. 다만, 제341조의2제1호 및 제2호의 경우에는 그 한도를 초과하여 질권의 목적으로 할 수 있다.

제341조의2(특정목적에 의한 자기주식의 취득) 회사는 다음 각 호의 어느 하나에 해당하는 경우에는 제341조에도 불구하고 자기의 주식을 취득할 수 있다.
1. 회사의 합병 또는 다른 회사의 영업전부의 양수로 인한 경우
2. 회사의 권리를 실행함에 있어 그 목적을 달성하기 위하여 필요한 경우
3. 단주(端株)의 처리를 위하여 필요한 경우
4. 주주가 주식매수청구권을 행사한 경우

⑤ 옳은 내용이다. 자기주식을 취득할 수 있는 기간은 "1년"을 초과하지 못한다. 자기주식취득은 배당가능이익 범위 내에서만 가능하고, 배당가능이익의 처분은 이익잉여금처분계산서에 의해야 하며, 재무제표는 원칙적으로 1년 단위로 작성한다는 것과 연결지어 이해하면 된다.

제341조(자기주식의 취득) ② 제1항에 따라 자기주식을 취득하려는 회사는 미리 주주총회의 결의로 다음 각 호의 사항을 결정하여야 한다. 다만, 이사회의 결의로 이익배당을 할 수 있다고 정관으로 정하고 있는 경우에는 이사회의 결의로써 주주총회의 결의를 갈음할 수 있다.
1. 취득할 수 있는 주식의 종류 및 수
2. 취득가액의 총액의 한도
3. 1년을 초과하지 아니하는 범위에서 자기주식을 취득할 수 있는 기간

077

비상장회사인 甲주식회사는 직전 결산기의 배당가능이익을 재원으로 하여 주주들로부터 일정기간 신청을 받아 자기주식을 취득하려 한다. 이에 관한 상법상 설명으로 옳은 것은?

① 甲회사는 甲회사의 명의와 계산으로 자기주식을 취득할 수 있다.
② 상법은 甲회사가 취득할 수 있는 자기주식의 종류와 수 등을 결정할 수 있는 기관을 주주총회로 한정하고 있다.
③ 甲회사가 자기주식을 취득한 영업연도의 결산기에 결손이 발생한 경우 이사가 과실로 결손을 예견하지 못했음을 甲회사가 증명해야 이사에게 배상책임을 물을 수 있다.
④ 甲회사는 취득한 자기주식을 상당한 기간 내에 처분해야 할 의무를 부담한다.
⑤ 甲회사가 자기주식을 처분하는 경우 상법은 명문의 규정으로 주주들에게 자신의 주식 소유비율에 따라 우선적으로 자기주식을 양수할 수 있는 권리를 인정한다.

077 ①

① 회사는 배당가능이익의 한도 내에서 '자기의 명의와 계산으로' 자기주식을 취득할 수 있다.

> **제341조(자기주식의 취득)** ① 회사는 다음의 방법에 따라 자기의 명의와 계산으로 자기의 주식을 취득할 수 있다. 다만, 그 취득가액의 총액은 직전 결산기의 대차대조표상의 순자산액에서 제462조제1항 각 호의 금액을 뺀 금액을 초과하지 못한다.
> 1. 거래소에서 시세(時勢)가 있는 주식의 경우에는 거래소에서 취득하는 방법
> 2. 제345조제1항의 주식의 상환에 관한 종류주식의 경우 외에 각 주주가 가진 주식 수에 따라 균등한 조건으로 취득하는 것으로서 대통령령으로 정하는 방법

② 원칙은 주주총회로 하나 이사회의 결의로 이익배당을 할 수 있다고 정관으로 정하고 있는 경우에는 이사회 결의로 정할 수 있다.

> **제341조(자기주식의 취득)** ② 제1항에 따라 자기주식을 취득하려는 회사는 미리 주주총회의 결의로 다음 각 호의 사항을 결정하여야 한다. 다만, 이사회의 결의로 이익배당을 할 수 있다고 정관으로 정하고 있는 경우에는 이사회의 결의로써 주주총회의 결의를 갈음할 수 있다.

③ 이사가 자신의 무과실을 입증하여야 배상책임을 면할 수 있다.

> **제341조(자기주식취득)** ④ 해당 영업연도의 결산기에 대차대조표상의 순자산액이 제462조제1항 각 호의 금액의 합계액에 미치지 못함에도 불구하고 회사가 제1항에 따라 주식을 취득한 경우 이사는 회사에 대하여 연대하여 그 미치지 못한 금액을 배상할 책임이 있다. 다만, 이사가 제3항의 우려가 없다고 판단하는 때에 주의를 게을리하지 아니하였음을 증명한 경우에는 그러하지 아니하다.

④ 이사회 결의로 처분이 가능하나, 그 처분기간에 대해서는 규정하고 있지 아니하다.

> **제342조(자기주식의 처분)** 회사가 보유하는 자기의 주식을 처분하는 경우에 다음 각 호의 사항으로서 정관에 규정이 없는 것은 이사회가 결정한다.
> 1. 처분할 주식의 종류와 수
> 2. 처분할 주식의 처분가액과 납입기일
> 3. 주식을 처분할 상대방 및 처분방법

⑤ 주주들에게 신주인수권은 있지만 구주인수권(자기주식을 인수할 수 있는 권리)은 인정되지 않는다. 회사가 보유하는 자기주식을 처분할 상대방은 정관에 규정이 없는 이상 이사회가 결정한다.

> **제342조(자기주식의 처분)** 회사가 보유하는 자기의 주식을 처분하는 경우에 다음 각 호의 사항으로서 정관에 규정이 없는 것은 이사회가 결정한다.
> 1. 처분할 주식의 종류와 수
> 2. 처분할 주식의 처분가액과 납입기일
> 3. 주식을 처분할 상대방 및 처분방법

078

상법상 주식에 관한 설명으로 옳은 것만을 모두 고른 것은?

> ㄱ. 주식은 자본금 감소에 관한 규정에 따라서만 소각(消却)할 수 있다. 다만 이사회의 결의에 의하여 회사가 보유하는 자기주식을 소각하는 경우에는 그러하지 아니하다.
> ㄴ. 회사가 다른 회사의 발행주식총수의 10분의 1을 초과하여 취득한 때에는 그 다른 회사에 대하여 6개월 이내에 이를 통지하여야 한다.
> ㄷ. 회사가 보유하는 자기주식을 처분하는 경우에 처분할 주식의 종류와 수에 관하여 정관에 규정이 없는 것은 주주총회가 결정한다.
> ㄹ. 주식양도시 이사회의 승인을 얻도록 규정된 정관에도 불구하고 이사회의 승인 없이 주식을 양도한 경우, 이는 회사에 대하여 효력이 없으므로 그 주식의 양수인은 회사에 대하여 주식양도의 승인을 청구할 수 없다.

① ㄱ
② ㄱ, ㄴ
③ ㄱ, ㄹ
④ ㄴ, ㄷ
⑤ ㄴ, ㄹ

••••••••••••••••••••••••

ㄱ. 일반적인 주식소각은 주주총회 특별결의를 필요로 하나, 배당가능이익을 재원으로 하여 취득한 자기주식의 소각은 이익소각에 해당하므로 자본금 감소 절차를 거치지 않고 이사회 결의만으로 가능하다.

> 제343조(주식의 소각) ① 주식은 자본금 감소에 관한 규정에 따라서만 소각(消却)할 수 있다. 다만, 이사회의 결의에 의하여 회사가 보유하는 자기주식을 소각하는 경우에는 그러하지 아니하다.

ㄴ. "6개월 이내"가 아니라 "지체없이" 통지하여야 한다. 비밀리에 다른 회사 주식을 다수 취득하여 경영권을 약탈하는 행위를 규제하기 위함이다.

> 제342조의3(다른 회사의 주식취득) 회사가 다른 회사의 발행주식총수의 10분의 1을 초과하여 취득한 때에는 그 다른 회사에 대하여 지체없이 이를 통지하여야 한다.

ㄷ. 정관에 규정이 없으면 주주총회가 아니라 이사회가 결정한다.

> 제342조(자기주식의 처분) 회사가 보유하는 자기의 주식을 처분하는 경우에 다음 각 호의 사항으로서 정관에 규정이 없는 것은 이사회가 결정한다.
> 1. 처분할 주식의 종류와 수
> 2. 처분할 주식의 처분가액과 납입기일
> 3. 주식을 처분할 상대방 및 처분방법

ㄹ. 주식의 양수인에 의한 승인청구도 가능하다.

> 제335조의7(주식의 양수인에 의한 승인청구) ① 주식의 양도에 관하여 이사회의 승인을 얻어야 하는 경우에 주식을 취득한 자는 회사에 대하여 그 주식의 종류와 수를 기재한 서면으로 그 취득의 승인을 청구할 수 있다.
> ② 제335조의2제2항 내지 제4항, 제335조의3 내지 제335조의6의 규정은 제1항의 경우에 이를 준용한다.

078 ①

079

상법상 비상장주식회사에 관한 설명으로 **틀린** 것은?

① 회사가 취득하여 가지고 있는 자기주식은 의결권이 없다.
② 회사가 보유하는 자기의 주식을 처분하는 경우, 정관에 규정이 없으면 처분할 주식의 종류와 수, 처분가액과 납입기일, 처분할 상대방 및 처분방법을 이사회가 결정한다.
③ A회사가 B회사의 발행주식총수의 10분의 1을 초과하여 취득한 때에는 B회사에 대하여 지체없이 이를 통지하여야 한다.
④ A회사의 자회사인 C회사가 D회사의 발행주식총수의 100분의 50을 초과하는 주식을 보유하고 있다면, D회사는 상법의 적용에 있어 A회사의 자회사로 본다.
⑤ A회사가 E회사와 주식의 포괄적 교환을 하여 E회사의 모회사가 되었다면, 주식의 교환 전에 E회사가 보유하고 있던 A회사의 주식은 교환 즉시 소멸된다.

••••••••••••••••••••••••

① 자기주식은 주주로서의 모든 권리행사가 정지되므로(전면적 휴지설) 의결권이 없다.

> **제369조(의결권)** ① 의결권은 1주마다 1개로 한다.
> ② 회사가 가진 자기주식은 의결권이 없다.

② 회사의 자본 관련 의사결정은 정관에서 달리 정하지 않으면 이사회가 결정하는 것이 원칙이다.

> **제342조(자기주식의 처분)** 회사가 보유하는 자기의 주식을 처분하는 경우에 다음 각 호의 사항으로서 정관에 규정이 없는 것은 이사회가 결정한다.
> 1. 처분할 주식의 종류와 수
> 2. 처분할 주식의 처분가액과 납입기일
> 3. 주식을 처분할 상대방 및 처분방법

③ 비밀리에 다른 회사 주식을 다수 취득하여 경영권을 약탈하는 행위를 규제하기 위함이다.

> **제342조의3(다른 회사의 주식취득)** 회사가 다른 회사의 발행주식총수의 10분의 1을 초과하여 취득한 때에는 그 다른 회사에 대하여 지체없이 이를 통지하여야 한다.

④ 자회사를 통해 타 회사를 지배하는 경우에도 상법규정을 적용하기 위함이다. "자회사가 보유하는 주식은 모회사 중심으로 합친다"고 정리하면 된다.

> **제342조의2(자회사에 의한 모회사주식의 취득)** ③ 다른 회사의 발행주식의 총수의 100분의 50을 초과하는 주식을 모회사 및 자회사 또는 자회사가 가지고 있는 경우 그 다른 회사는 이 법의 적용에 있어 그 모회사의 자회사로 본다.

⑤ "즉시 소멸된다"는 부분이 틀렸다. 주식의 포괄적 교환에 의해 자회사가 모회사의 주식을 취득한 경우에 해당한다(합/영/실/포). 따라서 주식교환의 효력발생일로부터 6월 이내에 처분하면 된다.

> **제342조의2(자회사에 의한 모회사주식의 취득)** ① 다른 회사의 발행주식의 총수의 100분의 50을 초과하는 주식을 가진 회사(이하 "母會社"라 한다)의 주식은 다음의 경우를 제외하고는 그 다른 회사(이하 "子會社"라 한다)가 이를 취득할 수 없다.
> 1. 주식의 포괄적 교환, 주식의 포괄적 이전, 회사의 합병 또는 다른 회사의 영업전부의 양수로 인한 때
> 2. 회사의 권리를 실행함에 있어 그 목적을 달성하기 위하여 필요한 때
> ② 제1항 각호의 경우 자회사는 그 주식을 취득한 날로부터 6월 이내에 모회사의 주식을 처분하여야 한다.

079 ⑤

TOPIC 11 • 주식상호보유의 제한 / 모자회사

080

비상장회사에서 상법상 주식의 양도 또는 취득의 제한에 관한 설명으로 옳은 것은?

① 정관에서 주식의 양도에 대하여 이사회의 승인을 얻도록 정한 경우 이를 위반한 주식의 양도는 양도당사자 간에 효력이 없다.
② 판례에 의하면 주주간에 일정기간 주식의 양도를 일체 금지하는 양도제한약정을 한 경우 이에 위반한 주식양도는 효력이 없다.
③ 판례에 의하면 주권발행 전의 주식양도가 회사성립 후 6개월이 경과한 후에 이루어진 때에는 그 주식양수인은 주식의 양수사실을 증명하여 회사에 명의개서를 청구할 수 있다.
④ 판례에 의하면 주금 납입 전에 주식의 인수로 인한 권리의 양도는 회사가 그 양도를 승인하면 회사에 대하여 효력이 있다.
⑤ 자회사가 모회사의 주식을 갖는 다른 회사의 영업 일부를 양수하는 경우 그 자회사는 그 모회사의 주식을 취득할 수 있다.

••••••••••••••••••••••

① 양도당사자 간에 채권적 효력은 있고, 회사에 대하여 효력이 없다. 상법 제335조 제2항은 이사회의 승인을 얻지 않은 주식양도가 당사자 간에는 효력이 있음을 전제로 한 규정이다.

> **제335조(주식의 양도성)** ② 제1항 단서의 규정에 위반하여 <u>이사회의 승인을 얻지 아니한 주식의 양도는 회사에 대하여 효력이 없다.</u>

② (ⅰ) 주식양도를 제한하기 위해서는 정관규정을 통해 이사회의 승인을 얻도록 하는 '제한'만이 가능할 뿐이고, 주식양도를 '금지'하는 주주간의 약정은 효력이 없다.

관련판례

[대법원 2000.9.26, 선고, 99다48429, 판결]
<u>회사와 주주들 사이에서, 혹은 주주들 사이에서 회사의 설립일로부터 5년 동안 주식의 전부 또는 일부를 다른 당사자 또는 제3자에게 매각·양도할 수 없다는 내용의 약정을 한 경우</u>, 그 약정은 주식양도에 이사회의 승인을 얻도록 하는 등 그 양도를 제한하는 것이 아니라 설립 후 5년간 일체 주식의 양도를 금지하는 내용으로 이를 정관으로 규정하였다고 하더라도 <u>주주의 투하자본회수의 가능성을 전면적으로 부정하는 것으로서 무효</u>라는 이유로 정관으로 규정하여도 무효가 되는 내용을 나아가 회사와 주주들 사이에서, 혹은 주주들 사이에서 약정하였다고 하더라도 이 또한 무효라고 한 사례.

(ⅱ) 참고로 최근 대법원은 정관규정 이외에도, 주주간 약정을 통해 다른 주주 전원의 동의를 얻어야 주식양도가 가능하도록 한 경우에 그러한 약정은 당사자 간에 유효하다고 판시하였다.

관련판례

[대법원 2022. 3. 31, 2019다274639 판결]
주식의 양도를 제한하는 방법으로 이사회 승인을 받도록 정관에 정할 수 있다는 상법 제335조 제1항 단서의 취지에 비추어 볼 때, <u>주주 사이에서 주식의 양도를 일부 제한하는 약정을 한 경우, 그 약정은 주주의 투하자본회수 가능성을 전면적으로 부정하는 것이 아니고, 선량한 풍속 그 밖의 사회질서에 반하지 않는다면 당사자 사이에서는 원칙적으로 유효하다.</u>

080 ③

③ 이 경우 양수인이 스스로 양도사실을 증명하는 경우에는 양도인의 협력을 받을 필요없이 단독으로 명의개서를 청구할 수 있다.

> **관련판례**
>
> [대법원 1992.10.27. 선고, 92다16386, 판결]
> 주권발행 전에 한 주식의 양도도 회사성립 후 또는 신주의 납입기일 후 6월이 경과한 때에는 회사에 대하여 효력이 있는 것으로서, 이 경우 주식의 양도는 지명채권의 양도에 관한 일반원칙에 따라 당사자의 의사표시만으로 효력이 발생하는 것이고, 상법 제337조 제1항에 규정된 주주명부상의 명의개서는 주식의 양수인이 회사에 대한 관계에서 주주의 권리를 행사하기 위한 대항요건에 지나지 않는 것이므로, 회사성립 후 또는 신주의 납입기일 후 6월이 경과하도록 회사가 주권을 발행하지 아니한 경우에 당사자간의 의사표시만으로 주식을 양수한 사람은 특별한 사정이 없는 한 양도인의 협력을 받을 필요 없이 단독으로 자신이 주식을 양수한 사실을 증명함으로써 회사에 대하여 그 명의개서를 청구할 수 있다.

④ 권리주(주식의 인수로 인한 권리)의 양도는 회사가 이를 임의로 승인하지 못한다. 즉 승인을 하더라도 효력이 없다.

> **제319조(권리주의 양도)** 주식의 인수로 인한 권리의 양도는 회사에 대하여 효력이 없다.

⑤ 영업의 '일부'가 아니라 '전부'를 양수한 때에 취득이 가능하다.

> **제342조의2(자회사에 의한 모회사주식의 취득)** ① 다른 회사의 발행주식의 총수의 100분의 50을 초과하는 주식을 가진 회사(이하 "母會社"라 한다)의 주식은 다음의 경우를 제외하고는 그 다른 회사(이하 "子會社"라 한다)가 이를 취득할 수 없다.
> 1. 주식의 포괄적 교환, 주식의 포괄적 이전, 회사의 합병 또는 다른 회사의 영업전부의 양수로 인한 때
> 2. 회사의 권리를 실행함에 있어 그 목적을 달성하기 위하여 필요한 때

081

상법상 주식회사의 상호주 규제에 관한 설명으로 틀린 것은?

① 甲회사가 乙회사 발행주식총수의 50%를 소유하고 있는 경우 乙회사는 甲회사 주식을 취득할 수 있다.
② 甲회사의 자회사인 乙회사가 丙회사 발행주식총수의 11%를 취득한 경우 丙회사는 甲회사 발행주식총수의 10%를 취득하여 그 주식으로 의결권을 행사할 수 있다.
③ 甲회사의 자회사인 乙회사는 甲회사 주식을 소유한 丙회사의 영업 전부를 양수함으로써 丙회사가 소유하던 甲회사 주식을 취득할 수 있다.
④ 甲회사의 자회사인 乙회사는 甲회사 주식을 소유한 丙회사를 흡수합병함으로써 丙회사가 소유하던 甲회사 주식을 취득할 수 있다.
⑤ 甲회사의 자회사인 乙회사는 자신의 모회사인 甲회사가 발행한 전환사채를 취득할 수 있다.

●●●●●●●●●●●●●●●●●●●●●●●●

① 50%를 초과하여 취득한 경우가 아니기 때문에 모자관계가 아니다. 따라서 乙회사는 甲회사 주식을 취득할 수 있다.

081 ②

제342조의2(자회사에 의한 모회사주식의 취득) ① 다른 회사의 발행주식의 총수의 100분의 50을 초과하는 주식을 가진 회사(이하 "母會社"라 한다)의 주식은 다음의 경우를 제외하고는 그 다른 회사(이하 "子會社"라 한다)가 이를 취득할 수 없다.
  1. 주식의 포괄적 교환, 주식의 포괄적 이전, 회사의 합병 또는 다른 회사의 영업전부의 양수로 인한 때
  2. 회사의 권리를 실행함에 있어 그 목적을 달성하기 위하여 필요한 때
② 제1항 각호의 경우 자회사는 그 주식을 취득한 날로부터 6월 이내에 모회사의 주식을 처분하여야 한다.
③ 다른 회사의 발행주식의 총수의 100분의 50을 초과하는 주식을 모회사 및 자회사 또는 자회사가 가지고 있는 경우 그 다른 회사는 이 법의 적용에 있어 그 모회사의 자회사로 본다.

② 상호보유주식에 해당되어 의결권을 행사하지 못한다. 풀어서 설명하자면 자회사(乙회사)가 다른 회사(丙회사)의 발행주식의 총수의 10분의 1을 초과하는 주식을 가지고 있는 경우 그 다른 회사(丙회사)가 가지고 있는 모회사(甲회사)의 주식은 의결권이 없다.

제369조(의결권) ① 의결권은 1주마다 1개로 한다.
② 회사가 가진 자기주식은 의결권이 없다.
③ 회사, 모회사 및 자회사 또는 자회사가 다른 회사의 발행주식의 총수의 10분의 1을 초과하는 주식을 가지고 있는 경우 그 다른 회사가 가지고 있는 회사 또는 모회사의 주식은 의결권이 없다.

③, ④ 자회사의 모회사주식 취득금지의 예외인 '다른 회사의 영업전부의 양수', '합병'에 해당한다.

제342조의2(자회사에 의한 모회사주식의 취득) ① 다른 회사의 발행주식의 총수의 100분의 50을 초과하는 주식을 가진 회사(이하 "母會社"라 한다)의 주식은 다음의 경우를 제외하고는 그 다른 회사(이하 "子會社"라 한다)가 이를 취득할 수 없다.
  1. 주식의 포괄적 교환, 주식의 포괄적 이전, 회사의 합병 또는 다른 회사의 영업전부의 양수로 인한 때
  2. 회사의 권리를 실행함에 있어 그 목적을 달성하기 위하여 필요한 때

⑤ 모회사의 '주식'을 취득하는 것은 금지되지만, '사채'의 취득에는 상법상 제한이 없다.

082

甲, 乙, 丙, 丁회사는 비상장주식회사로서 甲회사는 乙회사 발행주식총수의 63%, 丙회사 발행주식총수의 12%를 취득하였다. 乙회사는 丙회사 발행주식총수의 41%를 취득하였고, 丙회사는 丁회사 발행주식총수의 15%를 취득하였다. 丁회사는 甲회사 발행주식총수의 8%를 취득하였다. 상법상 甲, 乙, 丙, 丁회사의 법률관계에 관한 다음의 설명 중 옳은 것은?

① 乙회사는 어떠한 경우에도 甲회사의 주식을 취득할 수 없다.
② 丙회사가 甲회사 및 乙회사의 주식을 취득하는 것은 금지된다.
③ 丁회사가 乙회사 및 丙회사의 주식을 취득하는 것은 금지된다.
④ 丙회사는 丁회사에게 주식취득사실을 통지할 필요가 없다.
⑤ 丁회사는 자신이 보유하고 있는 甲회사의 주식에 대하여 의결권을 행사할 수 없다.

••••••••••••••••••••••••

① 자회사가 모회사의 주식을 취득할 수 있는 예외가 인정된다.

제342조의2(자회사에 의한 모회사주식의 취득) ① 다른 회사의 발행주식의 총수의 100분의 50을 초과하는 주식을 가진 회사(이하 "모회사"라 한다)의 주식은 다음의 경우를 제외하고는 그 다른 회사(이하 "자회사"라 한다)가 이를 취득할 수 없다. [개정 2001.7.24.]

1. 주식의 포괄적 교환, 주식의 포괄적 이전, 회사의 합병 또는 다른 회사의 영업전부의 양수로 인한 때
2. 회사의 권리를 실행함에 있어 그 목적을 달성하기 위하여 필요한 때

② 丙회사는 甲회사와 모자관계가 인정되므로 甲회사의 주식을 취득할 수 없으나(제342의2 제3항), 乙회사에 대해서는 모자관계가 없으므로 주식취득이 가능하다.

제342조의2(자회사에 의한 모회사주식의 취득) ③ 다른 회사의 발행주식의 총수의 100분의 50을 초과하는 주식을 모회사 및 자회사 또는 자회사가 가지고 있는 경우 그 다른 회사는 이 법의 적용에 있어 그 모회사의 자회사로 본다. [개정 2001.7.24.]

③ 丁회사는 乙회사 내지 丙회사와 모자관계가 아니므로 주식취득이 가능하다. 참고로 丁회사는 甲회사와 乙회사 주식을 취득하더라도 의결권을 행사할 수는 없다.
④ 다른 회사의 주식을 10% 이상 취득하는 경우이므로 통지가 필요하다.

제342조의3(다른 회사의 주식취득) 회사가 다른 회사의 발행주식총수의 10분의 1을 초과하여 취득한 때에는 그 다른 회사에 대하여 지체없이 이를 통지하여야 한다.

⑤ 乙이 甲의 자회사이고, 乙과 甲이 취득한 丙회사 주식이 50%를 초과하여 丙이 다시 甲의 자회사가 되므로, 丙이 15%를 가지고 있는 丁회사가 가지고 있는 丙의 모회사(甲)의 주식도 의결권이 없다.

제369조(의결권) ③ 회사, 모회사 및 자회사 또는 자회사가 다른 회사의 발행주식의 총수의 10분의 1을 초과하는 주식을 가지고 있는 경우 그 다른 회사가 가지고 있는 회사 또는 모회사의 주식은 의결권이 없다.

083

甲주식회사는 乙주식회사의 발행주식총수의 60%를 소유하고 있으며, 아울러 丙주식회사의 발행주식총수의 10%를 소유하고 있다. 한편 丙회사는 甲회사의 주식 7%를 소유하고 있다. 이러한 주식 소유관계에 관한 상법상 설명으로 틀린 것은? (각 지문은 독립된 것임)

① 甲, 乙, 丙회사가 더 이상 주식을 취득하지 않는다면 丙회사가 가진 甲회사 주식 7%는 의결권이 있다.
② 乙회사가 丙회사 주식을 1% 추가로 취득하면 丙회사가 가진 甲회사 주식 7%는 의결권이 없다.
③ 丙회사가 甲회사의 주식을 5% 추가로 취득하면 丙회사가 가진 丙회사의 주식 10%는 의결권이 없다.
④ 甲회사가 丙회사의 주식을 1% 추가로 취득하면 丙회사가 가진 甲회사 주식 7%는 의결권이 없다.
⑤ 丙회사가 乙회사의 주식을 11% 추가로 취득하면 甲회사가 가진 丙회사의 주식 10%는 의결권이 없다.

••••••••••••••••••••

① 甲회사가 소유한 주식이 丙회사 발행주식총수의 10%를 「초과」하지 않았기 때문에 丙회사가 가진 甲회사 주식은 의결권이 있다.

제369조(의결권) ① 의결권은 1주마다 1개로 한다.
② 회사가 가진 자기주식은 의결권이 없다.

083 ⑤

③ 회사, 모회사 및 자회사 또는 자회사가 다른 회사의 발행주식의 총수의 10분의 1을 초과하는 주식을 가지고 있는 경우 그 다른 회사가 가지고 있는 회사 또는 모회사의 주식은 의결권이 없다.

② 甲회사의 자회사인 乙회사가 丙회사 주식을 추가로 취득하면, 甲회사(모회사)와 乙회사(자회사)의 보유분을 합산하여 보유한 丙회사(다른 회사)의 주식이 발행주식총수의 10%를 초과하게 된다. 이 경우 丙회사가 소유하고 있는 甲회사(모회사) 주식은 의결권이 없다.
③ 丙회사가 甲회사의 주식 12%를 보유하고, 甲회사는 丙회사의 주식 10%를 보유하는 상황이다. 이 경우 (i) 甲회사가 보유하는 丙회사 주식은 의결권이 없으나, (ii) 丙회사가 보유하는 甲회사 주식은, 甲회사의 丙회사 주식 보유비율이 10%를 「초과」하지 않았기 때문에 의결권이 있다.
④ ②의 경우와 마찬가지로 10%를 초과하기 때문에 丙회사(다른 회사)가 소유하고 있는 甲회사(회사) 주식은 의결권이 없다.
⑤ 丙회사가 乙회사의 주식을 보유하여도 甲회사가 보유한 丙회사 주식 의결권에는 영향이 없다. 참고로 이 경우에 乙회사가 丙회사 주식을 가지고 있다면 그 주식은 의결권이 없게 된다.

084

상법상 비상장주식회사의 자기주식 및 자회사에 의한 모회사 주식 취득에 관한 설명으로 틀린 것은?

① 상법 제341조의2에 따라 특정 목적에 의한 자기주식의 취득이 허용되는 경우에는 다른 회사의 영업 일부의 양수로 인하여 자기주식을 취득하는 경우도 포함된다.
② 회사가 보유하는 자기의 주식을 처분함에 있어 주식을 처분할 상대방 및 처분방법에 관하여 정관의 정함이 없는 경우 그 사항은 이사회가 결정한다.
③ 주식의 포괄적 교환과 주식의 포괄적 이전으로 인한 때에는 자회사가 모회사의 주식을 취득할 수 있다.
④ A회사가 B회사의 발행주식총수의 100분의 50을 초과하는 주식을 가진 경우 A회사와 B회사가 합하여 C회사의 발행주식총수의 100분의 50을 초과하는 주식을 가졌다면 C회사는 상법의 적용에 있어 A회사의 자회사로 본다.
⑤ 회사의 합병으로 인하여 자회사가 모회사의 주식을 취득한 경우 자회사는 그 주식을 취득한 날로부터 6월 이내에 모회사의 주식을 처분하여야 한다.

••••••••••••••••••••

① 배당가능이익이 없음에도 회사가 자기주식을 취득할 수 있는 경우는 영업 「전부」의 양수라야 하고 일부양수는 해당하지 않는다. 영업의 일부양수의 경우에는 양도인의 재산 중 선택하여 양수할 수 있으므로, 배당가능이익이 없는 회사로서는 자기주식을 제외하고 양수해야 한다.

> 제341조의2(특정목적에 의한 자기주식의 취득) 회사는 다음 각 호의 어느 하나에 해당하는 경우에는 제341조에도 불구하고 자기의 주식을 취득할 수 있다.
> 1. 회사의 합병 또는 다른 회사의 영업전부의 양수로 인한 경우
> 2. 회사의 권리를 실행함에 있어 그 목적을 달성하기 위하여 필요한 경우
> 3. 단주(端株)의 처리를 위하여 필요한 경우
> 4. 주주가 주식매수청구권을 행사한 경우

084 ①

자기 주식	예외적인 취득	합 / 영 / 실 / 단 / 청	• **합**병 또는 **영**업 전부의 양수 • 회사의 권리 **실**행 • **단**주의 처리 • 주주가 주식매수**청**구권 행사
	예외적인 질취	합 / 영 / 실	• **합**병 또는 **영**업의 양수 • 회사의 권리 **실**행

② 처분은 정관 규정 또는 이사회의 결의에 따른다.

> **제342조(자기주식의 처분)** 회사가 보유하는 자기의 주식을 처분하는 경우에 다음 각 호의 사항으로서 정관에 규정이 없는 것은 이사회가 결정한다.
> 1. 처분할 주식의 종류와 수
> 2. 처분할 주식의 처분가액과 납입기일
> 3. 주식을 처분할 상대방 및 처분방법

③ 옳은 내용이다. 자회사가 모회사 주식을 예외적으로 취득할 수 있는 경우는 「합/영/실/**포**」로 정리하자.

> **제342조의2(자회사에 의한 모회사주식의 취득)** ① 다른 회사의 발행주식의 총수의 100분의 50을 초과하는 주식을 가진 회사(이하 "母會社"라 한다)의 주식은 다음의 경우를 제외하고는 그 다른 회사(이하 "子會社"라 한다)가 이를 취득할 수 없다.
> 1. 주식의 포괄적 교환, 주식의 포괄적 이전, 회사의 합병 또는 다른 회사의 영업전부의 양수로 인한 때
> 2. 회사의 권리를 실행함에 있어 그 목적을 달성하기 위하여 필요한 때
> ② 제1항 각호의 경우 자회사는 그 주식을 취득한 날로부터 6월 이내에 모회사의 주식을 처분하여야 한다.

④ 자회사를 통해 타 회사를 지배하는 경우에도 상법규정을 적용하기 위함이다. 「자회사가 보유하는 주식은 모회사 중심으로 합친다」고 정리하면 된다.

> **제342조의2(자회사에 의한 모회사주식의 취득)** ③ 다른 회사의 발행주식의 총수의 100분의 50을 초과하는 주식을 모회사 및 자회사 또는 자회사가 가지고 있는 경우 그 다른 회사는 이 법의 적용에 있어 그 모회사의 자회사로 본다.

⑤ 「합/영/실/포」의 경우, 자회사는 주식교환의 효력발생일로부터 6월 이내에 모회사의 주식을 처분하면 된다.

> **제342조의2(자회사에 의한 모회사주식의 취득)** ① 다른 회사의 발행주식의 총수의 100분의 50을 초과하는 주식을 가진 회사(이하 "母會社"라 한다)의 주식은 다음의 경우를 제외하고는 그 다른 회사(이하 "子會社"라 한다)가 이를 취득할 수 없다.
> 1. 주식의 포괄적 교환, 주식의 포괄적 이전, 회사의 합병 또는 다른 회사의 영업전부의 양수로 인한 때
> 2. 회사의 권리를 실행함에 있어 그 목적을 달성하기 위하여 필요한 때
> ② 제1항 각호의 경우 자회사는 그 주식을 취득한 날로부터 6월 이내에 모회사의 주식을 처분하여야 한다.

TOPIC 12 • 지배주주의 소수주식 취득

085

A, B, C는 비상장주식회사인 甲주식회사의 주주이다. 이 경우에 관한 설명으로 상법상 옳은 것은? (이견이 있으면 판례에 의함)

① A가 회사의 설립등기 후 3개월 되는 시점에 주권발행이 없는 상태에서 D에게 주식을 양도하였고 甲회사가 D에게 명의개서를 해주었다면 그 명의개서는 유효하다.
② A와 B 사이에 자신들이 보유한 甲회사 주식 전체의 양도를 실질적으로 불가능하게 하는 계약이 체결되었다면 그 계약은 회사에 대하여 효력이 있다.
③ 甲회사는 A에게만 취득할 자기주식의 수량을 정하여 통지하고 배당가능이익을 재원으로 자기 명의로 A의 주식을 취득할 수 있다.
④ A가 甲회사의 발행주식총수의 96%를, B가 甲회사의 발행주식총수의 3%를, C가 甲회사의 발행주식총수의 1%를 보유하고 있다면 B는 A에게 자신이 보유하는 주식의 매수를 청구할 수 있다.
⑤ C가 신주의 인수로 인한 권리를 E에게 양도하였다면 E는 이 권리의 양수로써 甲회사에 대항할 수 있다.

---

① 주권발행 전 주식양도는 회사에 대하여 효력이 없다.

> **제335조(주식의 양도성)** ③ 주권발행전에 한 주식의 양도는 회사에 대하여 효력이 없다. 그러나 회사성립후 또는 신주의 납입기일후 6월이 경과한 때에는 그러하지 아니하다.

② (ⅰ) 주식양도를 제한하기 위해서는 정관규정을 통해 이사회의 승인을 얻도록 하는 '제한'만이 가능할 뿐이고, 주식양도를 '금지'하는 주주간의 약정은 효력이 없다.

관련판례
[대법원 2000.9.26, 선고, 99다48429, 판결]
회사와 주주들 사이에서, 혹은 주주들 사이에서 회사의 설립일로부터 5년 동안 주식의 전부 또는 일부를 다른 당사자 또는 제3자에게 매각·양도할 수 없다는 내용의 약정을 한 경우, 그 약정은 주식양도에 이사회의 승인을 얻도록 하는 등 그 양도를 제한하는 것이 아니라 설립 후 5년간 일체 주식의 양도를 금지하는 내용으로 이를 정관으로 규정하였다고 하더라도 주주의 투하자본회수의 가능성을 전면적으로 부정하는 것으로서 무효라는 이유로 정관으로 규정하여도 무효가 되는 내용을 나아가 회사와 주주들 사이에서, 혹은 주주들 사이에서 약정하였다고 하더라도 이 또한 무효라고 한 사례.

(ⅱ) 참고로 최근 대법원은 정관규정 이외에도, 주주간 약정을 통해 다른 주주 전원의 동의를 얻어야 주식양도가 가능하도록 한 경우에 그러한 약정은 당사자 간에 유효하다고 판시하였다.

관련판례
[대법원 2022. 3. 31, 2019다274639 판결]
주식의 양도를 제한하는 방법으로 이사회 승인을 받도록 정관에 정할 수 있다는 상법 제335조 제1항 단서의 취지에 비추어 볼 때, 주주 사이에서 주식의 양도를 일부 제한하는 약정을 한 경우, 그 약정은 주주의 투하자본 회수 가능성을 전면적으로 부정하는 것이 아니고, 선량한 풍속 그 밖의 사회질서에 반하지 않는다면 당사자 사이에서는 원칙적으로 유효하다.

085 ④

③ 주주평등원칙에 위반되므로 허용되지 않는다. 회사는 모든 주주에게 자기주식 취득의 통지 또는 공고를 하여야 한다.

> **제341조(자기주식의 취득)** ① 회사는 다음의 방법에 따라 자기의 명의와 계산으로 자기의 주식을 취득할 수 있다. 다만, 그 취득가액의 총액은 직전 결산기의 대차대조표상의 순자산액에서 제462조제1항 각 호의 금액을 뺀 금액을 초과하지 못한다.
> 1. 거래소에서 시세(時勢)가 있는 주식의 경우에는 거래소에서 취득하는 방법
> 2. 제345조제1항의 주식의 상환에 관한 종류주식의 경우 외에 각 주주가 가진 주식 수에 따라 균등한 조건으로 취득하는 것으로서 대통령령으로 정하는 방법

> ■ 상법시행령
> **제9조(자기주식 취득 방법의 종류 등)** ① 법 제341조제1항제2호에서 "대통령령으로 정하는 방법"이란 다음 각 호의 어느 하나에 해당하는 방법을 말한다.
> 1. 회사가 모든 주주에게 자기주식 취득의 통지 또는 공고를 하여 주식을 취득하는 방법
> 2. 「자본시장과 금융투자업에 관한 법률」 제133조부터 제146조까지의 규정에 따른 공개매수의 방법

④ 지배주주에 대한 소수주주의 주식매수청구권에 해당한다.

> **제360조의25(소수주주의 매수청구권)** ① 지배주주가 있는 회사의 소수주주는 언제든지 지배주주에게 그 보유주식의 매수를 청구할 수 있다.

⑤ 권리주의 양도는 회사에 대하여 효력이 없다.

> **제319조(권리주의 양도)** 주식의 인수로 인한 권리의 양도는 회사에 대하여 효력이 없다.

086

상법상 지배주주의 매도청구권 및 소수주주의 매수청구권에 관한 설명으로 옳은 것은?

① 소수주주의 보유주식에 대한 지배주주의 매도청구는 상장회사의 경우에는 인정되지 않는다.
② 지배주주인지 여부를 판단할 때 자연인인 주주가 어느 회사의 발행주식총수의 100분의 50을 초과하는 주식을 가진 경우 그 회사가 보유하는 주식은 그 주주가 보유하는 주식과 합산한다.
③ 소수주주가 지배주주에 대하여 그 보유주식의 매수를 청구하기 위해서는 주주총회의 사전승인이 필요하다.
④ 소수주주가 지배주주에 대하여 그 보유주식의 매수를 청구한 경우 지배주주는 매수청구한 날을 기준으로 2개월 내에 그 주식을 매수하거나 그 청구를 거절할 수 있다.
⑤ 지배주주인지 여부를 판단하기 위한 보유주식수를 산정할 때에는 지배주주의 명의로써 타인의 계산으로 보유한 주식을 산입한다.

••••••••••••••••••••••••

① 상법상 이러한 조문은 존재하지 않는다.
② 모자회사 관계의 취지를 개인주주에 대해서도 적용하기 위함이다.

086 ②

> **제360조의24(지배주주의 매도청구권)** ② 제1항의 보유주식의 수를 산정할 때에는 모회사와 자회사가 보유한 주식을 합산한다. 이 경우 회사가 아닌 주주가 발행주식총수의 100분의 50을 초과하는 주식을 가진 회사가 보유하는 주식도 그 주주가 보유하는 주식과 합산한다.

③ 지배주주가 매도청구권을 행사할 때에는 주주총회의 사전승인이 필요하지만, 소수주주가 매수청구권을 행사하는 경우에는 이러한 절차 없이 언제든지 가능하다.

> **제360조의24(지배주주의 매도청구권)** ③ 제1항의 매도청구를 할 때에는 미리 주주총회의 승인을 받아야 한다.
> **제360조의25(소수주주의 매수청구권)** ① 지배주주가 있는 회사의 소수주주는 언제든지 지배주주에게 그 보유주식의 매수를 청구할 수 있다.

④ 매수청구를 받은 지배주주는 청구받은 날로부터 2개월 내에 그 주식을 매수하여야 한다(형성권). 소수주주의 매수청구 즉시 주식의 매매계약이 성립하기 때문에 지배주주는 이를 거절할 수 없다(지배주주의 매도청구권도 마찬가지).

> **제360조의25(소수주주의 매수청구권)** ② 제1항의 매수청구를 받은 지배주주는 매수를 청구한 날을 기준으로 2개월 내에 매수를 청구한 주주로부터 그 주식을 매수하여야 한다.

⑤ 명의가 아니라 계산을 기준으로 하기 때문에, 설령 주주명부상 타인의 명의로 되어 있더라도 그 주식의 취득 및 보유에 관한 손익이 자기에게 귀속되면 지배주주에 해당한다. 반대로 자신의 명의로 되어 있더라도 타인의 계산으로 보유하고 있다면 지분비율에 산입하지 않는다.

> **제360조의24(지배주주의 매도청구권)** ① 회사의 발행주식총수의 100분의 95 이상을 자기의 계산으로 보유하고 있는 주주(이하 이 관에서 "지배주주"라 한다)는 회사의 경영상 목적을 달성하기 위하여 필요한 경우에는 회사의 다른 주주(이하 이 관에서 "소수주주"라 한다)에게 그 보유하는 주식의 매도를 청구할 수 있다.

087

A주식회사는 B주식회사의 모회사이고, A회사와 B회사는 주권을 발행한 C주식회사의 발행주식총수의 70%와 26%를 각각 자기의 계산으로 보유하고 있다. A회사가 경영상 목적을 달성하기 위하여 C회사의 소수주주를 상대로 상법상 지배주주의 매도청구권을 행사하고자 할 경우, 이에 관한 설명으로 틀린 것은?

① A회사가 C회사의 지배주주인지 여부를 판단할 때 B회사가 보유한 C회사의 주식 26%를 합산한다.
② A회사가 C회사의 소수주주에게 매도청구를 하기 전에 C회사 주주총회의 승인을 얻어야 한다.
③ A회사의 매도청구를 받은 C회사의 소수주주는 매도청구를 받은 날로부터 2개월 내에 A회사에게 그 주식을 매도해야 한다.
④ A회사의 매도청구를 받은 날로부터 30일 내에 매매가액의 협의가 이루어지지 아니한 경우 C회사의 소수주주 또는 A회사는 법원에 매매가액 결정을 청구할 수 있다.
⑤ A회사가 C회사의 소수주주에게 매매가액을 지급한 경우 C회사의 소수주주가 가진 주식은 C회사의 주권을 A회사에게 교부한 시점에 이전된다.

087 ⑤

① 모회사와 자회사가 특정회사의 주식을 보유하고 있는 경우, 그 지분비율은 「모회사 중심으로 합친다」.

> **제360조의24(지배주주의 매도청구권)** ① 회사의 발행주식총수의 100분의 95 이상을 자기의 계산으로 보유하고 있는 주주(이하 이 관에서 "지배주주"라 한다)는 회사의 경영상 목적을 달성하기 위하여 필요한 경우에는 회사의 다른 주주(이하 이 관에서 "소수주주"라 한다)에게 그 보유하는 주식의 매도를 청구할 수 있다.
> ② 제1항의 보유주식의 수를 산정할 때에는 모회사와 자회사가 보유한 주식을 합산한다. 이 경우 회사가 아닌 주주가 발행주식총수의 100분의 50을 초과하는 주식을 가진 회사가 보유하는 주식도 그 주주가 보유하는 주식과 합산한다.

② (ⅰ) 지배주주가 소수주주에게 매도청구를 하려면 주주총회의 사전승인을 받아야 한다. (ⅱ) 반면에 소수주주가 지배주주에게 매수청구를 하는 경우에는 별도의 승인절차는 필요하지 않다.

> **제360조의24(지배주주의 매도청구권)** ③ 제1항의 매도청구를 할 때에는 미리 주주총회의 승인을 받아야 한다.

③ 지배주주의 매도청구권은 형성권이기 때문에 그 청구만으로 매매계약이 성립한다(소수주주의 매수청구권도 마찬가지). 따라서 상대방은 2개월 내에 매매계약을 이행해야 하는 의무를 부담한다.

> **제360조의24(지배주주의 매도청구권)** ① 회사의 발행주식총수의 100분의 95 이상을 자기의 계산으로 보유하고 있는 주주(이하 이 관에서 "지배주주"라 한다)는 회사의 경영상 목적을 달성하기 위하여 필요한 경우에는 회사의 다른 주주(이하 이 관에서 "소수주주"라 한다)에게 그 보유하는 주식의 매도를 청구할 수 있다.
> ⑥ 제1항의 매도청구를 받은 소수주주는 매도청구를 받은 날부터 2개월 내에 지배주주에게 그 주식을 매도하여야 한다.

④ 매도청구일로부터 2개월 내에 매매계약에 따라 대금지급의무를 이행해야 하는데, 청구일로부터 30일 내에 당사자 간에 매매가격이 합의되지 않으면 법원에 매매가격 결정을 청구할 수 있다.

> **제360조의24(지배주주의 매도청구권)** ⑦ 제6항의 경우 그 매매가액은 매도청구를 받은 소수주주와 매도를 청구한 지배주주 간의 협의로 결정한다.
> ⑧ 제1항의 매도청구를 받은 날부터 30일 내에 제7항의 매가가액에 대한 협의가 이루어지지 아니한 경우에는 매도청구를 받은 소수주주 또는 매도청구를 한 지배주주는 법원에 매매가액의 결정을 청구할 수 있다.

⑤ 주권교부시점이 아니라 대금지급시점에 주식이전의 효력이 발생한다.

> **제360조의26(주식의 이전 등)** ① 제360조의24와 제360조의25에 따라 주식을 취득하는 지배주주가 매매가액을 소수주주에게 지급한 때에 주식이 이전된 것으로 본다.

TOPIC 13 • 주식에 대한 담보설정

088

상법상 주식의 담보에 관한 설명으로 틀린 것은?

① 등록질권자가 회사에 대하여 질권자로서의 권리를 행사하기 위하여는 주권을 제시하여야 한다.
② 주식의 양도담보는 관습법상 인정되고 있는 제도로서 약식양도담보와 등록양도담보가 모두 가능하다.
③ 등록질권자는 회사로부터 잔여재산의 분배에 따른 금전의 지급을 받아 다른 채권자에 우선하여 자기채권의 변제에 충당할 수 있다.
④ 회사는 합병 또는 다른 회사의 영업전부를 양수하는 경우 발행주식총수의 20분의 1을 초과하여 자기의 주식을 질권의 목적으로 받을 수 있다.
⑤ 주식의 소각, 병합, 분할 또는 전환으로 인하여 종전의 주주가 받을 금전이나 주식에 대하여도 종전의 주식을 목적으로 한 질권을 행사할 수 있다.

• •

① 등록질권자는 자신의 성명과 주소가 '주주명부에 기재'되었다는 사실로 회사에 대하여 질권자로서의 각종 권리를 행사할 수 있다.

> **제340조(주식의 등록질)** ① 주식을 질권(質權)의 목적으로 한 경우에 회사가 질권설정자의 청구에 따라 그 성명과 주소를 주주명부에 덧붙여 쓰고 그 성명을 주권(株券)에 적은 경우에는 질권자는 회사로부터 이익배당, 잔여재산의 분배 또는 제339조에 따른 금전의 지급을 받아 다른 채권자에 우선하여 자기채권의 변제에 충당할 수 있다.

② 주식의 양도담보는 약식양도담보와 등록양도담보로 나누어진다. 당사자간의 합의와 주권의 교부만으로 설정하는 것을 약식양도담보라 하고, 나아가 주주명부에 양도담보권자가 명의개서까지 마치면 등록양도담보가 된다.
③ 옳은 내용이다.

> **제340조(주식의 등록질)** ① 주식을 질권(質權)의 목적으로 한 경우에 회사가 질권설정자의 청구에 따라 그 성명과 주소를 주주명부에 덧붙여 쓰고 그 성명을 주권(株券)에 적은 경우에는 질권자는 회사로부터 이익배당, 잔여재산의 분배 또는 제339조에 따른 금전의 지급을 받아 다른 채권자에 우선하여 자기채권의 변제에 충당할 수 있다.

④ 자기주식 질취 한도의 예외에 해당한다.

> **제341조의3(자기주식의 질취)** 회사는 발행주식총수의 20분의 1을 초과하여 자기의 주식을 질권의 목적으로 받지 못한다. 다만, 제341조의2제1호 및 제2호의 경우에는 그 한도를 초과하여 질권의 목적으로 할 수 있다.
>
> **제341조의2(특정목적에 의한 자기주식의 취득)** 회사는 다음 각 호의 어느 하나에 해당하는 경우에는 제341조에도 불구하고 자기의 주식을 취득할 수 있다.
> 1. 회사의 합병 또는 다른 회사의 영업전부의 양수로 인한 경우
> 2. 회사의 권리를 실행함에 있어 그 목적을 달성하기 위하여 필요한 경우
> 3. 단주(端株)의 처리를 위하여 필요한 경우
> 4. 주주가 주식매수청구권을 행사한 경우

088 ①

⑤ 질권의 물상대위에 대한 설명이다.

> **제339조(질권의 물상대위)** 주식의 소각, 병합, 분할 또는 전환이 있는 때에는 이로 인하여 종전의 주주가 받을 금전이나 주식에 대하여도 종전의 주식을 목적으로 한 질권을 행사할 수 있다.

089

상법상 주권 발행 후에 이루어진 주식의 입질에 관한 설명으로 틀린 것은?

① 주식을 질권의 목적으로 하는 때에는 주권을 질권자에게 교부하여야 한다.
② 질권자는 계속하여 주권을 점유하지 아니하면 그 질권으로써 제3자에게 대항하지 못한다.
③ 주식의 소각, 병합, 분할 또는 전환이 있는 때에는 이로 인하여 종전의 주주가 받을 금전이나 주식에 대하여도 종전의 주식을 목적으로 한 질권을 행사할 수 있다.
④ 주식의 등록질권자는 회사로부터 이익배당 또는 잔여재산의 분배에 따른 금전의 지급을 받아 다른 채권자에 우선하여 자기채권의 변제에 충당할 수 있다.
⑤ 상법은 주식의 약식질권도 신주인수권에 대하여 그 우선변제적 효력이 미친다고 규정하고 있다.

•••••••••••••••••••••••••••

① 질권에서 "질(質)"이라는 글자는 "붙잡다"라는 의미를 가지고 있다. 등록질이건 약식질이건 간에 주권의 교부는 질권의 성립요건이다.

> **제338조(주식의 입질)** ① 주식을 질권의 목적으로 하는 때에는 주권을 질권자에게 교부하여야 한다.
> ② 질권자는 계속하여 주권을 점유하지 아니하면 그 질권으로써 제삼자에게 대항하지 못한다.

② 주권의 점유는 질권의 성립요건이자 효력요건이다. 주권의 점유를 상실하면 질권은 소멸한다.

> **제338조(주식의 입질)** ① 주식을 질권의 목적으로 하는 때에는 주권을 질권자에게 교부하여야 한다.
> ② 질권자는 계속하여 주권을 점유하지 아니하면 그 질권으로써 제삼자에게 대항하지 못한다.

③ 이를 물상대위라 한다.

> **제339조(질권의 물상대위)** 주식의 소각, 병합, 분할 또는 전환이 있는 때에는 이로 인하여 종전의 주주가 받을 금전이나 주식에 대하여도 종전의 주식을 목적으로 한 질권을 행사할 수 있다.

④ 질권자의 성명이 주주명부에 기재되어 회사에 알려진 등록질의 경우에는 (약식질과는 달리) 회사로부터 우선변제를 받을 수 있다.

> **제340조(주식의 등록질)** ① 주식을 질권(質權)의 목적으로 한 경우에 회사가 질권설정자의 청구에 따라 그 성명과 주소를 주주명부에 덧붙여 쓰고 그 성명을 주권(株券)에 적은 경우에는 질권자는 회사로부터 이익배당, 잔여재산의 분배 또는 제339조에 따른 금전의 지급을 받아 다른 채권자에 우선하여 자기채권의 변제에 충당할 수 있다.

⑤ 등록질이건 약식질이건 신주인수권에 대해서는 질권의 효력이 미치지 않는다. 무상신주와는 달리 신주인수권의 경우에는 대금을 납입해야 신주를 배정받을 수 있기 때문이다.

089 ⑤

090

상법상 주식회사의 주식에 관한 설명으로 틀린 것은?

① 액면주식을 발행한 회사는 주주총회 특별결의로 주식을 분할할 수 있다.
② 무기명주식의 발행은 허용되지 않는다.
③ 주식을 등록질의 목적으로 한 경우, 그 질권자는 회사로부터 이익배당에 따른 금전의 지급을 받아 다른 채권자에 우선하여 자기 채권의 변제에 충당할 수 있다.
④ 정관으로 정한 경우에는 무액면주식을 발행하는 회사가 액면주식도 발행할 수 있다.
⑤ 주식이 수인의 공유에 속하는 경우 그 공유자가 주주의 권리를 행사할 자를 정하지 않은 때에는 공유자에 대한 통지나 최고는 그 1인에 대하여 하면 된다.

••••••••••••••••••••••••

① (ⅰ) 주식분할은 주총특별결의 사항으로 상법에서 규정하고 있다. (ⅱ) 뿐만 아니라 액면주식을 발행한 회사에서의 주식을 분할하면 정관의 절대적 기재사항인 '1주의 액면가(제289조 제1항 4호)'가 변경된다. 따라서 정관이 변경된다는 점에서 보더라도 주주총회의 특별결의를 거쳐야 한다.

> **제329조의2(주식의 분할)** ① 회사는 제434조의 규정에 의한 주주총회의 결의로 주식을 분할할 수 있다.
> ② 제1항의 경우에 분할 후의 액면주식 1주의 금액은 제329조제3항에 따른 금액 미만으로 하지 못한다.
> ③ 제440조부터 제443조까지의 규정은 제1항의 규정에 의한 주식분할의 경우에 이를 준용한다.

② 현행 상법상 기명주식만 발행이 가능하고 무기명 주식은 인정되지 않는다. 참고로 사채는 기명식과 무기명식 모두 가능하다.

③ 등록질이 약식질에 비하여 유리한 점은 (ⅰ) 담보물을 처분하기 위해 주권압류가 불필요하다는 것과 (ⅱ) 회사에 대해 우선변제권을 주장할 수 있다는 것이다.

> **제340조(주식의 등록질)** ① 주식을 질권(質權)의 목적으로 한 경우에 회사가 질권설정자의 청구에 따라 그 성명과 주소를 주주명부에 덧붙여 쓰고 그 성명을 주권(株券)에 적은 경우에는 질권자는 회사로부터 이익배당, 잔여재산의 분배 또는 제339조에 따른 금전의 지급을 받아 다른 채권자에 우선하여 자기채권의 변제에 충당할 수 있다.

④ 상법은 액면주식과 무액면주식 두 종류 중 하나의 발행만을 허용하고 있다.

> **제329조(자본금의 구성)** ① 회사는 정관으로 정한 경우에는 주식의 전부를 무액면주식으로 발행할 수 있다. 다만, 무액면주식을 발행하는 경우에는 액면주식을 발행할 수 없다.

⑤ 주주가 사망하여 여러 명의 상속인들이 주식을 공동소유하는 경우를 생각해보면 된다.

> **제333조(주식의 공유)** ② 주식이 수인의 공유에 속하는 때에는 공유자는 주주의 권리를 행사할 자 1인을 정하여야 한다.
> ③ 주주의 권리를 행사할 자가 없는 때에는 공유자에 대한 통지나 최고는 그 1인에 대하여 하면 된다.

090 ④

TOPIC 14 · 주식매수선택권

091

상법상 주식매수선택권에 관한 설명으로 **틀린** 것은?

① 주식매수선택권은 양도할 수 없지만 주식매수선택권을 행사할 수 있는 자가 사망한 경우에는 그 상속인이 이를 행사할 수 있다.
② 상장회사의 경우 정관으로 정하면 발행주식총수의 일정 한도까지 이사회 결의로 주식매수선택권을 부여할 수 있는데 주식매수선택권을 부여한 후 처음으로 소집되는 주주총회에서 승인을 얻어야 한다.
③ 판례에 의하면 비상장회사의 경우 본인의 귀책사유가 아닌 사유로 퇴임 또는 퇴직하는 때에는 퇴임 또는 퇴직일까지 2년 이상의 재임 또는 재직 요건을 충족하지 못하더라도 주식매수선택권을 행사할 수 있다.
④ 비상장회사의 주식매수선택권의 행사가격은 신주를 발행하는 경우 주식매수선택권의 부여일을 기준으로 한 주식의 실질가액과 주식의 권면액 중 높은 금액 이상으로 한다.
⑤ 상장회사의 경우 주식매수선택권자로 선정될 수 있는 자에는 자기회사는 물론이고 대통령령으로 정하는 관계회사의 이사와 집행임원, 감사 및 피용자도 포함된다.

••••••••••••••••••••••••

① 주식매수선택권의 양도는 허용되지 않지만 상속은 가능하다. 주식매수선택권 보유자가 회사를 위해서 열심히 일하다가 과로로 사망한 경우를 생각해보면 된다. 덧붙여 비상장사와 달리 상장사의 경우에는 부여 후 2년 이내에 사망하여도 상속이 가능하다.

> **제340조의4(주식매수선택권의 행사)** ① 제340조의2제1항의 주식매수선택권은 제340조의3제2항 각호의 사항을 정하는 주주총회결의일부터 2년 이상 재임 또는 재직하여야 이를 행사할 수 있다.
> ② 제340조의2제1항의 주식매수선택권은 이를 양도할 수 없다. 다만, 동조제2항의 규정에 의하여 <u>주식매수선택권을 행사할 수 있는 자가 사망한 경우에는 그 상속인이 이를 행사할 수 있다.</u>

② 옳은 내용이다.

> **제542조의3(주식매수선택권)** ③ 상장회사는 제340조의2제1항 본문에도 불구하고 <u>정관으로 정하는 바에 따라</u> 발행주식총수의 100분의 10의 범위에서 대통령령으로 정하는 한도까지 <u>이사회가</u> 제340조의3제2항 각 호의 사항을 <u>결의함으로써</u> 해당 회사의 집행임원·감사 또는 피용자 및 제1항에 따른 관계 회사의 이사·집행임원·감사 또는 피용자에게 주식매수선택권을 부여할 수 있다. 이 경우 <u>주식매수선택권을 부여한 후 처음으로 소집되는 주주총회의 승인을 받아야 한다.</u>

③ '상장회사'의 경우에는 주식매수선택권을 부여받은 자가 본인의 책임이 아닌 사유로 퇴직하여 2년의 재직기간을 충족하지 못한 경우에도 주식매수선택권을 행사할 수 있다(제542조의3 제4항). 반면에 '비상장회사'의 경우에는 본인의 귀책사유가 아닌 사유로 퇴임 또는 퇴직하는 때에는 퇴임 또는 퇴직일까지 2년 이상의 재임 또는 재직 요건을 충족하지 못하면 주식매수선택권을 행사할 수 없다.

091 ③

> **관련판례**
>
> **[대법원 2011.3.24. 선고, 2010다85027, 판결]**
> 상법 제340조의4 제1항과 구 증권거래법(2007. 8. 3. 법률 제8635호 자본시장과 금융투자업에 관한 법률 부칙 제2조로 폐지, 이하 '구 증권거래법'이라 한다) 및 그 내용을 이어받은 상법 제542조의3 제4항이 주식매수선택권 행사요건에서 차별성을 유지하고 있는 점, 위 각 법령에서 '2년 이상 재임 또는 재직' 요건의 문언적인 차이가 뚜렷한 점, 비상장법인, 상장법인, 벤처기업은 주식매수선택권 부여 법인과 부여 대상, 부여 한도 등에서 차이가 있는 점, 주식매수선택권 제도는 임직원의 직무 충실로 야기된 기업가치 상승을 유인동기로 하여 직무에 충실하게 하고자 하는 제도인 점, 상법의 규정은 주주, 회사의 채권자 등 다수의 이해관계인에게 영향을 미치는 단체법적 특성을 가지는 점 등을 고려하면, 비상장회사에 대해서는 상법 제340조의4 제1항에서 정하는 주식매수선택권 행사요건을 판단할 때에는 구 증권거래법 및 그 내용을 이어받은 **상법 제542조의3 제4항을 적용할 수 없고**, 정관이나 주주총회의 특별결의를 통해서도 상법 제340조의4 제1항의 요건을 완화하는 것은 허용되지 않는다고 해석하여야 한다. 따라서 **본인의 귀책사유가 아닌 사유로 퇴임 또는 퇴직하게 되더라도 퇴임 또는 퇴직일까지 상법 제340조의4 제1항의 '2년 이상 재임 또는 재직' 요건을 충족하지 못한다면 위 조항에 따른 주식매수선택권을 행사할 수 없다.**

제542조의3(주식매수선택권) ④ 상장회사의 주식매수선택권을 부여받은 자는 제340조의4제1항에도 불구하고 대통령령으로 정하는 경우를 제외하고는 주식매수선택권을 부여하기로 한 주주총회 또는 이사회의 결의일부터 2년 이상 재임하거나 재직하여야 주식매수선택권을 행사할 수 있다.

■ **상법시행령**

제30조(주식매수선택권) ⑤ 법 제542조의3제4항에서 "대통령령으로 정하는 경우"란 주식매수선택권을 부여받은 자가 사망하거나 그 밖에 **본인의 책임이 아닌 사유로 퇴임하거나 퇴직한 경우**를 말한다. 이 경우 정년에 따른 퇴임이나 퇴직은 본인의 책임이 아닌 사유에 포함되지 아니한다.

④ 「자기주식교부형」과는 달리 「신주발행형」의 경우에는 주식의 권면액 이상이라는 요건도 충족하여야 한다. 이는 주식의 액면미달발행을 규제하는 것과 관련되어 있다.

제340조의2(주식매수선택권) ④ 제1항의 주식매수선택권의 행사가액은 다음 각 호의 가액 이상이어야 한다.
  1. 신주를 발행하는 경우에는 주식매수선택권의 부여일을 기준으로 한 주식의 실질가액과 주식의 권면액(券面額) 중 높은 금액. 다만, 무액면주식을 발행한 경우에는 자본으로 계상되는 금액 중 1주에 해당하는 금액을 권면액으로 본다.

⑤ 상장회사의 경우에는 대통령령으로 정하는 '관계회사'의 이사, 집행임원, 감사 또는 피용자에게도 주식매수선택권을 부여할 수 있다.

제542조의3(주식매수선택권) ① 상장회사는 제340조의2 제1항 본문에 규정된 자 외에도 대통령령으로 정하는 관계 회사의 이사, 집행임원, 감사 또는 피용자에게 주식매수선택권을 부여할 수 있다. 다만, 제542조의8제2항 제5호의 최대주주 등 대통령령으로 정하는 자에게는 주식매수선택권을 부여할 수 없다.

092

상법상 주식매수선택권에 관한 설명으로 옳은 것은?

① 주식매수선택권의 부여는 정관이 정하는 바에 따라 이사회 결의로 정할 수 있으며 이사회 결의는 이사 3분의 2 이상의 수로써 하여야 한다.
② 주식매수선택권의 행사가액은 자기주식을 양도하는 경우에는 주식매수선택권의 부여일을 기준으로 한 주식의 실질가액 이상이어야 한다.
③ 주식매수선택권의 행사가액은 신주를 발행하는 경우에는 주식매수선택권의 행사일을 기준으로 한 주식의 실질가액과 주식의 권면액 중 높은 금액 이상이어야 한다.
④ 주식매수선택권의 행사가액이 주식의 실질가액보다 낮은 경우에 회사는 그 차액을 금전으로 지급할 수 있으며 이 경우 주식의 실질가액은 주식매수선택권의 부여일을 기준으로 평가한다.
⑤ 주식매수선택권은 그 부여일로부터 3년 이상 재임 또는 재직하여야 행사할 수 있으며 이를 양도할 수 없다.

••••••••••••••••••••••••••

① 주식매수선택권 자체에 대해서는 정관에서 규정하고(제340조의3 제1항), 구체적인 부여내용에 대해서는 주주총회의 특별결의로 이를 정한다(동조 제2항). 상장회사의 경우 일정범위까지는 이사회결의로 정할 수 있는데(제542조의3 제3항), 이 경우에도 이사회의 결의는 별다른 말이 없는 한 이사 과반수의 출석과 출석이사 과반수의 결의에 의한다.

> **제340조의3(주식매수선택권의 부여)** ① 제340조의2제1항의 주식매수선택권에 관한 정관의 규정에는 다음 각호의 사항을 기재하여야 한다.
>   1. 일정한 경우 주식매수선택권을 부여할 수 있다는 뜻
>   2. 주식매수선택권의 행사로 발행하거나 양도할 주식의 종류와 수
>   3. 주식매수선택권을 부여받을 자의 자격요건
>   4. 주식매수선택권의 행사기간
>   5. 일정한 경우 이사회결의로 주식매수선택권의 부여를 취소할 수 있다는 뜻
> ② 제340조의2제1항의 주식매수선택권에 관한 주주총회의 결의에 있어서는 다음 각호의 사항을 정하여야 한다.
>   1. 주식매수선택권을 부여받을 자의 성명
>   2. 주식매수선택권의 부여방법
>   3. 주식매수선택권의 행사가액과 그 조정에 관한 사항
>   4. 주식매수선택권의 행사기간
>   5. 주식매수선택권을 부여받을 자 각각에 대하여 주식매수선택권의 행사로 발행하거나 양도할 주식의 종류와 수
>
> **제542조의3(주식매수선택권)** ③ 상장회사는 제340조의2제1항 본문에도 불구하고 정관으로 정하는 바에 따라 발행주식총수의 100분의 10의 범위에서 대통령령으로 정하는 한도까지 이사회가 제340조의3제2항 각 호의 사항을 결의함으로써 해당 회사의 집행임원·감사 또는 피용자 및 제1항에 따른 관계 회사의 이사·집행임원·감사 또는 피용자에게 주식매수선택권을 부여할 수 있다. 이 경우 주식매수선택권을 부여한 후 처음으로 소집되는 주주총회의 승인을 받아야 한다.

② 자기주식양도형의 경우 그 행사가액은 주식매수선택권의 부여일을 기준으로 한 주식의 실질가액 이상이어야 한다.

> **제340조의2(주식매수선택권)** ④ 제1항의 주식매수선택권의 행사가액은 다음 각 호의 가액 이상이어야 한다.

092 ②

> 1. 신주를 발행하는 경우에는 주식매수선택권의 부여일을 기준으로 한 주식의 실질가액과 주식의 권면액(券面額) 중 높은 금액. 다만, 무액면주식을 발행한 경우에는 자본으로 계상되는 금액 중 1주에 해당하는 금액을 권면액으로 본다.
> 2. <u>자기의 주식을 양도하는 경우에는 주식매수선택권의 부여일을 기준으로 한 주식의 실질가액</u>

③ 신주발행형의 경우 그 행사가액은 주식매수선택권의 (행사일이 아니라) 부여일을 기준으로 한 주식의 실질가액과 주식의 권면액 중 높은 금액 이상이어야 한다.

> **제340조의2(주식매수선택권)** ④ 제1항의 주식매수선택권의 행사가액은 다음 각 호의 가액 이상이어야 한다.
> 1. <u>신주를 발행하는 경우에는 주식매수선택권의 부여일을 기준으로 한 주식의 실질가액과 주식의 권면액(券面額) 중 높은 금액.</u> 다만, 무액면주식을 발행한 경우에는 자본으로 계상되는 금액 중 1주에 해당하는 금액을 권면액으로 본다.
> 2. 자기의 주식을 양도하는 경우에는 주식매수선택권의 부여일을 기준으로 한 주식의 실질가액

④ 이 경우 주식의 실질가액은 주식매수선택권의 부여일이 아니라 행사일을 기준으로 평가한다.

> **제340조의2(주식매수선택권)** ① 회사는 정관으로 정하는 바에 따라 제434조의 주주총회의 결의로 회사의 설립·경영 및 기술혁신 등에 기여하거나 기여할 수 있는 회사의 이사, 집행임원, 감사 또는 피용자(被用者)에게 미리 정한 가액(이하 "주식매수선택권의 행사가액"이라 한다)으로 신주를 인수하거나 자기의 주식을 매수할 수 있는 권리(이하 "주식매수선택권"이라 한다)를 부여할 수 있다. 다만, 주식매수선택권의 행사가액이 주식의 실질가액보다 낮은 경우에 회사는 그 차액을 금전으로 지급하거나 그 차액에 상당하는 자기의 주식을 양도할 수 있다. <u>이 경우 주식의 실질가액은 주식매수선택권의 행사일을 기준으로 평가한다.</u>

⑤ 3년이 아니라 2년 이상 재임 또는 재직하여야 한다.

> **제340조의4(주식매수선택권의 행사)** ① 제340조의2제1항의 주식매수선택권은 제340조의3제2항 각호의 사항을 정하는 주주총회결의일부터 <u>2년 이상</u> 재임 또는 재직하여야 이를 행사할 수 있다.

093

상법상 주권을 발행한 비상장회사의 주식에 관한 설명으로 옳은 것만을 모두 고른 것은? (이견이 있으면 판례에 의함)

> ㄱ. 회사의 발행주식총수의 100분의 95를 자기의 계산으로 보유하고 있는 주주는 회사의 경영상 목적을 달성하기 위하여 필요한 경우 회사의 다른 주주에게 그 보유하는 주식 전부의 매도를 청구할 수 있다.
> ㄴ. 주권을 상실한 자는 공시최고의 절차가 진행되었으면 제권판결을 얻지 아니하였어도 회사에 대하여 주권의 재발행을 청구할 수 있다.
> ㄷ. 회사는 의결권 없는 주식을 제외한 발행주식총수의 100분의 10의 주식을 가진 주주에게 주식매수선택권을 부여할 수 없다.
> ㄹ. 주식의 양도에 있어서는 주권을 교부하여야 하지만, 주식을 질권의 목적으로 하는 때에는 주권을 질권자에게 교부하지 않아도 질권이 성립한다.

① ㄱ, ㄴ ② ㄱ, ㄷ ③ ㄱ, ㄹ
④ ㄴ, ㄷ ⑤ ㄷ, ㄹ

●●●●●●●●●●●●●●●●●●●●●●
ㄱ. 지배주주의 매도청구권에 대한 설명이다.

> **제360조의24(지배주주의 매도청구권)** ① <u>회사의 발행주식총수의 100분의 95 이상을 자기의 계산으로 보유하고 있는 주주(이하 이 관에서 "지배주주"라 한다)는 회사의 경영상 목적을 달성하기 위하여 필요한 경우에는 회사의 다른 주주(이하 이 관에서 "소수주주"라 한다)에게 그 보유하는 주식의 매도를 청구할 수 있다.</u>
> ② 제1항의 보유주식의 수를 산정할 때에는 모회사와 자회사가 보유한 주식을 합산한다. 이 경우 회사가 아닌 주주가 발행주식총수의 100분의 50을 초과하는 주식을 가진 회사가 보유하는 주식도 그 주주가 보유하는 주식과 합산한다.
> ③ 제1항의 매도청구를 할 때에는 미리 주주총회의 승인을 받아야 한다.
> ④ 제3항의 주주총회의 소집을 통지할 때에는 다음 각 호에 관한 사항을 적어야 하고, 매도를 청구하는 지배주주는 주주총회에서 그 내용을 설명하여야 한다.
>   1. 지배주주의 회사 주식의 보유 현황
>   2. 매도청구의 목적
>   3. 매매가액의 산정 근거와 적정성에 관한 공인된 감정인의 평가
>   4. 매매가액의 지급보증
> ⑤ 지배주주는 매도청구의 날 1개월 전까지 다음 각 호의 사실을 공고하고, 주주명부에 적힌 주주와 질권자에게 따로 그 통지를 하여야 한다.
>   1. 소수주주는 매매가액의 수령과 동시에 주권을 지배주주에게 교부하여야 한다는 뜻
>   2. 교부하지 아니할 경우 매매가액을 수령하거나 지배주주가 매매가액을 공탁(供託)한 날에 주권은 무효가 된다는 뜻
> ⑥ 제1항의 매도청구를 받은 소수주주는 매도청구를 받은 날부터 2개월 내에 지배주주에게 그 주식을 매도하여야 한다.

ㄴ. 제권판결 없이 재발행을 허용하면, 유효한 복수의 주권이 중복하여 유통되는 문제가 발생하기 때문이다.

> **제360조(주권의 제권판결, 재발행)** ① 주권은 공시최고의 절차에 의하여 이를 무효로 할 수 있다.
> ② <u>주권을 상실한 자는 제권판결을 얻지 아니하면 회사에 대하여 주권의 재발행을 청구하지 못한다.</u>

ㄷ. 의결권 없는 주식을 제외한 발행주식 총수의 100분의 10 이상을 보유한 주주에게는 선택권을 부여할 수 없다.

> **제340조의2(주식매수선택권)** ② 다음 각 호의 어느 하나에 해당하는 자에게는 제1항의 주식매수선택권을 부여할 수 없다.
>   1. <u>의결권 없는 주식을 제외한 발행주식총수의 100분의 10 이상의 주식을 가진 주주</u>
>   2. 이사·집행임원·감사의 선임과 해임 등 회사의 주요 경영사항에 대하여 사실상 영향력을 행사하는 자
>   3. 제1호와 제2호에 규정된 자의 배우자와 직계존비속

ㄹ. 주식의 양도는 물론, 주식을 질권의 목적으로 하는 때에도 주권을 교부하여야 한다.

094

상법상 비상장주식회사의 주식매수선택권에 관한 설명으로 옳은 것은? (이견이 있으면 판례에 의함)

① 회사는 주식매수선택권을 부여받은 자의 권리를 부당하게 제한하지 않고 정관의 기본취지나 핵심 내용을 해치지 않는 범위에서 주주총회 결의와 개별 계약을 통해 주식매수선택권을 부여받은 자가 언제까지 주식매수선택권을 행사할 수 있는지를 자유롭게 정할 수 있다.
② 의결권 없는 주식을 제외한 발행주식총수의 100분의 10 이상의 주식을 가진 주주에게는 주식매수선택권을 부여할 수 없지만, 그러한 주주의 직계비속에게 주식매수선택권을 부여하는 것은 금지되지 않는다.
③ 자기주식양도방식의 주식매수선택권의 경우 주식매수선택권의 행사가액은 주식매수선택권의 부여일을 기준으로 한 주식의 권면액 이상이면 된다.
④ 주식매수선택권은 이를 양도할 수 없고, 주식매수선택권을 행사할 수 있는 자가 사망하더라도 그 상속인이 주식매수선택권을 행사하는 것은 허용되지 않는다.
⑤ 주식매수선택권은 주주총회의 결의 없이 이사회의 결의로도 부여할 수 있다.

••••••••••••••••••••••

① 주식매수선택권의 행사기간에 대해서는 주총결의일로부터 2년 이상 재직하여야 한다는 것 외에 상법에 별다른 규정은 없으나, 주총결의 혹은 부여받은 자와의 개별계약을 통해 그 행사기간을 별도로 정할 수 있다.

> **관련판례**
>
> [대법원 2018. 7. 26. 선고 2016다237714 판결]
> 상법은 주식매수선택권을 행사할 수 있는 시기(始期)만을 제한하고 있을 뿐 언제까지 행사할 수 있는지에 관해서는 정하지 않고 회사의 자율적인 결정에 맡기고 있다. 따라서 <u>회사는 주식매수선택권을 부여받은 자의 권리를 부당하게 제한하지 않고 정관의 기본 취지나 핵심 내용을 해치지 않는 범위에서 주주총회 결의와 개별계약을 통해서 주식매수선택권을 부여받은 자가 언제까지 선택권을 행사할 수 있는지를 자유롭게 정할 수 있다</u>고 보아야 한다.

② 회사에 영향력을 행사할 수 있는 특수관계자에게는 주식매수선택권을 부여할 수 없다.

> **제340조의2(주식매수선택권)** ② 다음 각 호의 어느 하나에 해당하는 자에게는 제1항의 주식매수선택권을 부여할 수 없다.
> 1. <u>의결권 없는 주식을 제외한 발행주식총수의 100분의 10 이상의 주식을 가진 주주</u>
> 2. 이사·집행임원·감사의 선임과 해임 등 회사의 주요 경영사항에 대하여 사실상 영향력을 행사하는 자
> 3. <u>제1호와 제2호에 규정된 자의</u> 배우자와 <u>직계존비속</u>

③ 자기주식양도형의 경우 그 행사가액은 주식매수선택권의 부여일을 기준으로 한 주식의 「실질가액」 이상이어야 한다.

> **제340조의2(주식매수선택권)** ④ 제1항의 주식매수선택권의 행사가액은 다음 각 호의 가액 이상이어야 한다.
> 1. 신주를 발행하는 경우에는 주식매수선택권의 부여일을 기준으로 한 주식의 실질가액과 주식의 권면액(券面額) 중 높은 금액. 다만, 무액면주식을 발행한 경우에는 자본으로 계상되는 금액 중 1주에 해당하는 금액을 권면액으로 본다.
> 2. <u>자기의 주식을 양도하는 경우에는 주식매수선택권의 부여일을 기준으로 한 주식의 실질가액</u>

094 ①

④ 주식매수선택권의 양도는 허용되지 않지만 상속은 가능하다. 주식매수선택권 보유자가 회사를 위해서 열심히 일하다가 과로로 사망한 경우를 생각해보면 된다.

> **제340조의4(주식매수선택권의 행사)** ① 제340조의2제1항의 주식매수선택권은 제340조의3제2항 각호의 사항을 정하는 주주총회결의일부터 2년 이상 재임 또는 재직하여야 이를 행사할 수 있다.
> ② 제340조의2제1항의 주식매수선택권은 이를 양도할 수 없다. 다만, 동조제2항의 규정에 의하여 주식매수선택권을 행사할 수 있는 자가 사망한 경우에는 그 상속인이 이를 행사할 수 있다.

⑤ 주식매수선택권을 부여하기 위하여는 정관의 규정과 주주총회의 특별결의가 있어야 한다. (ⅰ) 주식매수선택권 자체에 대한 사항은 정관에 기재되어야 하고, (ⅱ) 주식매수선택권의 부여대상자 및 그 내용은 주주총회의 특별결의를 거쳐야 하되, 상장회사의 경우에는 발행주식총수의 10/100의 범위 내에서 이사회결의로 정할 수도 있다.

> **제340조의2(주식매수선택권)** ① 회사는 정관으로 정하는 바에 따라 제434조의 주주총회의 결의로 회사의 설립·경영 및 기술혁신 등에 기여하거나 기여할 수 있는 회사의 이사, 집행임원, 감사 또는 피용자(被用者)에게 미리 정한 가액(이하 "주식매수선택권의 행사가액"이라 한다)으로 신주를 인수하거나 자기의 주식을 매수할 수 있는 권리(이하 "주식매수선택권"이라 한다)를 부여할 수 있다. 다만, 주식매수선택권의 행사가액이 주식의 실질가액보다 낮은 경우에 회사는 그 차액을 금전으로 지급하거나 그 차액에 상당하는 자기의 주식을 양도할 수 있다. 이 경우 주식의 실질가액은 주식매수선택권의 행사일을 기준으로 평가한다.

TOPIC 15 · 자본금 감소

095
상법상 주식회사의 자본금의 감소에 관한 설명으로 옳은 것은?

① 결손의 보전을 위하여 자본금을 감소하기 위해서는 주주총회의 특별결의가 있어야 한다.
② 회사는 결손의 보전을 위한 자본금의 감소를 결의한 날부터 2주 내에 회사채권자에 대하여 1월 이상의 기간을 정하여 그 기간 내에 이의를 제출할 것을 공고해야 한다.
③ 주주총회는 자본금의 감소를 결의하면서 감소의 방법을 전혀 정하지 않고 추후 이사회가 정하게 할 수 있다.
④ 자본금 감소의 채권자보호절차에서 사채권자가 이의를 제기하려면 사채권자집회의 결의가 있어야 한다.
⑤ 자본금 감소의 무효를 인정하는 판결이 확정되면 그 판결은 제3자에 대하여도 효력이 있지만 소급효는 없다.

••••••••••••••••••••••••

① 결손의 보전을 위한 감자는 주주총회 특별결의가 아닌 보통결의만으로도 할 수 있다.

> 제438조(자본금 감소의 결의) ① 자본금의 감소에는 제434조에 따른 결의가 있어야 한다.
> ② 제1항에도 불구하고 결손의 보전(補塡)을 위한 자본금의 감소는 제368조제1항의 결의에 의한다.
> ③ 자본금의 감소에 관한 의안의 주요내용은 제363조에 따른 통지에 적어야 한다.
> 제434조(정관변경의 특별결의) 제433조제1항의 결의는 출석한 주주의 의결권의 3분의 2 이상의 수와 발행주식총수의 3분의 1 이상의 수로써 하여야 한다.
> 제368조(총회의 결의방법과 의결권의 행사) ① 총회의 결의는 이 법 또는 정관에 다른 정함이 있는 경우를 제외하고는 출석한 주주의 의결권의 과반수와 발행주식총수의 4분의 1 이상의 수로써 하여야 한다.

② 결손보전 목적의 감자는 채권자보호절차를 필요로 하지 않는다.

> 제439조(자본금 감소의 방법, 절차) ① 자본금 감소의 결의에서는 그 감소의 방법을 정하여야 한다.
> ② 자본금 감소의 경우에는 제232조를 준용한다. 다만, 결손의 보전을 위하여 자본금을 감소하는 경우에는 그러하지 아니하다.
> ③ 사채권자가 이의를 제기하려면 사채권자집회의 결의가 있어야 한다. 이 경우에는 법원은 이해관계인의 청구에 의하여 사채권자를 위하여 이의 제기 기간을 연장할 수 있다.
> 제232조(채권자의 이의) ① 회사는 합병의 결의가 있은 날부터 2주내에 회사채권자에 대하여 합병에 이의가 있으면 일정한 기간내에 이를 제출할 것을 공고하고 알고 있는 채권자에 대하여는 따로따로 이를 최고하여야 한다. 이 경우 그 기간은 1월 이상이어야 한다.
> ② 채권자가 제1항의 기간내에 이의를 제출하지 아니한 때에는 합병을 승인한 것으로 본다.
> ③ 이의를 제출한 채권자가 있는 때에는 회사는 그 채권자에 대하여 변제 또는 상당한 담보를 제공하거나 이를 목적으로 하여 상당한 재산을 신탁회사에 신탁하여야 한다.

③ 주주총회에서 자본금의 감소를 결의할 때에는 그 감소의 방법을 정하여야 한다.

> 제439조(자본금 감소의 방법, 절차) ① 자본금 감소의 결의에서는 그 감소의 방법을 정하여야 한다.

095 ④

④ 사채권자가 이의를 제기하기 위해서는 사채권자집회의 결의가 있어야 한다.

> **제439조(자본금 감소의 방법, 절차)** ③ 사채권자가 이의를 제기하려면 사채권자집회의 결의가 있어야 한다. 이 경우에는 법원은 이해관계인의 청구에 의하여 사채권자를 위하여 이의 제기 기간을 연장할 수 있다.

⑤ 제446조에서는 제190조 본문(대세효)만 준용할 뿐 단서(불소급효)는 준용하지 않는다. 따라서 자본금 감소 무효의 소는 민사소송법의 일반원칙에 따라 판결의 소급효가 인정된다. 회사법상 소급효가 인정되는 소송으로는 주총결의하자를 다투는 소송과 감자무효의 소가 있다(소/결/감 으로 정리하자).

> **제445조(감자무효의 소)** 자본금 감소의 무효는 주주·이사·감사·청산인·파산관재인 또는 자본금의 감소를 승인하지 아니한 채권자만이 자본금 감소로 인한 변경등기가 된 날부터 6개월 내에 소(訴)만으로 주장할 수 있다.
> **제446조(준용규정)** 제186조 내지 제189조·제190조 본문·제191조·제192조 및 제377조의 규정은 제445조의 소에 관하여 이를 준용한다.
> **제190조(판결의 효력)** 설립무효의 판결 또는 설립취소의 판결은 제3자에 대하여도 그 효력이 있다. 그러나 판결 확정전에 생긴 회사와 사원 및 제3자간의 권리의무에 영향을 미치지 아니한다.

096

상법상 주식회사의 자본금감소 및 감자무효의 소에 관한 설명으로 틀린 것은?

① 결손의 보전을 위하여 자본금을 감소하는 경우에는 주주총회의 결의를 거치지 않아도 된다.
② 자본금감소를 위한 채권자보호절차에서 사채권자가 이의를 제기하려면 사채권자집회의 결의가 있어야 한다.
③ 판례에 의하면 주주총회의 자본금감소결의에 하자가 있더라도 그 하자가 극히 중대하여 자본금감소가 존재하지 아니하는 정도에 이르는 등의 특별한 사정이 없는 한 자본금감소의 효력이 발생한 후에는 감자무효의 소에 의해서만 다툴 수 있다.
④ 자본금감소를 위한 채권자보호절차에서 이의를 제기하지 않은 채권자는 감자무효의 소를 제기할 수 없다.
⑤ 감자무효의 소가 그 심리 중에 원인이 된 하자가 보완되고 회사의 현황과 제반사정을 참작하여 감자를 무효로 하는 것이 부적당하다고 인정한 때에는 법원은 그 청구를 기각할 수 있다.

• •

① 결손보전감자의 경우 주주총회의 보통결의를 거쳐야 한다.

> **제438조(자본금 감소의 결의)** ① 자본금의 감소에는 제434조에 따른 결의가 있어야 한다.
> ② 제1항에도 불구하고 결손의 보전(補塡)을 위한 자본금의 감소는 제368조제1항의 결의에 의한다.
> ③ 자본금의 감소에 관한 의안의 주요내용은 제363조에 따른 통지에 적어야 한다.
> **제434조(정관변경의 특별결의)** 제433조제1항의 결의는 출석한 주주의 의결권의 3분의 2 이상의 수와 발행주식총수의 3분의 1 이상의 수로써 하여야 한다.
> **제368조(총회의 결의방법과 의결권의 행사)** ① 총회의 결의는 이 법 또는 정관에 다른 정함이 있는 경우를 제외하고는 출석한 주주의 의결권의 과반수와 발행주식총수의 4분의 1 이상의 수로써 하여야 한다.

096 ①

② 사채권자가 이의를 제기하기 위해서는 사채권자집회의 결의가 있어야 한다.

> **제439조(자본금 감소의 방법, 절차)** ③ 사채권자가 이의를 제기하려면 사채권자집회의 결의가 있어야 한다. 이 경우에는 법원은 이해관계인의 청구에 의하여 사채권자를 위하여 이의 제기 기간을 연장할 수 있다.

③ 반대해석하면, 자본감소의 하자가 극히 중대한 경우에는 감자부존재확인의 소를 제기하거나 다른 법률관계에 관한 소송에서 선결문제로서 감자의 부존재를 주장할 수도 있다.

관련판례

[대법원 2010. 2. 11., 선고, 2009다83599, 판결]
상법 제445조는 자본감소의 무효는 주주 등이 자본감소로 인한 변경등기가 있은 날로부터 6월 내에 소만으로 주장할 수 있다고 규정하고 있으므로, 설령 주주총회의 자본감소 결의에 취소 또는 무효의 하자가 있다고 하더라도 그 하자가 극히 중대하여 자본감소가 존재하지 아니하는 정도에 이르는 등의 특별한 사정이 없는 한 자본감소의 효력이 발생한 후에는 자본감소 무효의 소에 의해서만 다툴 수 있다.

④ 채권자보호절차에 따라 이의제출을 최고하였으나 이의를 제출하지 않은 경우에는 자본감 감소를 승인한 것으로 보아 감자무효의 소를 제기할 수 없다(제445조, 제439조 제2항, 제232조 제2항).

> **제445조(감자무효의 소)** 자본금 감소의 무효는 주주·이사·감사·청산인·파산관재인 또는 자본금의 감소를 승인하지 아니한 채권자만이 자본금 감소로 인한 변경등기가 된 날부터 6개월 내에 소(訴)만으로 주장할 수 있다.
>
> **제439조(자본금 감소의 방법, 절차)** ① 자본금 감소의 결의에서는 그 감소의 방법을 정하여야 한다.
> ② 자본금 감소의 경우에는 제232조를 준용한다. 다만, 결손의 보전을 위하여 자본금을 감소하는 경우에는 그러하지 아니하다.
> ③ 사채권자가 이의를 제기하려면 사채권자집회의 결의가 있어야 한다. 이 경우에는 법원은 이해관계인의 청구에 의하여 사채권자를 위하여 이의 제기 기간을 연장할 수 있다.
>
> **제232조(채권자의 이의)** ① 회사는 합병의 결의가 있은 날부터 2주내에 회사채권자에 대하여 합병에 이의가 있으면 일정한 기간내에 이를 제출할 것을 공고하고 알고 있는 채권자에 대하여는 따로따로 이를 최고하여야 한다. 이 경우 그 기간은 1월 이상이어야 한다.
> ② 채권자가 제1항의 기간내에 이의를 제출하지 아니한 때에는 합병을 승인한 것으로 본다.

⑤ 재량기각에 대한 설명이다.

> **제445조(감자무효의 소)** 자본금 감소의 무효는 주주·이사·감사·청산인·파산관재인 또는 자본금의 감소를 승인하지 아니한 채권자만이 자본금 감소로 인한 변경등기가 된 날부터 6개월 내에 소(訴)만으로 주장할 수 있다.
>
> **제446조(준용규정)** 제186조 내지 제189조·제190조 본문·제191조·제192조 및 제377조의 규정은 제445조의 소에 관하여 이를 준용한다.
>
> **제189조(하자의 보완 등과 청구의 기각)** 설립무효의 소 또는 설립취소의 소가 그 심리중에 원인이 된 하자가 보완되고 회사의 현황과 제반사정을 참작하여 설립을 무효 또는 취소하는 것이 부적당하다고 인정한 때에는 법원은 그 청구를 기각할 수 있다.

097

상법상 자본금의 감소에 관한 설명으로 옳은 것은?

① 회사가 결손의 보전을 위하여 감자하는 경우 그에 관한 의안의 주요내용은 주주총회 소집통지에 기재하여야 한다.
② 사채권자는 사채권자집회의 결의가 없더라도 자본금 감소에 대한 이의를 제기할 수 있다.
③ 주식병합으로 감자하는 경우 단주가 있는 때에는 그 부분에 대하여 발행한 신주를 경매하여 그 대금을 자본금에 전입하여야 한다.
④ 주식병합으로 감자하는 경우 단주가 있는 때에는 거래소의 시세없는 주식은 법원의 허가가 없어도 회사와 주주가 협의한 가격으로 매각할 수 있다.
⑤ 감자무효는 주주·이사 또는 감사만이 감자로 인한 변경등기가 된 날부터 6개월 내에 소만으로 주장할 수 있다.

··

① 자본금의 감소는 주주총회 결의사항인바, 주총소집통지를 함에 있어 의제뿐만 아니라 의안의 주요내용까지 소집통지에 기재하여야 한다.

> **제433조(정관변경의 방법)** ① 정관의 변경은 주주총회의 결의에 의하여야 한다.
> ② 정관의 변경에 관한 의안의 요령은 제363조에 따른 통지에 기재하여야 한다.
>
> **제363조(소집의 통지)** ① 주주총회를 소집할 때에는 주주총회일의 2주 전에 각 주주에게 서면으로 통지를 발송하거나 각 주주의 동의를 받아 전자문서로 통지를 발송하여야 한다. 다만, 그 통지가 주주명부상 주주의 주소에 계속 3년간 도달하지 아니한 경우에는 회사는 해당 주주에게 총회의 소집을 통지하지 아니할 수 있다.

② 동종의 사채권자는 단일한 의사표시를 하여야 하므로 사채권자가 이의를 제기하려면 사채권자집회의 결의를 거쳐야 한다.

> **제530조(준용규정)** ① 삭제
> ② 제234조, 제235조, 제237조 내지 제240조, 제329조의2, 제374조제2항, 제374조의2제2항 내지 제5항 및 제439조제3항의 규정은 주식회사의 합병에 관하여 이를 준용한다.
>
> **제439조(자본금 감소의 방법, 절차)** ① 자본금 감소의 결의에서는 그 감소의 방법을 정하여야 한다.
> ② 자본금 감소의 경우에는 제232조를 준용한다. 다만, 결손의 보전을 위하여 자본금을 감소하는 경우에는 그러하지 아니하다.
> ③ 사채권자가 이의를 제기하려면 사채권자집회의 결의가 있어야 한다. 이 경우에는 법원은 이해관계인의 청구에 의하여 사채권자를 위하여 이의 제기 기간을 연장할 수 있다.

③ 단주처리대금은 자본금에 전입하는 것이 아니라 종전의 주주에게 지급하여야 한다.

> **제443조(단주의 처리)** ① 병합에 적당하지 아니한 수의 주식이 있는 때에는 그 병합에 적당하지 아니한 부분에 대하여 발행한 신주를 경매하여 각 주수에 따라 그 대금을 종전의 주주에게 지급하여야 한다. 그러나 거래소의 시세있는 주식은 거래소를 통하여 매각하고, 거래소의 시세없는 주식은 법원의 허가를 받아 경매외의 방법으로 매각할 수 있다.

④ 거래소의 시세 없는 주식에 대해서 경매 외의 방법으로 매각하려면 법원의 허가가 필요하다.

097 ①

제443조(단주의 처리) ① 병합에 적당하지 아니한 수의 주식이 있는 때에는 그 병합에 적당하지 아니한 부분에 대하여 발행한 신주를 경매하여 각 주수에 따라 그 대금을 종전의 주주에게 지급하여야 한다. 그러나 거래소의 시세있는 주식은 거래소를 통하여 매각하고, 거래소의 시세없는 주식은 법원의 허가를 받아 경매외의 방법으로 매각할 수 있다.

⑤ 주주·이사·감사뿐만 아니라 청산인·파산관재인 또는 자본금의 감소를 승인하지 아니한 채권자 역시 제소권자이다.

제445조(감자무효의 소) 자본금 감소의 무효는 주주·이사·감사·청산인·파산관재인 또는 자본금의 감소를 승인하지 아니한 채권자만이 자본금 감소로 인한 변경등기가 된 날부터 6개월 내에 소(訴)만으로 주장할 수 있다.

098

상법상 주식회사의 자본금감소에 관한 설명으로 틀린 것은? (이견이 있으면 판례에 의함)

① 자본금의 감소에는 원칙적으로 주주총회의 특별결의가 있어야 한다.
② 결손의 보전을 위하여 자본금을 감소하는 경우 채권자보호절차가 필요하지 않다.
③ 주주총회의 자본금감소 결의에 취소 또는 무효의 하자가 있더라도 그 하자가 극히 중대하여 자본금감소가 존재하지 아니하는 정도에 이르는 등의 특별한 사정이 없는 한, 자본금감소의 효력이 발생한 후에는 자본금감소의 무효는 감자무효의 소에 의해서만 다툴 수 있다.
④ 감자무효의 판결은 대세적 효력과 불소급효가 있다.
⑤ 감자무효의 소는 청산인, 파산관재인 또는 자본금의 감소를 승인하지 아니한 채권자도 제기할 수 있으며, 자본금감소로 인한 변경등기가 된 날부터 6개월 내에 소만으로 주장할 수 있다.

••••••••••••••••••••••••

① 참고로 결손보전을 위한 자본금감소는 주총 보통결의로 할 수 있다.

제438조(자본금 감소의 결의) ① 자본금의 감소에는 제434조에 따른 결의가 있어야 한다.
② 제1항에도 불구하고 결손의 보전(補塡)을 위한 자본금의 감소는 제368조제1항의 결의에 의한다.
③ 자본금의 감소에 관한 의안의 주요내용은 제363조에 따른 통지에 적어야 한다.
제434조(정관변경의 특별결의) 제433조제1항의 결의는 출석한 주주의 의결권의 3분의 2 이상의 수와 발행주식총수의 3분의 1 이상의 수로써 하여야 한다.

② 결손보전을 위한 자본금감소는 채권자 보호절차가 필요 없다.

제439조(자본금 감소의 방법, 절차) ① 자본금 감소의 결의에서는 그 감소의 방법을 정하여야 한다.
② 자본금 감소의 경우에는 제232조를 준용한다. 다만, 결손의 보전을 위하여 자본금을 감소하는 경우에는 그러하지 아니하다.
③ 사채권자가 이의를 제기하려면 사채권자집회의 결의가 있어야 한다. 이 경우에는 법원은 이해관계인의 청구에 의하여 사채권자를 위하여 이의 제기 기간을 연장할 수 있다.
제232조(채권자의 이의) ① 회사는 합병의 결의가 있은 날부터 2주내에 회사채권자에 대하여 합병에 이의가 있으면 일정한 기간내에 이를 제출할 것을 공고하고 알고 있는 채권자에 대하여는 따로따로 이를 최고하여야 한다. 이 경우 그 기간은 1월 이상이어야 한다.

098 ④

> **제439조(자본금 감소의 방법, 절차)** ① 자본금 감소의 결의에서는 그 감소의 방법을 정하여야 한다.
> ② 자본금 감소의 경우에는 제232조를 준용한다. 다만, 결손의 보전을 위하여 자본금을 감소하는 경우에는 그러하지 아니하다.
> ③ 사채권자가 이의를 제기하려면 사채권자집회의 결의가 있어야 한다. 이 경우에는 법원은 이해관계인의 청구에 의하여 사채권자를 위하여 이의 제기 기간을 연장할 수 있다.
>
> **제232조(채권자의 이의)** ① 회사는 합병의 결의가 있은 날부터 2주내에 회사채권자에 대하여 합병에 이의가 있으면 일정한 기간내에 이를 제출할 것을 공고하고 알고 있는 채권자에 대하여는 따로따로 이를 최고하여야 한다. 이 경우 그 기간은 1월 이상이어야 한다.
> ② 채권자가 제1항의 기간내에 이의를 제출하지 아니한 때에는 합병을 승인한 것으로 본다.
> ③ 이의를 제출한 채권자가 있는 때에는 회사는 그 채권자에 대하여 변제 또는 상당한 담보를 제공하거나 이를 목적으로 하여 상당한 재산을 신탁회사에 신탁하여야 한다.

③ 반대해석하면, 자본감소의 하자가 극히 중대한 경우에는 감자부존재확인의 소를 제기하거나 다른 법률관계에 관한 소송에서 선결문제로서 감자의 부존재를 주장할 수도 있다.

관련판례

> [대법원 2010. 2. 11., 선고, 2009다83599, 판결]
> 상법 제445조는 자본감소의 무효는 주주 등이 자본감소로 인한 변경등기가 있은 날로부터 6월 내에 소만으로 주장할 수 있다고 규정하고 있으므로, 설령 주주총회의 자본감소 결의에 취소 또는 무효의 하자가 있다고 하더라도 그 하자가 극히 중대하여 자본감소가 존재하지 아니하는 정도에 이르는 등의 특별한 사정이 없는 한 자본감소의 효력이 발생한 후에는 자본감소 무효의 소에 의해서만 다툴 수 있다.

④ 제446조에서는 제190조 본문(대세효)만 준용할 뿐 단서(불소급효)는 준용하지 않는다. 따라서 감자무효의 소는 민사소송법의 일반원칙에 따라 판결의 소급효가 인정된다. 회사법상 <u>소</u>급효가 인정되는 소송으로는 주총<u>결</u>의하자를 다투는 소송과 <u>감</u>자무효의 소가 있다(소/결/감 으로 정리하자).

> **제445조(감자무효의 소)** 자본금 감소의 무효는 주주·이사·감사·청산인·파산관재인 또는 자본금의 감소를 승인하지 아니한 채권자만이 자본금 감소로 인한 변경등기가 된 날부터 6개월 내에 소(訴)만으로 주장할 수 있다.
> **제446조(준용규정)** 제186조 내지 제189조·제190조 본문·제191조·제192조 및 제377조의 규정은 제445조의 소에 관하여 이를 준용한다.
> **제190조(판결의 효력)** 설립무효의 판결 또는 설립취소의 판결은 제3자에 대하여도 그 효력이 있다. 그러나 판결 확정전에 생긴 회사와 사원 및 제3자간의 권리의무에 영향을 미치지 아니한다.

⑤ (ⅰ) 주주·이사·감사뿐만 아니라 청산인·파산관재인 또는 자본금의 감소를 승인하지 아니한 채권자 역시 제소권자이다. (ⅱ) 회사법상 소송의 원칙적인 제소기간은 6개월이다. (ⅲ) 제소기간의 기산점은 감자변경등기일이다.

> **제445조(감자무효의 소)** 자본금 감소의 무효는 주주·이사·감사·청산인·파산관재인 또는 자본금의 감소를 승인하지 아니한 채권자만이 자본금 감소로 인한 변경등기가 된 날부터 6개월 내에 소(訴)만으로 주장할 수 있다.

099

상법상 주식회사의 자본금의 감소에 관한 설명으로 틀린 것은?

① 결손의 보전(補塡)을 위한 자본금의 감소는 주주총회의 보통결의에 의한다.
② 자본금의 감소에 관한 의안의 주요내용은 주주총회 소집의 통지에 적어야 한다.
③ 결손의 보전을 위한 자본금 감소의 경우 채권자 이의절차를 거쳐야 한다.
④ 감자무효의 소의 제소기간은 자본금 감소로 인한 변경등기가 된 날부터 6개월 내이다.
⑤ 감자무효의 소를 제기한 자가 패소한 경우에 악의 또는 중대한 과실이 있는 때에는 회사에 대하여 연대하여 손해를 배상할 책임이 있다.

• •

① 결손보전을 위한 자본금감소는 주총 보통결의로 할 수 있고, 채권자 보호절차도 필요 없다.

> 제438조(자본금 감소의 결의) ① 자본금의 감소에는 제434조에 따른 결의가 있어야 한다.
> ② 제1항에도 불구하고 결손의 보전(補塡)을 위한 자본금의 감소는 제368조제1항의 결의에 의한다.
> ③ 자본금의 감소에 관한 의안의 주요내용은 제363조에 따른 통지에 적어야 한다.

② 주주총회 소집통지서에는 회의의 목적사항을 기재해야 한다.

> 제438조(자본금 감소의 결의) ① 자본금의 감소에는 제434조에 따른 결의가 있어야 한다.
> ② 제1항에도 불구하고 결손의 보전(補塡)을 위한 자본금의 감소는 제368조제1항의 결의에 의한다.
> ③ 자본금의 감소에 관한 의안의 주요내용은 제363조에 따른 통지에 적어야 한다.
>
> 제363조(소집의 통지) ① 주주총회를 소집할 때에는 주주총회일의 2주 전에 각 주주에게 서면으로 통지를 발송하거나 각 주주의 동의를 받아 전자문서로 통지를 발송하여야 한다. 다만, 그 통지가 주주명부상 주주의 주소에 계속 3년간 도달하지 아니한 경우에는 회사는 해당 주주에게 총회의 소집을 통지하지 아니할 수 있다.
> ② 제1항의 통지서에는 회의의 목적사항을 적어야 한다.

③ 결손의 보전을 위한 자본금감소에는 채권자 보호절차가 요구되지 않는다.

> 제439조(자본금 감소의 방법, 절차) ① 자본금 감소의 결의에서는 그 감소의 방법을 정하여야 한다.
> ② 자본금 감소의 경우에는 제232조를 준용한다. 다만, 결손의 보전을 위하여 자본금을 감소하는 경우에는 그러하지 아니하다.
> ③ 사채권자가 이의를 제기하려면 사채권자집회의 결의가 있어야 한다. 이 경우에는 법원은 이해관계인의 청구에 의하여 사채권자를 위하여 이의 제기 기간을 연장할 수 있다.
>
> 제232조(채권자의 이의) ① 회사는 합병의 결의가 있는 날부터 2주내에 회사채권자에 대하여 합병에 이의가 있으면 일정한 기간내에 이를 제출할 것을 공고하고 알고 있는 채권자에 대하여는 따로따로 이를 최고하여야 한다. 이 경우 그 기간은 1월 이상이어야 한다.
> ② 채권자가 제1항의 기간내에 이의를 제출하지 아니한 때에는 합병을 승인한 것으로 본다.
> ③ 이의를 제출한 채권자가 있는 때에는 회사는 그 채권자에 대하여 변제 또는 상당한 담보를 제공하거나 이를 목적으로 하여 상당한 재산을 신탁회사에 신탁하여야 한다.

감자의 종류	주주총회 결의	채권자 보호절차
실질상 감자	특별결의	필요(∵ 순자산 감소)
명목상 감자(결손보전감자)	보통결의	불필요(∵ 순자산 불변)

099 ③

④ (i) 회사법상 소송의 원칙적인 제소기간은 6개월이다. (ⅱ) 제소기간의 기산점은 감자변경등기일이다.

> **제445조(감자무효의 소)** 자본금 감소의 무효는 주주·이사·감사·청산인·파산관재인 또는 자본금의 감소를 승인하지 아니한 채권자만이 자본금 감소로 인한 변경등기가 된 날부터 6개월 내에 소(訴)만으로 주장할 수 있다.

⑤ 회사소송의 남용을 방지하기 위한「사후적」규제방법에 해당한다. 참고로「사전적」규제방법으로 주주의 악의가 소명될 경우에 담보제공명령이 가능하다.

> **제445조(감자무효의 소)** 자본금 감소의 무효는 주주·이사·감사·청산인·파산관재인 또는 자본금의 감소를 승인하지 아니한 채권자만이 자본금 감소로 인한 변경등기가 된 날부터 6개월 내에 소(訴)만으로 주장할 수 있다.
> **제446조(준용규정)** 제186조 내지 제189조·제190조 본문·제191조·제192조 및 제377조의 규정은 제445조의 소에 관하여 이를 준용한다.
> **제191조(패소원고의 책임)** 설립무효의 소 또는 설립취소의 소를 제기한 자가 패소한 경우에 악의 또는 중대한 과실이 있는 때에는 회사에 대하여 연대하여 손해를 배상할 책임이 있다.

TOPIC 16 • 주주총회의 권한

100
상법의 명문규정에 의하여 주식회사 이사회의 권한사항을 정관에 의해 주주총회의 권한사항으로 정할 수 있도록 허용되는 경우가 <u>아닌</u> 것은? (자본금 10억원 미만의 주식회사는 고려하지 않음)

① 대표이사의 선임
② 정관에 규정되어 있지 아니한 신주발행사항의 결정
③ 회사와 이익상충의 우려가 있는 이사의 자기거래에 대한 승인
④ 법정준비금의 자본금 전입
⑤ 정관에 규정되어 있지 아니한 전환사채발행사항의 결정

••••••••••••••••••••••••

① 제389조 제1항

> **제389조(대표이사)** ① 회사는 이사회의 결의로 회사를 대표할 이사를 선정하여야 한다. <u>그러나 정관으로 주주총회에서 이를 선정할 것을 정할 수 있다.</u>
> ② 전항의 경우에는 수인의 대표이사가 공동으로 회사를 대표할 것을 정할 수 있다.

② 타인자본이건 자기자본이건 자본조달에 관한 의사결정은 원칙적으로 이사회결의사항이다.

> **제416조(발행사항의 결정)** 회사가 그 성립 후에 주식을 발행하는 경우에는 다음의 사항으로서 정관에 규정이 없는 것은 이사회가 결정한다. 다만, 이 법에 다른 규정이 있거나 <u>정관으로 주주총회에서 결정하기로 정한 경우에는 그러하지 아니하다.</u>
> 1. 신주의 종류와 수
> 2. 신주의 발행가액과 납입기일
>   2의2. 무액면주식의 경우에는 신주의 발행가액 중 자본금으로 계상하는 금액
> 3. 신주의 인수방법
> 4. 현물출자를 하는 자의 성명과 그 목적인 재산의 종류, 수량, 가액과 이에 대하여 부여할 주식의 종류와 수
> 5. 주주가 가지는 신주인수권을 양도할 수 있는 것에 관한 사항
> 6. 주주의 청구가 있는 때에만 신주인수권증서를 발행한다는 것과 그 청구기간

③ 상법의 규정에도 불구하고 회사의 정관으로 승인기관을 주주총회로 할 수 있는지가 문제된다. 다만 이는 학설상 논의되는 것일 뿐이고, 명문규정상으로는 그러한 내용이 존재하지 않는다.

> **제398조(이사 등과 회사 간의 거래)** 다음 각 호의 어느 하나에 해당하는 자가 자기 또는 제3자의 계산으로 회사와 거래를 하기 위하여는 미리 이사회에서 해당 거래에 관한 중요사실을 밝히고 <u>이사회의 승인</u>을 받아야 한다. 이 경우 이사회의 승인은 <u>이사 3분의 2 이상의 수</u>로써 하여야 하고, 그 거래의 내용과 절차는 공정하여야 한다.
> 1. 이사 또는 제542조의8제2항제6호에 따른 주요주주
> 2. 제1호의 자의 배우자 및 직계존비속
> 3. 제1호의 자의 배우자의 직계존비속
> 4. 제1호부터 제3호까지의 자가 단독 또는 공동으로 의결권 있는 발행주식 총수의 100분의 50 이상을 가진 회사 및 그 자회사

100 ③

> 5. 제1호부터 제3호까지의 자가 제4호의 회사와 합하여 의결권 있는 발행주식총수의 100분의 50 이상을 가진 회사

④ 상법 제461조

> **제461조(준비금의 자본금 전입)** ① 회사는 이사회의 결의에 의하여 준비금의 전부 또는 일부를 자본금에 전입할 수 있다. 그러나 정관으로 주주총회에서 결정하기로 정한 경우에는 그러하지 아니하다.

⑤ 신주인수권부사채의 경우에도 마찬가지다.

> **제513조(전환사채의 발행)** ② 제1항의 경우에 다음의 사항으로서 정관에 규정이 없는 것은 이사회가 이를 결정한다. 그러나 정관으로 주주총회에서 이를 결정하기로 정한 경우에는 그러하지 아니하다.
> 1. 전환사채의 총액
> 2. 전환의 조건
> 3. 전환으로 인하여 발행할 주식의 내용
> 4. 전환을 청구할 수 있는 기간
> 5. 주주에게 전환사채의 인수권을 준다는 뜻과 인수권의 목적인 전환사채의 액
> 6. 주주외의 자에게 전환사채를 발행하는 것과 이에 대하여 발행할 전환사채의 액

TOPIC 17 • 주주총회의 개최

101

상법상 자본금 총액이 10억원 미만인 주식회사에 관한 설명으로 틀린 것은?

① 발기설립의 경우 발기인이 원시정관을 작성하고 기명날인 또는 서명하면 공증인의 인증을 받지 않아도 정관으로서의 효력이 발생한다.
② 주주에 대하여 주주총회의 소집통지를 하는 경우 총회일의 10일 전에 서면으로 통지를 발송하거나 각 주주의 동의를 받아 전자문서로 통지를 발송할 수 있다.
③ 주주 전원의 동의가 있는 경우에는 소집절차 없이 주주총회를 개최할 수 있고 서면에 의한 결의로써 주주총회의 결의를 갈음할 수 있다.
④ 1명의 이사가 선임된 경우 그 이사가 회사를 대표하지만 2명의 이사가 선임된 경우 정관에 따라 대표이사를 정한 때를 제외하고는 각 이사가 회사를 대표한다.
⑤ 회사가 감사를 선임한 경우 주주총회의 소집결정에 관한 권한은 감사가 갖는다.

••••••••••••••••••••••••

① 주식회사의 원시정관은 공증인의 인증을 받아야 효력이 생기나, 자본금 총액이 10억원 미만인 주식회사를 발기설립하는 경우에는 공증인의 인증을 요하지 않고 각 발기인이 정관에 기명날인 또는 서명을 하면 그 효력이 생긴다.

> **제292조(정관의 효력발생)** 정관은 공증인의 인증을 받음으로써 효력이 생긴다. 다만, 자본금 총액이 10억원 미만인 회사를 제295조제1항에 따라 발기설립(發起設立)하는 경우에는 제289조제1항에 따라 각 발기인이 정관에 기명날인 또는 서명함으로써 효력이 생긴다.

② 옳은 내용이다.

> **제363조(소집의 통지)** ① 주주총회를 소집할 때에는 주주총회일의 2주 전에 각 주주에게 서면으로 통지를 발송하거나 각 주주의 동의를 받아 전자문서로 통지를 발송하여야 한다. 다만, 그 통지가 주주명부상 주주의 주소에 계속 3년간 도달하지 아니한 경우에는 회사는 해당 주주에게 총회의 소집을 통지하지 아니할 수 있다.
> ② 제1항의 통지서에는 회의의 목적사항을 적어야 한다.
> ③ 제1항에도 불구하고 자본금 총액이 10억원 미만인 회사가 주주총회를 소집하는 경우에는 주주총회일의 10일 전에 각 주주에게 서면으로 통지를 발송하거나 각 주주의 동의를 받아 전자문서로 통지를 발송할 수 있다.

③ 옳은 내용이다.

> **제363조(소집의 통지)** ④ 자본금 총액이 10억원 미만인 회사는 주주 전원의 동의가 있을 경우에는 소집절차 없이 주주총회를 개최할 수 있고, 서면에 의한 결의로써 주주총회의 결의를 갈음할 수 있다. 결의의 목적사항에 대하여 주주 전원이 서면으로 동의를 한 때에는 서면에 의한 결의가 있는 것으로 본다.

④ 주식회사의 이사는 원칙적으로 3명 이상이어야 한다. 다만 자본금 총액이 10억원 미만인 회사는 1명 또는 2명으로 할 수도 있는데, 이 경우에는 정관으로 대표이사를 정하지 않은 이상 원칙적으로 각 이사가 회사를 대표한다.

101 ⑤

> 제383조(원수, 임기) ① 이사는 3명 이상이어야 한다. 다만, 자본금 총액이 10억원 미만인 회사는 1명 또는 2명으로 할 수 있다.
> ⑥ 제1항 단서의 경우에는 각 이사(정관에 따라 대표이사를 정한 경우에는 그 대표이사를 말한다)가 회사를 대표하며 제343조제1항 단서, 제346조제3항, 제362조, 제363조의2제3항, 제366조제1항, 제368조의4제1항, 제393조제1항, 제412조의3제1항 및 제462조의3제1항에 따른 이사회의 기능을 담당한다.

⑤ 주주총회의 소집에 대한 결정은 원칙적으로 이사회에서 한다. 다만 자본금총액이 10억원 미만인 회사는 1인 또는 2인의 이사를 선임하여 이사회를 구성하지 않을 수 있는데, 이때에는 각 이사가 주주총회의 소집을 결정할 수 있다.

> 제362조(소집의 결정) 총회의 소집은 본법에 다른 규정이 있는 경우외에는 이사회가 이를 결정한다.
> 제383조(원수, 임기) ① 이사는 3명 이상이어야 한다. 다만, 자본금 총액이 10억원 미만인 회사는 1명 또는 2명으로 할 수 있다.
> ⑥ 제1항 단서의 경우에는 각 이사(정관에 따라 대표이사를 정한 경우에는 그 대표이사를 말한다)가 회사를 대표하며 제343조제1항 단서, 제346조제3항, 제362조, 제363조의2제3항, 제366조제1항, 제368조의4제1항, 제393조제1항, 제412조의3제1항 및 제462조의3제1항에 따른 이사회의 기능을 담당한다.

102

상법상 주주총회의 소집에 관한 설명으로 옳은 것은?

① 상장회사의 경우 일정 수 이하의 주식을 소유하는 주주에 대하여는 정관이 정하는 바에 따라 일정한 방법으로 주주총회소집을 공고함으로써 그 통지절차를 생략할 수 있다.
② 비상장회사의 경우 의결권 있는 발행주식총수의 100분의 3 이상에 해당하는 주식을 가진 주주는 회의의 목적사항과 소집이유를 기재한 서면 또는 전자문서를 이사회에 제출하여 정기총회의 소집을 청구할 수 있다.
③ 판례에 의하면 건물의 옥상이나 다방은 주주총회 소집장소가 될 수 없다.
④ 회사는 주주총회의 소집통지서가 주주명부상 주주의 주소에 계속하여 2년간 도달하지 아니한 때에는 당해 주주에게 소집통지를 하지 않아도 된다.
⑤ 주주총회가 주주의 의제제안을 부당하게 거절하고 결의를 한 경우 주주총회결의 취소의 소의 원인이 된다.

• •

① 현재 그 비율은 100분의 1이다. 「위/대/주/검/공통」으로 정리하자.

> 제542조의4(주주총회 소집공고 등) ① 상장회사가 주주총회를 소집하는 경우 대통령령으로 정하는 수 이하의 주식을 소유하는 주주에게는 정관으로 정하는 바에 따라 주주총회일의 2주 전에 주주총회를 소집하는 뜻과 회의의 목적사항을 둘 이상의 일간신문에 각각 2회 이상 공고하거나 대통령령으로 정하는 바에 따라 전자적 방법으로 공고함으로써 제363조제1항의 소집통지를 갈음할 수 있다.
>
> ■ 상법시행령
> 제31조(주주총회의 소집공고) ① 법 제542조의4제1항에서 "대통령령으로 정하는 수 이하의 주식"이란 의결권 있는 발행주식총수의 100분의 1 이하의 주식을 말한다.

102 ①

② 상장회사는 「금융위원회의 설치 등에 관한 법률」 제24조에 따라 설립된 금융감독원 또는 「자본시장과 금융투자업에 관한 법률」 제373조의2에 따라 허가를 받은 거래소(이하 "거래소"라 한다)가 운용하는 전자공시시스템을 통하여 법 제542조의4제1항의 공고를 할 수 있다.

② 소수주주의 소집청구의 대상이 되는 주주총회는 정기총회가 아니라 임시총회이다. 한편 소수주주권은 의결권 여부를 불문하는 것이 원칙이다. 의결권 없는 주주가 제외되는 경우로 6가지(주주제안권, 집중투표, 감사선임시 3% 제한, 주주총회 소집통지, 주요주주, 주식매수선택권의 제한)를 기억하자. 참고로 의결권 없는 주주의 경우에도 주식매수청구권을 행사할 수 있는 경우에는 주주총회 소집통지를 받을 권한이 있다.

> **제366조(소수주주에 의한 소집청구)** ① 발행주식총수의 100분의 3 이상에 해당하는 주식을 가진 주주는 회의의 목적사항과 소집의 이유를 적은 서면 또는 전자문서를 이사회에 제출하여 임시총회의 소집을 청구할 수 있다.
> ② 제1항의 청구가 있은 후 지체 없이 총회소집의 절차를 밟지 아니한 때에는 청구한 주주는 법원의 허가를 받아 총회를 소집할 수 있다. 이 경우 주주총회의 의장은 법원이 이해관계인의 청구나 직권으로 선임할 수 있다.
> ③ 제1항 및 제2항의 규정에 의한 총회는 회사의 업무와 재산상태를 조사하게 하기 위하여 검사인을 선임할 수 있다.

③ 상법상 주주총회 장소에는 제한이 없다.

> **관련판례**
> [대법원 1983.8.23. 선고, 83도748, 판결]
> 1976.8.16. 09:00에 개회선언된 임시주주총회에서 의안에 대한 심의도 하지 아니한 채 법률상으로나 사실상으로 의사를 진행할 수 있는 상태에서 주주들이 당시 대표이사에 대하여 회사경영에 대한 책임을 묻기에 이르자 주주들의 의사에 반하여 의장인 대표이사나 이사가 회의장을 자진하여 나가버렸다고 할 것이어서 이러한 경우 임시주주총회가 폐회되었다거나 그 총회가 종결되었다고 할 수는 없으며, 설령 당시 대표이사인 한인향이 옥상이나 다방에서 자기 독단으로 폐회선언을 하고 회의장을 퇴장하였다고 하더라도 위 한인향은 의장으로서 적절한 의사운영을 하여 의사일정의 전부를 종료케 하는 등의 직책을 포기하고 스스로 그의 권한 및 권리행사를 하지 아니하였다고 보아야 할 것인 즉 그곳에 있던 주주들에 의한 이건 임시주주총회의 결의는 적법하다.

④ '2년'이 아니라 '3년'이다.

> **제363조(소집의 통지)** ① 주주총회를 소집할 때에는 주주총회일의 2주 전에 각 주주에게 서면으로 통지를 발송하거나 각 주주의 동의를 받아 전자문서로 통지를 발송하여야 한다. 다만, 그 통지가 주주명부상 주주의 주소에 계속 3년간 도달하지 아니한 경우에는 회사는 해당 주주에게 총회의 소집을 통지하지 아니할 수 있다.

⑤ 의제제안을 무시한 경우에는 결의를 하지 않았으므로 취소의 대상인 결의 자체가 존재하지 않는다.

103

상법상 비상장주식회사의 주주총회소집에 관한 설명으로 틀린 것은?

① 집행임원은 필요하면 총회의 목적사항과 소집이유를 적은 서면을 이사회에 제출하여 임시주주총회 소집을 청구할 수 있다.
② 주주에게는 개별적으로 서면에 의해 주주총회소집 통지를 발송하거나 각 주주의 동의가 있을 경우 전자문서에 의한 통지로 갈음할 수 있다.
③ 판례에 의하면 정당한 소집권자가 이사회의 결의 없이 주주총회를 소집한 경우에는 주주총회 결의취소의 소의 원인이 된다.
④ 감사위원회는 회의의 목적사항과 소집의 이유를 기재한 서면을 이사회에 제출하여 임시주주총회 소집을 청구할 수 있다.
⑤ 발행주식총수의 100분의 3 이상에 해당하는 주식을 가진 주주는 임시주주총회의 소집을 청구할 수 있다.

••••••••••••••••••••••

① 틀린 내용이다. 주주총회 소집권한은 소수주주(제366조 제1항, 제2항)와 감사(제412조의3, 제366조 제2항)에게 인정된다. 집행임원은 주총소집권한이 없고, 이사회 소집청구권이 인정된다.

> **제408조의7(집행임원의 이사회 소집 청구)** ① 집행임원은 필요하면 회의의 목적사항과 소집이유를 적은 서면을 이사(소집권자가 있는 경우에는 소집권자를 말한다. 이하 이 조에서 같다)에게 제출하여 이사회 소집을 청구할 수 있다. ② 제1항의 청구를 한 후 이사가 지체 없이 이사회 소집의 절차를 밟지 아니하면 소집을 청구한 집행임원은 법원의 허가를 받아 이사회를 소집할 수 있다. 이 경우 이사회 의장은 법원이 이해관계자의 청구에 의하여 또는 직권으로 선임할 수 있다.

② 옳은 내용이다.

> **제363조(소집의 통지)** ① 주주총회를 소집할 때에는 주주총회일의 2주 전에 각 주주에게 서면으로 통지를 발송하거나 각 주주의 동의를 받아 전자문서로 통지를 발송하여야 한다. 다만, 그 통지가 주주명부상 주주의 주소에 계속 3년간 도달하지 아니한 경우에는 회사는 해당 주주에게 총회의 소집을 통지하지 아니할 수 있다.

③ 옳은 내용이다.

> **관련판례**
> [대법원 1980.10.27. 선고, 79다1264, 판결]
> 이사회의 결정 없이 주주총회가 소집되었다고 하더라도 외관상 이사회의 결정이 있었던 것과 같은 소집형식을 갖추어 소집권한 있는 자가 적법한 소집절차를 밟은 이상 이사회의 결정이 없었다는 사정은 주주총회결의 부존재의 사유는 되지 않고 주주총회결의 취소의 사유가 됨에 불과하다.

④ 감사의 주총소집청구에 관한 규정을 감사위원회에 준용한다.

> **제415조의2(감사위원회)**
> ⑦ 제296조 · 제312조 · 제367조 · 제387조 · 제391조의2제2항 · 제394조제1항 · 제400조 · 제402조 내지 제407조 · 제412조 내지 제414조 · 제447조의3 · 제447조의4 · 제450조 · 제527조의4 · 제530조의5제1항제9호 · 제530조의6제1항제10호 및 제534조의 규정은 감사위원회에 관하여 이를 준용한다. 이 경우 제530조의5제1항제9호 및 제530조의6제1항제10호 중 "감사"는 "감사위원회 위원"으로 본다.

103 ①

제412조의3(총회의 소집청구) ① 감사는 회의의 목적사항과 소집의 이유를 기재한 서면을 이사회에 제출하여 임시총회의 소집을 청구할 수 있다.
② 제366조제2항의 규정은 감사가 총회를 소집하는 경우에 이를 준용한다.

⑤ 옳은 내용이다.

제366조(소수주주에 의한 소집청구) ① 발행주식총수의 100분의 3 이상에 해당하는 주식을 가진 주주는 회의의 목적사항과 소집의 이유를 적은 서면 또는 전자문서를 이사회에 제출하여 임시총회의 소집을 청구할 수 있다.
② 제1항의 청구가 있은 후 지체 없이 총회소집의 절차를 밟지 아니한 때에는 청구한 주주는 법원의 허가를 받아 총회를 소집할 수 있다. 이 경우 주주총회의 의장은 법원이 이해관계인의 청구나 직권으로 선임할 수 있다.
③ 제1항 및 제2항의 규정에 의한 총회는 회사의 업무와 재산상태를 조사하게 하기 위하여 검사인을 선임할 수 있다.

104

상법상 비상장주식회사의 주주총회 소집절차에 관한 설명으로 틀린 것은?

① 정기총회는 매년 1회 일정한 시기에 이를 소집하여야 하지만 연 2회 이상의 결산기를 정한 회사는 매기에 총회를 소집하여야 한다.
② 발행주식총수의 100분의 3 이상에 해당하는 주식을 가진 주주는 회의의 목적사항과 소집의 이유를 적은 서면 또는 전자문서를 이사회에 제출하여 임시총회의 소집을 청구할 수 있다.
③ 주주총회에서 회의의 속행 또는 연기의 결의를 한 경우 총회소집절차에서와 같은 방법으로 주주들에게 이를 통지하여야 한다.
④ 판례에 의하면 주주총회 소집을 통지한 후에 소집을 철회하기 위해서는 소집의 경우에 준하여 이사회의 결의를 거쳐 대표이사가 그 뜻을 소집에서와 같은 방법으로 통지하여야 한다.
⑤ 판례에 의하면 주주명부상의 주주 전원이 출석하여 총회를 개최하는 데 동의하고 아무런 이의 없이 만장일치로 결의가 이루어졌다면 그 결의는 특별한 사정이 없는 한 유효하다.

••••••••••••••••••••••

① 옳은 내용이다.

제365조(총회의 소집) ① 정기총회는 매년 1회 일정한 시기에 이를 소집하여야 한다.
② 연 2회 이상의 결산기를 정한 회사는 매기에 총회를 소집하여야 한다.
③ 임시총회는 필요있는 경우에 수시 이를 소집한다.

② 소수주주의 임시총회 소집청구권에 대한 설명이다.

제366조(소수주주에 의한 소집청구) ① 발행주식총수의 100분의 3 이상에 해당하는 주식을 가진 주주는 회의의 목적사항과 소집의 이유를 적은 서면 또는 전자문서를 이사회에 제출하여 임시총회의 소집을 청구할 수 있다.
② 제1항의 청구가 있은 후 지체 없이 총회소집의 절차를 밟지 아니한 때에는 청구한 주주는 법원의 허가를 받아 총회를 소집할 수 있다. 이 경우 주주총회의 의장은 법원이 이해관계인의 청구나 직권으로 선임할 수 있다.
③ 제1항 및 제2항의 규정에 의한 총회는 회사의 업무와 재산상태를 조사하게 하기 위하여 검사인을 선임할 수 있다.

104 ③

③ '속행'이란 주주총회를 종결하지 못하고 나머지 의사를 다음 회일에 계속하는 것이고, '연기'란 총회성립 후 의사 자체에 들어가지 못하고 회일을 후일로 다시 정하는 것이다. 속행과 연기의 경우에는 주주에 대한 통지 등의 소집절차를 다시 밟을 필요가 없다.

> **제372조(총회의 연기, 속행의 결의)** ① 총회에서는 회의의 속행 또는 연기의 결의를 할 수 있다.
> ② 전항의 경우에는 제363조의 규정을 적용하지 아니한다.
>
> **제363조(소집의 통지)** ① 주주총회를 소집할 때에는 주주총회일의 2주 전에 각 주주에게 서면으로 통지를 발송하거나 각 주주의 동의를 받아 전자문서로 통지를 발송하여야 한다. 다만, 그 통지가 주주명부상 주주의 주소에 계속 3년간 도달하지 아니한 경우에는 회사는 해당 주주에게 총회의 소집을 통지하지 아니할 수 있다.

④ 소집의 철회와 변경의 경우 소집통지와 같은 방법으로 통지가 필요하다.

관련판례

[대법원 2011.6.24. 선고, 2009다35033, 판결]
주식회사 대표이사가 이사회결의를 거쳐 주주들에게 임시주주총회 소집통지서를 발송하였다가 다시 이를 철회하기로 하는 이사회결의를 거친 후 총회 개최장소 출입문에 총회 소집이 철회되었다는 취지의 공고문을 부착하고, 이사회에 참석하지 않은 주주들에게는 퀵서비스를 이용하여 총회 소집이 철회되었다는 내용의 소집철회통지서를 보내는 한편, 전보와 휴대전화(직접 통화 또는 메시지 녹음)로도 같은 취지의 통지를 한 사안에서, 임시주주총회 소집을 철회하기로 하는 이사회결의를 거친 후 주주들에게 소집통지와 같은 방법인 서면에 의한 소집철회통지를 한 이상 임시주주총회 소집이 적법하게 철회되었다.

⑤ 주주 전원의 동의가 있으면 절차상 하자는 치유된다.

관련판례

[대법원 2002.12.24. 선고, 2000다69927, 판결]
주식회사의 임시주주총회가 법령 및 정관상 요구되는 이사회의 결의 및 소집절차 없이 이루어졌다 하더라도, 주주명부상의 주주 전원이 참석하여 총회를 개최하는 데 동의하고 아무런 이의 없이 만장일치로 결의가 이루어졌다면 그 결의는 특별한 사정이 없는 한 유효하다.

105

상법상 비상장 주식회사의 주주총회 소집에 관한 설명으로 **틀린** 것은? (이견이 있으면 판례에 의함)

① 주주총회의 목적사항에 합병계약서 승인사항이 포함된 경우, 의결권 없는 주주에게는 총회소집을 통지하지 않아도 된다.
② 연 2회 이상의 결산기를 정한 회사는 매기에 정기총회를 소집하여야 한다.
③ 발행주식총수의 100분의 3 이상에 해당하는 주식을 가진 주주는 회의의 목적사항과 소집의 이유를 적은 서면 또는 전자문서를 이사회에 제출하여 임시총회의 소집을 청구할 수 있다.
④ 회사 또는 발행주식총수의 100분의 1 이상에 해당하는 주식을 가진 주주는 총회의 소집절차의 적법성을 조사하기 위하여 총회 전에 법원에 검사인의 선임을 청구할 수 있다.
⑤ 임시주주총회가 법령 및 정관상 요구되는 이사회의 결의 및 소집절차 없이 이루어졌다 하더라도, 주주명부상의 주주 전원이 참석하여 총회를 개최하는데 동의하고 아무런 이의 없이 만장일치로 결의가 이루어졌다면 그 결의는 특별한 사정이 없는 한 유효하다.

----

① (ⅰ) 의결권 없는 주주는 원칙적으로 주주총회소집통지의 상대방이 아니다(제/집/감/**통**/주/선). (ⅱ) 합병결의 등 반대주주의 주식매수청구권이 인정되는 사항에 관하여 주주총회를 개최하는 경우에는 의결권 없는 주주에게도 소집통지를 해야 한다.

> **제363조(소집의 통지)** ① 주주총회를 소집할 때에는 주주총회일의 2주 전에 각 주주에게 서면으로 통지를 발송하거나 각 주주의 동의를 받아 전자문서로 통지를 발송하여야 한다. 다만, 그 통지가 주주명부상 주주의 주소에 계속 3년간 도달하지 아니한 경우에는 회사는 해당 주주에게 총회의 소집을 통지하지 아니할 수 있다.
> ② 제1항의 통지서에는 회의의 목적사항을 적어야 한다.
> ③ 제1항에도 불구하고 자본금 총액이 10억원 미만인 회사가 주주총회를 소집하는 경우에는 주주총회일의 10일 전에 각 주주에게 서면으로 통지를 발송하거나 각 주주의 동의를 받아 전자문서로 통지를 발송할 수 있다.
> ④ 자본금 총액이 10억원 미만인 회사는 주주 전원의 동의가 있을 경우에는 소집절차 없이 주주총회를 개최할 수 있고, 서면에 의한 결의로써 주주총회의 결의를 갈음할 수 있다. 결의의 목적사항에 대하여 주주 전원이 서면으로 동의를 한 때에는 서면에 의한 결의가 있는 것으로 본다.
> ⑤ 제4항의 서면에 의한 결의는 주주총회의 결의와 같은 효력이 있다.
> ⑥ 서면에 의한 결의에 대하여는 주주총회에 관한 규정을 준용한다.
> ⑦ <u>제1항부터 제4항까지의 규정은 의결권 없는 주주에게는 적용하지 아니한다. 다만, 제1항의 통지서에 적은 회의의 목적사항에 제360조의5, 제360조의22, 제374조의2, 제522조의3 또는 제530조의11에 따라 반대주주의 주식매수청구권이 인정되는 사항이 포함된 경우에는 그러하지 아니하다.</u>

> **제522조의2(합병계약서 등의 공시)** ① 이사는 제522조제1항의 주주총회 회일의 2주 전부터 합병을 한 날 이후 6개월이 경과하는 날까지 다음 각 호의 서류를 본점에 비치하여야 한다.
> 1. 합병계약서
> 2. 합병을 위하여 신주를 발행하거나 자기주식을 이전하는 경우에는 합병으로 인하여 소멸하는 회사의 주주에 대한 신주의 배정 또는 자기주식의 이전에 관하여 그 이유를 기재한 서면
> 3. 각 회사의 최종의 대차대조표와 손익계산서
> ② 주주 및 회사채권자는 영업시간내에는 언제든지 제1항 각호의 서류의 열람을 청구하거나, 회사가 정한 비용을 지급하고 그 등본 또는 초본의 교부를 청구할 수 있다.

105 ①

② 정기주주총회의 주된 목적은 재무제표 승인이기 때문에, 재무제표를 작성하는 매 결산기마다 총회를 소집해야 한다.

> **제365조(총회의 소집)** ① 정기총회는 매년 1회 일정한 시기에 이를 소집하여야 한다.
> ② 연 2회 이상의 결산기를 정한 회사는 매기에 총회를 소집하여야 한다.
> ③ 임시총회는 필요있는 경우에 수시 이를 소집한다.

③ 이 경우 의결권 여부는 불문한다.

> **제366조(소수주주에 의한 소집청구)** ① 발행주식총수의 100분의 3 이상에 해당하는 주식을 가진 주주는 회의의 목적사항과 소집의 이유를 적은 서면 또는 전자문서를 이사회에 제출하여 임시총회의 소집을 청구할 수 있다.
> ② 제1항의 청구가 있은 후 지체 없이 총회소집의 절차를 밟지 아니한 때에는 청구한 주주는 법원의 허가를 받아 총회를 소집할 수 있다. 이 경우 주주총회의 의장은 법원이 이해관계인의 청구나 직권으로 선임할 수 있다.
> ③ 제1항 및 제2항의 규정에 의한 총회는 회사의 업무와 재산상태를 조사하게 하기 위하여 검사인을 선임할 수 있다.

④ 1/100의 지분비율이 요구되는 경우는 "위/대/주검/공통"으로 정리하자.

> **제367조(검사인의 선임)** ① 총회는 이사가 제출한 서류와 감사의 보고서를 조사하게 하기 위하여 검사인(檢查人)을 선임할 수 있다.
> ② 회사 또는 발행주식총수의 100분의 1 이상에 해당하는 주식을 가진 주주는 총회의 소집절차나 결의방법의 적법성을 조사하기 위하여 총회 전에 법원에 검사인의 선임을 청구할 수 있다.

⑤ 전원출석총회의 경우에는 소집절차의 하자가 치유된다.

관련판례

[대법원 2002.12.24. 선고, 2000다69927, 판결]
주식회사의 임시주주총회가 법령 및 정관상 요구되는 이사회의 결의 및 소집절차 없이 이루어졌다 하더라도, 주주명부상의 주주 전원이 참석하여 총회를 개최하는 데 동의하고 아무런 이의 없이 만장일치로 결의가 이루어졌다면 그 결의는 특별한 사정이 없는 한 유효하다.

106

상법상 주주총회의 소집 등에 관한 설명으로 틀린 것은? (의결권 없는 주주는 제외함)

① 주주총회 소집통지가 주주명부상 주주의 주소에 계속 3년간 도달하지 아니한 경우에는 회사는 해당 주주에게 주주총회의 소집을 통지하지 아니할 수 있다.
② 자본금 총액이 10억원 미만인 회사가 주주총회를 소집하는 경우에는 주주총회일의 10일 전에 각 주주에게 서면으로 통지를 발송하거나 각 주주의 동의를 받아 전자문서로 통지를 발송할 수 있다.
③ 자본금 총액이 10억원 미만인 회사는 주주 전원의 동의가 있을 경우 소집절차 없이 주주총회를 개최할 수 있다.
④ 상장회사의 경우 의결권 있는 발행주식총수의 100분의 1 이하의 주식을 소유하는 주주에 대하여는 정관으로 정하는 바에 따라 주주총회일의 2주 전에 주주총회를 소집하는 뜻과 회의의 목적사항을 둘 이상의 일간신문에 각각 2회 이상 공고함으로써 소집통지를 갈음할 수 있다.
⑤ 자본금 총액이 10억원 미만인 회사는 주주총회 결의의 목적사항에 대하여 주주 과반수가 서면으로 동의를 한 때에는 서면에 의한 결의가 있는 것으로 본다.

106 ⑤

① 「3년간」 주총소집통지서가 도달하지 않은 것에 해당 주주에게 귀책사유가 있기 때문이다.

> **제363조(소집의 통지)** ① 주주총회를 소집할 때에는 주주총회일의 2주 전에 각 주주에게 서면으로 통지를 발송하거나 각 주주의 동의를 받아 전자문서로 통지를 발송하여야 한다. 다만, 그 통지가 주주명부상 주주의 주소에 계속 3년간 도달하지 아니한 경우에는 회사는 해당 주주에게 총회의 소집을 통지하지 아니할 수 있다.

② 원칙은 주주총회일 「2주일」 전에 소집통지서를 발송해야 하지만, 소규모회사의 경우에는 「10일」로 단축된다.

> **제363조(소집의 통지)** ① 주주총회를 소집할 때에는 주주총회일의 2주 전에 각 주주에게 서면으로 통지를 발송하거나 각 주주의 동의를 받아 전자문서로 통지를 발송하여야 한다. 다만, 그 통지가 주주명부상 주주의 주소에 계속 3년간 도달하지 아니한 경우에는 회사는 해당 주주에게 총회의 소집을 통지하지 아니할 수 있다.
> ② 제1항의 통지서에는 회의의 목적사항을 적어야 한다.
> ③ 제1항에도 불구하고 자본금 총액이 10억원 미만인 회사가 주주총회를 소집하는 경우에는 주주총회일의 10일 전에 각 주주에게 서면으로 통지를 발송하거나 각 주주의 동의를 받아 전자문서로 통지를 발송할 수 있다.

③ 자본금 10억원 미만인 소규모 주식회사는 주주 전원의 동의가 있으면 (ⅰ) 소집절차 없이 주주총회를 개최할 수 있고, (ⅱ) 서면에 의한 결의로서 주주총회의 결의를 갈음할 수 있다.

> **제363조(소집의 통지)** ④ 자본금 총액이 10억원 미만인 회사는 주주 전원의 동의가 있을 경우에는 소집절차 없이 주주총회를 개최할 수 있고, 서면에 의한 결의로써 주주총회의 결의를 갈음할 수 있다. 결의의 목적사항에 대하여 주주 전원이 서면으로 동의를 한 때에는 서면에 의한 결의가 있는 것으로 본다.

④ 1/100 비율이 적용되는 경우는 「위/대/주검/공통」으로 정리하자.

> **제542조의4(주주총회 소집공고 등)** ① 상장회사가 주주총회를 소집하는 경우 대통령령으로 정하는 수 이하의 주식을 소유하는 주주에게는 정관으로 정하는 바에 따라 주주총회일의 2주 전에 주주총회를 소집하는 뜻과 회의의 목적사항을 둘 이상의 일간신문에 각각 2회 이상 공고하거나 대통령령으로 정하는 바에 따라 전자적 방법으로 공고함으로써 제363조제1항의 소집통지를 갈음할 수 있다.
>
> ■ 상법시행령
> **제31조(주주총회의 소집공고)** ① 법 제542조의4제1항에서 "대통령령으로 정하는 수 이하의 주식"이란 의결권 있는 발행주식총수의 100분의 1 이하의 주식을 말한다.

1/100 비율	위 / 대 / 주검 / 공통	• **위**법행위유지청구권 • **대**표소송 • **주**총전 **검**사인 선임청구 • 주총소집 **공**고로 **통**지에 갈음

⑤ 과반수가 아니라 주주 전원의 동의를 얻어야 한다. 서면결의가 가능한 경우는 (ⅰ) 1인 회사, (ⅱ) 소규모 주식회사에서 주주 전원의 동의, (ⅲ) 유한회사에서 총 사원의 동의의 3가지이다.

> **제363조(소집의 통지)** ① 주주총회를 소집할 때에는 주주총회일의 2주 전에 각 주주에게 서면으로 통지를 발송하거나 각 주주의 동의를 받아 전자문서로 통지를 발송하여야 한다. 다만, 그 통지가 주주명부상 주주의 주소에 계속 3년간 도달하지 아니한 경우에는 회사는 해당 주주에게 총회의 소집을 통지하지 아니할 수 있다.
> ② 제1항의 통지서에는 회의의 목적사항을 적어야 한다.
> ③ 제1항에도 불구하고 자본금 총액이 10억원 미만인 회사가 주주총회를 소집하는 경우에는 주주총회일의 10일 전에 각 주주에게 서면으로 통지를 발송하거나 각 주주의 동의를 받아 전자문서로 통지를 발송할 수 있다.
> ④ 자본금 총액이 10억원 미만인 회사는 주주 전원의 동의가 있을 경우에는 소집절차 없이 주주총회를 개최할 수 있고, 서면에 의한 결의로써 주주총회의 결의를 갈음할 수 있다. 결의의 목적사항에 대하여 주주 전원이 서면으로 동의를 한 때에는 서면에 의한 결의가 있는 것으로 본다.

107

상법상 비상장주식회사의 주주총회 소집에 관한 설명으로 **틀린** 것은?(자본금 10억원 이상이고, 의결권 없는 주식을 발행하지 않았음을 전제함)

① 주주총회의 소집은 상법에 다른 규정이 있는 경우 외에는 이사회가 이를 결정한다.
② 주주총회를 소집할 때에는 주주총회일의 2주 전까지 각 주주에게 서면에 의한 통지 또는 각 주주의 동의를 받은 경우 전자문서에 의한 통지가 도달하여야 한다.
③ 주주총회의 소집통지서에는 회의의 목적사항을 적어야 한다.
④ 연 2회 이상의 결산기를 정한 회사는 매기에 주주총회를 소집하여야 한다.
⑤ 주주총회의 소집통지를 서면으로 하는 경우 주주명부에 기재한 주소 또는 주주가 회사에 통지한 주소로 하면 된다.

∙∙∙∙∙∙∙∙∙∙∙∙∙∙∙∙∙∙∙∙∙∙∙∙∙

① 주주총회의 소집에 대한 결정은 원칙적으로 이사회에서 한다.

> **제362조(소집의 결정)** 총회의 소집은 <u>본법에 다른 규정이 있는 경우외에는 이사회가 이를 결정</u>한다.

② 틀린 내용이다. 주총일 2주 전에 「발송」하면 된다.

> **제363조(소집의 통지)** ① 주주총회를 소집할 때에는 주주총회일의 2주 전에 각 주주에게 서면으로 통지를 발송하거나 각 주주의 동의를 받아 전자문서로 **통지를 발송하여야** 한다. 다만, 그 통지가 주주명부상 주주의 주소에 계속 3년간 도달하지 아니한 경우에는 회사는 해당 주주에게 총회의 소집을 통지하지 아니할 수 있다.

③ 소집통지를 받은 주주들이 출석여부를 결정하기 위해서는 회의의 목적사항을 알아야 하기 때문이다.

> **제363조(소집의 통지)** ① 주주총회를 소집할 때에는 주주총회일의 2주 전에 각 주주에게 서면으로 통지를 발송하거나 각 주주의 동의를 받아 전자문서로 통지를 발송하여야 한다. 다만, 그 통지가 주주명부상 주주의 주소에 계속 3년간 도달하지 아니한 경우에는 회사는 해당 주주에게 총회의 소집을 통지하지 아니할 수 있다.
> ② 제1항의 통지서에는 회의의 목적사항을 적어야 한다.
> ③ 제1항에도 불구하고 자본금 총액이 10억원 미만인 회사가 주주총회를 소집하는 경우에는 주주총회일의 10일 전에 각 주주에게 서면으로 통지를 발송하거나 각 주주의 동의를 받아 전자문서로 통지를 발송할 수 있다.

④ 정기주주총회의 주된 목적은 재무제표 승인이기 때문에, 재무제표를 작성하는 매 결산기마다 총회를 소집해야 한다.

> **제365조(총회의 소집)** ① 정기총회는 매년 1회 일정한 시기에 이를 소집하여야 한다.
> ② <u>연 2회 이상의 결산기를 정한 회사는 매기에 총회를 소집하여야 한다.</u>

⑤ 덧붙여 그 통지가 주주명부상 주주의 주소에 계속 3년간 도달하지 아니한 경우에는 회사는 해당 주주에게 총회의 소집을 통지하지 않을 수 있다.

> **제353조(주주명부의 효력)** ① 주주 또는 질권자에 대한 회사의 통지 또는 최고는 주주명부에 기재한 주소 또는 그 자로부터 회사에 통지한 주소로 하면 된다.

107 ②

108

상법상 비상장주식회사의 주주제안권에 관한 설명으로 틀린 것은?

① 주주는 주주제안권을 행사하는 경우에 그 제안의 필요성을 입증할 필요는 없다.
② 의결권없는 주식을 제외한 발행주식총수의 100분의 3 이상에 해당하는 주식을 가진 주주는 주주제안권을 행사할 수 있다.
③ 주주제안권을 행사하는 주주는 이사에게 주주총회일의 6주 전에 서면 또는 전자문서로 일정한 사항을 주주총회의 목적사항으로 할 것을 제안할 수 있다.
④ 주주가 자기 개인의 고충에 관한 사항을 주주제안사항으로 하는 경우 이사회는 이를 주주총회의 목적사항으로 하여야 한다.
⑤ 회사는 주주제안을 한 자의 청구가 있는 경우에는 주주총회에서 당해 의안을 설명할 기회를 주어야 한다.

....

① 필요성에 대한 입증을 요구하는 규정은 없다. 상법이 금지하는 것을 제외하고는 제안의 대상으로 할 수 있다.

> **제363조의2(주주제안권)** ① 의결권없는 주식을 제외한 발행주식총수의 100분의 3 이상에 해당하는 주식을 가진 주주는 이사에게 주주총회일(정기주주총회의 경우 직전 연도의 정기주주총회일에 해당하는 그 해의 해당일. 이하 이 조에서 같다)의 6주 전에 서면 또는 전자문서로 일정한 사항을 주주총회의 목적사항으로 할 것을 제안(이하 '주주제안'이라 한다)할 수 있다.
> ② 제1항의 주주는 이사에게 주주총회일의 6주 전에 서면 또는 전자문서로 회의의 목적으로 할 사항에 추가하여 당해 주주가 제출하는 의안의 요령을 제363조에서 정하는 통지에 기재할 것을 청구할 수 있다.
> ③ 이사는 제1항에 의한 주주제안이 있는 경우에는 이를 이사회에 보고하고, 이사회는 주주제안의 내용이 법령 또는 정관을 위반하는 경우와 그 밖에 대통령령으로 정하는 경우를 제외하고는 이를 주주총회의 목적사항으로 하여야 한다. 이 경우 주주제안을 한 자의 청구가 있는 때에는 주주총회에서 당해 의안을 설명할 기회를 주어야 한다.

② 옳은 내용이다.

> **제363조의2(주주제안권)** ① <u>의결권없는 주식을 제외한 발행주식총수의 100분의 3 이상에 해당하는 주식을 가진 주주</u>는 이사에게 주주총회일(정기주주총회의 경우 직전 연도의 정기주주총회일에 해당하는 그 해의 해당일. 이하 이 조에서 같다)의 6주 전에 서면 또는 전자문서로 일정한 사항을 주주총회의 목적사항으로 할 것을 제안(이하 '주주제안'이라 한다)할 수 있다.

③ 옳은 내용이다.

> **제363조의2(주주제안권)** ① 의결권없는 주식을 제외한 발행주식총수의 100분의 3 이상에 해당하는 주식을 가진 주주는 이사에게 <u>주주총회일(정기주주총회의 경우 직전 연도의 정기주주총회일에 해당하는 그 해의 해당일. 이하 이 조에서 같다)의 6주 전에 서면 또는 전자문서로 일정한 사항을 주주총회의 목적사항으로 할 것을 제안(이하 '주주제안'이라 한다)</u>할 수 있다.
> ② 제1항의 주주는 이사에게 주주총회일의 6주 전에 서면 또는 전자문서로 회의의 목적으로 할 사항에 추가하여 당해 주주가 제출하는 의안의 요령을 제363조에서 정하는 통지에 기재할 것을 청구할 수 있다.
> ③ 이사는 제1항에 의한 주주제안이 있는 경우에는 이를 이사회에 보고하고, 이사회는 주주제안의 내용이 법령 또는 정관을 위반하는 경우와 그 밖에 대통령령으로 정하는 경우를 제외하고는 이를 주주총회의 목적사항으로 하여야 한다. 이 경우 주주제안을 한 자의 청구가 있는 때에는 주주총회에서 당해 의안을 설명할 기회를 주어야 한다.

108 ④

④ 틀린 내용이다. 주주제안의 거부사유에 해당한다.

> **제363조의2(주주제안권)**
> ③ 이사는 제1항에 의한 주주제안이 있는 경우에는 이를 이사회에 보고하고, 이사회는 주주제안의 내용이 법령 또는 정관을 위반하는 경우와 그 밖에 대통령령으로 정하는 경우를 제외하고는 이를 주주총회의 목적사항으로 하여야 한다. 이 경우 주주제안을 한 자의 청구가 있는 때에는 주주총회에서 당해 의안을 설명할 기회를 주어야 한다.
>
> ■ **상법시행령**
> **제12조(주주제안의 거부)** 법 제363조의2제3항 전단에서 "대통령령으로 정하는 경우"란 주주제안의 내용이 다음 각 호의 어느 하나에 해당하는 경우를 말한다.
> 1. 주주총회에서 의결권의 100분의 10 미만의 찬성밖에 얻지 못하여 부결된 내용과 같은 내용의 의안을 부결된 날부터 3년 내에 다시 제안하는 경우
> 2. 주주 개인의 고충에 관한 사항인 경우
> 3. 주주가 권리를 행사하기 위하여 일정 비율을 초과하는 주식을 보유해야 하는 소수주주권에 관한 사항인 경우
> 4. 임기 중에 있는 임원의 해임에 관한 사항[법 제542조의2제1항에 따른 상장회사(이하 "상장회사"라 한다)만 해당한다]인 경우
> 5. 회사가 실현할 수 없는 사항 또는 제안 이유가 명백히 거짓이거나 특정인의 명예를 훼손하는 사항인 경우

⑤ 옳은 내용이다.

> **제363조의2(주주제안권)** ③ 이사는 제1항에 의한 주주제안이 있는 경우에는 이를 이사회에 보고하고, 이사회는 주주제안의 내용이 법령 또는 정관을 위반하는 경우와 그 밖에 대통령령으로 정하는 경우를 제외하고는 이를 주주총회의 목적사항으로 하여야 한다. 이 경우 주주제안을 한 자의 청구가 있는 때에는 주주총회에서 당해 의안을 설명할 기회를 주어야 한다.

109

A는 비상장주식회사인 甲회사의 의결권 없는 주식을 제외한 발행주식총수의 5%를 보유하고 있는 주주이다. 甲회사는 2014년 3월 20일 개최되는 정기주주총회에서 재무제표에 대한 승인을 구하고자 하였다. 한편 A는 임기 중에 있는 이사 乙을 해임하자는 주주제안을 하였다. 상법상 다음의 설명 중 옳은 것은?

① A가 2014년 2월 10일 甲회사 이사에게 서면으로 한 주주제안은 유효하다.
② A가 주주제안한 내용을 주주총회에서 설명하고자 하는 때에는 이를 주주제안과 함께 이사에게 청구하고 이사회의 승인을 얻어야 한다.
③ 甲회사는 주주총회 소집통지를 발송할 때 A의 주주제안이유와 의안의 요령을 소집통지서에 기재하여야 한다.
④ A의 주주제안을 받은 甲회사의 이사회는 주주제안의 내용이 법령 또는 정관을 위반하는 경우와 대통령령으로 정하는 경우를 제외하고는 이를 주주총회의 목적사항으로 하여야 한다.
⑤ 임기 중에 있는 임원의 해임에 관한 사항은 이사가 주주제안을 거부할 수 있는 사유에 해당하므로 甲회사는 이사 乙의 해임에 관한 A의 주주제안은 거부할 수 있다.

① 비상장회사의 주주가 제안권을 행사하기 위해서는 주총회일의 6주전에 서면 또는 전자문서로 제안하여야 한다. 2월 10일에 제안을 한다면 3월 20일에 개최되는 주주총회의 38일 전이므로 6주 전이라는 요건을 충족하지 못한다.

> **제363조의2(주주제안권)** ① 의결권없는 주식을 제외한 발행주식총수의 100분의 3 이상에 해당하는 주식을 가진 주주는 이사에게 주주총회일(정기주주총회의 경우 직전 연도의 정기주주총회일에 해당하는 그 해의 해당일. 이하 이 조에서 같다)의 6주 전에 서면 또는 전자문서로 일정한 사항을 주주총회의 목적사항으로 할 것을 제안(이하 '주주제안'이라 한다)할 수 있다.

② 주주제안한 자의 청구가 있으면 설명기회를 주어야 한다. 즉 이사회의 승인을 요하지 않는다.

> **제363조의2(주주제안권)**
> ③ 이사는 제1항에 의한 주주제안이 있는 경우에는 이를 이사회에 보고하고, 이사회는 주주제안의 내용이 법령 또는 정관을 위반하는 경우와 그 밖에 대통령령으로 정하는 경우를 제외하고는 이를 주주총회의 목적사항으로 하여야 한다. 이 경우 주주제안을 한 자의 청구가 있는 때에는 주주총회에서 당해 의안을 설명할 기회를 주어야 한다.

③ 주주제안시 의안의 요령은 소집통지서에 기재하나 주주제안이유는 기재대상이 아니다. 주주제안이유에 대해서는 설명할 기회를 제공하면 충분하다.

> **제363조의2 (주주제안권)**
> ② 제1항의 주주는 이사에게 주주총회일의 6주 전에 서면 또는 전자문서로 회의의 목적으로 할 사항에 추가하여 당해 주주가 제출하는 의안의 요령을 제363조에서 정하는 통지에 기재할 것을 청구할 수 있다.

④ 주주제안을 거부할 수 있는 사유는 (ⅰ) 법령 또는 정관에 위배되는 경우, (ⅱ) 대통령령으로 정하는 경우

> **제363조의2(주주제안권)**
> ③ 이사는 제1항에 의한 주주제안이 있는 경우에는 이를 이사회에 보고하고, 이사회는 주주제안의 내용이 법령 또는 정관을 위반하는 경우와 그 밖에 대통령령으로 정하는 경우를 제외하고는 이를 주주총회의 목적사항으로 하여야 한다. 이 경우 주주제안을 한 자의 청구가 있는 때에는 주주총회에서 당해 의안을 설명할 기회를 주어야 한다.

⑤ 상장회사의 경우에만 임원해임제안에 대해서 거부가 가능하다.

> **제12조(주주제안의 거부)** 법 제363조의2제3항 전단에서 "대통령령으로 정하는 경우"란 주주제안의 내용이 다음 각 호의 어느 하나에 해당하는 경우를 말한다.
> 1. 주주총회에서 의결권의 100분의 10 미만의 찬성밖에 얻지 못하여 부결된 내용과 같은 내용의 의안을 부결된 날부터 3년 내에 다시 제안하는 경우
> 2. 주주 개인의 고충에 관한 사항인 경우
> 3. 주주가 권리를 행사하기 위하여 일정 비율을 초과하는 주식을 보유해야 하는 소수주주권에 관한 사항인 경우
> 4. 임기 중에 있는 임원의 해임에 관한 사항[법 제542조의2제1항에 따른 상장회사(이하 "상장회사"라 한다) 만 해당한다]인 경우
> 5. 회사가 실현할 수 없는 사항 또는 제안 이유가 명백히 거짓이거나 특정인의 명예를 훼손하는 사항인 경우

110

상법상 주주제안권에 관한 설명으로 틀린 것은?

① 비상장회사의 경우 주주제안권자는 의결권 없는 주식을 제외한 발행주식총수의 100분의 3 이상에 해당하는 주식을 보유한 주주이다.
② 상장회사의 경우 의결권 없는 주식을 제외한 발행주식총수의 100분의 3 이상에 해당하는 주식을 6개월 미만의 기간동안 보유하고 있는 주주는 주주제안권을 가진다.
③ 주주제안권을 가진 자는 이사에게 주주총회일의 6주 전에 서면 또는 전자문서로 제안 사항을 주주총회의 목적사항으로 할 것과 당해 주주가 제출하는 의안의 요령을 주주총회 소집통지에 기재할 것을 청구할 수 있다.
④ 이사회는 주주제안의 내용이 법령에 위반하지 않는 한 이를 주주총회 목적사항으로 하여야 한다.
⑤ 적법하게 주주제안을 한 자의 청구가 있는 때에는 주주총회에서 당해 의안을 설명할 기회를 주어야 한다.

••••••••••••••••••••••

① (i) 소수주주(지분비율 3/100 이상)에게만 인정하며, (ii) 이 경우 지분비율을 계산함에 있어 의결권 없는 주식은 제외한다(제/집/감/통/주/선//제외).

> **제363조의2(주주제안권)** ① 의결권없는 주식을 제외한 발행주식총수의 100분의 3 이상에 해당하는 주식을 가진 주주는 이사에게 주주총회일(정기주주총회의 경우 직전 연도의 정기주주총회일에 해당하는 그 해의 해당일. 이하 이 조에서 같다)의 6주 전에 서면 또는 전자문서로 일정한 사항을 주주총회의 목적사항으로 할 것을 제안(이하 '株主提案'이라 한다)할 수 있다.

② 상장회사의 주주는 주주제안권을 행사할 때 '상장회사 특례규정에 따른 주주제안권 행사요건'과 '일반규정에 따른 주주제안권' 중에서 자기에게 유리한 것을 선택적으로 주장할 수 있다.

> **제542조의6(소수주주권)** ② 6개월 전부터 계속하여 상장회사의 의결권 없는 주식을 제외한 발행주식총수의 1천분의 10(대통령령으로 정하는 상장회사의 경우에는 1천분의 5) 이상에 해당하는 주식을 보유한 자는 제363조의2(제542조에서 준용하는 경우를 포함한다)에 따른 주주의 권리를 행사할 수 있다.
> ⑩ 제1항부터 제7항까지는 제542조의2제2항에도 불구하고 이 장의 다른 절에 따른 소수주주권의 행사에 영향을 미치지 아니한다.
> **제363조의2(주주제안권)** ① 의결권없는 주식을 제외한 발행주식총수의 100분의 3 이상에 해당하는 주식을 가진 주주는 이사에게 주주총회일(정기주주총회의 경우 직전 연도의 정기주주총회일에 해당하는 그 해의 해당일. 이하 이 조에서 같다)의 6주 전에 서면 또는 전자문서로 일정한 사항을 주주총회의 목적사항으로 할 것을 제안(이하 '株主提案'이라 한다)할 수 있다.

③ 옳은 내용이다.

> **제363조의2(주주제안권)** ① 의결권없는 주식을 제외한 발행주식총수의 100분의 3 이상에 해당하는 주식을 가진 주주는 이사에게 주주총회일(정기주주총회의 경우 직전 연도의 정기주주총회일에 해당하는 그 해의 해당일. 이하 이 조에서 같다)의 6주 전에 서면 또는 전자문서로 일정한 사항을 주주총회의 목적사항으로 할 것을 제안(이하 '株主提案'이라 한다)할 수 있다. 〈개정 2009. 1. 30.〉
> ② 제1항의 주주는 이사에게 주주총회일의 6주 전에 서면 또는 전자문서로 회의의 목적으로 할 사항에 추가하여 당해 주주가 제출하는 의안의 요령을 제363조에서 정하는 통지에 기재할 것을 청구할 수 있다.

110 ④

④ 법령 위반 뿐만 아니라 정관 위반 또는 대통령령으로 정하는 경우에도 주주총회의 목적사항으로 하지 않을 수 있으므로 「법령에 위반하지 않는 한」이라고 표현한 부분이 틀렸다.

> **제363조의2(주주제안권)** ① 의결권없는 주식을 제외한 발행주식총수의 100분의 3 이상에 해당하는 주식을 가진 주주는 이사에게 주주총회일(정기주주총회의 경우 직전 연도의 정기주주총회일에 해당하는 그 해의 해당일. 이하 이 조에서 같다)의 6주 전에 서면 또는 전자문서로 일정한 사항을 주주총회의 목적사항으로 할 것을 제안(이하 '주주제안'이라 한다)할 수 있다. 〈개정 2009.1.30〉
> ③ 이사는 제1항에 의한 주주제안이 있는 경우에는 이를 이사회에 보고하고, <u>이사회는 주주제안의 내용이 법령 또는 정관을 위반하는 경우와 그 밖에 대통령령으로 정하는 경우를 제외하고는 이를 주주총회의 목적사항으로 하여야 한다.</u> 이 경우 주주제안을 한 자의 청구가 있는 때에는 주주총회에서 당해 의안을 설명할 기회를 주어야 한다.

⑤ 주주제안을 한 주주가 청구한 때에는 반드시 당해 의안을 설명할 기회를 주어야 한다.

> **제363조의2(주주제안권)** ③ 이사는 제1항에 의한 주주제안이 있는 경우에는 이를 이사회에 보고하고, 이사회는 주주제안의 내용이 법령 또는 정관을 위반하는 경우와 그 밖에 대통령령으로 정하는 경우를 제외하고는 이를 주주총회의 목적사항으로 하여야 한다. <u>이 경우 주주제안을 한 자의 청구가 있는 때에는 주주총회에서 당해 의안을 설명할 기회를 주어야 한다.</u>

TOPIC 18 • 주주의 의결권

111
상법상 의결권 없는 주식을 가진 주주에게 인정되지 <u>않는</u> 것은?

① 주주제안권의 행사
② 결의취소의 소의 제기
③ 이사의 위법행위에 대한 유지청구
④ 분할계획서를 승인하는 주주총회에서의 의결권 행사
⑤ 유한회사로의 조직변경을 위한 주주총회에서의 의결권 행사

••••••••••••••••••••••••

① 주주제안권은 의결권 없는 주주에게는 인정되지 않는다. 의결권 없는 주주를 제외하는 경우로 (ⅰ)주주제안권(제363조의2), (ⅱ) 집중투표(제382의2 제1항, 제542의7 제2항, 제3항), (ⅲ) 감사선임시 3% 제한(제409조 제2항), (ⅳ) 주주총회 소집통지(제363조 제7항), (ⅴ) 10% 주요주주 판단(제542의8 제2항 제6호), (ⅵ) 주식매수선택권 부여 금지대상(제340조의 2 제2항 제1호) 등이 있다. "제/집/감/통/주/선/제외"로 정리하자.

> **제363조의2(주주제안권)** ① <u>의결권없는 주식을 제외한</u> 발행주식총수의 100분의 3 이상에 해당하는 주식을 가진 주주는 이사에게 주주총회일(정기주주총회의 경우 직전 연도의 정기주주총회일에 해당하는 그 해의 해당일. 이하 이 조에서 같다)의 6주 전에 서면 또는 전자문서로 일정한 사항을 주주총회의 목적사항으로 할 것을 제안(이하 '株主提案'이라 한다)할 수 있다.
> ② 제1항의 주주는 이사에게 주주총회일의 6주 전에 서면 또는 전자문서로 회의의 목적으로 할 사항에 추가하여 당해 주주가 제출하는 의안의 요령을 제363조에서 정하는 통지에 기재할 것을 청구할 수 있다.
> ③ 이사는 제1항에 의한 주주제안이 있는 경우에는 이를 이사회에 보고하고, 이사회는 주주제안의 내용이 법령 또는 정관을 위반하는 경우와 그 밖에 대통령령으로 정하는 경우를 제외하고는 이를 주주총회의 목적사항으로 하여야 한다. 이 경우 주주제안을 한 자의 청구가 있는 때에는 주주총회에서 당해 의안을 설명할 기회를 주어야 한다.

② 의결권 없는 주주에게도 주총결의 취소소송의 제소권이 인정된다고 본다.

> **제376조(결의취소의 소)** ① 총회의 소집절차 또는 결의방법이 법령 또는 정관에 위반하거나 현저하게 불공정한 때 또는 그 결의의 내용이 정관에 위반한 때에는 <u>주주</u>·이사 또는 감사는 결의의 날로부터 2월내에 결의취소의 소를 제기할 수 있다.

③ 의결권 없는 주주에게도 위법행위 유지청구권이 인정된다.

> **제402조(유지청구권)** 이사가 법령 또는 정관에 위반한 행위를 하여 이로 인하여 회사에 회복할 수 없는 손해가 생길 염려가 있는 경우에는 감사 또는 <u>발행주식의 총수의 100분의 1 이상에 해당하는 주식을 가진 주주</u>는 회사를 위하여 이사에 대하여 그 행위를 유지할 것을 청구할 수 있다.

④ 의결권 없는 주주에게도 (합병의 경우와는 달리) 분할결의에서 의결권이 인정된다. 「정/종/창/총/<u>분</u>/행사」로 정리하자.

> **제530조의3(분할계획서·분할합병계약서의 승인)** ① 회사가 분할 또는 분할합병을 하는 때에는 분할계획서 또는 분할합병계약서를 작성하여 주주총회의 승인을 얻어야 한다.

111 ①

② 제1항의 승인결의는 제434조의 규정에 의하여야 한다.
③ 제2항의 결의에 관하여는 제344조의3제1항에 따라 의결권이 배제되는 주주도 의결권이 있다.

⑤ 의결권 없는 주주를 포함한 총주주의 동의를 요한다.

제604조(주식회사의 유한회사에의 조직변경) ① 주식회사는 총주주의 일치에 의한 총회의 결의로 그 조직을 변경하여 이를 유한회사로 할 수 있다. 그러나 사채의 상환을 완료하지 아니한 경우에는 그러하지 아니하다.

112

甲주식회사의 주주총회결의와 관련하여 주주가 의결권을 행사할 수 있는지 여부에 관한 상법상 설명으로 틀린 것은?

① 주주 A는 자신이 개인적으로 운영하는 영업을 甲회사가 양수하는 것을 승인하기 위한 주주총회결의에서 의결권을 행사할 수 없다.
② 주주이자 이사인 B는 자신의 이사직 수행에 대한 보수액을 결정하기 위한 주주총회결의에서 의결권을 행사할 수 있다.
③ 주주 C를 이사로 선임하기 위한 주주총회결의에서 C는 의결권을 행사할 수 있다.
④ 판례에 의하면 정관에 대리인의 자격을 주주로 한정하고 있어도 주주인 乙회사의 피용자는 乙회사의 의결권을 대리행사 할 수 있다.
⑤ 주주이자 이사인 B를 이사직에서 해임하기 위한 주주총회결의에서 B는 의결권을 행사할 수 있다.

••••••••••••••••••••••••

① 특별이해관계란 특정한 주주가 주주의 지위를 떠나 개인으로서 갖는 경제적 이해관계를 뜻한다. 영업양수도는 주주의 재산적 이익과 관련되어 있으므로 이 경우 A는 특별이해관계인에 해당한다.

제368조(총회의 결의방법과 의결권의 행사) ① 총회의 결의는 이 법 또는 정관에 다른 정함이 있는 경우를 제외하고는 출석한 주주의 의결권의 과반수와 발행주식총수의 4분의 1 이상의 수로써 하여야 한다.
② 주주는 대리인으로 하여금 그 의결권을 행사하게 할 수 있다. 이 경우에는 그 대리인은 대리권을 증명하는 서면을 총회에 제출하여야 한다.
③ 총회의 결의에 관하여 특별한 이해관계가 있는 자는 의결권을 행사하지 못한다.

② 주주이자 동시에 이사인 자의 이사로서의 보수를 정하는 결의에 대해서 해당 주주는 특별이해관계인에 해당한다.
③, ⑤ 주주의 지위에서 회사지배에 관련되는 결의(예컨대 이사 선·해임결의)에 대해서는 특별이해관계인에 해당하지 않는다. 이러한 경우에도 의결권을 행사할 수 없다면 대주주일수록 오히려 회사의 경영에 참가하는 것이 어려워져서 불합리한 결과가 되기 때문이다.
④ 주주의 대리인의 자격을 주주로 제한하는 정관 자체는 유효하나, 이 경우 주주인 국가, 지방공공단체 또는 주식회사 소속의 공무원, 직원 또는 피용자 등이 주주를 위한 대리인으로서 의결권을 대리행사하는 것은 허용된다는 것이 판례의 태도이다.

112 ②

> **관련판례**
>
> [대법원 2009.4.23. 선고, 2005다20701, 판결]
> 상법 제368조 제3항의 규정은 주주의 대리인의 자격을 제한할 만한 합리적인 이유가 있는 경우 정관의 규정에 의하여 상당하다고 인정되는 정도의 제한을 가하는 것까지 금지하는 취지는 아니라고 해석되는 바, 대리인의 자격을 주주로 한정하는 취지의 주식회사의 정관 규정은 주주총회가 주주 이외의 제3자에 의하여 교란되는 것을 방지하여 회사 이익을 보호하는 취지에서 마련된 것으로서 합리적인 이유에 의한 상당한 정도의 제한이라고 볼 수 있으므로 이를 무효라고 볼 수는 없다. 그런데 위와 같은 정관규정이 있다 하더라도 주주인 국가, 지방공공단체 또는 주식회사 등이 그 소속의 공무원, 직원 또는 피용자 등에게 의결권을 대리행사하도록 하는 때에는 특별한 사정이 없는 한 그들의 의결권 행사에는 주주 내부의 의사결정에 따른 대표자의 의사가 그대로 반영된다고 할 수 있고 이에 따라 주주총회가 교란되어 회사 이익이 침해되는 위험은 없는 반면에, 이들의 대리권 행사를 거부하게 되면 사실상 국가, 지방공공단체 또는 주식회사 등의 의결권 행사의 기회를 박탈하는 것과 같은 부당한 결과를 초래할 수 있으므로, 주주인 국가, 지방공공단체 또는 주식회사 소속의 공무원, 직원 또는 피용자 등이 그 주주를 위한 대리인으로서 의결권을 대리행사하는 것은 허용되어야 하고 이를 가리켜 정관 규정에 위반한 무효의 의결권 대리행사라고 할 수는 없다.

113

상법상 주주총회의 의결권의 대리행사에 관한 설명으로 틀린 것은?

① 회사는 보유하고 있는 자기주식의 의결권을 대리인에게 위임하고 대리행사하게 할 수 있다.
② 주주는 임의로 의결권의 대리권을 수여한 경우라도 총회의 결의가 있기 전까지는 언제든지 대리권의 수여를 철회할 수 있다.
③ 회사가 의결권대리행사의 권유자가 아닌 경우 대리인은 주주의 명시된 의사와 달리 의결권을 행사하거나 기권하더라도 주주에 대해 손해배상책임을 질 뿐 주주총회결의의 효력에는 영향을 미치지 않는다.
④ 판례에 따르면 의결권의 대리행사를 수여받은 대리인은 본인의 반대의 의사표시가 없는 한 제3자에게 의결권의 행사를 다시 위임할 수 있다.
⑤ 판례에 따르면 주주의 대리인이 총회에 제출하여야 하는 대리권을 증명하는 서면은 원본이어야 하고 특별한 사정이 없는 한 사본은 그러한 서면에 해당하지 않는다.

• •

① 자기주식은 의결권이 없고 대리행사도 허용하지 않는다(전면적 휴지설).

> **제369조(의결권)** ① 의결권은 1주마다 1개로 한다.
> ② 회사가 가진 자기주식은 의결권이 없다.

② 대리권의 수여가 주주의 의결권을 상실하게 하는 것이 아니다.

> **관련판례**
>
> [대법원 2002.12.24. 선고, 2002다54691, 판결]
> 주주가 일정기간 주주권을 포기하고 타인에게 주주로서의 의결권 행사권한을 위임하기로 약정한 사정만으로는 그 주주가 주주로서의 의결권을 직접 행사할 수 없게 되었다고 볼 수 없다.

113 ①

③ 대리인이 본인으로부터 수권받은 취지에 반하여 법률행위를 하더라도 (본인에 대한 손해배상책임은 별론으로 하고) 그 효력은 본인에게 미친다.
④ 일종의 복대리에 해당한다.

> **관련판례**
>
> **[대법원 2009.04.23. 선고, 2005다22701, 판결]**
> 구 증권업감독규정(2001. 10. 4. 금융감독위원회 공고 제2001-72호로 개정되기 전의 것) 제7-16조 제1항은 외국인은 보관기관 중에서 상임대리인을 선임할 수 있고 선임한 상임대리인 이외의 자로 하여금 본인을 위하여 취득유가증권의 권리행사 기타 이와 관련된 사항 등을 대리 또는 대행하게 하지 못한다고 규정하고 있다. 이는 외국인이 상임대리인을 선임하여 놓고도 수시로 상임대리인 이외의 자로 하여금 취득유가증권의 권리행사를 하도록 할 경우 발생할 수 있는 혼란을 피하기 위하여 마련된 규정이라고 해석되므로, 외국인 주주가 상임대리인이 아닌 다른 자에게 의결권 행사를 위임하는 것이 아니라, 외국인 주주로부터 의결권 행사를 위임받은 상임대리인이 제3자에게 그 의결권 행사를 재위임하는 것은 위 규정에 의하여 금지된다고 볼 수 없다. 그리고 <u>대리의 목적인 법률행위의 성질상 대리인 자신에 의한 처리가 필요하지 아니한 경우에는 본인이 복대리금지의 의사를 명시하지 아니하는 한 복대리인의 선임에 관하여 묵시적인 승낙이 있는 것으로 보는 것이 타당하므로, 외국인 주주로부터 의결권 행사를 위임받은 상임대리인은 특별한 사정이 없는 한 그 의결권 행사의 취지에 따라 제3자에게 그 의결권의 대리행사를 재위임할 수 있다.</u>

⑤ 옳은 내용이다.

> **관련판례**
>
> **[대법원 2004.04.27. 선고, 2003다29616, 판결]**
> 상법 제368조 제3항의 규정은 대리권의 존부에 관한 법률관계를 명확히 하여 주주총회 결의의 성립을 원활하게 하기 위한 데 그 목적이 있다고 할 것이므로 <u>대리권을 증명하는 서면은 위조나 변조 여부를 쉽게 식별할 수 있는 원본이어야 하고, 특별한 사정이 없는 한 사본은 그 서면에 해당하지 아니하고, 팩스를 통하여 출력된 팩스본 위임장 역시 성질상 원본으로 볼 수 없다.</u>

114

A는 甲주식회사 발행주식총수의 35%, A의 아들 B는 1%를 보유하고 있는 주주이다. A는 이사선임을 위한 정기주주총회에 참석할 수 없게 되자 B로 하여금 의결권을 대리행사하도록 하였다. 한편 甲회사 정관에는 대리인 자격에 관한 아무런 제한 규정을 두지 않고 있다. 상법상 다음의 설명 중 옳은 것은? (이견이 있으면 판례에 의함)

① A가 B에게 의결권의 대리행사를 위임하면서 명시적인 반대의 의사표시가 없는 한 B는 C에게 다시 의결권의 대리행사를 위임할 수 있다.
② A가 총회의 결의에 관하여 특별한 이해관계가 있는 경우에도 B는 의결권의 대리행사를 할 수 있다.
③ A는 B에게 대리권을 수여한 이상 총회에 출석하여 의결권을 행사할 수 없다.
④ A는 B에게 D후보자에게 찬성투표하도록 하였으나 B는 E에게 찬성투표하여 E가 이사로 선임된 경우 A는 결의방법에 중대한 하자를 이유로 주주총회 결의의 효력을 다툴 수 있다.
⑤ 만일 B가 甲회사의 주주가 아니라면 A의 의결권 행사를 위한 대리인으로 선임될 수 없다.

114 ①

① 의결권의 재위임, 즉 복대리는 가능하다.

> **관련판례**
>
> **[대법원 2009.4.23. 선고, 2005다22701,22718, 판결]**
> 구 증권업감독규정(2001. 10. 4. 금융감독위원회 공고 제2001-72호로 개정되기 전의 것) 제7-16조 제1항은 외국인은 보관기관 중에서 상임대리인을 선임할 수 있고 선임한 상임대리인 이외의 자로 하여금 본인을 위하여 취득유가증권의 권리행사 기타 이와 관련된 사항 등을 대리 또는 대행하게 하지 못한다고 규정하고 있다. 이는 외국인이 상임대리인을 선임하여 놓고도 수시로 상임대리인 이외의 자로 하여금 취득유가증권의 권리행사를 하도록 할 경우 발생할 수 있는 혼란을 피하기 위하여 마련된 규정이라고 해석되므로, 외국인 주주가 상임대리인이 아닌 다른 자에게 의결권 행사를 위임하는 것이 아니라, 외국인 주주로부터 의결권 행사를 위임받은 상임대리인이 제3자에게 그 의결권 행사를 재위임 하는 것은 위 규정에 의하여 금지된다고 볼 수 없다. 그리고 대리의 목적인 법률행위의 성질상 대리인 자신에 의한 처리가 필요하지 아니한 경우에는 본인이 복대리금지의 의사를 명시하지 아니하는 한 복대리인의 선임에 관하여 묵시적인 승낙이 있는 것으로 보는 것이 타당하므로, 외국인 주주로부터 의결권 행사를 위임받은 상임대리인은 특별한 사정이 없는 한 그 의결권 행사의 취지에 따라 제3자에게 그 의결권의 대리행사를 재위임할 수 있다.

② 특별이해관계 있는 의결권의 대리행사는 허용하지 않는다.
③ 철회 후 직접 행사할 수 있다.

> **관련판례**
>
> **[대법원 2002.12.24. 선고, 2002다54691, 판결]**
> 주주가 일정기간 주주권을 포기하고 타인에게 주주로서의 의결권 행사권한을 위임하기로 약정한 사정만으로는 그 주주가 주주로서의 의결권을 직접 행사할 수 없게 되었다고 볼 수 없다.

④ 대리인의 법률행위는 본인의 의사에 반했는지와 무관하게 본인에게 효력이 미친다. 다만, 대리인은 주주 본인에 대하여 책임이 있다.
⑤ 대리인 자격에 특별한 제한이 없으므로 가능하다. 다만 정관으로 대리인의 자격을 주주로 제한하는 것은 가능하다.

115
상법상 주주총회에서의 의결권 행사방법에 관한 설명으로 틀린 것은?

① 주주는 정관이 정한 바에 따라 총회에 출석하지 아니하고 서면에 의하여 의결권을 행사할 수 있다.
② 회사는 이사회의 결의로 주주가 총회에 출석하지 아니하고 전자적 방법으로 의결권을 행사할 수 있음을 정할 수 있다.
③ 주주가 의결권을 불통일행사하려면 주주총회일의 3일전에 회사에 대하여 서면 또는 전자문서로 그 뜻과 이유를 통지하여야 한다.
④ 자본금 총액이 10억원 미만인 회사는 주주 전원의 동의가 있을 경우에는 서면에 의한 결의로써 주주총회의 결의를 갈음할 수 있다.
⑤ 대리인이 의결권을 대리행사하려면 정관에 이를 허용하는 규정이 있어야 하고 대리권을 증명하는 서면을 총회에 제출하여야 한다.

115 ⑤

① 서면에 의한 의결권 행사(서면투표)는 정관 규정을 요한다.

> **제368조의3(서면에 의한 의결권의 행사)** ① 주주는 정관이 정한 바에 따라 총회에 출석하지 아니하고 서면에 의하여 의결권을 행사할 수 있다.
> ② 회사는 총회의 소집통지서에 주주가 제1항의 규정에 의한 의결권을 행사하는데 필요한 서면과 참고자료를 첨부하여야 한다.

② 전자적 방법에 의한 의결권 행사(전자투표)는 이사회 결의가 있으면 가능하다.

> **제368조의4(전자적 방법에 의한 의결권의 행사)** ① 회사는 이사회의 결의로 주주가 총회에 출석하지 아니하고 전자적 방법으로 의결권을 행사할 수 있음을 정할 수 있다.

③ 옳은 내용이다.

> **제368조의2(의결권의 불통일행사)** ① 주주가 2 이상의 의결권을 가지고 있는 때에는 이를 통일하지 아니하고 행사할 수 있다. 이 경우 주주총회일의 3일전에 회사에 대하여 서면 또는 전자문서로 그 뜻과 이유를 통지하여야 한다.
> ② 주주가 주식의 신탁을 인수하였거나 기타 타인을 위하여 주식을 가지고 있는 경우외에는 회사는 주주의 의결권의 불통일행사를 거부할 수 있다.

④ 서면결의가 가능한 경우는 (ⅰ) 1인회사, (ⅱ) 소규모 주식회사에서 주주 전원의 동의, (ⅲ) 유한회사에서 총사원의 동의의 3가지이다.

> **제363조(소집의 통지)** ① 주주총회를 소집할 때에는 주주총회일의 2주 전에 각 주주에게 서면으로 통지를 발송하거나 각 주주의 동의를 받아 전자문서로 통지를 발송하여야 한다. 다만, 그 통지가 주주명부상 주주의 주소에 계속 3년간 도달하지 아니한 경우에는 회사는 해당 주주에게 총회의 소집을 통지하지 아니할 수 있다.
> ② 제1항의 통지서에는 회의의 목적사항을 적어야 한다.
> ③ 제1항에도 불구하고 자본금 총액이 10억원 미만인 회사가 주주총회를 소집하는 경우에는 주주총회일의 10일 전에 각 주주에게 서면으로 통지를 발송하거나 각 주주의 동의를 받아 전자문서로 통지를 발송할 수 있다.
> ④ 자본금 총액이 10억원 미만인 회사는 주주 전원의 동의가 있을 경우에는 소집절차 없이 주주총회를 개최할 수 있고, 서면에 의한 결의로써 주주총회의 결의를 갈음할 수 있다. 결의의 목적사항에 대하여 주주 전원이 서면으로 동의를 한 때에는 서면에 의한 결의가 있는 것으로 본다.

⑤ 의결권의 대리행사에 관한 규정은 상법상 강행규정이다. 정관의 규정이 필요한 것도 아니고, 정관규정이나 주총 결의·이사회 결의 어느 것으로도 이를 배제 또는 제한할 수 없다. 다만 대리인의 자격을 주주 등으로 제한할 수 있을 뿐이다.

> **제368조(총회의 결의방법과 의결권의 행사)** ① 총회의 결의는 이 법 또는 정관에 다른 정함이 있는 경우를 제외하고는 출석한 주주의 의결권의 과반수와 발행주식총수의 4분의 1 이상의 수로써 하여야 한다.
> ② 주주는 대리인으로 하여금 그 의결권을 행사하게 할 수 있다. 이 경우에는 그 대리인은 대리권을 증명하는 서면을 총회에 제출하여야 한다.
> ③ 총회의 결의에 관하여 특별한 이해관계가 있는 자는 의결권을 행사하지 못한다.

116

상법상 주주총회의 의결권 행사에 관한 설명으로 틀린 것은?

① 판례에 의하면 의결권 대리행사에 있어서 대리권을 증명하는 서면은 특별한 사정이 없는 한 원본이어야 한다.
② 판례에 의하면 주주가 총회일 3일 전부터 총회일 전일까지 의결권 불통일행사의 뜻과 이유를 통지한 경우 회사는 총회운영에 지장이 없다고 판단하면 그 불통일행사를 허용할 수 있다.
③ 회사가 서면투표 방식 또는 전자투표 방식을 도입하고자 할 경우 서면투표는 정관에 규정을 두어야 하지만 전자투표는 정관에 규정이 없더라도 이사회 결의로 이를 채택할 수 있다.
④ 회사가 전자투표에 의한 의결권행사를 정한 경우 회사는 주주에게 의결권행사에 필요한 양식과 참고자료를 전자적 방법으로 제공하여야 한다.
⑤ 회사가 서면투표 방식과 전자투표 방식을 모두 허용하고 있는 경우 주주는 동일한 주식에 관하여 의결권을 행사할 때에 이 두가지 방식을 동시에 사용하여야 한다.

••••••••••••••••••••••

① 옳은 내용이다.

> **관련판례**
>
> [대법원 2004.4.27, 선고, 2003다29616, 판결]
> 상법 제368조 제3항의 규정은 대리권의 존부에 관한 법률관계를 명확히 하여 주주총회 결의의 성립을 원활하게 하기 위한 데 그 목적이 있다고 할 것이므로 대리권을 증명하는 서면은 위조나 변조 여부를 쉽게 식별할 수 있는 원본이어야 하고, 특별한 사정이 없는 한 사본은 그 서면에 해당하지 아니하고, 팩스를 통하여 출력된 팩스본 위임장 역시 성질상 원본으로 볼 수 없다.

② 의결권 불통일행사의 통지시기를 주총 3일전으로 규정한 것은 회사의 이익을 보호하기 위한 것이다. 따라서 3일의 요건을 충족하지 못한 경우에도 회사가 이를 승인하면 문제될 것이 없다.

> **관련판례**
>
> [대법원 2009.4.23, 선고, 2005다22701, 판결]
> 상법 제368조의2 제1항은 "주주가 2 이상의 의결권을 가지고 있는 때에는 이를 통일하지 아니하고 행사할 수 있다. 이 경우 회일의 3일 전에 회사에 대하여 서면으로 그 뜻과 이유를 통지하여야 한다"고 규정하고 있는바, 여기서 3일의 기간이라 함은 의결권의 불통일행사가 행하여지는 경우에 회사 측에 그 불통일행사를 거부할 것인가를 판단할 수 있는 시간적 여유를 주고, 회사의 총회 사무운영에 지장을 주지 아니하도록 하기 위하여 부여된 기간으로서, 그 불통일행사의 통지는 주주총회 회일의 3일 전에 회사에 도달할 것을 요한다. 다만, 위와 같은 3일의 기간이 부여된 취지에 비추어 보면, 비록 불통일행사의 통지가 주주총회 회일의 3일 전이라는 시한보다 늦게 도착하였다고 하더라도 회사가 스스로 총회운영에 지장이 없다고 판단하여 이를 받아들이기로 하고 이에 따라 의결권의 불통일행사가 이루어진 것이라면, 그것이 주주평등의 원칙을 위반하거나 의결권 행사의 결과를 조작하기 위하여 자의적으로 이루어진 것이라는 등의 특별한 사정이 없는 한, 그와 같은 의결권의 불통일행사를 위법하다고 볼 수는 없다.

③ 서면투표는 주주총회 현장출석에 대한 예외이므로 정관의 규정을 요하지만, 전자투표는 주주총회 현장출석의 연장이므로 이사회 승인만으로 충분하다. 「서정/전이」로 정리하자.

> 제368조의3(서면에 의한 의결권의 행사) ① 주주는 정관이 정한 바에 따라 총회에 출석하지 아니하고 서면에 의하여 의결권을 행사할 수 있다.

116 ⑤

제368조의4(전자적 방법에 의한 의결권의 행사) ① 회사는 이사회의 결의로 주주가 총회에 출석하지 아니하고 전자적 방법으로 의결권을 행사할 수 있음을 정할 수 있다.

④ 서면투표의 경우에 의결권행사에 필요한 양식과 참고자료를 우편으로 동봉하여야 하는 것과 마찬가지 논리이다.

제368조의4(전자적 방법에 의한 의결권의 행사) ③ 회사가 제1항에 따라 전자적 방법에 의한 의결권행사를 정한 경우에 주주는 주주 확인절차 등 대통령령으로 정하는 바에 따라 의결권을 행사하여야 한다. 이 경우 회사는 의결권행사에 필요한 양식과 참고자료를 주주에게 전자적 방법으로 제공하여야 한다.

⑤ 둘 중에 하나만 선택하여야 한다.

제368조의4(전자적 방법에 의한 의결권의 행사) ④ 동일한 주식에 관하여 제1항 또는 제368조의3제1항에 따라 의결권을 행사하는 경우 전자적 방법 또는 서면 중 어느 하나의 방법을 선택하여야 한다.

117

상법상 주주의 의결권에 관한 설명으로 틀린 것은?

① 주주는 정관이 정한 바에 따라 총회에 출석하지 아니하고 서면에 의하여 의결권을 행사할 수 있다.
② 주주가 주식의 신탁을 인수한 경우에 회사는 의결권의 불통일행사를 거부할 수 있다.
③ 주주는 대리인이 자신의 대리권을 증명하는 서면을 주주총회에 제출함으로써 대리인으로 하여금 의결권을 행사하게 할 수 있다.
④ 회사는 이사회의 결의로 주주가 주주총회에 출석하지 아니하고 전자적 방법으로 의결권을 행사할 수 있음을 정할 수 있다.
⑤ 자본금 총액 10억원 미만인 회사는 주주 전원의 동의가 있을 경우에는 서면결의로써 주주총회의 결의를 갈음할 수 있다.

••••••••••••••••••••••

① 서면에 의한 의결권 행사는 정관규정이 있어야 가능하다.

제368조의3(서면에 의한 의결권의 행사) ① 주주는 정관이 정한 바에 따라 총회에 출석하지 아니하고 서면에 의하여 의결권을 행사할 수 있다.
② 회사는 총회의 소집통지서에 주주가 제1항의 규정에 의한 의결권을 행사하는데 필요한 서면과 참고자료를 첨부하여야 한다.

② 주주가 주식의 신탁을 인수하였거나 타인을 위하여 주식을 가지고 있는 경우에는 회사가 주주의 의결권 불통일행사를 거부할 수 없다.

제368조의2(의결권의 불통일행사) ① 주주가 2 이상의 의결권을 가지고 있는 때에는 이를 통일하지 아니하고 행사할 수 있다. 이 경우 주주총회일의 3일전에 회사에 대하여 서면 또는 전자문서로 그 뜻과 이유를 통지하여야 한다.
② 주주가 주식의 신탁을 인수하였거나 기타 타인을 위하여 주식을 가지고 있는 경우 외에는 회사는 주주의 의결권의 불통일행사를 거부할 수 있다.

117 ②

③ 옳은 내용이다.

> **제368조(총회의 결의방법과 의결권의 행사)**
> ② 주주는 대리인으로 하여금 그 의결권을 행사하게 할 수 있다. 이 경우에는 그 <u>대리인은 대리권을 증명하는 서면을 총회에 제출하여야 한다.</u>

④ 전자적 방법에 의한 의결권 행사는 이사회 결의로 정할 수 있다.

> **제368조의4(전자적 방법에 의한 의결권의 행사)** ① 회사는 <u>이사회의 결의로</u> 주주가 총회에 출석하지 아니하고 전자적 방법으로 의결권을 행사할 수 있음을 정할 수 있다.

⑤ 옳은 내용이다.

> **제363조(소집의 통지)**
> ④ <u>자본금 총액이 10억원 미만인 회사는 주주 전원의 동의가 있을 경우에는 소집절차 없이 주주총회를 개최할 수 있고, 서면에 의한 결의로써 주주총회의 결의를 갈음할 수 있다.</u> 결의의 목적사항에 대하여 주주 전원이 서면으로 동의를 한 때에는 서면에 의한 결의가 있는 것으로 본다.

118

상법상 주주총회에서 의결권을 행사할 수 있는 경우에 해당하는 것은? (이견이 있으면 판례에 의함)

① 주권발행 전의 주식의 양도인이 회사에 대하여 양수인으로의 명의개서를 요구하였으나 아직 양수인 앞으로 명의개서가 이루어지지 않은 경우 그 주식양수인
② 주식양수인이 회사에 명의개서를 청구하였으나 회사의 대표이사가 정당한 사유 없이 명의개서를 거절하여 아직 명의개서가 이루어지지 않은 경우 그 주식양수인
③ 주식에 대하여 질권이 설정되고 질권자의 성명과 주소가 주주명부에 기재된 경우 그 질권자
④ 자회사가 다른 회사의 발행주식총수의 10분의 1을 초과하는 주식을 가지고 있는 경우 그 다른 회사가 가지고 있는 모회사의 주식
⑤ 주주총회가 재무제표를 승인한 후 2년 내에 이사의 책임을 추궁하는 결의를 할 때 당해 이사가 주주인 경우

••••••••••••••••••••

① 주식의 양도인은 회사에 대해서 양수인으로의 명의개서를 요구할 수 없다. 따라서 이러한 경우에 회사가 양수인 앞으로 명의개서를 하지 않더라도 명의개서의 '정당거절'이므로 주식양수인은 주주로서의 권리를 행사하지 못한다.

> **관련판례**
>
> **[대법원 2010.10.14. 선고, 2009다89665, 판결]**
> 명의개서청구권은 기명주식을 취득한 자가 회사에 대하여 주주권에 기하여 그 기명주식에 관한 자신의 성명, 주소 등을 주주명부에 기재하여 줄 것을 청구하는 권리로서 기명주식을 취득한 자만이 그 기명주식에 관한 명의개서청구권을 행사할 수 있다. 또한 기명주식의 취득자는 원칙적으로 취득한 기명주식에 관하여 명의개서를 할 것인지 아니면 명의개서 없이 이를 타인에게 처분할 것인지 등에 관하여 자유로이 결정할 권리가 있으므로, <u>주식 양도인은 다른 특별한 사정이 없는 한 회사에 대하여 주식 양수인 명의로 명의개서를</u>

118 ②

하여 달라고 청구할 권리가 없다. 이러한 법리는 주권이 발행되어 주권의 인도에 의하여 기명주식이 양도되는 경우뿐만 아니라, 회사 성립 후 6월이 경과하도록 주권이 발행되지 아니하여 양도인과 양수인 사이의 의사표시에 의하여 기명주식이 양도되는 경우에도 동일하게 적용된다.

② 명의개서가 부당거절된 경우 양수인은 바로 회사에 대하여 주주권을 행사할 수 있다.

관련판례

[대법원 1993.7.13. 선고, 92다40952, 판결]
주식을 양도받은 주식양수인들이 명의개서를 청구하였는데도 위 주식양도에 입회하여 그 양도를 승낙하였고 더구나 그 후 주식양수인들의 주주로서의 지위를 인정한 바 있는 회사의 대표이사가 정당한 사유 없이 그 명의개서를 거절한 것이라면 회사는 그 명의개서가 없음을 이유로 그 양도의 효력과 주식양수인의 주주로서의 지위를 부인할 수 없다.

③ 의결권은 '주주'가 행사하는 권리이다. '질권자'는 설령 등록질권자라고 하더라도 의결권을 행사할 수는 없다.
④ 그 다른 회사가 가지고 있는 모회사의 주식은 의결권이 없다.

제369조(의결권) ③회사, 모회사 및 자회사 또는 자회사가 다른 회사의 발행주식의 총수의 10분의 1을 초과하는 주식을 가지고 있는 경우 그 다른 회사가 가지고 있는 회사 또는 모회사의 주식은 의결권이 없다.

⑤ 재무제표의 승인과 관련하여 주주총회에서 이사의 책임해제를 유보하는 결의를 하는 경우에 당사자인 이사가 동시에 주주라면 이러한 주주는 특별이해관계인에 해당하므로 의결권을 행사하지 못한다.

제450조(이사, 감사의 책임해제) 정기총회에서 전조제1항의 승인을 한 후 2년내에 다른 결의가 없으면 회사는 이사와 감사의 책임을 해제한 것으로 본다. 그러나 이사 또는 감사의 부정행위에 대하여는 그러하지 아니하다.
제368조(총회의 결의방법과 의결권의 행사) ③ 총회의 결의에 관하여 특별한 이해관계가 있는 자는 의결권을 행사하지 못한다.

119

상법상 주주총회에서의 의결권 행사방법에 관한 설명으로 틀린 것은?

① 주주는 정관이 정하는 바에 따라 총회에 출석하지 아니하고 서면에 의하여 의결권을 행사할 수 있다.
② 회사는 정관에 규정이 없더라도 이사회 결의로 주주가 총회에 출석하지 아니하고 전자적 방법으로 의결권을 행사할 수 있음을 정할 수 있다.
③ 판례에 의하면 주주가 타인에게 의결권 행사를 위임하는 경우 구체적이고 개별적인 사항을 특정하여 위임해야 하고 포괄적으로 위임할 수는 없다.
④ 주주의 의결권을 대리행사하고자 하는 자는 대리권을 증명하는 서면을 총회에 제출하여야 한다.
⑤ 판례에 의하면 의결권 불통일행사의 통지가 주주총회일의 3일 전보다 늦게 도착하였더라도 회사가 이를 받아들여 허용한 것이라면 특별한 사정이 없는 한 위법하다고 볼 수는 없다.

119 ③

① 이를 서면투표라 한다. 참고로 서면투표는 (현실로 주주총회를 개최하지 않는) 서면결의와 구별하여야 한다.

> **제368조의3(서면에 의한 의결권의 행사)** ① 주주는 정관이 정한 바에 따라 총회에 출석하지 아니하고 서면에 의하여 의결권을 행사할 수 있다.

② 전자적 방법에 의한 의결권 행사(전자투표)는 이사회 결의가 있으면 가능하다.

> **제368조의4(전자적 방법에 의한 의결권의 행사)** ① 회사는 이사회의 결의로 주주가 총회에 출석하지 아니하고 전자적 방법으로 의결권을 행사할 수 있음을 정할 수 있다.

③ 의결권의 대리행사는 포괄위임도 가능하다.

관련판례

[대법원 2014. 1. 23., 선고, 2013다56839, 판결]
주식회사의 주주는 상법 제368조 제2항에 따라 타인에게 의결권 행사를 위임하거나 대리행사하도록 할 수 있다. 이 경우 의결권의 행사를 구체적이고 개별적인 사항에 국한하여 위임해야 한다고 해석하여야 할 근거는 없고 포괄적으로 위임할 수도 있다.

④ 이러한 서면을 의결권 행사의 '위임장'이라 한다.

> **제368조(총회의 결의방법과 의결권의 행사)** ① 총회의 결의는 이 법 또는 정관에 다른 정함이 있는 경우를 제외하고는 출석한 주주의 의결권의 과반수와 발행주식총수의 4분의 1 이상의 수로써 하여야 한다.
> ② 주주는 대리인으로 하여금 그 의결권을 행사하게 할 수 있다. 이 경우에는 그 대리인은 대리권을 증명하는 서면을 총회에 제출하여야 한다.
> ③ 총회의 결의에 관하여 특별한 이해관계가 있는 자는 의결권을 행사하지 못한다.

⑤ 불통일행사의 통지가 회일의 3일이라는 시한보다 늦게 도착했더라도 회사가 이를 받아들였다면 그 불통일행사는 적법하다는 것이 판례의 태도이다. 3일이라는 기간은 회사의 이익을 보호하기 위한 기간이기 때문이다.

> **제368조의2(의결권의 불통일행사)** ① 주주가 2 이상의 의결권을 가지고 있는 때에는 이를 통일하지 아니하고 행사할 수 있다. 이 경우 주주총회일의 3일전에 회사에 대하여 서면 또는 전자문서로 그 뜻과 이유를 통지하여야 한다.

관련판례

[대법원 2009.4.23, 선고, 2005다22701,22718, 판결]
상법 제368조의2 제1항은 "주주가 2 이상의 의결권을 가지고 있는 때에는 이를 통일하지 아니하고 행사할 수 있다. 이 경우 회일의 3일 전에 회사에 대하여 서면으로 그 뜻과 이유를 통지하여야 한다"고 규정하고 있는바, 여기서 3일의 기간이라 함은 의결권의 불통일행사가 행하여지는 경우에 회사 측에 그 불통일행사를 거부할 것인가를 판단할 수 있는 시간적 여유를 주고, 회사의 총회 사무운영에 지장을 주지 아니하도록 하기 위하여 부여된 기간으로서, 그 불통일행사의 통지는 주주총회 회일의 3일 전에 회사에 도달할 것을 요한다. 다만, 위와 같은 3일의 기간이 부여된 취지에 비추어 보면, 비록 불통일행사의 통지가 주주총회 회일의 3일 전이라는 시한보다 늦게 도달하였다고 하더라도 회사가 스스로 총회운영에 지장이 없다고 판단하여 이를 받아들이기로 하고 이에 따라 의결권의 불통일행사가 이루어진 것이라면, 그것이 주주평등의 원칙을 위반하거나 의결권 행사의 결과를 조작하기 위하여 자의적으로 이루어진 것이라는 등의 특별한 사정이 없는 한, 그와 같은 의결권의 불통일행사를 위법하다고 볼 수는 없다.

120

상법상 주주의 의결권 행사에 관한 설명으로 틀린 것은?

① 주주총회의 결의에 관하여 특별한 이해관계가 있는 주주는 의결권을 행사하지 못한다.
② 주주가 타인을 위하여 주식을 가지고 있는 경우에는 회사는 주주의 의결권의 불통일행사를 거부할 수 없다.
③ 동일한 주식에 관하여 서면에 의한 의결권 행사와 전자적 방법에 의한 의결권 행사가 모두 가능한 경우에는 둘 중 어느 하나의 방법을 선택하여야 한다.
④ 전자적 방법에 의한 의결권 행사는 정관에 근거가 있어야 가능하다.
⑤ 서면에 의한 의결권 행사의 경우 회사는 주주총회의 소집통지서에 주주가 의결권을 행사하는데 필요한 서면과 참고자료를 첨부하여야 한다.

· ·

① 덧붙여 특별이해관계인의 보유주식은 발행주식총수에는 산입하나 출석한 주주의 의결권의 수에는 산입하지 않는다.

> **제368조(총회의 결의방법과 의결권의 행사)** ③ 총회의 결의에 관하여 특별한 이해관계가 있는 자는 의결권을 행사하지 못한다.
>
> **제371조(정족수, 의결권수의 계산)** ② 총회의 결의에 관하여는 제368조 제3항에 따라 행사할 수 없는 주식의 의결권 수와 제409조제2항 및 제542조의12 제4항에 따라 그 비율을 초과하는 주식으로서 행사할 수 없는 주식의 의결권 수는 출석한 주주의 의결권의 수에 산입하지 아니한다.

② (ⅰ) 주주가 주식의 신탁을 인수하였거나 (ⅱ) 타인을 위하여 주식을 가지고 있는 경우, 회사가 주주의 의결권 불통일행사를 거부할 수 없다.

> **제368조의2(의결권의 불통일행사)** ① 주주가 2 이상의 의결권을 가지고 있는 때에는 이를 통일하지 아니하고 행사할 수 있다. 이 경우 주주총회일의 3일전에 회사에 대하여 서면 또는 전자문서로 그 뜻과 이유를 통지하여야 한다.
> ② 주주가 주식의 신탁을 인수하였거나 기타 타인을 위하여 주식을 가지고 있는 경우 외에는 회사는 주주의 의결권의 불통일행사를 거부할 수 있다.

③ 둘 중에 하나만 선택하여야 한다.

> **제368조의4(전자적 방법에 의한 의결권의 행사)** ④ 동일한 주식에 관하여 제1항 또는 제368조의3제1항에 따라 의결권을 행사하는 경우 전자적 방법 또는 서면 중 어느 하나의 방법을 선택하여야 한다.

④ 전자적 방법에 의한 의결권 행사는 이사회 결의가 있어야 가능하고, 서면에 의한 의결권 행사는 정관규정이 있어야 가능하다.

> **제368조의4(전자적 방법에 의한 의결권의 행사)** ① 회사는 이사회의 결의로 주주가 총회에 출석하지 아니하고 전자적 방법으로 의결권을 행사할 수 있음을 정할 수 있다.

| 투표방식 규정 | 서정 / 전이 | • 서면투표는 정관으로
• 전자투표는 이사회결의로 |

⑤ 이른바 「서면투표」에 대한 설명이다. 「서면투표」와 「서면결의」를 구별할 수 있어야 한다. (ⅰ) 서면투표는 주주총회에 주주가 현실적으로 출석하지 않고 서면으로 의결권을 행사하는 경우를 말하고, (ⅱ) 서면결의는 주주총회를 현실로 개최하지 않고 해당 결의내용을 의사록으로 작성만 하는 경우를 말한다.

120 ④

> **제368조의3(서면에 의한 의결권의 행사)** ① 주주는 정관이 정한 바에 따라 총회에 출석하지 아니하고 서면에 의하여 의결권을 행사할 수 있다.
> ② 회사는 총회의 소집통지서에 주주가 제1항의 규정에 의한 의결권을 행사하는데 필요한 서면과 참고자료를 첨부하여야 한다.

121

상법상 비상장주식회사의 주주총회에서 주주명부상 명의개서를 완료한 주주의 의결권 행사에 관한 설명으로 틀린 것은?

① 주주총회에서 甲, 乙 두 개의 결의가 이루어지는 경우 甲결의에 대해서만 특별이해관계 있는 주주는 甲결의에서는 의결권을 행사할 수 없지만, 乙결의에서는 의결권을 행사할 수 있다.
② 주주가 서면에 의하여 의결권을 행사할 수 있도록 한 경우 감사의 선임은 주주총회의 보통결의에 의한다.
③ 주주가 대리인으로 하여금 의결권을 행사하게 한 경우 그 대리인은 대리권을 증명하는 서면을 주주총회에 제출해야 한다.
④ A회사가 B회사의 발행주식총수의 100분의 10을 초과하여 가진 경우 B회사가 가지고 있는 A회사의 모회사 주식은 의결권이 없다.
⑤ 자회사가 모회사의 주식을 소유하고 있는 경우 자회사는 모회사의 주주총회에서 의결권을 행사할 수 있다.

•••••••••••••••••••••••

① 특별이해관계인의 의결권 제한은 의안별로 판단한다.

> **제368조(총회의 결의방법과 의결권의 행사)** ③ 총회의 결의에 관하여 특별한 이해관계가 있는 자는 의결권을 행사하지 못한다.

② 감사는 주주총회의 보통결의로 선임한다.

> **제409조(선임)** ① 감사는 주주총회에서 선임한다.

③ 옳은 내용이다.

> **제368조(총회의 결의방법과 의결권의 행사)** ① 총회의 결의는 이 법 또는 정관에 다른 정함이 있는 경우를 제외하고는 출석한 주주의 의결권의 과반수와 발행주식총수의 4분의 1 이상의 수로써 하여야 한다.
> ② 주주는 대리인으로 하여금 그 의결권을 행사하게 할 수 있다. 이 경우에는 그 대리인은 대리권을 증명하는 서면을 총회에 제출하여야 한다.
> ③ 총회의 결의에 관하여 특별한 이해관계가 있는 자는 의결권을 행사하지 못한다.

④ 「모자관계에서 보유한 주식은 모회사 중심으로 합친다.」 따라서 A회사가 B회사 주식을 10% 초과하여 보유하고 있다면 A회사의 모회사가 B회사 주식을 10% 초과하여 보유한 것으로 평가할 수 있다. 따라서 B회사가 보유한 A회사의 모회사 주식은 상호보유주식에 해당하므로 의결권이 없다.

> **제369조(의결권)** ③ 회사, 모회사 및 자회사 또는 자회사가 다른 회사의 발행주식의 총수의 10분의 1을 초과하는 주식을 가지고 있는 경우 그 다른 회사가 가지고 있는 회사 또는 모회사의 주식은 의결권이 없다.

⑤ 예외적으로 자회사가 모회사 주식을 취득할 수 있다고 하더라도 그 주식의 의결권은 인정되지 않는다.

121 ⑤

122

상법상 전자적 방법에 의한 의결권의 행사(이하 '전자투표'라 한다)를 정한 비상장회사의 경우, 주주의 의결권행사에 관한 설명으로 틀린 것은?

① 회사는 이사회의 결의로 주주가 총회에 출석하지 아니하고 전자투표를 할 수 있음을 정할 수 있다.
② 회사는 주주총회의 소집통지를 할 때에는 주주가 전자투표의 방법으로 의결권을 행사할 수 있다는 내용을 통지하여야 한다.
③ 회사는 전자투표를 정한 경우, 의결권행사에 필요한 양식과 참고자료를 주주에게 전자적 방법으로 제공하여야 한다.
④ 감사를 전자투표로 선임하는 경우, 전자투표된 주식의 의결권수를 총회에 출석한 주주의 의결권수에 가산하고, 출석주주 의결권의 과반수와 발행주식총수의 4분의 1 이상으로써만 그 선임을 결의하여야 한다.
⑤ 회사는 의결권행사에 관한 전자적 기록을 총회가 끝난 날부터 3개월간 본점에 갖추어 두어 열람하게 하고 총회가 끝난 날부터 5년간 보존하여야 한다.

••••••••••••••••••••••••

① 전자적 방법에 의한 의결권 행사(전자투표)는 이사회 결의가 있으면 가능하다. 반면에 서면투표는 정관규정을 요한다.

> 제368조의4(전자적 방법에 의한 의결권의 행사) ① 회사는 이사회의 결의로 주주가 총회에 출석하지 아니하고 전자적 방법으로 의결권을 행사할 수 있음을 정할 수 있다.

② 그래야 주주들이 현장투표를 할지 전자투표를 할지 결정할 수 있다.

> 제368조의4(전자적 방법에 의한 의결권의 행사) ② 회사는 제363조에 따라 소집통지를 할 때에는 주주가 제1항에 따른 방법으로 의결권을 행사할 수 있다는 내용을 통지하여야 한다.

③ 서면투표의 경우에 의결권행사에 필요한 양식과 참고자료를 우편으로 동봉하여야 하는 것과 마찬가지 논리이다.

> 제368조의4(전자적 방법에 의한 의결권의 행사) ③ 회사가 제1항에 따라 전자적 방법에 의한 의결권행사를 정한 경우에 주주는 주주 확인절차 등 대통령령으로 정하는 바에 따라 의결권을 행사하여야 한다. 이 경우 회사는 의결권행사에 필요한 양식과 참고자료를 주주에게 전자적 방법으로 제공하여야 한다.

④ 주총보통결의를 위해서는 원칙적으로 (ⅰ) 출석한 주주의 의결권의 과반수와 (ⅱ) 발행주식총수의 1/4 이상이라는 2가지 요건을 모두 충족해야 하는데, 감사를 전자투표로 선임하는 경우에는 "발행주식총수의 1/4이상"이라는 요건은 충족하지 않아도 된다. 소수주주 감사선임권을 보장하기 위함이라는 취지로 이해하면 된다.

> 제409조(선임) ③ 회사가 제368조의4제1항에 따라 전자적 방법으로 의결권을 행사할 수 있도록 한 경우에는 제368조제1항에도 불구하고 출석한 주주의 의결권의 과반수로써 제1항에 따른 감사의 선임을 결의할 수 있다.
>
> 제368조(총회의 결의방법과 의결권의 행사) ① 총회의 결의는 이 법 또는 정관에 다른 정함이 있는 경우를 제외하고는 출석한 주주의 의결권의 과반수와 발행주식총수의 4분의 1 이상의 수로써 하여야 한다.

⑤ 전자적 기록 보존의무에 대한 설명이다.

> 제368조의4(전자적 방법에 의한 의결권의 행사) ⑤ 회사는 의결권행사에 관한 전자적 기록을 총회가 끝난 날부터 3개월간 본점에 갖추어 두어 열람하게 하고 총회가 끝난 날부터 5년간 보존하여야 한다.

122 ④

TOPIC 19 • 주주총회결의

123

甲주식회사가 발행한 발행주식총수는 현재 350주(의결권 있는 보통주식 330주, 의결권 없는 종류주식 20주)이다. 다음과 같은 조건의 경우 甲회사의 주주총회에서 A이사의 해임 결의에 필요한 최소 의결권의 수는?

> (가) 甲회사 주주명부에 기재된 A주주의 주식 : 32주(자신의 해임결의에 특별이해관계가 없는 것으로 가정함)
> (나) 甲회사 주주명부에 기재된 B주주의 의결권 없는 종류주식 : 20주
> (다) 甲회사가 보유하고 있는 자기주식 : 30주
> (라) 주주총회에 출석한 주식의 총수 : 233주((가), (나), (다) 주식 모두 포함)

① 75개 ② 92개 ③ 100개
④ 101개 ⑤ 122개

•••••••••••••••••••

이사해임결의는 주총특별결의 사안이므로, 발행주식총수의 1/3 이상 & 출석의결권 수의 2/3 이상의 찬성을 요한다.

> 제385조(해임) ① 이사는 언제든지 제434조의 규정에 의한 주주총회의 결의로 이를 해임할 수 있다. 그러나 이사의 임기를 정한 경우에 정당한 이유없이 그 임기만료전에 이를 해임한 때에는 그 이사는 회사에 대하여 해임으로 인한 손해의 배상을 청구할 수 있다.
> 제434조(정관변경의 특별결의) 제433조제1항의 결의는 출석한 주주의 의결권의 3분의 2 이상의 수와 발행주식총수의 3분의 1 이상의 수로써 하여야 한다.

(가) 이사의 해임결의는 특별이해관계(개인적·재산적 이해관계) 있는 결의가 아니기 때문에 A가 보유한 주식은 발행주식총수에 산입하여야 한다.
(나) 무의결권주식은 주주총회 결의요건을 산정함에 있어 발행주식총수에 산입하지 않는다.

> 제371조(정족수, 의결권수의 계산) ① 총회의 결의에 관하여는 제344조의3제1항과 제369조제2항 및 제3항의 의결권 없는 주식의 수는 발행주식총수에 산입하지 아니한다.
> 제344조의3(의결권의 배제·제한에 관한 종류주식) ① 회사가 의결권이 없는 종류주식이나 의결권이 제한되는 종류 주식을 발행하는 경우에는 정관에 의결권을 행사할 수 없는 사항과, 의결권행사 또는 부활의 조건을 정한 경우에는 그 조건 등을 정하여야 한다.

(다) 자기주식은 주주로서의 모든 권리행사가 정지되므로(전면적 휴지설) 의결권이 없다. 따라서 발행주식총수에 산입하지 않는다.

> 제371조(정족수, 의결권수의 계산) ① 총회의 결의에 관하여는 제344조의3제1항과 제369조제2항 및 제3항의 의결권 없는 주식의 수는 발행주식총수에 산입하지 아니한다.
> 제369조(의결권) ① 의결권은 1주마다 1개로 한다.
> ② 회사가 가진 자기주식은 의결권이 없다.

123 ⑤

(ⅰ) 발행주식총수의 1/3 이상 : 총회의 결의에 관한 발행주식의 총수는 350-20-30=300이다. 따라서 이 300주의 1/3 이상인 100주 이상이 찬성해야 한다.
(ⅱ) 출석한 의결권 수의 2/3 이상 : 출석한 의결권의 수는 233-20-30=183주이다. 따라서 이 183주의 2/3 이상인 122주 이상이 찬성해야 한다.

124

상법상 주식회사의 주주총회에 관한 설명으로 옳은 것은 모두 몇 개인가?

> ㈎ 주주가 의결권 불통일 행사 요건을 갖추고 이를 총회일 3일전에 회사에 통지하였으나 주주총회에서는 의결권을 통일행사할 수도 있다.
> ㈏ 정기주주총회는 매년 1회 반드시 소집할 필요는 없고 필요한 경우 임시주주총회를 개최하면 된다.
> ㈐ 상장회사의 경우 임기 중에 있는 임원의 해임에 관한 사항을 주주가 제안하는 경우 회사는 이를 거절할 수 없다.
> ㈑ 주주총회결의에 관하여 회사가 가진 자기주식의 의결권의 수는 출석한 주주의 의결권의 수에 산입하지 않는다.
> ㈒ 주주총회의 의장은 고의로 의사진행을 방해하기 위한 발언·행동을 하는 등 현저히 질서를 문란하게 하는 자에 대하여 그 발언의 정지 또는 퇴장을 명할 수 있다.
> ㈓ 주식회사가 타인과 영업의 손익 전부를 같이 하는 계약을 체결하는 경우 주주총회의 특별결의를 얻어야 한다.

① 1개　　　　② 2개　　　　③ 3개
④ 4개　　　　⑤ 5개

••••••••••••••••••••

옳은 것은 ㈎, ㈑, ㈒, ㈓ 4개이다.
㈎ 주주가 의결권의 불통일행사를 통지했더라도 총회에서 실제로는 의결권을 통일적으로 행사하는 것은 문제가 되지 않는다는 것이 다수의 견해이다.
㈏ 정기총회는 매년 1회 일정한 시기에 이를 소집하여야 한다.

> 제365조(총회의 소집) ① 정기총회는 매년 1회 일정한 시기에 이를 소집하여야 한다.
> ② 연 2회 이상의 결산기를 정한 회사는 매기에 총회를 소집하여야 한다.
> ③ 임시총회는 필요있는 경우에 수시 이를 소집한다.

㈐ 상장회사에서 임기 중에 있는 임원의 해임에 관한 사항을 주주가 제안하는 경우 회사는 이를 거절할 수 있다.

> 제363조의2(주주제안권) ① 의결권없는 주식을 제외한 발행주식총수의 100분의 3 이상에 해당하는 주식을 가진 주주는 이사에게 주주총회일(정기주주총회의 경우 직전 연도의 정기주주총회일에 해당하는 그 해의 해당일. 이하 이 조에서 같다)의 6주 전에 서면 또는 전자문서로 일정한 사항을 주주총회의 목적사항으로 할 것을 제안(이하 '株主提案'이라 한다)할 수 있다.
> ② 제1항의 주주는 이사에게 주주총회일의 6주 전에 서면 또는 전자문서로 회의의 목적으로 할 사항에 추가하여 당해 주주가 제출하는 의안의 요령을 제363조에서 정하는 통지에 기재할 것을 청구할 수 있다.

124 ④

③ 이사는 제1항에 의한 주주제안이 있는 경우에는 이를 이사회에 보고하고, 이사회는 주주제안의 내용이 법령 또는 정관을 위반하는 경우와 그 밖에 <U>대통령령으로 정하는 경우를 제외</U>하고는 이를 주주총회의 목적사항으로 하여야 한다. 이 경우 주주제안을 한 자의 청구가 있는 때에는 주주총회에서 당해 의안을 설명할 기회를 주어야 한다.

■ **상법시행령**
제12조(주주제안의 거부) 법 제363조의2제3항 전단에서 "대통령령으로 정하는 경우"란 주주제안의 내용이 다음 각 호의 어느 하나에 해당하는 경우를 말한다.
1. 주주총회에서 의결권의 100분의 10 미만의 찬성밖에 얻지 못하여 부결된 내용과 같은 내용의 의안을 부결된 날부터 3년 내에 다시 제안하는 경우
2. 주주 개인의 고충에 관한 사항인 경우
3. 주주가 권리를 행사하기 위하여 일정 비율을 초과하는 주식을 보유해야 하는 소수주주권에 관한 사항인 경우
4. <U>임기 중에 있는 임원의 해임에 관한 사항[법 제542조의2제1항에 따른 상장회사(이하 "상장회사"라 한다)만 해당한다]인 경우</U>
5. 회사가 실현할 수 없는 사항 또는 제안 이유가 명백히 거짓이거나 특정인의 명예를 훼손하는 사항인 경우

㈑ 회사가 가지고 있는 자기주식의 경우에는 발행주식총수에 산입되지 않으니 당연히 출석한 주식의 의결권의 수에도 산입하지 아니한다.

제371조(정족수, 의결권수의 계산) ① 총회의 결의에 관하여는 제344조의3제1항과 <U>제369조제2항 및 제3항</U>의 의결권 없는 주식의 수는 발행주식총수에 산입하지 아니한다.
② 총회의 결의에 관하여는 제368조제3항에 따라 행사할 수 없는 주식의 의결권 수와 제409조 제2항 및 제542조의12 제4항에 따라 그 비율을 초과하는 주식으로서 행사할 수 없는 주식의 의결권 수는 출석한 주주의 의결권의 수에 산입하지 아니한다.

제369조(의결권) ① 의결권은 1주마다 1개로 한다.
② 회사가 가진 자기주식은 의결권이 없다.

㈒ 옳은 내용이다.

제366조의2(총회의 질서유지) ① 총회의 의장은 정관에서 정함이 없는 때에는 총회에서 선임한다.
② 총회의 의장은 총회의 질서를 유지하고 의사를 정리한다.
③ 총회의 의장은 고의로 의사진행을 방해하기 위한 발언·행동을 하는 등 현저히 질서를 문란하게 하는 자에 대하여 그 발언의 정지 또는 퇴장을 명할 수 있다.

㈓ 옳은 내용이다.

제374조(영업양도, 양수, 임대등) ① 회사가 다음 각 호의 어느 하나에 해당하는 행위를 할 때에는 제434조에 따른 결의가 있어야 한다.
1. 영업의 전부 또는 중요한 일부의 양도
2. 영업 전부의 임대 또는 경영위임, <U>타인과 영업의 손익 전부를 같이 하는 계약</U>, 그 밖에 이에 준하는 계약의 체결·변경 또는 해약
3. 회사의 영업에 중대한 영향을 미치는 다른 회사의 영업 전부 또는 일부의 양수

125

상법상 甲주식회사의 주주총회 결의요건 계산에 관한 설명으로 옳은 것은?

① 甲회사가 乙주식회사의 발행주식총수의 12%를 소유한 경우 乙회사가 소유한 甲회사의 주식은 甲회사의 발행주식총수에 산입되지 않는다.
② 甲회사가 가진 자기주식의 수는 발행주식총수에 산입된다.
③ 甲회사의 주주총회결의와 관련하여 특별이해관계 있는 주주가 가진 의결권의 수는 출석한 주주의 의결권 수에 산입된다.
④ 甲회사의 감사 선임결의에서 의결권 없는 주식을 제외한 발행주식총수의 5%를 소유한 주주의 의결권 수는 출석한 주주의 의결권 수에 전부 산입된다.
⑤ 甲회사가 발행한 의결권이 없는 종류주식은 甲회사의 발행주식총수에 산입된다.

· ·

① 상호보유주식은 발행주식총수에 산입되지 않는다.

> **제371조(정족수, 의결권수의 계산)** ① 총회의 결의에 관하여는 제344조의3제1항과 제369조 제2항 및 제3항의 의결권 없는 주식의 수는 발행주식총수에 산입하지 아니한다.
> **제369조(의결권)** ③ 회사, 모회사 및 자회사 또는 자회사가 다른 회사의 발행주식의 총수의 10분의 1을 초과하는 주식을 가지고 있는 경우 그 다른 회사가 가지고 있는 회사 또는 모회사의 주식은 의결권이 없다.

② 자기주식 역시 발행주식총수에 산입되지 않는다.

> **제371조(정족수, 의결권수의 계산)** ① 총회의 결의에 관하여는 제344조의3제1항과 제369조 제2항 및 제3항의 의결권 없는 주식의 수는 발행주식총수에 산입하지 아니한다.
> **제369조(의결권)** ② 회사가 가진 자기주식은 의결권이 없다.

③ 특별이해관계인의 보유주식수는 발행주식총수에는 산입되나 출석한 주주의 의결권 수에는 산입되지 않는다.

> **제371조(정족수, 의결권수의 계산)** ② 총회의 결의에 관하여는 제368조 제3항에 따라 행사할 수 없는 주식의 의결권 수와 제409조 제2항·및 제542조의12 제4항에 따라 그 비율을 초과하는 주식으로서 행사할 수 없는 주식의 의결권 수는 출석한 주주의 의결권의 수에 산입하지 아니한다.
> **제368조(총회의 결의방법과 의결권의 행사)** ③ 총회의 결의에 관하여 특별한 이해관계가 있는 자는 의결권을 행사하지 못한다.

④ 감사 선임시 제한되는 의결권은 발행주식총수와 출석한 주주의 의결권 수 모두에 산입되지 않는다.

> **관련판례**
>
> [대법원 2016.8.17. 선고, 2016다222996, 판결]
> 주주총회에서 감사를 선임하려면 우선 '출석한 주주의 의결권의 과반수'라는 의결정족수를 충족하여야 하고, 나아가 의결정족수가 '발행주식총수의 4분의 1 이상의 수'이어야 하는데, 상법 제371조는 제1항에서 '발행주식총수에 산입하지 않는 주식'에 대하여 정하면서 상법 제409조 제2항의 의결권 없는 주식(이하 '3% 초과주식'이라 한다)은 이에 포함시키지 않고 있고, 제2항에서 '출석한 주주의 의결권 수에 산입하지 않는 주식'에 대하여 정하면서는 3% 초과 주식을 이에 포함시키고 있다.
> 그런데 만약 3% 초과 주식이 상법 제368조 제1항에서 말하는 '발행주식총수'에 산입된다고 보게 되면, 어느 한 주주가 발행주식총수의 78%를 초과하여 소유하는 경우와 같이 3% 초과 주식의 수가 발행주식총수의 75%를 넘는 경우에는 상법 제368조 제1항에서 말하는 '발행주식총수의 4분의 1 이상의 수'라는 요건을 충

125 ①

족시키는 것이 원천적으로 불가능하게 되는데, 이러한 결과는 감사를 주식회사의 필요적 상설기관으로 규정하고 있는 상법의 기본 입장과 모순된다. 따라서 <u>감사의 선임에서 3% 초과 주식은 상법 제371조의 규정에도 불구하고 상법 제368조 제1항에서 말하는 '발행주식총수'에 산입되지 않는다.</u> 그리고 이는 자본금 총액이 10억 원 미만이어서 감사를 반드시 선임하지 않아도 되는 주식회사라고 하여 달리 볼 것도 아니다.

⑤ 의결권 없는 종류주식은 발행주식총수에 산입되지 않는다.

> **제371조(정족수, 의결권수의 계산)** ① 총회의 결의에 관하여는 제344조의3제1항과 제369조제2항 및 제3항의 의결권 없는 주식의 수는 <u>발행주식총수에 산입하지 아니한다.</u>
>
> **제344조의3(의결권의 배제·제한에 관한 종류주식)** ① 회사가 <u>의결권이 없는 종류주식이나 의결권이 제한되는 종류주식</u>을 발행하는 경우에는 정관에 의결권을 행사할 수 없는 사항과, 의결권행사 또는 부활의 조건을 정한 경우에는 그 조건 등을 정하여야 한다.

126

甲회사는 2017년 11월 21일에 주주총회를 개최하여 2인의 이사를 추가로 선임하고 乙회사 영업의 일부를 양수하는 결의를 하고자 하였다. 상법상 이에 관한 설명으로 옳은 것은 모두 몇 개인가? (甲회사와 乙회사는 비상장주식회사임)

> ㉠ 甲회사의 의결권없는 주식을 제외한 발행주식총수의 100분의 3을 가진 주주는 2017년 10월 2일 이사에게 정관변경의 건을 주주총회의 목적사항으로 할 것을 서면으로 제안할 수 있다.
> ㉡ 甲회사의 의결권없는 주식을 제외한 발행주식총수의 100분의 3을 가진 주주는 2017년 11월 17일 회사에 대하여 집중투표의 방식으로 이사를 선임할 것을 전자문서로 청구할 수 있다.
> ㉢ 甲회사의 의결권없는 주식을 제외한 발행주식총수의 100분의 3을 가진 주주가 정관변경의 건을 제안하여 이사회가 이를 주주총회의 목적사항으로 하였다면 이사는 그 주주의 청구가 있는 경우에 한하여 주주총회의 소집통지에 그 의안의 요령을 기재할 수 있다.
> ㉣ 甲회사가 양수하는 乙회사 영업의 일부가 甲회사의 영업에 중대한 영향을 미치는 경우 그 결의는 출석한 주주의 의결권의 3분의 2 이상의 수와 발행주식 총수의 과반수로써 한다.
> ㉤ 甲회사의 보통주 2만주를 보유한 주주는 주주총회일 이전에 회사에 대하여 의결권의 불통일 행사에 대한 통지를 하지 않았더라도 乙회사 영업의 일부를 양수하는 안건에 대하여 주주총회일에 8,000주는 찬성, 12,000주는 반대로 의결권을 행사할 수 있다.

① 1개   ② 2개   ③ 3개
④ 4개   ⑤ 5개

• • • • • • • • • • • • • • • • • • • •

옳은 것은 ㉠ 1개이다.
㉠ 2017. 10. 2.은 주주총회일인 2017. 11. 21.의 6주 전이므로 주주제안권 행사를 위해 필요한 기간을 준수하였다.

> **제363조의2(주주제안권)** ① 의결권없는 주식을 제외한 발행주식총수의 100분의 3 이상에 해당하는 주식을 가진 주주는 이사에게 주주총회일(정기주주총회의 경우 직전 연도의 정기주주총회일에 해당하는 그 해의 해당일. 이하 이 조에서 같다)의 6주 전에 서면 또는 전자문서로 일정한 사항을 주주총회의 목적사항으로 할 것을 제안(이하 '株主提案'이라 한다)할 수 있다.

126 ①

ⓛ 집중투표는 회일의 7일 전에 청구하여야 한다. 따라서 주주총회의 불과 4일 전인 2017. 11. 17. 자 집중투표 청구는 그 기간을 준수하지 않는 부적법한 청구이다.

> **제382조의2(집중투표)** ① 2인 이상의 이사의 선임을 목적으로 하는 총회의 소집이 있는 때에는 의결권없는 주식을 제외한 발행주식총수의 100분의 3 이상에 해당하는 주식을 가진 주주는 정관에서 달리 정하는 경우를 제외하고는 회사에 대하여 집중투표의 방법으로 이사를 선임할 것을 청구할 수 있다.
> ② 제1항의 청구는 주주총회일의 7일 전까지 서면 또는 전자문서로 하여야 한다.

ⓒ 주주제안의 요건을 충족한 이상, 이사는 주주의 청구여부를 불문하고 이를 주주총회의 목적사항으로 하여야 한다(즉 의안의 요령으로 기재하여야 한다). 주주의 청구여부가 필요한 것은 의안을 설명할 기회에 관한 것이다.

> **제363조의2(주주제안권)** ① 의결권없는 주식을 제외한 발행주식총수의 100분의 3 이상에 해당하는 주식을 가진 주주는 이사에게 주주총회일(정기주주총회의 경우 직전 연도의 정기주주총회일에 해당하는 그 해의 해당일. 이하 이 조에서 같다)의 6주 전에 서면 또는 전자문서로 일정한 사항을 주주총회의 목적사항으로 할 것을 제안(이하 '株主提案'이라 한다)할 수 있다.
> ③ 이사는 제1항에 의한 주주제안이 있는 경우에는 이를 이사회에 보고하고, 이사회는 주주제안의 내용이 법령 또는 정관을 위반하는 경우와 그 밖에 대통령령으로 정하는 경우를 제외하고는 이를 주주총회의 목적사항으로 하여야 한다. 이 경우 주주제안을 한 자의 청구가 있는 때에는 주주총회에서 당해 의안을 설명할 기회를 주어야 한다.

ⓔ 주주총회의 특별결의사항에 대한 설명이다. 이 경우 출석한 주주의 의결권의 2/3 이상의 수와 발행주식총수의 1/3 이상으로 수로써 하여야 한다. 즉 발행주식총수의 과반수라는 부분이 틀린 내용이다.

> **제374조(영업양도, 양수, 임대등)** ① 회사가 다음 각 호의 어느 하나에 해당하는 행위를 할 때에는 제434조에 따른 결의가 있어야 한다.
> 1. 영업의 전부 또는 중요한 일부의 양도
> 2. 영업 전부의 임대 또는 경영위임, 타인과 영업의 손익 전부를 같이 하는 계약, 그 밖에 이에 준하는 계약의 체결·변경 또는 해약
> 3. 회사의 영업에 중대한 영향을 미치는 다른 회사의 영업 전부 또는 일부의 양수
>
> **제434조(정관변경의 특별결의)** 제433조제1항의 결의는 출석한 주주의 의결권의 3분의 2 이상의 수와 발행주식총수의 3분의 1 이상의 수로써 하여야 한다.

ⓜ 불통일행사는 회일의 3일 전에 회사에 대하여 서면 또는 전자문서로 이를 통지하여야 한다. 다만 불통일행사의 통지가 회일의 3일이라는 시한보다 늦게 도착했더라도 회사가 이를 받아들였다면 그 불통일행사는 적법하다는 것이 판례의 태도이다.

> **제368조의2(의결권의 불통일행사)** ① 주주가 2 이상의 의결권을 가지고 있는 때에는 이를 통일하지 아니하고 행사할 수 있다. 이 경우 주주총회일의 3일전에 회사에 대하여 서면 또는 전자문서로 그 뜻과 이유를 통지하여야 한다.

> **관련판례**
>
> **[대법원 2009.4.23. 선고, 2005다22701,22718, 판결]**
> 상법 제368조의2 제1항은 "주주가 2 이상의 의결권을 가지고 있는 때에는 이를 통일하지 아니하고 행사할 수 있다. 이 경우 회일의 3일 전에 회사에 대하여 서면으로 그 뜻과 이유를 통지하여야 한다"고 규정하고 있는바, 여기서 3일의 기간이라 함은 의결권의 불통일행사가 행하여지는 경우에 회사 측에 그 불통일행사를 거부할 것인가를 판단할 수 있는 시간적 여유를 주고, 회사의 총회 사무운영에 지장을 주지 아니하도록 하기 위하여 부여된 기간으로서, 그 불통일행사의 통지는 주주총회 회일의 3일 전에 회사에 도달할 것을 요한다. 다만, 위와 같은 3일의 기간이 부여된 취지에 비추어 보면, <u>비록 불통일행사의 통지가 주주총회 회일의 3일 전이라는 시한보다 늦게 도착하였다고 하더라도 회사가 스스로 총회운영에 지장이 없다고 판단하여 이를 받아들이기로 하고 이에 따라 의결권의 불통일행사가 이루어진 것이라면, 그것이 주주평등의 원칙을 위반하거나 의결권 행사의 결과를 조작하기 위하여 자의적으로 이루어진 것이라는 등의 특별한 사정이 없는 한, 그와 같은 의결권의 불통일행사를 위법하다고 볼 수는 없다.</u>

127

상법상 주주총회의 소집 및 결의에 관한 설명으로 <u>틀린</u> 것은? (의결권 없는 주식은 제외함)

① 주주총회는 정관에 다른 정함이 없으면 본점소재지 또는 이에 인접한 지에 소집하여야 한다.
② 주주총회 소집통지서에는 회의의 목적사항을 적어야 한다.
③ 판례에 의하면, 임시주주총회가 법령 및 정관상 요구되는 이사회의 결의 및 소집절차 없이 이루어졌다 하더라도, 주주명부상의 주주 전원이 참석하여 총회를 개최하는 데 동의하고 아무런 이의 없이 만장일치로 결의가 이루어졌다면 그 결의는 특별한 사정이 없는 한 유효하다.
④ 자본금 총액이 10억원 미만인 회사는 주주 전원의 동의가 있을 경우에는 소집절차 없이 주주총회를 개최할 수 있다.
⑤ 자본금 총액이 10억원 미만인 회사의 경우 주주 전원이 동의하지 않더라도 서면에 의한 결의로써 주주총회의 결의를 갈음할 수 있다.

••••••••••••••••••••

① 인접지가 가능한 경우는 "양/주집"으로 기억하자.

> **제364조(소집지)** 총회는 정관에 다른 정함이 없으면 <u>본점소재지 또는 이에 인접한 지</u>에 소집하여야 한다.

② 소집통지를 받은 주주들이 출석여부를 결정하기 위해서는 회의의 목적사항을 알아야 하기 때문이다.

> **제363조(소집의 통지)** ① 주주총회를 소집할 때에는 주주총회일의 2주 전에 각 주주에게 서면으로 통지를 발송하거나 각 주주의 동의를 받아 전자문서로 통지를 발송하여야 한다. 다만, 그 통지가 주주명부상 주주의 주소에 계속 3년간 도달하지 아니한 경우에는 회사는 해당 주주에게 총회의 소집을 통지하지 아니할 수 있다.
> ② <u>제1항의 통지서에는 회의의 목적사항을 적어야 한다.</u>
> ③ 제1항에도 불구하고 자본금 총액이 10억원 미만인 회사가 주주총회를 소집하는 경우에는 주주총회일의 10일 전에 각 주주에게 서면으로 통지를 발송하거나 각 주주의 동의를 받아 전자문서로 통지를 발송할 수 있다.

127 ⑤

③ 자본금 10억원 미만의 소규모회사가 아니더라도, 주주 전원의 동의가 있으면 절차상 하자는 치유된다.

> **관련판례**
>
> [대법원 2002.12.24, 선고, 2000다69927, 판결]
> 주식회사의 임시주주총회가 법령 및 정관상 요구되는 이사회의 결의 및 소집절차 없이 이루어졌다 하더라도, 주주명부상의 주주 전원이 참석하여 총회를 개최하는 데 동의하고 아무런 이의 없이 만장일치로 결의가 이루어졌다면 그 결의는 특별한 사정이 없는 한 유효하다.

④ 자본금 10억원 미만인 소규모 주식회사는 주주 전원의 동의가 있으면 (ⅰ) 소집절차 없이 주주총회를 개최할 수 있고, (ⅱ) 서면에 의한 결의로서 주주총회의 결의를 갈음할 수 있다.

> **제363조(소집의 통지)** ④ 자본금 총액이 10억원 미만인 회사는 주주 전원의 동의가 있을 경우에는 소집절차 없이 주주총회를 개최할 수 있고, 서면에 의한 결의로써 주주총회의 결의를 갈음할 수 있다. 결의의 목적사항에 대하여 주주 전원이 서면으로 동의를 한 때에는 서면에 의한 결의가 있는 것으로 본다.

⑤ 서면결의가 가능한 경우는 (ⅰ) 1인회사, (ⅱ) 소규모 주식회사에서 주주 전원의 동의, (ⅲ) 유한회사에서 총사원의 동의의 3가지이다.

> **제363조(소집의 통지)** ④ 자본금 총액이 10억원 미만인 회사는 주주 전원의 동의가 있을 경우에는 소집절차 없이 주주총회를 개최할 수 있고, 서면에 의한 결의로써 주주총회의 결의를 갈음할 수 있다. 결의의 목적사항에 대하여 주주 전원이 서면으로 동의를 한 때에는 서면에 의한 결의가 있는 것으로 본다.

128

상법상 주주총회의 특별결의사항이 아닌 것은?

① 재무제표의 승인
② 경영위임
③ 회사의 계속
④ 타인과 영업의 손익 전부를 같이하는 계약
⑤ 회사의 영업에 중대한 영향을 미치는 다른 회사의 영업 일부의 양수

---

① 보통결의사항이다.

> **제447조(재무제표의 작성)** ① 이사는 결산기마다 다음 각 호의 서류와 그 부속명세서를 작성하여 이사회의 승인을 받아야 한다.
>   1. 대차대조표
>   2. 손익계산서
>   3. 그 밖에 회사의 재무상태와 경영성과를 표시하는 것으로서 대통령령으로 정하는 서류
> ② 대통령령으로 정하는 회사의 이사는 연결재무제표(聯結財務諸表)를 작성하여 이사회의 승인을 받아야 한다.
>
> **제449조(재무제표 등의 승인·공고)** ① 이사는 제447조의 각 서류를 정기총회에 제출하여 그 승인을 요구하여야 한다.
> ② 이사는 제447조의2의 서류를 정기총회에 제출하여 그 내용을 보고하여야 한다.
> ③ 이사는 제1항의 서류에 대한 총회의 승인을 얻은 때에는 지체없이 대차대조표를 공고하여야 한다.

128 ①

② 특별결의사항이다.

> **제374조(영업양도, 양수, 임대등)** ① 회사가 다음 각 호의 어느 하나에 해당하는 행위를 할 때에는 <u>제434조에 따른 결의</u>가 있어야 한다.
> 　1. 영업의 전부 또는 중요한 일부의 양도
> 　2. 영업 전부의 임대 또는 <u>경영위임</u>, 타인과 영업의 손익 전부를 같이 하는 계약, 그 밖에 이에 준하는 계약의 체결·변경 또는 해약
> 　3. 회사의 영업에 중대한 영향을 미치는 다른 회사의 영업 전부 또는 일부의 양수
>
> **제434조(정관변경의 특별결의)** 제433조제1항의 결의는 출석한 주주의 의결권의 3분의 2 이상의 수와 발행주식총수의 3분의 1 이상의 수로써 하여야 한다.

③ 특별결의사항이다.

> **제519조(회사의 계속)** 회사가 존립기간의 만료 기타 정관에 정한 사유의 발생 또는 주주총회의 결의에 의하여 해산한 경우에는 <u>제434조의 규정에 의한 결의</u>로 회사를 계속할 수 있다.

④ 특별결의사항이다.

> **제374조(영업양도, 양수, 임대등)** ① 회사가 다음 각 호의 어느 하나에 해당하는 행위를 할 때에는 <u>제434조에 따른 결의</u>가 있어야 한다.
> 　1. 영업의 전부 또는 중요한 일부의 양도
> 　2. 영업 전부의 임대 또는 경영위임, <u>타인과 영업의 손익 전부를 같이 하는 계약</u>, 그 밖에 이에 준하는 계약의 체결·변경 또는 해약
> 　3. 회사의 영업에 중대한 영향을 미치는 다른 회사의 영업 전부 또는 일부의 양수

⑤ 특별결의사항이다.

> **제374조(영업양도, 양수, 임대등)** ① 회사가 다음 각 호의 어느 하나에 해당하는 행위를 할 때에는 <u>제434조에 따른 결의</u>가 있어야 한다.
> 　1. 영업의 전부 또는 중요한 일부의 양도
> 　2. 영업 전부의 임대 또는 경영위임, 타인과 영업의 손익 전부를 같이 하는 계약, 그 밖에 이에 준하는 계약의 체결·변경 또는 해약
> 　3. <u>회사의 영업에 중대한 영향을 미치는 다른 회사의 영업 전부 또는 일부의 양수</u>

129

상법상 비상장주식회사의 주주총회 운영에 관한 설명으로 <u>틀린</u> 것은?

① 주주가 주식의 신탁을 인수한 경우 회사는 그 주주의 의결권의 불통일행사를 거부할 수 있다.
② 회사가 전자적 방법으로 주주총회에서 의결권을 행사할 수 있도록 한 경우에는 출석한 주주의 의결권의 과반수로써 감사의 선임을 결의할 수 있다.
③ 회사가 종류주식을 발행한 경우에 정관을 변경함으로써 어느 종류주식의 주주에게 손해를 미치게 될 때에는 주주총회의 특별결의 외에 그 종류주식 주주의 총회의 결의가 필요하다.
④ 연 2회의 결산기를 정하고 있는 회사는 각 결산기마다 정기주주총회를 개최하여야 한다.
⑤ 회사가 가진 자기주식의 수는 주주총회의 결의에 관하여는 발행주식총수에 산입하지 않는다.

129 ①

① (ⅰ) 주주가 주식의 신탁을 인수한 경우, (ⅱ) 기타 타인을 위하여 주식을 가지고 있는 경우「외에는」의결권의 불통일행사를 거부할 수 있다.

제368조의2(의결권의 불통일행사) ② 주주가 주식의 신탁을 인수하였거나 기타 타인을 위하여 주식을 가지고 있는 경우 외에는 회사는 주주의 의결권의 불통일행사를 거부할 수 있다.

② 감사위원 선임시 전자투표에 의하는 경우에는 주주총회 보통결의 요건 중 출석주주의 과반수 찬성만 충족하면 되고, 발행주식총수의 1/4이라는 요건은 갖추지 않아도 된다.

제542조의12(감사위원회의 구성 등) ⑧ 회사가 제368조의4제1항에 따라 전자적 방법으로 의결권을 행사할 수 있도록 한 경우에는 제368조제1항에도 불구하고 출석한 주주의 의결권의 과반수로써 제1항에 따른 감사위원회위원의 선임을 결의할 수 있다.

제368조의4(전자적 방법에 의한 의결권의 행사) ① 회사는 이사회의 결의로 주주가 총회에 출석하지 아니하고 전자적 방법으로 의결권을 행사할 수 있음을 정할 수 있다.

③ 정관을 변경함으로써 어느 종류주주에게 손해를 미치게 될 때에는 종류주주총회결의가 정관변경의 효력발생요건이다. 종류주주총회가 필요한 경우는「정/배/합」으로 정리하자.

제435조(종류주주총회) ① 회사가 종류주식을 발행한 경우에 정관을 변경함으로써 어느 종류주식의 주주에게 손해를 미치게 될 때에는 주주총회의 결의 외에 그 종류주식의 주주의 총회의 결의가 있어야 한다.

④ 정기주주총회의 주된 목적은 재무제표 승인이기 때문에, 재무제표를 작성하는 매 결산기마다 총회를 소집해야 한다.

제365조(총회의 소집) ① 정기총회는 매년 1회 일정한 시기에 이를 소집하여야 한다.
② 연 2회 이상의 결산기를 정한 회사는 매기에 총회를 소집하여야 한다.

⑤ 자기주식은 주주로서의 모든 권리행사가 정지되므로(전면적 휴지설) 의결권이 없다. 따라서161 발행주식총수에 산입하지 않는다.

제371조(정족수, 의결권수의 계산) ① 총회의 결의에 관하여는 제344조의3제1항과 제369조제2항 및 제3항의 의결권 없는 주식의 수는 발행주식총수에 산입하지 아니한다.
제369조(의결권) ② 회사가 가진 자기주식은 의결권이 없다.

130

다음 중 상법상 주주총회 특별결의사항이 <u>아닌</u> 것은?

① 액면주식의 분할
② 사후설립
③ 법정준비금의 감소
④ 회사의 계속
⑤ 감사의 해임

••••••••••••••••••••••••

① 특별결의사항이다.

> **제434조(정관변경의 특별결의)** 제433조제1항의 결의는 출석한 주주의 의결권의 3분의 2 이상의 수와 발행주식총수의 3분의 1 이상의 수로써 하여야 한다.
>
> **제329조의2(주식의 분할)** ① 회사는 <u>제434조의 규정에 의한 주주총회의 결의로 주식을 분할할 수 있다.</u>

② 특별결의사항이다.

> **제375조(사후설립)** 회사가 그 성립 후 2년 내에 그 성립 전부터 존재하는 재산으로서 영업을 위하여 계속하여 사용하여야 할 것을 자본금의 100분의 5 이상에 해당하는 대가로 취득하는 계약을 하는 경우에는 <u>제374조를 준용한다.</u>
>
> **제374조(영업양도, 양수, 임대등)** ① 회사가 다음 각 호의 어느 하나에 해당하는 행위를 할 때에는 <u>제434조에 따른 결의가 있어야 한다.</u>

③ 보통결의사항이다. 법정준비금의 사용방법은 (ⅰ) 결손의 보전(제460조), (ⅱ) 자본금 전입(제461조), (ⅲ) 준비금 감액(제461조의2)의 3가지가 있다. 그 중 준비금 감액만 이사회 결의가 아닌 주주총회 결의사항이다.

> **제461조의2(준비금의 감소)** 회사는 적립된 자본준비금 및 이익준비금의 총액이 자본금의 1.5배를 초과하는 경우에 <u>주주총회의 결의에 따라</u> 그 초과한 금액 범위에서 자본준비금과 이익준비금을 감액할 수 있다.

④ 특별결의사항이다.

> **제519조(회사의 계속)** 회사가 존립기간의 만료 기타 정관에 정한 사유의 발생 또는 주주총회의 결의에 의하여 해산한 경우에는 <u>제434조의 규정에 의한 결의로 회사를 계속할 수 있다.</u>

⑤ 특별결의사항이다.

> **제415조(준용규정)** 제382조제2항, 제382조의4, <u>제385조</u>, 제386조, 제388조, 제400조, 제401조, 제403조부터 제406조까지, 제406조의2 및 제407조는 <u>감사에 준용한다.</u>
>
> **제385조(해임)** ① 이사는 언제든지 <u>제434조의 규정에 의한 주주총회의 결의로 이를 해임할 수 있다.</u> 그러나 이사의 임기를 정한 경우에 정당한 이유없이 그 임기만료전에 이를 해임한 때에는 그 이사는 회사에 대하여 해임으로 인한 손해의 배상을 청구할 수 있다.

130 ③

131

상법상 주주총회의 결의에 관한 설명으로 **틀린** 것은?

① 총회의 결의는 상법 또는 정관에 다른 정함이 있는 경우를 제외하고는 출석한 주주의 의결권의 과반수와 발행주식총수의 4분의 1 이상의 수로써 하여야 한다.
② 주주는 대리인으로 하여금 그 의결권을 행사하게 할 수 있으며, 이 경우 그 대리인은 대리권을 증명하는 서면을 총회에 제출하여야 한다.
③ 주주가 2 이상의 의결권을 가지고 있는 때에는 이를 통일하지 아니하고 행사할 수 있고, 이 경우 주주총회일의 3일 전에 회사에 대하여 서면 또는 전자문서로 그 뜻과 이유를 통지하여야 한다.
④ 주주는 정관이 정한 바에 따라 총회에 출석하지 아니하고 서면에 의하여 의결권을 행사할 수 있고, 이 경우 회사는 총회의 소집통지서에 주주가 서면에 의한 의결권을 행사하는데 필요한 서면과 참고자료를 첨부하여야 한다.
⑤ 회사는 정관의 규정이 있는 경우에 한하여 주주가 총회에 출석하지 아니하고 전자적 방법으로 의결권을 행사하도록 할 수 있다.

··

① 보통결의요건에 대한 설명이다.

> 제368조(총회의 결의방법과 의결권의 행사) ① 총회의 결의는 이 법 또는 정관에 다른 정함이 있는 경우를 제외하고는 출석한 주주의 의결권의 과반수와 발행주식총수의 4분의 1 이상의 수로써 하여야 한다.

② 이 경우 대리권을 증명하는 서면(위임장)은 특별한 사정이 없는 한 원본이어야 한다는 점도 알고 있어야 한다.

> 제368조(총회의 결의방법과 의결권의 행사) ② 주주는 대리인으로 하여금 그 의결권을 행사하게 할 수 있다. 이 경우에는 그 대리인은 대리권을 증명하는 서면을 총회에 제출하여야 한다.

③ 「의결권의 불통일행사」에 대한 설명이다.

> 제368조의2(의결권의 불통일행사) ① 주주가 2 이상의 의결권을 가지고 있는 때에는 이를 통일하지 아니하고 행사할 수 있다. 이 경우 주주총회일의 3일전에 회사에 대하여 서면 또는 전자문서로 그 뜻과 이유를 통지하여야 한다.

④ 이른바 「서면투표」에 대한 설명이다. 「서면투표」와 「서면결의」를 구별할 수 있어야 한다.

> 제368조의3(서면에 의한 의결권의 행사) ① 주주는 정관이 정한 바에 따라 총회에 출석하지 아니하고 서면에 의하여 의결권을 행사할 수 있다.
> ② 회사는 총회의 소집통지서에 주주가 제1항의 규정에 의한 의결권을 행사하는데 필요한 서면과 참고자료를 첨부하여야 한다.

⑤ 「전자투표」는 이사회 결의로 정할 수 있다. 반면에 「서면투표」는 정관에 규정한 경우라야 가능하다. "서정전이(서면투표는 정관규정, 전자투표는 이사회결의"로 기억하자.

> 제368조의4(전자적 방법에 의한 의결권의 행사) ① 회사는 이사회의 결의로 주주가 총회에 출석하지 아니하고 전자적 방법으로 의결권을 행사할 수 있음을 정할 수 있다.

131 ⑤

132

상법상 주주총회의 결의에 관한 설명으로 틀린 것은? (이견이 있으면 판례에 의함)

① 상법은 주주총회의 보통결의 요건에 관하여 의사정족수를 따로 정하고 있지는 않지만, 보통결의 요건을 정관에서 달리 정할 수 있음을 허용하고 있으므로, 정관에 의하여 의사정족수를 규정하는 것은 가능하다.
② 보통결의 사항에 반대하는 주주는 주주총회 전에 회사에 대하여 서면으로 그 결의에 반대하는 의사를 통지한 경우에는 주식매수청구권을 행사할 수 있다.
③ 다른 회사의 영업 일부의 양수가 양수회사의 영업에 중대한 영향을 미치는 경우 그 양수회사의 주주총회 특별결의가 필요하다.
④ 중요한 영업용 재산의 양도가 양도회사 영업의 중단 또는 폐지를 초래하는 경우에는 그 양도회사의 주주총회 특별결의가 필요하다.
⑤ 영업 전부를 임대하는 회사의 발행주식총수의 100분의 90 이상을 그 상대방이 소유하고 있는 경우에는 그 회사의 주주총회의 승인은 이를 이사회의 승인으로 갈음할 수 있다.

•••••••••••••••••••••

① 「의사정족수」란 회의를 개시하기 위해 필요한 출석주식수, 즉 "출석요건"을 말한다. 한편 「의결정족수」란 안건을 통과시키기 위해 필요한 찬성주식수, 즉 "동의요건"을 말한다. 상법제368조 제1항에서는 에서는 의결정족수를 규정하고 있을 뿐 의사정족수는 별도로 정하고 있지 않다. 다만 동조 제1항에서 "정관에 다른 정함이 있는 경우를 제외하고는"이라고 규정하고 있으므로, 정관에 의하여 의사정족수를 규정하는 것은 가능하다. 반면에 이사회결의의 경우에는 의사정족수(이사 전원의 과반수 출석)와 의결정족수(출석 이사의 과반수 찬성)를 모두 요구한다.

> **관련판례**
>
> [대법원 2017. 1. 12., 선고, 2016다217741, 판결]
> 상법 제368조 제1항은 주주총회의 보통결의 요건에 관하여 "총회의 결의는 이 법 또는 정관에 다른 정함이 있는 경우를 제외하고는 출석한 주주의 의결권의 과반수와 발행주식총수의 4분의 1 이상의 수로써 하여야 한다."라고 규정하여 주주총회의 성립에 관한 의사정족수를 따로 정하고 있지는 않지만, 보통결의 요건을 정관에서 달리 정할 수 있음을 허용하고 있으므로, 정관에 의하여 의사정족수를 규정하는 것은 가능하다.

> **제368조(총회의 결의방법과 의결권의 행사)** ① 총회의 결의는 이 법 또는 정관에 다른 정함이 있는 경우를 제외하고는 출석한 주주의 의결권의 과반수와 발행주식총수의 4분의 1 이상의 수로써 하여야 한다.
> ② 주주는 대리인으로 하여금 그 의결권을 행사하게 할 수 있다. 이 경우에는 그 대리인은 대리권을 증명하는 서면을 총회에 제출하여야 한다.
> ③ 총회의 결의에 관하여 특별한 이해관계가 있는 자는 의결권을 행사하지 못한다.

② 주식매수청구가 가능한 사항은 (i) 주식양도 승인거부, (ii) 합병, (iii) 영업양도 등, (iv) 주식의 포괄적 교환·이전의 4가지 유형이다(거/합/영/포로 정리하자). 모두 주주총회 특별결의사항이고, 보통결의사항은 일절 주식매수청구의 대상이 될 수 없다.
③ 영업 전부의 양수이건 일부의 양수이건 상관 없으나, '회사의 영업에 중대한 영향을 미치는' 경우라야 한다.

> **제374조(영업양도, 양수, 임대등)** ① 회사가 다음 각 호의 어느 하나에 해당하는 행위를 할 때에는 제434조에 따른 결의가 있어야 한다.

132 ②

1. 영업의 전부 또는 중요한 일부의 양도
2. 영업 전부의 임대 또는 경영위임, 타인과 영업의 손익 전부를 같이 하는 계약, 그 밖에 이에 준하는 계약의 체결·변경 또는 해약
3. 회사의 영업에 중대한 영향을 미치는 다른 회사의 영업 전부 또는 일부의 양수

제434조(정관변경의 특별결의) 제433조제1항의 결의는 출석한 주주의 의결권의 3분의 2 이상의 수와 발행주식총수의 3분의 1 이상의 수로써 하여야 한다.

④ 이를테면 호텔업을 하는 회사가 유일한 호텔건물의 양도로 폐업의 결과에 이른다면 주주총회의 특별결의를 거쳐야 한다.

> **관련판례**
>
> [대법원 1988. 4. 12., 선고,, 87다카1662, 판결]
> 상법 제374조 제1호 소정의 영업의 양도란 동법 제1편 제7장의 영업양도를 가리키는 것이므로 영업용재산의 양도에 있어서는 그 재산이 주식회사의 유일한 재산이거나 중요한 재산이라 하여 그 재산의 양도를 곧 영업의 양도라 할 수는 없지만 주식회사 존속의 기초가 되는 중요한 재산의 양도는 영업의 폐지 또는 중단을 초래하는 행위로서 이는 영업의 전부 또는 일부 양도의 경우와 다를 바 없으므로 이러한 경우에는 상법 제374조 제1호의 규정을 유추적용하여 주주총회의 특별결의를 거쳐야 한다.

⑤ "간이" 영업임대에 대한 설명이다.

제374조의3(간이영업양도, 양수, 임대 등) ① 제374조제1항 각 호의 어느 하나에 해당하는 행위를 하는 회사의 총주주의 동의가 있거나 그 회사의 발행주식총수의 100분의 90 이상을 해당 행위의 상대방이 소유하고 있는 경우에는 그 회사의 주주총회의 승인은 이를 이사회의 승인으로 갈음할 수 있다.

제374조(영업양도, 양수, 임대등) ① 회사가 다음 각 호의 어느 하나에 해당하는 행위를 할 때에는 제434조에 따른 결의가 있어야 한다.
1. 영업의 전부 또는 중요한 일부의 양도
2. 영업 전부의 임대 또는 경영위임, 타인과 영업의 손익 전부를 같이 하는 계약, 그 밖에 이에 준하는 계약의 체결·변경 또는 해약
3. 회사의 영업에 중대한 영향을 미치는 다른 회사의 영업 전부 또는 일부의 양수

133

최근 사업연도 말 현재의 자산총액이 2조원 이상인 상장회사의 정관 변경에 관한 상법상 설명으로 <u>틀린</u> 것은?

① 정관을 변경함으로써 어느 종류주식의 주주에게 손해를 미치게 될 때에는 주주총회의 특별결의 외에 그 종류주식의 주주의 총회의 결의가 있어야 한다.
② 주주에게 정관변경을 위한 주주총회의 소집을 통지할 때에는 그 의안의 요령을 기재하여야 한다.
③ 주주총회에 집중투표를 배제하기 위한 정관변경 의안을 상정하려는 경우 그 밖의 사항의 정관 변경에 관한 의안과 별도로 상정하여야 한다.
④ 집중투표를 배제한 정관규정을 변경하려는 경우 의결권 없는 주식을 제외한 발행주식총수의 3%를 초과하는 수의 주식을 가진 주주는 그 초과하는 주식에 관하여 의결권을 행사하지 못한다.
⑤ 정관의 변경은 이를 등기해야 하며 등기를 함으로써 정관변경의 효력이 발생한다.

••••••••••••••••••••••••

① 종류주주에게 손해를 끼치는 사항의 정관변경은 종류주주총회가 필요하다. 비상장회사도 마찬가지이다.

> 제435조(종류주주총회) ① 회사가 종류주식을 발행한 경우에 정관을 변경함으로써 어느 종류주식의 주주에게 손해를 미치게 될 때에는 주주총회의 결의 외에 그 종류주식의 주주의 총회의 결의가 있어야 한다.

② 옳은 내용이다. 비상장회사도 마찬가지이다.

> 제433조(정관변경의 방법) ① 정관의 변경은 주주총회의 결의에 의하여야 한다.
> ② 정관의 변경에 관한 의안의 요령은 제363조에 따른 통지에 기재하여야 한다.
> 제363조(소집의 통지) ① 주주총회를 소집할 때에는 주주총회일의 2주 전에 각 주주에게 서면으로 통지를 발송하거나 각 주주의 동의를 받아 전자문서로 통지를 발송하여야 한다. 다만, 그 통지가 주주명부상 주주의 주소에 계속 3년간 도달하지 아니한 경우에는 회사는 해당 주주에게 총회의 소집을 통지하지 아니할 수 있다.

③ 자산총액 2조원 이상 대규모상장회사의 경우에는 해당 의안을 다른 정관변경의 의안과 별도로 상정하여야 한다. 집중투표 배제에 관한 정관변경 의안의 경우에 발행주식총수의 3/100을 초과하는 주주는 초과분에 대하여 의결권을 행사할 수 없어서, 다른 정관변경 의안과는 표 계산방식이 다르기 때문이다.
④ 자산총액 2조원 이상의 상장회사의 경우 집중투표 배제를 위한 정관변경에 의결권 제한이 있다.

> 제542조의7(집중투표에 관한 특례) ② 자산 규모 등을 고려하여 대통령령으로 정하는 상장회사의 의결권 없는 주식을 제외한 발행주식총수의 100분의 1 이상에 해당하는 주식을 보유한 자는 제382조의2에 따라 집중투표의 방법으로 이사를 선임할 것을 청구할 수 있다.
> ③ <u>제2항의 상장회사가 정관으로 집중투표를 배제하거나 그 배제된 정관을 변경하려는 경우에는 의결권 없는 주식을 제외한 발행주식총수의 100분의 3을 초과하는 수의 주식을 가진 주주는 그 초과하는 주식에 관하여 의결권을 행사하지 못한다.</u> 다만, 정관에서 이보다 낮은 주식 보유비율을 정할 수 있다.

⑤ 정관변경의 등기는 대항요건에 불과하므로 정관변경의 효력은 결의한 때 발생한다. 회사설립시에 작성하는 원시정관(제292조 본문)과 달리 변경정관에는 공증인의 인증도 필요하지 않다.

133 ⑤

TOPIC 20 • 주식매수청구권

134

상법상 주식매수청구권을 행사할 수 없는 주주는?

① 주식의 포괄적 이전의 경우 완전모회사가 되는 회사의 주주
② 주식의 포괄적 교환의 경우 완전모회사가 되는 회사의 주주
③ 주식의 포괄적 교환의 경우 완전자회사가 되는 회사의 주주
④ 회사의 영업에 중대한 영향을 미치는 다른 회사의 영업 전부를 양수하는 경우 양수회사의 주주
⑤ 회사의 영업에 중대한 영향을 미치는 다른 회사 영업의 일부를 양수하는 경우 양수회사의 주주

••••••••••••••••••••••

① 포괄적 이전의 경우 완전모회사가 되는 회사를 새롭게 신설하는 것이므로 완전모회사가 되는 회사의 주주가 주식매수청구권을 행사하는 것은 논리적으로 불가능하다. 반면 완전자회사의 주주는 포괄적 이전에 반대한 경우에는 주식매수청구권을 행사할 수 있다.

> **제360조의22(주식교환 규정의 준용)** 제360조의5, 제360조의11 및 제360조의12의 규정은 주식이전의 경우에 이를 준용한다.
>
> **제360조의5(반대주주의 주식매수청구권)** ① 제360조의3제1항의 규정에 의한 승인사항에 관하여 이사회의 결의가 있는 때에 그 결의에 반대하는 주주(의결권이 없거나 제한되는 주주를 포함한다. 이하 이 조에서 같다)는 주주총회전에 회사에 대하여 서면으로 그 결의에 반대하는 의사를 통지한 경우에는 그 총회의 결의일부터 20일 이내에 주식의 종류와 수를 기재한 서면으로 회사에 대하여 자기가 소유하고 있는 주식의 매수를 청구할 수 있다.

②, ③ 포괄적 교환의 경우에는 완전모회사와 완전자회사가 모두 기존에 존재하던 회사들이므로 양 회사의 주주 모두에게 주식매수청구권이 인정된다.

> **제360조의5(반대주주의 주식매수청구권)** ① 제360조의3제1항의 규정에 의한 승인사항에 관하여 이사회의 결의가 있는 때에 그 결의에 반대하는 주주(의결권이 없거나 제한되는 주주를 포함한다. 이하 이 조에서 같다)는 주주총회전에 회사에 대하여 서면으로 그 결의에 반대하는 의사를 통지한 경우에는 그 총회의 결의일부터 20일 이내에 주식의 종류와 수를 기재한 서면으로 회사에 대하여 자기가 소유하고 있는 주식의 매수를 청구할 수 있다.

④, ⑤ 영업 전부의 양수이건 일부의 양수이건 상관 없으나, '회사의 영업에 중대한 영향을 미치는' 경우라야 한다.

> **제374조(영업양도, 양수, 임대등)** ① 회사가 다음 각 호의 어느 하나에 해당하는 행위를 할 때에는 제434조에 따른 결의가 있어야 한다.
> 1. 영업의 전부 또는 중요한 일부의 양도
> 2. 영업 전부의 임대 또는 경영위임, 타인과 영업의 손익 전부를 같이 하는 계약, 그 밖에 이에 준하는 계약의 체결·변경 또는 해약
> 3. 회사의 영업에 중대한 영향을 미치는 다른 회사의 영업 전부 또는 일부의 양수

134 ①

135

상법상 비상장주식회사에서 주주총회의 결의사항에 반대하는 주주가 행사할 수 있는 주식매수청구권에 관한 설명으로 옳은 것은?

① 자본금감소의 결의에 반대하는 주주는 주식매수청구권을 행사할 수 있다.
② 주주총회일 전에 회사에 대하여 서면으로 결의에 반대하는 의사를 통지한 주주는 주주총회에서 찬성의 투표를 한 경우에도 주식매수청구권을 행사할 수 있다.
③ 판례에 의하면 반대주주가 적법하게 주식매수청구권을 행사하면 매매계약이 성립되고 회사는 매수청구기간이 종료한 날로부터 2월내에 매수하여야 한다.
④ 주식매수가액 결정에 있어 반대주주와 회사가 협의를 이루지 못하면 정관에 다른 규정이 없는 한 거래일 이전 6주간의 평균가액이 매수가액이 된다.
⑤ 회사는 반대주주로부터 매수한 주식을 즉시 소각하여야 한다.

••••••••••••••••••••••

① 결의반대주주의 주식매수청구권이 인정되는 경우에 그 결의는 (i) 회사의 영업양수도 등, (ii) 합병(분할합병), (iii) 주식의 포괄적 교환 등의 경우에 한정된다.

> ■ 영업양수도 등
> **제374조의2(반대주주의 주식매수청구권)** ① 제374조에 따른 결의사항에 반대하는 주주(의결권이 없거나 제한되는 주주를 포함한다. 이하 이 조에서 같다)는 주주총회 전에 회사에 대하여 서면으로 그 결의에 반대하는 의사를 통지한 경우에는 그 총회의 결의일부터 20일 이내에 주식의 종류와 수를 기재한 서면으로 회사에 대하여 자기가 소유하고 있는 주식의 매수를 청구할 수 있다.
>
> **제374조(영업양도, 양수, 임대등)** ① 회사가 다음 각 호의 어느 하나에 해당하는 행위를 할 때에는 제434조에 따른 결의가 있어야 한다.
>   1. 영업의 전부 또는 중요한 일부의 양도
>   2. 영업 전부의 임대 또는 경영위임, 타인과 영업의 손익 전부를 같이 하는 계약, 그 밖에 이에 준하는 계약의 체결·변경 또는 해약
>   3. 회사의 영업에 중대한 영향을 미치는 다른 회사의 영업 전부 또는 일부의 양수
> ② 제1항의 행위에 관한 주주총회의 소집의 통지를 하는 때에는 제374조의2제1항 및 제2항의 규정에 의한 주식매수청구권의 내용 및 행사방법을 명시하여야 한다.
>
> ■ 합병
> **제522조의3(합병반대주주의 주식매수청구권)** ① 제522조제1항의 규정에 의한 결의사항에 관하여 이사회의 결의가 있는 때에 그 결의에 반대하는 주주는 주주총회전에 회사에 대하여 서면으로 그 결의에 반대하는 의사를 통지한 경우에는 그 총회의 결의일부터 20일 이내에 주식의 종류와 수를 기재한 서면으로 회사에 대하여 자기가 소유하고 있는 주식의 매수를 청구할 수 있다.
>
> **제522조(합병계약서와 그 승인결의)** ① 회사가 합병을 함에는 합병계약서를 작성하여 주주총회의 승인을 얻어야 한다.
>
> ■ 분할합병
> **제530조의11(준용규정)**
>   ② 제374조제2항, 제439조제3항, 제522조의3, 제527조의2, 제527조의3 및 제527조의5의 규정은 분할합병의 경우에 이를 준용한다.

135 ③

- **주식의 포괄적 교환**

  제360조의5(반대주주의 주식매수청구권) ① 제360조의3제1항의 규정에 의한 승인사항에 관하여 이사회의 결의가 있는 때에 그 결의에 반대하는 주주는 주주총회전에 회사에 대하여 서면으로 그 결의에 반대하는 의사를 통지한 경우에는 그 총회의 결의일부터 20일 이내에 주식의 종류와 수를 기재한 서면으로 회사에 대하여 자기가 소유하고 있는 주식의 매수를 청구할 수 있다.

  제360조의3(주식교환계약서의 작성과 주주총회의 승인) ① 주식교환을 하고자 하는 회사는 주식교환계약서를 작성하여 주주총회의 승인을 얻어야 한다.
  ② 제1항의 승인결의는 제434조의 규정에 의하여야 한다.

- **주식의 포괄적 이전**

  제360조의22(주식교환 규정의 준용) 제360조의5, 제360조의11 및 제360조의12의 규정은 주식이전의 경우에 이를 준용한다.

② 주식매수청구의 의사를 포기한 것으로 본다.
③ 주식매수청구권의 성격을 형성권으로 본다.

> **관련판례**
>
> [대법원 2011.4.28, 선고, 2010다94953, 판결]
> 영업양도에 반대하는 주주의 주식매수청구권에 관하여 규율하고 있는 상법 제374조의2 제1항 내지 제4항의 규정 취지에 비추어 보면, 영업양도에 반대하는 주주의 주식매수청구권은 이른바 형성권으로서 그 행사로 회사의 승낙 여부와 관계없이 주식에 관한 매매계약이 성립하고, 상법 제374조의2 제2항의 '회사가 주식매수청구를 받은 날로부터 2월'은 주식매매대금 지급의무의 이행기를 정한 것이라고 해석된다. 그리고 이러한 법리는 위 2월 이내에 주식의 매수가액이 확정되지 아니하였다고 하더라도 다르지 아니하다.

④ 법원이 결정한다.

> **제374조의2(반대주주의 주식매수청구권)** ① 제374조에 따른 결의사항에 반대하는 주주(의결권이 없거나 제한되는 주주를 포함한다. 이하 이 조에서 같다)는 주주총회 전에 회사에 대하여 서면으로 그 결의에 반대하는 의사를 통지한 경우에는 그 총회의 결의일부터 20일 이내에 주식의 종류와 수를 기재한 서면으로 회사에 대하여 자기가 소유하고 있는 주식의 매수를 청구할 수 있다.
> ② 제1항의 청구를 받으면 해당 회사는 같은 항의 매수 청구 기간(이하 이 조에서 "매수청구기간"이라 한다)이 종료하는 날부터 2개월 이내에 그 주식을 매수하여야 한다.
> ③ 제2항의 규정에 의한 주식의 매수가액은 주주와 회사간의 협의에 의하여 결정한다.
> ④ 매수청구기간이 종료하는 날부터 30일 이내에 제3항의 규정에 의한 협의가 이루어지지 아니한 경우에는 회사 또는 주식의 매수를 청구한 주주는 법원에 대하여 매수가액의 결정을 청구할 수 있다.
> ⑤ 법원이 제4항의 규정에 의하여 주식의 매수가액을 결정하는 경우에는 회사의 재산상태 그 밖의 사정을 참작하여 공정한 가액으로 이를 산정하여야 한다.

⑤ 처분내용에 대해서는 이사회가 결정한다.

> **제342조(자기주식의 처분)** 회사가 보유하는 자기의 주식을 처분하는 경우에 다음 각 호의 사항으로서 정관에 규정이 없는 것은 이사회가 결정한다.
> 1. 처분할 주식의 종류와 수
> 2. 처분할 주식의 처분가액과 납입기일
> 3. 주식을 처분할 상대방 및 처분방법

136

비상장주식회사인 甲회사는 2015년 2월 5일 임시주주총회를 개최하여 특별결의로 회사 영업에 중대한 영향을 미치는 乙회사의 영업 전부양수를 결의하였다. 甲회사는 2015년 1월 15일 유일한 총회 안건이었던 乙회사 영업 전부양수에 관한 사항만 명시하여 총회소집 통지를 하였다. A는 甲회사 발행주식총수의 1%를 보유하고 있는 주주이다. 상법상 다음의 설명 중 옳은 것은? (이견이 있으면 판례에 의함)

① A는 주주총회 결의에 반대하더라도 3% 소수주주 요건을 충족하지 못하였으므로 주식매수청구권을 행사할 수 없다.
② A가 총회소집통지를 받은 후 총회 전 그 결의에 반대하는 의사를 서면 통지한 경우에는 2015년 3월 2일 주식의 종류와 수를 기재한 서면으로 주식매수청구를 할 수 있다.
③ A가 주식매수청구권을 행사하는 경우 이와 함께 주주총회 소집절차상의 하자를 이유로 주주총회결의취소의 소를 제기할 수 있다.
④ A가 주식매수청구권을 행사한 경우에는 甲회사는 그 청구일 기준 2월 이내에 그 승낙여부를 A에게 통지하여야 한다.
⑤ A가 주식매수청구권을 행사하고 甲회사가 주식을 매수하는 경우 그 매수가격은 우선적으로 법원이 결정하는 가액을 기준으로 한다.

....

① 주식매수청구권 행사는 단독주주권이다.

> **제374조의2(반대주주의 주식매수청구권)** ① 제374조의 규정에 의한 결의사항에 반대하는 주주는 주주총회 전에 회사에 대하여 서면으로 그 결의에 반대하는 의사를 통지한 경우에는 그 총회의 결의일부터 20일내에 주식의 종류와 수를 기재한 서면으로 회사에 대하여 자기가 소유하고 있는 주식의 매수를 청구할 수 있다.

② 반대주주의 주식매수청구권은 주주총회 결의일로부터 20일 내에 행사하여야 한다.

> **제374조의2(반대주주의 주식매수청구권)** ① 제374조의 규정에 의한 결의사항에 반대하는 주주는 주주총회전에 회사에 대하여 서면으로 그 결의에 반대하는 의사를 통지한 경우에는 그 총회의 결의일부터 20일내에 주식의 종류와 수를 기재한 서면으로 회사에 대하여 자기가 소유하고 있는 주식의 매수를 청구할 수 있다.

③ 주식매수청구권 행사와 관련된 주주총회 결의를 하기 위해서는 소집통지서에 주식매수청구권의 내용 및 행사방법에 관하여도 소집통지를 하여야 한다. 甲회사는 영업양수에 관한 사항만 통지하였으므로 소집통지절차에 하자가 존재한다. 따라서 주식매수청구권을 행사한 것과는 별개로 주주총회결의 취소의 소를 제기할 수 있다.

> **제374조(영업양도, 양수, 임대등)** ① 회사가 다음 각 호의 어느 하나에 해당하는 행위를 할 때에는 제434조에 따른 결의가 있어야 한다.
>   1. 영업의 전부 또는 중요한 일부의 양도
>   2. 영업 전부의 임대 또는 경영위임, 타인과 영업의 손익 전부를 같이 하는 계약, 그 밖에 이에 준하는 계약의 체결·변경 또는 해약
>   3. 회사의 영업에 중대한 영향을 미치는 다른 회사의 영업 전부 또는 일부의 양수
> ② 제1항의 행위에 관한 주주총회의 소집의 통지를 하는 때에는 제374조의2제1항 및 제2항의 규정에 의한 주식매수청구권의 내용 및 행사방법을 명시하여야 한다.

④ 주식매수청구권은 형성권이므로 회사는 해당 주식을 매수하여야 한다. 이 경우 청구일 기준 2개월이 아니라 매수청구기간(총회의 결의일로부터 20일) 종료일로부터 2개월이다.

136 ③

제374조의2(반대주주의 주식매수청구권) ② 제1항의 청구를 받으면 해당 회사는 같은 항의 매수 청구 기간(이하 이 조에서 "매수청구기간"이라 한다)이 종료하는 날부터 2개월 이내에 그 주식을 매수하여야 한다.

⑤ 1차적으로 당사자간 협의에 의하고, 협의가 이루어지지 않는 경우에 법원이 매수가액을 결정한다.

제374조의2(반대주주의 주식매수청구권) ③ 제2항의 규정에 의한 주식의 매수가액은 주주와 회사간의 협의에 의하여 결정한다.
④ 제1항의 청구를 받은 날부터 30일 이내에 제3항의 규정에 의한 협의가 이루어지지 아니한 경우에는 회사 또는 주식의 매수를 청구한 주주는 법원에 대하여 매수가액의 결정을 청구할 수 있다.
⑤ 법원이 제4항의 규정에 의하여 주식의 매수가액을 결정하는 경우에는 회사의 재산상태 그 밖의 사정을 참작하여 공정한 가액으로 이를 산정하여야 한다.

137

상법상 주주가 행사할 수 있는 주식매수청구권 중에서 주식매수청구기간이 다른 것은? (주식매수청구권을 행사하기 위한 다른 요건은 모두 충족한 것으로 함)

① 주식의 양도승인거부의 통지를 받은 주주의 주식매수청구권
② 회사의 발행주식총수의 100분의 95 이상을 자기계산으로 보유하고 있는 지배주주가 있는 회사의 소수주주의 주식매수청구권
③ 회사가 영업의 전부를 양도하는 경우 영업양도에 반대하는 주주의 주식매수청구권
④ 다른 회사의 영업의 전부를 양수하는 회사가 그 다른 회사의 발행주식총수의 100분의 90 이상을 보유하는 때에 영업양수를 반대하는 영업양수회사 주주의 주식매수청구권
⑤ 회사가 합병하는 경우 합병에 반대하는 의결권이 없는 종류주식을 가진 주주의 주식매수청구권

• •

① 이사회 거부통지일로부터 "20일" 내에 행사할 수 있다.

제335조의2(양도승인의 청구)
④ 제2항의 양도승인거부의 통지를 받은 주주는 통지를 받은 날부터 20일 내에 회사에 대하여 양도의 상대방의 지정 또는 그 주식의 매수를 청구할 수 있다.

② 지배주주에 대한 소수주주의 주식매수청구권은 언제든지 행사가능하다. 덧붙이자면 이는 지배주주를 그 상대방으로 하는 매수청구권으로 주주의 회사에 대한 주식매수청구권의 문제가 아니다.

제360조의25(소수주주의 매수청구권) ① 지배주주가 있는 회사의 소수주주는 언제든지 지배주주에게 그 보유주식의 매수를 청구할 수 있다.

③ 주주총회 결의일로부터 "20일" 내에 주식매수청구권을 행사할 수 있다.

제374조(영업양도, 양수, 임대등) ① 회사가 다음 각 호의 어느 하나에 해당하는 행위를 할 때에는 제434조에 따른 결의가 있어야 한다.
1. 영업의 전부 또는 중요한 일부의 양도
2. 영업 전부의 임대 또는 경영위임, 타인과 영업의 손익 전부를 같이 하는 계약, 그 밖에 이에 준하는 계약의 체결·변경 또는 해약

137 ②

3. 회사의 영업에 중대한 영향을 미치는 다른 회사의 영업 전부 또는 일부의 양수

> **제374조의2(반대주주의 주식매수청구권)** ① 제374조에 따른 결의사항에 반대하는 주주(의결권이 없거나 제한되는 주주를 포함한다. 이하 이 조에서 같다)는 주주총회 전에 회사에 대하여 <u>서면으로</u> 그 결의에 반대하는 의사를 통지한 경우에는 그 <u>총회의 결의일부터 20일 이내에</u> 주식의 종류와 수를 기재한 서면으로 회사에 대하여 자기가 소유하고 있는 주식의 매수를 청구할 수 있다.

④ (ⅰ) 영업양수회사 주주의 주식매수청구권을 묻고 있으니 간이영업양도의 문제는 아니다. 영업양수회사 주주의 경우 주총 결의일로부터 "20일" 내에 주식매수청구권을 행사할 수 있다.

> **제374조의2(반대주주의 주식매수청구권)** ① 제374조에 따른 결의사항에 반대하는 주주(의결권이 없거나 제한되는 주주를 포함한다. 이하 이 조에서 같다)는 주주총회 전에 회사에 대하여 서면으로 그 결의에 반대하는 의사를 통지한 경우에는 그 **총회의 결의일부터 20일 이내에** 주식의 종류와 수를 기재한 서면으로 회사에 대하여 자기가 소유하고 있는 주식의 매수를 청구할 수 있다.

(ⅱ) 반면에 영업양도회사 주주의 경우라면 간이영업양도에 해당하므로 공고 또는 통지일로부터 2주의 기간 이 기간이 경과한 날로부터 "20일" 내에 주식매수청구권을 행사할 수 있다.

> **제374조의3(간이영업양도, 양수, 임대 등)** ① 제374조제1항 각 호의 어느 하나에 해당하는 행위를 하는 회사의 <u>총주주의 동의가 있거나 그 회사의 발행주식총수의 100분의 90 이상을 해당 행위의 상대방이 소유하고 있는 경우</u>에는 그 회사의 주주총회의 승인은 이를 이사회의 승인으로 갈음할 수 있다.
> ② 제1항의 경우에 회사는 영업양도, 양수, 임대 등의 계약서 작성일부터 2주 이내에 주주총회의 승인을 받지 아니하고 영업양도, 양수, 임대 등을 한다는 뜻을 공고하거나 주주에게 통지하여야 한다. 다만, 총주주의 동의가 있는 경우에는 그러하지 아니하다.
> ③ 제2항의 <u>공고 또는 통지를 한 날부터 2주 이내에 회사에 대하여 서면으로 영업양도, 양수, 임대 등에 반대하는 의사를 통지한 주주</u>는 그 기간이 경과한 날부터 20일 이내에 주식의 종류와 수를 기재한 서면으로 회사에 대하여 자기가 소유하고 있는 주식의 매수를 청구할 수 있다. 이 경우 제374조의2제2항부터 제5항까지의 규정을 준용한다.

⑤ 합병주주총회의 결의일로부터 "20일" 내에 행사할 수 있다.

> **제522조의3(합병반대주주의 주식매수청구권)** ① 제522조제1항의 규정에 의한 결의사항에 관하여 이사회의 결의가 있는 때에 그 결의에 반대하는 주주는 주주총회전에 회사에 대하여 서면으로 그 결의에 반대하는 의사를 통지한 경우에는 그 <u>총회의 결의일부터 20일 이내에</u> 주식의 종류와 수를 기재한 서면으로 회사에 대하여 자기가 소유하고 있는 주식의 매수를 청구할 수 있다.
> **제522조(합병계약서와 그 승인결의)** ① 회사가 합병을 함에는 합병계약서를 작성하여 주주총회의 승인을 얻어야 한다.

138

상법상 주식회사의 영업 전부의 양도에 반대하는 주주의 주식매수청구권에 관한 설명으로 옳은 것은?

① 의결권이 없거나 제한되는 주주는 영업양도를 승인하는 주주총회에서 의결권을 행사할 수 없으므로 주식매수청구권이 인정되지 않는다.
② 주주는 주주총회 전에 회사에 대하여 구두 또는 서면으로 그 결의에 반대하는 의사를 통지하고 그 총회의 결의일부터 1개월 이내에 구두 또는 서면으로 주식의 매수를 청구할 수 있다.
③ 판례에 의하면 주주가 회사에 대하여 주식매수청구를 하고 회사가 이를 승낙하여 의사의 합치가 이루어져야 주식에 관한 매매계약이 성립한다.
④ 주식매수청구를 받으면 회사는 주식매수청구를 받은 날로부터 2개월 이내에 그 주식을 매수하여야 한다.
⑤ 영업양도를 하는 회사의 발행주식총수의 100분의 90 이상을 상대방인 영업양수인이 소유하고 있는 경우에도 양도회사의 주주에게 주식매수청구권이 인정된다.

··························

① 의결권이 없거나 제한되는 주주도 주식매수청구권을 행사할 수 있다. 의결권이 없거나 제한되는 주주가 배제되는 6가지 경우(제집감통주선) 이외에는 모두 주주로서의 권리를 행사할 수 있다고 정리하여야 한다.

> **제374조의2(반대주주의 주식매수청구권)** ① 제374조에 따른 결의사항에 반대하는 주주(의결권이 없거나 제한되는 주주를 포함한다. 이하 이 조에서 같다)는 주주총회 전에 회사에 대하여 <u>서면으로</u> 그 결의에 반대하는 의사를 통지한 경우에는 그 총회의 결의일부터 20일 이내에 주식의 종류와 수를 기재한 서면으로 회사에 대하여 자기가 소유하고 있는 주식의 매수를 청구할 수 있다.

② 결의반대의사 및 주식매수청구는 서면으로 하여야 하고, 결의일로부터 20일 내에 주식의 매수를 청구할 수 있다.

> **제374조의2(반대주주의 주식매수청구권)** ① 제374조에 따른 결의사항에 반대하는 주주(의결권이 없거나 제한되는 주주를 포함한다. 이하 이 조에서 같다)는 주주총회 전에 회사에 대하여 <u>서면으로</u> 그 결의에 반대하는 의사를 통지한 경우에는 그 총회의 결의일부터 <u>20일</u> 이내에 주식의 종류와 수를 기재한 <u>서면으로</u> 회사에 대하여 자기가 소유하고 있는 주식의 매수를 청구할 수 있다.

③ 주식매수청구권은 형성권이므로 주주의 일방적인 의사표시로 회사와 매매계약이 성립한다.

> **관련판례**
> [대법원 2011. 4. 28., 선고, 2010다94953, 판결]
> 영업양도에 반대하는 주주의 주식매수청구권에 관하여 규율하고 있는 상법 제374조의2 제1항 내지 제4항의 규정 취지에 비추어 보면, 영업양도에 반대하는 주주의 주식매수청구권은 이른바 형성권으로서 그 행사로 회사의 승낙 여부와 관계없이 주식에 관한 매매계약이 성립하고, 상법 제374조의2 제2항의 '회사가 주식매수청구를 받은 날부터 2월'은 주식매매대금 지급의무의 이행기를 정한 것이라고 해석된다. 그리고 이러한 법리는 위 2월 이내에 주식의 매수가액이 확정되지 아니하였다고 하더라도 다르지 아니하다.

④ 청구를 받은 날로부터 2개월이 아니라, 매수청구기간이 종료하는 날부터 2개월이다.

> **제374조의2(반대주주의 주식매수청구권)** ② 제1항의 청구를 받으면 해당 회사는 같은 항의 <u>매수 청구 기간</u>(이하 이 조에서 "매수청구기간"이라 한다)이 종료하는 <u>날부터 2개월 이내에</u> 그 주식을 매수하여야 한다.

138 ⑤

⑤ 간이영업양도의 경우에도 반대주주에게 주식매수청구권이 인정된다. 참고로 소규모영업양도라는 개념은 존재하지 않는다.

> **제374조의3(간이영업양도, 양수, 임대 등)** ① 제374조제1항 각 호의 어느 하나에 해당하는 행위를 하는 회사의 총주주의 동의가 있거나 그 회사의 발행주식총수의 100분의 90 이상을 해당 행위의 상대방이 소유하고 있는 경우에는 그 회사의 주주총회의 승인은 이를 이사회의 승인으로 갈음할 수 있다.
> ② 제1항의 경우에 회사는 영업양도, 양수, 임대 등의 계약서 작성일부터 2주 이내에 주주총회의 승인을 받지 아니하고 영업양도, 양수, 임대 등을 한다는 뜻을 공고하거나 주주에게 통지하여야 한다. 다만, 총주주의 동의가 있는 경우에는 그러하지 아니하다.
> ③ 제2항의 공고 또는 통지를 한 날부터 2주 이내에 회사에 대하여 서면으로 영업양도, 양수, 임대 등에 반대하는 의사를 통지한 주주는 그 기간이 경과한 날부터 20일 이내에 주식의 종류와 수를 기재한 서면으로 회사에 대하여 자기가 소유하고 있는 주식의 매수를 청구할 수 있다. 이 경우 제374조의2제2항부터 제5항까지의 규정을 준용한다.

139

상법상 비상장주식회사의 영업전부의 양도에 반대하는 주주의 주식매수청구권에 관한 설명으로 **틀린** 것은? (이견이 있으면 판례에 의함)

① 의결권 없는 종류주식을 보유한 주주도 주식매수청구권을 행사할 수 있다.
② 주식매수청구권은 그 행사로 회사와 주식에 관한 매매계약이 성립한다.
③ 주식매수청구를 받으면 해당 회사는 청구를 받은 날부터 2개월 이내에 그 주식을 매수하여야 한다.
④ 매수가액에 관하여 매수청구기간이 종료하는 날부터 30일 이내에 회사와 주주간 협의가 이루어지지 않는 경우, 회사 또는 주식매수를 청구한 주주는 법원에 대하여 매수가액의 결정을 청구할 수 있다.
⑤ 반대하는 주주로부터 회사가 매수한 주식의 처분에 대해서 정관에 규정이 없는 것은 이사회가 결정한다.

----

① 의결권이 없거나 제한되는 주주도 주식매수청구권을 행사할 수 있다. 의결권이 없거나 제한되는 주주가 배제되는 6가지 경우(제/집/감/통/주/선) 이외에는 모두 주주로서의 권리를 행사할 수 있다고 정리하여야 한다.

> **제374조의2(반대주주의 주식매수청구권)** ① 제374조에 따른 결의사항에 반대하는 주주(의결권이 없거나 제한되는 주주를 포함한다. 이하 이 조에서 같다)는 주주총회 전에 회사에 대하여 서면으로 그 결의에 반대하는 의사를 통지한 경우에는 그 총회의 결의일부터 20일 이내에 주식의 종류와 수를 기재한 서면으로 회사에 대하여 자기가 소유하고 있는 주식의 매수를 청구할 수 있다.

② 주식매수청구권은 형성권이므로 주주의 일방적인 의사표시로 회사와 매매계약이 성립한다.

> **관련판례**
> **[대법원 2011. 4. 28., 선고, 2010다94953, 판결]**
> 영업양도에 반대하는 주주의 주식매수청구권에 관하여 규율하고 있는 상법 제374조의2 제1항 내지 제4항의 규정 취지에 비추어 보면, 영업양도에 반대하는 주주의 주식매수청구권은 이른바 형성권으로서 그 행사로 회사의 승낙 여부와 관계없이 주식에 관한 매매계약이 성립하고, 상법 제374조의2 제2항의 '회사가 주식매수청구를 받은 날로부터 2월'은 주식매매대금 지급의무의 이행기를 정한 것이라고 해석된다. 그리고 이러한 법리는 위 2월 이내에 주식의 매수가액이 확정되지 아니하였다고 하더라도 다르지 아니하다.

139 ③

③ 매수청구를 받은 날이 아니라 매수청구기간이 종료하는 날부터 2개월 이내이다. 매수청구를 받은 날부터 기산하게 되면 각 주주별로 매수기간이 달라져서 번잡해지기 때문이다.

> **제374조의2(반대주주의 주식매수청구권)** ① 제374조에 따른 결의사항에 반대하는 주주(의결권이 없거나 제한되는 주주를 포함한다. 이하 이 조에서 같다)는 주주총회 전에 회사에 대하여 서면으로 그 결의에 반대하는 의사를 통지한 경우에는 그 총회의 결의일부터 20일 이내에 주식의 종류와 수를 기재한 서면으로 회사에 대하여 자기가 소유하고 있는 주식의 매수를 청구할 수 있다.
> ② 제1항의 청구를 받으면 해당 회사는 같은 항의 매수 청구 기간(이하 이 조에서 "매수청구기간"이라 한다)이 종료하는 날부터 2개월 이내에 그 주식을 매수하여야 한다.

④ 1차적으로 당사자간 협의에 의하고, 협의가 이루어지지 않는 경우에 법원이 매수가액을 결정한다.

> **제374조의2(반대주주의 주식매수청구권)** ④ 매수청구기간이 종료하는 날부터 30일 이내에 제3항의 규정에 의한 협의가 이루어지지 아니한 경우에는 회사 또는 주식의 매수를 청구한 주주는 법원에 대하여 매수가액의 결정을 청구할 수 있다.

⑤ 적법하게 취득한 자기주식의 처분은 정관에 규정이 없으면 이사회가 이를 결정한다.

> **제342조(자기주식의 처분)** 회사가 보유하는 자기의 주식을 처분하는 경우에 다음 각 호의 사항으로서 정관에 규정이 없는 것은 이사회가 결정한다.
>   1. 처분할 주식의 종류와 수
>   2. 처분할 주식의 처분가액과 납입기일
>   3. 주식을 처분할 상대방 및 처분방법

TOPIC 21 · 주주총회 결의의 하자

140
상법상 주주총회결의 부존재확인의 소를 제기할 정당한 법률상 이익이 있는 자들로 연결된 것은? (판례에 의함)

① 주주 명의차용자 – 해임된 이사
② 명의개서 미필주주 – 결의에 찬성한 주주
③ 사임한 이사 – 명의개서 미필주주
④ 결의에 찬성한 주주 – 해임된 이사
⑤ 주주 명의차용자 – 사임한 이사

••••••••••••••••••••

①, ⑤ 2017년도 대법원판결에 따라, 주주명부에 주주로 등재가 되어 있지 아니한 '명의차용자'는 주주가 아니므로(형식설) 법률상 이익이 없다.

> **관련판례**
>
> [대법원 2017.3.23. 선고, 2015다248342, 전원합의체 판결]
> 주식을 양수하였으나 아직 주주명부에 명의개서를 하지 아니하여 주주명부에는 양도인이 주주로 기재되어 있는 경우뿐만 아니라, 주식을 인수하거나 양수하려는 자가 타인의 명의를 빌려 회사의 주식을 인수하거나 양수하고 타인의 명의로 주주명부에의 기재까지 마치는 경우에도, 회사에 대한 관계에서는 주주명부상 주주만이 주주로서 의결권 등 주주권을 적법하게 행사할 수 있다.

② '명의개서 미필주주'는 주주이기는 하지만 회사에 대하여 대항할 수 없다. 따라서 회사를 피고로 하여 소송을 제기할 수 없다.

> **제337조(주식의 이전의 대항요건)** ① 주식의 이전은 취득자의 성명과 주소를 주주명부에 기재하지 아니하면 회사에 대항하지 못한다.

③, ⑤ '스스로 사임한 이사'는 회사와 아무런 관계가 없으므로 소송을 제기할 법률상 이익이 없다. 다만 '퇴임이사의 긴급사무처리권'이 인정되는 경우라면 소송을 제기할 법률상 이익이 있다.

> **관련판례**
>
> [대법원 1992.8.14. 선고, 91다45141, 판결]
> 사임 등으로 퇴임한 이사는 그 퇴임 이후에 이루어진 주주총회나 이사회의 결의에 하자가 있다 하더라도 이를 다툴 법률상의 이익이 있다고 할 수 없으나, 상법 제386조 제1항의 규정에 의하면, 법률 또는 정관에 정한 이사의 원수를 결한 경우에는 임기의 만료 또는 사임으로 인하여 퇴임한 이사는 새로선임된 이사가 취임할 때까지 이사의 권리의무가 있다고 규정하고 있고, 이 규정은 상법 제389조에 의하여 대표이사의 경우에도 준용되므로, 이사나 대표이사가 사임하여 퇴임하였다 하더라도 그 퇴임에 의하여 법률 또는 정관 소정의 이사의 원수를 결하게 됨으로써 적법하게 선임된 이사가 취임할 때까지 여전히 이사로서의 권리의무를 보유하는 경우에는 이사로서 그 후임이사를 선임한 주주총회결의나 이사회결의의 하자를 주장하여 부존재확인을 구할 법률상의 이익이 있다.

140 ④

④ '결의에 찬성한 주주'라 하더라도 그 결의의 하자를 다툴 법률상 이익이 있다.

> **관련판례**
>
> [대법원 1977.4.26, 선고, 76다1440, 판결]
> 주주는 원칙적으로 총회결의의 무효 또는 부존재확인을 구할 정당한 이익이 있으며, 이는 그 <u>결의에 찬성한 주주</u>라고 하더라도 마찬가지이다.

'해임된 이사'는 자신에 대한 해임결의의 부존재확인을 구할 법률상 이익이 인정된다.

> **관련판례**
>
> [대법원 1991.12.13, 선고, 90다카1158, 판결]
> 이사가 임원개임의 주주총회결의에 의하여 임기만료 전에 이사직에서 해임당하고 그 후임이사의 선임이 있었다 하더라도 그 후에 적법한 절차에 의하여 후임이사가 선임되었을 경우에는 당초의 이사개임결의가 부존재한다 할지라도 이에 대한 부존재확인을 구하는 것은 과거의 법률관계 내지 권리관계의 확인을 구하는 것에 귀착되어 확인의 소로서의 권리보호요건을 결여한 것이라 할 것이나 후임이사 선임결의가 부존재하거나 무효 등의 사유가 있어 상법 제386조 제1항에 의하여 구이사가 계속 권리의무를 가지게 되는 경우에는 <u>당초의 해임결의의 부존재확인을 구할 법률상의 이익이 있다</u>.

141

상법상 주주총회 결의하자의 소에 관한 설명으로 <u>틀린</u> 것은?

① 주주총회의 결의내용이 정관에 위반된 경우 결의취소의 소의 원인이 된다.
② 적법한 주주총회 소집통지를 받은 주주는 다른 주주에 대한 소집절차상의 하자를 이유로 주주총회결의 취소의 소를 제기할 수 없다.
③ 판례에 의하면 유효한 주주총회가 종료한 후에 일부 주주들만 모여 개최한 주주총회에서의 결의는 주주총회결의 부존재확인의 소의 원인이 된다.
④ 상법은 주주총회결의 무효확인의 소의 제소권자에 대하여 아무런 규정을 두고 있지 않으나, 판례에 의하면 무효확인에 관하여 정당한 법률상 이익이 있는 자가 무효확인의 소를 제기할 수 있다.
⑤ 주주총회결의 취소의 소가 제기된 경우 법원은 그 소의 원인이 인정되어도 회사의 현황과 제반사정을 참작하여 그 결의의 취소가 부적당하다고 인정한 때에는 그 청구를 기각할 수 있다.

···

① 주주총회의 결의내용이 법률에 위반한 경우에는 결의무효확인의 소의 대상이나, 정관에 위반한 경우에는 결의취소의 소의 대상이다.

> **제376조(결의취소의 소)** ① 총회의 소집절차 또는 결의방법이 법령 또는 정관에 위반하거나 현저하게 불공정한 때 또는 그 <u>결의의 내용이 정관에 위반한 때</u>에는 주주·이사 또는 감사는 결의의 날로부터 2월내에 결의취소의 소를 제기할 수 있다.

② 주주는 설사 자신은 적법하게 주주총회 소집통지를 받았더라도 '다른' 주주에 대한 소집통지가 이루어지지 않는 등의 소집절차상의 하자를 이유로 주주총회결의 취소의 소를 제기할 수 있다.

141 ②

> **관련판례**
> [대법원 2003.7.11. 선고, 2001다45584, 판결]
> 주주는 다른 주주에 대한 소집절차의 하자를 이유로 주주총회결의 취소의 소를 제기할 수도 있다.

③ 주주총회의 절차상의 하자가 중대한 경우로서 주주총회결의 부존재확인의 소의 원인이 된다.

> **관련판례**
> [대법원 1993.10.12. 선고, 92다28235, 판결]
> 대표이사가 1987. 2. 26. 10:00 회사 사무실에서 임시주주총회를 개최한다는 통지를 하였으나 주주총회 당일 16:00경 소란으로 인하여 사회자가 주주총회의 산회선언을 하였는데 그 후 주주 3인이 별도의 장소에 모여 **결의를 한 것이라면**, 위 주주 3인이 과반수를 훨씬 넘는 주식을 가진 주주라고 하더라도 나머지 일부 소수주주들에게는 그 회의의 참석과 토의, 의결권행사의 기회를 전혀 배제하고 나아가 **법률상 규정된 주주총회소집절차를 무시한 채 의견을 같이 하는 일부주주들만 모여서 한 결의를 법률상 유효한 주주총회의 결의라고 볼 수는 없다.**

④ 결의취소의 소와 달리 결의무효·부존재확인의 소에 관한 제380조는 제소권자를 규정하고 있지 않다. 이에 대해 판례는 '그 무효 또는 부존재의 확인에 관하여 정당한 법률상의 이익이 있는 자'가 소를 제기할 수 있다고 판시하고 있다.

> **관련판례**
> [대법원 1982.12.14. 선고, 82다카957, 판결]
> 주주총회결의에 의하여 해임당한 이사는 주주인 여부에 관계없이 당해 해임결의의 부존재 또는 무효확인을 **구할 법률상 이익이 있고**, 그 결의의 내용이 이사의 해임결의가 아니라 그 이사의 임기만료를 이유로 후임이사를 선임하는 결의라고 할지라도 상법 제386조에 의하여 후임이사 취임시까지 이사의 권리의무를 보유하는 경우에는 그 퇴임이사는 후임이사선임 결의의 하자를 주장하여 그 부존재 또는 무효확인을 구할 법률상 이익이 있다고 할 것이다.

⑤ 재량기각에 대한 설명이다. 재량기각은 결의취소의 소에 대해서만 인정된다.

> **제379조(법원의 재량에 의한 청구기각)** 결의취소의 소가 제기된 경우에 결의의 내용, 회사의 현황과 제반사정을 참작하여 그 취소가 부적당하다고 인정한 때에는 법원은 그 청구를 기각할 수 있다.

142

다음의 보기 중 상법상 주주총회결의의 하자에 관한 설명으로 옳은 것은? (이견이 있으면 판례에 의함)

> (가) 판례에 따르면 이사회의 소집결의가 있지만 대표이사 또는 정관상의 소집권자가 아닌 자가 소집한 경우 결의취소사유에 해당한다.
> (나) 판례에 따르면 총회결의에 찬성한 주주가 소의 이익이 있어도 결의부존재확인의 소를 제기할 수 없다.
> (다) 회사는 결의취소의 소를 제기한 주주가 이사라 하더라도 악의임을 소명하면 주주의 담보제공을 청구할 수 있으며 법원은 이에 따라 상당한 담보제공을 명할 수 있다.
> (라) 감사선임결의에 있어서 100분의 5의 의결권 주식을 가진 주주가 그가 보유하는 모든 주식으로 의결권을 행사한 경우 결의취소사유에 해당한다.
> (마) 판례에 따르면 임시주주총회가 개회선언되고 법률상으로나 사실상 의사를 진행할 수 있는 상태에서 총회의장이 주주들의 의사에 반하여 자진퇴장한 경우 출석한 총주식 과반수의 주주들이 전원의 동의로 임시의장을 선출하고 진행한 총회결의는 적법하다.
> (바) 판례에 따르면 결의취소의 소가 제기된 경우 법원은 당사자의 주장에 의해서만 결의의 내용, 회사의 현황과 제반사정을 참작하여 그 취소가 부적당하다고 인정할 때 재량기각할 수 있다.

① (가), (나), (마)
② (가), (라), (마)
③ (가), (다), (바)
④ (가), (라), (바)
⑤ (나), (라), (마)

(가) 주총결의 절차상 하자가 인정되므로 결의취소사유이다.

> **관련판례**
>
> [대법원 1993.09.10. 선고, 93도698, 판결]
> 대표이사 아닌 이사 甲이 이사회의 소집결의에 따라 주주총회를 소집한 것이라면 위 주주총회에 있어서 소집절차상의 하자는 취소사유에 불과하고 그것만으로 바로 주주총회 결의가 무효이거나 부존재가 되는 것이라고 볼수는 없다 할 것이다.

(나) 결의부존재는 제소권자에 제한이 없다. 소의 이익이 있으면 누구나 가능하다.
(다) 담보제공명령은 이사, 감사의 경우에는 적용되지 않는다.

> **제377조(제소주주의 담보제공의무)** ① 주주가 결의취소의 소를 제기한 때에는 법원은 회사의 청구에 의하여 상당한 담보를 제공할 것을 명할 수 있다. 그러나 그 주주가 이사 또는 감사인 때에는 그러하지 아니하다.

(라) 결의방법의 하자로서 결의취소사유에 해당한다.

> **제376조(결의취소의 소)** ① 총회의 소집절차 또는 결의방법이 법령 또는 정관에 위반하거나 현저하게 불공정한 때 또는 그 결의의 내용이 정관에 위반한 때에는 주주·이사 또는 감사는 결의의 날로부터 2월내에 결의취소의 소를 제기할 수 있다.
>
> **제409조(선임)** ① 감사는 주주총회에서 선임한다.
> ② 의결권없는 주식을 제외한 발행주식의 총수의 100분의 3(정관에서 더 낮은 주식 보유비율을 정할 수 있으며, 정관에서 더 낮은 주식 보유비율을 정한 경우에는 그 비율로 한다)을 초과하는 수의 주식을 가진 주주는 그 초과하는 주식에 관하여 제1항의 감사의 선임에 있어서는 의결권을 행사하지 못한다.

142 ②

(바) 옳은 내용이다.

> **관련판례**
>
> [대법원 1983.8.23. 선고, 83도748, 판결]
> 개회선언된 임시주주총회에서 의안에 대한 심사도 아니한 채 법률상으로나 사실상으로 의사를 진행할 수 있는 상태에서 주주들의 의사에 반하여 대표이사나 이사가 자진하여 퇴장한 경우 임시 주주총회가 개회되었다거나 종료되었다고 할 수는 없으며, 설령 당시 대표이사가 독단으로 개회선언을 하고 퇴장하였더라도 의장으로서 적절한 의사운영을 하여 의사일정의 전부를 종료케 하는 등의 직책을 포기하고 그의 권한 및 권리행사를 하지 아니하였다고 볼 것이니 그 당시 회의장에 남아있던 총 주식수의 과반수 이상의 주주들이 전 주주의 동의로서 임시의장을 선출하여 진행한 임시주주총회의 결의는 적법하다.

(바) '당사자의 주장에 의해서만' 재량기각사유를 판단하는 것이 아니라, '법원 스스로' 재량기각사유에 해당하는지 판단할 수 있다.

> **제379조(법원의 재량에 의한 청구기각)** 결의취소의 소가 제기된 경우에 결의의 내용, 회사의 현황과 제반사정을 참작하여 그 취소가 부적당하다고 인정한 때에는 법원은 그 청구를 기각할 수 있다.

143

상법상 비상장주식회사의 주주총회결의 하자에 관한 다음의 설명 중 옳은 것은? (이견이 있으면 판례에 의함)

① 주주총회의 소집통지서에 기재되지 않은 사항에 관한 주주총회 결의에 대하여 주주는 총회결의 취소의 소를 제기할 수 있다.
② 정관으로 이사자격을 정한 경우 이를 충족하지 못하는 자에 대한 이사선임 결의에 대하여 이사는 총회결의 무효확인의 소를 제기할 수 있다.
③ 이사선임을 이사회에 위임하는 주주총회결의에 대하여는 주주 또는 감사에 한하여 무효확인의 소를 제기할 수 있다.
④ 총회결의 부존재확인의 소를 제기한 주주가 동시에 이사인 경우 법원은 제소주주에게 상당한 담보를 제공할 것을 명할 수 있다.
⑤ 법원은 총회결의무효확인의 소 또는 부존재확인의 소가 제기된 경우 결의의 내용, 회사의 현황과 제반사정을 참작하여 그 무효 또는 부존재확인이 부적당하다고 인정한 때에는 그 청구를 기각할 수 있다.

••••••••••••••••••••••

① 주주총회의 소집통지서에 기재하지 않은 사항에 관하여 주총결의가 이루어진 경우에는 절차상의 하자로서 취소사유가 존재한다.

> **관련판례**
>
> [대법원 1979.3.27. 선고, 79다19, 판결]
> 상법 제363조 제1항, 제2항의 규정에 의하면 주주총회를 소집함에 있어서는 회의의 목적사항을 기재하여 서면으로 그 통지를 발송하게 되어 있으므로 <u>주주총회에 있어서는 원칙적으로 주주총회 소집을 함에 있어서 회의의 목적사항으로 한 것 이외에는 결의할 수 없으며, 이에 위배된 결의는, 특별한 사정이 없는 한, 상법 제</u>

> 376조 소정의 총회의 소집절차 또는 결의방법이 법령에 위반하는 것으로 보아야 하고, 다만 회사 정관에 주주전원의 동의가 있으면 미리 주주에게 통지하지 아니한 목적 사항에 관하여도 결의할 수 있다고 되어 있는 때는 예외이나, 그 경우의 주주 전원이란 재적주주 전원을 의미한다고 보아야 할 것이며, 미리 주주에게 통지하지 아니한 사항에 관한 결의에 가담한 주주가 그 결의의 취소를 구함이 곧 신의성실의 원칙 및 금반언의 원칙에 반한다고 볼 수 없다.

② 결의의 내용이 정관을 위반한 사항으로서 결의취소의 소를 제기 할 수 있다.

> **제376조(결의취소의 소)** ① 총회의 소집절차 또는 결의방법이 법령 또는 정관에 위반하거나 현저하게 불공정한 때 또는 그 결의의 내용이 정관에 위반한 때에는 주주·이사 또는 감사는 결의의 날로부터 2월내에 결의취소의 소를 제기할 수 있다.

③ 이사는 주주총회에서 보통결의로 선임한다. 주주총회의 전권사항에 해당하므로 다른 기관이나 타인에게 이사의 선임을 위임할 수 없다. 따라서 이 경우 결의의 내용이 법령에 위반하였으므로 결의무효확인의 소를 제기 할 수 있다. 다만, 주총결의 무효 및 부존재확인의 소의 경우에는 제소권자에 제한이 없다.

> **제382조(이사의 선임, 회사와의 관계 및 사외이사)**
> ① 이사는 주주총회에서 선임한다.
> **제380조(결의무효 및 부존재확인의 소)** 제186조 내지 제188조, 제190조 본문, 제191조, 제377조와 제378조의 규정은 총회의 결의의 내용이 법령에 위반한 것을 이유로 하여 결의무효의 확인을 청구하는 소와 총회의 소집절차 또는 결의방법에 총회결의가 존재한다고 볼 수 없을 정도의 중대한 하자가 있는 것을 이유로 하여 결의부존재의 확인을 청구하는 소에 이를 준용한다.

④ 이사인 주주의 경우에는 담보제공의무가 없다.

> **제377조(제소주주의 담보제공의무)** ① 주주가 결의취소의 소를 제기한 때에는 법원은 회사의 청구에 의하여 상당한 담보를 제공할 것을 명할 수 있다. 그러나 그 주주가 이사 또는 감사인 때에는 그러하지 아니하다.

⑤ 이른바 재량기각판결은 설립무효의 소 또는 설립취소의 소와 주총결의취소의 소의 경우에만 인정된다. 주총결의 무효·부존재확인의 소(상380)와 부당결의 취소·변경의 소(상381)의 경우에는 재량기각이 인정되지 않는다.

> **제189조(하자의 보완 등과 청구의 기각)** 설립무효의 소 또는 설립취소의 소가 그 심리중에 원인이 된 하자가 보완되고 회사의 현황과 제반사정을 참작하여 설립을 무효 또는 취소하는 것이 부적당하다고 인정한 때에는 법원은 그 청구를 기각할 수 있다.
> **제379조(법원의 재량에 의한 청구기각)** 결의취소의 소가 제기된 경우에 결의의 내용, 회사의 현황과 제반사정을 참작하여 그 취소가 부적당하다고 인정한 때에는 법원은 그 청구를 기각할 수 있다.

144

상법상 비상장회사의 주주총회결의취소의 소에 관한 설명으로 틀린 것은?

① 일부 주주에게 소집통지를 하지 않은 채 절차가 진행되어 이루어진 주주총회결의에 대해서는 소집통지를 받고 주주총회결의에 참가한 주주도 주주총회결의취소의 소를 제기할 수 있다.
② 취소원인이 있는 주주총회결의의 성립 당시에는 주주가 아니었지만 그 후 주주가 된 자도 당해 주주총회결의에 대해 주주총회결의 취소의 소를 제기할 수 있다.
③ 이사를 선임하는 주주총회결의에 취소원인이 존재하는 경우 주주총회결의취소의 소를 제기하려면 회사를 피고로 하여야 한다.
④ 상법은 주주총회결의취소의 소 뿐 아니라 주주총회결의무효확인의 소에서도 명문으로 법원의 재량에 의한 청구기각 제도를 인정하고 있다.
⑤ 주주총회결의취소의 소에 대한 취소판결은 대세적 효력이 있으며 소급하여 효력을 갖는다.

••••••••••••••••••••

① 다른 주주의 소집통지의 하자를 이유로 결의취소를 주장할 수 있다.

> **관련판례**
>
> [대법원 2003.7.11. 선고, 2001다45584, 판결]
> 주주는 <u>다른 주주에 대한 소집절차의 하자를 이유로</u> 주주총회결의 취소의 소를 제기할 수도 있다.

② 결의 당시의 주주 뿐 아니라 그 이후에 주주가 된 자도 제소권이 있다. 위법한 주총결의의 효력이 그대로 발생하기 때문이다.
③ 결의취소의 소의 대상은 회사이다. 결의취소판결의 효력은 회사를 중심으로 한 모든 법률관계에 미치기 때문이다.
④ 재량기각은 결의취소의 소에 대해서 인정될 뿐이고, 결의무효(부존재)확인의 소의 경우에는 재량기각이 인정되지 않는다.

> **제379조(법원의 재량에 의한 청구기각)** <u>결의취소의 소가 제기된 경우에</u> 결의의 내용, 회사의 현황과 제반사정을 참작하여 그 취소가 부적당하다고 인정한 때에는 법원은 그 청구를 기각할 수 있다.

⑤ 상법 제376조 제2항에서는 제190조 본문(대세효)만 준용하고, 동조 단서(불소급효)는 준용하지 않는다고 규정하고 있다. 따라서서 결의의 하자와 관련된 소송의 확정된 인용판결은 대세효와 (민사소송법의 일반원칙에 따라) 소급효를 가진다.

> **제376조(결의취소의 소)** ① 총회의 소집절차 또는 결의방법이 법령 또는 정관에 위반하거나 현저하게 불공정한 때 또는 그 결의의 내용이 정관에 위반한 때에는 주주·이사 또는 감사는 결의의 날로부터 2월내에 결의취소의 소를 제기할 수 있다.
> ② 제186조 내지 제188조, <u>제190조 본문</u>과 제191조의 <u>규정은 제1항의 소에 준용한다.</u>
>
> **제190조(판결의 효력)** 설립무효의 판결 또는 <u>설립취소의 판결은 제3자에 대하여도 그 효력이 있다.</u> 그러나 판결 확정전에 생긴 회사와 사원 및 제3자간의 권리의무에 영향을 미치지 아니한다.

144 ④

145

甲주식회사는 주주총회를 개최하여 A를 이사로 선임하는 결의와 정관을 변경하는 결의를 하였고, 다음날 甲회사의 이사회는 A를 대표이사로 선임하였다. 이에 관한 상법상 설명으로 틀린 것은?

① 판례에 의하면 위 주주총회에 참석하여 의결권을 행사한 주주 B는 다른 주주가 소집통지를 받지 못하였음을 이유로 하여 결의취소의 소를 제기할 수 없다.
② 甲회사의 이사나 감사가 아닌 주주 C가 결의취소의 소를 제기한 때에는 법원은 甲회사의 청구에 의하여 C에게 상당한 담보를 제공할 것을 명할 수 있다.
③ A를 이사로 선임하는 결의를 취소하는 판결이 확정되었다면 A가 대표이사로서 甲회사를 대표하여 한 행위는 소급적으로 효력이 상실된다.
④ 甲회사의 정관변경으로 우선주의 배당률이 낮아지는 경우 그 정관변경이 효력을 발생하려면 甲회사의 우선주를 가진 주주들의 종류주주총회의 결의가 있어야 한다.
⑤ 판례에 의하면 甲회사의 대표이사가 아닌 이사가 이사회의 소집결의에 따라서 위 주주총회를 소집한 것이라면 결의취소사유에 불과하고 결의가 부존재한다고 볼 수는 없다.

••••••••••••••••••••

① 주주는 다른 주주가 소집통지를 받지 못하였음을 이유로 주총결의취소의 소를 제기할 수 있다. 다른 주주가 소집통지를 받아 출석하여 의결권을 행사하였더라면 총회결의의 결과가 달라질 수 있기 때문이다.

> **관련판례**
> [대법원 2003.7.11, 선고, 2001다45584, 판결]
> 주주는 다른 주주에 대한 소집절차의 하자를 이유로 주주총회결의 취소의 소를 제기할 수도 있다.

② 제377조 제1항

> **제377조(제소주주의 담보제공의무)** ① 주주가 결의취소의 소를 제기한 때에는 법원은 회사의 청구에 의하여 상당한 담보를 제공할 것을 명할 수 있다. 그러나 그 주주가 이사 또는 감사인 때에는 그러하지 아니하다.
> ② 제176조제4항의 규정은 제1항의 청구에 준용한다.

③ 제376조 제2항이 불소급효를 규정한 제190조 단서를 규정하지 않으므로, 주총결의 취소판결에는 소급효가 인정된다.

> **제376조(결의취소의 소)** ① 총회의 소집절차 또는 결의방법이 법령 또는 정관에 위반하거나 현저하게 불공정한 때 또는 그 결의의 내용이 정관에 위반한 때에는 주주·이사 또는 감사는 결의의 날로부터 2월내에 결의취소의 소를 제기할 수 있다.
> ② 제186조 내지 제188조, 제190조 본문과 제191조의 규정은 제1항의 소에 준용한다.
>
> **제190조(판결의 효력)** 설립무효의 판결 또는 설립취소의 판결은 제3자에 대하여도 그 효력이 있다. 그러나 판결확정 전에 생긴 회사와 사원 및 제3자간의 권리의무에 영향을 미치지 아니한다.

④ 정관을 변경함으로써 어느 종류주주에게 손해를 미치게 될 때에는 종류주주총회결의가 정관변경의 효력발생요건이다.

> **제435조(종류주주총회)** ① 회사가 종류주식을 발행한 경우에 정관을 변경함으로써 어느 종류주식의 주주에게 손해를 미치게 될 때에는 주주총회의 결의 외에 그 종류주식의 주주의 총회의 결의가 있어야 한다.

145 ①

⑤ 대표이사 아닌 자가 '이사회결의를 거쳐서' 총회를 소집한 경우에는 결의취소사유에 해당한다.

> **관련판례**
>
> [대법원 1993.9.10. 선고, 93도698, 판결]
> 대표이사 아닌 이사가 이사회의 소집 결의에 따라서 주주총회를 소집한 것이라면 위 주주총회에 있어서 소집절차상 하자는 주주총회결의의 취소사유에 불과하고 그것만으로 바로 주주총회결의가 무효이거나 부존재가 된다고 볼 수 없다.

146

상법상 주주총회 결의의 하자를 다투는 소에 관한 설명으로 틀린 것은?

① 주주총회의 소집절차 또는 결의방법이 법령에 위반하거나 현저하게 불공정한 때에는 결의의 날로부터 2월 내에 결의취소의 소를 제기할 수 있다.
② 결의취소의 소와 결의부존재확인의 소에는 모두 법원의 재량에 의한 청구 기각이 인정되지 않는다.
③ 결의취소의 소의 제소권자는 주주·이사 또는 감사이다.
④ 결의한 사항이 등기된 경우에 결의취소의 판결이 확정된 때에는 본점의 소재지에서 등기하여야 한다.
⑤ 결의취소 판결 및 결의무효확인 판결은 모두 대세적 효력과 소급효가 있다.

•••••••••••••••••••

① 주주총회 결의에 (덜 중대한) 형식적 하자가 있는 경우에 대한 설명이다.

> 제376조(결의취소의 소) ① 총회의 소집절차 또는 결의방법이 법령 또는 정관에 위반하거나 현저하게 불공정한 때 또는 그 결의의 내용이 정관에 위반한 때에는 주주·이사 또는 감사는 결의의 날로부터 2월내에 결의취소의 소를 제기할 수 있다.

② 주총결의하자에 관한 소송 중에서 결의취소의 소의 경우에만 재량기각이 인정된다.

> 제379조(법원의 재량에 의한 청구기각) 결의취소의 소가 제기된 경우에 결의의 내용, 회사의 현황과 제반사정을 참작하여 그 취소가 부적당하다고 인정한 때에는 법원은 그 청구를 기각할 수 있다.

③ 주식회사에 관한 소송의 제소권자는 원칙적으로 주주·이사 또는 감사로 한정된다.

> 제376조(결의취소의 소) ① 총회의 소집절차 또는 결의방법이 법령 또는 정관에 위반하거나 현저하게 불공정한 때 또는 그 결의의 내용이 정관에 위반한 때에는 주주·이사 또는 감사는 결의의 날로부터 2월내에 결의취소의 소를 제기할 수 있다.

④ 다만 이때의 등기에는 창설적 효력이 아니라 대항력만 인정된다. 따라서 결의취소의 효력은 등기시가 아니라 판결확정시에 발생한다.

> 제378조(결의취소의 등기) 결의한 사항이 등기된 경우에 결의취소의 판결이 확정된 때에는 본점의 소재지에서 등기하여야 한다.

⑤ 주총결의하자에 관한 소와 감자무효의소의 인용판결에는 소급효가 인정된다. 제190조 본문(대세효)만 준용하고, 단서(불소급효)는 준용하고 있지 않기 때문이다. "소결감"으로 기억하자.

146 ②

제190조(판결의 효력) 설립무효의 판결 또는 설립취소의 판결은 제3자에 대하여도 그 효력이 있다. 그러나 판결 확정전에 생긴 회사와 사원 및 제3자간의 권리의무에 영향을 미치지 아니한다.

제376조(결의취소의 소) ① 총회의 소집절차 또는 결의방법이 법령 또는 정관에 위반하거나 현저하게 불공정한 때 또는 그 결의의 내용이 정관에 위반한 때에는 주주·이사 또는 감사는 결의의 날로부터 2월내에 결의취소의 소를 제기할 수 있다.
② 제186조 내지 제188조, 제190조 본문과 제191조의 규정은 제1항의 소에 준용한다.

제380조(결의무효 및 부존재확인의 소) 제186조 내지 제188조, 제190조 본문, 제191조, 제377조와 제378조의 규정은 총회의 결의의 내용이 법령에 위반한 것을 이유로 하여 결의무효의 확인을 청구하는 소와 총회의 소집절차 또는 결의방법에 총회결의가 존재한다고 볼 수 없을 정도의 중대한 하자가 있는 것을 이유로 하여 결의부존재의 확인을 청구하는 소에 이를 준용한다.

제381조(부당결의의 취소, 변경의 소) ① 주주가 제368조제3항의 규정에 의하여 의결권을 행사할 수 없었던 경우에 결의가 현저하게 부당하고 그 주주가 의결권을 행사하였더라면 이를 저지할 수 있었을 때에는 그 주주는 그 결의의 날로부터 2월내에 결의의 취소의 소 또는 변경의 소를 제기할 수 있다.
② 제186조 내지 제188조, 제190조 본문, 제191조, 제377조와 제378조의 규정은 제1항의 소에 준용한다.

147

상법상 주주총회의 결의하자를 다투는 소에 관한 설명으로 틀린 것은?

① 결의취소의 소는 본점소재지의 지방법원의 관할에 전속한다.
② 주주가 아닌 감사가 결의취소의 소를 제기한 경우, 법원은 회사의 청구에 의하여 상당한 담보를 제공할 것을 명할 수 있다.
③ 총회의 결의내용이 법령에 위반한 경우에 결의무효확인의 소를 제기할 수 있다.
④ 총회의 소집절차에 총회결의가 존재한다고 볼 수 없을 정도의 중대한 하자가 있는 경우에 결의부존재확인의 소를 제기할 수 있다.
⑤ 부당결의의 변경의 판결은 제3자에 대하여도 그 효력이 있다.

....

① 설립무효의 소의 관할에 관한 규정을 준용한다.

제376조(결의취소의 소) ① 총회의 소집절차 또는 결의방법이 법령 또는 정관에 위반하거나 현저하게 불공정한 때 또는 그 결의의 내용이 정관에 위반한 때에는 주주·이사 또는 감사는 결의의 날로부터 2월내에 결의취소의 소를 제기할 수 있다.
② 제186조 내지 제188조, 제190조 본문과 제191조의 규정은 제1항의 소에 준용한다.
제186조(전속관할) 전2조의 소는 본점소재지의 지방법원의 관할에 전속한다.

② 담보제공명령은 이사, 감사의 경우에는 적용되지 않는다.

제377조(제소주주의 담보제공의무) ① 주주가 결의취소의 소를 제기한 때에는 법원은 회사의 청구에 의하여 상당한 담보를 제공할 것을 명할 수 있다. 그러나 그 주주가 이사 또는 감사인 때에는 그러하지 아니하다.

③ 한편 결의의 "내용"이 "법령"이 아닌 "정관"에 위반한 경우에는 결의"취소"의 소의 사유가 된다.

> **제380조(결의무효 및 부존재확인의 소)** 제186조 내지 제188조, 제190조 본문, 제191조, 제377조와 제378조의 규정은 총회의 결의의 내용이 법령에 위반한 것을 이유로 하여 결의무효의 확인을 청구하는 소와 총회의 소집절차 또는 결의방법에 총회결의가 존재한다고 볼 수 없을 정도의 중대한 하자가 있는 것을 이유로 하여 결의부존재의 확인을 청구하는 소에 이를 준용한다.

④ 한편 절차상 하자가 덜 중대한 경우에는 결의취소의 소의 사유가 된다.

> **제380조(결의무효 및 부존재확인의 소)** 제186조 내지 제188조, 제190조 본문, 제191조, 제377조와 제378조의 규정은 총회의 결의의 내용이 법령에 위반한 것을 이유로 하여 결의무효의 확인을 청구하는 소와 **총회의 소집절차 또는 결의방법에 총회결의가 존재한다고 볼 수 없을 정도의 중대한 하자가 있는 것을 이유로 하여 결의부존재의 확인을 청구하는 소**에 이를 준용한다.

⑤ 「판결의 대세효(제3자효)」에 대한 설명이다. 일반 민사소송과는 달리 회사법상 소송의 경우에는 다수의 이해관계자가 존재하기 때문에, 법률관계를 일률적으로 확정하기 위해 대세효가 인정된다.

> **제190조(판결의 효력)** 설립무효의 판결 또는 설립취소의 판결은 제3자에 대하여도 그 효력이 있다. 그러나 판결 확정전에 생긴 회사와 사원 및 제3자간의 권리의무에 영향을 미치지 아니한다.
>
> **제381조(부당결의 취소, 변경의 소)** ① 주주가 제368조제3항의 규정에 의하여 의결권을 행사할 수 없었던 경우에 결의가 현저하게 부당하고 그 주주가 의결권을 행사하였더라면 이를 저지할 수 있었을 때에는 그 주주는 그 결의의 날로부터 2월내에 결의의 취소의 소 또는 변경의 소를 제기할 수 있다.
> ② 제186조 내지 제188조, 제190조 본문, 제191조, 제377조와 제378조의 규정은 제1항의 소에 준용한다.

148

상법상 주주총회 결의의 하자를 다투는 소송에 관한 설명으로 틀린 것은?

① 총회에서 결의한 사항이 등기된 경우에 결의부존재 확인판결이 확정된 때에는 본점의 소재지에서 등기하여야 한다.
② 주주총회 결의내용이 법령에 위반한 때에는 결의무효 확인의 소를 제기할 수 있다.
③ 주주총회 결의방법이 법령에 위반한 때에는 주주·이사 또는 감사는 결의의 날로부터 2월내에 결의취소의 소를 제기할 수 있다.
④ 이사인 주주가 부당결의취소의 소를 제기한 때에는 법원은 회사의 청구에 의하여 제소주주로 하여금 상당한 담보를 제공할 것을 명할 수 있다.
⑤ 결의취소의 소에 대한 취소판결은 대세적 효력이 있으며 소급하여 효력을 가진다.

• •

① 2025. 1. 31. 상법 개정으로 지점등기제도가 폐지되었으므로 본점소재지에서만 등기하면 된다.

> **제378조(결의취소의 등기)** 결의한 사항이 등기된 경우에 결의취소의 판결이 확정된 때에는 본점의 소재지에서 등기하여야 한다.

② 결의 내용이 (ⅰ) 법령에 위반한 경우는 결의무효사유지만, (ⅱ) 정관에 위반한 경우는 결의취소사유이다.

148 ④

제380조(결의무효 및 부존재확인의 소) 제186조 내지 제188조, 제190조 본문, 제191조, 제377조와 제378조의 규정은 총회의 결의의 내용이 법령에 위반한 것을 이유로 하여 결의무효의 확인을 청구하는 소와 총회의 소집절차 또는 결의방법에 총회결의가 존재한다고 볼 수 없을 정도의 중대한 하자가 있는 것을 이유로 하여 결의부존재의 확인을 청구하는 소에 이를 준용한다.

③ (ⅰ) 결의「내용」의 법령위반은 실체상 하자로서 결의무효사유이지만, (ⅱ) 결의「방법」의 법령위반은 절차상 하자로서 원칙적으로 취소사유이고, 그 정도가 중하면 부존재사유가 된다.

제376조(결의취소의 소) ① 총회의 소집절차 또는 결의방법이 법령 또는 정관에 위반하거나 현저하게 불공정한 때 또는 그 결의의 내용이 정관에 위반한 때에는 주주·이사 또는 감사는 결의의 날로부터 2월내에 결의취소의 소를 제기할 수 있다.

④ 담보제공명령은 이사, 감사의 경우에는 적용되지 않는다.

제381조(부당결의의 취소, 변경의 소) ① 주주가 제368조제3항의 규정에 의하여 의결권을 행사할 수 없었던 경우에 결의가 현저하게 부당하고 그 주주가 의결권을 행사하였더라면 이를 저지할 수 있었을 때에는 그 주주는 그 결의의 날로부터 2월내에 결의의 취소의 소 또는 변경의 소를 제기할 수 있다.
② 제186조 내지 제188조, 제190조 본문, 제191조, 제377조와 제378조의 규정은 제1항의 소에 준용한다.

제377조(제소주주의 담보제공의무) ① 주주가 결의취소의 소를 제기한 때에는 법원은 회사의 청구에 의하여 상당한 담보를 제공할 것을 명할 수 있다. 그러나 그 주주가 이사 또는 감사인 때에는 그러하지 아니하다.

⑤ 상법 제376조 제2항에서는 제190조 본문(대세효)만 준용하고, 동조 단서(불소급효)는 준용하지 않는다고 규정하고 있다. 따라서 결의의 하자와 관련된 소송의 확정된 인용판결은 대세효와 (민사소송법의 일반원칙에 따라) 소급효를 가진다. 회사법상 소급효가 인정되는 경우는 소/결/감으로 정리하자.

제376조(결의취소의 소) ① 총회의 소집절차 또는 결의방법이 법령 또는 정관에 위반하거나 현저하게 불공정한 때 또는 그 결의의 내용이 정관에 위반한 때에는 주주·이사 또는 감사는 결의의 날로부터 2월내에 결의취소의 소를 제기할 수 있다.
② 제186조 내지 제188조, 제190조 본문과 제191조의 규정은 제1항의 소에 준용한다.

제190조(판결의 효력) 설립무효의 판결 또는 설립취소의 판결은 제3자에 대하여도 그 효력이 있다. 그러나 판결확정전에 생긴 회사와 사원 및 제3자간의 권리의무에 영향을 미치지 아니한다.

149

상법상 주주총회결의의 하자를 다투는 소송에 관한 설명으로 틀린 것은? (이견이 있으면 판례에 의함)

① 주주총회의 결의의 내용이 법령에 위반한 때에는 결의취소의 소의 원인이 된다.
② 주주총회에서 여러 개의 안건이 상정되어 각기 결의가 행하여진 경우 결의취소의 소의 제소기간의 준수 여부는 각 안건에 대한 결의마다 별도로 판단되어야 한다.
③ 부당결의 취소·변경의 소는 결의일로부터 2월 내에 제기해야 한다.
④ 주주가 결의부존재확인의 소를 제기한 때에는 법원은 회사의 청구에 의하여 상당한 담보를 제공할 것을 명할 수 있으나, 그 주주가 이사 또는 감사인 때에는 그러하지 아니하다.
⑤ 감사가 제기한 결의취소의 소의 피고는 회사이고, 이 소에 관하여 대표이사가 회사를 대표한다.

① (ⅰ) 주주총회의 결의내용이 「법률」에 위반한 경우에는 결의무효확인의 소의 대상이다. (ⅱ) 덧붙여 결의내용이 「정관」에 위반한 경우에는 결의취소의 소의 대상이고, (ⅲ) 결의 「절차」가 법률에 위반한 경우에는 그 하자의 정도에 따라 결의취소 내지 결의부존재 소의 대상이 된다.

> **제380조(결의무효 및 부존재확인의 소)** 제186조 내지 제188조, 제190조 본문, 제191조, 제377조와 제378조의 규정은 **총회의 결의의 내용이 법령에 위반한 것을 이유로 하여 결의무효의 확인을 청구하는 소**와 총회의 소집절차 또는 결의방법에 총회결의가 존재한다고 볼 수 없을 정도의 중대한 하자가 있는 것을 이유로 하여 **결의부존재의 확인을 청구하는 소**에 이를 준용한다.

② 주주총회가 다룰 안건이 많아서 며칠 동안 계속 진행된 경우를 생각해보면 된다(주주총회의 속행).

관련판례

[대법원 2010. 3. 11., 선고, 2007다51505, 판결]
주주총회결의 취소의 소는 상법 제376조 제1항에 따라 그 결의의 날로부터 2개월 내에 제기하여야 하고, 이 기간이 지난 후에 제기된 소는 부적법하다. 그리고 주주총회에서 여러 개의 안건이 상정되어 각기 결의가 행하여진 경우 위 제소기간의 준수 여부는 각 안건에 대한 결의마다 별도로 판단되어야 한다.

③ 결의취소소송과 부당결의 취소·변경의 소의 제소기간은 결의일로부터 2월이다.

> **제381조(부당결의의 취소, 변경의 소)** ① 주주가 제368조제3항의 규정에 의하여 의결권을 행사할 수 없었던 경우에 결의가 현저하게 부당하고 그 주주가 의결권을 행사하였더라면 이를 저지할 수 있었을 때에는 그 주주는 **그 결의의 날로부터 2월내에 결의의 취소의 소 또는 변경의 소를 제기할 수 있다.**

④ 담보제공명령은 주주에 대해서만 적용되고 이사·감사의 경우에는 적용되지 않는다. 이사·감사가 소송을 제기하는 경우에는 본연의 업무집행으로 보아야 하기 때문이다.

> **제377조(제소주주의 담보제공의무)** ① 주주가 결의취소의 소를 제기한 때에는 법원은 회사의 청구에 의하여 상당한 담보를 제공할 것을 명할 수 있다. 그러나 그 주주가 이사 또는 감사인 때에는 그러하지 아니하다.
>
> **제380조(결의무효 및 부존재확인의 소)** 제186조 내지 제188조, 제190조 본문, 제191조, **제377조**와 제378조의 규정은 총회의 결의의 내용이 법령에 위반한 것을 이유로 하여 **결의무효의 확인을 청구하는 소**와 총회의 소집절차 또는 결의방법에 총회결의가 존재한다고 볼 수 없을 정도의 중대한 하자가 있는 것을 이유로 하여 **결의부존재의 확인을 청구하는 소**에 이를 준용한다.

⑤ 회사를 피고로 하는 소송의 피고는 원칙적으로 대표이사가 된다. 「대/감/법」과 「대/리」로 정리하자.

> **제389조(대표이사)** ③ 제208조제2항, **제209조**, 제210조와 제386조의 규정은 **대표이사에 준용한다.**
>
> **제209조(대표사원의 권한)** ① **회사를 대표하는 사원은 회사의 영업에 관하여 재판상 또는 재판외의 모든 행위를 할 권한이 있다.**
> ② 전항의 권한에 대한 제한은 선의의 제삼자에게 대항하지 못한다.

| 회사소송의 대표권자 | 대/감/법
대/리 | 1. 일반회사 (대/감/법)
　대표이사 → 감사(위원회) → 법원 결정의 순서
2. 집행임원 설치회사 (대/리)
　대표집행임원 → 이사회 결정의 순서 |

150

상법상 주주총회에 관한 설명으로 틀린 것은?

① 주주총회에서 회의를 연기할 것을 결의한 경우 연기하는 주주총회일을 정하여 그 2주 전에 각 주주에게 서면으로 소집통지를 발송하여야 한다.
② 주주총회가 재무제표를 승인한 후 2년 내에 감사의 책임을 추궁하는 결의를 하는 경우 당해 감사인 주주는 그 결의에 관한 특별이해관계인으로서 의결권을 행사하지 못한다.
③ 이사선임의 주주총회결의에 대한 취소판결이 확정된 경우 그 결의에 의하여 선임된 이사들로 구성된 이사회에서 선정된 대표이사는 소급하여 그 자격을 상실한다.
④ 판례에 의하면 주주총회에서 여러 개의 안건이 상정되어 각기 결의가 행하여진 경우 결의취소의 소의 제소기간의 준수 여부는 각 안건에 대한 결의마다 별도로 판단되어야 한다.
⑤ 주주가 결의취소의 소를 제기한 때에는 법원은 회사의 청구에 의하여 상당한 담보를 제공할 것을 명할 수 있으나 그 주주가 이사 또는 감사인 때에는 그러하지 아니하다.

••••••••••••••••••••

① '속행'이란 주주총회를 종결하지 못하고 나머지 의사를 다음 회일에 계속하는 것이고, '연기'란 총회성립 후 의사 자체에 들어가지 못하고 회일을 후일로 다시 정하는 것이다. 속행과 연기의 경우에는 주주에 대한 통지 등의 소집절차를 다시 밟을 필요가 없다.

> **제372조(총회의 연기, 속행의 결의)** ① 총회에서는 회의의 속행 또는 연기의 결의를 할 수 있다.
> ② 전항의 경우에는 제363조의 규정을 적용하지 아니한다.
> **제363조(소집의 통지)** ① 주주총회를 소집할 때에는 주주총회일의 2주 전에 각 주주에게 서면으로 통지를 발송하거나 각 주주의 동의를 받아 전자문서로 통지를 발송하여야 한다. 다만, 그 통지가 주주명부상 주주의 주소에 계속 3년간 도달하지 아니한 경우에는 회사는 해당 주주에게 총회의 소집을 통지하지 아니할 수 있다.

② 제368조 제3항의 '특별이해관계'는 주주 아닌 자격에서 갖는 재산적 이해관계를 의미한다. 감사의 회사에 대한 손해배상책임을 추궁하는 결의시 해당 감사는 특별이해관계인에 이에 해당한다.

> **제368조(총회의 결의방법과 의결권의 행사)** ③ 총회의 결의에 관하여 특별한 이해관계가 있는 자는 의결권을 행사하지 못한다.

③ 주주총회결의 취소판결은 소급효가 인정되고, 소급하여 이사의 자격이 상실되면 이사를 전제로 한 대표이사의 자격 역시 상실된다.

> **관련판례**
> [대법원 2004.2.27. 선고, 2002다19797, 판결]
> 이사 선임의 주주총회결의에 대한 취소판결이 확정된 경우 그 결의에 의하여 이사로 선임된 이사들에 의하여 구성된 이사회에서 선정된 대표이사는 소급하여 그 자격을 상실하고, 그 대표이사가 이사 선임의 주주총회결의에 대한 취소판결이 확정되기 전에 한 행위는 대표권이 없는 자가 한 행위로서 무효가 된다.

④ 주주총회가 다룰 안건이 많아서 며칠 동안 계속 진행된 경우를 생각해보면 된다(주주총회의 속행).

150 ①

> **관련판례**
>
> **[대법원 2010. 3. 11., 선고, 2007다51505, 판결]**
> 주주총회결의 취소의 소는 상법 제376조 제1항에 따라 그 결의의 날로부터 2개월 내에 제기하여야 하고, 이 기간이 지난 후에 제기된 소는 부적법하다. 그리고 <u>주주총회에서 여러 개의 안건이 상정되어 각기 결의가 행하여진 경우 위 제소기간의 준수 여부는 각 안건에 대한 결의마다 별도로 판단되어야 한다.</u>

⑤ 주주와는 달리 이사·감사는 회사의 업무담당자로서 이러한 소송의 제기는 이사·감사의 업무의 일환이기 때문이다.

> **제377조(제소주주의 담보제공의무)** ① 주주가 결의취소의 소를 제기한 때에는 법원은 회사의 청구에 의하여 상당한 담보를 제공할 것을 명할 수 있다. 그러나 <u>그 주주가 이사 또는 감사인 때에는 그러하지 아니하다.</u>

151

상법상 주주총회 결의의 하자를 다투는 소송에 관한 설명으로 옳은 것은? (이견이 있으면 판례에 의함)

① 주주가 이사선임결의에 대하여 결의취소소송을 제기하기 위해서는 그 결의에 의하여 선임된 이사를 피고로 하여야 한다.
② 결의취소소송에서 패소한 원고가 중대한 과실이 있는 경우에도 회사에 대해 손해를 배상할 책임이 없다.
③ 이사선임결의에 대해 결의무효확인소송이 제기된 경우 법원은 당사자의 신청에 의하여 가처분으로써 이사의 직무집행을 정지할 수 있고 또는 직무대행자를 선임할 수 있다.
④ 결의부존재확인소송은 결의취소소송과 마찬가지로 결의일로부터 2월 내에 제소가 이루어져야 한다.
⑤ 부당결의취소·변경의 소가 제기된 경우 법원은 그 청구를 재량으로 기각할 수 있다.

••••••••••••••••••••

① 틀린 내용이다. 분쟁의 실질적인 주체인 회사가 피고이다.

> **관련판례**
>
> **[대법원 1982. 9. 14., 선고, 80다2425, 전원합의체 판결]**
> 주식회사의 이사회결의는 회사의 의사결정이고 회사는 그 결의의 효력에 관한 분쟁의 실질적인 주체라 할 것이므로 그 효력을 다투는 사람이 회사를 상대로 하여 그 결의의 무효확인을 소구할 수 있다 할 것이나, 그 이사회결의에 참여한 이사들은 그 이사회의 구성원에 불과하므로 특별한 사정이 없는 한 이사개인을 상대로 하여 그 결의의 무효확인을 소구할 이익은 없다.

② 패소원고의 책임에 관한 제191조는 4종의 소(결의취소, 결의무효, 결의부존재확인, 부당결의 취소·변경)에 모두 준용된다.

> **제376조(결의취소의 소)** ① 총회의 소집절차 또는 결의방법이 법령 또는 정관에 위반하거나 현저하게 불공정한 때 또는 그 결의의 내용이 정관에 위반한 때에는 주주·이사 또는 감사는 결의의 날로부터 2월내에 결의취소의 소를 제기할 수 있다.
> ② 제186조 내지 제188조, 제190조 본문과 <u>제191조</u>의 규정은 제1항의 소에 준용한다.

151 ③

> **제191조(패소원고의 책임)** 설립무효의 소 또는 설립취소의 소를 제기한 자가 패소한 경우에 악의 또는 중대한 과실이 있는 때에는 회사에 대하여 연대하여 손해를 배상할 책임이 있다.

③ 당사자의 신청에 의해서만 가능하고 법원의 직권에 의한 가처분은 인정되지 않는다. 법원의 직권으로 가능한 경우는 「상/해/청/주/이/사비」로 정리하자.

> **제407조(직무집행정지, 직무대행자선임)** ① 이사선임결의의 무효나 취소 또는 이사해임의 소가 제기된 경우에는 법원은 당사자의 신청에 의하여 가처분으로써 이사의 직무집행을 정지할 수 있고 또는 직무대행자를 선임할 수 있다. 급박한 사정이 있는 때에는 본안소송의 제기전에도 그 처분을 할 수 있다.

④ 결의부존재확인의 소, 결의무효확인의 소는 제소기간의 제한이 없다.
⑤ 부당결의 취소변경의 소에는 재량기각 규정(제379조)이 준용되지 않는다. 부당한 결의로 피해를 본 주주가 특정되어 있으므로 법원이 재량권을 행사할 수 없다고 생각하면 된다.

> **제381조(부당결의의 취소, 변경의 소)** ① 주주가 제368조제3항의 규정에 의하여 의결권을 행사할 수 없었던 경우에 결의가 현저하게 부당하고 그 주주가 의결권을 행사하였더라면 이를 저지할 수 있었을 때에는 그 주주는 그 결의의 날로부터 2월내에 결의의 취소의 소 또는 변경의 소를 제기할 수 있다.
> ② 제186조 내지 제188조, 제190조 본문, 제191조, 제377조와 제378조의 규정은 제1항의 소에 준용한다.

> **제379조(법원의 재량에 의한 청구기각)** 결의취소의 소가 제기된 경우에 결의의 내용, 회사의 현황과 제반사정을 참작하여 그 취소가 부적당하다고 인정한 때에는 법원은 그 청구를 기각할 수 있다.

<주총결의 하자소송>

요건 \ 유형	결의 취소	결의 무효	결의부존재	부당결의 취소·변경
제소권자	주주 / 이사 / 감사	제한 ×		해당 특별이해관계인
제소기간	2개월	제한 ×		2개월
소의 성질	형성	확인		형성
재량기각	○	×		×

152
상법상 주식회사 관련 소송 중 법원이 재량으로 청구를 기각하기 위한 요건으로서 하자의 보완을 명시적으로 규정하고 있지 않은 경우는?

① 주주총회결의취소소송
② 자본금감소무효소송
③ 신주발행무효소송
④ 합병무효소송
⑤ 분할무효소송

∙∙∙∙∙∙∙∙∙∙∙∙∙∙∙∙∙∙∙∙∙∙∙∙∙

① 재량기각이 가능한 회사법상 다른 소송들의 경우에 명문으로 하자의 보완을 요구하고 있는 것과는 달리, 결의취소의 소에 관한 규정에서는 재량기각시 하자의 보완을 요구하지 않고 있다.

> **제379조(법원의 재량에 의한 청구기각)** 결의취소의 소가 제기된 경우에 결의의 내용, 회사의 현황과 제반사정을 참작하여 그 취소가 부적당하다고 인정한 때에는 법원은 그 청구를 기각할 수 있다.

② 회사설립무효·취소에 관한 규정이 준용되어, 재량기각의 요건으로 (ⅰ) 하자의 보완과 (ⅱ) 제반사정의 참작을 요구하고 있다. 다만 판례는 하자보완이 없음에도 재량기각을 인정하는 경우도 있다.

152 ①

> **제446조(준용규정)** 제186조 내지 제189조·제190조 본문·제191조·제192조 및 제377조의 규정은 제445조의 소에 관하여 이를 준용한다.
>
> **제189조(하자의 보완 등과 청구의 기각)** 설립무효의 소 또는 설립취소의 소가 그 심리중에 원인이 된 하자가 보완되고 회사의 현황과 제반사정을 참작하여 설립을 무효 또는 취소하는 것이 부적당하다고 인정한 때에는 법원은 그 청구를 기각할 수 있다.
>
> **제445조(감자무효의 소)** 자본금 감소의 무효는 주주·이사·감사·청산인·파산관재인 또는 자본금의 감소를 승인하지 아니한 채권자만이 자본금 감소로 인한 변경등기가 된 날부터 6개월 내에 소(訴)만으로 주장할 수 있다.

관련판례

[대법원 2004. 4. 27. 선고 2003다29616 판결]
법원이 감자무효의 소를 재량 기각하기 위해서는 원칙적으로 그 소제기 전이나 그 심리중에 원인이 된 하자가 보완되어야 한다고 할 수 있을 것이지만, 하자가 추후 보완될 수 없는 성질의 것으로서 자본감소 결의의 효력에는 아무런 영향을 미치지 않는 것인 경우 등에는 그 하자가 보완되지 아니하였다 하더라도 회사의 현황 등 제반사정을 참작하여 자본감소를 무효로 하는 것이 부적당하다고 인정한 때에는 법원은 그 청구를 기각할 수 있다.

③ 회사설립무효·취소에 관한 규정이 준용되어, 재량기각의 요건으로 (ⅰ) 하자의 보완과 (ⅱ) 제반사정의 참작을 요구하고 있다.

> **제430조(준용규정)** 제186조 내지 제189조·제190조 본문·제191조·제192조 및 제377조의 규정은 제429조의 소에 관하여 이를 준용한다.
>
> **제189조(하자의 보완 등과 청구의 기각)** 설립무효의 소 또는 설립취소의 소가 그 심리중에 원인이 된 하자가 보완되고 회사의 현황과 제반사정을 참작하여 설립을 무효 또는 취소하는 것이 부적당하다고 인정한 때에는 법원은 그 청구를 기각할 수 있다.
>
> **제429조(신주발행무효의 소)** 신주발행의 무효는 주주·이사 또는 감사에 한하여 신주를 발행한 날로부터 6월내에 소만으로 이를 주장할 수 있다.

④, ⑤ 회사설립무효·취소에 관한 규정이 준용되어, 재량기각의 요건으로 (ⅰ) 하자의 보완과 (ⅱ) 제반사정의 참작을 요구하고 있다. 다만 판례는 하자보완이 없음에도 재량기각을 인정하는 경우도 있다.

> **제530조의11(준용규정)** ① 분할 또는 분할합병의 경우에는 제234조, 제237조부터 제240조까지, 제329조의2, 제440조부터 제443조까지, 제526조, 제527조, 제527조의6, 제528조 및 제529조를 준용한다. 다만, 제527조의 설립위원은 대표이사로 한다.
>
> **제240조(준용규정)** 제186조 내지 제191조의 규정은 합병무효의 소에 준용한다.
>
> **제189조(하자의 보완 등과 청구의 기각)** 설립무효의 소 또는 설립취소의 소가 그 심리중에 원인이 된 하자가 보완되고 회사의 현황과 제반사정을 참작하여 설립을 무효 또는 취소하는 것이 부적당하다고 인정한 때에는 법원은 그 청구를 기각할 수 있다.

관련판례

[대법원 2010. 7. 22. 선고 2008다37193 판결]
상법 제530조의11 제1항 및 제240조는 분할합병무효의 소에 관하여 상법 제189조를 준용하고 있고 상법 제189조는 "설립무효의 소 또는 설립취소의 소가 그 심리 중에 원인이 된 하자가 보완되고 회사의 현황과 제반 사정을 참작하여 설립을 무효 또는 취소하는 것이 부적당하다고 인정한 때에는 법원은 그 청구를 기각할 수 있다"고 규정하고 있으므로, 법원이 분할합병무효의 소를 재량기각하기 위해서는 원칙적으로 그 소 제기 전이나 그 심리 중에 원인이 된 하자가 보완되어야 할 것이나, 그 하자가 추후 보완될 수 없는 성질의 것인 경우에는 그 하자가 보완되지 아니하였다고 하더라도 회사의 현황 등 제반 사정을 참작하여 분할합병무효의 소를 재량기각할 수 있다.

TOPIC 22 • 종류주주총회

153

상법상 종류주주총회에 관한 설명으로 틀린 것은?

① 종류주주총회의 결의는 출석한 주주의 의결권의 3분의 2 이상의 수와 그 종류의 발행주식총수의 3분의 1 이상의 수로써 한다.
② 어느 종류주식의 주주에게 손해를 미치는 내용으로 정관을 변경할 경우 주주총회의 특별결의 외에 그 종류주식의 주주의 총회의 결의가 필요하다.
③ 회사의 합병이 있는 경우 모든 종류주식의 주주의 총회의 결의가 필요하다.
④ 주주총회에 관한 규정은 의결권 없는 종류의 주식에 관한 것을 제외하고 종류주주총회에 준용한다.
⑤ 정관에 의하지 않고 신주인수로 인한 주식배정에 관하여 주식의 종류에 따라 특수한 정함을 하는 경우 이로 인해 손해를 보는 종류주식의 주주의 총회의 결의가 필요하다.

••••••••••••••••••••••••

① 옳은 내용이다. 이 비율은 주주총회 특별결의의 정족수와 동일한 비율이다.

> 제435조(종류주주총회) ② 제1항의 결의는 출석한 주주의 의결권의 3분의 2 이상의 수와 그 종류의 발행주식총수의 3분의 1 이상의 수로써 하여야 한다.

② 옳은 내용이다.

> 제435조(종류주주총회) ① 회사가 종류주식을 발행한 경우에 정관을 변경함으로써 어느 종류주식의 주주에게 손해를 미치게 될 때에는 주주총회의 결의 외에 그 종류주식의 주주의 총회의 결의가 있어야 한다.

③ 모든 종류주주가 아니라, 그로 인해 손해를 보는 주주들의 종류주주총회의 결의가 필요하다.

> 제436조(준용규정) 제344조제3항에 따라 주식의 종류에 따라 특수하게 정하는 경우와 회사의 분할 또는 분할합병, 주식교환, 주식이전 및 회사의 합병으로 인하여 어느 종류의 주주에게 손해를 미치게 될 경우에는 제435조를 준용한다.

④ 옳은 내용이다. 종류주주의 경우에 의결권이 없는 경우에도 종류주주총회에서는 의결권을 부여하겠다는 의미이다.

> 제435조(종류주주총회) ③ 주주총회에 관한 규정은 의결권 없는 종류의 주식에 관한 것을 제외하고 제1항의 총회에 준용한다.

⑤ 옳은 내용이다.

> 제344조(종류주식) ③ 회사가 종류주식을 발행하는 때에는 정관에 다른 정함이 없는 경우에도 주식의 종류에 따라 신주의 인수, 주식의 병합·분할·소각 또는 회사의 합병·분할로 인한 주식의 배정에 관하여 특수하게 정할 수 있다.
>
> 제436조(준용규정) 제344조제3항에 따라 주식의 종류에 따라 특수하게 정하는 경우와 회사의 분할 또는 분할합병, 주식교환, 주식이전 및 회사의 합병으로 인하여 어느 종류의 주주에게 손해를 미치게 될 경우에는 제435조를 준용한다.

153 ③

154

상법상 종류주식과 종류주주총회에 관한 설명으로 틀린 것은?

① 판례에 의하면 어느 종류주식을 가진 주주의 지위가 정관변경에 따라 유리한 면이 있으면서 동시에 불이익한 면을 수반하는 경우 정관변경에 그 종류주주총회의 결의가 필요하다.
② 종류주주총회의 결의는 출석한 주주의 의결권의 3분의 2 이상의 수와 그 종류의 발행주식총수의 3분의 1 이상의 수로써 하여야 한다.
③ 의결권이 없는 종류주식을 가진 주주라도 그 종류주주총회에서는 의결권이 인정된다.
④ 종류주주총회를 소집할 때에는 그 종류주주총회일의 2주 전에 그 종류주식을 가진 각 주주에게 서면으로 통지를 발송하거나 각 주주의 동의를 받아 전자문서로 통지를 발송하여야 한다.
⑤ 판례에 의하면 정관변경에 필요한 종류주주총회의 결의가 아직 이루어지지 않았다면 그 정관변경을 결의한 주주총회결의의 하자를 이유로 그 결의의 무효확인을 구할 수 있다.

••••••••••••••••••••••••

① 아래 판례는 회사가 무상증자를 진행하는 경우에 기존의 우선주주에게 배정하는 우선주에는 전환권을 부여하지 않는다는 내용으로 정관을 변경하려는 사안이다. 이 경우 보통주로의 전환에 의한 의결권의 취득을 바라고 있던 우선주주의 지위에서는 정관변경이 불리한 반면, 의결권의 취득에는 관심이 적고 그보다는 이익배당에 더 관심이 있던 우선주주의 지위에서는 정관변경에 문제가 없다고 판단하게 된다. 이처럼 정관을 변경함으로써 우선주주 각자의 입장에 따라 유리한 점과 불리한 점이 공존하고 있을 경우에는 우선주주들로 구성된 종류주주총회의 결의가 필요하다.

관련판례

[대법원 2006. 1. 27., 선고, 2004다44575, 판결]
상법 제435조 제1항은 "회사가 수종의 주식을 발행한 경우에 정관을 변경함으로써 어느 종류의 주주에게 손해를 미치게 될 때에는 주주총회의 결의 외에 그 종류의 주주의 총회의 결의가 있어야 한다."고 규정하고 있는바, 위 규정의 취지는 주식회사가 보통주 이외의 수종의 주식을 발행하고 있는 경우에 보통주를 가진 다수의 주주들이 일방적으로 어느 종류의 주식을 가진 소수주주들에게 손해를 미치는 내용으로 정관을 변경할 수 있게 할 경우에 그 종류의 주식을 가진 소수주주들이 부당한 불이익을 받게 되는 결과를 방지하기 위한 것이므로, 여기서의 '어느 종류의 주주에게 손해를 미치게 될 때'라 함에는, 어느 종류의 주주에게 직접적으로 불이익을 가져오는 경우는 물론이고, 외견상 형식적으로는 평등한 것이라고 하더라도 실질적으로는 불이익한 결과를 가져오는 경우도 포함되며, 나아가 어느 종류의 주주의 지위가 정관의 변경에 따라 유리한 면이 있으면서 불이익한 면을 수반하는 경우도 이에 해당된다.

② 이 비율은 주주총회 특별결의의 정족수와 동일한 비율이다.

제435조(종류주주총회) ② 제1항의 결의는 출석한 주주의 의결권의 3분의 2 이상의 수와 그 종류의 발행주식총수의 3분의 1 이상의 수로써 하여야 한다.

③ 제435조 제3항은 의결권이 없는 종류주식의 주주들의 경우에도 이들로 구성된 당해 종류주주총회에서 의결권을 행사할 수 있다는 의미이다.

제435조(종류주주총회) ① 회사가 종류주식을 발행한 경우에 정관을 변경함으로써 어느 종류주식의 주주에게 손해를 미치게 될 때에는 주주총회의 결의 외에 그 종류주식의 주주의 총회의 결의가 있어야 한다.
② 제1항의 결의는 출석한 주주의 의결권의 3분의 2 이상의 수와 그 종류의 발행주식총수의 3분의 1 이상의 수로써 하여야 한다.

154 ⑤

③ 주주총회에 관한 규정은 의결권없는 종류의 주식에 관한 것을 제외하고 제1항의 총회에 준용한다.

④ 주주총회에 관한 규정이 준용되기 때문에 그 소집통지절차는 동일하다.

> **제435조(종류주주총회)** ① 회사가 종류주식을 발행한 경우에 정관을 변경함으로써 어느 종류주식의 주주에게 손해를 미치게 될 때에는 주주총회의 결의 외에 그 종류주식의 주주의 총회의 결의가 있어야 한다.
> ② 제1항의 결의는 출석한 주주의 의결권의 3분의 2 이상의 수와 그 종류의 발행주식총수의 3분의 1 이상의 수로써 하여야 한다.
> ③ 주주총회에 관한 규정은 의결권없는 종류의 주식에 관한 것을 제외하고 제1항의 총회에 준용한다.
>
> **제363조(소집의 통지)** ① 주주총회를 소집할 때에는 주주총회일의 2주 전에 각 주주에게 서면으로 통지를 발송하거나 각 주주의 동의를 받아 전자문서로 통지를 발송하여야 한다. 다만, 그 통지가 주주명부상 주주의 주소에 계속 3년간 도달하지 아니한 경우에는 회사는 해당 주주에게 총회의 소집을 통지하지 아니할 수 있다.
> ② 제1항의 통지서에는 회의의 목적사항을 적어야 한다.
> ③ 제1항에도 불구하고 자본금 총액이 10억원 미만인 회사가 주주총회를 소집하는 경우에는 주주총회일의 10일 전에 각 주주에게 서면으로 통지를 발송하거나 각 주주의 동의를 받아 전자문서로 통지를 발송할 수 있다.

⑤ 종류주주총회의 결의는 정관변경이라는 법률효과가 발생하기 위한 하나의 특별요건이므로, 종류주주총회의 결의가 없으면 정관변경이 아직 이루어지지 않은 것이므로 정관변경을 결의한 주주총회결의의 효력을 다툴 이유가 없다.

관련판례

[대법원 2006. 1. 27., 선고, 2004다44575, 판결]
어느 종류 주주에게 손해를 미치는 내용으로 정관을 변경함에 있어서 그 정관변경에 관한 주주총회의 결의 외에 추가로 요구되는 종류주주총회의 결의는 정관변경이라는 법률효과가 발생하기 위한 하나의 특별요건이라고 할 것이므로, 그와 같은 내용의 정관변경에 관하여 종류주주총회의 결의가 아직 이루어지지 않았다면 그러한 정관변경의 효력이 아직 발생하지 않는 데에 그칠 뿐이고, 그러한 정관변경을 결의한 주주총회결의 자체의 효력에는 아무런 하자가 없다.

155

상법상 종류주주총회에 관한 설명으로 틀린 것은? (이견이 있으면 판례에 의함)

① 신주인수로 인한 주식배정에 관하여 정관에 다른 정함이 없음에도 주식의 종류에 따라 특수하게 정한 경우 이로 인해 손해를 보는 종류주식의 주주의 총회의 결의는 필요하지 않다.
② 특정한 종류주식의 주주의 총회가 필요함에도 그 종류주주총회 결의 없이 정관변경의 주주총회 결의만 이루어진 경우, 종류주주총회 결의가 없다고 하여 그 정관변경의 주주총회 결의에 하자가 존재한다고 할 수는 없다.
③ 회사의 분할로 인하여 어느 종류의 주주에게 손해를 미치게 될 경우 그 종류주식의 주주의 총회의 결의가 있어야 한다.
④ 종류주주총회의 결의는 출석한 주주의 의결권의 3분의 2 이상의 수와 그 종류의 발행주식총수의 3분의 1 이상의 수로써 하여야 한다.
⑤ 회사가 종류주식을 발행한 경우에 정관을 변경함으로써 어느 종류주식의 주주에게 손해를 미치게 될 때에는 정관변경의 주주총회 결의 외에 그 종류주식의 주주의 총회의 결의가 있어야 한다.

155 ①

① 주식배정에 관하여 주식의 종류에 따라 달리 정하는 경우이므로 종류주주총회의 결의를 거쳐야 한다. 종류주주총회가 필요한 경우는 「정/배/합」으로 정리하자.

> **제436조(준용규정)** 제344조제3항에 따라 주식의 종류에 따라 특수하게 정하는 경우와 회사의 분할 또는 분할합병, 주식교환, 주식이전 및 회사의 합병으로 인하여 어느 종류의 주주에게 손해를 미치게 될 경우에는 제435조를 준용한다.
>
> **제435조(종류주주총회)** ① 회사가 종류주식을 발행한 경우에 정관을 변경함으로써 어느 종류주식의 주주에게 손해를 미치게 될 때에는 주주총회의 결의 외에 그 종류주식의 주주의 총회의 결의가 있어야 한다.

| 종류주주총회 결의가
필요한 경우 | 정 / 배 / 합 | • **정**관변경으로 종류주주에게 손해발생 우려
• 주식**배**정에 관하여 주식의 종류에 따라 달리 정하는 경우
• **합**병, 분할, 주식교환, 주식이전으로 종류주주에게 손해발생 우려 |

② 종류주주총회의 결의는 정관변경이라는 법률효과가 발생하기 위한 하나의 특별요건이므로, 종류주주총회의 결의가 없으면 정관변경이 아직 이루어지지 않은 것이므로 정관변경을 결의한 주주총회결의의 효력을 다툴 이유가 없다.

관련판례

[대법원 2006. 1. 27., 선고, 2004다44575, 판결]
어느 종류 주주에게 손해를 미치는 내용으로 정관을 변경함에 있어서 그 정관변경에 관한 주주총회의 결의 외에 추가로 요구되는 종류주주총회의 결의는 정관변경이라는 법률효과가 발생하기 위한 하나의 특별요건이라고 할 것이므로, 그와 같은 내용의 정관변경에 관하여 종류주주총회의 결의가 아직 이루어지지 않았다면 그러한 정관변경의 효력이 아직 발생하지 않는 데에 그칠 뿐이고, 그러한 정관변경을 결의한 주주총회결의 자체의 효력에는 아무런 하자가 없다.

③ 분할로 어느 종류주주에게 손해가 발생할 우려가 있는 경우이므로 종류주주총회의 결의를 거쳐야 한다. 종류주주총회가 필요한 경우는 「정/배/합」으로 정리하자.

> **제436조(준용규정)** 제344조제3항에 따라 주식의 종류에 따라 특수하게 정하는 경우와 회사의 분할 또는 분할합병, 주식교환, 주식이전 및 회사의 합병으로 인하여 어느 종류의 주주에게 손해를 미치게 될 경우에는 제435조를 준용한다.
>
> **제435조(종류주주총회)** ① 회사가 종류주식을 발행한 경우에 정관을 변경함으로써 어느 종류주식의 주주에게 손해를 미치게 될 때에는 주주총회의 결의 외에 그 종류주식의 주주의 총회의 결의가 있어야 한다.

④ 옳은 내용이다. 이 비율은 주주총회 특별결의의 정족수와 동일한 비율이다.

> **제435조(종류주주총회)** ② 제1항의 결의는 출석한 주주의 의결권의 3분의 2 이상의 수와 그 종류의 발행주식총수의 3분의 1 이상의 수로써 하여야 한다.

⑤ 종류주주에게 손해를 끼치는 사항의 정관변경은 종류주주총회가 필요하다. 비상장회사도 마찬가지이다.

> **제435조(종류주주총회)** ① 회사가 종류주식을 발행한 경우에 정관을 변경함으로써 어느 종류주식의 주주에게 손해를 미치게 될 때에는 주주총회의 결의 외에 그 종류주식의 주주의 총회의 결의가 있어야 한다.

TOPIC 23 • 이사의 개관

156

상법상 주식회사의 이사의 임기와 정원에 관한 설명으로 **틀린** 것은?

① 이사의 임기는 정관으로 그 임기 중의 최종의 결산기에 관한 정기 주주총회의 종결에 이르기까지 연장할 수 있다.
② 판례에 의하면 '임기 중의 최종의 결산기에 관한 정기주주총회'는 임기 중에 도래하는 최종의 결산기에 관한 정기주주총회를 의미한다.
③ 법률 또는 정관에 정한 이사의 원수를 결한 경우 법원은 이사 등의 청구가 없더라도 직권으로 일시이사의 직무를 행할 자를 선임할 수 있다.
④ 자본금 총액이 10억원 미만인 회사가 이사를 1명으로 선임한 경우 주주총회가 준비금의 자본금 전입을 결정한다.
⑤ 이사의 결원이 있어 법원이 일시 이사의 직무를 행할 자를 선임한 경우 그 일시이사의 권한은 회사의 상무에 제한되지 않는다.

•••••••••••••••••••••••

① 이사의 임기는 3년을 초과하지 못하나, '정관의 규정으로' 임기 중의 최종의 결산기에 관한 정기 주주총회의 종결시까지 연장이 가능하다.

> **제383조(원수, 임기)** ① 이사는 3명 이상이어야 한다. 다만, 자본금 총액이 10억원 미만인 회사는 1명 또는 2명으로 할 수 있다.
> ② 이사의 임기는 3년을 초과하지 못한다.
> ③ 제2항의 임기는 정관으로 그 임기 중의 최종의 결산기에 관한 정기주주총회의 종결에 이르기까지 연장할 수 있다.

② 옳은 내용이다.

> **관련판례**
>
> **[대법원 2010다13541, 판결]**
> 상법 제383조 제3항은 이사의 임기는 3년을 초과할 수 없도록 규정한 같은 조 제2항에 불구하고 정관으로 그 임기 중의 최종의 결산기에 관한 정기주주총회의 종결에 이르기까지 이를 연장할 수 있다고 규정하고 있는바, 위 규정은 임기가 만료되는 이사에 대하여는 임기 중의 결산에 대한 책임을 지고 주주총회에서 결산서류에 관한 주주들의 질문에 답변하고 변명할 기회를 주는 한편, 회사에 대하여는 정기주주총회를 앞두고 이사의 임기가 만료될 때마다 임시주주총회를 개최하여 이사를 선임하여야 하는 번거로움을 덜어주기 위한 것에 그 취지가 있다. 위와 같은 입법 취지 및 그 규정 내용에 비추어 보면, 위 규정상의 <u>'임기 중의 최종의 결산기에 관한 정기주주총회'라 함은 임기 중에 도래하는 최종의 결산기에 관한 정기주주총회를 말하고, 임기 만료 후 최초로 도래하는 결산기에 관한 정기주주총회 또는 최초로 소집되는 정기주주총회를 의미하는 것은 아니므로</u>, 위 규정은 결국 이사의 임기가 최종 결산기의 말일과 당해 결산기에 관한 정기주주총회 사이에 만료되는 경우에 정관으로 그 임기를 정기주주총회 종결일까지 연장할 수 있도록 허용하는 규정이라고 보아야 한다.

156 ③

③ 일시이사는 이사, 감사, 기타 이해관계인의 청구로써 선임하는 것이지 법원이 직권으로 선임할 수는 없다.

> **제386조(결원의 경우)** ① 법률 또는 정관에 정한 이사의 원수를 결한 경우에는 임기의 만료 또는 사임으로 인하여 퇴임한 이사는 새로 선임된 이사가 취임할 때까지 이사의 권리의무가 있다.
> ② 제1항의 경우에 필요하다고 인정할 때에는 법원은 이사, 감사 기타의 이해관계인의 청구에 의하여 일시 이사의 직무를 행할 자를 선임할 수 있다. 이 경우에는 본점의 소재지에서 그 등기를 하여야 한다.

④ 소규모회사의 특례에 관한 내용으로 옳은 내용이다.

> **제383조(원수, 임기)** ④ 제1항 단서의 경우에는 제302조제2항제5호의2, 제317조제2항제3호의2, 제335조제1항 단서 및 제2항, 제335조의2제1항·제3항, 제335조의3제1항·제2항, 제335조의7제1항, 제340조의3제1항제5호, 제356조제6호의2, 제397조제1항·제2항, 제397조의2제1항, 제398조, 제416조 본문, 제451조제2항, 제461조제1항 본문 및 제3항, 제462조의3제1항, 제464조의2제1항, 제469조, 제513조제2항 본문 및 제516조의2제2항 본문(준용되는 경우를 포함한다) 중 "이사회"는 각각 "주주총회"로 보며, 제360조의5제1항 및 제522조의3제1항 중 "이사회의 결의가 있는 때"는 "제363조제1항에 따른 주주총회의 소집통지가 있는 때"로 본다.
> **제461조(준비금의 자본금 전입)** ① 회사는 이사회의 결의에 의하여 준비금의 전부 또는 일부를 자본금에 전입할 수 있다. 그러나 정관으로 주주총회에서 결정하기로 정한 경우에는 그러하지 아니하다.

⑤ 일시이사는 본래 이사와 동일한 권한이 있다. 다시 말하면 그 권한이 상무에 한정되지 않는다.

> **제386조(결원의 경우)** ① 법률 또는 정관에 정한 이사의 원수를 결한 경우에는 임기의 만료 또는 사임으로 인하여 퇴임한 이사는 새로 선임된 이사가 취임할 때까지 이사의 권리의무가 있다.

관련판례

[대법원 1968.5.22. 자, 68마119, 결정]
원결정이 주식회사의 이사의 결원이 있어 법원에서 일시 이사의 직무를 행할 자를 선임한 경우에, 그 이사직무대행자는 이사직무집행정지 가처분 결정과 동시에 선임된 이사직무 대행자와는 달라 그 권한은 회사의 상무에 속한 것에 한한다는 제한을 받지 않는다고 판단 하였음은 정당하고, 법률을 오해한 잘못이 있다 할 수 없으므로, 논지는 이유없다.

157

상법상 주식회사의 이사에 관한 설명으로 **틀린** 것은?

① 이사의 임기는 3년을 초과하지 못하지만 정관으로 그 임기 중의 최종의 결산기에 관한 정기주주총회의 종결에 이르기까지 연장할 수 있다.
② 최대주주가 아니면서 비상장회사의 발행주식총수의 10% 이상의 주식을 소유하는 주요주주와 그 배우자 및 직계 존속·비속은 그 회사의 사외이사로 선임될 수 없다.
③ 정관으로 이사가 가질 주식의 수를 정한 경우 다른 규정이 없으면 이사는 그 수의 주권을 감사 또는 감사위원회에 공탁하여야 한다.
④ 가처분으로써 이사의 직무대행자로 선임된 자는 가처분명령에 다른 정함이 있거나 법원의 허가를 얻은 경우 외에는 회사의 상무에 속하지 아니한 행위를 하지 못한다.
⑤ 이사의 사임으로 인하여 법률 또는 정관에서 정한 이사의 원수를 결한 경우 그 사임한 이사는 새로 선임된 이사가 취임할 때까지 이사로서의 권리의무가 있다.

••••••••••••••••••••••

① (ⅰ) 정관규정이 존재하면 정관규정에 따라 연장하고, (ⅱ) 정관규정이 없다면 퇴임이사의 긴급사무처리권으로 해결하게 된다.

> **제383조(원수, 임기)** ② 이사의 임기는 3년을 초과하지 못한다.
> ③ 제2항의 임기는 정관으로 그 임기 중의 최종의 결산기에 관한 정기주주총회의 종결에 이르기까지 연장할 수 있다.

② (ⅰ) 비상장회사의 경우는 최대주주와 그 배우자 및 직계존비속이 자격 제한 대상이며, 주요주주는 이에 해당하지 않는다. (ⅱ) 상장회사의 경우에는 주요주주와 그 그 배우자 및 직계존비속도 자격제한의 범위에 해당한다.

> **제382조(이사의 선임, 회사와의 관계 및 사외이사)** ③ 사외이사(社外理事)는 해당 회사의 상무(常務)에 종사하지 아니하는 이사로서 다음 각 호의 어느 하나에 해당하지 아니하는 자를 말한다. 사외이사가 다음 각 호의 어느 하나에 해당하는 경우에는 그 직을 상실한다.
> 2. 최대주주가 자연인인 경우 본인과 그 배우자 및 직계 존속·비속
> 3. 최대주주가 법인인 경우 그 법인의 이사·감사·집행임원 및 피용자
> 4. 이사·감사·집행임원의 배우자 및 직계 존속·비속
> 5. 회사의 모회사 또는 자회사의 이사·감사·집행임원 및 피용자
> 6. 회사와 거래관계 등 중요한 이해관계에 있는 법인의 이사·감사·집행임원 및 피용자
> 7. 회사의 이사·집행임원 및 피용자가 이사·집행임원으로 있는 다른 회사의 이사·감사·집행임원 및 피용자
>
> **제542조의8(사외이사의 선임)** ② 상장회사의 사외이사는 제382조제3항 각 호 뿐만 아니라 다음 각 호의 어느 하나에 해당되지 아니하여야 하며, 이에 해당하게 된 경우에는 그 직을 상실한다.
> 6. 누구의 명의로 하든지 자기의 계산으로 의결권 없는 주식을 제외한 발행주식총수의 100분의 10 이상의 주식을 소유하거나 이사·집행임원·감사의 선임과 해임 등 상장회사의 주요 경영사항에 대하여 사실상의 영향력을 행사하는 주주(이하 "주요주주"라 한다) 및 그의 배우자와 직계 존속·비속

③ 이를 '자격주'라 한다. 자격주는 이사의 임기 동안 처분할 수 없다.

> **제387조(자격주)** 정관으로 이사가 가질 주식의 수를 정한 경우에 다른 규정이 없는 때에는 이사는 그 수의 주권을 감사에게 공탁하여야 한다.

157 ②

④ 옳은 내용이다.

> **제408조(직무대행자의 권한)** ① 전조의 직무대행자는 <u>가처분명령에 다른 정함이 있는 경우</u> 외에는 회사의 상무에 속하지 아니한 행위를 하지 못한다. 그러나 <u>법원의 허가를 얻은 경우</u>에는 그러하지 아니하다.
> ② 직무대행자가 전항의 규정에 위반한 행위를 한 경우에도 회사는 선의의 제삼자에 대하여 책임을 진다.

⑤ 이를 '퇴임이사의 긴급사무처리권'이라 한다.

> **제386조(결원의 경우)** ① 법률 또는 정관에 정한 이사의 원수를 결한 경우에는 임기의 만료 또는 사임으로 인하여 퇴임한 이사는 새로 선임된 이사가 취임할 때까지 이사의 권리의무가 있다.

158

상법상 자본금 10억원인 비상장주식회사 이사에 관한 설명으로 <u>틀린</u> 것은?

① 이사는 이사회의 승인이 없으면 자기 또는 제3자의 계산으로 회사의 영업부류에 속한 거래를 하거나 동종영업을 목적으로 하는 다른 회사의 무한책임사원이 되지 못한다.
② 이사의 임기가 임기 중의 최종 결산기에 관한 정기주주총회가 종결하기 전에 만료할 때에는 이사회 결의에 의하여 정기주주총회의 종결에 이르기까지 임기를 연장할 수 있다.
③ 이사는 재임중은 물론 퇴임후에도 직무상 알게된 회사의 영업상 비밀을 누설하여서는 아니된다.
④ 회사는 임기 중에 있는 이사를 언제든지 주주총회 특별결의에 의해 해임할 수 있다.
⑤ 이사가 고의 또는 중대한 과실로 그 임무를 게을리한 때에는 그 이사는 제3자에 대하여 연대하여 손해를 배상할 책임이 있다.

• •

자본금 10억원인 비상장주식회사는 「소규모회사가 아닌」 회사를 말한다.
① 경업회피의무에 대한 설명이다.

> **제397조(경업금지)** ① 이사는 이사회의 승인이 없으면 자기 또는 제삼자의 계산으로 회사의 영업부류에 속한 거래를 하거나 동종영업을 목적으로 하는 다른 회사의 무한책임사원이나 이사가 되지 못한다.

② 「정관에 의하여」 임기를 연장할 수 있는 것이지 이사회 결의로는 불가능하다.

> **제383조(원수, 임기)** ① 이사는 3명 이상이어야 한다. 다만, 자본금 총액이 10억원 미만인 회사는 1명 또는 2명으로 할 수 있다.
> ② 이사의 임기는 3년을 초과하지 못한다.
> ③ 제2항의 임기는 <u>정관으로</u> 그 임기중의 최종의 결산기에 관한 정기주주총회의 종결에 이르기까지 연장할 수 있다.

③ 비밀유지의무는 재임 중뿐만 아니라 퇴임 후도 요구된다. 퇴임 후 비밀유지의무가 요구되는 경우 5가지(대리상, 가맹상, 이사 및 감사, 집행임원, 준법지원인)는 별도로 정리하여야 한다.

> **제382조의4 (이사의 비밀유지의무)** 이사는 재임중 뿐만 아니라 퇴임후에도 직무상 알게된 회사의 영업상 비밀을 누설하여서는 아니된다.

④ 옳은 내용이다. 다만 정당한 이유 없이 해임한 경우에 손해배상의 문제가 발생할 뿐이다.

158 ②

> **제385조(해임)** ① 이사는 <u>언제든지</u> 제434조의 규정에 의한 주주총회의 결의로 이를 해임할 수 있다. 그러나 이사의 임기를 정한 경우에 정당한 이유없이 그 임기만료전에 이를 해임한 때에는 그 이사는 회사에 대하여 해임으로 인한 손해의 배상을 청구할 수 있다.

⑤ 제3자에 대한 손해배상책임은 회사에 대한 책임과는 달리 고의 또는 「중대한 과실」인 경우에 한정됨을 주의하여야 한다.

> **제401조(제삼자에 대한 책임)** ① 이사가 고의 또는 중대한 과실로 그 임무를 게을리한 때에는 그 이사는 제3자에 대하여 연대하여 손해를 배상할 책임이 있다.

159

상법상 비상장주식회사 이사의 선임을 위한 집중투표방법에 관한 설명으로 옳은 것은?

① 집중투표의 방법은 3인 이상의 이사를 선임하는 경우에 한하여 채택한다.
② 정관에서 허용하는 경우에 한하여 집중투표의 방법으로 이사를 선임할 수 있다.
③ 집중투표는 의결권 없는 주식을 제외한 발행주식총수의 100분의 1 이상에 해당하는 주식을 가진 주주가 회사에 대하여 주주총회일의 7일 전까지 서면 또는 전자문서로 청구하여야 한다.
④ 주주에 의한 서면청구가 있는 경우 회사는 이러한 서면을 주주총회가 종결될 때까지 본점에 비치하고 주주로 하여금 영업시간 내에 열람할 수 있게 하여야 한다.
⑤ 집중투표를 하는 경우 각 주주는 1주마다 이사후보자의 수와 동일한 의결권을 가지며 그 의결권은 이사 후보자 1인 또는 수인에게 집중하여 투표하는 방법으로 행사할 수 있다.

••••••••••••••••••••

① 집중투표는 복수(2인 이상)의 이사를 선임하는 경우에 인정된다.

> **제382조의2(집중투표)** ① <u>2인 이상의 이사의</u> 선임을 목적으로 하는 총회의 소집이 있는 때에는 의결권없는 주식을 제외한 발행주식총수의 100분의 3 이상에 해당하는 주식을 가진 주주는 정관에서 달리 정하는 경우를 제외하고는 회사에 대하여 집중투표의 방법으로 이사를 선임할 것을 청구할 수 있다.

② 정관에 달리 정하는 경우를 제외하고 허용한다. 「불/소/원/집」으로 정리하자.

> **제382조의2(집중투표)** ① 2인 이상의 이사의 선임을 목적으로 하는 총회의 소집이 있는 때에는 의결권없는 주식을 제외한 발행주식총수의 100분의 3 이상에 해당하는 주식을 가진 주주는 <u>정관에서 달리 정하는 경우를 제외하고는</u> 회사에 대하여 집중투표의 방법으로 이사를 선임할 것을 청구할 수 있다.

③ 100분의 3 이상의 소수주주권

> **제382조의2(집중투표)** ① 2인 이상의 이사의 선임을 목적으로 하는 총회의 소집이 있는 때에는 의결권없는 주식을 제외한 발행주식총수의 <u>100분의 3 이상</u>에 해당하는 주식을 가진 주주는 정관에서 달리 정하는 경우를 제외하고는 회사에 대하여 집중투표의 방법으로 이사를 선임할 것을 청구할 수 있다.

④ 옳은 내용이다.

> **제382조의2(집중투표)** ⑥ 제2항의 서면은 총회가 종결될 때까지 이를 본점에 비치하고 주주로 하여금 영업시간 내에 열람할 수 있게 하여야 한다.

159 ④

⑤ 이사 후보자의 수가 아니라 선임할 이사의 수와 동일한 의결권을 가진다.

> 제382조의2(집중투표) ③ 제1항의 청구가 있는 경우에 이사의 선임결의에 관하여 각 주주는 1주마다 선임할 이사의 수와 동일한 수의 의결권을 가지며, 그 의결권은 이사 후보자 1인 또는 수인에게 집중하여 투표하는 방법으로 행사할 수 있다.

160

상법상 비상장주식회사의 이사 선임에 관한 설명으로 틀린 것은? (정관에 이사선임에 관한 다른 정함이 없음)

① 회사가 발기설립의 방식으로 설립되는 경우에는 발기인이 그 의결권의 과반수로 이사를 선임한다.
② 회사가 모집설립의 방식으로 설립되는 경우에는 창립총회에서 출석한 주식인수인의 의결권의 3분의 2 이상이며 인수된 주식총수의 과반수로 이사를 선임한다.
③ 회사가 설립된 이후에는 원칙적으로 주주총회에서 출석주주 의결권의 과반수와 발행주식총수 4분의 1 이상의 찬성으로 이사를 선임한다.
④ 2인 이상의 이사의 선임을 목적으로 하는 총회의 소집이 있는 때에는 의결권없는 주식을 제외한 발행주식총수의 100분의 3 이상에 해당하는 주식을 가진 주주는 회사에 대하여 집중투표의 방법으로 이사를 선임할 것을 청구할 수 있다.
⑤ 집중투표의 방법으로 이사를 선임하는 경우에는 그 선임결의에 관하여 각 주주는 1주마다 이사 후보자의 수와 동일한 수의 의결권을 가지며, 그 의결권은 이사 후보자 1인 또는 수인에게 집중하여 투표하는 방법으로 행사할 수 있다.

••••••••••••••••••••

①, ② 발기설립의 경우에는 발기인총회에서 이사와 감사를 선임하고(제296조 제1항), 모집설립의 경우에는 창립총회에서 선임한다(제312조).

> 제296조(발기설립의 경우의 임원선임) ① 전조의 규정에 의한 납입과 현물출자의 이행이 완료된 때에는 발기인은 지체없이 의결권의 과반수로 이사와 감사를 선임하여야 한다.
> 제312조(임원의 선임) 창립총회에서는 이사와 감사를 선임하여야 한다.
> 제309조(창립총회의 결의) 창립총회의 결의는 출석한 주식인수인의 의결권의 3분의 2 이상이며 인수된 주식의 총수의 과반수에 해당하는 다수로 하여야 한다.

③ 주주총회 보통결의에 의한다.

> 제382조(이사의 선임, 회사와의 관계 및 사외이사) ① 이사는 주주총회에서 선임한다.
> 제368조(총회의 결의방법과 의결권의 행사) ① 총회의 결의는 이 법 또는 정관에 다른 정함이 있는 경우를 제외하고는 출석한 주주의 의결권의 과반수와 발행주식총수의 4분의 1 이상의 수로써 하여야 한다.

160 ⑤

④ 집중투표청구는 (i) 2인 이상의 이사를 선임하는 경우라야 하고, (ii) 3/100 소수주주권이라는 점, (iii) 의결권 없는 주식은 제외한다는 점을 정리해야 한다.

> **제382조의2(집중투표)** ① 2인 이상의 이사의 선임을 목적으로 하는 총회의 소집이 있는 때에는 의결권없는 주식을 제외한 발행주식총수의 100분의 3 이상에 해당하는 주식을 가진 주주는 정관에서 달리 정하는 경우를 제외하고는 회사에 대하여 집중투표의 방법으로 이사를 선임할 것을 청구할 수 있다.

⑤ 이사 후보자의 수가 아니라 선임할 이사의 수와 동일한 의결권을 가진다.

> **제382조의2(집중투표)** ① 2인 이상의 이사의 선임을 목적으로 하는 총회의 소집이 있는 때에는 의결권없는 주식을 제외한 발행주식총수의 100분의 3 이상에 해당하는 주식을 가진 주주는 정관에서 달리 정하는 경우를 제외하고는 회사에 대하여 집중투표의 방법으로 이사를 선임할 것을 청구할 수 있다.
> ② 제1항의 청구는 주주총회일의 7일 전까지 서면 또는 전자문서로 하여야 한다.
> ③ 제1항의 청구가 있는 경우에 이사의 선임결의에 관하여 각 주주는 1주마다 선임할 이사의 수와 동일한 수의 의결권을 가지며, 그 의결권은 이사 후보자 1인 또는 수인에게 집중하여 투표하는 방법으로 행사할 수 있다.

161

상법상 이사의 해임에 관한 설명으로 틀린 것은?

① 회사는 정당한 이유가 있는 경우에는 주주총회의 보통결의로써 이사를 해임할 수 있다.
② 정당한 이유없이 그 임기만료 전에 해임된 이사는 회사에 대하여 해임으로 인한 손해의 배상을 청구할 수 있다.
③ 판례에 의하면 이사의 임기를 정한 경우라 함은 정관 또는 주주총회의 결의로 임기를 정하고 있는 경우를 말한다.
④ 판례에 의하면 주주와 이사 사이에 불화로 인하여 단순히 주관적인 신뢰관계가 상실된 것만으로는 이사의 해임에 정당한 이유가 있다고 보기에 부족하다.
⑤ 비상장회사의 주주총회에서 중대한 해임사유가 있는 이사의 해임을 부결한 때에는 발행주식총수의 100분의 3 이상에 해당하는 주식을 가진 주주는 그 이사의 해임을 법원에 청구할 수 있다.

••••••••••••••••••••••

① 정당한 이유를 불문하고 이사의 해임은 주주총회 특별결의사항이다.

> **제385조(해임)** ① 이사는 언제든지 제434조의 규정에 의한 주주총회의 결의로 이를 해임할 수 있다. 그러나 이사의 임기를 정한 경우에 정당한 이유없이 그 임기만료전에 이를 해임한 때에는 그 이사는 회사에 대하여 해임으로 인한 손해의 배상을 청구할 수 있다.
> **제434조(정관변경의 특별결의)** 제433조제1항의 결의는 출석한 주주의 의결권의 3분의 2 이상의 수와 발행주식 총수의 3분의 1 이상의 수로써 하여야 한다.

② 옳은 내용이다.

> **제385조(해임)** ① 이사는 언제든지 제434조의 규정에 의한 주주총회의 결의로 이를 해임할 수 있다. 그러나 이사의 임기를 정한 경우에 정당한 이유없이 그 임기만료전에 이를 해임한 때에는 그 이사는 회사에 대하여 해임으로 인한 손해의 배상을 청구할 수 있다.

161 ①

③ 해임당한 이사가 손해배상청구를 하기 위해서는 정관 또는 주주총회의 결의로 임기가 정해져 있어야 한다.

> **관련판례**
>
> [대법원 2001.6.15. 선고, 2001다23928, 판결]
> 상법 제385조 제1항에 의하면 "이사는 언제든지 주주총회의 특별결의로 해임할 수 있으나, 이사의 임기를 정한 경우에 정당한 이유 없이 그 임기만료 전에 이를 해임한 때에는 그 이사는 회사에 대하여 해임으로 인한 손해의 배상을 청구할 수 있다"고 규정하고 있는바, 이 때 이사의 임기를 정한 경우라 함은 정관 또는 주주총회의 결의로 임기를 정하고 있는 경우를 말하고, 이사의 임기를 정하지 않은 때에는 이사의 임기의 최장기인 3년을 경과하지 않는 동안에 해임되더라도 그로 인한 손해의 배상을 청구할 수 없다고 할 것이고, 회사의 정관에서 상법 제383조 제2항과 동일하게 "이사의 임기는 3년을 초과하지 못한다."고 규정한 것이 이사의 임기를 3년으로 정하는 취지라고 해석할 수는 없다.

④ 이사를 해임함에 있어 '정당한 이유'가 있는지 여부는 객관적·합리적으로 판단되어야 한다.

> **관련판례**
>
> [대법원 2004.10.15. 선고, 2004다25611, 판결]
> 상법 제385조 제1항에 규정된 '정당한 이유'란 주주와 이사 사이에 불화 등 단순히 주관적인 신뢰관계가 상실된 것만으로는 부족하고, 이사가 법령이나 정관에 위배된 행위를 하였거나 정신적·육체적으로 경영자로서의 직무를 감당하기 현저하게 곤란한 경우, 회사의 중요한 사업계획 수립이나 그 추진에 실패함으로써 경영능력에 대한 근본적인 신뢰관계가 상실된 경우 등과 같이 당해 이사가 경영자로서 업무를 집행하는 데 장해가 될 객관적 상황이 발생한 경우에 비로소 임기 전에 해임할 수 있는 정당한 이유가 있다고 할 것이다.

⑤ 이사의 해임판결청구권을 말한다.

> **제385조(해임)** ② 이사가 그 직무에 관하여 부정행위 또는 법령이나 정관에 위반한 중대한 사실이 있음에도 불구하고 주주총회에서 그 해임을 부결한 때에는 발행주식의 총수의 100분의 3 이상에 해당하는 주식을 가진 주주는 총회의 결의가 있은 날부터 1월내에 그 이사의 해임을 법원에 청구할 수 있다.

162

상법상 주식회사 이사의 선임 및 해임에 관한 설명으로 틀린 것은?

① 판례에 의하면 주주총회에서의 이사선임결의와 피선임자의 승낙이 있으면 피선임자는 대표이사와 별도의 임용계약을 체결하지 않더라도 이사의 지위를 취득한다.
② 회사가 집중투표제에 의해 이사를 선임하기 위해서는 정관에 집중투표제를 채택하는 규정을 두어야 한다.
③ 최근 사업연도 말 현재의 자산총액이 2조원 이상인 상장회사는 3명 이상의 사외이사를 두어야 하고 사외이사후보추천위원회를 설치하여야 한다.
④ 판례에 의하면 정관에서 이사 임기를 정하지 않은 경우 상법상 이사의 최장기 임기인 3년을 경과하지 않은 동안에 이사가 해임되더라도 그 이사는 그로 인한 손해배상을 청구할 수 없다.
⑤ 회사는 이사의 임기를 정한 경우 정당한 이유가 없더라도 그 임기 만료 전에 주주총회의 특별결의로 그 이사를 해임할 수 있다.

162 ②

① 기존의 경영진이 반대파 측에서 선임한 이사의 권한행사를 막기 위해 임용계약체결을 미루는 사례가 빈발하여 이와 같은 판례가 나오게 되었다.

> **관련판례**
>
> **[대법원 2017. 3. 23. 선고 2016다251215 전원합의체 판결]**
> 이사·감사의 지위가 주주총회의 선임결의와 별도로 대표이사와 사이에 임용계약이 체결되어야만 비로소 인정된다고 보는 것은, 이사·감사의 선임을 주주총회의 전속적 권한으로 규정하여 주주들의 단체적 의사결정사항으로 정한 상법의 취지에 배치된다. 또한 상법상 대표이사는 회사를 대표하며, 회사의 영업에 관한 재판상 또는 재판 외의 모든 행위를 할 권한이 있으나(제389조 제3항, 제209조 제1항), 이사·감사의 선임이 여기에 속하지 아니함은 법문상 분명하다. 그러므로 이사·감사의 지위는 주주총회의 선임결의가 있고 선임된 사람의 동의가 있으면 취득된다고 보는 것이 옳다.

② 집중투표를 배제하는 정관규정이 없으면 집중투표에 의한 이사선임이 가능하다.

> **제382조의2(집중투표)** ① 2인 이상의 이사의 선임을 목적으로 하는 총회의 소집이 있는 때에는 의결권없는 주식을 제외한 발행주식총수의 100분의 3 이상에 해당하는 주식을 가진 주주는 정관에서 달리 정하는 경우를 제외하고는 회사에 대하여 집중투표의 방법으로 이사를 선임할 것을 청구할 수 있다.
> ② 제1항의 청구는 주주총회일의 7일 전까지 서면 또는 전자문서로 하여야 한다.

③ 대규모상장회사의 특례에 대한 설명이다.

> **제542조의8(사외이사의 선임)** ① 상장회사는 자산 규모 등을 고려하여 대통령령으로 정하는 경우를 제외하고는 이사 총수의 4분의 1 이상을 사외이사로 하여야 한다. 다만, 자산 규모 등을 고려하여 대통령령으로 정하는 상장회사의 사외이사는 3명 이상으로 하되, 이사 총수의 과반수가 되도록 하여야 한다.
> ④ 제1항 단서의 상장회사는 사외이사 후보를 추천하기 위하여 제393조의2의 위원회(이하 이 조에서 "사외이사 후보추천위원회"라 한다)를 설치하여야 한다. 이 경우 사외이사 후보추천위원회는 사외이사가 총위원의 과반수가 되도록 구성하여야 한다.

④ 해임당한 이사가 손해배상청구를 하기 위해서는 정관 또는 주주총회의 결의로 임기가 정해져 있어야 한다.

> **관련판례**
>
> **[대법원 2001.6.15. 선고, 2001다23928, 판결]**
> 상법 제385조 제1항에 의하면 "이사는 언제든지 주주총회의 특별결의로 해임할 수 있으나, 이사의 임기를 정한 경우에 정당한 이유 없이 그 임기만료 전에 이를 해임한 때에는 그 이사는 회사에 대하여 해임으로 인한 손해의 배상을 청구할 수 있다"고 규정하고 있는바, 이 때 이사의 임기를 정한 경우라 함은 정관 또는 주주총회의 결의로 임기를 정하고 있는 경우를 말하고, 이사의 임기를 정하지 않은 때에는 이사의 임기의 최장기인 3년을 경과하지 않는 동안에 해임되더라도 그로 인한 손해의 배상을 청구할 수 없다고 할 것이고, 회사의 정관에서 상법 제383조 제2항과 동일하게 "이사의 임기는 3년을 초과하지 못한다."고 규정한 것이 이사의 임기를 3년으로 정하는 취지라고 해석할 수는 없다.

⑤ 정당한 사유를 불문하고 해임은 언제든지 가능하다. 다만 정당한 이유 없이 해임한 경우에 손해배상의 문제가 발생할 뿐이다.

> **제385조(해임)** ① 이사는 언제든지 제434조의 규정에 의한 주주총회의 결의로 이를 해임할 수 있다. 그러나 이사의 임기를 정한 경우에 정당한 이유없이 그 임기만료전에 이를 해임한 때에는 그 이사는 회사에 대하여 해임으로 인한 손해의 배상을 청구할 수 있다.

163

상법상 비상장 주식회사의 이사에 관한 설명으로 **틀린** 것은?

① 이사의 선임은 주주총회의 보통결의에 의하고, 그 해임은 주주총회의 특별결의에 의한다.
② 판례에 의하면, 이사가 그 의사에 반하여 해임될 경우 일정한 해직보상금을 지급받기로 약정한 때에는 이는 보수에 포함되지 않으므로, 정관에 그 액을 정하는 규정이나 주주총회의 결의가 없어도 이사는 회사에 대하여 이를 청구할 수 있다.
③ 이사의 임기를 정한 경우에 정당한 이유없이 그 임기만료 전에 이를 해임한 때에는, 그 이사는 회사에 대하여 해임으로 인한 손해배상을 청구할 수 있다.
④ 정관으로 이사가 가질 주식의 수를 정한 경우에, 다른 규정이 없는 때에는 이사는 그 수의 주권을 감사에게 공탁해야 한다.
⑤ 정관에 정한 이사의 원수를 결한 경우, 필요하다고 인정할 때에는 법원은 이사, 감사 기타의 이해관계인의 청구에 의하여 일시 이사의 직무를 행할 자를 선임할 수 있다.

•••••••••••••••••••••

① 맞는 내용이다. 참고로 청산인의 경우에는 선임과 해임 모두 보통결의에 의한다.

> **제382조(이사의 선임, 회사와의 관계 및 사외이사)** ① 이사는 주주총회에서 선임한다.
>
> **제385조(해임)** ① 이사는 언제든지 제434조의 규정에 의한 주주총회의 결의로 이를 해임할 수 있다. 그러나 이사의 임기를 정한 경우에 정당한 이유없이 그 임기만료전에 이를 해임한 때에는 그 이사는 회사에 대하여 해임으로 인한 손해의 배상을 청구할 수 있다.
>
> **제434조(정관변경의 특별결의)** 제433조제1항의 결의는 출석한 주주의 의결권의 3분의 2 이상의 수와 발행주식총수의 3분의 1 이상의 수로써 하여야 한다.

② 퇴직금, 퇴직위로금, 해직보상금 모두 넓은 의미에서 보수에 해당하므로 정관 또는 주주총회 결의가 있을 때에만 회사에 대하여 청구할 수 있다.

> **관련판례**
>
> **[대법원 2006. 11. 23., 선고, 2004다49570, 판결]**
> 주식회사와 이사 사이에 체결된 고용계약에서 이사가 그 의사에 반하여 이사직에서 해임될 경우 퇴직위로금과는 별도로 일정한 금액의 해직보상금을 지급받기로 약정한 경우, 그 해직보상금은 형식상으로는 보수에 해당하지 않는다 하여도 보수와 함께 같은 고용계약의 내용에 포함되어 그 고용계약과 관련하여 지급되는 것일 뿐 아니라, 의사에 반하여 해임된 이사에 대하여 정당한 이유의 유무와 관계없이 지급하도록 되어 있어 이사에게 유리하도록 회사에 추가적인 의무를 부과하는 것인바, 보수에 해당하지 않는다는 이유로 주주총회 결의를 요하지 않는다고 한다면, 이사들이 고용계약을 체결하는 과정에서 개인적인 이득을 취할 목적으로 과다한 해직보상금을 약정하는 것을 막을 수 없게 되어, 이사들의 고용계약과 관련하여 그 사익 도모의 폐해를 방지하여 회사와 주주의 이익을 보호하고자 하는 상법 제388조의 입법 취지가 잠탈되고, 나아가 해직보상금액이 특히 거액일 경우 회사의 자유로운 이사해임권 행사를 저해하는 기능을 하게 되어 이사선임기관인 주주총회의 권한을 사실상 제한함으로써 회사법이 규정하는 주주총회의 기능이 심히 왜곡되는 부당한 결과가 초래되므로, 이사의 보수에 관한 상법 제388조를 준용 내지 유추적용하여 이사는 해직보상금에 관하여도 정관에서 그 액을 정하지 않는 한 주주총회 결의가 있어야만 회사에 대하여 이를 청구할 수 있다.

③ 이사의 임기를 정한 경우에 정당한 이유를 불문하고 그 임기만료 전 해임은 가능하다. 다만 정당한 이유가 없다면 그 이사는 회사에 대하여 해임으로 인한 손해배상을 청구할 수 있다.

제385조(해임) ① 이사는 언제든지 제434조의 규정에 의한 주주총회의 결의로 이를 해임할 수 있다. 그러나 이사의 임기를 정한 경우에 정당한 이유없이 그 임기만료전에 이를 해임한 때에는 그 이사는 회사에 대하여 해임으로 인한 손해의 배상을 청구할 수 있다.

④ 이를「자격주」라 한다. 여기서 "감사에게 공탁하여야 한다"는 말은 이사로 재직하는 동안 해당 주식을 타에 매각하지 못하도록 맡겨놓는 것을 말한다.

제387조(자격주) 정관으로 이사가 가질 주식의 수를 정한 경우에 다른 규정이 없는 때에는 이사는 그 수의 주권을 감사에게 공탁하여야 한다.

⑤ 이를 일시이사(임시이사 또는 가이사)라고 한다.

제386조(결원의 경우) ① 법률 또는 정관에 정한 이사의 원수를 결한 경우에는 임기의 만료 또는 사임으로 인하여 퇴임한 이사는 새로 선임된 이사가 취임할 때까지 이사의 권리의무가 있다.
② 제1항의 경우에 필요하다고 인정할 때에는 법원은 이사, 감사 기타의 이해관계인의 청구에 의하여 일시 이사의 직무를 행할 자를 선임할 수 있다. 이 경우에는 본점의 소재지에서 그 등기를 하여야 한다.

164

상법상 주식회사의 이사에 관한 설명으로 틀린 것은?

① 회사와 이사의 관계는 민법의 위임에 관한 규정이 준용되므로, 이사는 회사에 대하여 선량한 관리자로서의 주의의무를 부담한다.
② 이사는 법령과 정관의 규정에 따라 회사를 위하여 그 직무를 충실하게 수행하여야 한다.
③ 자본금 총액이 10억원 미만인 회사는 이사를 1명 또는 2명으로 할 수 있다.
④ 판례에 의하면, 이사가 회사에 손해를 발생시킨 경우 회사는 이사의 책임을 그 이사의 최근 1년간의 보수액의 6배 이하의 금액에 대하여 감경할 수 있을 뿐이고, 법원이 재량으로 더 이상 감경할 수는 없다.
⑤ 이사의 임기는 3년을 초과하지 못하지만, 상법상 이사의 연임 횟수를 제한하는 규정은 없다.

••••••••••••••••••••

① 여기서 "선량한 관리자로서의 주의의무"란 "자기재산에 관한 주의의무"보다는 높은 수준의 주의의무를 말한다.

제382조(이사의 선임, 회사와의 관계 및 사외이사) ② 회사와 이사의 관계는「민법」의 위임에 관한 규정을 준용한다.
■ 민법
제681조(수임인의 선관의무) 수임인은 위임의 본지에 따라 선량한 관리자의 주의로써 위임사무를 처리하여야 한다.

② 이를 이사의「충실의무」라 하는데 그 내용은「선관주의의무」와 별반 다르지 않다.

제382조의3(이사의 충실의무) 이사는 법령과 정관의 규정에 따라 회사를 위하여 그 직무를 충실하게 수행하여야 한다.

③ 이 경우에는 이사회가 존재하지 않는다.

제383조(원수, 임기) ① 이사는 3명 이상이어야 한다. 다만, 자본금 총액이 10억원 미만인 회사는 1명 또는 2명으로 할 수 있다.

164 ④

④ 이사가 회사에 손해를 발생시킨 경우 회사는 "정관으로 정하는 바에 따라" 이사의 책임을 이사의 최근 1년간의 보수액의 6배를 초과하는 금액에 대하여 면제할 수 있다. 다만 제반사정을 참작하여 법원이 재량으로 더 감경할 수도 있다.

> **제400조(회사에 대한 책임의 감면)** ① 제399조에 따른 이사의 책임은 주주 전원의 동의로 면제할 수 있다.
> ② 회사는 정관으로 정하는 바에 따라 제399조에 따른 이사의 책임을 이사가 그 행위를 한 날 이전 최근 1년간의 보수액(상여금과 주식매수선택권의 행사로 인한 이익 등을 포함한다)의 6배(사외이사의 경우는 3배)를 초과하는 금액에 대하여 면제할 수 있다. 다만, 이사가 고의 또는 중대한 과실로 손해를 발생시킨 경우와 제397조 제397조의2 및 제398조에 해당하는 경우에는 그러하지 아니하다.

관련판례

[대법원 2004. 12. 10., 선고, 2002다60467, 판결]
이사가 법령 또는 정관에 위반한 행위를 하거나 그 임무를 해태함으로써 회사에 대하여 손해를 배상할 책임이 있는 경우에 그 손해배상의 범위를 정함에 있어서는, 당해 사업의 내용과 성격, 당해 이사의 임무위반의 경위 및 임무위반행위의 태양, 회사의 손해 발생 및 확대에 관여된 객관적인 사정이나 그 정도, 평소 이사의 회사에 대한 공헌도, 임무위반행위로 인한 당해 이사의 이득 유무, 회사의 조직체계의 흠결 유무나 위험관리체제의 구축 여부 등 제반 사정을 참작하여 손해분담의 공평이라는 손해배상제도의 이념에 비추어 그 손해배상액을 제한할 수 있다.

165

상법상 주식회사의 이사에 관한 설명으로 틀린 것은? (이견이 있으면 판례에 의함)

① 이사와 회사의 관계는 민법의 위임에 관한 규정을 준용한다.
② 정관으로 이사가 가질 주식의 수를 정한 경우에 다른 규정이 없는 때에는 이사는 그 수의 주권을 감사에게 공탁하여야 한다.
③ 주주총회에서 이사를 선임하는 경우, 주주총회 선임결의와 별도로 대표이사와 피선임자 사이에 임용계약이 체결되어야 이사의 지위를 취득한다.
④ 이사는 언제든지 주주총회의 특별결의로 이를 해임할 수 있다.
⑤ 2인 이상의 이사의 선임을 목적으로 하는 총회의 소집이 있는 때에는 의결권 없는 주식을 제외한 발행주식총수의 100분의 3 이상에 해당하는 주식을 가진 주주는 정관에서 달리 정하는 경우를 제외하고는 집중투표의 방법으로 이사를 선임할 것을 청구할 수 있다.

••••••••••••••••••••

① 이사는 회사에 대한 관계에서 수임인에 해당한다.

> **제382조(이사의 선임, 회사와의 관계 및 사외이사)** ① 이사는 주주총회에서 선임한다.
> ② 회사와 이사의 관계는 「민법」의 위임에 관한 규정을 준용한다.
>
> ■ 민법
> **제681조(수임인의 선관의무)** 수임인은 위임의 본지에 따라 선량한 관리자의 주의로써 위임사무를 처리하여야 한다.

② 이를 「자격주」라 한다. 여기서 "감사에게 공탁하여야 한다"는 말은 이사로 재직하는 동안 해당 주식을 타에 매각하지 못하도록 맡겨놓는 것을 말한다.

165 ③

> **제387조(자격주)** 정관으로 이사가 가질 주식의 수를 정한 경우에 다른 규정이 없는 때에는 이사는 그 수의 주권을 감사에게 공탁하여야 한다.

③ 이사·감사의 지위는 주주총회 선임결의 후에 피선임자가 이에 동의하면 발생하는 것이지, 피선임자와 회사 간의 임용계약 체결여부는 이사·감사 지위의 발생과 관련이 없다. 기존의 경영진이 반대파 측에서 선임한 이사·감사의 권한행사를 막기 위해 임용계약체결을 미루는 사례가 빈발하여 아래와 같은 판례가 나오게 되었다.

관련판례

[대법원 2017. 3. 23. 선고 2016다251215 전원합의체 판결]
이사·감사의 지위가 주주총회의 선임결의와 별도로 대표이사와 사이에 임용계약이 체결되어야만 비로소 인정된다고 보는 것은, 이사·감사의 선임을 주주총회의 전속적 권한으로 규정하여 주주들의 단체적 의사결정 사항으로 정한 상법의 취지에 배치된다. 또한 상법상 대표이사는 회사를 대표하며, 회사의 영업에 관한 재판상 또는 재판 외의 모든 행위를 할 권한이 있으나(제389조 제3항, 제209조 제1항), 이사·감사의 선임이 여기에 속하지 아니함은 법문상 분명하다. 그러므로 이사·감사의 지위는 주주총회의 선임결의가 있고 선임된 사람의 동의가 있으면 취득된다고 보는 것이 옳다.

④ 정당한 사유 없이 임기만료 전에 해임하는 경우에도 손해배상의 문제가 발생할 뿐, 해임의 효력에는 영향이 없다.

> **제385조(해임)** ① 이사는 언제든지 제434조의 규정에 의한 주주총회의 결의로 이를 해임할 수 있다. 그러나 이사의 임기를 정한 경우에 정당한 이유없이 그 임기만료전에 이를 해임한 때에는 그 이사는 회사에 대하여 해임으로 인한 손해의 배상을 청구할 수 있다.

⑤ 「집중투표제」에 대한 설명이다.

> **제382조의2(집중투표)** ① 2인 이상의 이사의 선임을 목적으로 하는 총회의 소집이 있는 때에는 의결권없는 주식을 제외한 발행주식총수의 100분의 3 이상에 해당하는 주식을 가진 주주는 정관에서 달리 정하는 경우를 제외하고는 회사에 대하여 집중투표의 방법으로 이사를 선임할 것을 청구할 수 있다.

166

상법상 주식회사 이사의 보수에 관한 설명으로 틀린 것은? (이견이 있으면 판례에 의함)

① 이사에 대한 퇴직위로금은 그 직에서 퇴임한 자에 대하여 그 재직 중 직무집행의 대가로 지급되는 보수의 일종이다.
② 법적으로는 이사의 지위를 갖지만 회사와의 약정에 따라 이사로서의 실질적인 직무를 수행하지 않는 이른바 명목상 이사도 특별한 사정이 없으면 정관의 규정 또는 주주총회의 결의에 의하여 결정된 보수의 청구권을 갖는다.
③ 이사의 직무와 그 보수 사이에는 합리적 비례관계가 유지되어야 하며, 회사의 채무 상황이나 영업 실적에 비추어 합리적인 수준을 벗어나서 현저히 균형성을 잃을 정도로 과다하여서는 아니 된다.
④ 주주총회의 결의로 이사의 퇴직위로금액이 결정된 경우라도, 퇴임한 특정이사에 대하여 새로운 주주총회에서 그 퇴직위로금을 박탈하는 결의를 하면 그 박탈하는 결의는 효력이 있다.
⑤ 이사의 임기를 정한 경우에 회사가 정당한 이유 없이 임기만료 전에 이사를 해임한 때에는 그 이사는 회사에 대하여 해임으로 인한 손해의 배상을 청구할 수 있으며, 정당한 이유의 존부에 대한 입증책임은 손해배상을 청구하는 이사가 부담한다.

166 ④

① 퇴직금, 퇴직위로금, 해직보상금 모두 넓은 의미에서 보수에 해당하므로 정관 또는 주주총회의 결의에 의해서 결정되어야 한다.

> **관련판례**
>
> [대법원 1977. 11. 22., 선고, 77다1742, 판결]
> 이사의 퇴직위로금은 상법 388조에 규정된 보수에 포함된다 할 것이므로 위 법조에 근거하여 정관이나 주주총회결의로 그 액이 결정되었다면 주주총회에서 퇴임한 특정이사에 대하여 그 퇴직위로금을 박탈하거나 이를 감액하는 결의를 하였다 하여도 그 효력이 없다.

제388조(이사의 보수) 이사의 보수는 정관에 그 액을 정하지 아니한 때에는 <u>주주총회의 결의</u>로 이를 정한다.

② 권리와 의무는 서로 대응된다. 이른바 「명목상 이사」의 경우에도 이사로서 회사 및 제3자에 대한 손해배상책임을 지는 이상, 보수청구권 역시 인정되어야 한다.

> **관련판례**
>
> [대법원 2015. 9. 10., 선고, 2015다213308, 판결]
> 주식회사의 주주총회에서 이사·감사로 선임된 사람이 주식회사와 계약을 맺고 이사·감사로 취임한 경우에, 상법 제388조, 제415조에 따라 정관 또는 주주총회 결의에서 정한 금액·지급시기·지급방법에 의하여 보수를 받을 수 있다. 이에 비추어 보면, 주주총회에서 선임된 이사·감사가 회사와의 명시적 또는 묵시적 약정에 따라 업무를 다른 이사 등에게 포괄적으로 위임하고 <u>이사·감사로서의 실질적인 업무를 수행하지 않는 경우</u>라 하더라도 이사·감사로서 상법 제399조, 제401조, 제414조 등에서 정한 법적 책임을 지므로, 이사·감사를 선임하거나 보수를 정한 주주총회 결의의 효력이 무효이거나 또는 소극적인 직무 수행이 주주총회에서 이사·감사를 선임하면서 예정하였던 직무 내용과 달라 주주총회에서 한 선임 결의 및 보수지급 결의에 위배되는 배임적인 행위에 해당하는 등의 특별한 사정이 없다면, <u>소극적인 직무 수행 사유만을 가지고 이사·감사로서의 자격을 부정하거나 주주총회 결의에서 정한 보수청구권의 효력을 부정하기는 어렵다.</u>

③ 이 경우 과다한 보수지급을 결정한 주주총회 결의의 효력은 부인된다.

> **관련판례**
>
> [대법원 2016. 1. 28., 선고, 2014다11888, 판결]
> 회사에 대한 경영권 상실 등으로 퇴직을 앞둔 이사가 회사에서 최대한 많은 보수를 받기 위하여 그에 동조하는 다른 이사와 함께 이사의 직무내용, 회사의 재무상황이나 영업실적 등에 비추어 지나치게 과다하여 합리적 수준을 현저히 벗어나는 보수 지급 기준을 마련하고 지위를 이용하여 주주총회에 영향력을 행사함으로써 소수주주의 반대에 불구하고 이에 관한 주주총회결의가 성립되도록 하였다면, 이는 회사를 위하여 직무를 충실하게 수행하여야 하는 상법 제382조의3에서 정한 의무를 위반하여 회사재산의 부당한 유출을 야기함으로써 회사와 주주의 이익을 침해하는 것으로서 회사에 대한 배임행위에 해당하므로, <u>주주총회결의를 거쳤다 하더라도 그러한 위법행위가 유효하다 할 수는 없다.</u>

④ 주총결의의 효력은 주총결의 하자의 소에 의해서만 부인할 수 있다.

> **관련판례**
>
> [대법원 1977. 11. 22., 선고, 77다1742, 판결]
> 이사의 퇴직위로금은 상법 388조에 규정된 보수에 포함된다 할 것이므로 위 법조에 근거하여 <u>정관이나 주주총회결의로 그 액이 결정되었다면 주주총회에서 퇴임한 특정이사에 대하여 그 퇴직위로금을 박탈하거나 이를 감액하는 결의를 하였다 하여도 그 효력이 없다.</u>

⑤ 자신에게 유리한 사정을 주장하는 자에게 입증책임이 있다. 해임에 정당한 이유가 없음을 이유로 이사가 회사를 상대로 손해배상을 청구하는 경우이므로, 손해배상책임의 요건(해임에 정당한 이유가 없음)에 대해서는 이사가 입증책임을 부담한다.

> **관련판례**
>
> **[대법원 2012. 9. 27. 선고 2010다94342 판결]**
> 상법 제385조 제1항에 규정된 '정당한 이유'란 주주와 이사 사이에 불화 등 단순히 주관적인 신뢰관계가 상실된 것만으로는 부족하고, 이사가 법령이나 정관에 위배된 행위를 하였거나 정신적·육체적으로 경영자로서의 직무를 감당하기 현저하게 곤란한 경우, 회사의 중요한 사업계획 수립이나 그 추진에 실패함으로써 경영능력에 대한 근본적인 신뢰관계가 상실된 경우 등과 같이 당해 이사가 경영자로서 업무를 집행하는 데 장해가 될 객관적 상황이 발생한 경우에 비로소 임기 전에 해임할 수 있는 정당한 이유가 있다고 할 것이고, '정당한 이유'의 존부는 해임 당시를 기준으로 판단하되, 그 증명책임은 손해배상을 청구하는 이사가 부담한다고 할 것이다.

167

상법상 주식회사의 이사에 관한 설명으로 옳은 것은? (이견이 있으면 판례에 의함)

① 최근 사업연도 말 현재의 자산총액 2조원 이상의 상장주식회사의 의결권 있는 발행주식총수의 3% 이상에 해당하는 주식을 3개월간 보유해온 주주는 사외이사후보추천위원회에 사외이사의 후보를 추천할 수 있다.
② 발행주식총수의 과반수가 출석한 주주총회에서 집중투표방식으로 이사를 선임하는 경우 다수 득표자의 득표가 상법 제368조의 보통결의 요건을 만족하지 못하면 선임결의의 효력이 없다.
③ 상장주식회사의 이사가 정년퇴직으로 퇴임하는 경우에는 주식매수선택권에 관한 주주총회 또는 이사회의 결의일로부터 2년 이상 이사로 재임 또는 재직한 경우가 아니어도 주식매수선택권을 행사할 수 있다.
④ 주주총회에서 적법하게 이사로 선임된 자라도 이사로서 등기가 되어 있지 않으면 이사로서의 책임을 부담하지 않는다.
⑤ 판례에 따르면 이사의 직무집행정지 가처분에 의해 직무집행이 정지된 이사가 직무집행을 하면 이는 무효이나 후일 그 가처분이 취소되면 소급하여 유효가 된다.

•••••••••••••••••••••

① (i) 상장회사의 임시주총소집요건(제542의8 제5항, 제542의6 제1항, 제366조) 및 상장회사의 주주제안의 요건(제542조의6 제2항)을 충족하거나, (ii) 일반적인 주주제안의 요건(제542조의6 제10항, 제363조의2 제1항)을 충족하면 된다. 정리하자면 일반적인 주주제안의 요건을 갖춘 경우에는 주식을 6개월 이상 보유하지 않아도 된다.

> **제542조의8(사외이사의 선임)** ① 상장회사는 자산 규모 등을 고려하여 대통령령으로 정하는 경우를 제외하고는 이사 총수의 4분의 1 이상을 사외이사로 하여야 한다. 다만, 자산 규모 등을 고려하여 대통령령으로 정하는 상장회사의 사외이사는 3명 이상으로 하되, 이사 총수의 과반수가 되도록 하여야 한다.

167 ①

⑤ 제1항 단서에서 규정하는 상장회사가 주주총회에서 사외이사를 선임하려는 때에는 사외이사 후보추천위원회의 추천을 받은 자 중에서 선임하여야 한다. 이 경우 사외이사 후보추천위원회가 사외이사 후보를 추천할 때에는 제363조의2제1항, 제542조의6제1항·제2항의 권리를 행사할 수 있는 요건을 갖춘 주주가 주주총회일(정기주주총회의 경우 직전연도의 정기주주총회일에 해당하는 해당 연도의 해당일)의 6주 전에 추천한 사외이사 후보를 포함시켜야 한다.

제542조의6(소수주주권) ① 6개월 전부터 계속하여 상장회사 발행주식총수의 1천분의 15 이상에 해당하는 주식을 보유한 자는 제366조(제542조에서 준용하는 경우를 포함한다) 및 제467조에 따른 주주의 권리를 행사할 수 있다.
② 6개월 전부터 계속하여 상장회사의 의결권 없는 주식을 제외한 발행주식총수의 1천분의 10(대통령령으로 정하는 상장회사의 경우에는 1천분의 5) 이상에 해당하는 주식을 보유한 자는 제363조의2(제542조에서 준용하는 경우를 포함한다)에 따른 주주의 권리를 행사할 수 있다.
⑩ 제1항부터 제7항까지는 제542조의2제2항에도 불구하고 이 장의 다른 절에 따른 소수주주권의 행사에 영향을 미치지 아니한다.

제366조(소수주주에 의한 소집청구) ① 발행주식총수의 100분의 3 이상에 해당하는 주식을 가진 주주는 회의의 목적사항과 소집의 이유를 적은 서면 또는 전자문서를 이사회에 제출하여 임시총회의 소집을 청구할 수 있다.
② 제1항의 청구가 있은 후 지체 없이 총회소집의 절차를 밟지 아니한 때에는 청구한 주주는 법원의 허가를 받아 총회를 소집할 수 있다. 이 경우 주주총회의 의장은 법원이 이해관계인의 청구나 직권으로 선임할 수 있다.
③ 제1항 및 제2항의 규정에 의한 총회는 회사의 업무와 재산상태를 조사하게 하기 위하여 검사인을 선임할 수 있다.

제363조의2(주주제안권) ① 의결권없는 주식을 제외한 발행주식총수의 100분의 3 이상에 해당하는 주식을 가진 주주는 이사에게 주주총회일(정기주주총회의 경우 직전 연도의 정기주주총회일에 해당하는 그 해의 해당일. 이하 이 조에서 같다)의 6주 전에 서면 또는 전자문서로 일정한 사항을 주주총회의 목적사항으로 할 것을 제안(이하 '주주제안'이라 한다)할 수 있다.

■ 상법시행령
제34조(상장회사의 사외이사 등) ② 법 제542조의8제1항 단서에서 "대통령령으로 정하는 상장회사"란 최근 사업연도 말 현재의 자산총액이 2조원 이상인 상장회사를 말한다.

② 다수표 취득자부터 이사가 된다. 출석과반수의 요건은 고려하지 않는다(상382의2조4항).

제382조의2(집중투표) ① 2인 이상의 이사의 선임을 목적으로 하는 총회의 소집이 있는 때에는 의결권없는 주식을 제외한 발행주식총수의 100분의 3 이상에 해당하는 주식을 가진 주주는 정관에서 달리 정하는 경우를 제외하고는 회사에 대하여 집중투표의 방법으로 이사를 선임할 것을 청구할 수 있다.
② 제1항의 청구는 주주총회일의 7일 전까지 서면 또는 전자문서로 하여야 한다. 〈개정 2009.5.28.〉
③ 제1항의 청구가 있는 경우에 이사의 선임결의에 관하여 각 주주는 1주마다 선임할 이사의 수와 동일한 수의 의결권을 가지며, 그 의결권은 이사 후보자 1인 또는 수인에게 집중하여 투표하는 방법으로 행사할 수 있다.
④ 제3항의 규정에 의한 투표의 방법으로 이사를 선임하는 경우에는 투표의 최다수를 얻은 자부터 순차적으로 이사에 선임되는 것으로 한다.
⑤ 제1항의 청구가 있는 경우에는 의장은 의결에 앞서 그러한 청구가 있다는 취지를 알려야 한다.
⑥ 제2항의 서면은 총회가 종결될 때까지 이를 본점에 비치하고 주주로 하여금 영업시간내에 열람할 수 있게 하여야 한다.

③ 상장회사의 경우 본인의 귀책사유가 아닌 사유로 인한 퇴직에 정년에 따른 퇴임은 포함하지 않는다.

상법시행령 제30조(주식매수선택권)
⑤ 법 제542조의3제4항에서 "대통령령으로 정하는 경우"란 주식매수선택권을 부여받은 자가 사망하거나 그 밖에 본인의 책임이 아닌 사유로 퇴임하거나 퇴직한 경우를 말한다. 이 경우 정년에 따른 퇴임이나 퇴직은 본인의 책임이 아닌 사유에 포함되지 아니한다.

④ 등기는 대항요건에 불과하다.
⑤ 직무집행이 정지된 이사의 직무행위는 무효이고, 소급효는 인정되지 않는다.

> **관련판례**
>
> [대법원 2008.5.29, 선고, 2008다4537, 판결]
> 법원의 직무집행정지 가처분결정에 의해 회사를 대표할 권한이 정지된 대표이사가 그 정지기간 중에 체결한 계약은 절대적으로 무효이고, 그 후 가처분신청의 취하에 의하여 보전집행이 취소되었다 하더라도 집행의 효력은 장래를 향하여 소멸할 뿐 소급적으로 소멸하는 것은 아니라 할 것이므로, <u>가처분신청이 취하되었다 하여 무효인 계약이 유효하게 되지는 않는다.</u>

168

법원은 가처분으로써 甲주식회사의 대표이사인 A의 직무집행을 정지하고 B를 직무대행자로 선임하였다. 이와 관련한 상법상 설명으로 틀린 것은? (이견이 있으면 판례에 의함)

① 판례에 의하면 그 후에 甲회사가 적법한 절차에 따라 A를 해임하고 C를 새 대표이사로 선임하였더라도 가처분이 취소되지 않는 한 C는 대표이사로서의 권한이 없다.
② 법원은 급박한 사정이 있는 때에는 본안소송의 제기 전에도 직무집행정지와 직무대행자를 선임하는 가처분을 할 수 있다.
③ 판례에 의하면 B를 직무대행자로 선임한 가처분은 제3자에게 효력이 미치지 않는다.
④ B는 가처분에서 다른 정함이 있거나 법원의 허가를 얻지 않으면 甲회사의 상무에 속하지 아니한 행위를 하지 못한다.
⑤ B가 법원의 허가 없이 甲회사의 영업을 양도한 경우 그 영업을 양수받은 자가 선의이면 甲회사는 양수인에 대하여 책임을 져야 한다.

••••••••••••••••••••••••

① 대표이사의 직무집행정지 및 직무대행자선임의 가처분이 이루어진 이상, 그 후 대표이사가 해임되고 새로운 대표이사가 선임되었다 하더라도 가처분결정이 취소되지 않는 한 직무대행자의 권한은 유효하게 존속하는 반면 새로이 선임된 대표이사는 대표이사로서의 권한을 가지지 못한다.

> **관련판례**
>
> [판례 2009다70395]
> 가처분재판에 의하여 법인 등 대표자의 직무대행자가 선임된 상태에서 피대행자의 후임자가 적법하게 소집된 총회의 결의에 따라 새로 선출되었다 해도 그 직무대행자의 권한은 위 총회의 결의에 의하여 당연히 소멸하는 것은 아니므로 사정변경 등을 이유로 가처분결정이 취소되지 않는 한 직무대행자만이 적법하게 위 법인 등을 대표할 수 있고, 총회에서 선임된 후임자는 그 선임결의의 적법 여부에 관계없이 대표권을 가지지 못한다.

② 원칙적으로 본안소송이 제기된 경우 가처분이 가능하나, 급박한 사정이 있는 경우는 본안소송 제기 전에도 가처분을 할 수 있다.

> **제407조(직무집행정지, 직무대행자선임)** ① 이사선임결의의 무효나 취소 또는 이사해임의 소가 제기된 경우에는 법원은 당사자의 신청에 의하여 가처분으로써 이사의 직무집행을 정지할 수 있고 또는 직무대행자를 선임할 수 있다. 급박한 사정이 있는 때에는 본안소송의 제기전에도 그 처분을 할 수 있다.

168 ③

③ 주식회사 이사의 직무집행을 정지하고 그 직무대행자를 선임하는 가처분은 그 성질상 당사자 사이뿐만 아니라 제3자에게도 효력이 미치며, 가처분에 반하여 이루어진 행위는 제3자에 대한 관계에 있어서도 무효이다. 가처분에 반하여 이루어진 행위란, 직무대행자 B가 아닌 A가 회사를 대표해서 행위를 한 경우를 생각하면 된다. 즉 A의 거래상대방은 선악 불문 보호되지 않는다.

> **관련판례**
>
> **[대법원 1991.12.24. 선고, 91다4355, 판결]**
> 주식회사의 이사의 직무집행을 정지하고 그 직무대행자를 선임하는 가처분은 그 성질상 당사자 사이뿐만 아니라 제3자에게도 효력이 미치며 가처분에 반하여 이루어진 행위는 제3자에 대한 관계에 있어서도 무효인 한편 가처분에 의하여 선임된 이사 직무대행자의 권한은 법원의 취소판결이 있기까지 유효하게 존속하고 그 판결이 있어야만 소멸한다 할 것이다.

④ 직무대행자의 선임은 임시적인 조치에 불과하므로 이러한 직무대행자는 가처분 명령에 다른 정함이 있거나 법원의 허가가 있는 경우가 아닌 한 회사의 상무에 속한 행위만을 할 수 있다.

> **제408조(직무대행자의 권한)** ① 전조의 직무대행자는 가처분명령에 다른 정함이 있는 경우 외에는 회사의 상무에 속하지 아니한 행위를 하지 못한다. 그러나 법원의 허가를 얻은 경우에는 그러하지 아니하다.
> ② 직무대행자가 전항의 규정에 위반한 행위를 한 경우에도 회사는 선의의 제3자에 대하여 책임을 진다.

⑤ 직무대행자가 권한을 초과한 행위를 한 경우 회사는 선의의 제3자에게 대항할 수 없다. B가 법원의 허가 없이 행위를 하더라도 일단 법원이 선임한 대표권자이기 때문에 선의의 제3자는 보호된다. 참고로 직무대행자 외의 자가 대표행위를 한 경우에 그 상대방은 선악을 불문하고 보호받을 수 없다.

> **제408조(직무대행자의 권한)** ① 전조의 직무대행자는 가처분명령에 다른 정함이 있는 경우외에는 회사의 상무에 속하지 아니한 행위를 하지 못한다. 그러나 법원의 허가를 얻은 경우에는 그러하지 아니하다.
> ② 직무대행자가 전항의 규정에 위반한 행위를 한 경우에도 회사는 선의의 제3자에 대하여 책임을 진다.

169

상법상 사외이사를 두어야 하는 상장주식회사의 사외이사에 관한 설명으로 옳은 것은?

① 최근 사업연도 말 현재의 자산총액이 3천억원인 상장회사는 사외이사를 3명 이상으로 하되 이사 총수의 4분의 1 이상이 되도록 하여야 한다.
② 회사의 최대주주가 자연인인 경우 본인과 그 배우자 및 직계 존속·비속은 그 회사의 사외이사가 될 수 없다.
③ 사외이사의 사임으로 인하여 사외이사의 수가 상법상의 이사회의 구성요건에 미달하게 되면 해당 결산기에 관한 정기주주총회에서 그 요건에 합치되도록 사외이사를 선임하여야 한다.
④ 최근 사업연도 말 현재의 자산총액이 7천억원인 상장회사가 주주총회에서 사외이사를 선임하려는 때에는 사외이사 후보추천위원회의 추천을 받은 자 중에서 선임하여야 한다.
⑤ 사외이사 후보추천위원회 설치의무가 있는 회사가 설치하는 사외이사 후보추천위원회는 사외이사가 총위원의 3분의 2 이상이 되도록 구성하여야 한다.

169 ②

① (ⅰ) 자산총액 2조원 미만인 상장회사는 이사 총수의 1/4 이상을 사외이사로 하면 되고, 그 수에는 제한이 없다. (ⅱ) 반면에 자산총액 2조원 이상인 상장회사는 사외이사를 3명 이상으로 하고, 이사 총수의 과반수가 사외이사이어야 한다.

> **제542조의8(사외이사의 선임)**
> ① 상장회사는 자산 규모 등을 고려하여 대통령령으로 정하는 경우를 제외하고는 이사 총수의 4분의 1 이상을 사외이사로 하여야 한다. 다만, <u>자산 규모 등을 고려하여 대통령령으로 정하는 상장회사의 사외이사는 3명 이상으로 하되, 이사 총수의 과반수가 되도록 하여야 한다.</u>

② 제382조 제3항 제2호, 제542조의8 제2항 제5호

> **제382조(이사의 선임, 회사와의 관계 및 사외이사)** ③ 사외이사(社外理事)는 해당 회사의 상무(常務)에 종사하지 아니하는 이사로서 다음 각 호의 어느 하나에 해당하지 아니하는 자를 말한다. <u>사외이사가 다음 각 호의 어느 하나에 해당하는 경우에는 그 직을 상실한다.</u>
> 1. 회사의 상무에 종사하는 이사·집행임원 및 피용자 또는 최근 2년 이내에 회사의 상무에 종사한 이사·감사·집행임원 및 피용자
> 2. <u>최대주주가 자연인인 경우 본인과 그 배우자 및 직계 존속·비속</u>
> 3. 최대주주가 법인인 경우 그 법인의 이사·감사·집행임원 및 피용자
> 4. 이사·감사·집행임원의 배우자 및 직계 존속·비속
> 5. 회사의 모회사 또는 자회사의 이사·감사·집행임원 및 피용자
> 6. 회사와 거래관계 등 중요한 이해관계에 있는 법인의 이사·감사·집행임원 및 피용자
> 7. 회사의 이사·집행임원 및 피용자가 이사·집행임원으로 있는 다른 회사의 이사·감사·집행임원 및 피용자

> **제542조의8(사외이사의 선임)**
> ② 상장회사의 사외이사는 제382조제3항 각 호 뿐만 아니라 다음 각 호의 어느 하나에 해당되지 아니하여야 하며, <u>이에 해당하게 된 경우에는 그 직을 상실한다.</u>
> 1. 미성년자, 피성년후견인 또는 피한정후견인
> 2. 파산선고를 받고 복권되지 아니한 자
> 3. 금고 이상의 형을 선고받고 그 집행이 끝나거나 집행이 면제된 후 2년이 지나지 아니한 자
> 4. 대통령령으로 별도로 정하는 법률을 위반하여 해임되거나 면직된 후 2년이 지나지 아니한 자
> 5. 상장회사의 주주로서 의결권 없는 주식을 제외한 발행주식총수를 기준으로 본인 및 그와 대통령령으로 정하는 특수한 관계에 있는 자(이하 "특수관계인"이라 한다)가 소유하는 주식의 수가 가장 많은 경우 그 본인(이하 "최대주주"라 한다) 및 그의 특수관계인
> 6. 누구의 명의로 하든지 자기의 계산으로 의결권 없는 주식을 제외한 발행주식총수의 100분의 10 이상의 주식을 소유하거나 이사·집행임원·감사의 선임과 해임 등 상장회사의 주요 경영사항에 대하여 사실상의 영향력을 행사하는 주주(이하 "주요주주"라 한다) 및 그의 배우자와 직계 존속·비속

③ "해당 결산기에 관한 정기주주총회"가 아니라 "그 사유가 발생한 후 처음으로 소집되는 주주총회"이다. 즉 정기주주총회가 아니라 임시주주총회가 될 수도 있다.

> **제542조의8(사외이사의 선임)** ① 상장회사는 자산 규모 등을 고려하여 대통령령으로 정하는 경우를 제외하고는 이사 총수의 4분의 1 이상을 사외이사로 하여야 한다. 다만, 자산 규모 등을 고려하여 대통령령으로 정하는 상장회사의 사외이사는 3명 이상으로 하되, 이사 총수의 과반수가 되도록 하여야 한다.
> ③ 제1항의 상장회사는 사외이사의 사임·사망 등의 사유로 인하여 사외이사의 수가 제1항의 이사회의 구성요건에 미달하게 되면 <u>그 사유가 발생한 후 처음으로 소집되는 주주총회</u>에서 제1항의 요건에 합치되도록 사외이사를 선임하여야 한다.

④ 자산총액 2조원 이상 상장회사에 대한 설명이다.

> **제542조의8(사외이사의 선임)**
> ① 상장회사는 자산 규모 등을 고려하여 대통령령으로 정하는 경우를 제외하고는 이사 총수의 4분의 1 이상을 사외이사로 하여야 한다. 다만, 자산 규모 등을 고려하여 대통령령으로 정하는 상장회사의 사외이사는 3명 이상으로 하되, 이사 총수의 과반수가 되도록 하여야 한다.
> ⑤ 제1항 단서에서 규정하는 상장회사가 주주총회에서 사외이사를 선임하려는 때에는 사외이사 후보추천위원회의 추천을 받은 자 중에서 선임하여야 한다. 이 경우 사외이사 후보추천위원회가 사외이사 후보를 추천할 때에는 제363조의2제1항, 제542조의6제1항·제2항의 권리를 행사할 수 있는 요건을 갖춘 주주가 주주총회일(정기주주총회의 경우 직전연도의 정기주주총회일에 해당하는 해당 연도의 해당일)의 6주 전에 추천한 사외이사 후보를 포함시켜야 한다.
>
> ■ 상법시행령
> **제34조(상장회사의 사외이사 등)** ② 법 제542조의8제1항 단서에서 "대통령령으로 정하는 상장회사"란 최근 사업연도 말 현재의 자산총액이 2조원 이상인 상장회사를 말한다.

⑤ 총위원의 2/3가 아니라 과반수면 된다.

> **제542조의8(사외이사의 선임)**
> ① 상장회사는 자산 규모 등을 고려하여 대통령령으로 정하는 경우를 제외하고는 이사 총수의 4분의 1 이상을 사외이사로 하여야 한다. 다만, 자산 규모 등을 고려하여 대통령령으로 정하는 상장회사의 사외이사는 3명 이상으로 하되, 이사 총수의 과반수가 되도록 하여야 한다.
> ④ 제1항 단서의 상장회사는 사외이사 후보를 추천하기 위하여 제393조의2의 위원회(이하 이 조에서 "사외이사 후보추천위원회"라 한다)를 설치하여야 한다. 이 경우 사외이사 후보추천위원회는 사외이사가 총위원의 과반수가 되도록 구성하여야 한다.

170

상법상 주식회사의 사외이사에 관한 설명으로 옳은 것만을 모두 고른 것은?

> ㄱ. 최근 2년 이내에 회사의 상무에 종사한 이사는 그 회사의 사외이사가 될 수 있다.
> ㄴ. 모회사의 이사는 자회사의 사외이사가 될 수 없다.
> ㄷ. 회사의 최대주주가 자연인인 경우 그 배우자는 그 회사의 사외이사가 될 수 있다.
> ㄹ. 금고 이상의 형을 선고받고 그 집행이 끝난 후 2년이 지난 자는 상장회사의 사외이사가 될 수 있다.
> ㅁ. 누구의 명의로 하든지 자기의 계산으로 의결권 없는 주식을 제외한 발행주식총수의 100분의 10 이상의 상장회사 주식을 소유한 주주는 그 회사의 사외이사가 될 수 없다.

① ㄴ, ㄹ　　　　② ㄴ, ㅁ　　　　③ ㄱ, ㄹ, ㅁ
④ ㄴ, ㄷ, ㅁ　　　⑤ ㄴ, ㄹ, ㅁ

•••••••••••••••••••••••

> **제382조(이사의 선임, 회사와의 관계 및 사외이사)** ③ 사외이사(社外理事)는 해당 회사의 상무(常務)에 종사하지 아니하는 이사로서 다음 각 호의 어느 하나에 해당하지 아니하는 자를 말한다. 사외이사가 다음 각 호의 어느 하나에 해당하는 경우에는 그 직을 상실한다.

170 ⑤

1. 회사의 상무에 종사하는 이사·집행임원 및 피용자 또는 최근 2년 이내에 회사의 상무에 종사한 이사·감사·집행임원 및 피용자
2. 최대주주가 자연인인 경우 본인과 그 배우자 및 직계 존속·비속
3. 최대주주가 법인인 경우 그 법인의 이사·감사·집행임원 및 피용자
4. 이사·감사·집행임원의 배우자 및 직계 존속·비속
5. 회사의 모회사 또는 자회사의 이사·감사·집행임원 및 피용자
6. 회사와 거래관계 등 중요한 이해관계에 있는 법인의 이사·감사·집행임원 및 피용자
7. 회사의 이사·집행임원 및 피용자가 이사·집행임원으로 있는 다른 회사의 이사·감사·집행임원 및 피용자

제542조의8(사외이사의 선임) ② 상장회사의 사외이사는 제382조제3항 각 호 뿐만 아니라 다음 각 호의 어느 하나에 해당되지 아니하여야 하며, 이에 해당하게 된 경우에는 그 직을 상실한다.
1. 미성년자, 피성년후견인 또는 피한정후견인
2. 파산선고를 받고 복권되지 아니한 자
3. 금고 이상의 형을 선고받고 그 집행이 끝나거나 집행이 면제된 후 2년이 지나지 아니한 자
4. 대통령령으로 별도로 정하는 법률을 위반하여 해임되거나 면직된 후 2년이 지나지 아니한 자
5. 상장회사의 주주로서 의결권 없는 주식을 제외한 발행주식총수를 기준으로 본인 및 그와 대통령령으로 정하는 특수한 관계에 있는 자(이하 "특수관계인"이라 한다)가 소유하는 주식의 수가 가장 많은 경우 그 본인(이하 "최대주주"라 한다) 및 그의 특수관계인
6. 누구의 명의로 하든지 자기의 계산으로 의결권 없는 주식을 제외한 발행주식총수의 100분의 10 이상의 주식을 소유하거나 이사·집행임원·감사의 선임과 해임 등 상장회사의 주요 경영사항에 대하여 사실상의 영향력을 행사하는 주주(이하 "주요주주"라 한다) 및 그의 배우자와 직계 존속·비속
7. 그 밖에 사외이사로서의 직무를 충실하게 수행하기 곤란하거나 상장회사의 경영에 영향을 미칠 수 있는 자로서 대통령령으로 정하는 자

ㄱ. 제382조 제3항 제1호
ㄴ. 동항 제3호
ㄷ. 동항 제2호
ㄹ. 집행이 끝나거나 집행이 면제된 후 "2년이 지나지 않은 경우"가 결격사유이다(제542조의8 제2항 3호). 다시 말하면 2년이 경과하면 상장회사의 사외이사가 될 수 있다.
ㅁ. 주요주주인지 여부는 명의가 아니라 계산을 기준으로 판단한다.

171

상법상 비상장주식회사의 이사에 관한 설명으로 틀린 것은?

① 이사의 선임은 상법 또는 정관에 다른 정함이 있는 경우를 제외하고는 주주총회에 출석한 주주의 의결권의 과반수와 발행주식총수의 4분의 1 이상의 수로써 결의하여야 한다.
② 이사의 임기는 3년을 초과하지 못하지만, 정관으로 그 임기 중의 최종의 결산기에 관한 정기주주총회의 종결에 이르기까지 연장할 수 있다.
③ 이사가 그 직무에 관하여 부정행위가 있음에도 불구하고 주주총회에서 이사의 해임을 부결할 때에는 회사채권자는 주주총회의 결의가 있은 날부터 1월 내에 그 이사의 해임을 법원에 청구할 수 있다.
④ 이사해임의 소가 제기된 경우에는 법원은 당사자의 신청에 의하여 가처분으로써 이사의 직무집행을 정지할 수 있다.
⑤ 법률 또는 정관에 정한 이사의 원수를 결한 경우에 필요하다고 인정할 때에는 법원은 이사, 감사 기타의 이해관계인의 청구에 의하여 일시 이사의 직무를 행할 자를 선임할 수 있다.

171 ③

① 주주총회의 보통결의요건에 해당한다. 참고로 이사의 해임은 특별결의에 의한다.

> 제382조(이사의 선임, 회사와의 관계 및 사외이사) ① 이사는 주주총회에서 선임한다.
> 제368조(총회의 결의방법과 의결권의 행사) ① 총회의 결의는 이 법 또는 정관에 다른 정함이 있는 경우를 제외하고는 출석한 주주의 의결권의 과반수와 발행주식총수의 4분의 1 이상의 수로써 하여야 한다.

② (ⅰ) 정관규정이 존재하면 정관규정에 따라 연장하고, (ⅱ) 정관규정이 없다면 퇴임이사의 긴급사무처리권으로 해결하게 된다.

> 제383조(원수, 임기) ② 이사의 임기는 3년을 초과하지 못한다.
> ③ 제2항의 임기는 정관으로 그 임기 중의 최종의 결산기에 관한 정기주주총회의 종결에 이르기까지 연장할 수 있다.

③ 이사의 해임판결청구권은 주주에게만 인정된다.

> 제385조(해임) ② 이사가 그 직무에 관하여 부정행위 또는 법령이나 정관에 위반한 중대한 사실이 있음에도 불구하고 주주총회에서 그 해임을 부결한 때에는 발행주식의 총수의 100분의 3 이상에 해당하는 주식을 가진 주주는 총회의 결의가 있은 날부터 1월내에 그 이사의 해임을 법원에 청구할 수 있다.

주주만 행사가능	신 / 대 / 이 / 해	• 신주발행유지청구(단독주주권) • 대표소송 (1/100) • 이사해임청구 (3/100) • 해산판결청구 (10/100)

④ 이사 직무집행정지가처분에 대한 설명이다. 덧붙여 법원이 직권으로 가처분을 결정할 수는 없다.

> 제407조(직무집행정지, 직무대행자선임) ① 이사선임결의의 무효나 취소 또는 이사해임의 소가 제기된 경우에는 법원은 당사자의 신청에 의하여 가처분으로써 이사의 직무집행을 정지할 수 있고 또는 직무대행자를 선임할 수 있다. 급박한 사정이 있는 때에는 본안소송의 제기전에도 그 처분을 할 수 있다.

⑤ 덧붙여 일시이사(임시이사, 가이사)는 이사의 직무대행자와는 달리 이사로서의 모든 권리·의무가 인정된다.

> 제386조(결원의 경우) ① 법률 또는 정관에 정한 이사의 원수를 결한 경우에는 임기의 만료 또는 사임으로 인하여 퇴임한 이사는 새로 선임된 이사가 취임할 때까지 이사의 권리의무가 있다.
> ② 제1항의 경우에 필요하다고 인정할 때에는 법원은 이사, 감사 기타의 이해관계인의 청구에 의하여 일시 이사의 직무를 행할 자를 선임할 수 있다. 이 경우에는 본점의 소재지에서 그 등기를 하여야 한다.

TOPIC 24 · 이사회

172
상법상 주식회사 이사회의 운영에 관한 설명으로 **틀린** 것은? (이견이 있으면 판례에 의함)

① 이사회의 결의에서 의결권을 행사할 수 없는 이사는 이사회의 성립정족수에는 포함되지만 의결정족수의 계산에서 출석 이사의 수에는 산입하지 않는다.
② 이사회 결의요건을 충족하는지 여부는 이사회 결의 당시를 기준으로 판단하여야 하고 그 결의의 대상인 행위가 실제로 이루어진 날을 기준으로 판단할 것은 아니다.
③ 이사회의 결의에 하자가 있는 경우 하자의 유형을 구별함이 없이 민법의 일반원칙에 의해 그 무효를 주장할 수 있다.
④ 정관에서 정하는 소집권자인 이사가 정당한 이유 없이 이사회의 소집을 거절하는 경우 소집권 있는 이사를 제외한 다른 이사는 이사회를 소집할 수 없다.
⑤ 이사는 대표이사에 대하여 다른 이사 또는 피용자의 업무에 관해 이사회에 보고할 것을 요구할 수 있고 대표이사는 3개월에 1회 이상 업무의 집행상황을 이사회에 보고하여야 한다.

----

① 특별이해관계 있는 이사에 대한 설명으로, 의사정족수에는 산입하지만 의결정족수에는 산입하지 않는다.

> **제391조(이사회의 결의방법)** ① 이사회의 결의는 이사과반수의 출석과 출석이사의 과반수로 하여야 한다. 그러나 정관으로 그 비율을 높게 정할 수 있다.
> ③ 제368조제3항 및 제371조제2항의 규정은 제1항의 경우에 이를 준용한다.
>
> **제368조(총회의 결의방법과 의결권의 행사)** ③ 총회의 결의에 관하여 특별한 이해관계가 있는 자는 의결권을 행사하지 못한다.
>
> **제371조(정족수, 의결권수의 계산)** ① 총회의 결의에 관하여는 제344조의3제1항과 제369조제2항 및 제3항의 의결권 없는 주식의 수는 발행주식총수에 산입하지 아니한다.
> ② 총회의 결의에 관하여는 제368조제3항에 따라 행사할 수 없는 주식의 의결권 수와 제409조제2항 및 제542조의12 제4항에 따라 그 비율을 초과하는 주식으로서 행사할 수 없는 주식의 의결권 수는 <u>출석한 주주의 의결권의 수에 산입하지 아니한다.</u>

> **관련판례**
> [대법원 1991.5.28. 선고, 90다20084, 판결]
> 이해관계 있는 이사는 이사회에서 의결권을 행사할 수는 없으나, 의사정족수 산정의 기초가 되는 이사의 수에는 포함되고, 다만 결의성립에 필요한 출석이사에는 산입되지 아니한다.

② 이사의 자기거래에 대한 이사회 승인 당시에 9인 중 6인이 찬성하였는데, 그 후 자기거래가 이루어질 당시에는 찬성한 이사 중 2인이 퇴사하였더라도 이사회 결의요건은 이미 충족한 것이라 판시한 사안이다.

> **관련판례**
> [대법원 2003.1.24. 선고, 2000다20670, 판결]
> 1991. 2. 1.자 이사회 결의 당시에는 그 결의요건을 충족하였더라도, 그 결의에 따라 이루어진 1991. 4. 29.자 연대보증계약 체결 당시를 기준으로 하면 그 사이 이사 일부와 이사 총수가 변경됨으로써 이사회 결의요

172 ④

건을 갖추지 못하게 되어 결국 위 이사회 결의는 무효라는 피고의 주장에 대하여, **이사회 결의요건을 충족하는지 여부는 이사회 결의 당시를 기준으로 판단하여야 하고, 그 결의의 대상인 연대보증행위가 실제로 이루어진 날을 기준으로 판단할 것이 아니라는** 이유로 이를 배척하였다.

③ 하자있는 이사회 결의는 원칙적으로 당연무효이기 때문에 소 또는 소 외의 어떤 방법으로도 주장할 수 있다.

관련판례

[대법원 1988.4.25, 선고, 87누399, 판결]
이사회의 결의에 하자가 있는 경우에 관하여 상법은 아무런 규정을 두고 있지 아니하나 그 결의에 무효사유가 있는 경우에는 이해관계인은 언제든지 또 어떤 방법에 의하든지 그 무효를 주장할 수 있다고 할 것이지만 이와 같은 무효주장의 방법으로서 이사회결의무효확인소송이 제기되어 승소확정판결을 받은 경우, 그 판결의 효력에 관하여는 주주총회결의무효확인소송 등과는 달리 상법 제190조가 준용될 근거가 없으므로 대세적 효력은 없다.

④ 소집권자인 이사가 정당한 이유 없이 소집을 거절하는 경우에는 다른 이사가 소집할 수 있다.

제390조(이사회의 소집) ② 제1항 단서의 규정에 의하여 소집권자로 지정되지 않은 다른 이사는 소집권자인 이사에게 이사회 소집을 요구할 수 있다. <u>소집권자인 이사가 정당한 이유없이 이사회 소집을 거절하는 경우에는 다른 이사가 이사회를 소집할 수 있다.</u>

⑤ 이사의 '이사회보고요구권(제393조 제3항)'과 '이사회보고의무(동조 제4항)'에 대한 설명이다. 대표이사도 이사이기 때문에 3월에 1회 이상 정기적 보고의무가 있다.

제393조(이사회의 권한) ③ 이사는 대표이사로 하여금 다른 이사 또는 피용자의 업무에 관하여 이사회에 보고할 것을 요구할 수 있다.
④ 이사는 3월에 1회 이상 업무의 집행상황을 이사회에 보고하여야 한다.

173

상법상 주식회사 이사회에 관한 설명으로 옳은 것은? (이견이 있으면 판례에 의함)

① 감사는 필요한 경우 이사(소집권자가 있는 경우에는 소집권자)에게 이사회 소집을 청구할 수 있고 그 이사가 지체 없이 이사회를 소집하지 아니하면 그 청구한 감사가 법원의 허가를 조건으로 직접 소집할 수 있다.
② 상법 제397조의2(회사의 기회 및 자산의 유용 금지) 제1항에서 금지의 대상이 되는 회사기회를 자기의 이익을 위하여 이용하려는 이사는 그 승인을 위한 이사회에서 의결권을 행사할 수 없다.
③ 이사의 전부가 직접 회의에 출석하지 아니하고 모든 이사가 음성을 동시에 송수신하는 원격통신수단에 의한 결의를 금지하는 정관규정은 효력이 없다.
④ 주주와 회사채권자는 영업시간 내에 이사회의사록의 열람 또는 등사를 청구할 수 있다.
⑤ 이사회 내 위원회의 결의절차에 대한 하자는 결의취소의 소를 제기할 수 있고 그 결의내용의 중대한 하자는 결의무효확인의 소를 제기할 수 있다.

173 ②

① 집행임원의 경우에는 법원의 허가를 요하나, 감사(위원회)의 경우에는 법원의 허가를 필요로 하지 않는다.

> **제412조의4(감사의 이사회 소집 청구)** ① 감사는 필요하면 회의의 목적사항과 소집이유를 서면에 적어 이사(소집권자가 있는 경우에는 소집권자를 말한다. 이하 이 조에서 같다)에게 제출하여 이사회 소집을 청구할 수 있다.
> ② 제1항의 청구를 하였는데도 이사가 지체 없이 이사회를 소집하지 아니하면 그 청구한 감사가 이사회를 소집할 수 있다.

② 회사의 자산 내지 기회를 유용하려는 이사는 특별이해관계인에 해당한다.
③ 통신수단에 의한 결의는 정관으로 배제가능하다.

> **제391조(이사회의 결의방법)**
> ② 정관에서 달리 정하는 경우를 제외하고 이사회는 이사의 전부 또는 일부가 직접 회의에 출석하지 아니하고 모든 이사가 음성을 동시에 송수신하는 원격통신수단에 의하여 결의에 참가하는 것을 허용할 수 있다. 이 경우 당해 이사는 이사회에 직접 출석한 것으로 본다.

④ 채권자에게는 이사회 의사록에 대한 열람청구권이 인정되지 않는다. 채권자에게 열람등사청구권이 인정되는 경우는 "채열분합계재주부부정"으로 정리하자.

> **제391조의3(이사회의 의사록)** ① 이사회의 의사에 관하여는 의사록을 작성하여야 한다.
> ② 의사록에는 의사의 안건, 경과요령, 그 결과, 반대하는 자와 그 반대이유를 기재하고 출석한 이사 및 감사가 기명날인 또는 서명하여야 한다.
> ③ 주주는 영업시간내에 이사회의사록의 열람 또는 등사를 청구할 수 있다.

⑤ 이사(및 이사회 내 위원회)의 결의에 대한 소송은 회사법상 소송이 아니다. 상법에 별도로 규정을 두고 있지 않으므로 민사소송의 일반법리에 따라 소송이 진행된다.

관련판례

[대법원 1988.04.25. 선고, 87누399, 판결]
이사회의 결의에 하자가 있는 경우에 관하여 상법은 아무런 규정을 두고 있지 아니하나 그 결의에 무효사유가 있는 경우에는 이해관계인은 언제든지 또 어떤 방법에 의하든지 그 무효를 주장할 수 있다고 할 것이지만 이와 같은 무효주장의 방법으로서 이사회결의무효확인소송이 제기되어 승소확정판결을 받은 경우, 그 판결의 효력에 관하여는 주주총회결의무효확인소송 등과는 달리 상법 제190조가 준용될 근거가 없으므로 대세적 효력은 없다.

174

상법상 주식회사의 이사회에 관한 설명으로 틀린 것은?

① 이사회는 원칙적으로 각 이사가 소집하지만 이사회 결의로 소집할 이사를 정할 수 있다.
② 이사회를 소집할 때에는 주주총회의 소집과 마찬가지로 회의의 목적사항을 반드시 통지하여야 한다.
③ 이사회결의에 관하여 특별이해관계가 있는 이사의 의결권은 이사회의 성립정족수에는 포함되나 의결정족수의 계산에서는 출석이사 속에 산입하지 않는다.
④ 감사는 필요한 경우 회의의 목적사항과 소집이유를 서면에 적어 이사(소집권자가 있는 경우에는 소집권자)에게 제출하여 이사회 소집을 청구할 수 있다.
⑤ 대표이사 해임을 위한 이사회 결의요건은 정관에서 달리 정하지 않은 이상 이사 과반수의 출석과 출석이사의 과반수로 하여야 한다.

•••••••••••••••••••••••

① 옳은 내용이다.

> **제390조(이사회의 소집)** ① 이사회는 각 이사가 소집한다. 그러나 이사회의 결의로 소집할 이사를 정한 때에는 그러하지 아니하다.

② 주주총회의 경우와는 달리 이사회 소집의 경우에는 소집통지시 목적사항의 기재를 하지 않아도 된다.

> **관련판례**
>
> [대법원 2011.6.24. 선고, 2009다35033외, 판결]
> 이사회 소집통지를 할 때에는, 회사의 정관에 이사들에게 회의의 목적사항을 함께 통지하도록 정하고 있거나 회의의 목적사항을 함께 통지하지 아니하면 이사회에서의 심의·의결에 현저한 지장을 초래하는 등의 특별한 사정이 없는 한, 주주총회 소집통지의 경우와 달리 회의의 목적사항을 함께 통지할 필요는 없다.

③ 제391조 제3항, 제368조 제3항

> **제391조(이사회의 결의방법)**
> ③ 제368조제3항 및 제371조제2항의 규정은 제1항의 경우에 이를 준용한다.
> **제368조(총회의 결의방법과 의결권의 행사)**
> ③ 총회의 결의에 관하여 특별한 이해관계가 있는 자는 의결권을 행사하지 못한다.

④ 이사회 소집권자는 각 이사, 감사, 집행임원이다(소주주주에게는 이사회 소집권한이 인정되지 않는다).

> **제412조의4(감사의 이사회 소집 청구)** ① 감사는 필요하면 회의의 목적사항과 소집이유를 서면에 적어 이사(소집권자가 있는 경우에는 소집권자를 말한다. 이하 이 조에서 같다)에게 제출하여 이사회 소집을 청구할 수 있다.

⑤ 주식회사에서 이사회결의의 가중요건(이사 2/3 이상)은 (i) <U>감</U>사위원회 위원의 해임, (ii) 이사의 <U>자</U>기거래 승인, (iii) 회사의 기회 및 유<U>용</U>에 대한 승인의 3가지에 한정된다. 「감/자/용」으로 정리하자.

> **제389조(대표이사)** ① 회사는 <U>이사회의 결의로</U> 회사를 대표할 이사를 선정하여야 한다. 그러나 정관으로 주주총회에서 이를 선정할 것을 정할 수 있다.
> **제391조(이사회의 결의방법)** ① 이사회의 결의는 <U>이사과반수의 출석과 출석이사의 과반수</U>로 하여야 한다. 그러나 정관으로 그 비율을 높게 정할 수 있다.

174 ②

175

상법상 주식회사의 이사회에 관한 설명으로 틀린 것은? (이견이 있으면 판례에 의함)

① 이사회는 이사의 직무의 집행을 감독한다.
② 이사회 소집통지를 할 때에는 특별한 사정이 없는 한 주주총회 소집통지의 경우와 달리 회의의 목적사항을 함께 통지할 필요는 없다.
③ 이사회 의사록에는 의사의 안건, 경과요령, 그 결과, 반대하는 자와 그 반대이유를 기재하고, 출석한 이사 및 감사가 기명날인 또는 서명하여야 한다.
④ 이사회의 결의는 원칙적으로 이사과반수의 출석과 출석이사의 과반수로 하여야 하지만, 정관으로 그 비율을 높게 정할 수 있다.
⑤ 이사 자신이 직접 출석하여 이사회의 결의에 참가할 수 없는 경우, 그 이사가 대리인에게 출석을 위임하면 대리인에 의한 출석이 인정된다.

••••••••••••••••••••••

① 옳은 내용이다.

> **제393조(이사회의 권한)** ② 이사회는 이사의 직무의 집행을 감독한다.
> ③ 이사는 대표이사로 하여금 다른 이사 또는 피용자의 업무에 관하여 이사회에 보고할 것을 요구할 수 있다.

② 현행 상법은 「이사회 중심주의」를 택하고 있으므로, 주총결의사항으로 열거된 것을 제외하고는 원칙적으로 모두 이사회 결의사항이다. 즉 이사회결의 대상에 특별한 제한이 없으므로, 회의의 목적사항을 한정하여 통지할 필요가 없다.

관련판례

> [대법원 2011.6.24. 선고, 2009다35033, 판결]
> 이사회 소집통지를 할 때에는, 회사의 정관에 이사들에게 회의의 목적사항을 함께 통지하도록 정하고 있거나 회의의 목적사항을 함께 통지하지 아니하면 이사회에서의 심의·의결에 현저한 지장을 초래하는 등의 특별한 사정이 없는 한, 주주총회 소집통지의 경우와 달리 회의의 목적사항을 함께 통지할 필요는 없다.

③ 이사뿐만 아니라 감사의 기명날인(또는 서명)이 필요하다는 점도 주의해야 한다.

> **제391조의3(이사회의 의사록)** ① 이사회의 의사에 관하여는 의사록을 작성하여야 한다.
> ② 의사록에는 의사의 안건, 경과요령, 그 결과, 반대하는 자와 그 반대이유를 기재하고 출석한 이사 및 감사가 기명날인 또는 서명하여야 한다.
> ③ 주주는 영업시간내에 이사회의사록의 열람 또는 등사를 청구할 수 있다.
> ④ 회사는 제3항의 청구에 대하여 이유를 붙여 이를 거절할 수 있다. 이 경우 주주는 법원의 허가를 얻어 이사회의사록을 열람 또는 등사할 수 있다.

④ 정관으로 그 비율을 낮출 수는 없으나(다수결의 원칙에 위배), 그 비율을 높일 수는 있다.

> **제391조(이사회의 결의방법)** ① 이사회의 결의는 이사과반수의 출석과 출석이사의 과반수로 하여야 한다. 그러나 정관으로 그 비율을 높게 정할 수 있다.

⑤ 이사회는 회사가 기대하는 이사 개개인의 능력과 고도의 신뢰관계에 기초해서 구체적인 업무집행의 결정을 하는 기관이다. 따라서 이사는 직접 의결권을 행사해야 하고 그 대리행사는 허용되지 않는다.

175 ⑤

> **관련판례**
>
> [대법원 1982. 7. 13., 선고, 80다2441, 판결]
> 이사회는 주주총회의 경우와는 달리 원칙적으로 이사자신이 직접 출석하여 결의에 참가하여야 하며 대리인에 의한 출석은 인정되지 않고 따라서 이사가 타인에게 출석과 의결권을 위임할 수도 없는 것이니 이에 위배된 이사회의 결의는 무효이며 그 무효임을 주장하는 방법에는 아무런 제한이 없다.

176

상법상 자본금 10억원인 비상장주식회사의 이사회와 대표이사에 관한 설명으로 틀린 것은?

① 감사위원회를 설치한 경우 감사위원회 위원은 이사회의 구성원이 아니다.
② 대규모 재산의 차입은 이사회의 결의로 한다.
③ 대표이사는 회사의 영업에 관하여 재판상 또는 재판외의 모든 행위를 할 권한이 있으며, 이 권한에 대한 제한은 선의의 제3자에게 대항하지 못한다.
④ 이사는 3월에 1회 이상 업무의 집행상황을 이사회에 보고하여야 한다.
⑤ 정관으로 주주총회에서 대표이사를 선정할 것을 정할 수 있다.

••••••••••••••••••••••••

자본금 10억원인 비상장주식회사는 「소규모회사가 아닌」 회사를 말한다.
① 감사위원회는 이사회내의 위원회의 일종이므로 그 위원의 선임은 이사회의 일반적인 결의로 하며 감사위원회의 위원은 이사의 자격을 전제로 한다. 따라서 감사위원회 위원은 이사로서 당연히 이사회의 구성원이 된다.
② 상법에서 특별히 주주총회 결의사항으로 규정한 것을 제외하고는, 대부분의 중요한 경영상 의사결정은 이사회 결의로 한다.

> 제393조(이사회의 권한) ① 중요한 자산의 처분 및 양도, 대규모 재산의 차입, 지배인의 선임 또는 해임과 지점의 설치·이전 또는 폐지 등 회사의 업무집행은 이사회의 결의로 한다.

③ 대표권의 내부적 제한은 선의의 제3자에게 대항하지 못한다.

> 제389조(대표이사) ③ 제208조제2항, 제209조, 제210조와 제386조의 규정은 대표이사에 준용한다.
>
> 제209조 (대표사원의 권한) ① 회사를 대표하는 사원은 회사의 영업에 관하여 재판상 또는 재판외의 모든 행위를 할 권한이 있다.
> ② 전항의 권한에 대한 제한은 선의의 제삼자에게 대항하지 못한다.

④ 이사의 정기적 보고의무에 대한 설명이다.

> 제393조(이사회의 권한) ④ 이사는 3월에 1회 이상 업무의 집행상황을 이사회에 보고하여야 한다.

⑤ 이사회 결의사항은 정관에 의해 주주총회의 권한으로 정할 수 있다.

> 제389조(대표이사) ① 회사는 이사회의 결의로 회사를 대표할 이사를 선정하여야 한다. 그러나 정관으로 주주총회에서 이를 선정할 것을 정할 수 있다.

176 ①

177

상법상 비상장주식회사의 이사회에 관한 설명으로 옳은 것은? (이견이 있으면 판례에 의함)

① 이사회는 각 이사가 소집할 수 있고, 이사회 결의로 소집할 이사를 지정할 수 없다.
② 이사회의 소집통지를 해야 하는 때에는 각 이사에게 통지를 발송해야 하지만 감사에게는 통지를 발송하지 않아도 된다.
③ 이사회에서는 회의의 속행 또는 연기의 결의를 할 수 없다.
④ 이사회내 위원회는 결의된 사항을 각 이사에게 통지하여야 한다.
⑤ 이사회 소집통지가 일부 이사에게 누락되었음에도 이사회 결의가 이루어진 경우 상법상의 이사회결의취소소송을 제기하여 승소판결을 받아야 그 효력을 소멸시킬 수 있다.

••••••••••••••••••••••••

① 선지의 앞부분은 맞고 뒷부분은 틀렸다. 이사회 결의로 소집할 이사를 지정할 수 있다.

> **제390조(이사회의 소집)** ① 이사회는 각 이사가 소집한다. 그러나 이사회의 결의로 소집할 이사를 정한 때에는 그러하지 아니하다.

② 감사에게도 이사회 소집통지를 발송해야 한다. 이사회 관련하여 감사는 의결권을 빼고는 모든 권한이 있다고 정리하자.

> **제390조(이사회의 소집)** ③ 이사회를 소집함에는 회일을 정하고 그 1주간전에 각 이사 및 감사에 대하여 통지를 발송하여야 한다. 그러나 그 기간은 정관으로 단축할 수 있다.

③ (ⅰ) 회의의 「속행」이란 회의의 의사에 들어가기는 하였으나 종결하지 못하고 나머지 의사를 다음 회일로 계속하는 것을 말하고, (ⅱ) 회의의 「연기」란 회의 개회 후에 의사에 들어가지 않고 회일을 후일로 다시 정하는 것을 말한다. 주주총회에서의 연기, 속행에 관한 규정은 이사회에 준용된다.

> **제392조(이사회의 연기·속행)** 제372조의 규정은 이사회에 관하여 이를 준용한다.
> **제372조(총회의 연기·속행의 결의)** ① 총회에서는 회의의 속행 또는 연기의 결의를 할 수 있다.
> ② 전항의 경우에는 제363조의 규정을 적용하지 아니한다.

④ 이사회가 위원회 결의내용에 대해서 재의결할 것인지를 판단하려면, 위원회 결의사항에 대해 통지를 받아야 한다.

> **제393조의2(이사회내 위원회)** ④ 위원회는 결의된 사항을 각 이사에게 통지하여야 한다. 이 경우 이를 통지받은 각 이사는 이사회의 소집을 요구할 수 있으며, 이사회는 위원회가 결의한 사항에 대하여 다시 결의할 수 있다.

⑤ 이사회의 소집 절차나 결의방법 또는 결의의 내용이 법령이나 정관에 위반한 하자가 있을 때 상법은 이에 관해 아무런 규정을 두고 있지 않으므로(따라서 이사회결의취소소송은 제기할 수 없다) 민법(또는 민사소송법)의 일반원칙에 의해 「이사회결의무효확인의 소」로 그 결의의 효력을 다툴 수밖에 없다.

177 ④

TOPIC 25 · 이사회 내 위원회

178

상법상 주식회사의 이사회 및 이사회내 위원회 제도에 관한 설명으로 **틀린** 것은?

① 이사회는 이사 및 감사 전원의 동의가 있는 경우 상법상 소정의 소집절차 없이 언제든지 회의할 수 있다.
② 이사회의 결의는 과반수의 출석과 출석이사의 과반수로 하여야 하지만 정관으로 그 비율을 낮게 정할 수 있다.
③ 이사회는 주주총회의 승인을 요하는 사항의 제안을 이사회내 위원회의 권한으로 위임할 수 없다.
④ 이사회내 위원회는 2인 이상의 이사로 구성하지만 감사위원회는 3인 이상의 이사로 구성하여야 하며 그 중 사외이사가 위원의 3분의 2 이상이어야 한다.
⑤ 이사회내 위원회는 결의된 사항을 각 이사에게 통지하여야 하고 이를 통지받은 각 이사는 이사회의 소집을 요구할 수 있다.

••••••••••••••••••••

① 이사뿐만 아니라 감사의 동의도 필요하다는 점을 유의하여야 한다.

> **제390조(이사회의 소집)** ① 이사회는 각 이사가 소집한다. 그러나 이사회의 결의로 소집할 이사를 정한 때에는 그러하지 아니하다.
> ② 제1항 단서의 규정에 의하여 소집권자로 지정되지 않은 다른 이사는 소집권자인 이사에게 이사회 소집을 요구할 수 있다. 소집권자인 이사가 정당한 이유없이 이사회 소집을 거절하는 경우에는 다른 이사가 이사회를 소집할 수 있다.
> ③ 이사회를 소집함에는 회일을 정하고 그 1주간전에 각 이사 및 감사에 대하여 통지를 발송하여야 한다. 그러나 그 기간은 정관으로 단축할 수 있다.
> ④ **이사회는 이사 및 감사 전원의 동의가 있는 때에는 제3항의 절차없이 언제든지 회의할 수 있다.**

② 이사 과반수 출석은 「의사정족수」, 출석의사 과반수의 찬성은 「의결정족수」라 한다. 정관으로 그 비율을 높게 정할 수는 있지만, 낮게 정할 수는 없다. 이사회결의 정족수를 상법규정보다 낮게 정한다면, 다수결이 아니라 소수결이 되어버린다.

> **제391조(이사회의 결의방법)** ① 이사회의 결의는 이사과반수의 출석과 출석이사의 과반수로 하여야 한다. 그러나 **정관으로 그 비율을 높게 정할 수 있다.**

③ 위원회에 위임이 불가능한 4가지 사항을 정리해두자.

> **제393조의2(이사회내 위원회)** ② 이사회는 다음 각호의 사항을 제외하고는 그 권한을 위원회에 위임할 수 있다.
> 1. **주주총회의 승인을 요하는 사항의 제안**
> 2. 대표이사의 선임 및 해임
> 3. 위원회의 설치와 그 위원의 선임 및 해임
> 4. 정관에서 정하는 사항

178 ②

④ 옳은 내용이다.

> 제393조의2(이사회내 위원회) ③ 위원회는 2인 이상의 이사로 구성한다.
>
> 제415조의2(감사위원회) ① 회사는 정관이 정한 바에 따라 감사에 갈음하여 제393조의2의 규정에 의한 위원회로서 감사위원회를 설치할 수 있다. 감사위원회를 설치한 경우에는 감사를 둘 수 없다.
> ② 감사위원회는 제393조의2제3항에도 불구하고 3명 이상의 이사로 구성한다. 다만, 사외이사가 위원의 3분의 2 이상이어야 한다.

⑤ 이사회가 소집되면 위원회가 결의한 사항에 대해서 이사회가 다시 결의할 수 있다.

> 제393조의2(이사회내 위원회) ④ 위원회는 결의된 사항을 각 이사에게 통지하여야 한다. 이 경우 이를 통지받은 각 이사는 이사회의 소집을 요구할 수 있으며, 이사회는 위원회가 결의한 사항에 대하여 다시 결의할 수 있다.

TOPIC 26 • 대표이사 개관

179
상법상 주식회사의 공동대표이사 제도에 관한 설명으로 틀린 것은?

① 주식회사가 수인의 대표이사를 둔 경우에는 원칙적으로 각 대표이사가 단독으로 회사를 대표하지만 예외적으로 공동으로 회사를 대표할 것을 정할 수 있다.
② 공동대표이사의 정함이 있는 경우 회사가 어음을 발행하려면 공동대표이사 전원의 기명날인 또는 서명이 있어야 한다.
③ 공동대표이사가 있는 회사에 대한 의사표시는 공동대표이사 전원에 대하여 하여야 한다.
④ 판례에 의하면 공동대표이사 1인이 그 대표권의 행사를 다른 공동대표이사에게 일반적·포괄적으로 위임함은 허용되지 않는다.
⑤ 판례에 의하면 회사가 공동대표이사에게 단순히 '대표이사'라는 명칭을 사용하여 단독으로 법률행위를 하는 것을 용인 내지 방임한 경우에도 표현대표이사 규정이 적용될 수 있다.

••••••••••••••••••

① 각자대표가 원칙이고, 예외적으로 공동대표로 정할 수 있다.

> **제389조(대표이사)** ① 회사는 이사회의 결의로 회사를 대표할 이사를 선정하여야 한다. 그러나 정관으로 주주총회에서 이를 선정할 것을 정할 수 있다.
> ② 전항의 경우에는 수인의 대표이사가 공동으로 회사를 대표할 것을 정할 수 있다.

②, ③ 회사가 의사표시를 하는 경우(능동대표)에는 공동대표이사 전원이 의사표시(어음행위의 경우에는 기명날인 또는 서명)를 해야 한다. 다만 회사가 의사표시를 받는 경우(수동대표)는 공동대표이사 중 1인에 대하여 하는 것도 회사에 효력이 있다.

> **제208조(공동대표)** ① 회사는 정관 또는 총사원의 동의로 수인의 사원이 공동으로 회사를 대표할 것을 정할 수 있다.
> ② 전항의 경우에도 제3자의 회사에 대한 의사표시는 공동대표의 권한있는 사원 1인에 대하여 이를 함으로써 그 효력이 생긴다.

④ 대표권의 포괄적인 위임은 사실상 단독대표권을 부여하는 것과 같은 결과가 되어서 회사가 공동대표이사를 선정한 취지에 반하기 때문에 허용할 수 없다.

> **관련판례**
> [대법원 1989.5.23. 선고, 89다카3677, 판결]
> 주식회사에 있어서의 공동대표제도는 대외 관계에서 수인의 대표이사가 공동으로만 대표권을 행사할 수 있게 하여 업무집행의 통일성을 확보하고, 대표권 행사의 신중을 기함과 아울러 대표이사 상호간의 견제에 의하여 대표권의 남용 내지는 오용을 방지하여 회사의 이익을 도모하려는데 그 취지가 있으므로 <u>공동대표이사의 1인이 그 대표권의 행사를 특정사항에 관하여 개별적으로 다른 공동대표이사에게 위임함은 별론으로 하고, 일반적, 포괄적으로 위임함은 허용되지 아니한다.</u>

179 ③

⑤ 이 경우에도 표현대표이사 법리가 적용된다(확장설).

> **관련판례**
>
> [대법원 1992.10.27. 선고, 92다19033, 판결]
> 회사가 공동대표이사에게 단순한 대표이사라는 명칭을 사용하여 법률행위를 하는 것을 용인 내지 방임한 경우에도 회사는 상법 제395조에 의한 표현책임을 면할 수 없다.

180

상법상 대표이사의 직무대행자는 가처분명령에 다른 정함이 있는 경우나 법원의 허가를 얻은 경우 외에는 회사의 상무에 속하지 않은 행위를 하지 못한다. 판례에 의하면 통상의 상황에서 회사의 상무에 해당하는 것은?

① 신주발행
② 중요재산의 처분
③ 영업양도
④ 목적사업의 변경
⑤ 재무제표 승인을 위한 정기총회의 소집

....

상법 제408조 제1항이 규정하는 회사의 '상무'라 함은 일반적으로 회사에서 일상 행해져야 하는 사무, 회사가 영업을 계속함에 있어서 통상 행하는 영업범위 내의 사무 또는 회사경영에 중요한 영향을 주지 않는 통상의 업무 등을 의미한다.

> **제408조(직무대행자의 권한)** ① 전조의 직무대행자는 가처분명령에 다른 정함이 있는 경우외에는 회사의 상무에 속하지 아니한 행위를 하지 못한다. 그러나 법원의 허가를 얻은 경우에는 그러하지 아니하다.
> ② 직무대행자가 전항의 규정에 위반한 행위를 한 경우에도 회사는 선의의 제3자에 대하여 책임을 진다.

①, ②, ③, ④ 는 회사의 경영 및 지배에 중요한 영향을 미칠 수 있는 사항이기 때문에 상무에 해당하지 않는다. ①, ②는 이사회 결의사항에, ③, ④는 주총 특별결의사항에 해당한다.
⑤ 임시주총과는 달리 재무제표의 승인을 위한 정기주총의 소집은 상무에 해당한다. 참고로 정기주총의 안건에 회사의 경영에 중요한 영향을 미칠 수 있는 사항이 포함된 경우에는 '예외적으로' 정기주총의 소집도 상무에 해당하지 않는다.

> **관련판례**
>
> [대법원 2007.6.28. 선고, 2006다62362, 판결]
> 상법 제408조 제1항이 규정하는 회사의 '상무'라 함은 일반적으로 회사에서 일상 행해져야 하는 사무, 회사가 영업을 계속함에 있어서 통상 행하는 영업범위 내의 사무 또는 회사경영에 중요한 영향을 주지 않는 통상의 업무 등을 의미하고, 어느 행위가 구체적으로 이 상무에 속하는가 하는 것은 당해 회사의 기구, 업무의 종류·성질, 기타 제반 사정을 고려하여 객관적으로 판단되어야 할 것인바, 직무대행자가 정기주주총회를 소집함에 있어서도 그 안건에 이사회의 구성 자체를 변경하는 행위나 상법 제374조의 특별결의사항에 해당하는 행위 등 회사의 경영 및 지배에 영향을 미칠 수 있는 것이 포함되어 있다면 그 안건의 범위에서 정기총회의 소집이 상무에 속하지 않는다고 할 것이고, 직무대행자가 정기주주총회를 소집하는 행위가 상무에 속하지 아니함에도 법원의 허가 없이 이를 소집하여 결의한 때에는 소집절차상의 하자로 결의취소사유에 해당한다.

180 ⑤

181

상법상 공동대표이사의 사례에 관한 설명으로 틀린 것은? (이견이 있으면 판례에 의함)

> 甲주식회사는 사장 A와 전무 B를 공동대표이사로 선임하여 공동대표이사의 등기를 하였다. 그런데 A는 '甲주식회사의 대표이사 A'라는 단독명의로 乙과 회사의 업무용 토지에 관한 매매계약을 체결하였다. 이후 甲회사는 그 계약이 불리하게 체결된 점을 발견하고 공동대표이사 규정의 위반을 이유로 매매계약의 효력을 부인하고 있다.

① 공동대표이사 중의 1인인 사장 A가 단독으로 행한 乙과의 매매계약은 무권대표행위로서 무효이다.
② 전무 B가 사장 A의 행위를 추인한 때에는 하자가 치유되므로 乙은 甲회사에 대하여 매매의 효력을 주장할 수 있다.
③ 전무 B의 추인이 없는 경우 乙은 甲회사에 대하여 사용자책임이 아니라 법인의 불법행위책임을 물을 수 있다.
④ 전무 B가 사장 A에게 대표권을 포괄적으로 위임하였다면 사장 A와 乙 사이에 체결된 매매계약은 甲회사에 대하여 유효하다.
⑤ 사장 A가 '甲주식회사의 대표이사 A'라고 명함에 사용하는 것을 甲회사가 허락하였다면 선의·경과실인 乙은 甲회사에 대하여 매매계약상의 책임을 물을 수 있다.

•••••••••••••••••••

① 무권대표행위로서 원칙적으로 회사에 대해서 효력이 발생하지 않는다. 단, 상대방이 선의인 경우에는 표현대표의 논리가 적용될 수는 있다.
② 무권대표행위의 추인이 이루어졌으므로 처음부터 공동으로 대표권을 행사한 것과 마찬가지가 된다.
③ 대표이사의 행위이므로 甲회사는 사용자책임이 아니라 법인의 불법행위책임을 지게 된다.

> **관련판례**
>
> [대법원 2009.11.26. 선고, 2009다57033, 판결]
> 민법 제35조 제1항은 "법인은 이사 기타 대표자가 그 직무에 관하여 개인에게 가한 손해를 배상할 책임이 있다"고 규정하고 있고, 민법 제756조 제1항은 "타인을 사용하여 어느 사무에 종사하게 한 자는 피용자가 그 사무집행에 관하여 제3자에게 가한 손해를 배상할 책임이 있다"고 규정하고 있다. 따라서 법인에 있어서 그 대표자가 직무에 관하여 불법행위를 한 경우에는 민법 제35조 제1항에 의하여, 법인의 피용자가 사무집행에 관하여 불법행위를 한 경우에는 민법 제756조 제1항에 의하여 각기 손해배상책임을 부담한다.

> ■ 민법
> **제35조(법인의 불법행위능력)** ① 법인은 이사 기타 대표자가 그 직무에 관하여 타인에게 가한 손해를 배상할 책임이 있다. 이사 기타 대표자는 이로 인하여 자기의 손해배상책임을 면하지 못한다.
> **제756조(사용자의 배상책임)** ① 타인을 사용하여 어느 사무에 종사하게 한 자는 피용자가 그 사무집행에 관하여 제3자에게 가한 손해를 배상할 책임이 있다. 그러나 사용자가 피용자의 선임 및 그 사무감독에 상당한 주의를 한 때 또는 상당한 주의를 하여도 손해가 있을 경우에는 그러하지 아니하다.

④ 대표권의 포괄적 위임은 허용하지 않는다.

> **관련판례**
>
> [대법원 1989.5.23. 선고, 89다카3677, 판결]
> 주식회사에 있어서의 공동대표제도는 대외 관계에서 수인의 대표이사가 공동으로만 대표권을 행사할 수 있게 하여 업무집행의 통일성을 확보하고, 대표권 행사의 신중을 기함과 아울러 대표이사 상호간의 견제에 의하여 대표권의 남용 내지 오용을 방지하여 회사의 이익을 도모하려는데 그 취지가 있으므로 <u>공동대표이사의 1인이 그 대표권의 행사를 특정사항에 관하여 개별적으로 다른 공동대표이사에게 위임함은 별론으로 하고, 일반적, 포괄적으로 위임함은 허용되지 아니한다.</u>

⑤ 사장 A가 '甲 주식회사의 공동대표이사 A'가 아니라 '甲 주식회사의 대표이사 A'라는 명함을 사용하는 것을 甲회사가 허락하였다면 甲회사에 외관부여의 귀책사유가 있다. 따라서 다른 요건이 충족될 경우 표현대표이사 규정에 따른 책임이 발생할 수 있다.

> **제395조(표현대표이사의 행위와 회사의 책임)** 사장, 부사장, 전무, 상무 기타 회사를 대표할 권한이 있는 것으로 인정될 만한 명칭을 사용한 이사의 행위에 대하여는 그 이사가 회사를 대표할 권한이 없는 경우에도 회사는 선의의 제3자에 대하여 그 책임을 진다.

> **관련판례**
>
> [대법원 1992.10.27. 선고, 92다19033, 판결]
> 회사가 공동대표이사에게 단순한 대표이사라는 명칭을 사용하여 법률행위를 하는 것을 용인 내지 방임한 경우에도 회사는 상법 제395조에 의한 표현책임을 면할 수 없다.

182

상법상 주식회사의 대표이사의 권한과 책임에 관한 설명으로 틀린 것은? (이견이 있으면 판례에 의함)

① 주식회사가 수인의 대표이사를 둔 경우 원칙적으로 각 대표이사가 단독으로 회사를 대표한다.
② 이사회를 두고 있는 회사의 대표이사가 회사의 중요한 자산을 처분하려면 이사회의 결의가 있어야 한다.
③ 판례에 의하면 대표이사가 대표권의 범위 내에서 자기의 이익을 위하여 대표권을 남용한 행위를 하였더라도 상대방이 선의이고 과실이 없는 경우 회사가 그 무효를 주장할 수 없다.
④ 판례에 의하면 대표이사가 회사의 재산을 횡령하여 기존의 주주가 간접적인 손해를 입은 경우 주주는 그 대표이사를 상대로 자신에게 직접 그 손해를 배상할 것을 청구할 수 있다.
⑤ 판례에 의하면 대표이사가 다른 업무담당이사의 업무집행이 위법하다고 의심할 만한 사유가 있음에도 감시의무를 위반하여 이를 방치하였다면 그로 인한 회사의 손해를 배상할 책임이 있다.

• • • • • • • • • • • • • • • • • • • •

① 수인의 대표이사가 선임된 경우에도 각자대표가 회사를 대표하는 것이 원칙이다. 따라서 공동대표이사로 하려면 수인의 대표이사를 선임하는 외에 이들을 공동대표이사로 한다는 별도의 결의가 필요하다.
② 중요한 자산의 처분 및 양도는 이사회의 결의사항이다.

> **제393조(이사회의 권한)** ① <u>중요한 자산의 처분 및 양도</u>, 대규모 재산의 차입, 지배인의 선임 또는 해임과 지점의 설치·이전 또는 폐지 등 회사의 업무집행은 이사회의 결의로 한다.

182 ④

③ 상대방이 대표권남용의 사실을 알았거나 알 수 있었을 경우라야 당해 대표행위가 무효가 된다.

> **관련판례**
>
> [대법원 2008.5.15, 선고, 2007다23807, 판결]
> 대표이사의 대표권한 범위를 벗어난 행위라 하더라도 그것이 회사의 권리능력의 범위 내에 속한 행위이기만 하면 대표권의 제한을 알지 못하는 제3자가 그 행위를 회사의 대표행위라고 믿은 신뢰는 보호되어야 하고, 대표이사가 대표권의 범위 내에서 한 행위는 설사 대표이사가 회사의 영리목적과 관계없이 자기 또는 제3자의 이익을 도모할 목적으로 그 권한을 남용한 것이라 할지라도 일단 회사의 행위로서 유효하고, 다만 그 행위의 상대방이 대표이사의 진의를 알았거나 알 수 있었을 때에는 회사에 대하여 무효가 되는 것이다

④ 이사가 회사재산을 횡령하여 회사재산이 감소함으로써 회사가 손해를 입고 결과적으로 주주의 경제적 이익이 침해되는 손해와 같은 간접적인 손해는 제401조에서 말하는 손해의 개념에 포함되지 않는다.

> **관련판례**
>
> [대법원 1993.1.26, 선고, 91다36093, 판결]
> 주식회사의 주주가 대표이사의 악의 또는 중대한 과실로 인한 임무해태행위로 직접 손해를 입은 경우에는 이사와 회사에 대하여 상법 제401조, 제389조 제3항, 제210조에 의하여 손해배상을 청구할 수 있으나, 대표이사가 회사재산을 횡령하여 회사재산이 감소함으로써 회사가 손해를 입고 결과적으로 주주의 경제적 이익이 침해되는 손해와 같은 간접적인 손해는 상법 제401조 제1항에서 말하는 손해의 개념에 포함되지 아니하므로 이에 대하여는 위 법조항에 의한 손해배상을 청구할 수 없고, 이와 같은 법리는 주주가 중소기업창업지원법상의 중소기업창업투자회사라고 하여도 다를 바 없다.

⑤ 주식회사의 이사는 (대표이사뿐 아니라 평이사의 경우에도) 위임관계에 근거한 감시의무를 부담한다.

> **관련판례**
>
> [대법원 2007.9.20, 선고, 2007다25865, 판결]
> 주식회사의 이사는 이사회의 일원으로서 이사회에 상정된 의안에 대하여 찬부의 의사표시를 하는 데 그치지 않고, 담당업무는 물론 다른 업무담당이사의 업무집행을 전반적으로 감시할 의무가 있으므로, 주식회사의 이사가 다른 업무담당이사의 업무집행이 위법하다고 의심할 만한 사유가 있음에도 불구하고 이를 방치한 때에는 이사에게 요구되는 선관주의의무 내지 감시의무를 해태한 것이므로 이로 말미암아 회사가 입은 손해에 대하여 배상책임을 면할 수 없다.

183

상법상 주식회사의 대표이사의 권한에 관한 설명으로 틀린 것은?

① 대표이사는 대외적으로 회사를 대표하여 회사의 영업에 관하여 재판상 또는 재판외의 모든 행위를 할 권한이 있다.
② 이사회는 원칙적으로 대표이사가 소집하며 다만 이사회의 결의로 소집할 이사를 정한 때에는 그러하지 아니하다.
③ 대표이사의 대표권에 대한 제한은 선의의 제3자에게 대항하지 못한다.
④ 판례에 의하면 대표이사가 대표권의 범위 내에서 한 행위는 대표권을 남용한 것이라도 상대방이 대표이사의 진의를 알았거나 알 수 있었을 경우가 아니라면 유효하다.
⑤ 판례에 의하면 대표이사가 이사회의 결의를 거쳐야 할 대외적 거래행위를 이사회 결의 없이 하였더라도 상대방이 이를 알았거나 모른데 중대한 과실이 있는 경우가 아니라면 유효하다.

••••••••••••••••••••••

① 대표권의 포괄정형성에 대한 설명이다.

> **제389조(대표이사)** ① 회사는 이사회의 결의로 회사를 대표할 이사를 선정하여야 한다. 그러나 정관으로 주주총회에서 이를 선정할 것을 정할 수 있다.
> ② 전항의 경우에는 수인의 대표이사가 공동으로 회사를 대표할 것을 정할 수 있다.
> ③ 제208조제2항, 제209조, 제210조와 제386조의 규정은 대표이사에 준용한다.
> **제209조(대표사원의 권한)** ① 회사를 대표하는 사원은 회사의 영업에 관하여 재판상 또는 재판외의 모든 행위를 할 권한이 있다.
> ② 전항의 권한에 대한 제한은 선의의 제3자에게 대항하지 못한다.

② 이사회는 원칙적으로 각 이사가 소집한다.

> **제390조(이사회의 소집)** ① 이사회는 각 이사가 소집한다. 그러나 이사회의 결의로 소집할 이사를 정한 때에는 그러하지 아니하다.

③ 「대표권의 내부적 제한」에 대한 설명이다.

> **제209조(대표사원의 권한)** ② 전항의 권한에 대한 제한은 선의의 제3자에게 대항하지 못한다.

④ 적법한 대표행위로서의 객관적 요건은 갖추었으나 회사가 아닌 대표이사 자신 또는 제3자의 이익을 위한 목적이었던 경우를 '대표권 남용'이라 한다. 이 경우 선의의 제3자에게는 대항하지 못한다.

> **관련판례**
>
> [대법원 1997.8.29. 선고, 97다18059, 판결]
> 주식회사의 대표이사가 그 대표권의 범위 내에서 한 행위는 설사 대표이사가 회사의 영리목적과 관계없이 자기 또는 제3자의 이익을 도모할 목적으로 그 권한을 남용한 것이라 할지라도 일단 회사의 행위로서 유효하고, 다만 그 행위의 상대방이 대표이사의 진의를 알았거나 알 수 있었을 때에는 회사에 대하여 무효가 되는 것이다.

⑤ 이른바 '전단적 대표행위'에 대한 설명이다. (i) 과거 판례는 거래상대방이 보호받기 위한 요건으로 선의 및 무과실을 요구하였으나, (ii) 2021년 전원합의체 판결을 통해 거래상대방이 중과실이 아닌 단순한 경과실의 경우에는 보호받을 수 있다고 판례를 변경하였다.

183 ②

> **관련판례**
>
> **[대법원 2021. 2. 18., 선고, 2015다45451, 전원합의체 판결]**
> 거래행위의 상대방인 제3자가 상법 제209조 제2항에 따라 보호받기 위하여 선의 이외에 무과실까지 필요하지는 않지만, <u>중대한 과실이 있는 경우에는 제3자의 신뢰를 보호할 만한 가치가 없다고 보아 거래행위가 무효</u>라고 해석함이 타당하다. 중과실이란 제3자가 조금만 주의를 기울였더라면 이사회 결의가 없음을 알 수 있었는데도 만연히 이사회 결의가 있었다고 믿음으로써 거래통념상 요구되는 주의의무를 현저히 위반하는 것으로, 거의 고의에 가까운 정도로 주의를 게을리하여 공평의 관점에서 제3자를 구태여 보호할 필요가 없다고 볼 수 있는 상태를 말한다. 제3자에게 중과실이 있는지는 이사회 결의가 없다는 점에 대한 제3자의 인식가능성, 회사와 거래한 제3자의 경험과 지위, 회사와 제3자의 종래 거래관계, 대표이사가 한 거래행위가 경험칙상 이례에 속하는 것인지 등 여러 가지 사정을 종합적으로 고려하여 판단하여야 한다. 그러나 <u>제3자가 회사 대표이사와 거래행위를 하면서 회사의 이사회 결의가 없었다고 의심할 만한 특별한 사정이 없다면, 일반적으로 이사회 결의가 있었는지를 확인하는 등의 조치를 취할 의무까지 있다고 볼 수는 없다.</u>

184

A는 甲주식회사의 대표이사이다. 다음 설명 중 상법상 옳은 것은? (이견이 있으면 판례에 의함)

① 甲회사가 甲회사의 감사위원회 위원 B에게 소송을 제기하는 경우에는 A가 당연히 甲회사를 대표한다.
② A는 甲회사의 모회사인 乙주식회사의 감사의 직무를 겸할 수 있다.
③ 甲회사가 정관으로 A의 영업에 관한 대표 권한을 제한한 경우에는 선의의 제3자에게도 대항할 수 있다.
④ 판례에 따르면 A가 객관적으로 대표권의 범위내의 행위를 한 경우에도 그것이 자기의 사적 이익을 위한 것이었고 회사에 손해가 발생한 경우 거래상대방이 이 같은 사정을 알았다면 甲회사가 이를 입증하여 무효를 주장할 수 있다.
⑤ 소액의 대표이사 직무수행자금 조달을 위한 신주발행은 정관규정이나 이사회의 결의 없이 A의 결정만으로 할 수 있다.

•••••••••••••••••••••••

① 감사위원회 위원은 이사의 지위를 전제로 한다. 소의 당사자가 감사위원회 위원인 경우에는 감사위원회 또는 이사는 법원에 회사를 대표할 자를 선임하여 줄 것을 신청하여야 한다.

> **제394조(이사와 회사간의 소에 관한 대표)** ① 회사가 이사에 대하여 또는 이사가 회사에 대하여 소를 제기하는 경우에 감사는 그 소에 관하여 회사를 대표한다. 회사가 제403조제1항 또는 제406조의2 제1항의 청구를 받은 경우에도 또한 같다.
> ② 제415조의2의 규정에 의한 <u>감사위원회의 위원이 소의 당사자인 경우에는 감사위원회 또는 이사는 법원에 회사를 대표할 자를 선임하여 줄 것을 신청하여야 한다.</u>

② 겸임금지의무와 관련하여, 감사는 소속된 회사뿐만 아니라 자회사에 대해서도 이사 또는 지배인 기타 사용인의 직무를 겸할 수 없음을 주의해야 한다.

> **제411조(겸임금지)** 감사는 회사 및 <u>자회사</u>의 이사 또는 지배인 기타의 사용인의 직무를 겸하지 못한다.

184 ④

③ 대표권의 내부적 제한은 선의의 제3자에게 대항하지 못한다.

> **제209조(대표사원의 권한)** ① 회사를 대표하는 사원은 회사의 영업에 관하여 재판상 또는 재판외의 모든 행위를 할 권한이 있다.
> ② 전항의 권한에 대한 제한은 선의의 제3자에게 대항하지 못한다.

④ 대표권의 남용에 해당하고, 상대방이 이를 알았거나 알 수 있었을 경우에는 무효이다.

> **관련판례**
>
> [대법원 1990.3.13, 선고, 89다카24360, 판결]
> 주식회사의 대표이사가 회사의 영리목적과 관계없이 자기의 개인적인 채무변제를 위하여 회사대표이사 명의로 약속어음을 발행교부한 경우에는 그 권한을 남용한 것에 불과할 뿐 어음발행의 원인관계가 없는 것이라고 할 수는 없고, 다만 이 경우 상대방이 대표이사의 진의를 알았거나 알 수 있었을 때에는 그로 인하여 취득한 권리를 회사에 대하여 주장하는 것은 신의칙에 반하는 것이므로 회사는 상대방의 악의를 입증하여 그 행위의 효력을 부인할 수 있다.

⑤ 신주발행은 이사회 승인 사항이다.

> **제416조(발행사항의 결정)** 회사가 그 성립 후에 주식을 발행하는 경우에는 다음의 사항으로서 정관에 규정이 없는 것은 이사회가 결정한다. 다만, 이 법에 다른 규정이 있거나 정관으로 주주총회에서 결정하기로 정한 경우에는 그러하지 아니하다.
> 1. 신주의 종류와 수
> 2. 신주의 발행가액과 납입기일
>   2의2. 무액면주식의 경우에는 신주의 발행가액 중 자본금으로 계상하는 금액
> 3. 신주의 인수방법
> 4. 현물출자를 하는 자의 성명과 그 목적인 재산의 종류, 수량, 가액과 이에 대하여 부여할 주식의 종류와 수
> 5. 주주가 가지는 신주인수권을 양도할 수 있는 것에 관한 사항
> 6. 주주의 청구가 있는 때에만 신주인수권증서를 발행한다는 것과 그 청구기간

185

상법상 주식회사의 대표이사에 관한 설명으로 틀린 것은?

① 정관으로 주주총회에서 대표이사를 선정할 것을 정한 경우 주주총회에서 대표이사를 선임한다.
② 회사에서 수인의 대표이사가 공동으로 회사를 대표할 것을 정한 경우 이는 등기사항이다.
③ 대표이사가 그 업무집행으로 인하여 타인에게 손해를 가한 때에는 회사는 대표이사와 연대하여 배상할 책임이 있다.
④ 법률 또는 정관에서 정한 대표이사의 원수를 결한 경우 임기만료 또는 사임으로 인하여 퇴임한 대표이사는 새로 선임된 대표이사가 취임할 때까지 대표이사의 권리의무가 있다.
⑤ 회사의 채권자가 회사의 채무를 면제하는 의사표시를 회사에 하려면 공동대표이사 전원에 대해 면제의 의사표시를 하여야 한다.

① 이사회 결의사항은 정관에 의해 주주총회의 권한으로 정할 수 있다.

> **제389조(대표이사)** ① 회사는 이사회의 결의로 회사를 대표할 이사를 선정하여야 한다. 그러나 정관으로 주주총회에서 이를 선정할 것을 정할 수 있다.

② 공동대표이사의 선임, 공동지배인의 선임은 모두 절대적 등기사항에 해당한다.

> **제317조(설립의 등기)** ② 제1항의 설립등기에 있어서는 다음의 사항을 등기하여야 한다.
> 1. 제289조제1항제1호 내지 제4호, 제6호와 제7호에 게기한 사항
> 2. 자본금의 액
> 3. 발행주식의 총수, 그 종류와 각종주식의 내용과 수
>   3의2. 주식의 양도에 관하여 이사회의 승인을 얻도록 정한 때에는 그 규정
>   3의3. 주식매수선택권을 부여하도록 정한 때에는 그 규정
>   3의4. 지점의 소재지
> 4. 회사의 존립기간 또는 해산사유를 정한 때에는 그 기간 또는 사유
> 5. 삭제〈2011.4.14.〉
> 6. 주주에게 배당할 이익으로 주식을 소각할 것을 정한 때에는 그 규정
> 7. 전환주식을 발행하는 경우에는 제347조에 게기한 사항
> 8. 사내이사, 사외이사, 그 밖에 상무에 종사하지 아니하는 이사, 감사 및 집행임원의 성명과 주민등록번호
> 9. 회사를 대표할 이사 또는 집행임원의 성명·주민등록번호 및 주소
> 10. 둘 이상의 대표이사 또는 대표집행임원이 공동으로 회사를 대표할 것을 정한 경우에는 그 규정
> 11. 명의개서대리인을 둔 때에는 그 상호 및 본점소재지
> 12. 감사위원회를 설치한 때에는 감사위원회 위원의 성명 및 주민등록번호

③ 회사와 대표이사가 연대하여 책임을 진다.

> **제389조(대표이사)** ③ 제208조제2항, 제209조, 제210조와 제386조의 규정은 대표이사에 준용한다.
>
> **제210조(손해배상책임)** 회사를 대표하는 사원이 그 업무집행으로 인하여 타인에게 손해를 가한 때에는 회사는 그 사원과 연대하여 배상할 책임이 있다.

④ 이를 「퇴임이사의 긴급사무처리권」이라 한다.

> **제389조(대표이사)** ③ 제208조제2항, 제209조, 제210조와 제386조의 규정은 대표이사에 준용한다.
>
> **제386조(결원의 경우)** ① 법률 또는 정관에 정한 이사의 원수를 결한 경우에는 임기의 만료 또는 사임으로 인하여 퇴임한 이사는 새로 선임된 이사가 취임할 때까지 이사의 권리의무가 있다.
> ② 제1항의 경우에 필요하다고 인정할 때에는 법원은 이사, 감사 기타의 이해관계인의 청구에 의하여 일시 이사의 직무를 행할 자를 선임할 수 있다. 이 경우에는 본점의 소재지에서 그 등기를 하여야 한다.

⑤ 회사의 채권자가 회사의 채무를 면제하는 의사표시를 회사에 하는 것은 회사 입장에서 수동대표에 해당한다. 회사가 의사표시를 받는 경우(수동대표)는 공동대표이사 중 1인에 대하여 하는 것도 회사에 효력이 있다.

> **제389조(대표이사)** ③ 제208조제2항, 제209조, 제210조와 제386조의 규정은 대표이사에 준용한다.
>
> **제208조(공동대표)** ② 전항의 경우에도 제3자의 회사에 대한 의사표시는 공동대표의 권한있는 사원 1인에 대하여 이를 함으로써 그 효력이 생긴다.

TOPIC 27 • 표현대표이사

186

상법상 주식회사의 표현대표이사에 관한 설명으로 틀린 것은? (이견이 있으면 판례에 의함)

① 판례에 의하면 부존재하는 주주총회 결의에 의하여 선임된 이사의 행위에 대하여도 표현대표이사에 관한 상법 제395조를 유추 적용한다.
② 제3자가 회사의 대표이사가 아닌 이사와 거래행위를 함에 있어 그 이사가 회사를 대표할 권한이 있다고 믿었을지라도 그와 같은 믿음에 중대한 과실이 있는 때에는 회사는 그 제3자에 대하여 책임을 지지 않는다.
③ 판례에 의하면 표현대표이사가 회사의 명의로 어음행위를 한 경우 회사가 책임을 지는 선의의 제3자의 범위에는 표현대표이사로부터 직접 어음을 취득한 상대방뿐만 아니라 그로부터 어음을 배서양도 받은 제3취득자도 포함된다.
④ 제3자가 법인등기부 등기를 열람하지 않고 회사와 거래한다면 표현대표이사 성립에 있어서 중대한 과실이 있다.
⑤ 회사가 표현대표이사의 명칭사용을 허락하거나 이를 알고도 용인한 경우 회사는 표현책임을 질 수 있다.

---

① 표현대표이사에 관한 상법 제395조를 적용함에 있어 이사임을 전제로 하지 않는다.

> **관련판례**
>
> [대법원 1985.6.11, 선고, 84다카963, 판결]
> 상법 제395조는 표현대리이사가 이사의 자격을 갖출 것을 형식상의 요건으로 하고 있으나, 위 규정은 법일반에 공통되는 거래의 안전의 보호와 금반언의 원칙에서 나온 것으로서 이사의 자격이 없는 자에게 회사의 표현대표이사의 명칭을 사용케 한 경우나 이사자격없이 표현대표이사의 명칭을 사용하는 것을 회사가 알고도 그대로 두거나 아무런 조치도 쓰지 않고 용인상태에 놓아둔 경우에도 위 규정이 유추적용되는 것으로 해석함이 상당하다.

② 중대한 과실은 악의와 동일시된다.

> **관련판례**
>
> [대법원 1999.11.12, 선고, 99다19797, 판결]
> 상법 제395조가 규정하는 표현대표이사의 행위로 인한 주식회사의 책임이 성립하기 위하여 법률행위의 상대방이 된 제3자의 선의 이외에 무과실까지도 필요로 하는 것은 아니지만, 그 규정의 취지는 회사의 대표이사가 아닌 이사가 외관상 회사의 대표권이 있는 것으로 인정될 만한 명칭을 사용하여 거래행위를 하고, 이러한 외관이 생겨난 데에 관하여 회사에 귀책사유가 있는 경우에 그 외관을 믿은 선의의 제3자를 보호함으로써 상거래의 신뢰와 안전을 도모하려는 데에 있다 할 것인바, 그와 같은 제3자의 신뢰는 보호할 만한 가치가 있는 정당한 것이어야 할 것이므로 설령 제3자가 회사의 대표이사가 아닌 이사가 그 거래행위를 함에 있어서 회사를 대표할 권한이 있다고 믿었다 할지라도 그와 같이 믿음에 있어서 중대한 과실이 있는 경우에는 회사는 그 제3자에 대하여는 책임을 지지 아니한다.

186 ④

③ 이른바 제3취득자 포함설

> **관련판례**
>
> [대법원 2003.9.26, 선고, 2002다65073, 판결]
> [1] 회사를 대표할 권한이 없는 표현대표이사가 다른 대표이사의 명칭을 사용하여 어음행위를 한 경우, 회사가 책임을 지는 선의의 제3자의 범위에는 표현대표이사로부터 직접 어음을 취득한 상대방뿐만 아니라, 그로부터 어음을 다시 배서양도받은 제3취득자도 포함된다.

④ 등기여부는 고려대상이 아니다. 이른바 이(異)차원설.

> **관련판례**
>
> [대법원 1979.2.13, 선고, 77다2436, 판결]
> 또 상법 제395조와 상업등기와의 관계를 헤아려 보면, 본조는 상업등기와는 다른 차원에서 회사의 표현책임을 인정한 규정이라고 해야 옳으리니 이 책임을 물음에 상업등기가 있는 여부는 고려의 대상에 넣어서는 아니 된다고 하겠다.

⑤ 회사의 표현책임이 인정되기 위해서는 회사에 귀책사유가 있어야 한다.

> **관련판례**
>
> [대법원 1998.3.27, 선고, 97다34709, 판결]
> 상법 제395조가 회사를 대표할 권한이 있는 것으로 인정될 만한 명칭을 사용한 이사의 행위에 대한 회사의 책임을 규정한 것이어서, 표현대표이사가 이사의 자격을 갖출 것을 요건으로 하고 있으나, 이 규정은 표시에 의한 금반언의 법리나 외관이론에 따라 대표이사로서의 외관을 신뢰한 제3자를 보호하기 위하여 그와 같은 외관의 존재에 대하여 귀책사유가 있는 회사로 하여금 선의의 제3자에 대하여 그들의 행위에 관한 책임을 지도록 하려는 것이므로, 회사가 이사의 자격이 없는 자에게 표현대표이사의 명칭을 사용하게 허용한 경우는 물론, 이사의 자격이 없는 사람이 임의로 표현대표이사의 명칭을 사용하고 있는 것을 회사가 알면서도 아무런 조치를 취하지 아니한 채 그대로 방치하여 소극적으로 묵인한 경우에도 위 규정이 유추적용되는 것으로 해석함이 상당하다.

187

상법상 주식회사의 표현대표이사에 관한 설명으로 틀린 것은? (이견이 있으면 판례에 의함)

① 회사가 공동대표이사에게 단순한 대표이사라는 명칭을 사용하여 법률행위를 하는 것을 용인한 경우에도 회사는 표현대표이사에 관한 규정에 따른 책임을 질 수 있다.
② 회사가 이사의 자격도 없는 자에게 표현대표이사의 명칭을 사용하게 허락한 경우에는 표현대표이사에 관한 규정이 유추적용된다.
③ 회사가 표현대표이사의 행위에 대하여 책임을 지기 위해서는 표현대표이사의 명칭사용을 명시적으로나 묵시적으로 승인함으로써 대표자격의 외관 현출에 대한 책임이 인정되어야 한다.
④ 회사의 진정한 대표이사가 아닌 지배주주가 표현대표이사의 명칭 사용을 허용한 경우에도 회사의 귀책사유가 인정된다.
⑤ 제3자가 회사의 대표이사가 아닌 이사가 회사를 대표할 권한이 있다고 믿음에 있어서 중대한 과실이 있는 경우 회사는 그 제3자에 대하여 책임을 지지 아니한다.

187 ④

① 공동대표이사 중 1인의 단독대표행위에 대해서도 표현대표이사의 규정을 적용한다(확장설).

> **관련판례**
>
> [대법원 1992.10.27. 선고, 92다19033, 판결]
> 회사가 공동대표이사에게 단순한 대표이사라는 명칭을 사용하여 법률행위를 하는 것을 용인 내지 방임한 경우에도 회사는 상법 제395조에 의한 표현책임을 면할 수 없다.

② 상법 제395조에서는 표현대표이사가 적용되기 위해서는 이사의 지위에 있을 것을 요구하고 있으나, 판례는 이사 아닌 자의 행위에 대해서도 표현대표이사가 적용된다고 보고 있다.

> **제395조(표현대표이사의 행위와 회사의 책임)** 사장, 부사장, 전무, 상무 기타 회사를 대표할 권한이 있는 것으로 인정될 만한 명칭을 사용한 이사의 행위에 대하여는 그 이사가 회사를 대표할 권한이 없는 경우에도 회사는 선의의 제3자에 대하여 그 책임을 진다.

> **관련판례**
>
> [대법원 1992. 7. 28., 선고, 91다35816, 판결]
> 상법 제395조가 회사를 대표할 권한이 있는 것으로 인정될 만한 명칭을 사용한 이사의 행위에 대한 회사의 책임을 규정한 것이어서, 표현대표이사가 이사의 자격을 갖출 것을 그 요건으로 하고 있으나, 이 규정은 표시에 의한 금반언의 법리나 외관이론에 따라 대표이사로서의 외관을 신뢰한 제3자를 보호하기 위하여 그와 같은 외관의 존재에 관하여 귀책사유가 있는 회사로 하여금 선의의 제3자에 대하여 그들의 행위에 관한 책임을 지도록 하려는 것이므로, 회사가 이사의 자격이 없는 자에게 표현대표이사의 명칭을 사용하게 허용한 경우는 물론, 이사의 자격도 없는 사람이 임의로 표현대표이사의 명칭을 사용하고 있는 것을 회사가 알면서도 아무런 조치를 취하지 아니한 채 그대로 방치하여 소극적으로 묵인한 경우에도, 위 규정이 유추적용되는 것으로 해석함이 상당하다.

③ 명시적이건 묵시적이건 최소한 회사가 표현적 명칭사용을 알고 있었어야 하며, 모르고 방치한 경우에는 회사의 귀책사유를 인정하지 않는다.

> **관련판례**
>
> [대법원 1992.9.22. 선고, 91다5365, 판결]
> 상법 제395조에 의하여 회사가 표현대표이사의 행위에 대하여 책임을 지기 위하여는 표현대표이사의 행위에 대하여 그를 믿었던 제3자가 선의이었어야 하고 또한 회사가 적극적 또는 묵시적으로 표현대표를 허용한 경우에 한한다고 할 것이며, 이 경우 회사가 표현대표를 허용하였다고 하기 위하여는 진정한 대표이사가 이를 허용하거나, 이사 전원이 아닐지라도 적어도 이사회의 결의의 성립을 위하여 회사의 정관에서 정한 이사의 수, 그와 같은 정관의 규정이 없다면 최소한 이사 정원의 과반수의 이사가 적극적 또는 묵시적으로 표현대표를 허용한 경우이어야 할 것이므로, 대표이사로 선임등기된 자가 부적법한 대표이사로서 사실상의 대표이사에 불과한 경우에 있어서는 먼저 위 대표이사의 선임에 있어 회사에 귀책사유가 있는지를 살피고 이에 따라 회사에게 표현대표이사로 인한 책임이 있는지 여부를 가려야 할 것이다.

④ 표현대표이사의 명칭을 허락한 주체는 "진정한 대표이사"이거나, 최소한 "이사 정원의 과반수"가 허락하였어야 한다.

> **관련판례**
>
> [대법원 1992.9.22. 선고, 91다5365, 판결]
> 상법 제395조에 의하여 회사가 표현대표이사의 행위에 대하여 책임을 지기 위하여는 표현대표이사의 행위

에 대하여 그를 믿었던 제3자가 선의이었어야 하고 또한 회사가 적극적 또는 묵시적으로 표현대표를 허용한 경우에 한한다고 할 것이며, 이 경우 회사가 표현대표를 허용하였다고 하기 위하여는 진정한 대표이사가 이를 허용하거나, 이사 전원이 아닐지라도 적어도 이사회의 결의의 성립을 위하여 회사의 정관에서 정한 이사의 수, 그와 같은 정관의 규정이 없다면 최소한 이사 정원의 과반수의 이사가 적극적 또는 묵시적으로 표현대표를 허용한 경우이어야 할 것이므로, 대표이사로 선임등기된 자가 부적법한 대표이사로서 사실상의 대표이사에 불과한 경우에 있어서는 먼저 위 대표이사의 선임에 있어 회사에 귀책사유가 있는지를 살피고 이에 따라 회사에게 표현대표이사로 인한 책임이 있는지 여부를 가려야 할 것이다.

⑤ 표현대표이사의 책임은 상대방이 선의·무중과실인 경우에 한하여 적용된다.

관련판례

[대법원, 2013.7.11, 2013다16473]
상법 제395조에 의한 회사의 책임은 행위의 상대방이 악의이거나 선의라도 그에 관하여 중대한 과실이 있는 경우에는 발생하지 아니한다. 여기서 '중대한 과실'이라 함은 표현대표이사가 그의 이름으로 행위를 한 경우에 상대방이 조금만 주의를 기울였더라면 표현대표이사가 회사를 대표할 권한 없이 행위함을 알 수 있었음에도 주의를 게을리하여 그 권한 없음을 알지 못함으로써 거래통념상 요구되는 주의의무를 현저히 위반한 것으로서, 공평의 관점에서 상대방을 구태여 보호할 필요가 없다고 봄이 상당하다고 인정되는 상태를 말한다. 한편 위 상법 규정은 표현대표이사가 그의 이름으로 행위한 경우는 물론이고 대표이사의 이름으로 행위한 경우에도 적용된다. 그리고 이 경우 상대방의 악의 또는 중대한 과실은 표현대표이사의 대표권이 아니라 대표이사를 대리하여 행위를 할 권한이 있는지에 관한 것이다(대법원 2003. 7. 22. 선고 2002다40432 판결, 대법원 2011. 3. 10. 선고 2010다100339 판결 등 참조).

188

상법상 자본금 총액이 10억원 미만인 주식회사에 관한 설명으로 틀린 것은?

① 모집설립을 하는 경우 정관은 공증인의 인증을 받음으로써 효력이 생긴다.
② 발기설립을 하는 경우 납입금 보관금액에 관한 증명서를 은행이나 그 밖의 금융기관의 잔고증명서로 대체할 수 있다.
③ 주주총회 결의의 목적사항에 대하여 주주 전원이 서면으로 동의를 한 때에는 서면에 의한 결의가 있는 것으로 본다.
④ 이사를 1명 또는 2명으로 할 수 있고 이 경우 이사의 자기거래에 대한 승인기관은 이사회가 아닌 주주총회이다.
⑤ 감사를 선임하지 아니한 회사가 이사에 대하여 소를 제기하는 경우에 주주총회에서 회사를 대표할 자를 선임한다.

---

① 소규모 발기설립의 경우에만 공증인의 인증을 생략할 수 있다고 정리하여야 한다(소발공납생략).

제292조(정관의 효력발생) 정관은 공증인의 인증을 받음으로써 효력이 생긴다. 다만, 자본금 총액이 10억원 미만인 회사를 제295조제1항에 따라 발기설립(發起設立)하는 경우에는 제289조제1항에 따라 각 발기인이 정관에 기명날인 또는 서명함으로써 효력이 생긴다.

188 ⑤

② 소규모 발기설립의 경우에는 납입금 보관증명서를 잔고증명서로 대체할 수 있다(소발공납생략).

> **제318조(납입금 보관자의 증명과 책임)** ③ 자본금 총액이 10억원 미만인 회사를 제295조제1항에 따라 발기설립 하는 경우에는 제1항의 증명서를 은행이나 그 밖의 금융기관의 잔고증명서로 대체할 수 있다.

③ 서면결의가 가능한 3가지 경우(1인 주식회사, 소규모 주식회사에서 주주 전원 동의, 유한회사의 총사원 동의)를 기억하자.

> **제363조(소집의 통지)** ④ 자본금 총액이 10억원 미만인 회사는 주주 전원의 동의가 있을 경우에는 소집절차 없이 주주총회를 개최할 수 있고, 서면에 의한 결의로써 주주총회의 결의를 갈음할 수 있다. 결의의 목적사항에 대하여 주주 전원이 서면으로 동의를 한 때에는 서면에 의한 결의가 있는 것으로 본다.

④ 제383조 제1항 단서, 동조 제4항, 제398조

> **제383조(원수, 임기)** ① 이사는 3명 이상이어야 한다. 다만, 자본금 총액이 10억원 미만인 회사는 1명 또는 2명으로 할 수 있다는 이사회의 기능을 담당한다.
> ④ 제1항 단서의 경우에는 제302조제2항제5호의2, 제317조제2항제3호의2, 제335조제1항 단서 및 제2항, 제335조의2제1항·제3항, 제335조의3제1항·제2항, 제335조의7제1항, 제340조의3제1항제5호, 제356조제6호의2, 제397조제1항·제2항, 제397조의2제1항, 제398조, 제416조 본문, 제451조제2항, 제461조제1항 본문 및 제3항, 제462조의3제1항, 제464조의2제1항, 제469조, 제513조제2항 본문 및 제516조의2 제2항 본문(준용되는 경우를 포함한다) 중 "이사회"는 각각 "주주총회"로 보며, 제360조의5제1항 및 제522조의3제1항 중 "이사회의 결의가 있는 때"는 "제363조제1항에 따른 주주총회의 소집통지가 있는 때"로 본다.

> **제398조(이사 등과 회사 간의 거래)** 다음 각 호의 어느 하나에 해당하는 자가 자기 또는 제3자의 계산으로 회사와 거래를 하기 위하여는 미리 이사회에서 해당 거래에 관한 중요사실을 밝히고 이사회의 승인을 받아야 한다. 이 경우 이사회의 승인은 이사 3분의 2 이상의 수로써 하여야 하고, 그 거래의 내용과 절차는 공정하여야 한다.
> 1. 이사 또는 제542조의8제2항제6호에 따른 주요주주
> 2. 제1호의 자의 배우자 및 직계존비속
> 3. 제1호의 자의 배우자의 직계존비속
> 4. 제1호부터 제3호까지의 자가 단독 또는 공동으로 의결권 있는 발행주식 총수의 100분의 50 이상을 가진 회사 및 그 자회사
> 5. 제1호부터 제3호까지의 자가 제4호의 회사와 합하여 의결권 있는 발행주식총수의 100분의 50 이상을 가진 회사

⑤ 법원에 회사를 대표할 자의 선임을 신청하여야 한다.

> **제409조(선임)** ④ 제1항, 제296조제1항 및 제312조에도 불구하고 자본금의 총액이 10억원 미만인 회사의 경우에는 감사를 선임하지 아니할 수 있다.
> ⑤ 제4항에 따라 감사를 선임하지 아니한 회사가 이사에 대하여 또는 이사가 그 회사에 대하여 소를 제기하는 경우에 회사, 이사 또는 이해관계인은 법원에 회사를 대표할 자를 선임하여 줄 것을 신청하여야 한다.

189

상법상 주식회사의 대표이사 및 이사회에 관한 설명으로 **틀린** 것은?

① 회사는 이사회의 결의로 대표이사를 선정해야 하는 것이 원칙이나, 정관으로 주주총회에서 이를 선정할 것을 정할 수 있다.
② 수인의 대표이사가 있더라도 공동대표이사가 아니라면 각 대표이사는 회사를 대표한다.
③ 이사회의 결의는 이사 과반수의 출석과 출석이사의 과반수로 하여야 하지만, 정관으로 그 비율을 낮게 하거나 높게 정할 수 있다.
④ 주주는 그 보유주식 수와 관계없이 영업시간 내에 이사회의사록의 열람 또는 등사를 청구할 수 있다.
⑤ 이사회의 결의에 의한 행위로 인하여 이사가 회사에 대하여 손해배상책임을 지는 경우, 그 이사회 결의에 참가한 이사로서 이의를 한 기재가 의사록에 없는 자는 그 결의에 찬성한 것으로 추정한다.

• •

① 이사회 결의사항은 정관에 의해 주주총회의 권한으로 정할 수 있다.

> **제389조(대표이사)** ① 회사는 이사회의 결의로 회사를 대표할 이사를 선정하여야 한다. 그러나 정관으로 주주총회에서 이를 선정할 것을 정할 수 있다.
> ② 전항의 경우에는 수인의 대표이사가 공동으로 회사를 대표할 것을 정할 수 있다.

② 각자대표가 원칙이고, 예외적으로 공동대표로 정할 수 있다.

> **제389조(대표이사)** ① 회사는 이사회의 결의로 회사를 대표할 이사를 선정하여야 한다. 그러나 정관으로 주주총회에서 이를 선정할 것을 정할 수 있다.
> ② 전항의 경우에는 수인의 대표이사가 공동으로 회사를 대표할 것을 정할 수 있다.

③ 정관으로 그 비율을 높게 할 수는 있지만 낮게 할 수는 없다. 결의정족수를 낮게 할 경우에는 다수결의 원칙이 아니라 소수결의 원칙이 되어버린다.

> **제391조(이사회의 결의방법)** ① 이사회의 결의는 이사과반수의 출석과 출석이사의 과반수로 하여야 한다. 그러나 정관으로 그 비율을 높게 정할 수 있다.

④ 이사회 의사록의 열람등사청구권은 단독주주권이다.

> **제391조의3(이사회의 의사록)** ① 이사회의 의사에 관하여는 의사록을 작성하여야 한다.
> ② 의사록에는 의사의 안건, 경과요령, 그 결과, 반대하는 자와 그 반대이유를 기재하고 출석한 이사 및 감사가 기명날인 또는 서명하여야 한다.
> ③ 주주는 영업시간내에 이사회의사록의 열람 또는 등사를 청구할 수 있다.
> ④ 회사는 제3항의 청구에 대하여 이유를 붙여 이를 거절할 수 있다. 이 경우 주주는 법원의 허가를 얻어 이사회의사록을 열람 또는 등사할 수 있다.

189 ③

대상	재무제표	주총의사록	회계장부	이사회 의사록
	공개	공개	비공개	비공개
청구권자	단독주주, 채권자	단독주주, 채권자	소수주주(3/100)	단독주주, ~~채권자~~
이유제시	불필요	불필요	필요	필요
방법	구두가능	구두가능	서면만	구두가능
회사의 거부권	×	×	○	○
근거	제448조 ①	제396조 ②	제446조	제391조 ③

⑤ 상법상 추정규정은 별도로 정리하여야 한다(부록 추정규정 정리 참조).

> **제399조(회사에 대한 책임)** ① 이사가 고의 또는 과실로 법령 또는 정관에 위반한 행위를 하거나 그 임무를 게을리한 경우에는 그 이사는 회사에 대하여 연대하여 손해를 배상할 책임이 있다.
> ② 전항의 행위가 이사회의 결의에 의한 것인 때에는 그 결의에 찬성한 이사도 전항의 책임이 있다.
> ③ 전항의 결의에 참가한 이사로서 이의를 한 기재가 의사록에 없는 자는 그 결의에 찬성한 것으로 추정한다.

190

상법상 자본금이 10억 원인 주식회사 대표이사의 권한에 관한 설명으로 틀린 것은?

① 대표이사는 회사의 영업에 관하여 재판상 또는 재판외의 모든 행위를 할 권한이 있다.
② 대표이사의 대표권에 대한 제한은 선의의 제3자에게 대항하지 못한다.
③ 대표이사가 지배인의 선임 또는 해임을 하기 위하여는 이사회의 결의를 얻어야 한다.
④ 감사위원회의 위원이 회사에 대하여 소를 제기하는 경우에는 감사위원회 또는 이사는 법원에 회사를 대표할 자를 선임하여 줄 것을 신청하여야 한다.
⑤ 판례에 의하면, 대표이사가 중요한 자산의 처분에 관하여 이사회의 결의를 거치지 않고 거래한 경우, 그 거래상대방이 이사회 결의 부존재 사실을 경과실로 인식하지 못한 때에는 그 거래행위는 무효이다.

••••••••••••••••••••••

①, ② 대표권의 포괄정형성에 대한 설명이다.

> **제389조(대표이사)** ① 회사는 이사회의 결의로 회사를 대표할 이사를 선정하여야 한다. 그러나 정관으로 주주총회에서 이를 선정할 것을 정할 수 있다.
> ② 전항의 경우에는 수인의 대표이사가 공동으로 회사를 대표할 것을 정할 수 있다.
> ③ 제208조제2항, 제209조, 제210조와 제386조의 규정은 대표이사에 준용한다.
>
> **제209조(대표사원의 권한)** ① 회사를 대표하는 사원은 회사의 영업에 관하여 재판상 또는 재판외의 모든 행위를 할 권한이 있다.
> ② 전항의 권한에 대한 제한은 선의의 제3자에게 대항하지 못한다.

③ 상법상 자본금 총액이 10억원 '미만'인 회사를 「소규모회사」라 해서, 이사를 1인 또는 2인으로 할 수 있어 이사회가 임의기관에 불과하다. 문제에서 자본금 총액이 10억원이라 했으니 이사회는 필수기관이다.

> **제383조(원수, 임기)** ① 이사는 3명 이상이어야 한다. 다만, 자본금 총액이 10억원 미만인 회사는 1명 또는 2명으로 할 수 있다.

190 ⑤

> **제393조(이사회의 권한)** ① 중요한 자산의 처분 및 양도, 대규모 재산의 차입, 지배인의 선임 또는 해임과 지점의 설치·이전 또는 폐지 등 회사의 업무집행은 이사회의 결의로 한다.
> ② 이사회는 이사의 직무의 집행을 감독한다.
> ③ 이사는 대표이사로 하여금 다른 이사 또는 피용자의 업무에 관하여 이사회에 보고할 것을 요구할 수 있다.
> ④ 이사는 3월에 1회 이상 업무의 집행상황을 이사회에 보고하여야 한다.

④ 소의 당사자가 감사위원회 위원인 경우에는 법원이 회사를 대표할 자를 결정한다.

> **제394조(이사와 회사간의 소에 관한 대표)** ① 회사가 이사에 대하여 또는 이사가 회사에 대하여 소를 제기하는 경우에 감사는 그 소에 관하여 회사를 대표한다. 회사가 제403조제1항 또는 제406조의2 제1항의 청구를 받은 경우에도 또한 같다.
> ② 제415조의2의 규정에 의한 감사위원회의 위원이 소의 당사자인 경우에는 감사위원회 또는 이사는 법원에 회사를 대표할 자를 선임하여 줄 것을 신청하여야 한다.

⑤ 상법상 거래의 안전 보호가 문제되는 경우, 상대방이 고의 또는 중과실이면 거래는 무효이지만 경과실인 경우에는 거래를 유효하다고 본다.

> **관련판례**
>
> [대법원 2021. 2. 18., 선고, 2015다45451, 전원합의체 판결]
> 거래행위의 상대방인 제3자가 상법 제209조 제2항에 따라 보호받기 위하여 선의 이외에 무과실까지 필요하지는 않지만, 중대한 과실이 있는 경우에는 제3자의 신뢰를 보호할 만한 가치가 없다고 보아 거래행위가 무효라고 해석함이 타당하다. 중과실이란 제3자가 조금만 주의를 기울였더라면 이사회 결의가 없음을 알 수 있었는데도 만연히 이사회 결의가 있었다고 믿음으로써 거래통념상 요구되는 주의의무를 현저히 위반하는 것으로, 거의 고의에 가까운 정도로 주의를 게을리하여 공평의 관점에서 제3자를 구태여 보호할 필요가 없다고 볼 수 있는 상태를 말한다. 제3자에게 중과실이 있는지는 이사회 결의가 없다는 점에 대한 제3자의 인식가능성, 회사와 거래한 제3자의 경험과 지위, 회사와 제3자의 종래 거래관계, 대표이사가 한 거래행위가 경험칙상 이례에 속하는 것인지 등 여러 가지 사정을 종합적으로 고려하여 판단하여야 한다. 그러나 제3자가 회사 대표이사와 거래행위를 하면서 회사의 이사회 결의가 없었다고 의심할 만한 특별한 사정이 없다면, 일반적으로 이사회 결의가 있었는지를 확인하는 등의 조치를 취할 의무까지 있다고 볼 수는 없다.

TOPIC 28 • 이사의 의무

191

비상장 주식회사의 이사와 회사의 자기거래로서 이사회의 승인이 필요한 경우는 모두 몇 개 인가? (이견이 있으면 판례에 의함)

> (가) 회사에 대한 이사의 채무를 회사가 면제하는 경우
> (나) 회사의 채권을 이사의 채권으로 하는 경개
> (다) 이사의 제3자에 대한 채무에 대하여 회사가 보증하는 경우
> (라) 대표이사가 회사의 채무를 담보하기 위하여 자신을 수취인으로 하는 회사 명의의 약속어음을 발행하는 경우
> (마) 회사가 이사에 대하여 환어음을 배서양도하는 경우
> (바) 변제기가 모두 도래한 이사와 회사 간의 채무의 상계
> (사) 보험회사의 이사가 당해 회사의 보험상품에 그 약관에 의해 가입하는 경우

① 2개   ② 3개   ③ 4개
④ 5개   ⑤ 6개

••••••••••••••••••••

(가), (나), (다), (마)의 4개이다.

(가) 필요하다. 이사에게는 이익이 되고 회사에는 손해가 되기 때문이다.
(나) 필요하다. 경개란 구채권채무를 소멸시키고 신채권채무를 성립시키는 계약이다. 회사의 채권을 이사의 채권으로 바꾸게 되면 이사에게는 채권 상당의 이익이 발생하고 회사에는 동액 상당의 손해가 발생한다.
(다) 필요하다. 회사가 보증채무를 부담하기 때문이다. 이러한 유형은 자기거래 중 간접거래에 해당한다.
(라) 불필요하다. 이사가 회사의 채무에 대해 담보책임을 지는 것이므로 회사에 이익이 된다.

> **관련판례**
>
> [대법원 1962.3.13. 선고, 62다1, 판결]
> 주식회사의 대표이사가 회사의 타인에 대한 채무를 담보하기 위하여 자기 앞으로 회사명의의 약속어음을 발행하고 즉시 이를 타인에게 배서한 경우에는 회사와 대표이사 사이에 이해가 상반되는 경우라고 볼 수 없다.

(마) 필요하다. 회사가 어음상 권리를 이사에게 양도하여 이사에게 이익이 되고, 한편 회사는 어음상 배서인이 되어 상환채무를 부담하기 때문이다.
(바) 불필요하다. 변제기가 이미 도래한 채무를 변제하는 것으로는 회사에 새로이 손해를 발생시키지 않는다.
(사) 불필요하다. 보통거래약관에 의한 거래이기 때문이다.

191 ③

192

상법상 주식회사의 이사의 의무에 관한 설명으로 옳은 것은?

① 이사가 이사회의 승인 없이 제3자의 계산으로 회사의 영업부류에 속한 거래를 한 경우 회사는 이사회의 결의로 이를 회사의 계산으로 한 것으로 볼 수 있다.
② 이사가 직무를 수행하는 과정에서 알게 된 회사의 이익이 될 수 있는 사업기회를 자기의 이익을 위하여 이용하기 위해서는 이사 과반수에 의한 이사회의 승인을 받아야 한다.
③ 이사의 배우자가 자기 또는 제3자의 계산으로 회사와 자기거래를 하기 위하여는 미리 이사회에서 그 거래에 관한 중요사실을 밝히고 이사회의 승인을 받아야 한다.
④ 판례에 의하면 이사가 이사회의 승인 없이 한 자기거래는 회사의 이익을 해할 가능성이 크므로 이사와 회사 사이는 물론 제3자에 대하여도 그의 선의와 악의를 묻지 않고 효력이 없다.
⑤ 판례에 의하면 이사가 이사회의 승인 없이 자기거래를 한 경우 회사는 물론 거래의 상대방이나 제3자도 회사의 이익을 위하여 그 거래의 무효를 주장할 수 있다.

• •

① 이사의 경업거래금지의무 위반시 이사 '자신의 계산'으로 한 경우와 '제3자의 계산'으로 경업거래를 한 경우에 개입권의 내용이 다르다. 이사 '자신의 계산'으로 한 것일 때에는 이를 회사의 계산으로 한 것으로 볼 수 있고, '제3자의 계산'으로 한 것인 때에는 그 이사에 대하여 이로 인한 이득(보수)의 양도를 청구할 수 있다.

> **제397조(경업금지)** ② 이사가 제1항의 규정에 위반하여 거래를 한 경우에 회사는 이사회의 결의로 그 이사의 거래가 자기의 계산으로 한 것인 때에는 이를 회사의 계산으로 한 것으로 볼 수 있고 <u>제삼자의 계산으로 한 것인 때에는 그 이사에 대하여 이로 인한 이득의 양도를 청구할 수 있다.</u>

② 사업기회의 이용을 승인하는 때에는 이사 3분의 2 이상의 찬성으로 한다.

> **제397조의2(회사의 기회 및 자산의 유용 금지)** ① 이사는 이사회의 승인 없이 현재 또는 장래에 회사의 이익이 될 수 있는 다음 각 호의 어느 하나에 해당하는 회사의 사업기회를 자기 또는 제3자의 이익을 위하여 이용하여서는 아니 된다. 이 경우 <u>이사회의 승인은 이사 3분의 2 이상의 수로써 하여야 한다.</u>
> 1. 직무를 수행하는 과정에서 알게 되거나 회사의 정보를 이용한 사업기회
> 2. 회사가 수행하고 있거나 수행할 사업과 밀접한 관계가 있는 사업기회

③ 이사의 배우자 등 특수관계자의 경우에도 회사와의 거래(자기거래)에 제한을 받는다.

> **제398조(이사 등과 회사 간의 거래)** 다음 각 호의 어느 하나에 해당하는 자가 자기 또는 제3자의 계산으로 회사와 거래를 하기 위하여는 미리 이사회에서 해당 거래에 관한 중요사실을 밝히고 이사회의 승인을 받아야 한다. 이 경우 이사회의 승인은 이사 3분의 2 이상의 수로써 하여야 하고, 그 거래의 내용과 절차는 공정하여야 한다.
> 1. <u>이사</u> 또는 제542조의8제2항제6호에 따른 주요주주
> 2. <u>제1호의 자의 배우자 및 직계존비속</u>

192 ③

④ 이사회의 승인 없는 자기거래는 회사와 이사 간에는 무효이지만 제3자에 대하여는 그가 악의라는 것을 증명하지 못하는 한 무효를 주장할 수 없다(상대적 무효설).

> **관련판례**
>
> [대법원 2004.3.25, 선고, 2003다64688, 판결]
> 회사의 대표이사가 이사회의 승인 없이 한 이른바 자기거래행위는 회사와 이사 간에서는 무효이지만, 회사가 위 거래가 이사회의 승인을 얻지 못하여 무효라는 것을 제3자에 대하여 주장하기 위해서는 거래의 안전과 선의의 제3자를 보호할 필요상 이사회의 승인을 얻지 못하였다는 것 외에 제3자가 이사회의 승인 없음을 알았다는 사실을 입증하여야 할 것이고, 비록 제3자가 선의였다 하더라도 이를 알지 못한 데 중대한 과실이 있음을 입증한 경우에는 악의인 경우와 마찬가지라고 할 것이며, 이 경우 중대한 과실이라 함은 제3자가 조금만 주의를 기울였더라면 그 거래가 이사와 회사간의 거래로서 이사회의 승인이 필요하다는 점과 이사회의 승인을 얻지 못하였다는 사정을 알 수 있었음에도 불구하고, 만연히 이사회의 승인을 얻은 것으로 믿는 등 거래통념상 요구되는 주의의무에 현저히 위반하는 것으로서 공평의 관점에서 제3자를 구태여 보호할 필요가 없다고 봄이 상당하다고 인정되는 상태를 말한다.

⑤ 이사회 승인이 없었음을 이유로 자기거래의 무효를 주장할 수 있는 자는 어디까지나 회사이지, 이사나 제3자가 무효를 주장할 수는 없다.

> **관련판례**
>
> [대법원 2012.12.27, 선고, 2011다67651, 판결]
> 상법 제398조가 이사와 회사 사이의 거래에 관하여 이사회의 승인을 얻도록 한 것은, 이사가 그 지위를 이용하여 회사와 직접 거래를 하거나 이사 자신의 이익을 위하여 회사와 제3자 사이의 거래를 함으로써 이사 자신의 이익을 도모하고 회사 및 주주에게 손해를 입히는 것을 방지하고자 하는 것이므로(대법원 1973. 10. 31. 선고 73다954 판결, 대법원 2010. 3. 11. 선고 2007다71271 판결 등 참조), 그 규정 취지에 비추어 이사와 회사 사이의 거래가 상법 제398조를 위반하였음을 이유로 무효임을 주장할 수 있는 자는 회사에 한정되고 특별한 사정이 없는 한 거래의 상대방이나 제3자는 그 무효를 주장할 이익이 없다고 보아야 하므로, 거래의 상대방인 당해 이사 스스로가 위 규정 위반을 내세워 그 거래의 무효를 주장하는 것은 허용되지 않는다 할 것이다.

193

상법상 이사의 의무와 책임에 관한 설명으로 틀린 것은?

① 이사와 회사의 관계는 민법의 위임에 관한 규정을 준용하므로 이사는 회사에 대하여 선량한 관리자의 주의의무를 부담한다.
② 판례에 의하면 이사가 주주총회 또는 이사회의 결의에 따라 업무를 집행하였더라도 그 결의내용이 위법 또는 불공정한 것이라면 책임을 면할 수 없다.
③ 판례에 의하면 이사가 다른 업무담당이사의 업무집행이 위법하다고 의심할 사유가 있음에도 불구하고 이를 방치한 때에는 회사가 입은 손해를 배상할 책임이 있다.
④ 이사는 이사회의 승인이 없으면 자기 또는 제3자의 계산으로 회사의 영업부류에 속한 거래를 하거나 동종영업을 목적으로 하는 다른 회사의 무한책임사원이나 이사가 되지 못한다.
⑤ 이사가 경업금지의무를 위반하여 거래를 한 경우 회사는 이사회의 결의로 직접 그 이사가 한 거래의 당사자가 될 수 있다.

• •

① 옳은 내용이다.

> **제382조(이사의 선임, 회사와의 관계 및 사외이사)** ① 이사는 주주총회에서 선임한다.
> ② 회사와 이사의 관계는 「민법」의 위임에 관한 규정을 준용한다.
>
> ■ 민법
> **제681조(수임인의 선관의무)** 수임인은 위임의 본지에 따라 선량한 관리자의 주의로써 위임사무를 처리하여야 한다.

② 그 결의내용이 위법 또는 불공정한 경우라면 적법한 절차를 거쳤다고 하더라도 회사에 대한 손해배상책임을 부담한다. 이 경우 이사회에서 결의에 찬성한 이사는 연대하여 변제할 책임이 있다.

> **제399조(회사에 대한 책임)** ① 이사가 고의 또는 과실로 법령 또는 정관에 위반한 행위를 하거나 그 임무를 게을리한 경우에는 그 이사는 회사에 대하여 연대하여 손해를 배상할 책임이 있다.
> ② 전항의 행위가 이사회의 결의에 의한 것인 때에는 그 결의에 찬성한 이사도 전항의 책임이 있다.

③ 판례는 평이사의 감시의무를 인정하고 있다.

> **관련판례**
>
> [대법원 1985.6.25. 선고, 84다카1954, 판결]
> 주식회사의 업무집행을 담당하지 아니한 평이사는 이사회의 일원으로서 이사회를 통하여 대표이사를 비롯한 업무담당이사의 업무집행을 감시하는 것이 통상적이긴 하나 평이사의 임무는 단지 이사회에 상정된 의안에 대하여 찬부의 의사표시를 하는데에 그치지 않으며 대표이사를 비롯한 업무담당이사의 전반적인 업무집행을 감시할 수 있는 것이므로, 업무담당 이사의 업무집행이 위법하다고 의심할만한 사유가 있음에도 불구하고 평이사가 감시의무를 위반하여 이를 방치한 때에는 이로 말미암아 회사가 입은 손해에 대하여 배상책임을 면할 수 없다.

④ 이사의 경업금지의무를 의미한다.

> **제397조(경업금지)** ① 이사는 이사회의 승인이 없으면 자기 또는 제3자의 계산으로 회사의 영업부류에 속한 거래를 하거나 동종영업을 목적으로 하는 다른 회사의 무한책임사원이나 이사가 되지 못한다.

193 ⑤

② 이사가 제1항의 규정에 위반하여 거래를 한 경우에 회사는 이사회의 결의로 그 이사의 거래가 자기의 계산으로 한 것인 때에는 이를 회사의 계산으로 한 것으로 볼 수 있고 제3자의 계산으로 한 것인 때에는 그 이사에 대하여 이로 인한 이득의 양도를 청구할 수 있다.
③ 제2항의 권리는 거래가 있은 날로부터 1년을 경과하면 소멸한다.

⑤ 이사가 경업금지의무에 위반한 경우에 회사는 개입권을 행사할 수 있다. 여기에서 개입권이란, 거래의 경제적 효과 즉, 실질상의 이득을 회사에게 귀속시킬 의무만을 부담할 뿐(실질적 개입권), 이로 인해 회사가 이사의 거래상대방에 대하여 직접 법률행위의 당사자가 되는 것(전면적 개입권)은 아니다.

> **제397조(경업금지)** ② 이사가 제1항의 규정에 위반하여 거래를 한 경우에 회사는 이사회의 결의로 그 이사의 거래가 자기의 계산으로 한 것인 때에는 이를 회사의 계산으로 한 것으로 볼 수 있고 제3자의 계산으로 한 것인 때에는 그 이사에 대하여 이로 인한 이득의 양도를 청구할 수 있다.

194

다음 사항 중 상법상 옳은 것만으로 묶인 것은? (주주가 다수인 비상장주식회사로서 자본금총액이 10억 원 이상인 회사의 이사를 의미하고 이견이 있으면 판례에 의함)

> ㈎ 이사가 이사회의 승인 없이 회사가 수행할 사업과 밀접한 관계가 있는 사업기회로서 장래에 회사의 이익이 될 수 있는 기회를 자기의 이익을 위하여 이용하여 거래를 한 경우에는, 그 거래가 회사의 영업부류에 속하는 거래가 아닌 경우에도 회사는 이사회의 결의로 그 거래를 회사의 계산으로 할 수 있다.
> ㈏ 이사가 자기의 계산으로 회사와 거래를 함에 있어 그 거래의 내용과 절차가 공정하면 이사회의 승인이 필요 없다.
> ㈐ 이사가 개인적으로 부담하는 금융기관에 대한 채무를 이사가 재직하고 있는 회사가 적법하게 연대보증하려면 그 이사는 사전에 이사회에서 해당거래의 중요사실을 밝히고 이사 3분의 2 이상의 수로 승인을 얻어야 하고, 그 거래의 내용과 절차는 공정하여야 한다.
> ㈑ 회사가 이사와 납품계약을 맺으면서 그 대가로 약속어음을 발행하는 경우에는 그 이사는 사전에 이사회에서 회사의 약속어음발행에 대하여 그 중요사실을 밝히고 이사 3분의 2 이상의 수로 승인을 얻어야 하고, 그 거래의 내용과 절차는 공정하여야 한다.
> ㈒ 판례에 따르면 회사는 정관으로 이사의 계산으로 이루어지는 회사와 이사 간의 거래의 승인을 주주총회 결의사항으로 할 수 있다.
> ㈓ 상법 제397조의2에 반하는 회사기회유용행위에 의하여 이사가 회사에 대하여 부담하는 손해배상책임을 상법 제400조 제2항이 인정하는 범위 내에서 감면하는 정관 규정은 유효하다.

① ㈎, ㈏   ② ㈎, ㈐   ③ ㈏, ㈐, ㈓
④ ㈐, ㈑, ㈒   ⑤ ㈏, ㈑, ㈒, ㈓

....

㈎ 회사의 기회유용금지의 경우에 해당한다. 이 경우는 이사해임 내지 손해배상청구가 가능할 뿐이고 개입권은 인정되지 않는다. 개입권 행사는 경업거래금지의무 위반시에 인정한다.

> **제397조(경업금지)** ① 이사는 이사회의 승인이 없으면 자기 또는 제3자의 계산으로 회사의 영업부류에 속한 거래를 하거나 동종영업을 목적으로 하는 다른 회사의 무한책임사원이나 이사가 되지 못한다.

194 ④

② 이사가 제1항의 규정에 위반하여 거래를 한 경우에 회사는 이사회의 결의로 그 이사의 거래가 자기의 계산으로 한 것인 때에는 이를 회사의 계산으로 한 것으로 볼 수 있고 제3자의 계산으로 한 것인 때에는 그 이사에 대하여 이로 인한 이득의 양도를 청구할 수 있다.
③ 제2항의 권리는 거래가 있은 날로부터 1년을 경과하면 소멸한다.

제397조의2(회사의 기회 및 자산의 유용 금지) ① 이사는 이사회의 승인 없이 현재 또는 장래에 회사의 이익이 될 수 있는 다음 각 호의 어느 하나에 해당하는 회사의 사업기회를 자기 또는 제3자의 이익을 위하여 이용하여서는 아니 된다. 이 경우 이사회의 승인은 이사 3분의 2 이상의 수로써 하여야 한다.
　1. 직무를 수행하는 과정에서 알게 되거나 회사의 정보를 이용한 사업기회
　2. 회사가 수행하고 있거나 수행할 사업과 밀접한 관계가 있는 사업기회
② 제1항을 위반하여 회사에 손해를 발생시킨 이사 및 승인한 이사는 연대하여 손해를 배상할 책임이 있으며 이로 인하여 이사 또는 제3자가 얻은 이익은 손해로 추정한다.

(나) 형식적으로 이사회의 승인을 거치는 것과는 별개로, 실질적으로 그 거래의 내용과 절차가 공정해야 한다.

제398조(이사 등과 회사 간의 거래) 다음 각 호의 어느 하나에 해당하는 자가 자기 또는 제3자의 계산으로 회사와 거래를 하기 위하여는 미리 이사회에서 해당 거래에 관한 중요사실을 밝히고 이사회의 승인을 받아야 한다. 이 경우 이사회의 승인은 이사 3분의 2 이상의 수로써 하여야 하고, <u>그 거래의 내용과 절차는 공정하여야 한다.</u>
　1. 이사 또는 제542조의8제2항제6호에 따른 주요주주
　2. 제1호의 자의 배우자 및 직계존비속
　3. 제1호의 자의 배우자의 직계존비속
　4. 제1호부터 제3호까지의 자가 단독 또는 공동으로 의결권 있는 발행주식 총수의 100분의 50 이상을 가진 회사 및 그 자회사
　5. 제1호부터 제3호까지의 자가 제4호의 회사와 합하여 의결권 있는 발행주식총수의 100분의 50 이상을 가진 회사

(다), (라) 옳은 내용이다. 회사에 손해가 될 수 있는 거래이므로 자기거래금지의 대상이다.

제398조(이사 등과 회사 간의 거래) 다음 각 호의 어느 하나에 해당하는 자가 자기 또는 제3자의 계산으로 회사와 거래를 하기 위하여는 미리 이사회에서 해당 거래에 관한 중요사실을 밝히고 이사회의 승인을 받아야 한다. 이 경우 <u>이사회의 승인은 이사 3분의 2 이상의 수로써 하여야 하고, 그 거래의 내용과 절차는 공정하여야 한다.</u>

관련판례

[대법원 1980.7.22. 선고, 80다828, 판결]
주식회사의 이사가 타인에게 금원을 대여함에 있어 회사가 그 채무를 연대보증 하였다면 이는 이사와 회사 사이의 이익 상반되는 거래행위이므로 이사회의 승인이 없는 한 위 연대보증 행위는 무효이다.

(마) 정관규정을 통해 이사회 승인사항을 주총결의사항으로 바꾸는 것은 가능하다.

관련판례

[대법원 2007.05.10, 선고, 2005다4284, 판결]
이사와 회사 사이의 이익상반거래에 대한 승인은 주주 전원의 동의가 있다거나 그 승인이 정관에 주주총회의 <u>권한사항으로 정해져 있다는 등의 특별한 사정이 없는 한 이사회의 전결사항</u>이라 할 것이므로, 이사회의 승인을 받지 못한 이익상반거래에 대하여 아무런 승인 권한이 없는 주주총회에서 사후적으로 추인 결의를 하였다 하여 그 거래가 유효하게 될 수는 없다.

⑷ 회사기회유용, 자기거래, 경업거래, 고의 또는 중과실의 경우에는 이사의 책임감면이 인정되지 않는다. 달리 말하면 단순한 임무해태(경과실)의 경우에만 이사의 책임감면이 인정된다.

> **제400조(회사에 대한 책임의 감면)** ① 제399조에 따른 이사의 책임은 주주 전원의 동의로 면제할 수 있다.
> ② 회사는 정관으로 정하는 바에 따라 제399조에 따른 이사의 책임을 이사가 그 행위를 한 날 이전 최근 1년간의 보수액(상여금과 주식매수선택권의 행사로 인한 이익 등을 포함한다)의 6배(사외이사의 경우는 3배)를 초과하는 금액에 대하여 면제할 수 있다. 다만, 이사가 고의 또는 중대한 과실로 손해를 발생시킨 경우와 제397조 제397조의2 및 제398조에 해당하는 경우에는 그러하지 아니하다.

195

상법상 주식회사의 이사의 의무와 책임에 관한 설명으로 틀린 것은?

① 회사와 이익상충의 우려가 있는 이사의 자기거래는 미리 이사회에서 그 거래에 관한 중요사실을 밝히고 이사회의 승인을 받아야 한다.
② 이사가 고의 또는 과실로 자기거래에 관한 상법 규정을 위반하여 회사에 손해를 입힌 경우 회사는 그 이사에 대하여 손해배상을 청구할 수 있다.
③ 감사를 두고 있는 회사가 이사에 대하여 손해배상책임을 추궁하는 소를 제기하는 경우 그 소에서 회사를 대표할 자는 감사이다.
④ 주주가 이사를 상대로 적법하게 대표소송을 제기한 경우 그 주주는 법원의 허가를 얻어야만 소를 취하할 수 있다.
⑤ 주주가 이사를 상대로 적법하게 대표소송을 제기한 후 그 주주가 주식을 전혀 보유하지 않게 된 경우에도 그의 제소의 효력에는 영향이 없다.

••••••••••••••••••••

① 옳은 내용이다.

> **제398조(이사 등과 회사 간의 거래)** 다음 각 호의 어느 하나에 해당하는 자가 자기 또는 제3자의 계산으로 회사와 거래를 하기 위하여는 미리 이사회에서 해당 거래에 관한 중요사실을 밝히고 이사회의 승인을 받아야 한다. 이 경우 이사회의 승인은 이사 3분의 2 이상의 수로써 하여야 하고, 그 거래의 내용과 절차는 공정하여야 한다.
> 1. 이사 또는 제542조의8제2항제6호에 따른 주요주주
> 2. 제1호의 자의 배우자 및 직계존비속
> 3. 제1호의 자의 배우자의 직계존비속
> 4. 제1호부터 제3호까지의 자가 단독 또는 공동으로 의결권 있는 발행주식 총수의 100분의 50 이상을 가진 회사 및 그 자회사
> 5. 제1호부터 제3호까지의 자가 제4호의 회사와 합하여 의결권 있는 발행주식총수의 100분의 50 이상을 가진 회사

② 옳은 내용이다.

> **제399조(회사에 대한 책임)** ① 이사가 고의 또는 과실로 법령 또는 정관에 위반한 행위를 하거나 그 임무를 게을리한 경우에는 그 이사는 회사에 대하여 연대하여 손해를 배상할 책임이 있다.
> ② 전항의 행위가 이사회의 결의에 의한 것인 때에는 그 결의에 찬성한 이사도 전항의 책임이 있다.
> ③ 전항의 결의에 참가한 이사로서 이의를 한 기재가 의사록에 없는 자는 그 결의에 찬성한 것으로 추정한다.

195 ⑤

③ 옳은 내용이다.

> **제394조(이사와 회사간의 소에 관한 대표)** ① 회사가 이사에 대하여 또는 이사가 회사에 대하여 소를 제기하는 경우에 감사는 그 소에 관하여 회사를 대표한다. 회사가 제403조제1항 또는 제406조의2 제1항의 청구를 받은 경우에도 또한 같다.
> ② 제415조의2의 규정에 의한 감사위원회의 위원이 소의 당사자인 경우에는 감사위원회 또는 이사는 법원에 회사를 대표할 자를 선임하여 줄 것을 신청하여야 한다.

④ 옳은 내용이다. 원고인 주주와 피고인 이사 등이 결탁하여 소를 취하하여 회사를 해하는 일을 막기 위함이다.

> **제403조(주주의 대표소송)** ① 발행주식의 총수의 100분의 1 이상에 해당하는 주식을 가진 주주는 회사에 대하여 이사의 책임을 추궁할 소의 제기를 청구할 수 있다.
> ③ 회사가 전항의 청구를 받은 날로부터 30일내에 소를 제기하지 아니한 때에는 제1항의 주주는 즉시 회사를 위하여 소를 제기할 수 있다.
> ④ 제3항의 기간의 경과로 인하여 회사에 회복할 수 없는 손해가 생길 염려가 있는 경우에는 전항의 규정에 불구하고 제1항의 주주는 즉시 소를 제기할 수 있다.
> ⑥ 회사가 제1항의 청구에 따라 소를 제기하거나 주주가 제3항과 제4항의 소를 제기한 경우 당사자는 법원의 허가를 얻지 아니하고는 소의 취하, 청구의 포기·인락·화해를 할 수 없다.

⑤ 제소 후 보유주식이 100분의 1 미만으로 감소하여도 제소의 효력에는 영향이 없으나, 주식을 전혀 보유하지 않은 경우에는 제소의 효력은 상실되고 청구는 각하(원고적격이 결여되는 경우이므로 기각이 아니라 각하이다)된다.

> **제403조(주주의 대표소송)** ③ 회사가 전항의 청구를 받은 날로부터 30일내에 소를 제기하지 아니한 때에는 제1항의 주주는 즉시 회사를 위하여 소를 제기할 수 있다.
> ④ 제3항의 기간의 경과로 인하여 회사에 회복할 수 없는 손해가 생길 염려가 있는 경우에는 전항의 규정에 불구하고 제1항의 주주는 즉시 소를 제기할 수 있다.
> ⑤ 제3항과 제4항의 소를 제기한 주주의 보유주식이 제소후 발행주식총수의 100분의 1 미만으로 감소한 경우(發行株式을 보유하지 아니하게 된 경우를 제외한다)에도 제소의 효력에는 영향이 없다.

196

상법상 주식회사에서 자기 또는 제3자의 계산으로 회사와 거래를 하기 위하여 미리 이사회에서 해당 거래에 관한 중요사실을 밝히고 이사회의 승인을 받아야 하는 자에 해당하지 <u>않는</u> 것은?

① 이사의 배우자
② 이사의 직계존속
③ 이사의 배우자의 직계비속
④ 이사의 직계비속의 배우자
⑤ 이사의 배우자의 직계존속이 의결권 있는 발행주식 총수의 50% 이상을 가진 회사의 자회사

••••••••••••••••••••••••

> **제398조(이사 등과 회사 간의 거래)** 다음 각 호의 어느 하나에 해당하는 자가 자기 또는 제3자의 계산으로 회사와 거래를 하기 위하여는 미리 이사회에서 해당 거래에 관한 중요사실을 밝히고 이사회의 승인을 받아야 한다. 이 경우 이사회의 승인은 이사 3분의 2 이상의 수로써 하여야 하고, 그 거래의 내용과 절차는 공정하여야 한다.
> 1. 이사 또는 제542조의8제2항제6호에 따른 주요주주

196 ④

    2. 제1호의 자의 배우자 및 직계존비속
    3. 제1호의 자의 배우자의 직계존비속
    4. 제1호부터 제3호까지의 자가 단독 또는 공동으로 의결권 있는 발행주식 총수의 100분의 50 이상을 가진 회사 및 그 자회사
    5. 제1호부터 제3호까지의 자가 제4호의 회사와 합하여 의결권 있는 발행주식총수의 100분의 50 이상을 가진 회사

① 제2호
② 제2호
③ 제3호
④ 이사의 직계비속의 배우자(며느리 또는 사위)는 자기거래금지대상에 해당하지 않는다.
⑤ 제4호

197

상법상 주식회사 이사의 의무에 관한 설명으로 옳은 것은?

① 이사가 경업금지의무를 위반한 경우 회사는 그 거래를 안 날로부터 1년 내에 개입권을 행사할 수 있다.
② 자본금 총액이 10억원 미만으로서 2인의 이사를 둔 회사의 이사는 3개월에 1회 이상 업무의 집행 상황을 이사회가 아닌 주주총회에 보고하여야 한다.
③ 회사의 사업기회유용금지의무를 위반하여 회사에 손해를 발생시킨 이사 및 승인한 이사는 연대하여 손해를 배상할 책임이 있으며 이로 인해 이사 또는 제3자가 얻은 이익은 손해로 추정한다.
④ 이사는 이사 3분의 2 이상의 수에 의한 이사회의 승인을 얻은 때에 한하여 동종영업을 목적으로 하는 다른 회사의 이사의 직을 겸할 수 있다.
⑤ 이사는 직무상 알게 된 회사의 영업상 비밀을 재임 중에 한하여 누설하여서는 아니된다.

••••••••••••••••••••••••

① 거래를 안 날이 아니라 거래가 있는 날로부터 기산한다.

> 제397조(경업금지) ① 이사는 이사회의 승인이 없으면 자기 또는 제3자의 계산으로 회사의 영업부류에 속한 거래를 하거나 동종영업을 목적으로 하는 다른 회사의 무한책임사원이나 이사가 되지 못한다.
> ② 이사가 제1항의 규정에 위반하여 거래를 한 경우에 회사는 이사회의 결의로 그 이사의 거래가 자기의 계산으로 한 것인 때에는 이를 회사의 계산으로 한 것으로 볼 수 있고 제3자의 계산으로 한 것인 때에는 그 이사에 대하여 이로 인한 이득의 양도를 청구할 수 있다.
> ③ 제2항의 권리는 거래가 있은 날로부터 1년을 경과하면 소멸한다.

② 상법상 자본금 총액이 10억원 미만인 회사(소규모 주식회사)는 이사를 1인 또는 2인으로 할 수 있으므로 이사회가 임의기관에 불과하여 이사의 이사회 보고에 관한 규정은 존재하지 않는다. 따라서 이사회 보고의무를 전제로 한 주주총회 보고에 관한 규정도 존재할 수 없다.

> 제383조(원수, 임기) ① 이사는 3명 이상이어야 한다. 다만, 자본금 총액이 10억원 미만인 회사는 1명 또는 2명으로 할 수 있다.

⑤ 제1항 단서의 경우에는 제341조제2항 단서, 제390조, 제391조, 제391조의2, 제391조의3, 제392조, 제393조제2항부터 제4항까지, 제399조제2항, 제408조의2제3항·제4항, 제408조의3제2항, 제408조의4제2호, 제408조의5제1항, 제408조의6, 제408조의7, 제412조의4, 제449조의2, 제462조제2항 단서, 제526조제3항, 제527조제4항, 제527조의2, 제527조의3제1항 및 제527조의5제2항은 적용하지 아니한다.

제393조(이사회의 권한) ① 중요한 자산의 처분 및 양도, 대규모 재산의 차입, 지배인의 선임 또는 해임과 지점의 설치·이전 또는 폐지 등 회사의 업무집행은 이사회의 결의로 한다.
② 이사회는 이사의 직무의 집행을 감독한다.
③ 이사는 대표이사로 하여금 다른 이사 또는 피용자의 업무에 관하여 이사회에 보고할 것을 요구할 수 있다.
④ 이사는 3월에 1회 이상 업무의 집행상황을 이사회에 보고하여야 한다.

③ 해당 규정은 개입권과 유사한 효과가 있다.

제397조의2(회사의 기회 및 자산의 유용 금지) ① 이사는 이사회의 승인 없이 현재 또는 장래에 회사의 이익이 될 수 있는 다음 각 호의 어느 하나에 해당하는 회사의 사업기회를 자기 또는 제3자의 이익을 위하여 이용하여서는 아니 된다. 이 경우 이사회의 승인은 이사 3분의 2 이상의 수로써 하여야 한다.
1. 직무를 수행하는 과정에서 알게 되거나 회사의 정보를 이용한 사업기회
2. 회사가 수행하고 있거나 수행할 사업과 밀접한 관계가 있는 사업기회
② 제1항을 위반하여 회사에 손해를 발생시킨 이사 및 승인한 이사는 연대하여 손해를 배상할 책임이 있으며 이로 인하여 이사 또는 제3자가 얻은 이익은 손해로 추정한다.

④ 경업회피의무와 관련해서는 이사회결의의 가중정족수가 적용되지 않는다. 따라서 이사 과반수의 출석과 출석이사 과반수의 찬성으로 결의한다. 이사회결의의 가중정족수는 감/자/용으로 정리하자.

제397조(경업금지) ① 이사는 이사회의 승인이 없으면 자기 또는 제3자의 계산으로 회사의 영업부류에 속한 거래를 하거나 동종영업을 목적으로 하는 다른 회사의 무한책임사원이나 이사가 되지 못한다.

⑤ 비밀유지의무는 재임 중뿐만 아니라 퇴임 후도 요구된다. 퇴임 후 비밀유지의무가 요구되는 경우 5가지(대리상, 가맹상, 이사 및 감사, 집행임원, 준법지원인)는 별도로 정리하여야 한다.

제382조의4(이사의 비밀유지의무) 이사는 재임중 뿐만 아니라 퇴임후에도 직무상 알게된 회사의 영업상 비밀을 누설하여서는 아니된다.

198

상법상 주식회사 이사의 의무에 관한 설명으로 틀린 것은? (이견이 있으면 판례에 의함)

① 이사는 이사회의 승인이 없으면 이익충돌의 여지가 있는 동종 영업을 목적으로 하는 다른 회사의 무한책임사원이나 이사가 되지 못한다.
② 이사는 이사회의 승인 없이 현재 회사의 이익이 될 수 있으며 회사가 수행하는 사업과 밀접한 관계가 있는 회사의 사업기회를 자기 또는 제3자의 이익을 위하여 이용하여서는 아니 된다.
③ 이사와 회사 사이의 거래인 경우에는 양자 사이의 이해가 상반되지 않고 회사에 불이익을 초래할 우려가 없는 때에도 미리 이사회에서 해당 거래에 관한 중요사실을 밝히고 이사회의 승인을 받아야 한다.
④ 이사는 재임중 뿐만 아니라 퇴임 후에도 직무상 알게 된 회사의 영업상 비밀을 누설하여서는 아니 된다.
⑤ 이사는 법령과 정관의 규정에 따라 회사를 위하여 그 직무를 충실하게 수행하여야 한다.

198 ③

① 이사의 경업금지의무 중 「겸직금지의무」에 대한 설명이다.

> **제397조(경업금지)** ① 이사는 이사회의 승인이 없으면 자기 또는 제3자의 계산으로 회사의 영업부류에 속한 거래를 하거나 동종영업을 목적으로 하는 다른 회사의 무한책임사원이나 이사가 되지 못한다.
> ② 이사가 제1항의 규정에 위반하여 거래를 한 경우에 회사는 이사회의 결의로 그 이사의 거래가 자기의 계산으로 한 것인 때에는 이를 회사의 계산으로 한 것으로 볼 수 있고 제3자의 계산으로 한 것인 때에는 그 이사에 대하여 이로 인한 이득의 양도를 청구할 수 있다.
> ③ 제2항의 권리는 거래가 있은 날로부터 1년을 경과하면 소멸한다.

② 「회사의 기회 및 자산의 유용금지 의무」에 대한 설명이다.

> **제397조의2(회사의 기회 및 자산의 유용 금지)** ① 이사는 이사회의 승인 없이 현재 또는 장래에 회사의 이익이 될 수 있는 다음 각 호의 어느 하나에 해당하는 회사의 사업기회를 자기 또는 제3자의 이익을 위하여 이용하여서는 아니 된다. 이 경우 이사회의 승인은 이사 3분의 2 이상의 수로써 하여야 한다.
>   1. 직무를 수행하는 과정에서 알게 되거나 회사의 정보를 이용한 사업기회
>   2. 회사가 수행하고 있거나 수행할 사업과 밀접한 관계가 있는 사업기회

③ 이사의 자기거래를 제한하는 취지는 이사와 회사의 이익이 충돌될 때 회사의 이익이 침해되는 것을 막기 위함이다. 따라서 이러한 이익충돌의 우려가 없는 거래에 대해서는 자기거래금지규정이 적용되지 않는다.

> **관련판례**
>
> [대법원 2010. 3. 11., 선고, 2007다71271, 판결]
> 주식회사의 이사가 자신을 피보험자 및 수익자로 하여 회사 명의로 퇴직보험에 가입한 사안에서, 회사가 이사를 피보험자로 하여 퇴직보험계약을 체결한 것은 임원퇴직금지급규정상 임원의 보수를 지급하기 위한 수단에 불과하고, 회사에게 퇴직금을 조성하기 위한 일반적인 자금 운영의 범위를 넘는 실질적인 불이익을 초래할 우려가 없으므로, 이에 관하여 이사회의 승인을 얻을 필요가 없다.

④ 이사의 비밀유지의무는 재임 중뿐만 아니라 퇴임 후도 요구된다. 퇴임 후 비밀유지의무가 요구되는 경우 5가지(**대**리상, **가**맹상, **이**사 및 감사, **집**행임원, **준**법지원인)는 별도로 정리하여야 한다.

> **제382조의4(이사의 비밀유지의무)** 이사는 재임중 뿐만 아니라 **퇴임후에도** 직무상 알게된 회사의 영업상 비밀을 누설하여서는 아니된다.

⑤ 이를 이사의 「충실의무」라 하는데 그 내용은 「선관주의의무」와 별반 다르지 않다.

> **제382조의3(이사의 충실의무)** 이사는 법령과 정관의 규정에 따라 회사를 위하여 그 직무를 충실하게 수행하여야 한다.

199

상법상 비상장주식회사인 A회사의 이사 甲 등이 자기 또는 제3자의 계산으로 A회사와 거래를 한 경우, A회사의 이사회 승인이 필요하지 않은 것은? (주주 전원의 동의 등 특별한 사정이 없는 것을 전제로 하고, 이견이 있으면 판례에 의함)

① 甲이 A회사에 대하여 이자 약정이나 담보 약정 없이 금전을 대여하는 경우
② 甲의 직계비속 乙이 소유하는 부동산을 乙이 A회사에 매도하는 경우
③ 甲의 배우자의 직계존속 丙이 소유하는 부동산을 丙이 A회사에 매도하는 경우
④ 甲의 제3자 丁에 대한 채무에 대하여 A회사가 보증하는 경우
⑤ 甲이 B회사의 의결권 있는 발행주식총수의 100분의 50 이상을 가지는 때에, B회사가 A회사와 거래하는 경우

> **제398조(이사 등과 회사 간의 거래)** 다음 각 호의 어느 하나에 해당하는 자가 자기 또는 제3자의 계산으로 회사와 거래를 하기 위하여는 미리 이사회에서 해당 거래에 관한 중요사실을 밝히고 이사회의 승인을 받아야 한다. 이 경우 이사회의 승인은 이사 3분의 2 이상의 수로써 하여야 하고, 그 거래의 내용과 절차는 공정하여야 한다.
> 1. 이사 또는 제542조의8제2항제6호에 따른 주요주주
> 2. 제1호의 자의 배우자 및 직계존비속
> 3. 제1호의 자의 배우자의 직계존비속
> 4. 제1호부터 제3호까지의 자가 단독 또는 공동으로 의결권 있는 발행주식 총수의 100분의 50 이상을 가진 회사 및 그 자회사
> 5. 제1호부터 제3호까지의 자가 제4호의 회사와 합하여 의결권 있는 발행주식총수의 100분의 50 이상을 가진 회사

① 불필요하다. 이사의 회사에 대한 무이자대여는 회사에게 이익이 되기 때문이다.

> **관련판례**
>
> [대법원 2010. 1. 14., 선고, 2009다55808, 판결]
> 상법 제398조에서 이사와 회사 사이의 거래에 관하여 이사회의 승인을 얻도록 규정하고 있는 취지는, 이사가 그 지위를 이용하여 회사와 거래를 함으로써 자기 또는 제3자의 이익을 도모하고 회사 나아가 주주에게 불측의 손해를 입히는 것을 방지하고자 함에 있으므로, 회사와 이사 사이에 이해가 충돌될 염려가 있는 이사의 회사에 대한 금전대여행위는 상법 제398조 소정의 이사의 자기거래행위에 해당하여 이사회의 승인을 거쳐야 하고, 다만 이사가 회사에 대하여 담보 약정이나 이자 약정 없이 금전을 대여하는 행위와 같이 성질상 회사와 이사 사이의 이해충돌로 인하여 회사에 불이익이 생길 염려가 없는 경우에는 이사회의 승인을 거칠 필요가 없다.

② 제398조 제2호
③ 동조 제3호
④ 필요하다. 회사가 보증채무를 부담하기 때문이다. 이러한 유형은 자기거래 중 간접거래에 해당한다.
⑤ 동조 제4호

199 ①

TOPIC 29 • 이사의 책임

200

상장회사인 甲회사의 회장인 A의 지시로 회사의 이사들이 분식결산을 하였을 경우 회사의 주주들이 A와 이사들을 상대로 손해배상책임을 묻는 경우에 관한 설명으로 옳은 것은?

① 6개월 전부터 계속하여 甲회사 발행주식총수의 1만분의 1 이상에 해당하는 주식을 보유한 주주는 甲회사에 대하여 이사의 책임을 추궁할 소의 제기를 청구할 수 있다.
② 판례에 의하면 甲회사의 주주들은 이사들의 고의 또는 중과실에 의한 임무해태로 인한 주가 하락으로 입은 손해에 대하여 직접 배상을 청구할 수 있다.
③ 회장인 A가 등기이사가 아니라면 甲회사나 제3자에 대하여 상법상 손해배상책임을 지지 않는다.
④ 이사들이 회사의 경영에 도움이 된다고 판단하여 분식결산을 하게 된 것이라면 경영판단의 원칙에 따라 책임을 지지 않는다.
⑤ 분식결산으로 인한 재무제표를 정기총회에서 승인한 후 2년 내에 다른 결의가 없었다면 이사들의 책임을 해제한 것으로 본다.

••••••••••••••••••••••••

① 상장회사 특례규정에 따라 6개월의 보유기간이 요구된다.

> **제542조의6(소수주주권)** ⑥ 6개월 전부터 계속하여 상장회사 발행주식총수의 1만분의 1 이상에 해당하는 주식을 보유한 자는 제403조(제324조, 제408조의9, 제415조, 제424조의2, 제467조의2 및 제542조에서 준용하는 경우를 포함한다)에 따른 주주의 권리를 행사할 수 있다.
> **제403조(주주의 대표소송)** ① 발행주식의 총수의 100분의 1 이상에 해당하는 주식을 가진 주주는 회사에 대하여 이사의 책임을 추궁할 소의 제기를 청구할 수 있다.

② 주주의 간접손해는 이사의 제3자에 대한 손해배상책임의 범위에 포함되지 않는다.

> **관련판례**
> [대법원 2003.10.24, 선고, 2003다29661, 판결]
> 주식회사의 주주가 이사의 악의 또는 중대한 과실로 인한 임무해태행위로 직접 손해를 입은 경우에는 이사에 대하여 상법 제401조에 의하여 손해배상을 청구할 수 있으나, 이사가 회사재산을 횡령하여 회사재산이 감소함으로써 회사가 손해를 입고 결과적으로 주주의 경제적 이익이 침해되는 손해와 같은 간접적인 손해는 상법 제401조 제1항에서 말하는 손해의 개념에 포함되지 아니하므로 이에 대하여는 위 법조항에 의한 손해배상을 청구할 수 없다.

③ 등기이사가 아니더라도 A는 업무집행지시자로서 이사와 동일한 손해배상책임을 진다.

> **제401조의2(업무집행지시자 등의 책임)** ① 다음 각호의 1에 해당하는 자는 그 지시하거나 집행한 업무에 관하여 제399조, 제401조, 제403조 및 제406조의2를 적용하는 경우에는 그 자를 "이사"로 본다.
> 1. 회사에 대한 자신의 영향력을 이용하여 이사에게 업무집행을 지시한 자
> 2. 이사의 이름으로 직접 업무를 집행한 자

200 ①

3. 이사가 아니면서 명예회장·회장·사장·부사장·전무·상무·이사 기타 회사의 업무를 집행할 권한이 있는 것으로 인정될 만한 명칭을 사용하여 회사의 업무를 집행한 자

제401조(제3자에 대한 책임) ① 이사가 고의 또는 중대한 과실로 그 임무를 게을리한 때에는 그 이사는 제3자에 대하여 연대하여 손해를 배상할 책임이 있다.
② 제399조제2항, 제3항의 규정은 전항의 경우에 준용한다.

④ 법령에 위반한 행위에 대해서는 「경영판단의 원칙」(회사의 이사나 임원이 선의로 선량한 관리자의 주의를 다하고 그 권한 내의 행위를 하였다면, 비록 그 행위로 인하여 회사가 손해를 입더라도 그에 대해 개인적인 책임을 지지 않는다는 원칙)이 적용되지 않는다.

관련판례

[대법원 2005.10.28. 선고, 2003다69638, 판결]
상법 제399조는 이사가 법령에 위반한 행위를 한 경우에 회사에 대하여 손해배상책임을 지도록 규정하고 있는바, 이사가 회사에 대하여 손해배상책임을 지는 사유가 되는 법령에 위반한 행위는 이사로서 임무를 수행함에 있어서 준수하여야 할 의무를 개별적으로 규정하고 있는 상법 등의 제 규정과 회사가 기업활동을 함에 있어서 준수하여야 할 제 규정을 위반한 경우가 이에 해당된다고 할 것이고, 이사가 임무를 수행함에 있어서 위와 같은 법령에 위반한 행위를 한 때에는 그 행위 자체가 회사에 대하여 채무불이행에 해당되므로 이로 인하여 회사에 손해가 발생한 이상, 특별한 사정이 없는 한 손해배상책임을 면할 수는 없다 할 것이며, 위와 같은 법령에 위반한 행위에 대하여는 이사가 임무를 수행함에 있어서 선관주의의무를 위반하여 임무해태로 인한 손해배상책임이 문제되는 경우에 고려될 수 있는 경영판단의 원칙은 적용될 여지가 없다.

⑤ 분식결산은 이사의 부정행위에 해당한다. 부정행위에 대해서는 책임이 해제되지 않는다.

제450조(이사, 감사의 책임해제) 정기총회에서 전조제1항의 승인을 한 후 2년내에 다른 결의가 없으면 회사는 이사와 감사의 책임을 해제한 것으로 본다. 그러나 이사 또는 감사의 부정행위에 대하여는 그러하지 아니하다.

201

상법상 주식회사의 이사의 책임에 관한 설명으로 틀린 것은? (이견이 있으면 판례에 의함)

① 판례에 따르면 배당가능이익이 없음에도 대표이사가 재무제표를 허위 작성하여 이익배당이 이루어져 회사에 손해가 발생한 경우에는 그 대표이사의 책임과 관련하여 경영판단의 원칙이 적용되지 않는다.
② 판례에 따르면 이사가 정당한 사유 없이 이사회에 참석하지 않고 이사회 결의를 사후적으로 추인하는 등 실질적으로 이사의 임무를 전혀 수행하지 않았다면 그 같은 불출석행위 자체가 이사의 임무해태에 해당할 수 있다.
③ 회사에 대한 사외이사의 손해배상책임을 사외이사가 그 행위를 한 날 이전 최근 1년간의 보수액(상여금과 주식매수선택권의 행사로 인한 이익 등을 포함함)의 6배를 초과하는 금액을 면제하는 어느 회사의 정관규정은 적법하다.
④ 판례에 따르면 이사가 거액의 회사자금을 횡령하여 회사가 도산위기에 빠짐으로써 결과적으로 주주의 경제적 이익이 침해되는 손해를 입었더라도 그 주주는 해당이사에 대하여 손해의 배상을 직접 물을 수 없다.
⑤ 이사의 임무해태가 이사회의 결의에 의한 경우 그 이사회 결의에는 참여하였으나 의사록에 이의의 기재가 없는 이사에 대하여는 회사채권자가 결의에서의 찬성을 입증하지 못하는 한 그 이사에 대하여 직접 손해배상책임을 추궁할 수 없다.

••••••••••••••••••••••••

① 배당가능이익이 없음에도 재무제표를 허위작성하여 이익배당을 한 경우 "법령에 위반한 행위"이므로 경영판단의 원칙이 적용되지 않는다.

관련판례

[대법원 2005.10.28, 선고, 2003다69638, 판결]
상법 제399조는 이사가 법령에 위반한 행위를 한 경우에 회사에 대하여 손해배상책임을 지도록 규정하고 있는바, 이사가 회사에 대하여 손해배상책임을 지는 사유가 되는 법령에 위반한 행위는 이사로서 임무를 수행함에 있어서 준수하여야 할 의무를 개별적으로 규정하고 있는 상법 등의 제 규정과 회사가 기업활동을 함에 있어서 준수하여야 할 제 규정을 위반한 경우가 이에 해당된다고 할 것이고, 이사가 임무를 수행함에 있어서 위와 같은 법령에 위반한 행위를 한 때에는 그 행위 자체가 회사에 대하여 채무불이행에 해당하므로 이로 인하여 회사에 손해가 발생한 이상, 특별한 사정이 없는 한 손해배상책임을 면할 수는 없다 할 것이며, 위와 같은 법령에 위반한 행위에 대하여는 이사가 임무를 수행함에 있어서 선관주의의무를 위반하여 임무해태로 인한 손해배상책임이 문제되는 경우에 고려될 수 있는 경영판단의 원칙은 적용될 여지가 없다.

② 이사로서의 임무를 전혀 수행하지 않았다면 이사의 임무해태에 해당한다.

관련판례

[대법원 2008.12.11, 선고, 2005다51471, 판결]
주식회사의 이사는 이사회의 일원으로서 이사회에 상정된 의안에 대하여 찬부의 의사표시를 하는데 그치지 않고, 담당업무는 물론 다른 업무담당 이사의 업무집행을 전반적으로 감시할 의무가 있고 이러한 의무는 비상근 이사라고 하여 면할 수 있는 것이 아니므로 주식회사의 이사가 이사회에 참석하지도 않고 사후적으로 이사회의 결의를 추인하는 등으로 실질적으로 이사의 임무를 전혀 수행하지 않은 이상 그 자체로서 임무해태가 된다고 할 것이다.

③ 이사의 책임감면의 경우에도 사외이사는 최소한 보수액의 3배까지는 책임을 져야 하므로, 6배 이내로 제한하는 정관규정은 유효하다.

> **제400조(회사에 대한 책임의 감면)** ① 제399조에 따른 이사의 책임은 주주 전원의 동의로 면제할 수 있다.
> ② 회사는 정관으로 정하는 바에 따라 제399조에 따른 이사의 책임을 이사가 그 행위를 한 날 이전 최근 1년간의 보수액(상여금과 주식매수선택권의 행사로 인한 이익 등을 포함한다)의 6배(사외이사의 경우는 3배)를 초과하는 금액에 대하여 면제할 수 있다. 다만, 이사가 고의 또는 중대한 과실로 손해를 발생시킨 경우와 제397조 제397조의2 및 제398조에 해당하는 경우에는 그러하지 아니하다.

④ 주주의 직접손해(예컨대 주식의 인수과정상의 기망행위로 인한 경우)가 아니라 간접손해(예컨대 회사의 주가폭락에 따른 주주의 자산가치 하락)의 경우는 상법 제401조의 제3자에 대한 손해배상책임의 경우에 해당하지 않는다.

> **제401조(제3자에 대한 책임)** ① 이사가 고의 또는 중대한 과실로 그 임무를 게을리한 때에는 그 이사는 제3자에 대하여 연대하여 손해를 배상할 책임이 있다.

⑤ 이사회 의사록에 이의를 한 기재가 없는 자는 그 결의에 찬성한 것으로 추정한다.

> **제399조(회사에 대한 책임)** ① 이사가 고의 또는 과실로 법령 또는 정관에 위반한 행위를 하거나 그 임무를 게을리한 경우에는 그 이사는 회사에 대하여 연대하여 손해를 배상할 책임이 있다.
> ② 전항의 행위가 이사회의 결의에 의한 것인 때에는 그 결의에 찬성한 이사도 전항의 책임이 있다.
> ③ 전항의 결의에 참가한 이사로서 이의를 한 기재가 의사록에 없는 자는 그 결의에 찬성한 것으로 추정한다.

202

상법상 주식회사의 이사에 관한 설명으로 옳은 것은?

① 상법상 이사는 사내이사, 사외이사, 그 밖에 상무에 종사하지 아니하는 이사로 나뉜다.
② 甲회사에서 집중투표제에 의하여 이사를 선임하고자 하는 경우 이사후보자가 5인이고 선임하고자 하는 이사의 수는 3인이라고 할 때 A주주가 보유하는 의결권 있는 보통주식이 100주라면 A주주는 500개의 의결권을 행사할 수 있다.
③ 이사는 해임에 대한 정당한 이유가 있는 경우 주주총회의 보통결의로 해임될 수 있고 정당한 이유가 없는 경우 주주총회의 특별결의에 의하여 해임될 수 있다.
④ 이사가 제3자에 대해 상법상 손해배상책임을 지는 경우 회사는 정관의 정함에 의하여 그 이사가 원인된 행위를 한 날 이전 최근 1년간 보수액의 6배를 초과하는 금액에 대하여 면제할 수 있다.
⑤ 모회사(甲)의 주주가 의결권 없는 주식을 포함하여 발행주식총수의 1%를 1년간 보유하고 있는 경우에 자회사(乙)의 이사의 책임을 묻기 위해 대표소송을 제기할 수 없다.

••••••••••••••••••••••••

① 옳은 내용이다.

> **제317조(설립의 등기)** ② 제1항의 설립등기에 있어서는 다음의 사항을 등기하여야 한다.
> 1. 제289조제1항제1호 내지 제4호, 제6호와 제7호에 게기한 사항
> 2. 자본금의 액

202 ①

3. 발행주식의 총수, 그 종류와 각종주식의 내용과 수
   3의2. 주식의 양도에 관하여 이사회의 승인을 얻도록 정한 때에는 그 규정
   3의3. 주식매수선택권을 부여하도록 정한 때에는 그 규정
   3의4. 지점의 소재지
4. 회사의 존립기간 또는 해산사유를 정한 때에는 그 기간 또는 사유
5. 삭제 〈2011.4.14.〉
6. 주주에게 배당할 이익으로 주식을 소각할 것을 정한 때에는 그 규정
7. 전환주식을 발행하는 경우에는 제347조에 게기한 사항
8. <u>사내이사, 사외이사, 그 밖에 상무에 종사하지 아니하는 이사</u>, 감사 및 집행임원의 성명과 주민등록번호
9. 회사를 대표할 이사 또는 집행임원의 성명·주민등록번호 및 주소
10. 둘 이상의 대표이사 또는 대표집행임원이 공동으로 회사를 대표할 것을 정한 경우에는 그 규정
11. 명의개서대리인을 둔 때에는 그 상호 및 본점소재지
12. 감사위원회를 설치한 때에는 감사위원회 위원의 성명 및 주민등록번호

② 선임하는 이사의 수만큼 의결권을 가지게 되므로, A주주는 300개의 의결권을 행사할 수 있다.

> **제382조의2(집중투표)** ① 2인 이상의 이사의 선임을 목적으로 하는 총회의 소집이 있는 때에는 의결권없는 주식을 제외한 발행주식총수의 100분의 3 이상에 해당하는 주식을 가진 주주는 정관에서 달리 정하는 경우를 제외하고는 회사에 대하여 집중투표의 방법으로 이사를 선임할 것을 청구할 수 있다.
> ② 제1항의 청구는 주주총회일의 7일 전까지 서면 또는 전자문서로 하여야 한다.
> ③ 제1항의 청구가 있는 경우에 이사의 선임결의에 관하여 각 주주는 <u>1주마다 선임할 이사의 수와 동일한 수의 의결권을 가지며</u>, 그 의결권은 이사 후보자 1인 또는 수인에게 집중하여 투표하는 방법으로 행사할 수 있다.

③ 이사의 해임은 항상 특별결의를 요한다.

> **제385조(해임)** ① 이사는 언제든지 <u>제434조의 규정에 의한 주주총회의 결의로 이를 해임할 수 있다.</u> 그러나 이사의 임기를 정한 경우에 정당한 이유없이 그 임기만료전에 이를 해임한 때에는 그 이사는 회사에 대하여 해임으로 인한 손해의 배상을 청구할 수 있다.
> **제434조(정관변경의 특별결의)** 제433조제1항의 결의는 출석한 주주의 의결권의 3분의 2 이상의 수와 발행주식총수의 3분의 1 이상의 수로써 하여야 한다.

④ 이사의 제3자에 대한 손해배상청구에 대해서는 감면이 불가능하다.

> **제400조(회사에 대한 책임의 감면)** ① 제399조에 따른 이사의 책임은 주주 전원의 동의로 면제할 수 있다.
> ② 회사는 정관으로 정하는 바에 따라 제399조에 따른 이사의 책임을 이사가 그 행위를 한 날 이전 최근 1년간의 보수액(상여금과 주식매수선택권의 행사로 인한 이익 등을 포함한다)의 6배(사외이사의 경우는 3배)를 초과하는 금액에 대하여 면제할 수 있다. 다만, 이사가 고의 또는 중대한 과실로 손해를 발생시킨 경우와 제397조 제397조의2 및 제398조에 해당하는 경우에는 그러하지 아니하다.

⑤ 2020. 12. 29. 시행되는 개정상법에서 「다중대표소송」이 도입되었다. 이에 따라 모회사 발행주식의 소수주주가 자회사 이사의 책임을 추궁하는 소송을 제기할 수 있다.

> **제406조의2(다중대표소송)** ① <u>모회사 발행주식총수의 100분의 1 이상에 해당하는 주식을 가진 주주는 자회사에 대하여 자회사 이사의 책임을 추궁할 소의 제기를 청구할 수 있다.</u>
> ② 제1항의 주주는 자회사가 제1항의 청구를 받은 날부터 30일 내에 소를 제기하지 아니한 때에는 즉시 자회사를 위하여 소를 제기할 수 있다.
> ③ 제1항 및 제2항의 소에 관하여는 제176조제3항·제4항, 제403조제2항, 같은 조 제4항부터 제6항까지 및 제404조부터 제406조까지의 규정을 준용한다.

④ 제1항의 청구를 한 후 모회사가 보유한 자회사의 주식이 자회사 발행주식총수의 100분의 50 이하로 감소한 경우(발행주식을 보유하지 아니하게 된 경우를 제외한다)에도 제1항 및 제2항에 따른 제소의 효력에는 영향이 없다.
⑤ 제1항 및 제2항의 소는 자회사의 본점소재지의 지방법원의 관할에 전속한다.

203

상법상 주식회사 이사의 의무와 책임에 관한 설명으로 틀린 것은?

① 이사가 자기거래 금지의무를 위반한 경우 회사는 정관규정으로 이사가 그 행위를 한 날 이전 최근 1년간의 보수액의 6배를 초과하는 금액에 대하여 그 이사의 회사에 대한 손해배상책임을 면제할 수 있다.
② 이사가 고의 또는 중대한 과실로 그 임무를 게을리한 때에는 그 이사는 제3자에 대하여 연대하여 손해를 배상할 책임이 있다.
③ 이사는 이사회의 승인 없이 현재 또는 장래에 회사의 이익이 될 수 있는 회사의 사업기회를 자기 또는 제3자의 이익을 위하여 이용하여서는 안 된다.
④ 이사는 신주발행으로 인한 변경등기 후 아직 인수하지 않은 주식이 있거나 주식인수의 청약이 취소된 때에는 과실유무를 불문하고 이를 공동으로 인수할 책임이 있다.
⑤ 이사는 신주를 인수한 자가 납입기일에 주금을 납입하지 않더라도 납입담보책임을 부담하는 것은 아니다.

• •

① 고의 또는 중과실, 자기거래, 경업거래, 회사기회 유용의 경우에는 이사의 손해배상책임이 감면되지 않는다.

> **제400조(회사에 대한 책임의 감면)**
> ② 회사는 정관으로 정하는 바에 따라 제399조에 따른 이사의 책임을 이사가 그 행위를 한 날 이전 최근 1년간의 보수액(상여금과 주식매수선택권의 행사로 인한 이익 등을 포함한다)의 6배(사외이사의 경우는 3배)를 초과하는 금액에 대하여 면제할 수 있다. 다만, <u>이사가 고의 또는 중대한 과실로 손해를 발생시킨 경우와 제397조 제397조의2 및 제398조에 해당하는 경우에는 그러하지 아니하다.</u>

② 이사의 임무해태가 고의 또는 중과실에 의한 경우에는 제3자에 대해서도 손해배상책임이 인정된다.

> **제401조(제3자에 대한 책임)** ① 이사가 <u>고의 또는 중대한 과실로</u> 그 임무를 게을리한 때에는 그 이사는 제3자에 대하여 연대하여 손해를 배상할 책임이 있다.

③ 회사의 기회 및 자산의 유용 금지에 대한 설명이다.

> **제397조의2(회사의 기회 및 자산의 유용 금지)**
> ① 이사는 이사회의 승인 없이 현재 또는 장래에 회사의 이익이 될 수 있는 다음 각 호의 어느 하나에 해당하는 회사의 사업기회를 자기 또는 제3자의 이익을 위하여 이용하여서는 아니 된다. 이 경우 이사회의 승인은 이사 3분의 2 이상의 수로써 하여야 한다.
>   1. 직무를 수행하는 과정에서 알게 되거나 회사의 정보를 이용한 사업기회
>   2. 회사가 수행하고 있거나 수행할 사업과 밀접한 관계가 있는 사업기회
> ② 제1항을 위반하여 회사에 손해를 발생시킨 이사 및 승인한 이사는 연대하여 손해를 배상할 책임이 있으며 이로 인하여 이사 또는 제3자가 얻은 이익은 손해로 추정한다.

203 ①

④ 자본충실책임은 무과실책임이므로 이사의 고의 또는 과실 여부를 불문한다.

> **제428조(이사의 인수담보책임)** ① 신주의 발행으로 인한 변경등기가 있은 후에 아직 인수하지 아니한 주식이 있거나 주식인수의 청약이 취소된 때에는 이사가 이를 공동으로 인수한 것으로 본다.

⑤ 납입 흠결의 경우 당연실권되기 때문에 납입담보책임은 발생하지 않는다. 당연실권되었음에도 신주발행등기가 이루어지는 경우에는 이사에게 인수담보책임이 인정된다.

> **제423조(주주가 되는 시기, 납입해태의 효과)** ② 신주의 인수인이 납입기일에 납입 또는 현물출자의 이행을 하지 아니한 때에는 그 권리를 잃는다.

204

상법상 비상장 주식회사의 이사의 책임에 관한 설명으로 틀린 것은? (이견이 있으면 판례에 의함)

① 이사가 고의 또는 과실로 그 임무를 게을리 한 경우에 지는 회사에 대한 손해배상책임은 주주 전원의 동의로 면제할 수 있다.
② 회사에 대한 영향력을 이용하여 이사에게 업무집행을 지시함으로써 회사에게 책임을 지는 자는 그 지시받은 업무집행행위로 인하여 회사에게 손해배상책임을 지는 이사와 연대하여 그 책임을 진다.
③ 대표이사가 회사재산을 횡령하여 회사가 손해를 입고 결과적으로 주주의 경제적 이익이 침해되는 간접적인 손해는 이사의 제3자에 대한 책임에서의 손해의 개념에 포함된다.
④ 발행주식총수의 100분의 1 이상에 해당하는 주식을 가진 주주는 회사에 대하여 이사의 책임을 추궁하는 소의 제기를 청구할 수 있다.
⑤ 이사가 법령 또는 정관에 위반한 행위를 하여 이로 인하여 회사에 회복할 수 없는 손해가 생길 염려가 있는 경우에는 감사는 회사를 위하여 이사에 대하여 그 행위를 유지할 것을 청구할 수 있다.

....

① 이사의 회사에 대한 손해배상책임은 총주주 동의로 면제할 수 있다.

> **제399조(회사에 대한 책임)** ① 이사가 고의 또는 과실로 법령 또는 정관에 위반한 행위를 하거나 그 임무를 게을리한 경우에는 그 이사는 회사에 대하여 연대하여 <u>손해를 배상할 책임</u>이 있다.
> **제400조(회사에 대한 책임의 감면)** ① <u>제399조에 따른 이사의 책임은 주주 전원의 동의로 면제할 수 있다.</u>

② 업무집행지시자 등의 책임에 대한 설명이다.

> **제401조의2(업무집행지시자 등의 책임)** ① 다음 각호의 1에 해당하는 자는 그 지시하거나 집행한 업무에 관하여 제399조, 제401조, 제403조 및 제406조의2를 적용하는 경우에는 그 자를 "이사"로 본다.
> 1. <u>회사에 대한 자신의 영향력을 이용하여 이사에게 업무집행을 지시한 자</u>
> 2. 이사의 이름으로 직접 업무를 집행한 자
> 3. 이사가 아니면서 명예회장·회장·사장·부사장·전무·상무·이사 기타 회사의 업무를 집행할 권한이 있는 것으로 인정될 만한 명칭을 사용하여 회사의 업무를 집행한 자
> ② 제1항의 경우에 회사 또는 제3자에 대하여 손해를 배상할 책임이 있는 이사는 제1항에 규정된 자와 연대하여 그 책임을 진다.

204 ③

③ 주주의 "간접"손해는 이사의 제3자에 대한 손해배상책임의 범위에 포함되지 않는다.

> **관련판례**
>
> [대법원 2003.10.24. 선고, 2003다29661, 판결]
> 주식회사의 주주가 이사의 악의 또는 중대한 과실로 인한 임무해태행위로 직접 손해를 입은 경우에는 이사에 대하여 상법 제401조에 의하여 손해배상을 청구할 수 있으나, 이사가 회사재산을 횡령하여 회사재산이 감소함으로써 회사가 손해를 입고 결과적으로 주주의 경제적 이익이 침해되는 손해와 같은 간접적인 손해는 상법 제401조 제1항에서 말하는 손해의 개념에 포함되지 아니하므로 이에 대하여는 위 법조항에 의한 손해배상을 청구할 수 없다.

④ 「주주대표소송」에 대한 설명이다.

> **제403조(주주의 대표소송)** ① 발행주식의 총수의 100분의 1 이상에 해당하는 주식을 가진 주주는 회사에 대하여 이사의 책임을 추궁할 소의 제기를 청구할 수 있다.

⑤ 「위법행위유지청구권」은 소수주주뿐만 아니라 감사에게도 인정된다.

> **제402조(유지청구권)** 이사가 법령 또는 정관에 위반한 행위를 하여 이로 인하여 회사에 회복할 수 없는 손해가 생길 염려가 있는 경우에는 감사 또는 발행주식의 총수의 100분의 1 이상에 해당하는 주식을 가진 주주는 회사를 위하여 이사에 대하여 그 행위를 유지할 것을 청구할 수 있다.

205

상법상 주식회사 이사의 회사에 대한 손해배상책임에 관한 설명으로 옳은 것은? (이견이 있으면 판례에 의함)

① 이사가 경과실로 그 임무를 게을리한 경우 이사는 회사에 대하여 손해배상책임을 부담하지 않는다.
② 이사의 회사에 대한 손해배상책임은 주주 전원의 동의가 있더라도 면제할 수 없다.
③ 회사의 손해를 발생시킨 이사의 행위가 이사회의 결의에 의한 경우, 그 결의에 반대한 것으로 의사록에 기재된 이사도 회사에 대하여 손해배상책임을 부담한다.
④ 이사회 결의에 참가한 이사로서 이의를 한 기재가 의사록에 없는 이사에게 손해배상책임을 부과하기 위하여는 그 이사가 결의에 찬성한 사실을 회사가 증명하여야 한다.
⑤ 이사가 이사회에 출석하여 결의에 기권하였다고 의사록에 기재된 경우에는 그 이사가 이의를 한 기재가 의사록에 없는 자라고 볼 수 없으므로, 이사회의 결의에 찬성한 것으로 추정할 수 없다.

••••••••••••••••••••••••••

① 이사의 회사에 대한 손해배상책임은 단순한 임무해태, 즉 경과실의 경우에도 발생한다.

> **제399조(회사에 대한 책임)** ① 이사가 고의 또는 과실로 법령 또는 정관에 위반한 행위를 하거나 그 임무를 게을리한 경우에는 그 이사는 회사에 대하여 연대하여 손해를 배상할 책임이 있다.
> ② 전항의 행위가 이사회의 결의에 의한 것인 때에는 그 결의에 찬성한 이사도 전항의 책임이 있다.
> ③ 전항의 결의에 참가한 이사로서 이의를 한 기재가 의사록에 없는 자는 그 결의에 찬성한 것으로 추정한다.

205 ⑤

② 이사의 회사에 대한 손해배상책임은 총주주의 동의로 면제할 수 있다.

> **제400조(회사에 대한 책임의 감면)** ① 제399조에 따른 이사의 책임은 주주 전원의 동의로 면제할 수 있다.

③ 결의에 반대한 이사는 손해배상책임이 없다.

> **제399조(회사에 대한 책임)** ① 이사가 고의 또는 과실로 법령 또는 정관에 위반한 행위를 하거나 그 임무를 게을리한 경우에는 그 이사는 회사에 대하여 연대하여 손해를 배상할 책임이 있다.
> ② 전항의 행위가 이사회의 결의에 의한 것인 때에는 그 결의에 찬성한 이사도 전항의 책임이 있다.

④ 이사에게 증명책임이 있다. 결의에 참가한 이사로서 이의를 한 기재가 의사록에 없는 자는 그 결의에 찬성한 것으로 추정하기 때문이다.

> **제399조(회사에 대한 책임)** ① 이사가 고의 또는 과실로 법령 또는 정관에 위반한 행위를 하거나 그 임무를 게을리한 경우에는 그 이사는 회사에 대하여 연대하여 손해를 배상할 책임이 있다.
> ② 전항의 행위가 이사회의 결의에 의한 것인 때에는 그 결의에 찬성한 이사도 전항의 책임이 있다.
> ③ 전항의 결의에 참가한 이사로서 이의를 한 기재가 의사록에 없는 자는 그 결의에 찬성한 것으로 추정한다.

⑤ 결의에 찬성한 이사만 책임을 진다. 의사록에 기권의 의사가 명시적으로 기재가 되어 있다면 찬성으로 추정되지 않으므로 손해배상책임을 인정할 수 없다.

관련판례

[대법원 2019. 5. 16., 선고, 2016다260455, 판결]

상법 제399조 제1항은 "이사가 고의 또는 과실로 법령 또는 정관에 위반한 행위를 하거나 그 임무를 게을리한 경우에는 그 이사는 회사에 대하여 연대하여 손해를 배상할 책임이 있다."라고 규정하고, 같은 조 제2항은 "전항의 행위가 이사회의 결의에 의한 것인 때에는 그 결의에 찬성한 이사도 전항의 책임이 있다.", 같은 조 제3항은 "전항의 결의에 참가한 이사로서 이의를 한 기재가 의사록에 없는 자는 그 결의에 찬성한 것으로 추정한다."라고 규정하고 있다. 이와 같이 상법 제399조 제2항은 같은 조 제1항이 규정한 이사의 임무 위반 행위가 이사회 결의에 의한 것일 때 결의에 찬성한 이사에 대하여도 손해배상책임을 지우고 있고, 상법 제399조 제3항은 같은 조 제2항을 전제로 하면서, 이사의 책임을 추궁하는 자로서는 어떤 이사가 이사회 결의에 찬성하였는지를 알기 어려워 증명이 곤란한 경우가 있음을 고려하여 증명책임을 이사에게 전가하는 규정이다. 그렇다면 이사가 이사회에 출석하여 결의에 기권하였다고 의사록에 기재된 경우에 그 이사는 "이의를 한 기재가 의사록에 없는 자"라고 볼 수 없으므로, 상법 제399조 제3항에 따라 이사회 결의에 찬성한 것으로 추정할 수 없고, 따라서 같은 조 제2항의 책임을 부담하지 않는다고 보아야 한다.

TOPIC 30 • 업무집행지시자

206
다음 사항 중 상법상 주식회사에 관한 설명으로 **틀린** 것은 모두 몇 개인가? (이견이 있으면 판례에 의함)

⑦ 집중투표의 방법으로 이사를 선임하는 경우에 회사가 집중투표 청구 서면을 총회종결시까지 본점에 비치하지 않았거나 주주총회에서 의장이 의결에 앞서 그러한 청구의 취지를 알리지 않았으면 그 이사 선임 결의는 결의취소의 소의 원인이 될 수 있다.
㈏ 피한정후견인은 상장회사의 사외이사가 될 자격이 있다.
㈐ 회사가 이사에게 퇴직위로금을 지급하려면 정관에 그 금액을 정하지 않았으면 주주총회의 특별결의로 정해야 한다.
㈑ 상법 이외의 법률이 준법지원인의 임기를 2년으로 규정하여도 상법이 우선하여 적용되어 준법지원인의 임기는 3년이다.
㈒ 집행임원의 임기는 정관에 다른 규정이 없으면 2년을 초과하지 못한다.
㈓ 회사의 경영에 대하여 영향력을 가진 주주가 이사의 명의로 고의로 위법한 업무를 직접 집행한 경우에는 그로 인하여 회사에 손해가 발생하여도 상법 제399조(회사에 대한 책임)의 책임을 부담하지 않는다.

① 2개   ② 3개   ③ 4개
④ 5개   ⑤ 6개

....

㈏, ㈐, ㈓ 3개이다.
⑦ 결의방법이 법령에 위반한 경우로서 형식상 하자이므로 주총결의 취소사유이다.

> **제376조(결의취소의 소)** ① 총회의 소집절차 또는 <u>결의방법이 법령</u> 또는 정관에 <u>위반</u>하거나 현저하게 불공정한 때 또는 그 결의의 내용이 정관에 위반한 때에는 주주·이사 또는 감사는 결의의 날로부터 2월내에 결의취소의 소를 제기할 수 있다.

㈏ 제한능력자(미성년자, 피한정후견인, 피성년후견인)는 상장회사의 사외이사가 될 수 없다.

> **제542조의8(사외이사의 선임)** ② 상장회사의 사외이사는 제382조제3항 각 호 뿐만 아니라 <u>다음 각 호의 어느 하나에 해당되지 아니하여야 하며, 이에 해당하게 된 경우에는 그 직을 상실한다.</u>
> 1. 미성년자, 피성년후견인 또는 피한정후견인
> 2. 파산선고를 받고 복권되지 아니한 자
> 3. 금고 이상의 형을 선고받고 그 집행이 끝나거나 집행이 면제된 후 2년이 지나지 아니한 자
> 4. 대통령령으로 별도로 정하는 법률을 위반하여 해임되거나 면직된 후 2년이 지나지 아니한 자
> 5. 상장회사의 주주로서 의결권 없는 주식을 제외한 발행주식총수를 기준으로 본인 및 그와 대통령령으로 정하는 특수한 관계에 있는 자(이하 "특수관계인"이라 한다)가 소유하는 주식의 수가 가장 많은 경우 그 본인(이하 "최대주주"라 한다) 및 그의 특수관계인
> 6. 누구의 명의로 하든지 자기의 계산으로 의결권 없는 주식을 제외한 발행주식총수의 100분의 10 이상의 주식을 소유하거나 이사·집행임원·감사의 선임과 해임 등 상장회사의 주요 경영사항에 대하여 사실상의 영향력을 행사하는 주주(이하 "주요주주"라 한다) 및 그의 배우자와 직계 존속·비속

206 ②

7. 그 밖에 사외이사로서의 직무를 충실하게 수행하기 곤란하거나 상장회사의 경영에 영향을 미칠 수 있는 자로서 대통령령으로 정하는 자

㈐ 이사의 보수 결정이므로 보통결의의 대상이다.

제388조(이사의 보수) 이사의 보수는 정관에 그 액을 정하지 아니한 때에는 <u>주주총회의 결의</u>로 이를 정한다.

㈑ 옳은 내용이다(상542의13).

제542조의13(준법통제기준 및 준법지원인) ① 자산 규모 등을 고려하여 대통령령으로 정하는 상장회사는 법령을 준수하고 회사경영을 적정하게 하기 위하여 임직원이 그 직무를 수행할 때 따라야 할 준법통제에 관한 기준 및 절차(이하 "준법통제기준"이라 한다)를 마련하여야 한다.
② 제1항의 상장회사는 준법통제기준의 준수에 관한 업무를 담당하는 사람(이하 "준법지원인"이라 한다)을 1명 이상 두어야 한다.
③ 준법지원인은 준법통제기준의 준수여부를 점검하여 그 결과를 이사회에 보고하여야 한다.
④ 제1항의 상장회사는 준법지원인을 임면하려면 이사회 결의를 거쳐야 한다.
⑤ 준법지원인은 다음 각 호의 사람 중에서 임명하여야 한다.
  1. 변호사 자격을 가진 사람
  2. 「고등교육법」 제2조에 따른 학교에서 법률학을 가르치는 조교수 이상의 직에 5년 이상 근무한 사람
  3. 그 밖에 법률적 지식과 경험이 풍부한 사람으로서 대통령령으로 정하는 사람
⑥ <u>준법지원인의 임기는 3년으로 하고, 준법지원인은 상근으로 한다.</u>
⑦ 준법지원인은 선량한 관리자의 주의로 그 직무를 수행하여야 한다.
⑧ 준법지원인은 재임 중뿐만 아니라 퇴임 후에도 직무상 알게 된 회사의 영업상 비밀을 누설하여서는 아니 된다.
⑨ 제1항의 상장회사는 준법지원인이 그 직무를 독립적으로 수행할 수 있도록 하여야 하고, 제1항의 상장회사의 임직원은 준법지원인이 그 직무를 수행할 때 자료나 정보의 제출을 요구하는 경우 이에 성실하게 응하여야 한다.
⑩ 제1항의 상장회사는 준법지원인이었던 사람에 대하여 그 직무수행과 관련된 사유로 부당한 인사상의 불이익을 주어서는 아니 된다.
⑪ 준법지원인에 관하여 다른 법률에 특별한 규정이 있는 경우를 제외하고는 이 법에서 정하는 바에 따른다. 다만, <u>다른 법률의 규정이 준법지원인의 임기를 제6항보다 단기로 정하고 있는 경우에는 제6항을 다른 법률에 우선하여 적용한다.</u>

㈒ 집행임원의 임기는 정관에 다른 규정이 없으면 2년을 초과하지 못한다. 반대해석하면, 정관에 다른 규정이 있으며 2년을 초과할 수 있다.

제408조의3(집행임원의 임기) ① <u>집행임원의 임기는 정관에 다른 규정이 없으면 2년을 초과하지 못한다.</u>
② 제1항의 임기는 정관에 그 임기 중의 최종 결산기에 관한 정기주주총회가 종결한 후 가장 먼저 소집하는 이사회의 종결 시까지로 정할 수 있다.

㈓ 업무집행지시자 등의 유형 중에서 무권대행자(제2호)에 해당한다.

제401조의2(업무집행지시자 등의 책임) ① 다음 각호의 1에 해당하는 자는 그 지시하거나 집행한 업무에 관하여 제399조, 제401조, 제403조 및 제406조의2를 적용하는 경우에는 그 자를 "이사"로 본다.
  1. 회사에 대한 자신의 영향력을 이용하여 이사에게 업무집행을 지시한 자
  2. <u>이사의 이름으로 직접 업무를 집행한 자</u>
  3. 이사가 아니면서 명예회장·회장·사장·부사장·전무·상무·이사 기타 회사의 업무를 집행할 권한이 있는 것으로 인정될 만한 명칭을 사용하여 회사의 업무를 집행한 자

207

상법상 주식회사 이사의 책임에 관한 설명으로 옳은 것은?

① 이사가 아니면서 회장의 명칭을 사용하여 회사의 업무를 집행한 자는 이사의 회사에 대한 손해배상책임 및 제3자에 대한 손해배상책임의 적용에 있어서 이를 이사로 본다.
② 판례에 의하면 이사의 회사에 대한 손해배상책임에 있어서 이사가 법령에 위반하는 행위를 한 경우에도 경영판단의 원칙을 적용한다.
③ 판례에 의하면 甲과 乙 두 회사의 대표이사를 겸하는 A가 甲회사 이사회의 승인 없이 甲회사를 대표하여 乙회사의 채무를 보증한 경우에도 A는 甲회사에 대하여 자기거래금지를 위반한 것은 아니다.
④ 이사가 미리 이사회에서 해당 거래에 관한 중요 사실을 밝히고 이사회의 승인을 받아 자기거래를 하였으나 불공정한 거래로 회사에 손해가 발생한 경우 이사의 책임은 회사의 정관이 정하는 바에 따라 감면될 수 있다.
⑤ 이사는 과실이 없다 하더라도 신주인수인이 인수한 주식에 대하여 인수가액을 납입하지 않은 경우 자본금 충실의 원칙에 따라 연대하여 납입할 책임을 부담한다.

••••••••••••••••••••

① 업무집행지시자 등의 유형 중에서 표현이사(제3호)에 해당한다.

> **제401조의2(업무집행지시자 등의 책임)** ① 다음 각호의 1에 해당하는 자는 그 지시하거나 집행한 업무에 관하여 제399조, 제401조, 제403조 및 제406조의2를 적용하는 경우에는 그 자를 "이사"로 본다.
> 1. 회사에 대한 자신의 영향력을 이용하여 이사에게 업무집행을 지시한 자
> 2. 이사의 이름으로 직접 업무를 집행한 자
> 3. 이사가 아니면서 명예회장·회장·사장·부사장·전무·상무·이사 기타 회사의 업무를 집행할 권한이 있는 것으로 인정될 만한 명칭을 사용하여 회사의 업무를 집행한 자
> ② 제1항의 경우에 회사 또는 제3자에 대하여 손해를 배상할 책임이 있는 이사는 제1항에 규정된 자와 연대하여 그 책임을 진다.
> [본조신설 1998.12.28.]

② 법령위반의 경우에는 경영판단의 법칙이 적용되지 않는다.

> **관련판례**
> [대법원 2007.7.26. 선고, 2006다33609, 판결]
> 상법 제399조는 이사가 법령에 위반한 행위를 한 경우에 회사에 대하여 손해배상책임을 지도록 규정하고 있는데, 이사가 임무를 수행함에 있어서 위와 같이 법령에 위반한 행위를 한 때에는 그 행위 자체가 회사에 대하여 채무불이행에 해당하므로, 그로 인하여 회사에 손해가 발생한 이상 특별한 사정이 없는 한 손해배상책임을 면할 수 없다. 한편, 이사가 임무를 수행함에 있어서 선량한 관리자의 주의의무를 위반하여 임무위반으로 인한 손해배상책임이 문제되는 경우에도, 통상의 합리적인 금융기관의 임원이 그 당시의 상황에서 적합한 절차에 따라 회사의 최대이익을 위하여 신의성실에 따라 직무를 수행하였고 그 의사결정과정 및 내용이 현저하게 불합리하지 않다면, 그 임원의 행위는 경영판단이 허용되는 재량범위 내에 있다고 할 것이나, 위와 같이 이사가 법령에 위반한 행위에 대하여는 원칙적으로 경영판단의 원칙이 적용되지 않는다.

207 ①

③ 자기거래의 유형 중 쌍방대리에 해당한다.

> **관련판례**
>
> [대법원 1984.12.11. 선고, 84다카1591, 판결]
> 상법 제398조에서 말하는 거래에는 이사와 회사사이에 직접 성립하는 이해상반하는 행위뿐만 아니라 이사가 회사를 대표하여 자기를 위하여 자기개인 채무의 채권자인 제3자와의 사이에 자기개인채무의 연대보증을 하는 것과 같은 이사개인에게 이익이 되고 회사에 불이익을 주는 행위도 포함하는 것이라 할 것이므로 별개 두 회사의 대표이사를 겸하고 있는 자가 어느 일방 회사의 채무에 관하여 나머지 회사를 대표하여 연대보증을 한 경우에도 역시 상법 제398조의 규정이 적용되는 것으로 보아야 한다.

④ 그 거래의 내용이 공정하지 않아 이사의 자기거래 금지의무를 위반한 경우이므로 감면규정은 적용하지 않는다.

> **제400조(회사에 대한 책임의 감면)** ① 제399조에 따른 이사의 책임은 주주 전원의 동의로 면제할 수 있다.
> ② 회사는 정관으로 정하는 바에 따라 제399조에 따른 이사의 책임을 이사가 그 행위를 한 날 이전 최근 1년간의 보수액(상여금과 주식매수선택권의 행사로 인한 이익 등을 포함한다)의 6배(사외이사의 경우는 3배)를 초과하는 금액에 대하여 면제할 수 있다. 다만, 이사가 고의 또는 중대한 과실로 손해를 발생시킨 경우와 제397조, 제397조의2 및 제398조에 해당하는 경우에는 그러하지 아니하다.
>
> **제398조(이사 등과 회사 간의 거래)** 다음 각 호의 어느 하나에 해당하는 자가 자기 또는 제3자의 계산으로 회사와 거래를 하기 위하여는 미리 이사회에서 해당 거래에 관한 중요사실을 밝히고 이사회의 승인을 받아야 한다. 이 경우 이사회의 승인은 이사 3분의 2 이상의 수로써 하여야 하고, 그 거래의 내용과 절차는 공정하여야 한다.
> 1. 이사 또는 제542조의8제2항제6호에 따른 주요주주
> 2. 제1호의 자의 배우자 및 직계존비속
> 3. 제1호의 자의 배우자의 직계존비속
> 4. 제1호부터 제3호까지의 자가 단독 또는 공동으로 의결권 있는 발행주식 총수의 100분의 50 이상을 가진 회사 및 그 자회사
> 5. 제1호부터 제3호까지의 자가 제4호의 회사와 합하여 의결권 있는 발행주식총수의 100분의 50 이상을 가진 회사

⑤ 이사에게는 납입담보책임이 적용되지 않는다. 납입이 이루어지지 않으면 해당 주식인수인을 실권시키면 그만이다. 이사의 인수담보책임은 실제로 주식의 인수 및 납입이 이루어지지 않았음에도 유상증자가 이루어진 것처럼 신주발행 변경등기를 한 경우에만 문제된다.

> **제428조(이사의 인수담보책임)** ① 신주의 발행으로 인한 변경등기가 있은 후에 아직 인수하지 아니한 주식이 있거나 주식인수의 청약이 취소된 때에는 이사가 이를 공동으로 인수한 것으로 본다.
> ② 전항의 규정은 이사에 대한 손해배상의 청구에 영향을 미치지 아니한다.

208

비상장회사인 주식회사의 분식결산에 관여한 자들의 책임에 관한 상법상 설명으로 틀린 것은? (이견이 있으면 판례에 의함)

① 회사는 분식결산을 실행한 대표이사에게 분식결산으로 인하여 납부하게 된 과징금 상당액의 손해를 배상할 것을 청구할 수 있다.
② 판례에 의하면 대표이사는 분식결산을 하는 것이 회사의 이익에 부합한다고 합리적으로 신뢰하고 경영상 판단을 내린 것이라고 주장하더라도 면책될 수 없다.
③ 주주총회에서 분식결산된 재무제표를 승인한 후 2년 내에 다른 결의가 없으면 회사는 대표이사의 책임을 해제한 것으로 본다.
④ 회사는 영향력을 행사하여 대표이사에게 분식결산을 지시한 회장(이사로 등기되지 않음)에게 분식결산으로 인한 손해를 배상할 것을 청구할 수 있다.
⑤ 회사는 회사의 업무를 집행할 권한이 있는 것으로 인정될 만한 '상무'라는 명칭을 사용하여 분식결산을 실행한 자(이사로 등기되지 않음)에게 그로 인한 손해의 배상을 청구할 수 있다.

••••••••••••••••••••••

① 이사의 고의 또는 과실이 있는 경우 회사에 대한 손해배상책임을 부담한다. 분식결산을 실행한 대표이사는 고의로 법령을 위반한 경우에 해당한다.

> **제399조(회사에 대한 책임)** ① 이사가 고의 또는 과실로 법령 또는 정관에 위반한 행위를 하거나 그 임무를 게을리한 경우에는 그 이사는 회사에 대하여 연대하여 손해를 배상할 책임이 있다.
> ② 전항의 행위가 이사회의 결의에 의한 것인 때에는 그 결의에 찬성한 이사도 전항의 책임이 있다.
> ③ 전항의 결의에 참가한 이사로서 이의를 한 기재가 의사록에 없는 자는 그 결의에 찬성한 것으로 추정한다.

② 법령에 위반한 행위에 대해서는 경영판단의 법칙이 적용되지 않는다.

> **관련판례**
>
> [대법원 2007.7.26. 선고, 2006다33609, 판결]
> 상법 제399조는 이사가 법령에 위반한 행위를 한 경우에 회사에 대하여 손해배상책임을 지도록 규정하고 있는데, 이사가 임무를 수행함에 있어서 위와 같이 법령에 위반한 행위를 한 때에는 그 행위 자체가 회사에 대하여 채무불이행에 해당하므로, 그로 인하여 회사에 손해가 발생한 이상 특별한 사정이 없는 한 손해배상책임을 면할 수 없다. 한편, 이사가 임무를 수행함에 있어서 선량한 관리자의 주의의무를 위반하여 임무위반으로 인한 손해배상책임이 문제되는 경우에도, 통상의 합리적인 금융기관의 임원이 그 당시의 상황에서 적합한 절차에 따라 회사의 최대이익을 위하여 신의성실에 따라 직무를 수행하였고 그 의사결정과정 및 내용이 현저하게 불합리하지 않다면, 그 임원의 행위는 경영판단이 허용되는 재량범위 내에 있다고 할 것이나, 위와 같이 이사가 법령에 위반한 행위에 대하여는 원칙적으로 경영판단의 원칙이 적용되지 않는다.

③ 분식결산은 이사의 부정행위이므로 책임이 해제되지 않는다.

> **제450조(이사, 감사의 책임해제)** 정기총회에서 전조제1항의 승인을 한 후 2년내에 다른 결의가 없으면 회사는 이사와 감사의 책임을 해제한 것으로 본다. 그러나 이사 또는 감사의 부정행위에 대하여는 그러하지 아니하다.

④ 이 경우 업무집행지시자(제1호)로서 책임을 지게 된다.

> **제401조의2(업무집행지시자 등의 책임)** ① 다음 각호의 1에 해당하는 자는 그 지시하거나 집행한 업무에 관하여 제399조, 제401조, 제403조 및 제406조의2를 적용하는 경우에는 그 자를 "이사"로 본다.

208 ③

1. 회사에 대한 자신의 영향력을 이용하여 이사에게 업무집행을 지시한 자
2. 이사의 이름으로 직접 업무를 집행한 자
3. 이사가 아니면서 명예회장·회장·사장·부사장·전무·상무·이사 기타 회사의 업무를 집행할 권한이 있는 것으로 인정될 만한 명칭을 사용하여 회사의 업무를 집행한 자

⑤ 이 경우 표현이사(제3호)로써 책임을 지게 된다.

> **제401조의2(업무집행지시자 등의 책임)** ① 다음 각호의 1에 해당하는 자는 그 지시하거나 집행한 업무에 관하여 제399조, 제401조, 제403조 및 제406조의2를 적용하는 경우에는 그 자를 "이사"로 본다.
> 1. 회사에 대한 자신의 영향력을 이용하여 이사에게 업무집행을 지시한 자
> 2. 이사의 이름으로 직접 업무를 집행한 자
> 3. 이사가 아니면서 명예회장·회장·사장·부사장·전무·상무·이사 기타 회사의 업무를 집행할 권한이 있는 것으로 인정될 만한 명칭을 사용하여 회사의 업무를 집행한 자

209

상법상 주식회사의 이사 등의 책임에 관한 설명으로 틀린 것은?

① 판례에 의하면 이사의 회사에 대한 임무해태로 인한 손해배상책임은 위임관계로 인한 채무불이행책임이므로 그 소멸시효기간은 일반채무의 경우와 같이 10년이다.
② 판례에 의하면 이사가 임무를 수행함에 있어서 법령에 위반한 행위를 한 때에는 원칙적으로 경영판단의 원칙이 적용되지 않는다.
③ 고의 또는 중대한 과실로 임무를 게을리한 이사의 행위가 이사회의 결의에 의한 것인 때에는 그 결의에 찬성한 이사도 제3자에 대하여 연대하여 손해를 배상할 책임이 있다.
④ 회사에 대한 자신의 영향력을 이용하여 이사에게 업무집행을 지시하여 고의로 법령에 위반한 행위를 하게 한 자는 회사에 대하여 연대하여 손해를 배상할 책임이 있다.
⑤ 회사는 정관의 규정으로 사외이사의 제3자에 대한 손해배상책임에 관하여 그 행위를 한 날 이전 최근 1년간의 보수액의 3배를 초과하는 금액에 대하여 면제할 수 있다.

••••••••••••••••••••••

① 이사의 회사에 대한 손해배상책임은 위임계약상 채무불이행책임이므로 10년의 시효로 소멸한다.

관련판례

[대법원 1985. 6. 25. 선고 84다카1954 판결]
주식회사의 이사 또는 감사의 회사에 대한 임무해태로 인한 손해배상책임은 일반불법행위 책임이 아니라 위임관계로 인한 채무불이행 책임이므로 그 소멸시효기간은 일반채무의 경우와 같이 10년이라고 보아야 한다.

② 법령 또는 정관에 위반한 행위에 대해서는 경영판단의 법칙을 적용할 여지가 없다.

관련판례

[대법원 2007. 7. 26. 선고 2006다33609 판결]
상법 제399조는 이사가 법령에 위반한 행위를 한 경우에 회사에 대하여 손해배상책임을 지도록 규정하고

있는데, 이사가 임무를 수행함에 있어서 위와 같이 법령에 위반한 행위를 한 때에는 그 행위 자체가 회사에 대하여 채무불이행에 해당하므로, 그로 인하여 회사에 손해가 발생한 이상 특별한 사정이 없는 한 손해배상책임을 면할 수 없다. 한편, 이사가 임무를 수행함에 있어서 선량한 관리자의 주의의무를 위반하여 임무위반으로 인한 손해배상책임이 문제되는 경우에도, 통상의 합리적인 금융기관의 임원이 그 당시의 상황에서 적합한 절차에 따라 회사의 최대이익을 위하여 신의성실에 따라 직무를 수행하였고 그 의사결정과정 및 내용이 현저하게 불합리하지 않다면, 그 임원의 행위는 경영판단이 허용되는 재량범위 내에 있다고 할 것이나, 위와 같이 <u>이사가 법령에 위반한 행위에 대하여는 원칙적으로 경영판단의 원칙이 적용되지 않는다</u>.

③ 제399조 제2항

> **제399조(회사에 대한 책임)** ① 이사가 고의 또는 과실로 법령 또는 정관에 위반한 행위를 하거나 그 임무를 게을리한 경우에는 그 이사는 회사에 대하여 연대하여 손해를 배상할 책임이 있다.
> ②전항의 행위가 <u>이사회의 결의에 의한 것인 때에는 그 결의에 찬성한 이사도 전항의 책임이 있다</u>.

④ 업무집행지시자에 해당한다.

> **제401조(제삼자에 대한 책임)** ① 다음 각호의 1에 해당하는 자는 그 지시하거나 집행한 업무에 관하여 제399조·제401조 및 제403조의 적용에 있어서 이를 이사로 본다.

> **제401조(제삼자에 대한 책임)** ① 다음 각호의 1에 해당하는 자는 그 지시하거나 집행한 업무에 관하여 제399조·제401조 및 제403조의 적용에 있어서 이를 이사로 본다.
> 1. 회사에 대한 자신의 영향력을 이용하여 이사에게 업무집행을 지시한 자
> 2. 이사의 이름으로 직접 업무를 집행한 자
> 3. 이사가 아니면서 명예회장·회장·사장·부사장·전무·상무·이사 기타 회사의 업무를 집행할 권한이 있는 것으로 인정될 만한 명칭을 사용하여 회사의 업무를 집행한 자
> ② 제399조제2항, 제3항의 규정은 전항의 경우에 준용한다.

⑤ 이사의 책임감면규정은 회사에 대한 손해배상책임(제399조)에 적용되는 것이지 제3자에 대한 손해배상책임(제401조)에는 적용되지 않는다.

> **제400조(회사에 대한 책임의 감면)** ② 회사는 정관으로 정하는 바에 따라 <u>제399조에 따른 이사의 책임</u>을 이사가 그 행위를 한 날 이전 최근 1년간의 보수액(상여금과 주식매수선택권의 행사로 인한 이익 등을 포함한다)의 6배(사외이사의 경우는 3배)를 초과하는 금액에 대하여 면제할 수 있다. 다만, 이사가 고의 또는 중대한 과실로 손해를 발생시킨 경우와 제397조 제397조의2 및 제398조에 해당하는 경우에는 그러하지 아니하다.

> **제401조(제삼자에 대한 책임)** ① 이사가 고의 또는 중대한 과실로 그 임무를 게을리한 때에는 그 이사는 제3자에 대하여 연대하여 손해를 배상할 책임이 있다.
> ② 제399조제2항, 제3항의 규정은 전항의 경우에 준용한다.

TOPIC 31 • 집행임원

210
상법상 주식회사의 이사와 집행임원에 관한 설명으로 틀린 것을 묶은 것은?

> (가) 회사의 성립 이후에는 이사는 주주총회에서 선임되지만 집행임원은 이사회에서 선임된다.
> (나) 회사는 집행임원을 둘 수 있고 집행임원 설치회사는 대표이사를 두지 못한다.
> (다) 이사는 집행임원으로 선임되지 못하며 집행임원 설치회사는 이사회의 회의를 주관하기 위하여 이사회의 의장을 둘 수 있다.
> (라) 집행임원 설치회사에서 집행임원을 3인 이상 선임하는 경우에는 집행임원회를 설치하여야 한다.
> (마) 집행임원의 임기는 정관에 다른 규정이 없으면 2년을 초과하지 못한다.

① (가), (다) ② (나), (라) ③ (다), (마)
④ (가), (나) ⑤ (다), (라)

••••••••••••••••••••••

(가) 옳은 내용이다.

> **제408조의2(집행임원 설치회사, 집행임원과 회사의 관계)**
> ③ 집행임원 설치회사의 이사회는 다음의 권한을 갖는다.
>   1. 집행임원과 대표집행임원의 선임·해임
>   2. 집행임원의 업무집행 감독
>   3. 집행임원과 집행임원 설치회사의 소송에서 집행임원 설치회사를 대표할 자의 선임
>   4. 집행임원에게 업무집행에 관한 의사결정의 위임(이 법에서 이사회 권한사항으로 정한 경우는 제외한다)
>   5. 집행임원이 여러 명인 경우 집행임원의 직무 분담 및 지휘·명령관계, 그 밖에 집행임원의 상호관계에 관한 사항의 결정
>   6. 정관에 규정이 없거나 주주총회의 승인이 없는 경우 집행임원의 보수 결정

(나) 옳은 내용이다.

> **제408조의2(집행임원 설치회사, 집행임원과 회사의 관계)** ① 회사는 집행임원을 둘 수 있다. 이 경우 집행임원을 둔 회사(이하 "집행임원 설치회사"라 한다)는 대표이사를 두지 못한다.

(다) (ⅰ) 이사의 집행임원 취임은 제한이 없다. (ⅱ) 이사회 의장을 "둘 수 있다"가 아니라 "두어야 한다".

> **제408조의2(집행임원 설치회사, 집행임원과 회사의 관계)**
> ④ 집행임원 설치회사는 이사회의 회의를 주관하기 위하여 이사회 의장을 두어야 한다. 이 경우 이사회 의장은 정관의 규정이 없으면 이사회 결의로 선임한다.

(라) 집행임원회를 구성하지 않고 각자 그 권한을 행사한다. 집행임원이 2명 이상이면 대표집행임원을 선임하여야 한다.

> **제408조의4(집행임원의 권한)** 집행임원의 권한은 다음 각 호의 사항으로 한다.
>   1. 집행임원 설치회사의 업무집행
>   2. 정관이나 이사회의 결의에 의하여 위임받은 업무집행에 관한 의사결정

210 ⑤

> 제408조의5(대표집행임원) ① 2명 이상의 집행임원이 선임된 경우에는 이사회 결의로 집행임원 설치회사를 대표할 대표집행임원을 선임하여야 한다. 다만, 집행임원이 1명인 경우에는 그 집행임원이 대표집행임원이 된다.
> ② 대표집행임원에 관하여는 이 법에 다른 규정이 없으면 주식회사의 대표이사에 관한 규정을 준용한다.
> ③ 집행임원 설치회사에 대하여는 제395조를 준용한다.

㈑ 정관에 다른 규정이 있으면 2년을 초과할 수 있다.

> 제408조의3(집행임원의 임기) ① 집행임원의 임기는 정관에 다른 규정이 없으면 2년을 초과하지 못한다.

211

상법상 주식회사에 집행임원을 설치하는 경우에 관한 설명으로 옳은 것은?

① 집행임원은 주주총회에서 선임되며 회사의 업무집행을 담당한다.
② 2명 이상의 집행임원이 선임된 경우에는 이사회 결의로 회사를 대표할 대표집행임원을 선임하여야 한다.
③ 이사회의 회의를 주관하기 위하여 이사회 의장을 두어야 하고 이 경우 이사회 의장은 사외이사 중에서 선임한다.
④ 집행임원의 임기는 3년을 초과하지 못하지만 정관으로 그 임기 중의 최종의 결산기에 관한 정기주주총회의 종결에 이르기까지 연장할 수 있다.
⑤ 이사회는 집행임원의 업무집행을 감독할 권한을 가지므로 이사를 집행임원으로 선임할 수 없다.

•••••••••••••••••••••••••••

① 회사의 성립 이후에는 이사는 주주총회에서 선임되지만 집행임원은 이사회에서 선임된다.

> 제408조의2(집행임원 설치회사, 집행임원과 회사의 관계) ③ 집행임원 설치회사의 이사회는 다음의 권한을 갖는다.
> 1. 집행임원과 대표집행임원의 선임·해임
> 2. 집행임원의 업무집행 감독
> 3. 집행임원과 집행임원 설치회사의 소송에서 집행임원 설치회사를 대표할 자의 선임
> 4. 집행임원에게 업무집행에 관한 의사결정의 위임(이 법에서 이사회 권한사항으로 정한 경우는 제외한다)
> 5. 집행임원이 여러 명인 경우 집행임원의 직무 분담 및 지휘·명령관계, 그 밖에 집행임원의 상호관계에 관한 사항의 결정
> 6. 정관에 규정이 없거나 주주총회의 승인이 없는 경우 집행임원의 보수 결정

② 집행임원이 2명 이상이면 대표집행임원을 선임하여야 한다.

> 제408조의5(대표집행임원) ① 2명 이상의 집행임원이 선임된 경우에는 이사회 결의로 집행임원 설치회사를 대표할 대표집행임원을 선임하여야 한다. 다만, 집행임원이 1명인 경우에는 그 집행임원이 대표집행임원이 된다.
> ② 대표집행임원에 관하여는 이 법에 다른 규정이 없으면 주식회사의 대표이사에 관한 규정을 준용한다.
> ③ 집행임원 설치회사에 대하여는 제395조를 준용한다.

③ 이사회의 회의를 주관하기 위하여 이사회 의장을 두어야 하는 것은 맞지만, 이사회 의장이 사외이사일 것을 요구하는 규정은 없다.

211 ②

> 제408조의2(집행임원 설치회사, 집행임원과 회사의 관계)
> ④ 집행임원 설치회사는 이사회의 회의를 주관하기 위하여 이사회 의장을 두어야 한다. 이 경우 이사회 의장은 정관의 규정이 없으면 이사회 결의로 선임한다.

④ (ⅰ) 집행임원의 임기는 "3년"이 아니라 "2년"을 초과하지 못하고, (ⅱ) 정관으로 임기 중의 최종의 결산기에 관한 "정기주총"의 종결시까지 연장하는 것이 아니라 "정기주총 종결 후 가장 먼저 소집하는 이사회"의 종결 시까지 연장할 수 있다. (ⅲ) 정관에 다른 규정이 있으면 2년을 초과할 수도 있다.

> 제408조의3(집행임원의 임기) ① 집행임원의 임기는 정관에 다른 규정이 없으면 2년을 초과하지 못한다.
> ② 제1항의 임기는 정관에 그 임기 중의 최종 결산기에 관한 정기주주총회가 종결한 후 가장 먼저 소집하는 이사회의 종결 시까지로 정할 수 있다.

⑤ 집행임원의 자격에 제한이 없기 때문에 이사가 스스로 집행임원이 되는 것도 가능하다. 반면에 감사와 집행임원의 겸직은 불가능하다.

212

상법상 주식회사의 대표이사와 집행임원에 관한 설명으로 옳은 것은?

① 이사가 회사에 대하여 소를 제기한 경우 대표이사가 그 소에 관하여 회사를 대표한다.
② 집행임원 설치회사의 경우 집행임원의 선임 및 해임의 권한은 주주총회에 있다.
③ 집행임원의 임기는 정관에 다른 규정이 없으면 3년으로 한다.
④ 집행임원은 이사회의 요구가 있으면 언제든지 이사회에 출석하여 요구한 사항을 보고하여야 한다.
⑤ 회사는 대표이사의 대표권의 제한을 이유로 선의의 제3자에게 대항할 수 있다.

....

① 대표이사가 아니라 감사가 회사를 대표한다.

> 제394조(이사와 회사간의 소에 관한 대표) ① 회사가 이사에 대하여 또는 이사가 회사에 대하여 소를 제기하는 경우에 감사는 그 소에 관하여 회사를 대표한다. 회사가 제403조제1항 또는 제406조의2 제1항의 청구를 받은 경우에도 또한 같다.

② 주주총회가 아니라 이사회에서 선임 및 해임한다.

> 제408조의2(집행임원 설치회사, 집행임원과 회사의 관계)
> ③ 집행임원 설치회사의 이사회는 다음의 권한을 갖는다.
>   1. 집행임원과 대표집행임원의 선임·해임
>   2. 집행임원의 업무집행 감독
>   3. 집행임원과 집행임원 설치회사의 소송에서 집행임원 설치회사를 대표할 자의 선임
>   4. 집행임원에게 업무집행에 관한 의사결정의 위임(이 법에서 이사회 권한사항으로 정한 경우는 제외한다)
>   5. 집행임원이 여러 명인 경우 집행임원의 직무 분담 및 지휘·명령관계, 그 밖에 집행임원의 상호관계에 관한 사항의 결정
>   6. 정관에 규정이 없거나 주주총회의 승인이 없는 경우 집행임원의 보수 결정

③ 3년으로 고정된 것이 아니라, 2년을 초과할 수 없다.

> 제408조의3(집행임원의 임기) ① 집행임원의 임기는 정관에 다른 규정이 없으면 2년을 초과하지 못한다.

212 ④

④ 집행임원의 정기적 보고의무에 대한 설명이다.

> **제408조의6(집행임원의 이사회에 대한 보고)** ① 집행임원은 3개월에 1회 이상 업무의 집행상황을 이사회에 보고하여야 한다.
> ② 집행임원은 제1항의 경우 외에도 이사회의 요구가 있으면 언제든지 이사회에 출석하여 요구한 사항을 보고하여야 한다.
> ③ 이사는 대표집행임원으로 하여금 다른 집행임원 또는 피용자의 업무에 관하여 이사회에 보고할 것을 요구할 수 있다.

⑤ 대표이사의 대표권은 포괄정형성을 띄기 때문에 내부적인 제한으로 선의의 제3자의 이익을 해할 수는 없다.

> **제389조(대표이사)** ① 회사는 이사회의 결의로 회사를 대표할 이사를 선정하여야 한다. 그러나 정관으로 주주총회에서 이를 선정할 것을 정할 수 있다.
> ② 전항의 경우에는 수인의 대표이사가 공동으로 회사를 대표할 것을 정할 수 있다.
> ③ 제208조제2항, 제209조, 제210조와 제386조의 규정은 대표이사에 준용한다.
> **제209조(대표사원의 권한)** ① 회사를 대표하는 사원은 회사의 영업에 관하여 재판상 또는 재판외의 모든 행위를 할 권한이 있다.
> ② 전항의 권한에 대한 제한은 선의의 제3자에게 대항하지 못한다.

213

상법상 비상장주식회사의 집행임원에 관한 설명으로 틀린 것은?

① 집행임원 설치회사의 경우 대표집행임원과 집행임원의 성명과 주민등록번호는 설립등기사항이다.
② 회사는 회사의 설립·경영 및 기술혁신 등에 기여하거나 기여할 수 있는 집행임원에게 상법상 절차에 따라 주식매수선택권을 부여할 수 있다.
③ 사외이사가 재직중인 회사의 집행임원이 된 경우에는 그 직을 상실한다.
④ 집행임원 설치회사는 대표이사를 둘 수 있다.
⑤ 회사와 집행임원의 관계는「민법」중 위임에 관한 규정을 준용한다.

••••••••••••••••••••••••

① 옳은 내용이다.

> **제317조(설립의 등기)** ① 주식회사의 설립등기는 발기인이 회사설립시에 발행한 주식의 총수를 인수한 경우에는 제299조와 제300조의 규정에 의한 절차가 종료한 날로부터, 발기인이 주주를 모집한 경우에는 창립총회가 종결한 날 또는 제314조의 규정에 의한 절차가 종료한 날로부터 2주간내에 이를 하여야 한다.
> 8. 사내이사, 사외이사, 그 밖에 상무에 종사하지 아니하는 이사, 감사 및 집행임원의 성명과 주민등록번호
> 9. 회사를 대표할 이사 또는 집행임원의 성명·주민등록번호 및 주소

② 상법상 주식매수선택권의 부여대상자는 집행임원을 포함한 임직원이기 때문이다.

> **제340조의2(주식매수선택권)** ① 회사는 정관으로 정하는 바에 따라 제434조의 주주총회의 결의로 회사의 설립·경영 및 기술혁신 등에 기여하거나 기여할 수 있는 회사의 이사, 집행임원, 감사 또는 피용자(被用者)에게 미리 정한 가액(이하 "주식매수선택권의 행사가액"이라 한다)으로 신주를 인수하거나 자기의 주식을 매수할 수 있는 권리(이하 "주식매수선택권"이라 한다)를 부여할 수 있다. 다만, 주식매수선택권의 행사가액이 주식의 실질가액보다 낮은 경우에 회사는 그 차액을 금전으로 지급하거나 그 차액에 상당하는 자기의 주식을 양도할 수 있다. 이 경우 주식의 실질가액은 주식매수선택권의 행사일을 기준으로 평가한다.

213 ④

③ 집행임원을 포함한 회사의 업무집행자는 사외이사가 될 수 없다.

> **제382조(이사의 선임, 회사와의 관계 및 사외이사)** ③ 사외이사(社外理事)는 해당 회사의 상무(常務)에 종사하지 아니하는 이사로서 다음 각 호의 어느 하나에 해당하지 아니하는 자를 말한다. 사외이사가 다음 각 호의 어느 하나에 해당하는 경우에는 그 직을 상실한다. 〈개정 2011. 4. 14.〉
> 1. 회사의 상무에 종사하는 이사·집행임원 및 피용자 또는 최근 2년 이내에 회사의 상무에 종사한 이사·감사·집행임원 및 피용자

④ 집행임원을 둔 회사는 대표이사를 둘 수 없고, 집행임원이 2명 이상이면 대표집행임원이 회사를 대표한다. 대표이사를 둘 수 없다는 점은 이사회 회의를 주관하기 위해 이사회의장을 두어야 한다는 내용으로 연결된다.

> **제408조의2(집행임원 설치회사, 집행임원과 회사의 관계)** ① 회사는 집행임원을 둘 수 있다. 이 경우 집행임원을 둔 회사(이하 "집행임원 설치회사"라 한다)는 대표이사를 두지 못한다.

⑤ 집행임원과 회사의 관계는 민법의 위임에 관한 규정을 준용하므로, 집행임원은 회사에 대하여 선량한 관리자의 주의의무를 부담한다는 내용으로 연결된다.

> **제408조의2(집행임원 설치회사, 집행임원과 회사의 관계)** ① 회사는 집행임원을 둘 수 있다. 이 경우 집행임원을 둔 회사(이하 "집행임원 설치회사"라 한다)는 대표이사를 두지 못한다.
> ② 집행임원 설치회사와 집행임원의 관계는 「민법」 중 위임에 관한 규정을 준용한다.

TOPIC 32 · 감사

214

상법상 주주총회의 결의에 의하여 상근감사를 두어야 하는 주식회사가 상근감사로 선임할 수 있는 자격이 있는 자로 옳은 것은?

① 미성년자, 피성년후견인 또는 피한정후견인
② 해당 회사의 상무에 종사하는 이사의 직계존속
③ 파산선고를 받고 복권되지 아니한 자
④ 상장회사의 특례에 따른 감사위원회의 위원으로 재임하였던 자
⑤ 금고 이상의 형을 선고받고 그 집행이 끝나거나 집행이 면제된 후 2년이 지나지 아니한 자

··············

> **제542조의10(상근감사)** ① 대통령령으로 정하는 상장회사는 주주총회 결의에 의하여 회사에 상근하면서 감사 업무를 수행하는 감사(이하 "상근감사"라고 한다)를 1명 이상 두어야 한다. 다만, 이 절 및 다른 법률에 따라 감사위원회를 설치한 경우(감사위원회 설치 의무가 없는 상장회사가 이 절의 요건을 갖춘 감사위원회를 설치한 경우를 포함한다)에는 그러하지 아니하다.
> ② 다음 각 호의 어느 하나에 해당하는 자는 제1항 본문의 상장회사의 상근감사가 되지 못하며, 이에 해당하게 되는 경우에는 그 직을 상실한다.
>   1. 제542조의8제2항제1호부터 제4호까지 및 제6호에 해당하는 자
>   2. 회사의 상무(常務)에 종사하는 이사·집행임원 및 피용자 또는 최근 2년 이내에 회사의 상무에 종사한 이사·집행임원 및 피용자. 다만, 이 절에 따른 감사위원회위원으로 재임 중이거나 재임하였던 이사는 제외한다.
>   3. 제1호 및 제2호 외에 회사의 경영에 영향을 미칠 수 있는 자로서 대통령령으로 정하는 자
>
> **제542조의8(사외이사의 선임)** ② 상장회사의 사외이사는 제382조제3항 각 호 뿐만 아니라 다음 각 호의 어느 하나에 해당되지 아니하여야 하며, 이에 해당하게 된 경우에는 그 직을 상실한다.
>   1. 미성년자, 피성년후견인 또는 피한정후견인
>   2. 파산선고를 받고 복권되지 아니한 자
>   3. 금고 이상의 형을 선고받고 그 집행이 끝나거나 집행이 면제된 후 2년이 지나지 아니한 자
>   4. 대통령령으로 별도로 정하는 법률을 위반하여 해임되거나 면직된 후 2년이 지나지 아니한 자
>   5. 상장회사의 주주로서 의결권 없는 주식을 제외한 발행주식총수를 기준으로 본인 및 그와 대통령령으로 정하는 특수한 관계에 있는 자(이하 "특수관계인"이라 한다)가 소유하는 주식의 수가 가장 많은 경우 그 본인(이하 "최대주주"라 한다) 및 그의 특수관계인
>   6. 누구의 명의로 하든지 자기의 계산으로 의결권 없는 주식을 제외한 발행주식총수의 100분의 10 이상의 주식을 소유하거나 이사·집행임원·감사의 선임과 해임 등 상장회사의 주요 경영사항에 대하여 사실상의 영향력을 행사하는 주주(이하 "주요주주"라 한다) 및 그의 배우자와 직계 존속·비속
>   7. 그 밖에 사외이사로서의 직무를 충실하게 수행하기 곤란하거나 상장회사의 경영에 영향을 미칠 수 있는 자로서 대통령령으로 정하는 자

① 제542조의8 제2항 제1호
② 제542조의10 제2항 제3호, 시행령 제36조 제2항 제1호

214 ④

> ■ 상법 시행령
>
> **제36조(상근감사)** ① 법 제542조의10제1항 본문에서 "대통령령으로 정하는 상장회사"란 최근 사업연도 말 현재의 자산총액이 1천억원 이상인 상장회사를 말한다.
> ② 법 제542조의10제2항제3호에서 "대통령령으로 정하는 자"란 다음 각 호의 어느 하나에 해당하는 자를 말한다.
>   1. 해당 회사의 상무에 종사하는 이사·집행임원의 배우자 및 직계존속·비속
>   2. 계열회사의 상무에 종사하는 이사·집행임원 및 피용자이거나 최근 2년 이내에 상무에 종사한 이사·집행임원 및 피용자

③ 제542조의8 제2항 제2호
④ 감사위원회위원으로 재임 중이거나 재임하였던 이사는 상근감사가 될 수 있다.

> **제542조의10(상근감사)** ② 다음 각 호의 어느 하나에 해당하는 자는 제1항 본문의 상장회사의 상근감사가 되지 못하며, 이에 해당하게 되는 경우에는 그 직을 상실한다.
>   1. 제542조의8 제2항 제1호부터 제4호까지 및 제6호에 해당하는 자
>   2. 회사의 상무(常務)에 종사하는 이사·집행임원 및 피용자 또는 최근 2년 이내에 회사의 상무에 종사한 이사·집행임원 및 피용자. 다만, 이 절에 따른 감사위원회위원으로 재임 중이거나 재임하였던 이사는 제외한다.
>   3. 제1호 및 제2호 외에 회사의 경영에 영향을 미칠 수 있는 자로서 대통령령으로 정하는 자

⑤ 제542조의8 제2항 제3호

215

상법상 주식회사의 감사에 관한 설명으로 틀린 것은?

① 감사는 신주발행무효의 소를 그 제소기간 내에 제기할 수 있고, 이사에 대한 위법행위 유지청구권을 행사할 수도 있다.
② 감사는 회의의 목적사항과 소집의 이유를 기재한 서면을 이사회에 제출하여 임시총회의 소집을 청구할 수 있다.
③ 판례에 의하면, 해임된 이사에 대하여 회사가 소를 제기하는 경우에 감사는 그 소에 관하여 회사를 대표한다.
④ 회사가 임기를 정하지 않은 감사를 정당한 이유없이 해임하더라도, 그 해임된 감사는 회사에 대하여 해임으로 인한 손해배상을 청구할 수 없다.
⑤ 감사는 회사 및 자회사의 이사 또는 지배인 기타의 사용인의 직무를 겸하지 못한다.

••••••••••••••••••••••••••

① 주주, 이사, 감사는 주식회사의 모든 회사소송의 제소권자임이 원칙이다(이른바 1군).

> **제429조(신주발행무효의 소)** 신주발행의 무효는 주주·이사 또는 감사에 한하여 신주를 발행한 날로부터 6월내에 소만으로 이를 주장할 수 있다.
> **제402조(유지청구권)** 이사가 법령 또는 정관에 위반한 행위를 하여 이로 인하여 회사에 회복할 수 없는 손해가 생길 염려가 있는 경우에는 감사 또는 발행주식의 총수의 100분의 1 이상에 해당하는 주식을 가진 주주는 회사를 위하여 이사에 대하여 그 행위를 유지할 것을 청구할 수 있다.

215 ③

② 임시주총의 소집권자는 (ⅰ) 원칙적으로 이사회이지만, (ⅱ) 소수주주와 감사(위원회)는 이사회에 소집청구를 하였음에도 소집되지 않는 경우 법원의 허가를 얻어서 직접 소집할 수 있고, (ⅲ) 법원의 명령으로 소집할 수도 있다.

> **제412조의3(총회의 소집청구)** ① 감사는 회의의 목적사항과 소집의 이유를 기재한 서면을 이사회에 제출하여 임시총회의 소집을 청구할 수 있다.
> ② 제366조제2항의 규정은 감사가 총회를 소집하는 경우에 이를 준용한다.

③ 대표이사가 회사를 대표한다.

관련판례

[대법원 2002. 3. 15., 선고, 2000다9086, 판결]
상법 제394조 제1항에서는 이사와 회사 사이의 소에 있어서 양자 간에 이해의 충돌이 있기 쉬우므로 그 충돌을 방지하고 공정한 소송수행을 확보하기 위하여 비교적 객관적 지위에 있는 감사로 하여금 그 소에 관하여 회사를 대표하도록 규정하고 있는바, 소송의 목적이 되는 권리관계가 이사의 재직중에 일어난 사유로 인한 것이라 할지라도 회사가 그 사람을 이사의 자격으로 제소하는 것이 아니고 이사가 이미 이사의 자리를 떠난 경우에 회사가 그 사람을 상대로 제소하는 경우에는 특별한 사정이 없는 한 위 상법 제394조 제1항은 적용되지 않는다고 할 것이다(대법원 1977. 6. 28. 선고 77다295 판결 참조).

> **제394조(이사와 회사간의 소에 관한 대표)** ① 회사가 이사에 대하여 또는 이사가 회사에 대하여 소를 제기하는 경우에 감사는 그 소에 관하여 회사를 대표한다. 회사가 제403조제1항 또는 제406조의2 제1항의 청구를 받은 경우에도 또한 같다.
> ② 제415조의2의 규정에 의한 감사위원회의 위원이 소의 당사자인 경우에는 감사위원회 또는 이사는 법원에 회사를 대표할 자를 선임하여 줄 것을 신청하여야 한다.

④ 감사에 대해서도 이사의 해임에 관한 규정을 준용하므로, "임기를 정한 경우라야" 정당한 이유 없이 해임되었음을 이유로 손해배상을 청구할 수 있다. 다만 출제오류로 보인다. 감사의 임기는 3년으로 법정되어 있으므로, 선지에서와 같이 "임기를 정하지 않은 감사"는 존재할 수 없다.

> **제385조(해임)** ① 이사는 언제든지 제434조의 규정에 의한 주주총회의 결의로 이를 해임할 수 있다. 그러나 이사의 임기를 정한 경우에 정당한 이유없이 그 임기만료전에 이를 해임한 때에는 그 이사는 회사에 대하여 해임으로 인한 손해의 배상을 청구할 수 있다.
> **제415조(준용규정)** 제382조제2항, 제382조의4, 제385조, 제386조, 제388조, 제400조, 제401조부터 제403조까지, 제406조의2 및 제407조는 감사에 준용한다.

⑤ 감사는 소속된 회사뿐만 아니라 자회사에 대해서도 이사 또는 지배인 기타 사용인의 직무를 겸할 수 없음을 주의해야 한다. 이를 감사의 「겸임금지의무」라 한다.

> **제411조(겸임금지)** 감사는 회사 및 자회사의 이사 또는 지배인 기타의 사용인의 직무를 겸하지 못한다.

216

상법상 주식회사 감사의 권한과 의무에 관한 설명으로 틀린 것은?

① 감사는 이사회의 소집청구권을 갖는다.
② 감사록에는 감사의 실시요령과 그 결과를 기재해야 하고, 감사를 실시하지 않은 감사도 기명날인 또는 서명하여야 한다.
③ 감사는 언제든지 이사에 대하여 영업에 관한 보고를 요구하거나 회사의 업무와 재산상태를 조사할 수 있다.
④ 모회사의 감사는 그 직무를 수행하기 위하여 필요한 때에는 자회사에 대하여 영업의 보고를 요구할 수 있다.
⑤ 감사는 이사가 주주총회에 제출할 의안 및 서류를 조사하여 법령 또는 정관에 위반하거나 현저하게 부당한 사항이 있는지의 여부에 관하여 주주총회에 그 의견을 진술하여야 한다.

••••••••••••••••••••••

① 감사는 이사회 관련하여 의결권을 제외하고는 모든 권한이 인정된다.

> 제412조의4(감사의 이사회 소집 청구) ① 감사는 필요하면 회의의 목적사항과 소집이유를 서면에 적어 이사(소집권자가 있는 경우에는 소집권자를 말한다. 이하 이 조에서 같다)에게 제출하여 이사회 소집을 청구할 수 있다.
> ② 제1항의 청구를 하였는데도 이사가 지체 없이 이사회를 소집하지 아니하면 그 **청구한 감사가 이사회를 소집할 수 있다.**

② 감사를 실시한 감사가 기명날인 또는 서명한다.

> 제413조의2(감사록의 작성) ① 감사는 감사에 관하여 감사록을 작성하여야 한다.
> ② 감사록에는 감사의 실시요령과 그 결과를 기재하고 감사를 실시한 감사가 기명날인 또는 서명하여야 한다.

③ 감사의 보고요구 및 조사권에 대한 설명이다.

> 제412조(감사의 직무와 보고요구, 조사의 권한) ① 감사는 이사의 직무의 집행을 감사한다.
> ② 감사는 언제든지 이사에 대하여 영업에 관한 보고를 요구하거나 회사의 업무와 재산상태를 조사할 수 있다.
> ③ 감사는 회사의 비용으로 전문가의 도움을 구할 수 있다.

④ 모회사의 감사업무 수행을 위해 필요하다면 자회사에 대해서도 조사할 수 있다.

> 제412조의5(자회사의 조사권) ① 모회사의 감사는 그 직무를 수행하기 위하여 필요한 때에는 자회사에 대하여 영업의 보고를 요구할 수 있다.
> ② 모회사의 감사는 제1항의 경우에 자회사가 지체없이 보고를 하지 아니할 때 또는 그 보고의 내용을 확인할 필요가 있는 때에는 자회사의 업무와 재산상태를 조사할 수 있다.
> ③ 자회사는 정당한 이유가 없는 한 제1항의 규정에 의한 보고 또는 제2항의 규정에 의한 조사를 거부하지 못한다.

⑤ 감사의 조사 및 보고의무에 대한 설명이다. 감사가 이 의무를 해태할 경우 회사에 대한 손해배상책임이 문제될 수 있다.

> 제413조(조사·보고의 의무) 감사는 이사가 주주총회에 제출할 의안 및 서류를 조사하여 법령 또는 정관에 위반하거나 현저하게 부당한 사항이 있는지의 여부에 관하여 주주총회에 그 의견을 진술하여야 한다.

216 ②

TOPIC 33 • 감사위원회

217

상법상 감사 및 감사위원회의 구성에 관한 설명으로 틀린 것은?

① 최근 사업연도 말 현재 자산총액 1천억원 이상의 상장회사는 감사위원회를 둔 경우가 아닌 한 상근감사를 1명 이상 두어야 한다.
② 감사위원회 설치의무가 있는 상장회사가 감사위원회를 두는 경우 그 위원 중 1명 이상은 회계 또는 재무전문가이어야 한다.
③ 비상장회사가 감사에 갈음하여 감사위원회를 두는 경우 감사위원회 위원을 선임하거나 해임하는 권한은 주주총회에 전속한다.
④ 감사위원회 설치의무가 있는 상장회사는 주주총회에서 이사를 선임한 후 선임된 이사 중에서 감사위원회위원을 선임하여야 한다.
⑤ 상장회사가 주주총회의 목적사항으로 감사의 선임 또는 감사의 보수결정을 위한 의안을 상정하려는 경우에는 이사의 선임 또는 이사의 보수결정을 위한 의안과는 별도로 상정하여 의결하여야 한다.

• •

① 자산총액 1천억원 이상인 상장회사는 상근감사 또는 감사위원회 중 반드시 하나를 두어야 한다.

> **제542조의10(상근감사)** ① 대통령령으로 정하는 상장회사는 주주총회 결의에 의하여 회사에 상근하면서 감사업무를 수행하는 감사(이하 "상근감사"라고 한다)를 1명 이상 두어야 한다. 다만, 이 절 및 다른 법률에 따라 감사위원회를 설치한 경우(감사위원회 설치 의무가 없는 상장회사가 이 절의 요건을 갖춘 감사위원회를 설치한 경우를 포함한다)에는 그러하지 아니하다.
>
> ▪ 상법 시행령
> **제36조(상근감사)** ① 법 제542조의10제1항 본문에서 "대통령령으로 정하는 상장회사"란 최근 사업연도 말 현재의 자산총액이 1천억원 이상인 상장회사를 말한다.

② 감사위원회 설치의무가 있는 상장회사는 자산총액 2조 이상의 대규모 상장회사이다.

> **제542조의11(감사위원회)** ① 자산 규모 등을 고려하여 대통령령으로 정하는 상장회사는 감사위원회를 설치하여야 한다.
> ② 제1항의 상장회사의 감사위원회는 제415조의2제2항의 요건 및 다음 각 호의 요건을 모두 갖추어야 한다.
>   1. 위원 중 1명 이상은 대통령령으로 정하는 회계 또는 재무 전문가일 것
>   2. 감사위원회의 대표는 사외이사일 것
>
> ▪ 상법 시행령
> **제37조(감사위원회)** ① 법 제542조의11제1항에서 "대통령령으로 정하는 상장회사"란 최근 사업연도 말 현재의 자산총액이 2조원 이상인 상장회사를 말한다.

③ 감사위원회는 이사회 내 위원회이므로 비상장회사의 감사위원회의 위원의 선임과 해임은 이사회의 권한이다. 다만 대규모 상장회사의 경우에는 주주총회에서 감사위원회 위원을 선임하거나 해임한다.

217 ③

제415조의2(감사위원회) ① 회사는 정관이 정한 바에 따라 감사에 갈음하여 제393조의2의 규정에 의한 위원회로서 감사위원회를 설치할 수 있다. 감사위원회를 설치한 경우에는 감사를 둘 수 없다.
② 감사위원회는 제393조의2제3항에도 불구하고 3명 이상의 이사로 구성한다. 다만, 사외이사가 위원의 3분의 2 이상이어야 한다.
③ 감사위원회의 위원의 해임에 관한 이사회의 결의는 이사 총수의 3분의 2 이상의 결의로 하여야 한다.

제393조의2(이사회내 위원회) ① 이사회는 정관이 정한 바에 따라 위원회를 설치할 수 있다.
② 이사회는 다음 각호의 사항을 제외하고는 그 권한을 위원회에 위임할 수 있다.
  1. 주주총회의 승인을 요하는 사항의 제안
  2. 대표이사의 선임 및 해임
  3. 위원회의 설치와 그 위원의 선임 및 해임
  4. 정관에서 정하는 사항

제542조의12(감사위원회의 구성 등) ① 제542조의11제1항의 상장회사의 경우 제393조의2에도 불구하고 감사위원회위원을 선임하거나 해임하는 권한은 주주총회에 있다.

④ 감사위원회 위원은 이사의 자격을 전제로 한다. 감사위원회 설치의무가 있는 상장회사(대규모 상장회사)의 경우에는 감사위원회 위원도 이사와 마찬가지로 주주총회에서 선임한다. 다만 감사위원회 위원 중 1명은 다른 이사들과 분리하여 감사위원회 위원이 되는 이사로 선임해야 한다. 이를 「분리선출」이라 하며, 주주들은 3%를 초과하는 부분의 의결권을 행사할 수 없다. 대주주가 뽑은 이사 중에서 감사위원을 선출하지 않고 대주주로부터 독립적인 지위를 갖도록 감사위원을 별도로 선임해 감사위원회 위원의 독립성을 확보하기 위한 것이다.

제542조의12(감사위원회의 구성 등) ② 제542조의11제1항의 상장회사는 주주총회에서 이사를 선임한 후 선임된 이사 중에서 감사위원회위원을 선임하여야 한다. 다만, 감사위원회위원 중 1명(정관에서 2명 이상으로 정할 수 있으며, 정관으로 정한 경우에는 그에 따른 인원으로 한다)은 주주총회 결의로 다른 이사들과 분리하여 감사위원회위원이 되는 이사로 선임하여야 한다.

⑤ (ⅰ) 감사 선임시 3% 초과 주주의 의결권이 제한되어 이사 선임안건과 동시에 의결하는 것은 불가능하다.
  (ⅱ) 감사 보수 안건과 이사 보수 안건을 동시에 의결하게 되면 감사가 이사에 종속될 우려가 있다.

제542조의12(감사위원회의 구성 등) ⑤ 상장회사가 주주총회의 목적사항으로 감사의 선임 또는 감사의 보수결정을 위한 의안을 상정하려는 경우에는 이사의 선임 또는 이사의 보수결정을 위한 의안과는 별도로 상정하여 의결하여야 한다.

218

상법상 주식회사의 감사제도에 관한 설명으로 옳은 것은?

① 감사위원회 설치의무가 있는 상장회사에서 A가 그 회사 감사위원회의 대표라면 A는 사외이사이어야 한다.
② 甲회사의 정관이 의결권 없는 주식을 제외한 발행주식총수의 100분의 5를 초과하는 수의 주식을 가진 주주는 그 초과하는 주식에 관하여 감사선임시 의결권을 행사할 수 없다고 규정한 경우 그러한 정관규정은 유효하다.
③ 모회사와 자회사는 법인격이 다르므로 모회사의 감사는 자회사의 이사에 대하여 영업의 보고를 요구하거나 자회사의 재무와 재산상태를 조사할 수가 없다.
④ 감사는 주주대표소송으로 책임추궁을 받지 않고 정관에 규정을 두어 책임을 경감받을 수 없다.
⑤ 최근 사업연도 말 현재의 자산총액이 3천억원인 상장회사의 경우 감사위원회 위원은 이사회에서 선임하고 해임한다.

••••••••••••••••••••••••

① 옳은 내용이다. 자산총액 2조 이상의 상장회사의 감사위원회의 대표는 사외이사이어야 한다.

> 제542조의11(감사위원회) ① 자산 규모 등을 고려하여 대통령령으로 정하는 상장회사는 감사위원회를 설치하여야 한다.
> ② 제1항의 상장회사의 감사위원회는 제415조의2제2항의 요건 및 다음 각 호의 요건을 모두 갖추어야 한다.
>   1. 위원 중 1명 이상은 대통령령으로 정하는 회계 또는 재무 전문가일 것
>   2. 감사위원회의 대표는 사외이사일 것
>
> ■ 상법시행령
> 제37조(감사위원회) ① 법 제542조의11제1항에서 "대통령령으로 정하는 상장회사"란 최근 사업연도 말 현재의 자산총액이 2조원 이상인 상장회사를 말한다.

② 감사선임시 3% 초과주주의 의결권 제한은 그 비율을 낮추는 것만 가능하다.

> 제409조(선임) ① 감사는 주주총회에서 선임한다.
> ② 의결권없는 주식을 제외한 발행주식의 총수의 100분의 3(정관에서 더 낮은 주식 보유비율을 정할 수 있으며, 정관에서 더 낮은 주식 보유비율을 정한 경우에는 그 비율로 한다)을 초과하는 수의 주식을 가진 주주는 그 초과하는 주식에 관하여 제1항의 감사의 선임에 있어서는 의결권을 행사하지 못한다.

③ 모회사의 감사를 수행하기 위해 필요하다면 자회사에 대해서 영업의 보고 요구 및 조사가 가능하다.

> 제412조의5(자회사의 조사권) ① 모회사의 감사는 그 직무를 수행하기 위하여 필요한 때에는 자회사에 대하여 영업의 보고를 요구할 수 있다.
> ② 모회사의 감사는 제1항의 경우에 자회사가 지체없이 보고를 하지 아니할 때 또는 그 보고의 내용을 확인할 필요가 있는 때에는 자회사의 업무와 재산상태를 조사할 수 있다.
> ③ 자회사는 정당한 이유가 없는 한 제1항의 규정에 의한 보고 또는 제2항의 규정에 의한 조사를 거부하지 못한다.

④ 감사 역시 대표소송의 대상이 되고 책임경감도 허용된다.

제415조(준용규정) 제382조제2항, 제382조의4, 제385조, 제386조, 제388조, 제400조, 제401조부터 제403조까지, 제406조의2 및 제407조는 감사에 준용한다.

제400조(회사에 대한 책임의 감면) ① 제399조에 따른 이사의 책임은 주주 전원의 동의로 면제할 수 있다.
② 회사는 정관으로 정하는 바에 따라 제399조에 따른 이사의 책임을 이사가 그 행위를 한 날 이전 최근 1년간의 보수액(상여금과 주식매수선택권의 행사로 인한 이익 등을 포함한다)의 6배(사외이사의 경우는 3배)를 초과하는 금액에 대하여 면제할 수 있다. 다만, 이사가 고의 또는 중대한 과실로 손해를 발생시킨 경우와 제397조 제397조의2 및 제398조에 해당하는 경우에는 그러하지 아니하다.

제403조(주주의 대표소송) ① 발행주식의 총수의 100분의 1 이상에 해당하는 주식을 가진 주주는 회사에 대하여 이사의 책임을 추궁할 소의 제기를 청구할 수 있다.
② 제1항의 청구는 그 이유를 기재한 서면으로 하여야 한다.
③ 회사가 전항의 청구를 받은 날로부터 30일내에 소를 제기하지 아니한 때에는 제1항의 주주는 즉시 회사를 위하여 소를 제기할 수 있다.
④ 제3항의 기간의 경과로 인하여 회사에 회복할 수 없는 손해가 생길 염려가 있는 경우에는 전항의 규정에 불구하고 제1항의 주주는 즉시 소를 제기할 수 있다.
⑤ 제3항과 제4항의 소를 제기한 주주의 보유주식이 제소후 발행주식총수의 100분의 1 미만으로 감소한 경우(발행주식을 보유하지 아니하게 된 경우를 제외한다)에도 제소의 효력에는 영향이 없다.
⑥ 회사가 제1항의 청구에 따라 소를 제기하거나 주주가 제3항과 제4항의 소를 제기한 경우 당사자는 법원의 허가를 얻지 아니하고는 소의 취하, 청구의 포기·인락·화해를 할 수 없다.
⑦ 제176조제3항, 제4항과 제186조의 규정은 본조의 소에 준용한다.

⑤ 자산총액 2조 이상의 대규모회사(대규모상장회사)의 경우에는 주주총회에서 선임 및 해임한다. 자산총액 1천억원 이상 2조원 미만인 상장회사는 감사위원회 설치의무는 없고 상근감사를 두어야 한다(제542조의10 제1항 본문). 그러나 이 회사가 대규모상장회사의 특례규정에 의한 감사위원회(즉, 위원을 주주총회에서 선임하는)를 두는 경우에는 상근감사를 두지 않을 수는 있다(동항 단서).

제542조의10(상근감사) ① 대통령령으로 정하는 상장회사는 주주총회 결의에 의하여 회사에 상근하면서 감사 업무를 수행하는 감사(이하 "상근감사"라고 한다)를 1명 이상 두어야 한다. 다만, 이 절 및 다른 법률에 따라 감사위원회를 설치한 경우(감사위원회 설치 의무가 없는 상장회사가 이 절의 요건을 갖춘 감사위원회를 설치한 경우를 포함한다)에는 그러하지 아니하다.
제542조의12(감사위원회의 구성 등) ① 제542조의11제1항의 상장회사의 경우 제393조의2에도 불구하고 감사위원회위원을 선임하거나 해임하는 권한은 주주총회에 있다.

■ 상법시행령
제36조(상근감사) ① 법 제542조의10제1항 본문에서 "대통령령으로 정하는 상장회사"란 최근 사업연도 말 현재의 자산총액이 1천억원 이상인 상장회사를 말한다.

219

상법상 주식회사의 감사 또는 감사위원회에 관한 설명으로 옳은 것은?

① 자본금의 총액이 10억원 미만인 회사는 감사를 두지 않을 수 있다.
② 최근 사업연도 말 현재의 자산총액이 1천억원 이상인 상장회사는 감사위원회를 둘 수 없고 반드시 상근감사를 두어야 한다.
③ 최근 사업연도 말 현재의 자산총액이 2조원 이상인 상장회사의 감사위원회 위원을 선임하거나 해임하는 권한은 이사회에 있다.
④ 회사가 감사의 임기 내에 정당한 이유 없이 감사를 해임하더라도 그 감사는 회사에 대하여 해임으로 인한 손해배상을 청구할 수 없다.
⑤ 상장회사는 주주총회에서 감사의 보수와 이사의 보수를 단일 안건으로 상정하여 그 총액을 의결할 수 있다.

....

① 소규모 주식회사의 경우에 감사가 임의기관이다. 덧붙여 이사회도 임의기관이다.

> 제409조(선임) ① 감사는 주주총회에서 선임한다.
> ④ 제1항, 제296조제1항 및 제312조에도 불구하고 자본금의 총액이 10억원 미만인 회사의 경우에는 감사를 선임하지 아니할 수 있다.

② 자산총액 1천억원 이상 상장회사는 감사위원회를 두거나 상근감사 1인 이상을 두어야 한다.

> 제542조의10(상근감사) ① 대통령령으로 정하는 상장회사는 주주총회 결의에 의하여 회사에 상근하면서 감사업무를 수행하는 감사(이하 "상근감사"라고 한다)를 1명 이상 두어야 한다. 다만, 이 절 및 다른 법률에 따라 감사위원회를 설치한 경우(감사위원회 설치 의무가 없는 상장회사가 이 절의 요건을 갖춘 감사위원회를 설치한 경우를 포함한다)에는 그러하지 아니하다.
>
> ■ 상법시행령
> 제36조(상근감사) ① 법 제542조의10제1항 본문에서 "대통령령으로 정하는 상장회사"란 최근 사업연도 말 현재의 자산총액이 1천억원 이상인 상장회사를 말한다.

③ 대규모상장회사의 경우 감사위원의 선임 및 해임 권한은 주주총회에 있다.

> 제542조의12(감사위원회의 구성 등) ① 제542조의11제1항의 상장회사의 경우 제393조의2에도 불구하고 감사위원회 위원을 선임하거나 해임하는 권한은 주주총회에 있다.

④ 감사에 대해서도 이사의 해임에 관한 규정을 준용하여, 정당한 이유 없이 임기만료 전에 해임한 경우에는 손해배상청구가 가능하다.

> 제385조(해임) ① 이사는 언제든지 제434조의 규정에 의한 주주총회의 결의로 이를 해임할 수 있다. 그러나 이사의 임기를 정한 경우에 정당한 이유없이 그 임기만료전에 이를 해임한 때에는 그 이사는 회사에 대하여 해임으로 인한 손해의 배상을 청구할 수 있다.
> 제415조(준용규정) 제382조제2항, 제382조의4, 제385조, 제386조, 제388조, 제400조, 제401조부터 제403조까지, 제406조의2 및 제407조는 감사에 준용한다.

219 ①

⑤ 감사의 선임 또는 감사의 보수의 결정을 위한 의안을 상정하려는 경우 이사의 선임 또는 보수의 결정을 위한 의안을 상정하려는 경우 이사의 선임 또는 보수의 결정을 위한 의안과는 "별도로" 상정하여 의결하여야 한다. 감사 선임시 3% 초과 주주의 의결권이 제한되어 이사 선임안건과 동시에 의결하는 것은 불가능하며, 감사 보수 안건과 이사 보수 안건을 동시에 의결하게 되면 감사가 이사에 종속될 우려가 있기 때문이다.

> **제542조의12(감사위원회의 구성 등)** ⑤ <u>상장회사가 주주총회의 목적사항으로 감사의 선임 또는 감사의 보수결정을 위한 의안을 상정하려는 경우에는 이사의 선임 또는 이사의 보수결정을 위한 의안과는 별도로 상정하여 의결하여야 한다.</u>

220

상법상 주식회사의 감사 및 감사위원회 위원의 선임과 해임에 관한 설명으로 <u>틀린</u> 것은?

① 최근 사업연도 말 현재의 자산총액이 1천억원 이상 2조원 미만인 상장회사가 감사를 두는 경우에는 1인 이상을 상근으로 하여야 한다.
② 판례에 의하면 주주총회에서 감사선임결의가 있고 선임된 사람의 동의가 있으면 임용계약이 체결되지 않더라도 감사로서의 지위를 갖게 된다.
③ 감사의 임기는 취임 후 3년 내의 최종의 결산기에 관한 정기총회의 종결시까지로 한다.
④ 비상장회사의 감사를 해임하는 경우 의결권없는 주식을 제외한 발행주식총수의 100분의 3을 초과하는 수의 주식을 가진 주주는 그 초과하는 주식에 관하여 의결권을 행사하지 못한다.
⑤ 비상장회사의 감사위원회는 사외이사가 위원의 3분의 2 이상이어야 하고 위원의 해임에 관한 이사회의 결의는 이사 총수의 3분의 2 이상의 결의로 하여야 한다.

••••••••••••••••••••••

① 제542조의10 제1항, 시행령 제36조 제1항

> **제542조의10(상근감사)** ① <u>대통령령으로 정하는 상장회사는 주주총회 결의에 의하여 회사에 상근하면서 감사업무를 수행하는 감사(이하 "상근감사"라고 한다)를 1명 이상 두어야 한다.</u> 다만, 이 절 및 다른 법률에 따라 감사위원회를 설치한 경우(감사위원회 설치 의무가 없는 상장회사가 이 절의 요건을 갖춘 감사위원회를 설치한 경우를 포함한다)에는 그러하지 아니하다.
>
> ■ 상법시행령
> **제36조(상근감사)** ① 법 제542조의10제1항 본문에서 "대통령령으로 정하는 상장회사"란 <u>최근 사업연도 말 현재의 자산총액이 1천억원 이상인 상장회사</u>를 말한다.

② 변경된 판례에 따르면, 감사의 지위는 주주총회 선임결의 후에 피선임자가 이에 동의하면 발생하는 것이지, 피선임자와 회사 간의 임용계약 체결여부는 감사지위의 발생과 관련이 없다. 기존의 경영진이 반대파 측에서 선임한 감사의 권한행사를 막기 위해 임용계약체결을 미루는 사례가 빈발하여 아래와 같은 판례가 나오게 되었다.

> **관련판례**
> [대법원 2017. 3. 23. 선고 2016다251215 전원합의체 판결]
> 이사·감사의 지위가 주주총회의 선임결의와 별도로 대표이사와 사이에 임용계약이 체결되어야만 비로소 인정된다고 보는 것은, 이사·감사의 선임을 주주총회의 전속적 권한으로 규정하여 주주들의 단체적 의사결정

220 ④

사항으로 정한 상법의 취지에 배치된다. 또한 상법상 대표이사는 회사를 대표하며, 회사의 영업에 관한 재판상 또는 재판 외의 모든 행위를 할 권한이 있으나(제389조 제3항, 제209조 제1항), 이사·감사의 선임이 여기에 속하지 아니함은 법문상 분명하다. 그러므로 이사·감사의 지위는 주주총회의 선임결의가 있고 선임된 사람의 동의가 있으면 취득된다고 보는 것이 옳다.

③ 제410조

제410조(임기) 감사의 임기는 취임 후 3년 내의 최종의 결산기에 관한 정기총회의 종결시까지로 한다.

④ (ⅰ)「비상장회사」의 경우 감사의 선임결의(제409조 제2항)와 달리「해임결의」에 대해서는 의결권 제한규정이 없다.

(ⅱ)「상장회사」의 경우에는 감사(위원회위원)의「선임결의」뿐만 아니라「해임결의」를 할 때에도 의결권 없는 주식을 제외한 발행주식총수의 100분의 3을 초과하는 부분으로는 의결권을 행사하지 못한다(제542조의12 제4항).

제409조(선임) ② 의결권없는 주식을 제외한 발행주식의 총수의 100분의 3(정관에서 더 낮은 주식 보유비율을 정할 수 있으며, 정관에서 더 낮은 주식 보유비율을 정한 경우에는 그 비율로 한다)을 초과하는 수의 주식을 가진 주주는 그 초과하는 주식에 관하여 제1항의 감사의 선임에 있어서는 의결권을 행사하지 못한다.

제542조의12(감사위원회의 구성 등) ④ 제1항에 따른 감사위원회위원을 선임 또는 해임할 때에는 상장회사의 의결권 없는 주식을 제외한 발행주식총수의 100분의 3(정관에서 더 낮은 주식 보유비율을 정할 수 있으며, 정관에서 더 낮은 주식 보유비율을 정한 경우에는 그 비율로 한다)을 초과하는 수의 주식을 가진 주주(최대주주인 경우에는 사외이사가 아닌 감사위원회위원을 선임 또는 해임할 때에 그의 특수관계인, 그 밖에 대통령령으로 정하는 자가 소유하는 주식을 합산한다)는 그 초과하는 주식에 관하여 의결권을 행사하지 못한다.
⑦ 제4항은 상장회사가 감사를 선임하거나 해임할 때에 준용한다. 이 경우 주주가 최대주주인 경우에는 그의 특수관계인, 그 밖에 대통령령으로 정하는 자가 소유하는 주식을 합산한다.

⑤ 제415조의2 제2항, 제3항

제415조의2(감사위원회) ② 감사위원회는 제393조의2제3항에도 불구하고 3명 이상의 이사로 구성한다. 다만, 사외이사가 위원의 3분의 2 이상이어야 한다.
③ 감사위원회의 위원의 해임에 관한 이사회의 결의는 이사 총수의 3분의 2 이상의 결의로 하여야 한다.

221

상법상 상장주식회사의 감사·감사위원회에 관한 설명으로 옳은 것은?

① 모회사의 감사는 당해회사 이사의 직을 겸할 수 없으나 자회사의 이사의 직은 겸할 수 있다.
② 감사위원회위원은 경업금지의무나 회사의 사업기회유용금지의무를 부담하지 않는다.
③ 감사는 신주발행유지청구권과 이사에 대한 위법행위유지청구권을 행사할 수 없다.
④ 최근 사업연도 말 현재의 자산총액이 2조원 이상인 상장회사는 주주총회에서 선임된 이사 중에서 이사회 결의를 통해 감사위원회위원을 선임할 수 있다.
⑤ 감사 또는 감사위원회는 이사에게 감사보고서를 주주총회일의 1주 전까지는 제출할 수 있다.

221 ⑤

① 모회사의 감사는 자회사에 대해서도 이사 또는 지배인 기타 사용인의 직무를 겸할 수 없다.

> **제411조(겸임금지)** 감사는 회사 및 자회사의 이사 또는 지배인 기타의 사용인의 직무를 겸하지 못한다.

② 감사위원회위원은 이사의 지위를 전제로 한다. 따라서 이사의 의무(경업금지의무, 회사의 사업기회유용금지 의무, 자기거래금지의무)를 모두 부담한다.

③ 신주발행유지청구권은 주주에게만 인정되나, 위법행위유지청구권은 감사에게도 인정된다.

> **제402조(유지청구권)** 이사가 법령 또는 정관에 위반한 행위를 하여 이로 인하여 회사에 회복할 수 없는 손해가 생길 염려가 있는 경우에는 감사 또는 발행주식의 총수의 100분의 1 이상에 해당하는 주식을 가진 주주는 회사를 위하여 이사에 대하여 그 행위를 유지할 것을 청구할 수 있다.
> **제424조(유지청구권)** 회사가 법령 또는 정관에 위반하거나 현저하게 불공정한 방법에 의하여 주식을 발행함으로써 주주가 불이익을 받을 염려가 있는 경우에는 그 주주는 회사에 대하여 그 발행을 유지할 것을 청구할 수 있다.

④ 대규모상장회사의 경우 감사위원의 선임 및 해임 권한은 주주총회에 있다.

> **제542조의12(감사위원회의 구성 등)** ① 제542조의11제1항의 상장회사의 경우 제393조의2에도 불구하고 감사위원회 위원을 선임하거나 해임하는 권한은 주주총회에 있다.

⑤ 감사는 이사로부터 재무제표와 영업보고서를 제출받은 날로부터 "4주 내에" 감사보고서를 작성하여 이사에게 제출해야 한다(제447조의4 제1항). 다만 상장회사의 경우에는 감사보고서를 "주총 1주 전까지" 제출할 수 있도록 하는 특례규정이 있다.

> **제447조의4(감사보고서)** ① 감사는 제447조의3의 서류를 받은 날부터 4주 내에 감사보고서를 이사에게 제출하여야 한다.
> **제542조의12(감사위원회의 구성 등)**
> ⑥ 상장회사의 감사 또는 감사위원회는 제447조의4제1항에도 불구하고 이사에게 감사보고서를 주주총회일의 1주 전까지 제출할 수 있다.

222

상법상 비상장주식회사의 감사 또는 감사위원회에 관한 설명으로 옳은 것은? (이견이 있으면 판례에 의함)

① 감사를 여러 명 선임한 경우 이들은 회의체를 구성하므로 다수결에 의한 결의를 거쳐야 감사업무를 수행할 수 있다.
② 감사 후보자의 승낙을 얻어 그 후보자에 대해 주주총회에서 감사 선임결의가 이루어지면 대표이사와의 임용계약 체결 여부와 상관없이 감사 후보자는 감사의 지위를 취득한다.
③ 자회사의 감사는 모회사의 사내이사를 겸직할 수 없다.
④ 이사회는 감사위원회가 결의한 사항에 대하여 다시 결의할 수 있다.
⑤ 회사가 감사위원회 위원에게 소를 제기하는 경우 감사위원회는 법원에 회사를 대표할 자를 선임해 줄 것을 신청할 수 없다.

222 ②

① 감사는 수인이 있는 경우에도 개개의 감사가 독립하여 개별적으로 그 권한을 행사하고(독임제기관) 회의체를 구성하는 것은 아니다.
② 기존의 경영진이 반대파 측에서 선임한 감사의 권한행사를 막기 위해 임용계약체결을 미루는 사례가 빈발하여 이와 같은 판례가 나오게 되었다.

> **관련판례**
>
> [대법원 2017. 3. 23. 선고 2016다251215 전원합의체 판결]
> 이사·감사의 지위가 주주총회의 선임결의와 별도로 대표이사와 사이에 임용계약이 체결되어야만 비로소 인정된다고 보는 것은, 이사·감사의 선임을 주주총회의 전속적 권한으로 규정하여 주주들의 단체적 의사결정 사항으로 정한 상법의 취지에 배치된다. 또한 상법상 대표이사는 회사를 대표하며, 회사의 영업에 관한 재판상 또는 재판 외의 모든 행위를 할 권한이 있으나(제389조 제3항, 제209조 제1항), 이사·감사의 선임이 여기에 속하지 아니함은 법문상 분명하다. 그러므로 이사·감사의 지위는 주주총회의 선임결의가 있고 선임된 사람의 동의가 있으면 취득된다고 보는 것이 옳다.

③ (ⅰ) 모회사의 감사는 자회사의 이사의 직무를 겸할 수 없으나(상법 제411조), (ⅱ) 반대로 자회사의 감사는 모회사의 이사의 직무를 겸할 수 있다. 모회사의 임직원이 자회사의 감사를 겸하는 경우는 실무상 자주 발생한다.
④ 이사회에서 위원회의 결의를 번복할 수 있도록 한 제393조의2 제4항 후단은 감사위원회에 준용하지 않는다.

> **제415조의2(감사위원회)** ⑥ 감사위원회에 대하여는 제393조의2제4항 후단을 적용하지 아니 한다.
>
> **제393조의2(이사회내 위원회)** ④ 위원회는 결의된 사항을 각 이사에게 통지하여야 한다. 이 경우 이를 통지받은 각 이사는 이사회의 소집을 요구할 수 있으며, 이사회는 위원회가 결의한 사항에 대하여 다시 결의할 수 있다.

⑤ 소의 당사자가 감사위원회 위원인 경우에는 감사위원회는 법원에 회사를 대표할 자를 선임하여 줄 것을 신청해야 한다. 회사소송의 대표권자는 「대/감/법//대/리」로 정리하자.

> **제394조(이사와 회사간의 소에 관한 대표)** ② 제415조의2의 규정에 의한 감사위원회의 위원이 소의 당사자인 경우에는 감사위원회 또는 이사는 법원에 회사를 대표할 자를 선임하여 줄 것을 신청하여야 한다.

223

상법상 주식회사의 감사 또는 감사위원회에 관한 설명으로 틀린 것은?

① 감사의 선임은 주주총회의 보통결의에 의하지만 해임은 주주총회의 특별결의에 의한다.
② 비상장주식회사의 감사위원회 위원의 선임 및 해임에 관한 이사회의 결의는 이사 총수의 3분의 2 이상의 결의로 하여야 한다.
③ 최근 사업연도 말 현재의 자산총액이 2조원 이상인 상장회사의 경우 감사위원회 위원을 선임하거나 해임하는 권한은 주주총회에 있다.
④ 이사회는 감사위원회가 결의한 사항에 대하여 다시 결의할 수 없다.
⑤ 최근 사업연도 말 현재의 자산총액이 1천억원 이상이고 2조원 미만인 상장회사가 감사를 두는 경우에는 상근감사를 1명 이상 두어야 한다.

① 이사와 감사 모두 해임은 주총특별결의에 의한다. 참고로 청산인의 경우에는 선임뿐만 아니라 해임의 경우에도 보통결의에 의한다.

> **제415조(준용규정)** 제382조제2항, 제382조의4, 제385조, 제386조, 제388조, 제400조, 제401조, 제403조부터 제406조까지, 제406조의2 및 제407조는 감사에 준용한다.
>
> **제385조(해임)** ① 이사는 언제든지 제434조의 규정에 의한 주주총회의 결의로 이를 해임할 수 있다. 그러나 이사의 임기를 정한 경우에 정당한 이유없이 그 임기만료전에 이를 해임한 때에는 그 이사는 회사에 대하여 해임으로 인한 손해의 배상을 청구할 수 있다.

② 선임의 경우에는 가중정족수가 적용되지 않는다. 주식회사에서 이사회결의의 가중요건(이사 2/3 이상)은 (i) 감사위원의 해임, (ii) 이사의 자기거래 승인, (iii) 회사의 기회 및 유용에 대한 승인의 3가지에 한정된다. 「감/자/용」으로 정리하자.

> **제415조의2(감사위원회)** ③ 감사위원회의 위원의 해임에 관한 이사회의 결의는 이사 총수의 3분의 2 이상의 결의로 하여야 한다.

③ 대규모상장회사(자산규모 2조원 이상)의 감사위원은 주주총회에서 선임한다.

> **제393조의2(이사회내 위원회)** ① 이사회는 정관이 정한 바에 따라 위원회를 설치할 수 있다.
> ② 이사회는 다음 각호의 사항을 제외하고는 그 권한을 위원회에 위임할 수 있다.
> 　1. 주주총회의 승인을 요하는 사항의 제안
> 　2. 대표이사의 선임 및 해임
> 　3. 위원회의 설치와 그 위원의 선임 및 해임
> 　4. 정관에서 정하는 사항
>
> **제542조의12(감사위원회의 구성 등)** ① 제542조의11제1항의 상장회사의 경우 제393조의2에도 불구하고 감사위원회위원을 선임하거나 해임하는 권한은 주주총회에 있다.

④ 이사회에서 위원회의 결의를 번복할 수 있도록 한 제393조의2 제4항 후단은 감사위원회에 준용하지 않는다.

> **제415조의2(감사위원회)** ⑥ 감사위원회에 대하여는 제393조의2제4항 후단을 적용하지 아니 한다.
>
> **제393조의2(이사회내 위원회)** ④ 위원회는 결의된 사항을 각 이사에게 통지하여야 한다. 이 경우 이를 통지받은 각 이사는 이사회의 소집을 요구할 수 있으며, 이사회는 위원회가 결의한 사항에 대하여 다시 결의할 수 있다.

⑤ 상근감사 설치대상 회사에 대한 설명이다. 「상근감사」란 회사에서 상시 근무하면서 감사업무를 수행하는 감사를 말한다.

> **제542조의10(상근감사)** ① 대통령령으로 정하는 상장회사는 주주총회 결의에 의하여 회사에 상근하면서 감사업무를 수행하는 감사(이하 "상근감사"라고 한다)를 1명 이상 두어야 한다. 다만, 이 절 및 다른 법률에 따라 감사위원회를 설치한 경우(감사위원회 설치 의무가 없는 상장회사가 이 절의 요건을 갖춘 감사위원회를 설치한 경우를 포함한다)에는 그러하지 아니하다.
>
> ■ 상법 시행령
> **제36조(상근감사)** ① 법 제542조의10제1항 본문에서 "대통령령으로 정하는 상장회사"란 최근 사업연도 말 현재의 자산총액이 1천억원 이상인 상장회사를 말한다.

224

상법상 상장주식회사에 대한 특례에 관한 설명으로 옳은 것은?

① 상장회사는 발행주식총수의 100분의 30의 범위에서 주식매수선택권을 부여할 수 있으나 관계회사의 이사, 집행임원, 감사 또는 피용자에게는 주식매수선택권을 부여할 수 없다.
② 최근 사업연도 말 현재의 자산총액이 5천억원 이상인 상장회사는 준법통제에 관한 기준 및 절차를 마련하여야 하나, 다른 법률에 따라 내부통제기준 및 준법감시인을 두어야 하는 상장회사는 제외한다.
③ 상장회사가 이사·감사의 선임에 관한 사항을 목적으로 하는 주주총회를 소집할 경우 이사·감사 후보자의 약력이나 추천인 등 후보자에 관한 사항을 통지할 의무가 없다.
④ 상장회사는 정관에서 소수주주권에 관한 상장회사 특례보다 단기의 주식 보유기간을 정하거나 높은 주식 보유비율을 정할 수 있다.
⑤ 상장회사가 주요주주를 상대방으로 하거나 그를 위하여 신용공여를 할 경우 이사 3분의 2 이상의 수로써 이사회의 승인을 거치면 유효하다.

• •

① 2군데가 틀렸다. 상장회사의 경우에는 (ⅰ) 발행주식총수의 20/100의 범위에서 주식매수선택권을 부여할 수 있으며 (ⅱ) 대통령령으로 정하는 「관계회사」의 이사, 집행임원, 감사 또는 피용자에게도 주식매수선택권을 부여할 수 있다.

> **제542조의3(주식매수선택권)** ① 상장회사는 제340조의2제1항 본문에 규정된 자 외에도 대통령령으로 정하는 관계회사의 이사, 집행임원, 감사 또는 피용자에게 주식매수선택권을 부여할 수 있다. 다만, 제542조의8제2항제5호의 최대주주 등 대통령령으로 정하는 자에게는 주식매수선택권을 부여할 수 없다.
> ② 상장회사는 제340조의2제3항에도 불구하고 발행주식총수의 100분의 20의 범위에서 대통령령으로 정하는 한도까지 주식매수선택권을 부여할 수 있다.

② (ⅰ) 준법지원인 설치의무가 있는 회사란 최근 사업연도말 현재의 자산총액이 5천억원 이상인 회사를 말한다. (ⅱ) 다만 다른 법률에 따라 내부통제기준 및 준법감시인을 두어야 하는 상장회사는 제외한다.

> **제542조의13(준법통제기준 및 준법지원인)** ① 자산 규모 등을 고려하여 대통령령으로 정하는 상장회사는 법령을 준수하고 회사경영을 적정하게 하기 위하여 임직원이 그 직무를 수행할 때 따라야 할 준법통제에 관한 기준 및 절차(이하 "준법통제기준"이라 한다)를 마련하여야 한다.

> ■ 상법시행령
> **제39조(준법통제기준 및 준법지원인 제도의 적용범위)** 법 제542조의13제1항에서 "대통령령으로 정하는 상장회사"란 최근 사업연도 말 현재의 자산총액이 5천억원 이상인 회사를 말한다. 다만, 다른 법률에 따라 내부통제기준 및 준법감시인을 두어야 하는 상장회사는 제외한다.

③ 주주들의 의사결정에 필요한 정보를 충분히 제공하여야 하므로, 이사·감사 후보자에 관한 주요한 사항을 통지 내지 공고하여야 한다.

> **제542조의4(주주총회 소집공고 등)** ① 상장회사가 주주총회를 소집하는 경우 대통령령으로 정하는 수 이하의 주식을 소유하는 주주에게는 정관으로 정하는 바에 따라 주주총회일의 2주 전에 주주총회를 소집하는 뜻과 회의의 목적사항을 둘 이상의 일간신문에 각각 2회 이상 공고하거나 대통령령으로 정하는 바에 따라 전자적 방법으로 공고함으로써 제363조제1항의 소집통지를 갈음할 수 있다.

224 ②

② 상장회사가 이사·감사의 선임에 관한 사항을 목적으로 하는 주주총회를 소집통지 또는 공고하는 경우에는 이사·감사 후보자의 성명, 약력, 추천인, 그 밖에 대통령령으로 정하는 후보자에 관한 사항을 통지하거나 공고하여야 한다.

④ 상장회사는 소수주주권과 관련하여 상법에서 정하는 것보다 완화된 기준을 적용할 수는 있으나 더 엄격한 기준을 적용할 수는 없다. 소수주주권 보호의 취지에서 접근하면 된다.

제542조의6(소수주주권) ⑧ 상장회사는 정관에서 제1항부터 제6항까지 규정된 것보다 단기의 주식 보유기간을 정하거나 낮은 주식 보유비율을 정할 수 있다.

⑤ (ⅰ) 상장회사의 주요주주 등에 대한 신용공여는 애초에 금지된다. 이사회승인으로 허용될 수 있는 사안이 아니다. (ⅱ) 예외적으로 신용공여가 허용되려면 다른 법령이나 대통령령으로 규정한 경우라야 한다.

제542조의9(주요주주 등 이해관계자와의 거래) ① 상장회사는 다음 각 호의 어느 하나에 해당하는 자를 상대방으로 하거나 그를 위하여 신용공여(금전 등 경제적 가치가 있는 재산의 대여, 채무이행의 보증, 자금 지원적 성격의 증권 매입, 그 밖에 거래상의 신용위험이 따르는 직접적·간접적 거래로서 대통령령으로 정하는 거래를 말한다. 이하 이 조에서 같다)를 하여서는 아니 된다.
1. 주요주주 및 그의 특수관계인
2. 이사(제401조의2제1항 각 호의 어느 하나에 해당하는 자를 포함한다. 이하 이 조에서 같다) 및 집행임원
3. 감사
② 제1항에도 불구하고 다음 각 호의 어느 하나에 해당하는 경우에는 신용공여를 할 수 있다.
1. 복리후생을 위한 이사·집행임원 또는 감사에 대한 금전대여 등으로서 대통령령으로 정하는 신용공여
2. 다른 법령에서 허용하는 신용공여
3. 그 밖에 상장회사의 경영건전성을 해칠 우려가 없는 금전대여 등으로서 대통령령으로 정하는 신용공여

225

상법상 비상장주식회사의 감사 및 감사위원회에 관한 설명으로 옳은 것은?

① 감사를 선임하지 아니한 자본금 10억원 미만의 회사가 이사에게 소를 제기하는 경우 회사를 대표할 자는 대표이사이다.
② 회사는 감사 선임에 있어서 의결권 없는 주식을 제외한 발행주식총수의 100분의 1을 초과하는 수의 주식을 가진 주주는 그 초과하는 주식에 관하여 의결권을 행사하지 못하도록 정관에 정할 수 있다.
③ 회사는 정관이 정하는 바에 따라 감사위원회와 감사를 병행하여 둘 수 있다.
④ 감사위원회 위원은 이사회에 참석할 권리는 있지만 이사회의 모든 결의안에 대해 의결권을 행사할 수 없다.
⑤ 감사위원회는 그 결의로 위원회를 대표할 자를 선정하여야 하지만 수인의 위원이 공동으로 위원회를 대표할 것을 정할 수는 없다.

① 법원에 회사를 대표할 자의 선임을 신청하여야 한다. 회사소송의 대표권자는 「대/감/법」과 「대/리」로 정리하자.

> **제409조(선임)** ④ 제1항, 제296조제1항 및 제312조에도 불구하고 자본금의 총액이 10억원 미만인 회사의 경우에는 감사를 선임하지 아니할 수 있다.
> ⑤ 제4항에 따라 감사를 선임하지 아니한 회사가 이사에 대하여 또는 이사가 그 회사에 대하여 소를 제기하는 경우에 회사, 이사 또는 이해관계인은 법원에 회사를 대표할 자를 선임하여 줄 것을 신청하여야 한다.

회사소송의 대표권자	대 / 감 / 법
	대 / 리
		1. 일반회사 (대 / 감 / 법)
		  대표이사 → 감사(위원회) → 법원 결정의 순서
		2. 집행임원 설치회사 (대 / 리)
		  대표집행임원 → 이사회 결정의 순서

② 감사선임시 3% 초과주주의 의결권 제한은 그 비율을 낮추는 것만 가능하므로, 정관에서 발행주식총수의 100분의 1로 비율을 낮춘 것은 적법하다.

> **제409조(선임)** ① 감사는 주주총회에서 선임한다.
> ② 의결권없는 주식을 제외한 발행주식의 총수의 100분의 3(정관에서 더 낮은 주식 보유비율을 정할 수 있으며, 정관에서 더 낮은 주식 보유비율을 정한 경우에는 그 비율로 한다)을 초과하는 수의 주식을 가진 주주는 그 초과하는 주식에 관하여 제1항의 감사의 선임에 있어서는 의결권을 행사하지 못한다.

③ 독임제 기관인 감사와 합의제 기관인 감사위원회 중 하나를 선택하여 설치해야 한다.

> **제415조의2(감사위원회)** ① 회사는 정관이 정한 바에 따라 감사에 갈음하여 제393조의2의 규정에 의한 위원회로서 감사위원회를 설치할 수 있다. 감사위원회를 설치한 경우에는 감사를 둘 수 없다.

④ 감사위원은 이사의 자격을 전제로 한다. 따라서 감사위원은 당연히 이사회에 참석할 수 있으며 따로 이사회에서의 의결권을 제한하는 규정이 없다.

> **제415조의2(감사위원회)** ② 감사위원회는 제393조의2제3항에도 불구하고 3명 이상의 이사로 구성한다. 다만, 사외이사가 위원의 3분의 2 이상이어야 한다.

⑤ 이른바 공동위원장도 가능하다.

> **제415조의2(감사위원회)** ④ 감사위원회는 그 결의로 위원회를 대표할 자를 선정하여야 한다. 이 경우 수인의 위원이 공동으로 위원회를 대표할 것을 정할 수 있다.

TOPIC 34 • 주주의 직접감독

226

상법상 비상장회사의 대표소송에 관한 설명으로 옳은 것은?

① 대표소송은 감사 또는 의결권 있는 발행주식총수의 100분의 1 이상에 해당하는 주식을 소유하는 주주가 제기할 수 있다.
② 이사의 책임발생 이후에 주식을 취득한 자도 원고가 될 수 있으며 재임 중의 행위에 의하여 책임이 있는 퇴임한 이사도 피고가 될 수 있다.
③ 주주의 청구에 따라 회사가 소를 제기하거나 주주가 대표소송을 제기한 경우 당사자는 총주주의 동의를 얻지 아니하고는 소의 취하, 청구의 포기나 인락, 화해를 할 수 없다.
④ 이사 아닌 자가 회사로부터 이익공여를 받은 경우 그 반환책임에 대하여는 대표소송이 인정되지 않는다.
⑤ 종속회사의 이사가 고의 또는 중과실로 임무를 해태한 경우 종속회사의 주주가 아닌 지배회사의 주주는 그 이사의 종속회사에 대한 책임을 추궁하는 이중대표소송을 제기할 수 없다.

••••••••••••••••••••••••

① 대표소송의 제소권자는 주주이지 감사가 아니다. 그리고 주주의 경우 지분비율 1/100을 계산함에 있어 의결권 유무는 따지지 않는다.

> 제403조(주주의 대표소송) ① 발행주식의 총수의 100분의 1 이상에 해당하는 주식을 가진 주주는 회사에 대하여 이사의 책임을 추궁할 소의 제기를 청구할 수 있다.
> ② 제1항의 청구는 그 이유를 기재한 서면으로 하여야 한다.
> ③ 회사가 전항의 청구를 받은 날로부터 30일내에 소를 제기하지 아니한 때에는 제1항의 주주는 즉시 회사를 위하여 소를 제기할 수 있다.

② 원고는 제소 당시에 주주이기만 하면 된다. 피고는 회사에 대하여 책임이 있는 이사 또는 이사였던 자이다.
③ '총주주의 동의'가 아니라 '법원의 허가'를 얻어야 한다.

> 제403조(주주의 대표소송) ⑥ 회사가 제1항의 청구에 따라 소를 제기하거나 주주가 제3항과 제4항의 소를 제기한 경우 당사자는 법원의 허가를 얻지 아니하고는 소의 취하, 청구의 포기·인락·화해를 할 수 없다.

④ 회사로부터 주주의 권리행사와 관련하여 이익을 공여받은 자는 회사에 그 이익을 반환해야 한다. 그럼에도 이를 반환하지 않은 경우 이익을 공여받은 자도 대표소송의 피고가 될 수 있다.

> 제467조의2(이익공여의 금지) ① 회사는 누구에게든지 주주의 권리행사와 관련하여 재산상의 이익을 공여할 수 없다.
> ② 회사가 특정의 주주에 대하여 무상으로 재산상의 이익을 공여한 경우에는 주주의 권리행사와 관련하여 이를 공여한 것으로 추정한다. 회사가 특정의 주주에 대하여 유상으로 재산상의 이익을 공여한 경우에 있어서 회사가 얻은 이익이 공여한 이익에 비하여 현저하게 적은 때에도 또한 같다.
> ③ 회사가 제1항의 규정에 위반하여 재산상의 이익을 공여한 때에는 그 이익을 공여받은 자는 이를 회사에 반환하여야 한다. 이 경우 회사에 대하여 대가를 지급한 것이 있는 때에는 그 반환을 받을 수 있다.
> ④ 제403조 내지 제406조의 규정은 제3항의 이익의 반환을 청구하는 소에 대하여 이를 준용한다.

226 ②

⑤ 2020. 12. 29. 시행되는 개정상법에서「다중대표소송」이 도입되었다. 이에 따라 모회사 발행주식의 소수주주가 자회사 이사의 책임을 추궁하는 소송을 제기할 수 있다.

> **제406조의2(다중대표소송)** ① 모회사 발행주식총수의 100분의 1 이상에 해당하는 주식을 가진 주주는 자회사에 대하여 자회사 이사의 책임을 추궁할 소의 제기를 청구할 수 있다.
> ② 제1항의 주주는 자회사가 제1항의 청구를 받은 날부터 30일 내에 소를 제기하지 아니한 때에는 즉시 자회사를 위하여 소를 제기할 수 있다.
> ③ 제1항 및 제2항의 소에 관하여는 제176조제3항·제4항, 제403조제2항, 같은 조 제4항부터 제6항까지 및 제404조부터 제406조까지의 규정을 준용한다.
> ④ 제1항의 청구를 한 후 모회사가 보유한 자회사의 주식이 자회사 발행주식총수의 100분의 50 이하로 감소한 경우(발행주식을 보유하지 아니하게 된 경우를 제외한다)에도 제1항 및 제2항에 따른 제소의 효력에는 영향이 없다.
> ⑤ 제1항 및 제2항의 소는 자회사의 본점소재지의 지방법원의 관할에 전속한다.

227

상법상 비상장주식회사의 대표소송에 관한 설명으로 틀린 것은?

① 상법상 요건을 갖춘 소수주주는 발기인에 대해서도 대표소송을 제기함으로써 발기인의 회사에 대한 손해배상책임을 물을 수 있다.
② 대표소송에서 소를 제기한 주주가 승소한 경우에는 회사에 대하여 소송비용 및 소송으로 인하여 지출한 비용 중 상당한 금액의 지급을 청구할 수 있다.
③ 대표소송에서 패소한 주주는 경과실이 있는 때에는 회사에 대하여 손해를 배상할 책임이 없다.
④ 대표소송을 제기한 주주의 보유주식이 제소 후 발행주식총수의 100분의 0.5로 감소한 경우 제기된 소송은 당사자적격의 상실로 인하여 각하된다.
⑤ 대표소송에 있어서 원고와 피고가 공모하여 회사의 권리를 사해할 목적으로 판결을 하게 한 때에는 회사는 확정된 종국판결에 대하여 재심의 소를 제기할 수 있다.

••••••••••••••••••••

① 제324조, 제403조

> **제324조(발기인의 책임면제, 주주의 대표소송)** 제400조, 제403조부터 제406조까지 및 제406조의2는 발기인에 준용한다.
> **제403조(주주의 대표소송)** ① 발행주식의 총수의 100분의 1 이상에 해당하는 주식을 가진 주주는 회사에 대하여 이사의 책임을 추궁할 소의 제기를 청구할 수 있다.

② 승소한 제소주주는 회사에 대해서 실비지급을 청구할 수 있다.

> **제405조(제소주주의 권리의무)** ① 제403조제3항과 제4항의 규정에 의하여 소를 제기한 주주가 승소한 때에는 그 주주는 회사에 대하여 소송 비용 및 그 밖에 소송으로 인하여 지출한 비용 중 상당한 금액의 지급을 청구할 수 있다. 이 경우 소송비용을 지급한 회사는 이사 또는 감사에 대하여 구상권이 있다.

③ 소를 제기한 주주가 악의인 경우 외에는 손해배상책임이 없다.

> **제405조(제소주주의 권리의무)** ② 제403조제3항과 제4항의 규정에 의하여 소를 제기한 주주가 패소한 때에는 악의인 경우 외에는 회사에 대하여 손해를 배상할 책임이 없다.

227 ④

④ 발행주식을 보유하지 않게 된 경우를 제외하고는 제소의 효력에는 영향이 없다.

> **제403조(주주의 대표소송)** ⑤ 제3항과 제4항의 소를 제기한 주주의 보유주식이 제소후 발행주식총수의 100분의 1 미만으로 감소한 경우(발행주식을 보유하지 아니하게 된 경우를 제외한다)에도 제소의 효력에는 영향이 없다.

⑤ 주주대표소송은 소수주주권이지만, 사해판결이 이루어진 경우 재심의 소는 단독주주도 제기할 수 있다.

> **제406조(대표소송과 재심의 소)** ① 제403조의 소가 제기된 경우에 원고와 피고의 공모로 인하여 소송의 목적인 회사의 권리를 사해할 목적으로써 판결을 하게 한 때에는 회사 또는 주주는 확정한 종국 판결에 대하여 재심의 소를 제기할 수 있다.

228

상법상 주주의 대표소송에 관한 설명으로 틀린 것은?

① 판례에 의하면 타인의 승낙을 얻어 그 타인의 명의로 주식을 취득한 명의차용인은 주주명부에 명의개서를 하지 않더라도 대표소송을 제기할 수 있다.
② 주주는 이사와 통모하여 현저하게 불공정한 발행가액으로 주식을 인수한 자에 대하여 회사를 위하여 공정한 발행가액과의 차액에 상당한 금액의 지급을 청구하는 대표소송을 제기할 수 있다.
③ 회사가 주주의 권리행사와 관련하여 재산상의 이익을 공여한 경우 주주는 회사를 위하여 그 이익을 공여받은 자에 대하여 이의 반환을 청구하는 대표소송을 제기할 수 있다.
④ 감사가 선임된 회사에서 주주가 대표소송의 제기에 앞서 회사에 대하여 이사의 책임을 추궁할 소의 제기를 청구하는 경우 그 청구를 받음에 있어서는 감사가 회사를 대표한다.
⑤ 대표소송에서는 법원의 허가를 얻지 아니하고는 소의 취하, 청구의 포기는 물론 청구의 인락이나 화해도 할 수 없다.

....

① 명의대여의 경우 원칙적으로 주주명부상 명의주주만이 주주로서의 권리를 행사할 수 있다.

> **관련판례**
> [대법원 2017.3.23. 선고, 2015다248342, 전원합의체 판결]
> 주식을 양수하였으나 아직 주주명부에 명의개서를 하지 아니하여 주주명부에는 양도인이 주주로 기재되어 있는 경우뿐만 아니라, 주식을 인수하거나 양수하려는 자가 타인의 명의를 빌려 회사의 주식을 인수하거나 양수하고 타인의 명의로 주주명부에의 기재까지 마치는 경우에도, 회사에 대한 관계에서는 주주명부상 주주만이 주주로서 의결권 등 주주권을 적법하게 행사할 수 있다.

② 통모인수인에 대해서도 주주대표소송을 제기할 수 있다(제424조의2 제2항, 제403조).

> **제424조의2(불공정한 가액으로 주식을 인수한 자의 책임)** ① 이사와 통모하여 현저하게 불공정한 발행가액으로 주식을 인수한 자는 회사에 대하여 공정한 발행가액과의 차액에 상당한 금액을 지급할 의무가 있다.
> ② 제403조 내지 제406조의 규정은 제1항의 지급을 청구하는 소에 관하여 이를 준용한다.
>
> **제403조(주주의 대표소송)** ① 발행주식의 총수의 100분의 1 이상에 해당하는 주식을 가진 주주는 회사에 대하여 이사의 책임을 추궁할 소의 제기를 청구할 수 있다.

228 ①

③ 주주의 권리행사와 관련하여 이익공여를 받은 자에 대해서도 주주대표소송을 제기할 수 있다(제467조의2 제4항, 제403조).

> **제467조의2(이익공여의 금지)** ③ 회사가 제1항의 규정에 위반하여 재산상의 이익을 공여한 때에는 그 이익을 공여받은 자는 이를 회사에 반환하여야 한다. 이 경우 회사에 대하여 대가를 지급한 것이 있는 때에는 그 반환을 받을 수 있다.
> ④ 제403조 내지 제406조의 규정은 제3항의 이익의 반환을 청구하는 소에 대하여 이를 준용한다.
> **제403조(주주의 대표소송)** ① 발행주식의 총수의 100분의 1 이상에 해당하는 주식을 가진 주주는 회사에 대하여 이사의 책임을 추궁할 소의 제기를 청구할 수 있다.

④ 이사와 회사 간의 소송의 경우에는 대표이사가 아니라 감사가 회사를 대표한다.

> **제394조(이사와 회사간의 소에 관한 대표)** ① 회사가 이사에 대하여 또는 이사가 회사에 대하여 소를 제기하는 경우에 감사는 그 소에 관하여 회사를 대표한다. 회사가 제403조제1항 또는 제406조의2 제1항의 청구를 받은 경우에도 또한 같다.

⑤ 원고인 소수주주와 피고인 해당 이사가 통모하여 회사의 이익을 해할 수 있기 때문이다.

> **제403조(주주의 대표소송)** ① 발행주식의 총수의 100분의 1 이상에 해당하는 주식을 가진 주주는 회사에 대하여 이사의 책임을 추궁할 소의 제기를 청구할 수 있다.
> ③ 회사가 전항의 청구를 받은 날로부터 30일내에 소를 제기하지 아니한 때에는 제1항의 주주는 즉시 회사를 위하여 소를 제기할 수 있다.
> ④ 제3항의 기간의 경과로 인하여 회사에 회복할 수 없는 손해가 생길 염려가 있는 경우에는 전항의 규정에 불구하고 제1항의 주주는 즉시 소를 제기할 수 있다.
> ⑥ 회사가 제1항의 청구에 따라 소를 제기하거나 주주가 제3항과 제4항의 소를 제기한 경우 당사자는 법원의 허가를 얻지 아니하고는 소의 취하, 청구의 포기·인락·화해를 할 수 없다.

229

상법상 비상장 주식회사의 주주의 대표소송에 관한 설명으로 틀린 것은?

① 대표소송을 제기한 주주는 소를 제기한 후 지체없이 회사에 대하여 그 소송의 고지를 하여야 한다.
② 대표소송을 제기한 주주는 제소시 뿐만 아니라 사실심 변론종결시까지 발행주식총수의 100분의 1 이상의 주식을 계속 보유하여야 원고적격이 유지된다.
③ 현행 상법에 의하면, 이중대표소송은 허용된다.
④ 주주가 대표소송을 제기한 경우, 당사자는 법원의 허가를 얻지 않으면 소의 취하, 청구의 포기·인락, 화해를 할 수 없다.
⑤ 대표소송을 제기한 주주가 패소한 때에는 악의인 경우 외에는 회사에 대하여 손해를 배상할 책임이 없다.

• •

① 대표소송은 승소, 패소를 불문하고 언제나 회사에 그 효력이 미친다. 따라서 주주가 제기한 대표소송에 회사가 참가할 수 있도록 소송을 제기한 주주는 회사에 이러한 사실을 고지하여야 한다.

> **제404조(대표소송과 소송참가, 소송고지)** ① 회사는 전조제3항과 제4항의 소송 참가할 수 있다.
> ② 전조제3항과 제4항의 소를 제기한 주주는 소를 제기한 후 지체없이 회사에 대하여 그 소송의 고지를 하여야 한다.

229 ②

② 소를 제기한 후 주주가 주식을 전혀 보유하지 않게 된 경우를 제외하고는, 보유주식이 발행주식총수의 1/100 미만으로 감소한 경우에도 제소의 효력에는 영향이 없다.

> **제403조(주주의 대표소송)** ① 발행주식의 총수의 100분의 1 이상에 해당하는 주식을 가진 주주는 회사에 대하여 이사의 책임을 추궁할 소의 제기를 청구할 수 있다.
> ② 제1항의 청구는 그 이유를 기재한 서면으로 하여야 한다.
> ③ 회사가 전항의 청구를 받은 날로부터 30일내에 소를 제기하지 아니한 때에는 제1항의 주주는 즉시 회사를 위하여 소를 제기할 수 있다.
> ④ 제3항의 기간의 경과로 인하여 회사에 회복할 수 없는 손해가 생길 염려가 있는 경우에는 전항의 규정에 불구하고 제1항의 주주는 즉시 소를 제기할 수 있다.
> ⑤ 제3항과 제4항의 소를 제기한 주주의 보유주식이 제소후 발행주식총수의 100분의 1 미만으로 감소한 경우(發行株式을 보유하지 아니하게 된 경우를 제외한다)에도 제소의 효력에는 영향이 없다.

③ 2020. 12. 29. 시행되는 개정상법에서「다중대표소송」이 도입되었다. 이에 따라 모회사 발행주식의 소수주주가 자회사 이사의 책임을 추궁하는 소송을 제기할 수 있다.

> **제406조의2(다중대표소송)** ① 모회사 발행주식총수의 100분의 1 이상에 해당하는 주식을 가진 주주는 자회사에 대하여 자회사 이사의 책임을 추궁할 소의 제기를 청구할 수 있다.
> ② 제1항의 주주는 자회사가 제1항의 청구를 받은 날부터 30일 내에 소를 제기하지 아니한 때에는 즉시 자회사를 위하여 소를 제기할 수 있다.
> ③ 제1항 및 제2항의 소에 관하여는 제176조제3항·제4항, 제403조제2항, 같은 조 제4항부터 제6항까지 및 제404조부터 제406조까지의 규정을 준용한다.
> ④ 제1항의 청구를 한 후 모회사가 보유한 자회사의 주식이 자회사 발행주식총수의 100분의 50 이하로 감소한 경우(발행주식을 보유하지 아니하게 된 경우를 제외한다)에도 제1항 및 제2항에 따른 제소의 효력에는 영향이 없다.
> ⑤ 제1항 및 제2항의 소는 자회사의 본점소재지의 지방법원의 관할에 전속한다.

④ 법원의 허가를 얻어야 가능하다. 소수주주의 청구에 따라 회사가 소제기한 경우에도 적용된다.

> **제403조(주주의 대표소송)** ⑥ 회사가 제1항의 청구에 따라 소를 제기하거나 주주가 제3항과 제4항의 소를 제기한 경우 당사자는 법원의 허가를 얻지 아니하고는 소의 취하, 청구의 포기·인락·화해를 할 수 없다.

⑤ 주주들이 손해배상책임의 부담 때문에 대표소송을 회피하는 일이 없도록, 소를 제기한 주주가 악의인 경우 외에는 손해배상책임이 없다.

> **제405조(제소주주의 권리의무)** ② 제403조제3항과 제4항의 규정에 의하여 소를 제기한 주주가 패소한 때에는 악의인 경우 외에는 회사에 대하여 손해를 배상할 책임이 없다.

230

상법상 비상장주식회사에서의 대표소송에 관한 설명으로 **틀린** 것은? (이견이 있으면 판례에 의함)

① 발행주식총수의 100분의 1 이상에 해당하는 주식을 가진 주주는 회사에 대하여 이사의 책임을 추궁할 소의 제기를 청구할 수 있다.
② 회사는 대표소송을 제기한 주주의 악의를 소명하여 그 주주에게 상당한 담보를 제공하게 할 것을 법원에 청구할 수 있다.
③ 회사가 대표소송에 참가하는 경우 그 참가의 법적 성질은 공동소송참가에 해당한다.
④ 청산인의 회사에 대한 손해배상책임을 추궁하기 위한 대표소송은 허용되지 않는다.
⑤ 모회사 발행주식총수의 100분의 1 이상에 해당하는 주식을 가진 주주는 자회사에 대하여 자회사 이사의 책임을 추궁할 소의 제기를 청구할 수 있다.

••••••••••••••••••••

① 「주주대표소송」에 대한 설명이다.

> **제403조(주주의 대표소송)** ① 발행주식의 총수의 100분의 1 이상에 해당하는 주식을 가진 주주는 회사에 대하여 이사의 책임을 추궁할 소의 제기를 청구할 수 있다.

② 「담보제공명령」에 대한 설명이다.

> **제403조(주주의 대표소송)** ① 발행주식의 총수의 100분의 1 이상에 해당하는 주식을 가진 주주는 회사에 대하여 이사의 책임을 추궁할 소의 제기를 청구할 수 있다.
> (중략)
> ⑦ 제176조제3항, 제4항과 제186조의 규정은 본조의 소에 준용한다.
> **제176조(회사의 해산명령)** ③ 이해관계인이 제1항의 청구를 한 때에는 법원은 회사의 청구에 의하여 상당한 담보를 제공할 것을 명할 수 있다.
> ④ 회사가 전항의 청구를 함에는 이해관계인의 청구가 악의임을 소명하여야 한다.

③ 「공동소송참가」란 참가인이 원·피고에 준하는 지위에서 소송에 참가하는 것을 말한다. 주주(원고)가 이사 등(피고)을 상대로 대표소송을 제기하는 경우, 회사는 자신의 이익을 보호하기 위해 주주 측에 참가하여 원고에 준하는 지위에서 소송을 진행하게 된다.

> **관련판례**
>
> [대법원 2002. 3. 15., 선고, 2000다9086, 판결]
> 주주의 대표소송에 있어서 원고 주주가 원고로서 제대로 소송수행을 하지 못하거나 혹은 상대방이 된 이사와 결탁함으로써 회사의 권리보호에 미흡하여 회사의 이익이 침해될 염려가 있는 경우 그 판결의 효력을 받는 권리귀속주체인 회사가 이를 막거나 자신의 권리를 보호하기 위하여 소송수행권한을 가진 정당한 당사자로서 그 소송에 참가할 필요가 있으며, 회사가 대표소송에 당사자로서 참가하는 경우 소송경제가 도모될 뿐만 아니라 판결의 모순·저촉을 유발할 가능성도 없다는 사정과, 상법 제404조 제1항에서 특별히 참가에 관한 규정을 두어 주주의 대표소송의 특성을 살려 회사의 권익을 보호하려한 입법 취지를 함께 고려할 때, **상법 제404조 제1항에서 규정하고 있는 회사의 참가는 공동소송참가를 의미하는 것으로 해석함이 타당하고**, 나아가 이러한 해석이 중복제소를 금지하고 있는 민사소송법 제234조에 반하는 것도 아니다.

④ 주주대표소송의 상대방은 (ⅰ) 회사 내부자(이사, 감사, 발기인, 집행임원, 청산인, 업무집행지시자등) 뿐만 아니라 (ⅱ) 회사 외부자(통모인수인, 주주권행사 관련 이익을 공여받은 자)도 가능하다.

230 ④

제542조(준용규정) ② 제362조, 제363조의2, 제366조, 제367조, 제373조, 제376조, 제377조, 제382조제2항, 제386조, 제388조 내지 제394조, 제396조, 제398조부터 제406조까지, 제406조의2, 제407조, 제408조, 제411조 내지 제413조, 제414조제3항, 제449조제3항, 제450조와 제466조는 청산인에 준용한다.

제403조(주주의 대표소송) ① 발행주식의 총수의 100분의 1 이상에 해당하는 주식을 가진 주주는 회사에 대하여 이사의 책임을 추궁할 소의 제기를 청구할 수 있다.

⑤ 2020. 12. 29. 시행되는 개정상법에서 「다중대표소송」이 도입되었다. 이에 따라 모회사 발행주식의 소수주주가 자회사 이사의 책임을 추궁하는 소송을 제기할 수 있다.

제406조의2(다중대표소송) ① 모회사 발행주식총수의 100분의 1 이상에 해당하는 주식을 가진 주주는 자회사에 대하여 자회사 이사의 책임을 추궁할 소의 제기를 청구할 수 있다.
② 제1항의 주주는 자회사가 제1항의 청구를 받은 날부터 30일 내에 소를 제기하지 아니한 때에는 즉시 자회사를 위하여 소를 제기할 수 있다.
③ 제1항 및 제2항의 소에 관하여는 제176조제3항·제4항, 제403조제2항, 같은 조 제4항부터 제6항까지 및 제404조부터 제406조까지의 규정을 준용한다.
④ 제1항의 청구를 한 후 모회사가 보유한 자회사의 주식이 자회사 발행주식총수의 100분의 50 이하로 감소한 경우(발행주식을 보유하지 아니하게 된 경우를 제외한다)에도 제1항 및 제2항에 따른 제소의 효력에는 영향이 없다.
⑤ 제1항 및 제2항의 소는 자회사의 본점소재지의 지방법원의 관할에 전속한다.

231

상법상 비상장주식회사에서의 대표소송에 관한 설명으로 틀린 것은?

① 발행주식총수의 100분의 1 이상에 해당하는 주식을 가진 주주는 회사에 대하여 이사의 책임을 추궁할 소의 제기를 청구할 수 있다.
② 업무집행지시자의 회사에 대한 손해배상책임을 추궁하기 위한 대표소송은 허용되지 않는다.
③ 대표소송을 제기한 주주가 승소한 때에는 그 주주는 회사에 대하여 소송비용 및 그 밖에 소송으로 인하여 지출한 비용 중 상당한 금액의 지급을 청구할 수 있다.
④ 대표소송을 제기한 주주가 패소한 때에는 악의인 경우 외에는 회사에 대하여 손해를 배상할 책임이 없다.
⑤ 대표소송은 회사의 본점 소재지 지방법원의 관할에 전속한다.

∙∙∙∙∙∙∙∙∙∙∙∙∙∙∙∙∙∙∙∙∙∙∙∙

① 「주주대표소송」에 대한 설명이다. 지분비율은 「위/대/주검/공통」으로 정리하자.

제403조(주주의 대표소송) ① 발행주식의 총수의 100분의 1 이상에 해당하는 주식을 가진 주주는 회사에 대하여 이사의 책임을 추궁할 소의 제기를 청구할 수 있다.

② 주주대표소송의 상대방은 (ⅰ) 회사 내부자(이사, 감사, 발기인, 집행임원, 청산인, 업무집행지시자 등) 뿐만 아니라 (ⅱ) 회사 외부자(통모인수인, 주주권행사 관련 이익을 공여받은 자)도 가능하다.

제401조의2(업무집행지시자 등의 책임) ① 다음 각 호의 어느 하나에 해당하는 자가 그 지시하거나 집행한 업무에 관하여 제399조, 제401조, 제403조 및 제406조의2를 적용하는 경우에는 그 자를 "이사"로 본다. 〈개정 2020. 12. 29.〉
  1. 회사에 대한 자신의 영향력을 이용하여 이사에게 업무집행을 지시한 자

231 ②

2. 이사의 이름으로 직접 업무를 집행한 자
3. 이사가 아니면서 명예회장·회장·사장·부사장·전무·상무·이사 기타 회사의 업무를 집행할 권한이 있는 것으로 인정될 만한 명칭을 사용하여 회사의 업무를 집행한 자

제403조(주주의 대표소송) ① 발행주식의 총수의 100분의 1 이상에 해당하는 주식을 가진 주주는 회사에 대하여 이사의 책임을 추궁할 소의 제기를 청구할 수 있다

③ 승소한 제소주주는 회사에 대해서 실비지급을 청구할 수 있다. 주주에게 소송비용 등을 지급한 회사는 대표소송의 피고인 이사·감사 등을 상대로 구상권을 행사하여 비용관계를 정리하게 된다.

제405조(제소주주의 권리의무) ① 제403조제3항과 제4항의 규정에 의하여 소를 제기한 주주가 승소한 때에는 그 주주는 회사에 대하여 소송 비용 및 그 밖에 소송으로 인하여 지출한 비용 중 상당한 금액의 지급을 청구할 수 있다. 이 경우 소송비용을 지급한 회사는 이사 또는 감사에 대하여 구상권이 있다.

④ (ⅰ) 주주들이 손해배상책임의 부담 때문에 대표소송을 회피하는 일이 없도록, 소를 제기한 주주가 악의인 경우 외에는 손해배상책임이 없다. (ⅱ) 다른 회사법상 소송의 경우에 패소한 원고가 중과실인 경우에도 손해배상책임이 있는 것과 비교된다.

제405조(제소주주의 권리의무) ② 제403조제3항과 제4항의 규정에 의하여 소를 제기한 주주가 패소한 때에는 악의인 경우 외에는 회사에 대하여 손해를 배상할 책임이 없다.

⑤ 옳은 내용이다.

제403조(주주의 대표소송) ⑦ 제176조제3항, 제4항과 제186조의 규정은 본조의 소에 준용한다.
제186조(전속관할) 전2조의 소는 본점소재지의 지방법원의 관할에 전속한다.

232

상법상 비상장주식회사의 발행주식총수의 100분의 1 이상의 주식을 가진 주주가 대표소송을 제기할 수 없는 경우는?

① 고의 또는 중과실로 임무해태 행위를 한 이사가 회사 아닌 제3자에게 부담하는 손해배상책임
② 회사 설립에 관하여 임무해태 행위를 한 발기인이 회사에 대해 부담하는 손해배상책임
③ 이사의 이름으로 직접 회사의 업무를 집행한 자가 고의 또는 과실로 법령위반 행위를 하여 회사에 대해 부담하는 손해배상책임
④ 이사와 통모하여 현저하게 불공정한 발행가액으로 주식을 인수한 자가 회사에 대해 공정한 발행가액과의 차액에 상당하는 금액을 지급할 의무
⑤ 청산인이 고의 또는 과실로 그 임무를 게을리 한 경우 회사에 대해 부담하는 손해배상책임

• •

① 대표소송은 회사가 이사에 대한 손해배상책임의 추궁을 게을리 할 경우 주주가 회사를 위하여 이사의 책임을 추궁하기 위해 제기하는 소이다. 즉 회사의 이익을 보호하기 위한 제도이므로, 제3자의 이사에 대한 손해배상책임은 대표소송의 대상이 아니다.
② 주주대표소송은 그 상대방이 회사의 내부자인 경우와 외부자인 경우로 나누어볼 수 있다. (ⅰ) 회사 내부자인 경우는 이사, 감사, 발기인, 집행임원, 청산인, 업무집행지시자 등을 들 수 있다. (ⅱ) 회사 외부자인 경우는

232 ②

통모인수인, 주주권행사 관련하여 이익을 공여받은 자를 들 수 있다.

> **제322조(발기인의 손해배상책임)** ① 발기인이 회사의 설립에 관하여 그 임무를 해태한 때에는 그 발기인은 회사에 대하여 연대하여 손해를 배상할 책임이 있다.
> **제324조(발기인의 책임면제, 주주의 대표소송)** 제400조, 제403조부터 제406조까지 및 제406조의2는 발기인에 준용한다.
> **제403조(주주의 대표소송)** ① 발행주식의 총수의 100분의 1 이상에 해당하는 주식을 가진 주주는 회사에 대하여 이사의 책임을 추궁할 소의 제기를 청구할 수 있다.

③ 대표소송의 상대방인「업무집행지시자 등」중에서「무권대행자」에 해당한다.

> **제401조의2(업무집행지시자 등의 책임)** ① 다음 각 호의 어느 하나에 해당하는 자가 그 지시하거나 집행한 업무에 관하여 제399조, 제401조, 제403조 및 제406조의2를 적용하는 경우에는 그 자를 "이사"로 본다.
>   1. 회사에 대한 자신의 영향력을 이용하여 이사에게 업무집행을 지시한 자
>   2. 이사의 이름으로 직접 업무를 집행한 자
>   3. 이사가 아니면서 명예회장·회장·사장·부사장·전무·상무·이사 기타 회사의 업무를 집행할 권한이 있는 것으로 인정될 만한 명칭을 사용하여 회사의 업무를 집행한 자
> **제403조(주주의 대표소송)** ① 발행주식의 총수의 100분의 1 이상에 해당하는 주식을 가진 주주는 회사에 대하여 이사의 책임을 추궁할 소의 제기를 청구할 수 있다.

④ 통모인수인의 책임을 묻는 소송 역시 대표소송의 대상이 된다.

> **제424조의2(불공정한 가액으로 주식을 인수한 자의 책임)** ① 이사와 통모하여 현저하게 불공정한 발행가액으로 주식을 인수한 자는 회사에 대하여 공정한 발행가액과의 차액에 상당한 금액을 지급할 의무가 있다.
> ② 제403조 내지 제406조의 규정은 제1항의 지급을 청구하는 소에 관하여 이를 준용한다.
> **제403조(주주의 대표소송)** ① 발행주식의 총수의 100분의 1 이상에 해당하는 주식을 가진 주주는 회사에 대하여 이사의 책임을 추궁할 소의 제기를 청구할 수 있다.

⑤ 청산인의 회사에 대한 손해배상책임을 묻는 소송 역시 대표소송의 대상이 된다.

> **제542조(준용규정)** ② 제362조, 제363조의2, 제366조, 제367조, 제373조, 제376조, 제377조, 제382조제2항, 제386조, 제388조 내지 제394조, 제396조, 제398조부터 제406조까지, 제406조의2, 제407조, 제408조, 제411조 내지 제413조, 제414조제3항, 제449조제3항, 제450조와 제466조는 청산인에 준용한다.
> **제403조(주주의 대표소송)** ① 발행주식의 총수의 100분의 1 이상에 해당하는 주식을 가진 주주는 회사에 대하여 이사의 책임을 추궁할 소의 제기를 청구할 수 있다.

TOPIC 35 • 신주발행 개관

233

상법상 주식회사의 신주발행에 관한 설명으로 틀린 것은?

① 신주의 발행시기가 다르거나 종류가 다른 주식은 이사회에서 각기 발행가를 달리 정할 수 있다.
② 비상장회사가 액면미달발행을 하려면 회사성립 후 2년이 경과하여야 하고 주주총회의 특별결의를 얻은 후 법원의 인가를 받아야 한다.
③ 신주발행무효의 소의 판결은 소급효가 있으므로 판결시까지 이루어진 신주인수인의 주금납입이나 그 신주에 대한 이익배당은 무효가 된다.
④ 회사는 신주배정기준일을 정하고 그 날의 주주명부에 기재된 주주가 신주인수권을 가진다는 뜻을 그 날의 2주간 전에 공고하여야 한다(주주명부폐쇄 제외).
⑤ 주주의 신주인수권에 대해서만 신주인수권증서를 발행할 수 있고 제3자의 신주인수권에 대해서는 이를 발행할 수 없다.

• •

① 주식의 발행시기나 그 주식이 가지는 권리의 내용에 따라 주식의 가치가 달라질 수 있기 때문이다. 다만 액면가는 모두 균일하여야 한다.
② 옳은 내용이다.

> **제417조(액면미달의 발행)** ① 회사가 성립한 날로부터 2년을 경과한 후에 주식을 발행하는 경우에는 회사는 제434조의 규정에 의한 주주총회의 결의와 법원의 인가를 얻어서 주식을 액면미달의 가액으로 발행할 수 있다.
> ② 전항의 주주총회의 결의에서는 주식의 최저발행가액을 정하여야 한다.
> ③ 법원은 회사의 현황과 제반사정을 참작하여 최저발행가액을 변경하여 인가할 수 있다. 이 경우에 법원은 회사의 재산상태 기타 필요한 사항을 조사하게 하기 위하여 검사인을 선임할 수 있다.
> ④ 제1항의 주식은 법원의 인가를 얻은 날로부터 1월내에 발행하여야 한다. 법원은 이 기간을 연장하여 인가할 수 있다.

③ 회사법상 소송 중에서 소급효가 인정되는 소송은 (ⅰ) 주총결의를 다투는 소송과 (ⅱ) 감자무효의 소에 한한다.

> **제431조(신주발행무효판결의 효력)** ① 신주발행무효의 판결이 확정된 때에는 신주는 장래에 대하여 그 효력을 잃는다.

④ 옳은 내용이다.

> **제418조(신주인수권의 내용 및 배정일의 지정·공고)**
> ③ 회사는 일정한 날을 정하여 그 날에 주주명부에 기재된 주주가 제1항의 권리를 가진다는 뜻과 신주인수권을 양도할 수 있을 경우에는 그 뜻을 그 날의 2주간 전에 공고하여야 한다. 그러나 그 날이 제354조제1항의 기간 중인 때에는 그 기간의 초일의 2주간 전에 이를 공고하여야 한다.
> ④ 제2항에 따라 주주 외의 자에게 신주를 배정하는 경우 회사는 제416조제1호, 제2호, 제2호의2, 제3호 및 제4호에서 정하는 사항을 그 납입기일의 2주 전까지 주주에게 통지하거나 공고하여야 한다.

233 ③

⑤ 신주인수권증서는 해당 유가증권의 양도를 통해 주주의 투하자본을 회수함을 목적으로 한다.

> **제416조(발행사항의 결정)** 회사가 그 성립 후에 주식을 발행하는 경우에는 다음의 사항으로서 정관에 규정이 없는 것은 이사회가 결정한다. 다만, 이 법에 다른 규정이 있거나 정관으로 주주총회에서 결정하기로 정한 경우에는 그러하지 아니하다.
> 1. 신주의 종류와 수
> 2. 신주의 발행가액과 납입기일
>   2의2. 무액면주식의 경우에는 신주의 발행가액 중 자본금으로 계상하는 금액
> 3. 신주의 인수방법
> 4. 현물출자를 하는 자의 성명과 그 목적인 재산의 종류, 수량, 가액과 이에 대하여 부여할 주식의 종류와 수
> 5. 주주가 가지는 신주인수권을 양도할 수 있는 것에 관한 사항
> 6. <u>주주의 청구가 있는 때에만 신주인수권증서를 발행한다는 것과 그 청구기간</u>

234

상법상 주식회사의 신주발행에 관한 설명으로 **틀린** 것은?

① 신주의 인수인은 납입기일에 인수가액의 전액을 납입하지 않으면 실권 절차 없이 바로 인수인으로서의 권리를 잃는다.
② 회사는 신기술의 도입, 재무구조의 개선 등 회사의 경영상 목적을 달성하기 위하여 필요한 경우 정관이 정하는 바에 따라 주주 외의 자에게 신주를 배정할 수 있다.
③ 회사가 성립한 날로부터 2년을 경과한 후에는 주주총회의 특별결의와 법원의 인가를 얻어서 주식을 액면미달의 가액으로 발행할 수 있다.
④ 신주의 인수인은 회사의 동의를 얻더라도 납입채무와 회사에 대한 채권을 상계할 수 없다.
⑤ 신주인수권증서를 상실한 자는 주식청약서에 의하여 주식의 청약을 할 수 있지만 그 청약은 신주인수권증서에 의한 청약이 있는 때에는 그 효력을 잃는다.

••••••••••••••••••

① 신주발행시에는 인수인이 납입을 해태하면 실권절차에 의함이 없이 인수인으로서의 지위가 '당연실권'된다.

> **제423조(주주가 되는 시기, 납입해태의 효과)** ② 신주의 인수인이 납입기일에 납입 또는 현물출자의 이행을 하지 아니한 때에는 그 권리를 잃는다.

② 제3자에게 신주를 배정하기 위해서는 (ⅰ) 정관에 근거규정이 있어야 하고(형식적 요건), (ⅱ) 경영상 목적을 달성하기 위해 필요한 경우라야 한다(실질적 요건).

> **제418조(신주인수권의 내용 및 배정일의 지정·공고)** ② 회사는 제1항의 규정에 불구하고 <u>정관에 정하는 바에 따라 주주 외의 자에게 신주를 배정할 수 있다</u>. 다만, 이 경우에는 신기술의 도입, 재무구조의 개선 등 회사의 <u>경영상 목적을 달성하기 위하여 필요한 경우</u>에 한한다.

③ 액면미달의 발행을 위해서는 엄격한 요건을 갖추어야 한다.

> **제417조(액면미달의 발행)** ① 회사가 <u>성립한 날로부터 2년을 경과한 후에</u> 주식을 발행하는 경우에는 회사는 제434조의 규정에 의한 <u>주주총회의 결의와 법원의 인가</u>를 얻어서 주식을 액면미달의 가액으로 발행할 수 있다.

234 ④

> ② 전항의 주주총회의 결의에서는 **주식의 최저발행가액을 정하여야 한다**.
> ③ 법원은 회사의 현황과 제반사정을 참작하여 최저발행가액을 변경하여 인가할 수 있다. 이 경우에 법원은 회사의 재산상태 기타 필요한 사항을 조사하게 하기 위하여 검사인을 선임할 수 있다.
> ④ 제1항의 주식은 **법원의 인가를 얻은 날로부터 1월내에 발행**하여야 한다. 법원은 이 기간을 연장하여 인가할 수 있다.

④ 회사의 동의를 얻어 상계할 수 있다. 참고로 설립시 납입의 경우에는 회사의 동의 없이도 상계가 가능하다고 본다. 사채의 경우에는 동의가 없더라도 상계할 수 있다.

> **제421조(주식에 대한 납입)** ① 이사는 신주의 인수인으로 하여금 그 배정한 주수(株數)에 따라 납입기일에 그 인수한 주식에 대한 인수가액의 전액을 납입시켜야 한다.
> ② 신주의 인수인은 **회사의 동의 없이** 제1항의 납입채무와 주식회사에 대한 채권을 **상계할 수 없다**.

⑤ 신주인수권증서가 주식청약서에 우선한다.

> **제420조의5(신주인수권증서에 의한 청약)** ② 신주인수권증서를 상실한 자는 주식청약서에 의하여 주식의 청약을 할 수 있다. 그러나 그 청약은 신주인수권증서에 의한 청약이 있는 때에는 그 효력을 잃는다.

235

상법상 신주발행에 관한 설명으로 **틀린** 것은? (이견이 있으면 판례에 의함)

① 회사가 현저하게 불공정한 방법에 의하여 주식을 발행함으로써 주주가 불이익을 받을 염려가 있는 경우에, 그 주주는 회사에 대하여 그 발행을 유지할 것을 청구할 수 있다.
② 이사와 통모하여 현저하게 불공정한 발행가액으로 주식을 인수한 자에 대해서 공정한 발행가액과의 차액에 상당한 금액의 지급을 청구하는 주주의 대표소송이 허용된다.
③ 신주의 인수인이 납입기일에 납입하지 아니한 때에는 그 권리를 잃는다.
④ 신주발행무효의 판결이 확정되면 신주는 소급하여 그 효력을 잃는다.
⑤ 회사가 정관이나 이사회 결의로 신주인수권의 양도에 관한 사항을 결정하지 아니하였다 하여도 회사가 신주인수권의 양도를 승낙한 경우에는 그 양도는 회사에 대하여도 효력이 있다.

•••••••••••••••••••••

① 신주발행유지청구의 상대방은 주식을 발행하는 회사이다(제424조). 참고로 위법행위유지청구의 상대방은 위법행위를 하는 이사 또는 집행임원이다(제402조).

> **제424조(유지청구권)** 회사가 법령 또는 정관에 위반하거나 현저하게 불공정한 방법에 의하여 주식을 발행함으로써 주주가 불이익을 받을 염려가 있는 경우에는 그 주주는 **회사에 대하여 그 발행을 유지할 것을 청구**할 수 있다.
>
> **제402조(유지청구권)** 이사가 법령 또는 정관에 위반한 행위를 하여 이로 인하여 회사에 회복할 수 없는 손해가 생길 염려가 있는 경우에는 감사 또는 발행주식의 총수의 100분의 1 이상에 해당하는 주식을 가진 주주는 회사를 위하여 **이사에 대하여 그 행위를 유지할 것을 청구**할 수 있다.

② 통모인수인의 책임을 묻는 소송의 제소권자는 회사인데, 만약 회사의 대표이사가 이를 게을리할 경우에는 주주가 대표소송의 규정에 따라 회사를 대표하여 소를 제기할 수 있다.

235 ④

제424조의2(불공정한 가액으로 주식을 인수한 자의 책임) ① 이사와 통모하여 현저하게 불공정한 발행가액으로 주식을 인수한 자는 회사에 대하여 공정한 발행가액과의 차액에 상당한 금액을 지급할 의무가 있다.
② 제403조 내지 제406조의 규정은 제1항의 지급을 청구하는 소에 관하여 이를 준용한다.

제403조(주주의 대표소송) ① 발행주식의 총수의 100분의 1 이상에 해당하는 주식을 가진 주주는 회사에 대하여 이사의 책임을 추궁할 소의 제기를 청구할 수 있다.

③ 납입을 해태한 경우 별도의 의사표시 없이 주식인수는 '당연실권'된다. 이 경우 회사는 신주의 인수인에 대해서 손해배상청구권을 행사할 수 있다.

제423조(주주가 되는 시기, 납입해태의 효과) ① 신주의 인수인은 납입 또는 현물출자의 이행을 한 때에는 납입기일의 다음 날로부터 주주의 권리의무가 있다.
② 신주의 인수인이 납입기일에 납입 또는 현물출자의 이행을 하지 아니한 때에는 그 권리를 잃는다.
③ 제2항의 규정은 신주의 인수인에 대한 손해배상의 청구에 영향을 미치지 아니한다.

④ 회사법상 소송 중에서 소급효가 인정되는 소송은 (ⅰ) 주총결의를 다투는 소송과 (ⅱ) 감자무효의 소에 한한다.

제431조(신주발행무효판결의 효력) ① 신주발행무효의 판결이 확정된 때에는 신주는 장래에 대하여 그 효력을 잃는다.

⑤ 주주의 투하자본 회수를 보장한다는 취지에서, 회사의 승낙이 있다면 신주인수권의 양도는 그 효력이 있다.

관련판례

[대법원 1995.5.23. 선고, 94다36421, 판결]
나. 상법 제416조 제5호에 의하면, 회사의 정관 또는 이사회의 결의로 주주가 가지는 신주인수권을 양도할 수 있는 것에 관한 사항을 결정하도록 되어있는바, 신주인수권의 양도성을 제한할 필요성은 주로 회사 측의 신주발행사무의 편의를 위한 것에서 비롯된 것으로 볼 수 있고, 또 상법이 주권발행 전 주식의 양도는 회사에 대하여 효력이 없다고 엄격하게 규정한 것과는 달리 신주인수권의 양도에 대하여는 정관이나 이사회의 결의를 통하여 자유롭게 결정할수 있도록 한 점에 비추어 보면, 회사가 정관이나 이사회의 결의로 신주인수권의 양도에 관한 사항을 결정하지 아니하였다 하여 신주인수권의 양도가 전혀 허용되지 아니하는 것은 아니고, 회사가 그와 같은 양도를 승낙한 경우에는 회사에 대하여도 그 효력이 있다.

236

상법상 주식의 액면미달 발행에 관한 설명으로 옳은 것은 모두 몇 개인가?

> ㄱ. 성립 후 회사가 액면미달의 가액으로 주식을 발행할 경우 주주총회의 특별결의로 최저발행가액을 정하여야 한다.
> ㄴ. 성립 후 회사가 액면미달의 가액으로 주식을 발행한 경우 이사는 그 발행조건과 미상각액(未償却額)을 주식청약서에 기재하여야 한다.
> ㄷ. 성립 후 회사가 액면미달의 가액으로 주식을 발행한 경우 주식의 발행에 따른 변경등기에는 미상각액을 등기하여야 한다.
> ㄹ. 성립 후 회사가 액면미달의 가액으로 주식을 발행할 경우 채권자보호절차를 거쳐야 한다.

① 0개　　② 1개　　③ 2개
④ 3개　　⑤ 4개

••••••••••••••••••••••••••

옳은 내용은 ㄱ, ㄴ, ㄷ 3개이다.
ㄱ. 액면미달발행의 요건은 「2/특/저/법/1월」로 정리하자.

> **제417조(액면미달의 발행)** ① 회사가 성립한 날로부터 2년을 경과한 후에 주식을 발행하는 경우에는 회사는 제434조의 규정에 의한 주주총회의 결의와 법원의 인가를 얻어서 주식을 액면미달의 가액으로 발행할 수 있다.
> ② 전항의 주주총회의 결의에서는 주식의 최저발행가액을 정하여야 한다.
> ③ 법원은 회사의 현황과 제반사정을 참작하여 최저발행가액을 변경하여 인가할 수 있다. 이 경우에 법원은 회사의 재산상태 기타 필요한 사항을 조사하게 하기 위하여 검사인을 선임할 수 있다.
> ④ 제1항의 주식은 법원의 인가를 얻은 날로부터 1월내에 발행하여야 한다. 법원은 이 기간을 연장하여 인가할 수 있다.

액면미달발행 요건	2 / 특 / 저 / 법 / 1월	• 설립 후 **2년** 경과 • 주총**특**별결의 • **최저**발행가액결정 • **법**원의 인가 • 인가 후 **1월** 내

ㄴ, ㄷ. 여기서 미상각액은 「주식할인발행차금」을 말한다. 주식할인발행차금은 주식청약서에 기재하고 등기부에도 등기하여야 한다.

> **제420조(주식청약서)** 이사는 주식청약서를 작성하여 다음의 사항을 적어야 한다.
> 1. 제289조제1항제2호 내지 제4호에 게기한 사항
> 2. 제302조제2항제7호·제9호 및 제10호에 게기한 사항
> 3. 제416조제1호 내지 제4호에 게기한 사항
> 4. 제417조에 따른 주식을 발행한 경우에는 그 발행조건과 미상각액(未償却額)
> 5. 주주에 대한 신주인수권의 제한에 관한 사항 또는 특정한 제삼자에게 이를 부여할 것을 정한 때에는 그 사항
> 6. 주식발행의 결의연월일

236 ④

> **제417조(액면미달의 발행)** ① 회사가 성립한 날로부터 2년을 경과한 후에 주식을 발행하는 경우에는 회사는 제434조의 규정에 의한 주주총회의 결의와 법원의 인가를 얻어서 주식을 액면미달의 가액으로 발행할 수 있다.
>
> **제426조(미상각액의 등기)** 제417조에 따른 주식을 발행한 경우에 주식의 발행에 따른 변경등기에는 미상각액을 등기하여야 한다.

ㄹ. 액면미달발행을 한다고 해서 채권자의 이익을 해하지는 않는다. 액면미달발행이건 액면초과발행이건 회사의 자본금이 증가하는 이상 채권자에게는 이익이 되기 때문이다. 채권자보호절차를 필요로 하는 경우는 「인청/물조/분결/감/합」으로 정리하자.

채권자 보호절차 요구되는 경우	인청 / 물조 / 분결 / 감 / 합	• **인**적회사의 임의**청**산 • **물**적회사 **조**직변경 • **분**할시 책임분리**결**의 • **감**자 • **합**병

237

상법상 신주의 발행에 관한 설명으로 <u>틀린</u> 것은?

① 현물출자를 하는 자가 있는 경우에는 예외 없이 검사인의 선임을 법원에 청구하거나 공인된 감정인의 감정으로 검사인의 조사에 갈음하게 하여야 한다.
② 신주발행 무효는 주주·이사 또는 감사에 한하여 신주를 발행한 날로부터 6월내에 소로써만 이를 주장할 수 있다.
③ 회사가 신주인수권증서를 발행하여야 하는 경우, 회사는 신주인수권증서를 발행하는 대신 정관으로 정하는 바에 따라 전자등록기관의 전자등록부에 신주인수권을 등록할 수 있다.
④ 신주의 인수인은 회사의 동의 없이 그 배정받은 주식수에 따른 인수가액의 납입의무와 주식회사에 대한 채권을 상계할 수 없다.
⑤ 주식을 액면미달의 가액으로 발행하려면 주주총회 특별결의에서 주식의 최저발행가액을 정하여야 한다.

••••••••••••••••••••

① 신주발행시 일정사유에 해당하는 현물출자에 대해서는 검사인의 조사절차가 면제된다. (i) 현물출자 목적재산의 가액이 자본금의 1/5과 5천만원을 초과하지 않는 경우, (ii) 현물출자 목적재산이 거래소의 시세 있는 유가증권으로서 이사회의 신주발행결의에서 결정된 출자평가액이 대통령령으로 정한 방법으로 산정한 시세를 초과하지 않는 경우, (iii) 변제기가 돌아온 회사에 대한 금전채권을 출자의 목적으로 하는 경우로서 출자가액이 장부가를 초과하지 않는 경우, (iv) 그 밖에 대통령령으로 정하는 경우가 이에 해당한다.

> **제422조(현물출자의 검사)** ① 현물출자를 하는 자가 있는 경우에는 이사는 제416조제4호의 사항을 조사하게 하기 위하여 검사인의 선임을 법원에 청구하여야 한다. 이 경우 공인된 감정인의 감정으로 검사인의 조사에 갈음할 수 있다.
> ② 다음 각 호의 어느 하나에 해당할 경우에는 제1항을 적용하지 아니한다.

237 ①

1. 제416조제4호의 현물출자의 목적인 재산의 가액이 자본금의 5분의 1을 초과하지 아니하고 대통령령으로 정한 금액을 초과하지 아니하는 경우
2. 제416조제4호의 현물출자의 목적인 재산이 거래소의 시세 있는 유가증권인 경우 제416조 본문에 따라 결정된 가격이 대통령령으로 정한 방법으로 산정된 시세를 초과하지 아니하는 경우
3. 변제기가 돌아온 회사에 대한 금전채권을 출자의 목적으로 하는 경우로서 그 가액이 회사장부에 적혀 있는 가액을 초과하지 아니하는 경우
4. 그 밖에 제1호부터 제3호까지의 규정에 준하는 경우로서 대통령령으로 정하는 경우

② 신주발행무효는 (ⅰ) 주주·이사·감사를 제소권자로, (ⅱ) 신주발행일로부터 6월의 제소기간 내에, (ⅲ) 소송의 방법으로만 다툴 수 있다.

제429조(신주발행무효의 소) 신주발행의 무효는 주주·이사 또는 감사에 한하여 신주를 발행한 날로부터 6월내에 소만으로 이를 주장할 수 있다.

③ 주권, 신주인수권증서, 신주인수권증권, 사채 모두 실물유가증권에 갈음하여 전자증권(전자등록제도)의 형태로 발행할 수 있다.

제420조의4(신주인수권의 전자등록) 회사는 신주인수권증서를 발행하는 대신 정관으로 정하는 바에 따라 전자등록기관의 전자등록부에 신주인수권을 등록할 수 있다. 이 경우 제356조의2제2항부터 제4항까지의 규정을 준용한다.

④ 회사가 예측하지 못한 상황이 발생하는 것을 막기 위해 회사의 동의를 얻어야 상계할 수 있다. 참고로 설립시 납입의 경우에는 회사의 동의 없이도 상계가 가능하다고 본다.

제421조(주식에 대한 납입) ① 이사는 신주의 인수인으로 하여금 그 배정한 주수(株數)에 따라 납입기일에 그 인수한 주식에 대한 인수가액의 전액을 납입시켜야 한다.
② 신주의 인수인은 <u>회사의 동의 없이</u> 제1항의 납입채무와 주식회사에 대한 채권을 상계할 수 없다.

⑤ 액면미달발행의 요건은 「2/<u>특</u>/<u>저</u>/법/1월」로 정리하자.

제417조(액면미달의 발행) ① 회사가 성립한 날로부터 2년을 경과한 후에 주식을 발행하는 경우에는 회사는 <u>제434조의 규정에 의한 주주총회의 결의</u>와 법원의 인가를 얻어서 주식을 액면미달의 가액으로 발행할 수 있다.
② <u>전항의 주주총회의 결의에서는 주식의 최저발행가액을 정하여야</u> 한다.

제434조(정관변경의 특별결의) 제433조제1항의 결의는 출석한 주주의 의결권의 3분의 2 이상의 수와 발행주식 총수의 3분의 1 이상의 수로써 하여야 한다.

TOPIC 36 • 신주인수권

238
상법상 신주인수권에 관한 설명으로 옳은 것은?

① 유가증권인 신주인수권증서를 상실한 자는 제권판결을 받지 않으면 주식의 청약을 할 수 없다.
② 판례에 의하면 정관 또는 이사회의 결의로 신주인수권의 양도를 인정하고 있지 않은 경우에는 회사가 그 양도를 승낙하더라도 회사에 대하여는 양도의 효력이 없다.
③ 회사는 신주인수권의 양도를 인정한 경우에도 정관의 규정에 따라 신주인수권증서를 발행하지 아니할 수 있다.
④ 신주인수권부 사채권자는 이사회가 정한 발행조건에 따라 신주인수권만을 따로 양도할 수 있으며 이 경우 신주인수권의 양도는 신주인수권 증권의 교부에 의한다.
⑤ 신주인수권증서의 점유자는 적법한 소지인으로 간주되므로 그 점유자로부터 신주인수권증서를 양수한 자가 선의·경과실이면 선의취득이 인정된다.

••••••••••••••••••••••••••

① 신주인수권증서는 약 2주간만 유통되기 때문에 3개월의 공시최고절차가 필요한 제권판결제도를 이용할 수는 없다. 따라서 이 경우 주식청약서에 의한 청약이 허용된다.

> **제420조의5(신주인수권증서에 의한 청약)** ② 신주인수권증서를 상실한 자는 주식청약서에 의하여 주식의 청약을 할 수 있다. 그러나 그 청약은 신주인수권증서에 의한 청약이 있는 때에는 그 효력을 잃는다.

② 주주의 투하자본의 회수라는 취지에 비추어보면, 정관 또는 이사회의 결의로 신주인수권의 양도를 인정하지 않고 있는 경우에도 민법상 지명채권양도 방식에 의해서 신주인수권을 양도할 수 있다. 그리고 회사가 이러한 양도를 승낙하면 회사에 대해서도 효력이 있다.

관련판례

[대법원 1995.5.23. 선고, 94다36421, 판결]
나. 상법 제416조 제5호에 의하면, 회사의 정관 또는 이사회의 결의로 주주가 가지는 신주인수권을 양도할 수 있는 것에 관한 사항을 결정하도록 되어있는바, 신주인수권의 양도성을 제한할 필요성은 주로 회사 측의 신주발행사무의 편의를 위한 것에서 비롯된 것으로 볼 수 있고, 또 상법이 주권발행 전 주식의 양도는 회사에 대하여 효력이 없다고 엄격하게 규정한 것과는 달리 신주인수권의 양도에 대하여는 정관이나 이사회의 결의를 통하여 자유롭게 결정할 수 있도록 한 점에 비추어 보면, 회사가 정관이나 이사회의 결의로 신주인수권의 양도에 관한 사항을 결정하지 아니하였다 하여 신주인수권의 양도가 전혀 허용되지 아니하는 것은 아니고, 회사가 그와 같은 양도를 승낙한 경우에는 회사에 대하여도 그 효력이 있다.
다. 주권발행 전의 주식의 양도는 지명채권 양도의 일반원칙에 따르고, 신주인수권증서가 발행되지 아니한 신주인수권의 양도 또한 주권발행 전의 주식양도에 준하여 지명채권 양도의 일반원칙에 따른다고 보아야 하므로, 주권발행 전의 주식양도나 신주인수권증서가 발행되지 아니한 신주인수권 양도의 제3자에 대한 대항요건으로는 지명채권의 양도와 마찬가지로 확정일자 있는 증서에 의한 양도통지 또는 회사의 승낙이라고 보는 것이 상당하고, 주주명부상의 명의개서는 주식 또는 신주인수권의 양수인들 상호간의 대항요건이 아니라 적법한 양수인이 회사에 대한 관계에서 주주의 권리를 행사하기 위한 대항요건에 지나지 아니한다.

238 ④

③ 회사가 신주인수권의 양도를 인정한 경우라면 신주인수권증서를 발행해야 한다.

> **제420조의2(신주인수권증서의 발행)** ① 제416조제5호에 규정한 사항을 정한 경우에 회사는 동조제6호의 정함이 있는 때에는 그 정함에 따라, 그 정함이 없는 때에는 제419조제1항의 기일의 2주간전에 신주인수권증서를 발행하여야 한다.
>
> **제416조(발행사항의 결정)** 회사가 그 성립 후에 주식을 발행하는 경우에는 다음의 사항으로서 정관에 규정이 없는 것은 이사회가 결정한다. 다만, 이 법에 다른 규정이 있거나 정관으로 주주총회에서 결정하기로 정한 경우에는 그러하지 아니하다.
> 1. 신주의 종류와 수
> 2. 신주의 발행가액과 납입기일
>   2의2. 무액면주식의 경우에는 신주의 발행가액 중 자본금으로 계상하는 금액
> 3. 신주의 인수방법
> 4. 현물출자를 하는 자의 성명과 그 목적인 재산의 종류, 수량, 가액과 이에 대하여 부여할 주식의 종류와 수
> 5. <u>주주가 가지는 신주인수권을 양도할 수 있는 것에 관한 사항</u>
> 6. <u>주주의 청구가 있는 때에만 신주인수권증서를 발행한다는 것과 그 청구기간</u>
>
> **제420조의3(신주인수권의 양도)** ① <u>신주인수권의 양도는 신주인수권증서의 교부에 의하여서만 이를 행한다.</u>
> ② 제336조제2항 및 수표법 제21조의 규정은 신주인수권증서에 관하여 이를 준용한다.

④ 신주인수권부사채를 '분리형'으로 발행한 경우에 대한 설명이다.

> **제516조의2(신주인수권부사채의 발행)** ① 회사는 신주인수권부사채를 발행할 수 있다.
> ② 제1항의 경우에 다음의 사항으로서 정관에 규정이 없는 것은 이사회가 이를 결정한다. 그러나 정관으로 주주총회에서 이를 결정하도록 정한 경우에는 그러하지 아니하다.
> 1. 신주인수권부사채의 총액
> 2. 각 신주인수권부사채에 부여된 신주인수권의 내용
> 3. 신주인수권을 행사할 수 있는 기간
> 4. <u>신주인수권만을 양도할 수 있는 것에 관한 사항</u>
>
> **제516조의6(신주인수권의 양도)** ① <u>신주인수권증권이 발행된 경우에 신주인수권의 양도는 신주인수권증권의 교부에 의하여서만 이를 행한다.</u>

⑤ 신주인수권증서의 소지인은 적법한 권리자로 '추정'된다.

> **제420조의3(신주인수권의 양도)** ② <u>제336조제2항</u> 및 수표법 제21조의 규정은 신주인수권증서에 관하여 이를 준용한다.
>
> **제336조(주식의 양도방법)** ① 주식의 양도에 있어서는 주권을 교부하여야 한다.
> ② <u>주권의 점유자는 이를 적법한 소지인으로 추정한다.</u>

239

甲주식회사의 정관은 신주발행사항은 이사회가 결정한다고 규정하고 있으며, 甲회사는 회사자금을 조달할 목적으로 신주를 발행하면서 주식의 소유비율에 따라 주주들에게 신주를 배정하였다. 이에 관한 상법상 설명으로 옳은 것은?

① 판례에 의하면 甲회사의 정관규정 또는 신주발행에 관한 이사회 결의에서 신주인수권의 양도에 관한 사항을 정하지 않았다고 하더라도 신주인수권의 양도가 전혀 허용되지 않는 것은 아니다.
② 甲회사는 주주들이 신주인수의 청약을 하지 않아 실권된 주식을 다시 제3자에게 배정할 수 없다.
③ 이사회 결의에서 신주인수권 양도에 관한 사항을 정한 경우 주주들은 신주인수권증서를 발행받아야 신주인수권을 취득할 수 있다.
④ 주주가 신주를 인수한 후 납입기일까지 납입을 하지 않으면 甲회사가 별도로 해제의 의사표시를 해야 실권이 이루어진다.
⑤ 신주를 인수한 주주가 납입기일에 이행기가 도래한 甲회사에 대한 금전채권을 가지고 있다면 회사의 동의 없이 주주의 일방적 의사표시만으로 주식대금 납입의무와 상계할 수 있다.

----

① 신주인수권의 양도에 관하여 이사회가 결정한 것이 없다고 하더라도 회사가 그 양도를 승낙한 때에는 회사에 대하여 효력이 있다. 이 경우 그 방식은 지명채권양도의 방법에 의한다.

관련판례

[대법원 1995.5.23. 선고, 94다36421, 판결]
나. 상법 제416조 제5호에 의하면, 회사의 정관 또는 이사회의 결의로 주주가 가지는 신주인수권을 양도할 수 있는 것에 관한 사항을 결정하도록 되어있는바, 신주인수권의 양도성을 제한할 필요성은 주로 회사 측의 신주발행사무의 편의를 위한 것에서 비롯된 것으로 볼 수 있고, 또 상법이 주권발행 전 주식의 양도는 회사에 대하여 효력이 없다고 엄격하게 규정한 것과는 달리 신주인수권의 양도에 대하여는 정관이나 이사회의 결의를 통하여 자유롭게 결정할수 있도록 한 점에 비추어 보면, <u>회사가 정관이나 이사회의 결의로 신주인수권의 양도에 관한 사항을 결정하지 아니하였다 하여 신주인수권의 양도가 전혀 허용되지 아니하는 것은 아니고, 회사가 그와 같은 양도를 승낙한 경우에는 회사에 대하여도 그 효력이 있다.</u>
다. 주권발행 전의 주식의 양도는 지명채권 양도의 일반원칙에 따르고, <u>신주인수권증서가 발행되지 아니한 신주인수권의 양도 또한 주권발행 전의 주식양도에 준하여 지명채권 양도의 일반원칙에 따른다</u>고 보아야 하므로, 주권발행 전의 주식양도나 신주인수권증서가 발행되지 아니한 신주인수권 양도의 제3자에 대한 대항요건으로는 지명채권의 양도와 마찬가지로 확정일자 있는 증서에 의한 양도통지 또는 회사의 승낙이라고 보는 것이 상당하고, 주주명부상의 명의개서는 주식 또는 신주인수권의 양수인들 상호간의 대항요건이 아니라 적법한 양수인이 회사에 대한 관계에서 주주의 권리를 행사하기 위한 대항요건에 지나지 아니한다.

② 실권된 신주인수권에 관한 부분은 다시 모집할 수 있다.

관련판례

[대법원 2012.11.15. 선고, 2010다49380, 판결]
회사가 주주배정방식에 의하여 신주를 발행하려는데 주주가 인수를 포기하거나 청약을 하지 아니함으로써 그 인수권을 잃은 때에는(상법 제419조 제4항) 회사는 이사회 결의로 인수가 없는 부분에 대하여 자유로이 이를 제3자에게 처분할 수 있고, 이 경우 실권된 신주를 제3자에게 발행하는 것에 관하여 정관에 반드시 근거 규정이 있어야 하는 것은 아니다.

239 ①

③ 이사회의 신주발행결의가 있으면 신주배정기준일에 주주는 신주인수권을 취득한다. 신주인수권증서는 신주인수권의 양도를 위해 발행하는 것일 뿐이다.
④ 납입을 해태한 경우 별도의 의사표시 없이 주식인수는 '당연실권'된다. 이 경우 회사는 신주의 인수인에 대해서 손해배상청구권을 행사할 수 있다.

> **제423조(주주가 되는 시기, 납입해태의 효과)** ① 신주의 인수인은 납입 또는 현물출자의 이행을 한 때에는 납입기일의 다음 날로부터 주주의 권리의무가 있다.
> ② <u>신주의 인수인이 납입기일에 납입 또는 현물출자의 이행을 하지 아니한 때에는 그 권리를 잃는다.</u>
> ③ 제2항의 규정은 신주의 인수인에 대한 손해배상의 청구에 영향을 미치지 아니한다.

⑤ 사채의 발행과는 달리 신주발행의 경우에는 회사의 동의가 있는 경우에만 상계가 가능하다.

> **제421조(주식에 대한 납입)** ① 이사는 신주의 인수인으로 하여금 그 배정한 주수(株數)에 따라 납입기일에 그 인수한 주식에 대한 인수가액의 전액을 납입시켜야 한다.
> ② 신주의 인수인은 회사의 <u>동의 없이</u> 제1항의 납입채무와 주식회사에 대한 채권을 <u>상계할 수 없다.</u>

240

상법상 신주인수에 관한 설명으로 <u>틀린</u> 것은?

① 신주의 인수인은 회사의 동의없이 자신의 주금납입채무와 그 회사에 대한 채권을 상계할 수 없다.
② 이사는 신주의 인수인으로 하여금 그 배정한 주수에 따라 납입기일에 그 인수한 주식에 대한 인수가액의 전액을 납입시켜야 한다.
③ 신주인수권증서를 상실한 자는 신주인수권증서를 재발급 받지 아니하면 주식청약서에 의한 주식의 청약을 할 수 없다.
④ 신주의 발행으로 인한 변경등기를 한 날로부터 1년을 경과한 후에는 신주를 인수한 자는 주식청약서의 요건의 흠결을 이유로 하여 그 인수의 무효를 주장할 수 없다.
⑤ 신주의 발행으로 인한 변경등기가 있은 후에 아직 인수하지 아니한 주식이 있거나 주식인수의 청약이 취소된 때에는 이사가 이를 공동으로 인수한 것으로 본다.

●●●●●●●●●●●●●●●●●●●●●●●●

① 회사의 동의를 얻어서만 상계할 수 있다. 참고로 설립시 납입의 경우에는 회사의 동의 없이도 상계가 가능하다.

> **제421조(주식에 대한 납입)** ② 신주의 인수인은 <u>회사의 동의 없이</u> 제1항의 납입채무와 주식회사에 대한 채권을 <u>상계할 수 없다.</u>

② 이 경우 일부납입은 안되고 전액납입이어야 한다.

> **제421조(주식에 대한 납입)** ① 이사는 신주의 인수인으로 하여금 그 배정한 주수(株數)에 따라 납입기일에 그 인수한 주식에 대한 인수가액의 전액을 납입시켜야 한다.

③ 주식청약서에 의한 청약도 가능하다. 다만 신주인수권증서에 의한 청약이 주식청약서에 의한 청약에 우선한다.

> **제420조의5(신주인수권증서에 의한 청약)** ② 신주인수권증서를 상실한 자는 주식청약서에 의하여 주식의 청약을 할 수 있다. 그러나 그 청약은 신주인수권증서에 의한 청약이 있는 때에는 그 효력을 잃는다.

④ 단체법적 관계의 안정을 기하기 위함이다. 참고로 설립시 주식발행의 경우에는 설립등기가 이루어지고 나면 인수의 무효 또는 취소를 행사할 수 없다.

> **제427조(인수의 무효주장, 취소의 제한)** 신주의 발행으로 인한 변경등기를 한 날로부터 1년을 경과한 후에는 신주를 인수한 자는 주식청약서 또는 신주인수권증서의 요건의 흠결을 이유로 하여 그 인수의 무효를 주장하거나 사기, 강박 또는 착오를 이유로 하여 그 인수를 취소하지 못한다. 그 주식에 대하여 주주의 권리를 행사한 때에도 같다.

⑤ 「이사의 인수담보책임」에 대한 설명이다.

> **제428조(이사의 인수담보책임)** ① 신주의 발행으로 인한 변경등기가 있은 후에 아직 인수하지 아니한 주식이 있거나 주식인수의 청약이 취소된 때에는 이사가 이를 공동으로 인수한 것으로 본다.
> ② 전항의 규정은 이사에 대한 손해배상의 청구에 영향을 미치지 아니한다.

241

액면주식을 발행한 비상장 주식회사에서 상법상 자본금의 증가가 없는 경우로만 묶인 것은?

① 전환주식의 전환 – 주식배당
② 상환주식의 상환 – 신주인수권부사채의 신주인수권 행사
③ 흡수합병 – 전환사채의 전환
④ 준비금의 자본금전입 – 주식분할
⑤ 상환주식의 상환 – 주식분할

• •

① 전환주식이 전환되면 전환비율에 따라 자본금이 증가하거나 일정하다. / 주식배당은 자본금이 증가한다.
② 상환주식의 상환은 자본금의 변동이 없다. / 신주인수권의 행사로 인한 신주발행은 자본금이 증가한다.
③ 흡수합병에 따른 교부대가를 신주를 발행하여 지급하면 자본금이 증가하나, 신주발행이 없이 합병교부금만 지급하면 자본금이 일정하다. / 전환사채가 전환되면 신주가 발행되므로 자본금이 증가한다.
④ 준비금의 자본금 전입이 있게 되면 자본금이 증가한다. / 주식분할의 경우에는 주식수가 증가한 만큼 액면금이 감소되므로 자본금이 일정하다.
⑤ 상환주식의 상환과 주식분할 모두 자본금의 변동이 없다.

242

상법상 신주발행에 관한 설명으로 틀린 것은? (이견이 있으면 판례에 의함)

① 현물출자자에 대하여 발행하는 신주에 대하여는 일반주주의 신주인수권이 미치지 않는다.
② 신주의 인수인이 현물출자의 이행을 한 때에는 그 이행을 한 날로부터 주주의 권리의무가 있다.
③ 회사는 신주의 인수권을 가진 자에 대하여 그 인수권을 가지는 주식의 종류 및 수와 일정한 기일까지 주식인수의 청약을 하지 아니하면 그 권리를 잃는다는 뜻을 통지하여야 한다.
④ 신주의 인수인은 회사의 동의 없이 신주에 대한 인수가액의 납입채무와 회사에 대한 채권을 상계할 수 없다.
⑤ 회사는 신기술의 도입, 재무구조의 개선 등 회사의 경영상 목적을 달성하기 위하여 필요한 경우에 한하여 정관에 정하는 바에 따라 주주 외에 자에게 신주를 배정할 수 있다.

••••••••••••••••••••••••

① 현물출자는 물건을 사는데 돈을 대신해서 주식을 준다는 개념으로 이해하면 된다. 만약 이 경우에도 일반주주의 신주인수권이 미친다면, 현물출자를 통해 필요한 물건을 조달하는 것을 가로막게 된다.

> **관련판례**
>
> [대법원 1989. 3. 14., 선고, 88누889, 판결]
> 주주의 신주인수권은 주주가 종래 가지고 있던 주식의 수에 비례하여 우선적으로 인수의 배정을 받을 수 있는 권리로서 주주의 자격에 기하여 법률상 당연히 인정되는 것이지만 현물출자자에 대하여 발행하는 신주에 대하여는 일반주주의 신주인수권이 미치지 않는다.

② 납입기일의 "다음 날"부터 주주가 된다.

> 제423조(주주가 되는 시기, 납입해태의 효과) ① 신주의 인수인은 납입 또는 현물출자의 이행을 한 때에는 납입기일의 다음 날로부터 주주의 권리의무가 있다.

③ 이를 「실권예고부 최고」라 한다.

> 제419조(신주인수권자에 대한 최고) ① 회사는 신주의 인수권을 가진 자에 대하여 그 인수권을 가지는 주식의 종류 및 수와 일정한 기일까지 주식인수의 청약을 하지 아니하면 그 권리를 잃는다는 뜻을 통지하여야 한다. 이 경우 제416조제5호 및 제6호에 규정한 사항의 정함이 있는 때에는 그 내용도 통지하여야 한다.

④ 사채의 발행과는 달리 신주발행의 경우에는 회사의 동의가 있는 경우에만 상계가 가능하다.

> 제421조(주식에 대한 납입) ① 이사는 신주의 인수인으로 하여금 그 배정한 주수(株數)에 따라 납입기일에 그 인수한 주식에 대한 인수가액의 전액을 납입시켜야 한다.
> ② 신주의 인수인은 회사의 동의 없이 제1항의 납입채무와 주식회사에 대한 채권을 상계할 수 없다.

⑤ 신주의 제3자 배정의 경우 (ⅰ) 형식적 요건으로서 "정관규정"과 (ⅱ) 실질적 요건으로서 "회사의 경영상 목적 달성을 위해 필요한 경우"라는 2가지 요건을 모두 충족하여야 한다.

> 제418조(신주인수권의 내용 및 배정일의 지정·공고) ② 회사는 제1항의 규정에 불구하고 정관에 정하는 바에 따라 주주 외의 자에게 신주를 배정할 수 있다. 다만, 이 경우에는 신기술의 도입, 재무구조의 개선 등 회사의 경영상 목적을 달성하기 위하여 필요한 경우에 한한다.

242 ②

243

비상장주식회사의 이사회가 신주 발행과 관련하여 주주가 가지는 신주인수권을 양도할 수 있는 것에 관한 사항을 적법하게 정한 경우 상법상 그 법률관계에 관한 설명으로 <u>틀린</u> 것은?

① 이사회는 주주의 청구가 있는 때에만 신주인수권증서를 발행할 수 있다는 것과 그 청구기간을 정할 수 있다.
② 신주인수권증서의 점유자는 적법한 소지인으로 추정된다.
③ 신주인수권증서의 소지인이 신주인수권을 양도하는 경우 신주인수권증서의 교부에 의하여서만 이를 행한다.
④ 신주인수권증서를 점유하는 소지인은 신주인수권증서가 아닌 주식청약서에 의하여 주식의 청약을 할 수 있다.
⑤ 신주인수권증서의 소지인이 신주인수권증서에 기재된 기일까지 주식인수의 청약을 하지 않으면 신주인수권을 상실한다.

••••••••••••••••••••

① 신주인수권증서는 해당 유가증권의 양도를 통해 「주주」의 투하자본을 회수함을 목적으로 하기 때문이다.

> **제416조(발행사항의 결정)** 회사가 그 성립 후에 주식을 발행하는 경우에는 다음의 사항으로서 정관에 규정이 없는 것은 이사회가 결정한다. 다만, 이 법에 다른 규정이 있거나 정관으로 주주총회에서 결정하기로 정한 경우에는 그러하지 아니하다.
> 1. 신주의 종류와 수
> 2. 신주의 발행가액과 납입기일
>   2의2. 무액면주식의 경우에는 신주의 발행가액 중 자본금으로 계상하는 금액
> 3. 신주의 인수방법
> 4. 현물출자를 하는 자의 성명과 그 목적인 재산의 종류, 수량, 가액 및 이에 대하여 부여할 주식의 종류와 수
> 5. 주주가 가지는 신주인수권을 양도할 수 있는 것에 관한 사항
> 6. <u>주주의 청구가 있는 때에만 신주인수권증서를 발행한다는 것과 그 청구기간</u>

② 주권·신주인수권증서·신주인수권증권의 점유자는 적법한 소지인으로 「추정」된다.

> **제420조의3(신주인수권의 양도)** ② 제336조제2항 및 수표법 제21조의 규정은 <u>신주인수권증서</u>에 관하여 이를 준용한다.
>
> **제336조(주식의 양도방법)** ② <u>주권의 점유자는 이를 적법한 소지인으로 추정한다.</u>

③ 신주인수권을 표창하는 유가증권이 발행된 이상, 해당 권리의 양도는 증권의 교부에 의하여야 한다.

> **제420조의3(신주인수권의 양도)** ① <u>신주인수권의 양도는 신주인수권증서의 교부에 의하여서만 이를 행한다.</u>

④ 신주인수권증서가 발행된 경우에는 신주인수권증서가 주식청약서에 우선한다고 정리하면 된다.

> **제420조의5(신주인수권증서에 의한 청약)** ① <u>신주인수권증서를 발행한 경우에는 신주인수권증서에 의하여 주식의 청약을 한다.</u> 이 경우에는 제302조제1항의 규정을 준용한다.
> ② <u>신주인수권증서를 상실한 자는 주식청약서에 의하여 주식의 청약을 할 수 있다.</u> 그러나 그 청약은 신주인수권증서에 의한 청약이 있는 때에는 그 효력을 잃는다.

243 ④

⑤ 「실권예고부최고」가 있었으므로, 증서에 기재된 기일까지 주식인수의 청약을 하지 않으면 「당연실권」된다.

> **제420조의2(신주인수권증서의 발행)** ② 신주인수권증서에는 다음 사항과 번호를 기재하고 이사가 기명날인 또는 서명하여야 한다.
> 1. 신주인수권증서라는 뜻의 표시
> 2. 제420조에 규정한 사항
> 3. 신주인수권의 목적인 주식의 종류와 수
> 4. 일정기일까지 주식의 청약을 하지 아니할 때에는 그 권리를 잃는다는 뜻
>
> **제419조(신주인수권자에 대한 최고)** ① 회사는 신주의 인수권을 가진 자에 대하여 그 인수권을 가지는 주식의 종류 및 수와 일정한 기일까지 주식인수의 청약을 하지 아니하면 그 권리를 잃는다는 뜻을 통지하여야 한다. 이 경우 제416조제5호 및 제6호에 규정한 사항의 정함이 있는 때에는 그 내용도 통지하여야 한다.
> ② 제1항의 통지는 제1항의 기일의 2주간전에 이를 하여야 한다.
> ③ 제1항의 통지에도 불구하고 그 기일까지 주식인수의 청약을 하지 아니한 때에는 신주의 인수권을 가진 자는 그 권리를 잃는다.

244

상법상 회사 성립 후 신주 발행에 관한 설명으로 틀린 것은?

① 신주의 발행으로 인한 변경등기가 있은 후에 아직 인수하지 아니한 주식이 있거나 주식인수의 청약이 취소된 때에는 이사가 이를 공동으로 인수한 것으로 본다.
② 회사는 신주인수권증서를 발행하는 대신 정관으로 정하는 바에 따라 전자등록기관의 전자등록부에 신주인수권을 등록할 수 있다.
③ 신주의 인수인은 납입기일에 납입 또는 현물출자의 이행을 하지 아니한 때에는 그 권리를 잃는다.
④ 신주의 인수인은 납입 또는 현물출자의 이행을 한 때에는 납입기일의 다음 날로부터 주주의 권리의무가 있다.
⑤ 현물출자의 목적인 재산의 가액이 자본금의 5분의 1을 초과하지 않을 경우에는 그 재산의 가액이 5천만원을 초과하더라도 법원이 선임한 검사인의 조사 및 공인된 감정인의 감정이 필요하지 않다.

•••••••••••••••••••

① 「이사의 인수담보책임」에 대한 설명이다.

> **제428조(이사의 인수담보책임)** ① 신주의 발행으로 인한 변경등기가 있은 후에 아직 인수하지 아니한 주식이 있거나 주식인수의 청약이 취소된 때에는 이사가 이를 공동으로 인수한 것으로 본다.
> ② 전항의 규정은 이사에 대한 손해배상의 청구에 영향을 미치지 아니한다.

② 주권, 신주인수권증서, 신주인수권증권, 사채 모두 실물유가증권에 갈음하여 전자증권(전자등록제도)의 형태로 발행할 수 있다.

> **제516조의7(신주인수권의 전자등록)** 회사는 신주인수권증권을 발행하는 대신 정관으로 정하는 바에 따라 전자등록기관의 전자등록부에 신주인수권을 등록할 수 있다. 이 경우 제356조의2제2항부터 제4항까지의 규정을 준용한다.

244 ⑤

③ 설립시 주식인수인이 실권절차를 거쳐 실권하는 것과는 달리, 유상증자의 경우에는 납입기일에 납입하지 않으면 바로 실권한다. 이를 「당연실권」이라 한다.

> **제423조(주주가 되는 시기, 납입해태의 효과)** ① 신주의 인수인은 납입 또는 현물출자의 이행을 한 때에는 납입기일의 다음 날로부터 주주의 권리의무가 있다.
> ② 신주의 인수인이 납입기일에 납입 또는 현물출자의 이행을 하지 아니한 때에는 그 권리를 잃는다.
> ③ 제2항의 규정은 신주의 인수인에 대한 손해배상의 청구에 영향을 미치지 아니한다.

④ 납입기일의 「다음 날」부터 주주가 된다.

> **제423조(주주가 되는 시기, 납입해태의 효과)** ① 신주의 인수인은 납입 또는 현물출자의 이행을 한 때에는 납입기일의 다음 날로부터 주주의 권리의무가 있다.

⑤ 현물출자가액이 (ⅰ) 자본금의 5분의 1 이하이면서 (ⅱ) 대통령령으로 정한 금액(5천만원)을 초과하지 않는 경우에 검사절차를 생략할 수 있다.

> **제422조(현물출자의 검사)** ① 현물출자를 하는 자가 있는 경우에는 이사는 제416조제4호의 사항을 조사하게 하기 위하여 검사인의 선임을 법원에 청구하여야 한다. 이 경우 공인된 감정인의 감정으로 검사인의 조사에 갈음할 수 있다.
> ② 다음 각 호의 어느 하나에 해당할 경우에는 제1항을 적용하지 아니한다.
> 1. 제416조제4호의 현물출자의 목적인 재산의 가액이 자본금의 5분의 1을 초과하지 아니하고 대통령령으로 정한 금액을 초과하지 아니하는 경우

TOPIC 37 · 위법한 신주발행에 대한 규제

245
다음 사례에 관한 상법상 설명 중 옳은 것은? (이견이 있으면 판례에 의함)

> 甲주식회사(수권자본금 50억원, 자본금 8억원, 주주가 A와 B 2명 뿐인 비상장회사) 대표이사 A는 회사 자금사정이 급격하게 어려워지자 긴박하게 회사의 경영자금을 조달하기 위하여 이사회의 결의로 제3자인 C에게 발행가를 액면가 이상으로 신주를 배정하였다(甲회사의 정관에는 "이사회는 새로운 기술의 도입이나 긴급한 경영자금의 조달이라는 경영목적을 위해서는 주주 아닌 제3자에게 신주를 배정할 수 있다"고 규정되어 있음). C는 2억원의 신주대금의 납입을 위하여, 이사회의 결정내용대로 재산가액 4천만원의 부동산의 출자를 비롯하여, 이행기가 도래해 있는 甲회사에 대한 4천만원의 금전채권을 가지고 상계하고 나머지는 현금으로 지급하였다.

① C가 A와 공모하여 현저하게 불공정한 발행가액으로 주식을 인수했다고 하더라도 C가 공정한 발행가액과의 차액에 상당하는 금액을 회사에 지급하면 甲회사에 대한 A의 손해배상책임은 발생하지 않는다.
② B는 C에 대한 신주발행이 위법하고 이로 인하여 자신이 불이익을 입을 염려가 있다고 판단하면 A를 상대방으로 하여 신주발행유지의 소를 제기할 수 있다.
③ C의 재산가액 4천만원의 부동산 출자는 법원이 선임한 검사인의 검사나 공인된 감정인의 감정이라는 검사절차가 있어야 적법하다.
④ C가 甲회사에 대한 4천만원의 금전채권으로 상계한 것은 甲회사의 동의가 있는 경우에만 신주대금 납입으로서 유효하다.
⑤ 판례에 따르면 만일 甲회사가 오직 경영권 방어만을 목적으로 C에게 신주를 배정하였더라도 C에 대한 신주발행은 유효하다.

••••••••••••••••••••

① 손해배상청구는 가능하다.

> **제424조의2(불공정한 가액으로 주식을 인수한 자의 책임)** ① 이사와 통모하여 현저하게 불공정한 발행가액으로 주식을 인수한 자는 회사에 대하여 공정한 발행가액과의 차액에 상당한 금액을 지급할 의무가 있다.
> ② 제403조 내지 제406조의 규정은 제1항의 지급을 청구하는 소에 관하여 이를 준용한다.
> ③ 제1항 및 제2항의 규정은 <u>이사의 회사 또는 주주에 대한 손해배상의 책임에 영향을 미치지 아니한다</u>.

② 신주발행유지청구는 회사를 상대로 한다.

> **제424조(유지청구권)** 회사가 법령 또는 정관에 위반하거나 현저하게 불공정한 방법에 의하여 주식을 발행함으로써 주주가 불이익을 받을 염려가 있는 경우에는 그 주주는 <u>회사에 대하여</u> 그 발행을 유지할 것을 청구할 수 있다.

③ 현물출자가액(4천만원)이 자본금(8억원)의 5분의 1 이하면서 대통령령으로 정한 금액(5천만원)을 초과하지 않는 경우이므로 검사절차를 생략할 수 있다.

245 ④

제422조(현물출자의 검사) ① 현물출자를 하는 자가 있는 경우에는 이사는 제416조제4호의 사항을 조사하게 하기 위하여 검사인의 선임을 법원에 청구하여야 한다. 이 경우 공인된 감정인의 감정으로 검사인의 조사에 갈음할 수 있다.
② 다음 각 호의 어느 하나에 해당할 경우에는 제1항을 적용하지 아니한다.
  1. 제416조제4호의 현물출자의 목적인 재산의 가액이 자본금의 5분의 1을 초과하지 아니하고 대통령령으로 정한 금액을 초과하지 아니하는 경우
  2. 제416조제4호의 현물출자의 목적인 재산이 거래소의 시세 있는 유가증권인 경우 제416조 본문에 따라 결정된 가격이 대통령령으로 정한 방법으로 산정된 시세를 초과하지 아니하는 경우
  3. 변제기가 돌아온 회사에 대한 금전채권을 출자의 목적으로 하는 경우로서 그 가액이 회사장부에 적혀 있는 가액을 초과하지 아니하는 경우
  4. 그 밖에 제1호부터 제3호까지의 규정에 준하는 경우로서 대통령령으로 정하는 경우

④ 이행기가 도래한 금전채권이므로 회사의 동의만 있으면 검사절차 없이 현물출자가 가능하다.

제421조(주식에 대한 납입) ① 이사는 신주의 인수인으로 하여금 그 배정한 주수(株數)에 따라 납입기일에 그 인수한 주식에 대한 인수가액의 전액을 납입시켜야 한다.
② 신주의 인수인은 회사의 동의 없이 제1항의 납입채무와 주식회사에 대한 채권을 상계할 수 없다.

제422조(현물출자의 검사)
② 다음 각 호의 어느 하나에 해당할 경우에는 제1항을 적용하지 아니한다.
  1. 제416조제4호의 현물출자의 목적인 재산의 가액이 자본금의 5분의 1을 초과하지 아니하고 대통령령으로 정한 금액을 초과하지 아니하는 경우
  2. 제416조제4호의 현물출자의 목적인 재산이 거래소의 시세 있는 유가증권인 경우 제416조 본문에 따라 결정된 가격이 대통령령으로 정한 방법으로 산정된 시세를 초과하지 아니하는 경우
  3. 변제기가 돌아온 회사에 대한 금전채권을 출자의 목적으로 하는 경우로서 그 가액이 회사장부에 적혀 있는 가액을 초과하지 아니하는 경우
  4. 그 밖에 제1호부터 제3호까지의 규정에 준하는 경우로서 대통령령으로 정하는 경우

⑤ 경영권 방어를 위한 경우는 "회사의 경영상의 목적을 달성하기 위하여"에 해당하지 않는다.

관련판례

[대법원 2009.2.13. 선고, 2008다50776, 판결]
상법 제418조 제1항, 제2항의 규정은 주식회사가 신주를 발행하면서 주주 아닌 제3자에게 신주를 배정할 경우 기존주주에게 보유 주식의 가치 하락이나 회사에 대한 지배권 상실 등 불이익을 끼칠 우려가 있다는 점을 감안하여, 신주를 발행할 경우 원칙적으로 기존 주주에게 이를 배정하고 제3자에 대한 신주배정은 정관이 정한 바에 따라서만 가능하도록 하면서, 그 사유도 신기술의 도입이나 재무구조 개선 등 기업 경영의 필요상 부득이한 예외적인 경우로 제한함으로써 기존 주주의 신주인수권에 대한 보호를 강화하고자 하는 데 그 취지가 있다. 따라서 주식회사가 신주를 발행함에 있어 신기술의 도입, 재무구조의 개선 등 회사의 경영상 목적을 달성하기 위하여 필요한 범위 안에서 정관이 정한 사유가 없는데도, 회사의 경영권 분쟁이 현실화된 상황에서 경영진의 경영권이나 지배권 방어라는 목적을 달성하기 위하여 제3자에게 신주를 배정하는 것은 상법 제418조 제2항을 위반하여 주주의 신주인수권을 침해하는 것이다.

246

상법상 신주발행에 관한 설명으로 옳은 것은?

① 신주인수권증서가 발행된 경우 신주인수권의 양도는 신주인수권증서의 교부에 의하여서만 이를 행한다.
② 성립 후의 회사에서 신주의 인수인이 납입기일에 납입을 하지 아니한 경우 곧바로 이사는 연대하여 납입할 책임을 진다.
③ 확정된 신주발행무효의 판결은 제3자에게도 효력이 미치므로 그 판결의 확정 전에 행해진 신주의 제3자에 대한 양도행위의 효력도 상실된다.
④ 회사 성립 후 2년이 경과한 경우 회사는 주주총회의 보통결의를 거쳐 주식을 액면미달의 가액으로 발행할 수 있다.
⑤ 발행된 신주에 대하여 주주의 권리를 행사하였더라도 변경등기를 한 날로부터 1년 이내라면 신주인수인은 사기, 강박 또는 착오를 이유로 하여 그 인수를 취소할 수 있다.

••••••••••••••••••••••••

① 옳은 내용이다.

> **제420조의3(신주인수권의 양도)** ① 신주인수권의 양도는 신주인수권증서의 교부에 의하여서만 이를 행한다.

② 납입기일까지 납입하지 아니하면 곧바로 실권된다. 즉 이사의 납입담보책임은 존재하지 않는다. 이사의 인수담보책임이 문제되는 경우는 실권되었음에도 불구하고 납입이 된 것처럼 '변경등기'가 이루어진 경우(변경등기를 한 날로부터 1년 내에 주식인수가 취소된 경우 등)이다.

> **제423조(주주가 되는 시기, 납입해태의 효과)** ② 신주의 인수인이 납입기일에 납입 또는 현물출자의 이행을 하지 아니한 때에는 그 권리를 잃는다.
> **제428조(이사의 인수담보책임)** ① 신주의 발행으로 인한 변경등기가 있은 후에 아직 인수하지 아니한 주식이 있거나 주식인수의 청약이 취소된 때에는 이사가 이를 공동으로 인수한 것으로 본다.
> ② 전항의 규정은 이사에 대한 손해배상의 청구에 영향을 미치지 아니한다.

③ 확정된 신주발행무효의 판결은 제3자에게도 효력이 미치지만(대세효), 그 판결확정 전에 이루어진 법률행위에는 영향을 미치지 않는다(불소급효).

> **제431조(신주발행무효판결의 효력)** ① 신주발행무효의 판결이 확정된 때에는 신주는 장래에 대하여 그 효력을 잃는다.
> ② 전항의 경우에는 회사는 지체없이 그 뜻과 일정한 기간내에 신주의 주권을 회사에 제출할 것을 공고하고 주주명부에 기재된 주주와 질권자에 대하여는 각별로 그 통지를 하여야 한다. 그러나 그 기간은 3월 이상으로 하여야 한다.

④ 액면미달발행을 하기 위해서는 주주총회의 특별결의가 필요하다.

> **제417조(액면미달의 발행)** ① 회사가 성립한 날로부터 2년을 경과한 후에 주식을 발행하는 경우에는 회사는 제434조의 규정에 의한 주주총회의 결의와 법원의 인가를 얻어서 주식을 액면미달의 가액으로 발행할 수 있다.

⑤ 주주의 권리를 행사한 경우에는 취소권을 행사할 수 없다.

> **제427조(인수의 무효주장, 취소의 제한)** 신주의 발행으로 인한 변경등기를 한 날로부터 1년을 경과한 후에는 신주를 인수한 자는 주식청약서 또는 신주인수권증서의 요건의 흠결을 이유로 하여 그 인수의 무효를 주장하거나 사기, 강박 또는 착오를 이유로 하여 그 인수를 취소하지 못한다. 그 주식에 대하여 주주의 권리를 행사한 때에도 같다.

246 ①

247

상법상 주식회사의 신주발행에 관한 설명으로 옳은 것은?

① 주주의 추상적 신주인수권은 법률상 당연히 인정되는 것이므로 주식과 분리하여 양도할 수 있다.
② 신주인수권증서를 상실한 경우에는 공시최고에 의한 제권판결을 받아야만 신주의 청약을 할 수 있다.
③ 이사와 통모하여 현저하게 불공정한 발행가액으로 주식을 인수한 자에 대한 차액지급을 청구하는 소에 대하여는 주주대표소송에 관한 규정이 준용된다.
④ 신주발행의 무효는 주주, 이사, 감사 또는 회사채권자에 한하여 신주를 발행한 날로부터 6월 내에 소만으로 주장할 수 있다.
⑤ 신주발행유지청구권은 소수주주권이고 그 청구의 상대방은 현저하게 불공정한 방법으로 주식을 발행하는 이사이다.

••••••••••••••••••••••

① 추상적 신주인수권은 주주가 갖는 권리가 아니라 주식이 갖는 권리이므로 주식과 분리하여 추상적 신주인수권만을 양도할 수는 없다.
② 신주인수권증서는 약 2주간만 유통되기 때문에 제권판결의 대상이 아니다. 신주인수권증서를 상실한 경우에는 주식청약서에 의한 청약이 가능하다.

> **제420조의5(신주인수권증서에 의한 청약)**
> ① 신주인수권증서를 발행한 경우에는 신주인수권증서에 의하여 주식의 청약을 한다. 이 경우에는 제302조 제1항의 규정을 준용한다.
> ② <u>신주인수권증서를 상실한 자는 주식청약서에 의하여 주식의 청약을 할 수 있다.</u> 그러나, 그 청약은 신주인수권증서에 의한 청약이 있는 때에는 그 효력을 잃는다.

③ (i) 통모인수인의 책임을 묻는 소송의 제소권자는 회사인데, (ii) 만약 회사의 대표이사가 이를 게을리할 경우에는 주주가 대표소송의 규정에 따라 회사를 대표하여 소를 제기할 수 있다.

> **제424조의2(불공정한 가액으로 주식을 인수한 자의 책임)**
> ① 이사와 통모하여 현저하게 불공정한 발행가액으로 주식을 인수한 자는 회사에 대하여 공정한 발행가액과의 차액에 상당한 금액을 지급할 의무가 있다.
> ② 제403조 내지 제406조의 규정은 제1항의 지급을 청구하는 소에 관하여 이를 준용한다.
> **제403조(주주의 대표소송)** ① 발행주식의 총수의 100분의 1 이상에 해당하는 주식을 가진 주주는 회사에 대하여 이사의 책임을 추궁할 소의 제기를 청구할 수 있다. 〈개정 1998.12.28.〉

④ 회사채권자는 신주발행무효의 소의 제소권자가 아니다.

> **제429조(신주발행무효의 소)** 신주발행의 무효는 <u>주주·이사 또는 감사에 한하여</u> 신주를 발행한 날로부터 6월내에 소만으로 이를 주장할 수 있다.

⑤ 신주발행유지청구권은 단독주주권이고 회사가 그 상대방이다.

> **제424조(유지청구권)** 회사가 법령 또는 정관에 위반하거나 현저하게 불공정한 방법에 의하여 주식을 발행함으로써 <u>주주가</u> 불이익을 받을 염려가 있는 경우에는 그 <u>주주는</u> 회사에 대하여 그 발행을 유지할 것을 청구할 수 있다.

247 ③

248

비상장 주식회사의 신주발행 사례에 관한 설명으로 **틀린** 것은?

> 甲주식회사의 정관에는 주주총회의 결의에 의하여 신주발행을 하는 것으로 정하고 있다. 대표이사 A는 자신과 주주 B의 이익을 위하여 신주발행을 추진하면서 이에 반대하는 주주 C에게 신주발행을 위한 주주총회의 소집통지를 하지 않았다. 한편 주주 C가 참석하지 않은 주주총회에서는 시가에 훨씬 못미치는 가액으로 신주를 발행하기로 결의하고 주주 C에 대하여 신주인수권의 행사에 관한 최고를 하지 않았다.

① 甲회사의 신주발행의 효력은 납입기일의 다음 날부터 생기며 그 효력이 발생하기 이전이라면 주주 C는 甲회사를 상대로 신주발행의 유지를 청구할 수 있다.

② 대표이사 A가 주주 B로부터 현물출자를 받고 상법 소정의 현물출자의 검사절차를 이행하지 않았다면 신주발행이나 이로 인한 변경등기는 무효가 된다.

③ 주주 C는 신주발행의 효력이 발생한 이후에는 그 날로부터 6개월 이내에 신주발행 무효의 소를 제기할 수 있다.

④ 주주 B는 대표이사 A와 통모하여 현저하게 불공정한 가액으로 주식을 인수하였다면 甲회사에 대하여 공정한 발행가액과의 차액에 상당한 금액을 지급할 의무가 있다.

⑤ 대표이사 A는 신주를 시가에 훨씬 못 미치는 가액으로 발행한 것이 임무해태에 해당하므로 甲회사에 대하여 손해배상책임을 부담한다.

••••••••••••••••••••••

① 신주발행의 효력은 납입기일의 다음날부터 발생한다. 사안은 신주발행이 현저하게 불공정한 방법에 의한 경우에 해당하므로 신주발행의 효력발생 이전이라면 유지청구권을 행사할 수 있다.

> **제423조(주주가 되는 시기, 납입해태의 효과)** ① 신주의 인수인은 납입 또는 현물출자의 이행을 한 때에는 납입기일의 다음 날로부터 주주의 권리의무가 있다.
>
> **제424조(유지청구권)** 회사가 법령 또는 정관에 위반하거나 현저하게 불공정한 방법에 의하여 주식을 발행함으로써 주주가 불이익을 받을 염려가 있는 경우에는 그 주주는 회사에 대하여 그 발행을 유지할 것을 청구할 수 있다.

② 현물출자의 검사절차가 이행되지 않았다는 것만으로 신주발행이 무효로 되는 것은 아니다. 다만 이 경우 대표이사 A에 대해서는 이사의 회사에 대한 손해배상책임이 발생할 수 있다.

> **관련판례**
>
> [대법원 1980.2.12. 선고, 79다509, 판결]
> 주식회사의 현물출자에 있어서 이사는 법원에 검사인의 선임을 청구하여 일정한 사항을 조사하도록 하고 법원은 그 보고서를 심사하도록 되어 있으나 이와 같은 절차를 거치지 아니한 신주발행 및 변경등기가 당연무효가 된다고 볼 수 없다.

③ 신주발행절차에 하자가 있으므로 신주발행의 효력이 발생한 후에는 신주발행무효의 소를 제기할 수 있다. 참고로 신주발행의 효력 발생 이전에는 주주총회결의 취소의 소를 제기하여야 한다.

> **제429조(신주발행무효의 소)** 신주발행의 무효는 주주·이사 또는 감사에 한하여 신주를 발행한 날로부터 6월내에 소만으로 이를 주장할 수 있다.

248 ②

④ 통모인수인의 책임에 대한 설명이다.

> **제424조의2(불공정한 가액으로 주식을 인수한 자의 책임)** ① 이사와 통모하여 현저하게 불공정한 발행가액으로 주식을 인수한 자는 회사에 대하여 공정한 발행가액과의 차액에 상당한 금액을 지급할 의무가 있다.

⑤ 이사의 임무해태에 따른 손해배상책임이 발생한다.

> **제399조(회사에 대한 책임)** ① 이사가 고의 또는 과실로 법령 또는 정관에 위반한 행위를 하거나 그 임무를 게을리한 경우에는 그 이사는 회사에 대하여 연대하여 손해를 배상할 책임이 있다.

249

상법상 신주발행의 하자에 관한 설명으로 틀린 것은?

① 현저하게 불공정한 방법에 의하여 주식을 발행함으로써 주주가 불이익을 받을 염려가 있는 경우 그 주주는 회사에 대하여 그 발행을 유지할 것을 청구할 수 있다.
② 이사와 통모하여 현저하게 불공정한 가액으로 주식을 인수한 자에 대하여 공정한 발행가액과의 차액지급을 청구하는 소에 관하여는 주주대표소송에 관한 규정이 준용된다.
③ 신주발행의 무효는 주주·이사 또는 감사에 한하여 신주를 발행한 날로부터 6월 내에 소만으로 이를 주장할 수 있다.
④ 신주발행무효의 판결이 확정된 경우 신주는 소급하여 그 효력을 상실하므로 확정판결 전에 이루어진 신주의 양도는 무효가 된다.
⑤ 신주발행무효의 판결이 확정된 때에는 회사는 신주의 주주에 대하여 그 납입한 금액을 반환하여야 한다.

······················

① 신주발행유지청구권에 대한 설명이다.

> **제424조(유지청구권)** 회사가 법령 또는 정관에 위반하거나 현저하게 불공정한 방법에 의하여 주식을 발행함으로써 주주가 불이익을 받을 염려가 있는 경우에는 그 주주는 회사에 대하여 그 발행을 유지할 것을 청구할 수 있다.

② 통모인수인의 책임을 묻는 소송의 제소권자는 회사인데, 만약 회사의 대표이사가 이를 게을리할 경우에는 주주가 대표소송의 규정에 따라 회사를 대표하여 소를 제기할 수 있다.

> **제424조의2(불공정한 가액으로 주식을 인수한 자의 책임)** ① 이사와 통모하여 현저하게 불공정한 발행가액으로 주식을 인수한 자는 회사에 대하여 공정한 발행가액과의 차액에 상당한 금액을 지급할 의무가 있다.
> ② 제403조 내지 제406조의 규정은 제1항의 지급을 청구하는 소에 관하여 이를 준용한다.
> **제403조(주주의 대표소송)** ① 발행주식의 총수의 100분의 1 이상에 해당하는 주식을 가진 주주는 회사에 대하여 이사의 책임을 추궁할 소의 제기를 청구할 수 있다.

③ 신주발행무효의 소는 신주를 발행한 날로부터 6월 내에만 제기할 수 있다. 여기서 신주를 발행한 날이란 납입기일의 다음날을 말한다.

> **제429조(신주발행무효의 소)** 신주발행의 무효는 주주·이사 또는 감사에 한하여 <u>신주를 발행한 날로부터 6월내에</u> 소만으로 이를 주장할 수 있다.

249 ④

④ 장래에 대해 신주의 효력이 상실된다(불소급효).

> **제431조(신주발행무효판결의 효력)** ① 신주발행무효의 판결이 확정된 때에는 <u>신주는 장래에 대하여 그 효력을 잃는다</u>.

⑤ 제432조 제1항

> **제432조(무효판결과 주주에의 환급)** ① <u>신주발행무효의 판결이 확정된 때에는 회사는 신주의 주주에 대하여 그 납입한 금액을 반환하여야 한다</u>.
> ② 전항의 금액이 전조제1항의 판결확정시의 회사의 재산상태에 비추어 현저하게 부당한 때에는 법원은 회사 또는 전항의 주주의 청구에 의하여 그 금액의 증감을 명할 수 있다.
> ③ 제339조와 제340조제1항, 제2항의 규정은 제1항의 경우에 준용한다.

250
상법상 비상장주식회사의 주주의 위법행위유지청구와 신주발행유지 청구에 관한 설명으로 <u>틀린</u> 것은?

① 신주발행유지청구는 회사가 법령 또는 정관에 위반하거나 현저하게 불공정한 방법에 의한 신주발행으로 주주가 불이익을 받을 염려가 있는 경우에 할 수 있다.
② 신주발행유지청구는 이사가 아니라 회사에 대하여 신주발행을 유지할 것을 청구하는 것이다.
③ 신주발행유지청구를 할 수 있는 주주는 발행주식총수의 100분의 1 이상에 해당하는 주식을 가진 주주이어야 한다.
④ 위법행위유지청구는 이사가 법령 또는 정관에 위반한 행위를 하여 이로 인하여 회사에 회복할 수 없는 손해가 생길 염려가 있는 경우에 할 수 있다.
⑤ 위법행위유지청구는 회사를 위하여 이사에 대하여 그 행위를 유지할 것을 청구하는 것이다.

••••••••••••••••••••••••

① 신주발행유지청구가 인정되는 상황은 (i) 정관에 위반하거나 (ii) 현저하게 불공정한 방법에 인하여 주식을 발행하는 경우이고, 이로 인하여 (iii) 주주가 불이익을 받을 염려가 있는 경우라야 한다.

> **제424조(유지청구권)** 회사가 법령 또는 정관에 위반하거나 현저하게 불공정한 방법에 의하여 주식을 발행함으로써 주주가 불이익을 받을 염려가 있는 경우에는 그 <u>주주는</u> 회사에 대하여 그 발행을 유지할 것을 청구할 수 있다.

②, ③ 신주발행유지청구권은 단독주주권이고 회사가 그 상대방이다.

> **제424조(유지청구권)** 회사가 법령 또는 정관에 위반하거나 현저하게 불공정한 방법에 의하여 주식을 발행함으로써 주주가 불이익을 받을 염려가 있는 경우에는 <u>그 주주는</u> 회사에 대하여 그 발행을 유지할 것을 청구할 수 있다.

④ 이사가 법령 또는 정관에 위반한 행위를 한 것만으로는 부족하고, 이로 인하여 회사에 회복할 수 없는 손해가 생길 염려가 있는 경우라야 한다.

> **제402조(유지청구권)** 이사가 법령 또는 정관에 위반한 행위를 하여 <u>이로 인하여 회사에 회복할 수 없는 손해가 생길 염려가 있는 경우</u>에는 감사 또는 발행주식의 총수의 100분의 1 이상에 해당하는 주식을 가진 주주는 회사를 위하여 이사에 대하여 그 행위를 유지할 것을 청구할 수 있다.

250 ③

⑤ 위법행위유지청구는 "회사를 위하여", "이사에 대하여" 그 행위를 유지할 것을 청구하는 것이다. 즉 수익자는 회사이고, 청구의 상대방은 이사이다.

> **제402조(유지청구권)** 이사가 법령 또는 정관에 위반한 행위를 하여 이로 인하여 회사에 회복할 수 없는 손해가 생길 염려가 있는 경우에는 감사 또는 발행주식의 총수의 100분의 1 이상에 해당하는 주식을 가진 주주는 <u>회사를 위하여 이사에 대하여 그 행위를 유지할 것을 청구</u>할 수 있다.

251

상법상 2014년 12월 12일 설립된 甲주식회사의 신주발행에 관한 설명으로 틀린 것은?

① 甲회사는 주주총회의 특별결의와 법원의 인가를 얻어서 2016년 11월 15일 주식을 액면미달의 가액으로 발행할 수 있다.
② 신주의 인수인은 회사의 동의 없이 그 납입채무와 회사에 대한 채권을 상계할 수 없다.
③ 신주인수권증서를 상실한 자는 주식청약서에 의하여 주식을 청약할 수 있으나 그 청약은 신주인수권증서에 의한 청약이 있는 때에는 그 효력을 상실한다.
④ 신주발행의 무효는 주주·이사 또는 감사에 한하여 신주를 발행한 날로부터 6월 내에 소만으로 주장할 수 있다.
⑤ 신주발행무효의 소가 제기되고 그 무효의 판결이 확정된 경우 그 판결은 제3자에 대하여도 그 효력이 있고 발행된 신주는 장래에 대하여 그 효력을 잃는다.

••••••••••••••••••••••••••

① 성립 후 2년이 경과한 회사만이 액면미달발행을 할 수 있다.

> **제417조(액면미달의 발행)** ① 회사가 <u>성립한 날로부터 2년을 경과한 후에 주식을 발행하는 경우에는 회사는 제434조의 규정에 의한 주주총회의 결의와 법원의 인가를 얻어서 주식을 액면미달의 가액으로 발행할 수 있다.</u>
> ② 전항의 주주총회의 결의에서는 주식의 최저발행가액을 정하여야 한다.
> ③ 법원은 회사의 현황과 제반사정을 참작하여 최저발행가액을 변경하여 인가할 수 있다. 이 경우에 법원은 회사의 재산상태 기타 필요한 사항을 조사하게 하기 위하여 검사인을 선임할 수 있다.
> ④ <u>제1항의 주식은 법원의 인가를 얻은 날로부터 1월내에 발행하여야 한다. 법원은 이 기간을 연장하여 인가할 수 있다.</u>

② 회사의 동의를 얻어야 상계할 수 있다. 참고로 설립시 납입의 경우에는 회사의 동의 없이도 상계가 가능하다.

> **제421조(주식에 대한 납입)** ① 이사는 신주의 인수인으로 하여금 그 배정한 주수(株數)에 따라 납입기일에 그 인수한 주식에 대한 인수가액의 전액을 납입시켜야 한다.
> ② 신주의 인수인은 <u>회사의 동의 없이</u> 제1항의 납입채무와 주식회사에 대한 채권을 상계할 수 없다.

③ 신주인수권증서가 주식청약서에 우선한다.

> **제420조의5(신주인수권증서에 의한 청약)** ② 신주인수권증서를 상실한 자는 주식청약서에 의하여 주식의 청약을 할 수 있다. 그러나 그 청약은 신주인수권증서에 의한 청약이 있는 때에는 그 효력을 잃는다.

④ 상법은 신주발행절차의 하자를 상법상의 소의 방식으로만 다투도록 할 뿐만 아니라 그 제소권자와 제소기간도 법정함으로써 신주발행과 관련된 단체적 법률관계의 안정을 꾀하고 있다.

251 ①

제429조(신주발행무효의 소) 신주발행의 무효는 주주·이사 또는 감사에 한하여 신주를 발행한 날로부터 6월내에 소만으로 이를 주장할 수 있다.

⑤ 신주발행무효판결에 소급효는 인정하지 않는다. 따라서 신주발행의 유효를 전제로 판결시까지 행해진 모든 행위는 유효한 것으로 취급된다.

제431조(신주발행무효판결의 효력) ① 신주발행무효의 판결이 확정된 때에는 신주는 장래에 대하여 그 효력을 잃는다.
② 전항의 경우에는 회사는 지체없이 그 뜻과 일정한 기간내에 신주의 주권을 회사에 제출할 것을 공고하고 주주명부에 기재된 주주와 질권자에 대하여는 각별로 그 통지를 하여야 한다. 그러나 그 기간은 3월 이상으로 하여야 한다.

252

상법상 신주발행에 관한 설명으로 틀린 것은?

① 신주의 발행으로 인한 변경등기가 있은 후에 아직 인수하지 않은 주식이 있거나 주식인수의 청약이 취소된 때에는 이사가 이를 공동으로 인수한 것으로 본다.
② 회사성립 후 주식을 발행하는 경우 신주의 인수방법에 관한 사항에 대하여 정관에 정함이 없으면 반드시 주주총회의 특별결의로 이를 정하여야 한다.
③ 신주의 인수인은 회사의 동의가 있는 경우에 한하여 신주에 대한 납입채무와 회사에 대한 채권을 상계할 수 있다.
④ 회사성립의 날로부터 2년을 경과한 후에 주식을 발행하는 경우 회사는 주주총회의 특별결의와 법원의 인가를 얻어 주식을 액면미달의 가액으로 발행할 수 있다.
⑤ 신주발행무효의 소에서 신주발행을 무효로 하는 판결이 확정된 때에는 판결의 대세적 효력은 인정되나 소급효는 인정되지 않는다.

• • • • • • • • • • • • • • • • • • • •

① 이사의 인수담보책임에 대한 설명이다.

제428조(이사의 인수담보책임) ① 신주의 발행으로 인한 변경등기가 있은 후에 아직 인수하지 아니한 주식이 있거나 주식인수의 청약이 취소된 때에는 이사가 이를 공동으로 인수한 것으로 본다.
② 전항의 규정은 이사에 대한 손해배상의 청구에 영향을 미치지 아니한다.

② 신주발행 및 사채발행은 모두 자금조달에 관한 사항이므로 정관에 다른 규정이 없는 한 이사회에서 결정한다.

제416조(발행사항의 결정) 회사가 그 성립 후에 주식을 발행하는 경우에는 다음의 사항으로서 정관에 규정이 없는 것은 이사회가 결정한다. 다만, 이 법에 다른 규정이 있거나 정관으로 주주총회에서 결정하기로 정한 경우에는 그러하지 아니하다.
   1. 신주의 종류와 수
   2. 신주의 발행가액과 납입기일
      2의2. 무액면주식의 경우에는 신주의 발행가액 중 자본금으로 계상하는 금액
   3. 신주의 인수방법
   4. 현물출자를 하는 자의 성명과 그 목적인 재산의 종류, 수량, 가액과 이에 대하여 부여할 주식의 종류와 수
   5. 주주가 가지는 신주인수권을 양도할 수 있는 것에 관한 사항
   6. 주주의 청구가 있는 때에만 신주인수권증서를 발행한다는 것과 그 청구기간

252 ②

③ 회사의 동의를 얻어 상계할 수 있다. 참고로 설립시 납입의 경우에는 회사의 동의 없이도 상계가 가능하다.

> **제421조(주식에 대한 납입)** ① 이사는 신주의 인수인으로 하여금 그 배정한 주수(株數)에 따라 납입기일에 그 인수한 주식에 대한 인수가액의 전액을 납입시켜야 한다.
> ② 신주의 인수인은 회사의 동의 없이 제1항의 납입채무와 주식회사에 대한 채권을 상계할 수 없다.

④ 주식의 액면미달발행에 대한 설명이다.

> **제417조(액면미달의 발행)** ① 회사가 성립한 날로부터 2년을 경과한 후에 주식을 발행하는 경우에는 회사는 제434조의 규정에 의한 주주총회의 결의와 법원의 인가를 얻어서 주식을 액면미달의 가액으로 발행할 수 있다.
> ② 전항의 주주총회의 결의에서는 주식의 최저발행가액을 정하여야 한다.
> ③ 법원은 회사의 현황과 제반사정을 참작하여 최저발행가액을 변경하여 인가할 수 있다. 이 경우에 법원은 회사의 재산상태 기타 필요한 사항을 조사하게 하기 위하여 검사인을 선임할 수 있다.
> ④ 제1항의 주식은 법원의 인가를 얻은 날로부터 1월내에 발행하여야 한다. 법원은 이 기간을 연장하여 인가할 수 있다.

⑤ 신주발행무효의 소송에서 원고 승소시 대세효가 인정된다(제429조, 제430조, 제190조 본문). 반면 소급효는 인정되지 않는다(제431조).

> **제429조(신주발행무효의 소)** 신주발행의 무효는 주주·이사 또는 감사에 한하여 신주를 발행한 날로부터 6월내에 소만으로 이를 주장할 수 있다.
> **제430조(준용규정)** 제186조 내지 제189조·제190조 본문·제191조·제192조 및 제377조의 규정은 제429조의 소에 관하여 이를 준용한다.
> **제431조(신주발행무효판결의 효력)** ① 신주발행무효의 판결이 확정된 때에는 신주는 장래에 대하여 그 효력을 잃는다.
> **제190조(판결의 효력)** 설립무효의 판결 또는 설립취소의 판결은 제3자에 대하여도 그 효력이 있다. 그러나 판결 확정전에 생긴 회사와 사원 및 제3자간의 권리의무에 영향을 미치지 아니한다.

253

상법상 신주발행에 관한 설명으로 옳은 것은?

① 신주발행 유지청구의 상대방은 현저하게 불공정한 방법으로 주식을 발행하는 회사의 이사이다.
② 신주인수권증서를 상실한 자는 신주인수권증서를 재발급 받아야만 주식의 청약을 할 수 있다.
③ 회사가 성립한 날로부터 1년을 경과한 후에 주식을 발행하는 경우, 회사는 이사회의 결의와 법원의 허가를 얻어서 주식을 액면미달의 가액으로 발행할 수 있다.
④ 판례에 의하면, 회사가 정관이나 이사회의 결의로 신주인수권을 양도할 수 있음을 정하지 않았다면 신주인수권의 양도는 회사의 승낙이 있더라도 회사에 대하여 효력이 없다.
⑤ 신주의 인수인이 납입기일에 납입 또는 현물출자의 이행을 하지 아니한 때에는 그 권리를 잃는다.

••••••••••••••••••••

① 신주발행유지청구의 상대방은 주식을 발행하는 회사이다(제424조). 참고로 위법행위유지청구의 상대방은 위법행위를 하는 이사 또는 집행임원이다(제402조).

> **제424조(유지청구권)** 회사가 법령 또는 정관에 위반하거나 현저하게 불공정한 방법에 의하여 주식을 발행함으로써 주주가 불이익을 받을 염려가 있는 경우에는 그 주주는 회사에 대하여 그 발행을 유지할 것을 청구할 수 있다.

> **제402조(유지청구권)** 이사가 법령 또는 정관에 위반한 행위를 하여 이로 인하여 회사에 회복할 수 없는 손해가 생길 염려가 있는 경우에는 감사 또는 발행주식의 총수의 100분의 1 이상에 해당하는 주식을 가진 주주는 회사를 위하여 이사에 대하여 그 행위를 유지할 것을 청구할 수 있다.

② 신주인수권증서의 재발급 없이도 주식청약서에 의하여 청약할 수 있다.

> **제420조의5(신주인수권증서에 의한 청약)** ② 신주인수권증서를 상실한 자는 주식청약서에 의하여 주식의 청약을 할 수 있다. 그러나 그 청약은 신주인수권증서에 의한 청약이 있는 때에는 그 효력을 잃는다.

③ (ⅰ) 1년이 아니라 2년이다. (ⅱ) 이사회결의가 아니라 주총특별결의이다.

> **제417조(액면미달의 발행)** ① 회사가 성립한 날로부터 2년을 경과한 후에 주식을 발행하는 경우에는 회사는 제434조의 규정에 의한 주주총회의 결의와 법원의 인가를 얻어서 주식을 액면미달의 가액으로 발행할 수 있다.
> ② 전항의 주주총회의 결의에서는 주식의 최저발행가액을 정하여야 한다.
> ③ 법원은 회사의 현황과 제반사정을 참작하여 최저발행가액을 변경하여 인가할 수 있다. 이 경우에 법원은 회사의 재산상태 기타 필요한 사항을 조사하게 하기 위하여 검사인을 선임할 수 있다.
> ④ 제1항의 주식은 법원의 인가를 얻은 날로부터 1월내에 발행하여야 한다. 법원은 이 기간을 연장하여 인가할 수 있다.

④ 주주의 투하자본 회수를 보장한다는 취지에서, 회사의 승낙이 있다면 신주인수권의 양도는 그 효력이 있다.

> **관련판례**
>
> [대법원 1995.5.23. 선고, 94다36421, 판결]
> 나. 상법 제416조 제5호에 의하면, 회사의 정관 또는 이사회의 결의로 주주가 가지는 신주인수권을 양도할 수 있는 것에 관한 사항을 결정하도록 되어있는바, 신주인수권의 양도성을 제한할 필요성은 주로 회사 측의 신주발행사무의 편의를 위한 것에서 비롯된 것으로 볼 수 있고, 또 상법이 주권발행 전 주식의 양도는 회사에 대하여 효력이 없다고 엄격하게 규정한 것과는 달리 신주인수권의 양도에 대하여는 정관이나 이사회의 결의를 통하여 자유롭게 결정할수 있도록 한 점에 비추어 보면, 회사가 정관이나 이사회의 결의로 신주인수권의 양도에 관한 사항을 결정하지 아니하였다 하여 신주인수권의 양도가 전혀 허용되지 아니하는 것은 아니고, 회사가 그와 같은 양도를 승낙한 경우에는 회사에 대하여도 그 효력이 있다.

⑤ 납입을 해태한 경우 별도의 의사표시 없이 주식인수는 "당연실권"된다. 이 경우 회사는 신주의 인수인에 대해서 손해배상청구권을 행사할 수 있다.

> **제423조(주주가 되는 시기, 납입해태의 효과)** ① 신주의 인수인은 납입 또는 현물출자의 이행을 한 때에는 납입기일의 다음 날로부터 주주의 권리의무가 있다.
> ② 신주의 인수인이 납입기일에 납입 또는 현물출자의 이행을 하지 아니한 때에는 그 권리를 잃는다.
> ③ 제2항의 규정은 신주의 인수인에 대한 손해배상의 청구에 영향을 미치지 아니한다.

TOPIC 38 • 사채 일반

254

상법상 비상장 주식회사의 사채에 관한 설명으로 **틀린** 것은?

① 사채권자의 청구에 의해 회사가 기존의 보유 주식으로 교환해 주게 되는 사채의 발행은 정관의 규정이 없어도 이사회의 결의만으로 대표이사에게 발행의 권한을 위임할 수 있다.
② 전환사채의 질권자는 전환권행사에 의하여 발행된 주식에도 질권을 행사할 수 있다.
③ 사채관리회사는 사채권자집회의 동의가 없어도 부득이한 사유가 있는 경우 법원의 허가를 얻으면 사임할 수 있다.
④ 사채관리회사가 해당 사채 전부에 대한 지급의 유예를 하는 경우(사채에 관한 채권을 변제받거나 채권의 실현을 보전하기 위한 행위는 제외한다)에는 사채권자집회의 결의가 필요하다.
⑤ 특정 종류의 사채총액(상환받은 액은 제외함)의 10분의 1 이상에 해당하는 사채를 가진 사채권자는 회의목적사항과 소집이유를 적은 서면을 발행회사나 사채관리회사에 제출하여 사채권자집회의 소집을 청구할 수 있다.

• •

① "정관의 규정으로" 사채의 금액 및 종류를 정하여 1년 이내의 기간 내에 위임할 수 있다(상469④).

> **제469조(사채의 발행)** ① 회사는 이사회의 결의에 의하여 사채(社債)를 발행할 수 있다.
> ② 제1항의 사채에는 다음 각 호의 사채를 포함한다.
>   1. 이익배당에 참가할 수 있는 사채
>   2. 주식이나 그 밖의 다른 유가증권으로 교환 또는 상환할 수 있는 사채
>   3. 유가증권이나 통화 또는 그 밖에 대통령령으로 정하는 자산이나 지표 등의 변동과 연계하여 미리 정하여진 방법에 따라 상환 또는 지급금액이 결정되는 사채
> ③ 제2항에 따라 발행하는 사채의 내용 및 발행 방법 등 발행에 필요한 구체적인 사항은 대통령령으로 정한다.
> ④ 제1항에도 불구하고 <u>정관으로 정하는</u> 바에 따라 이사회는 대표이사에게 사채의 금액 및 종류를 정하여 1년을 초과하지 아니하는 기간 내에 사채를 발행할 것을 위임할 수 있다.

② 질권의 물상대위에 해당한다.

> **제516조(준용규정)** ① 제346조제4항, 제424조 및 제424조의2의 규정은 전환사채의 발행의 경우에 이를 준용한다.
> ② <u>제339조</u>, 제348조, 제350조 및 제351조의 규정은 사채의 전환의 경우에 이를 준용한다.
> **제339조(질권의 물상대위)** 주식의 소각, 병합, 분할 또는 전환이 있는 때에는 이로 인하여 <u>종전의 주주가 받을 금전이나 주식에 대하여도 종전의 주식을 목적으로 한 질권을 행사할 수 있다.</u>

③ 옳은 내용이다.

> **제481조(사채관리회사의 사임)** 사채관리회사는 사채를 발행한 회사와 사채권자집회의 동의를 받아 사임할 수 있다. <u>부득이한 사유가 있어 법원의 허가를 받은 경우에도 같다.</u>

254 ①

④ 옳은 내용이다.

> **제484조(사채관리회사의 권한)** ① 사채관리회사는 사채권자를 위하여 사채에 관한 채권을 변제받거나 채권의 실현을 보전하기 위하여 필요한 재판상 또는 재판 외의 모든 행위를 할 수 있다.
> ② 사채관리회사는 제1항의 변제를 받으면 지체 없이 그 뜻을 공고하고, 알고 있는 사채권자에게 통지하여야 한다.
> ③ 제2항의 경우에 사채권자는 사채관리회사에 사채 상환액 및 이자 지급을 청구할 수 있다. 이 경우 사채권이 발행된 때에는 사채권과 상환하여 상환액지급청구를 하고, 이권(利券)과 상환하여 이자지급청구를 하여야 한다.
> ④ 사채관리회사가 다음 각 호의 어느 하나에 해당하는 행위(사채에 관한 채권을 변제받거나 채권의 실현을 보전하기 위한 행위는 제외한다)를 하는 경우에는 사채권자집회의 결의에 의하여야 한다. 다만, 사채를 발행하는 회사는 제2호의 행위를 사채관리회사가 사채권자집회결의에 의하지 아니하고 할 수 있음을 정할 수 있다.
> 　1. 해당 사채 전부에 대한 지급의 유예, 그 채무의 불이행으로 발생한 책임의 면제 또는 화해
> 　2. 해당 사채 전부에 관한 소송행위 또는 채무자회생 및 파산에 관한 절차에 속하는 행위
> ⑤ 사채관리회사가 제4항 단서에 따라 사채권자집회의 결의에 의하지 아니하고 제4항제2호의 행위를 한 때에는 지체 없이 그 뜻을 공고하고, 알고 있는 사채권자에게는 따로 통지하여야 한다.
> ⑥ 제2항과 제5항의 공고는 사채를 발행한 회사가 하는 공고와 같은 방법으로 하여야 한다.
> ⑦ 사채관리회사는 그 관리를 위탁받은 사채에 관하여 제1항 또는 제4항 각 호에서 정한 행위를 위하여 필요하면 법원의 허가를 받아 사채를 발행한 회사의 업무와 재산상태를 조사할 수 있다.

⑤ 옳은 내용이다.

> **제491조(소집권자)** ① 사채권자집회는 사채를 발행한 회사 또는 사채관리회사가 소집한다. 〈개정 2011.4.14.〉
> ② 사채의 종류별로 해당 종류의 사채 총액(상환받은 액은 제외한다)의 10분의 1 이상에 해당하는 사채를 가진 사채권자는 회의 목적인 사항과 소집 이유를 적은 서면 또는 전자문서를 사채를 발행한 회사 또는 사채관리회사에 제출하여 사채권자집회의 소집을 청구할 수 있다.
> ③ 제366조제2항의 규정은 전항의 경우에 준용한다.
> ④ 무기명식의 채권을 가진 자는 그 채권을 공탁하지 아니하면 전2항의 권리를 행사하지 못한다.

255

상법상 주식회사의 사채발행에 관한 설명으로 옳은 것은?

① 이사회는 정관의 규정에 따라 대표이사에게 사채의 금액 및 종류를 정하여 1년을 초과하지 아니하는 기간 내에 사채를 발행할 것을 위임할 수 있다.
② 사채를 발행하는 회사는 사채권자의 보호를 위하여 반드시 사채관리회사를 정하여 사채의 관리를 위탁해야 한다.
③ 사채의 인수인이 은행인 경우 인수인도 그 사채의 사채관리회사가 될 수 있다.
④ 사채관리회사는 사채권자를 위하여 사채에 관한 채권을 변제받기 위하여 필요한 재판상의 행위를 할 수 없다.
⑤ 사채권자집회의 결의는 사채권자 전원이 찬성하더라도 법원의 인가가 있어야 효력이 발생한다.

••••••••••••••••••••

① 이사회가 대표이사에게 사채발행을 위임하려면 다음의 3가지 요건이 충족되어야 한다. (ⅰ) 정관의 규정에 따라, (ⅱ) 사채의 금액 및 종류를 정하여, (ⅲ) 1년의 범위내에서.

> **제469조(사채의 발행)** ① 회사는 이사회의 결의에 의하여 사채(社債)를 발행할 수 있다.
> ② 제1항의 사채에는 다음 각 호의 사채를 포함한다.
> 1. 이익배당에 참가할 수 있는 사채
> 2. 주식이나 그 밖의 다른 유가증권으로 교환 또는 상환할 수 있는 사채
> 3. 유가증권이나 통화 또는 그 밖에 대통령령으로 정하는 자산이나 지표 등의 변동과 연계하여 미리 정하여진 방법에 따라 상환 또는 지급금액이 결정되는 사채
> ③ 제2항에 따라 발행하는 사채의 내용 및 발행 방법 등 발행에 필요한 구체적인 사항은 대통령령으로 정한다.
> ④ 제1항에도 불구하고 정관으로 정하는 바에 따라 이사회는 대표이사에게 사채의 금액 및 종류를 정하여 1년을 초과하지 아니하는 기간 내에 사채를 발행할 것을 위임할 수 있다.

② 사채관리회사를 두는 것은 기채회사의 선택사항(사채의 관리를 위탁할 수 있다)에 해당한다.

> **제480조의2(사채관리회사의 지정·위탁)** 회사는 사채를 발행하는 경우에 사채관리회사를 정하여 변제의 수령, 채권의 보전, 그 밖에 사채의 관리를 위탁할 수 있다.

③ 사채의 인수인과 대통령령으로 정한 기채회사의 특수관계인은 사채관리회사가 될 수 없다. 자신의 이해관계로 인해 공정한 사채관리를 기대할 수 없기 때문이다.

> **제480조의3(사채관리회사의 자격)** ① 은행, 신탁회사, 그 밖에 대통령령으로 정하는 자가 아니면 사채관리회사가 될 수 없다.
> ② 사채의 인수인은 그 사채의 사채관리회사가 될 수 없다.
> ③ 사채를 발행한 회사와 특수한 이해관계가 있는 자로서 대통령령으로 정하는 자는 사채관리회사가 될 수 없다.

④ 채권을 변제받거나 채권의 실현을 보전하기 위하여 필요한 재판상 또는 재판 외의 모든 행위를 할 수 있다.

> **제484조(사채관리회사의 권한)** ① 사채관리회사는 사채권자를 위하여 사채에 관한 채권을 변제받거나 채권의 실현을 보전하기 위하여 필요한 재판상 또는 재판 외의 모든 행위를 할 수 있다.

255 ①

⑤ 사채권자집회의 결의는 '소수사채권자의 보호를 위해' 법원이 인가를 얻어야 효력이 발생하는 것이 원칙이나, 사채권자 전원이 동의한 결의는 그러하지 아니한다.

> 제498조(결의의 효력) ① 사채권자집회의 결의는 법원의 인가를 받음으로써 그 효력이 생긴다. 다만, 그 종류의 사채권자 전원이 동의한 결의는 법원의 인가가 필요하지 아니하다.
> ② 사채권자집회의 결의는 그 종류의 사채를 가진 모든 사채권자에게 그 효력이 있다.

256

상법상 주식회사의 사채에 관한 설명으로 옳은 것은?

① 사채를 발행하기 위하여는 주주총회의 결의가 필요하다.
② 사채의 납입에는 분할납입이 가능하지만 사채의 상환에는 분할상환이 인정되지 않는다.
③ 사채의 상환청구권은 5년간 행사하지 아니하면 소멸시효가 완성된다.
④ 사채관리회사가 둘 이상 있을 때에는 그 권한에 속하는 행위는 공동으로 하여야 한다.
⑤ 사채권자는 이사회의 승인을 받아야 기명식의 채권을 무기명식으로 할 것을 회사에 청구할 수 있다.

••••••••••••••••••••••

① 사채발행은 자본조달에 관한 사항이므로 이사회의 결의로 발행한다.

> 제469조(사채의 발행) ① 회사는 이사회의 결의에 의하여 사채(社債)를 발행할 수 있다.

② 사채의 분할납입도 가능하고(제474조 제2항 9호) 분할상환도 가능하다(동항 8호).

> 제474조(공모발행, 사채청약서) ② 사채청약서는 이사가 작성하고 다음의 사항을 적어야 한다.
> 8. 사채의 상환과 이자지급의 방법과 기한
> 9. 사채를 수회에 분납할 것을 정한 때에는 그 분납금액과 시기

③ 사채(원금)의 상환청구권은 '10년'의 시효로 소멸한다.

> 제487조(원리청구권의 시효) ① 사채의 상환청구권은 10년간 행사하지 아니하면 소멸시효가 완성한다.

④ 제485조 제1항

> 제485조(둘 이상의 사채관리회사가 있는 경우의 권한과 의무) ① 사채관리회사가 둘 이상 있을 때에는 그 권한에 속하는 행위는 공동으로 하여야 한다.

⑤ 사채권자는 '언제든지' 기명식의 채권을 무기명식으로, 무기명식의 채권을 기명식으로 전환할 것을 회사에 청구할 수 있다.

> 제480조(기명식, 무기명식간의 전환) 사채권자는 언제든지 기명식의 채권을 무기명식으로, 무기명식의 채권을 기명식으로 할 것을 회사에 청구할 수 있다. 그러나 채권을 기명식 또는 무기명식에 한할 것으로 정한 때에는 그러하지 아니하다.

256 ④

257

상법상 사채에 관한 설명으로 옳은 것은?

① 사채관리회사는 사채권자를 위하여 사채에 관한 채권을 변제받기 위하여 필요한 재판상 또는 재판 외의 모든 행위를 할 수 있다.
② 사채의 인수인은 그 사채의 사채관리회사가 될 수 있다.
③ 기명사채의 이전은 취득자의 성명과 주소를 사채원부에 기재하고 그 성명을 채권에 기재하지 아니하면, 그 취득자는 회사에 대항하지 못하지만 제3자에게는 대항할 수 있다.
④ 사채의 모집이 완료된 때에는 사채인수인은 사채의 전액을 납입하여야 하고, 이 경우 분할납입은 허용되지 않는다.
⑤ 판례에 의하면, 전환사채발행무효의 소에는 신주발행무효의 소에 관한 6월 내의 제소기간 규정이 유추적용되지 않는다.

•••••••••••••••••••

① 채권을 변제받거나 채권의 실현을 보전하기 위하여 필요한 재판상 또는 재판 외의 모든 행위를 할 수 있다.

> **제484조(사채관리회사의 권한)** ① 사채관리회사는 사채권자를 위하여 사채에 관한 채권을 변제받거나 채권의 실현을 보전하기 위하여 필요한 <u>재판상 또는 재판 외의 모든 행위를 할 수 있다.</u>

② 사채의 인수인과 대통령령으로 정한 기채회사의 특수관계인은 사채관리회사가 될 수 없다. 사채의 인수인은 자신의 이해관계로 인해 공정한 사채관리를 기대할 수 없기 때문이다.

> **제480조의3(사채관리회사의 자격)** ① 은행, 신탁회사, 그 밖에 대통령령으로 정하는 자가 아니면 사채관리회사가 될 수 없다.
> ② <u>사채의 인수인은 그 사채의 사채관리회사가 될 수 없다.</u>
> ③ 사채를 발행한 회사와 특수한 이해관계가 있는 자로서 대통령령으로 정하는 자는 사채관리회사가 될 수 없다.

③ 주식과 차이가 있다. 주식의 경우 회사에 대한 대항요건은 명의개서이고 제3자에 대한 대항요건은 주권의 점유이지만, 기명사채의 경우에는 회사와 제3자 모두에 대하여 사채원부에의 기재가 대항요건이다.

> **제479조(기명사채의 이전)** ① <u>기명사채의 이전은 취득자의 성명과 주소를 사채원부에 기재하고 그 성명을 채권에 기재하지 아니하면 회사 기타의 제3자에게 대항하지 못한다.</u>
> ② 제337조제2항의 규정은 기명사채의 이전에 대하여 이를 준용한다.

④ "제1회의 납입을 시켜야 한다"는 말은 분할납입이 가능하다는 뜻이다. 주식과 달리 사채는 분할납입이 가능하다.

> **제476조(납입)** ① <u>사채의 모집이 완료한 때에는 이사는 지체없이 인수인에 대하여 각 사채의 전액 또는 제1회의 납입을 시켜야 한다.</u>
> ② 사채모집의 위탁을 받은 회사는 그 명의로 위탁회사를 위하여 제474조제2항과 전항의 행위를 할 수 있다.

⑤ 전환사채발행무효의 소에 신주발행무효의 소에 관한 6월 내의 제소기간 규정이 유추적용된다는 것이 에버랜드 전환사채 발행사건에서의 판례의 태도이다.

257 ①

> **관련판례**
>
> **[대법원 2004.6.25. 선고, 2000다37326, 판결]**
> 상법은 제516조 제1항에서 신주발행의 유지청구권에 관한 제424조 및 불공정한 가액으로 주식을 인수한 자의 책임에 관한 제424조의2 등을 전환사채의 발행의 경우에 준용한다고 규정하면서도 신주발행무효의 소에 관한 제429조의 준용 여부에 대해서는 아무런 규정을 두고 있지 않으나, 전환사채는 전환권의 행사에 의하여 장차 주식으로 전환될 수 있는 권리가 부여된 사채로서, 이러한 전환사채의 발행은 주식회사의 물적 기초와 기존 주주들의 이해관계에 영향을 미친다는 점에서 사실상 신주를 발행하는 것과 유사하므로, 전환사채의 발행의 경우에도 신주발행무효의 소에 관한 상법 제429조가 유추적용된다고 봄이 상당하고, 이 경우 당사자가 주장하는 개개의 공격방법으로서의 구체적인 무효원인은 각각 어느 정도 개별성을 가지고 판단할 수밖에 없는 것이기는 하지만, 전환사채의 발행에 무효원인이 있다는 것이 전체로서 하나의 청구원인이 된다는 점을 감안할 때 전환사채의 발행을 무효라고 볼 것인지 여부를 판단함에 있어서는 구체적인 무효원인에 개재된 여러 위법 요소가 종합적으로 고려되어야 한다.

258

상법상 채권(債券)을 발행하는 비상장주식회사의 사채(社債)에 관한 설명으로 틀린 것은?

① 사채관리회사는 사채권자에 대하여 선량한 관리자의 주의로 사채를 관리하여야 한다.
② 정관으로 정하는 바에 따라 이사회는 대표이사에게 사채의 금액 및 종류를 정하여 1년을 초과하지 아니하는 기간 내에 사채를 발행할 것을 위임할 수 있다.
③ 이권(利券)있는 무기명식의 사채를 상환하는 경우에 이권이 흠결되었더라도 그 이권에 상당한 금액을 상환액으로부터 공제하지 못한다.
④ 기명사채의 이전은 취득자의 성명과 주소를 사채원부에 기재하고 그 성명을 채권에 기재하지 아니하면 회사 기타의 제3자에게 대항하지 못한다.
⑤ 채권은 사채전액의 납입이 완료한 후가 아니면 이를 발행하지 못한다.

・・・・・・・・・・・・・・・・・・・・・・

① 사채관리회사는 사채권자의 이익을 위해 선관주의의무를 부담한다.

> **제484조의2(사채관리회사의 의무 및 책임)** ① 사채관리회사는 사채권자를 위하여 공평하고 성실하게 사채를 관리하여야 한다.
> ② 사채관리회사는 사채권자에 대하여 선량한 관리자의 주의로 사채를 관리하여야 한다.
> ③ 사채관리회사가 이 법이나 사채권자집회결의를 위반한 행위를 한 때에는 사채권자에 대하여 연대하여 이로 인하여 발생한 손해를 배상할 책임이 있다.

② 이사회가 대표이사에게 사채발행을 위임하려면 다음의 3가지 요건이 충족되어야 한다. (ⅰ) 정관의 규정에 따라, (ⅱ) 사채의 금액 및 종류를 정하여, (ⅲ) 1년의 범위 내

> **제469조(사채의 발행)** ① 회사는 이사회의 결의에 의하여 사채(社債)를 발행할 수 있다.
> ④ 제1항에도 불구하고 정관으로 정하는 바에 따라 이사회는 대표이사에게 사채의 금액 및 종류를 정하여 1년을 초과하지 아니하는 기간 내에 사채를 발행할 것을 위임할 수 있다.

258 ③

③ 이권(利券)이란 무기명사채에서 각 이자의 지급시기별로 이자지급청구권을 나타내는 유가증권이다. 영어로는 쿠폰(Coupon)이라 한다. 무기명사채에서 이권이 흠결되어 있다면(즉 쿠폰이 뜯어져 있다면), 이권 소지인이 언제든지 회사에 이권과 상환으로 이자의 지급을 청구할 수 있기 때문에, 원금 상환시 해당 부분은 공제해야 한다.

> **제486조(이권흠결의 경우)** ① 이권 있는 무기명식의 사채를 상환하는 경우에 이권이 흠결된 때에는 그 이권에 상당한 금액을 상환액으로부터 공제한다.
> ② 전항의 이권소지인은 언제든지 그 이권과 상환하여 공제액의 지급을 청구할 수 있다.

④ 주식과 차이가 있다. 주식의 경우 회사에 대한 대항요건은 명의개서이고 제3자에 대한 대항요건은 주권의 점유이지만, 기명사채의 경우에는 회사와 제3자 모두에 대하여 사채원부에의 기재가 대항요건이다.

> **제479조(기명사채의 이전)** ① 기명사채의 이전은 취득자의 성명과 주소를 사채원부에 기재하고 그 성명을 채권에 기재하지 아니하면 회사 기타의 제3자에게 대항하지 못한다.
> ② 제337조제2항의 규정은 기명사채의 이전에 대하여 이를 준용한다.

⑤ 사채 전액의 납입이 완료되기도 전에 유가증권인 채권(債券)이 발행된다면, 채권(債券)에 기재된 액면금의 내용대로 거래되어 유통될 위험성이 있다. 따라서 거래의 안전을 보호하기 위해 사채 전액의 납입이 완료된 후가 아니면 채권을 발행하지 못하도록 규정하고 있다.

> **제478조(채권의 발행)** ① 채권은 사채전액의 납입이 완료한 후가 아니면 이를 발행하지 못한다.
> ② 채권에는 다음의 사항을 적고 대표이사가 기명날인 또는 서명하여야 한다.
>   1. 채권의 번호
>   2. 제474조제2항제1호·제4호·제5호·제7호·제8호·제10호·제13호·제13호의2 및 제13호의3에 규정된 사항

TOPIC 39 • 특수사채

259
상법상 주식회사의 사채에 관한 설명으로 틀린 것은?

① 이사회는 정관으로 정하는 바에 따라 대표이사에게 사채의 금액 및 종류를 정하여 1년을 초과하지 않는 기간 내에 사채를 발행할 것을 위임할 수 있다.
② 사채는 회사의 자금조달이 목적이기 때문에 사채의 납입은 분할납입이 인정되지 않고 전액을 납입하여야 한다.
③ 판례에 의하면 전환사채발행무효의 소는 신주발행무효의 소에 관한 상법 제429조를 유추적용한다.
④ 신주인수권부사채를 분리형으로 발행하는 경우 정관에 이에 관한 규정이 없으면 이사회에서 신주인수권만을 양도할 수 있다는 사항을 결정하여야 한다.
⑤ 회사는 사채권자에게 사채의 이율에 의한 확정이자를 지급하는 외에도 배당가능이익이 있는 경우 발행회사의 이익배당에도 참가할 수 있는 권리를 부여한 사채를 발행할 수 있다.

•••••••••••••••••••••

① 옳은 내용이다.

> **제469조(사채의 발행)** ① 회사는 이사회의 결의에 의하여 사채(社債)를 발행할 수 있다.
> ② 제1항의 사채에는 다음 각 호의 사채를 포함한다.
>   1. 이익배당에 참가할 수 있는 사채
>   2. 주식이나 그 밖의 다른 유가증권으로 교환 또는 상환할 수 있는 사채
>   3. 유가증권이나 통화 또는 그 밖에 대통령령으로 정하는 자산이나 지표 등의 변동과 연계하여 미리 정하여진 방법에 따라 상환 또는 지급금액이 결정되는 사채
> ③ 제2항에 따라 발행하는 사채의 내용 및 발행 방법 등 발행에 필요한 구체적인 사항은 대통령령으로 정한다.
> ④ 제1항에도 불구하고 <u>정관으로 정하는 바에 따라 이사회는 대표이사에게 사채의 금액 및 종류를 정하여 1년을 초과하지 아니하는 기간 내에 사채를 발행할 것을 위임할 수 있다.</u>

② 주식발행의 경우와 달리 사채발행의 경우에는 자본충실의 원칙이 적용되지 않으므로 분할납입을 허용한다. 채권(債券)은 사채 전액의 납입이 완료된 후가 아니면 이를 발행하지 못한다는 말은, 사채의 분할납입이 가능함을 전제로 한 규정이다.

> **제478조(채권의 발행)** ① <u>채권은 사채전액의 납입이 완료한 후가 아니면 이를 발행하지 못한다.</u>
> ② 채권에는 다음의 사항을 적고 대표이사가 기명날인 또는 서명하여야 한다.
>   1. 채권의 번호
>   2. 제474조제2항제1호·제4호·제5호·제7호·제8호·제10호·제13호·제13호의2 및 제13호의3에 규정된 사항
> ③ 회사는 제1항의 채권(債券)을 발행하는 대신 정관으로 정하는 바에 따라 전자등록기관의 전자등록부에 채권(債權)을 등록할 수 있다. 이 경우 제356조의2제2항부터 제4항까지의 규정을 준용한다.

③ 신주발행무효의 소는 전환사채에 관하여 준용규정이 존재하지 않는다. 따라서 전환사채발행무효의 소는 상법 제429조를 "준용"하는 것이 아니라 "유추적용"하는 것이다.

259 ②

제516조(준용규정) ① 제346조제4항, 제424조 및 제424조의2의 규정은 전환사채의 발행의 경우에 이를 준용한다.

제429조(신주발행무효의 소) 신주발행의 무효는 주주·이사 또는 감사에 한하여 신주를 발행한 날로부터 6월내에 소만으로 이를 주장할 수 있다.

관련판례

[대법원 2004.06.25. 선고, 2000다37326, 판결]
상법은 제516조 제1항에서 신주발행의 유지청구권에 관한 제424조 및 불공정한 가액으로 주식을 인수한 자의 책임에 관한 제424조의2 등을 전환사채의 발행의 경우에 준용한다고 규정하면서도 신주발행무효의 소에 관한 제429조의 준용 여부에 대해서는 아무런 규정을 두고 있지 않으나, 전환사채는 전환권의 행사에 의하여 장차 주식으로 전환될 수 있는 권리가 부여된 사채로서, 이러한 전환사채의 발행은 주식회사의 물적 기초와 기존 주주들의 이해관계에 영향을 미친다는 점에서 사실상 신주를 발행하는 것과 유사하므로, 전환사채의 발행의 경우에도 신주발행무효의 소에 관한 상법 제429조가 유추적용된다고 봄이 상당하고, 이 경우 당사자가 주장하는 개개의 공격방법으로서의 구체적인 무효원인은 각각 어느 정도 개별성을 가지고 판단할 수밖에 없는 것이기는 하지만, 전환사채의 발행에 무효원인이 있다는 것이 전체로서 하나의 청구원인이 된다는 점을 감안할 때 전환사채의 발행을 무효라고 볼 것인지 여부를 판단함에 있어서는 구체적인 무효원인에 개재된 여러 위법 요소가 종합적으로 고려되어야 한다.

④ 옳은 내용이다.

제516조의2(신주인수권부사채의 발행) ① 회사는 신주인수권부사채를 발행할 수 있다.
② 제1항의 경우에 다음의 사항으로서 <u>정관에 규정이 없는 것은 이사회가 이를 결정한다</u>. 그러나 정관으로 주주총회에서 이를 결정하도록 정한 경우에는 그러하지 아니하다.
  1. 신주인수권부사채의 총액
  2. 각 신주인수권부사채에 부여된 신주인수권의 내용
  3. 신주인수권을 행사할 수 있는 기간
  4. <u>신주인수권만을 양도할 수 있는 것에 관한 사항</u>
  5. 신주인수권을 행사하려는 자의 청구가 있는 때에는 신주인수권부사채의 상환에 갈음하여 그 발행가액으로 제516조의9제1항의 납입이 있는 것으로 본다는 뜻
  6. 삭제
  7. 주주에게 신주인수권부사채의 인수권을 준다는 뜻과 인수권의 목적인 신주인수권부사채의 액
  8. 주주외의 자에게 신주인수권부사채를 발행하는 것과 이에 대하여 발행할 신주인수권부사채의 액

⑤ 이익참가부사채에 관한 설명이다.

제469조(사채의 발행) ① 회사는 이사회의 결의에 의하여 사채(社債)를 발행할 수 있다.
② 제1항의 사채에는 다음 각 호의 사채를 포함한다.
  1. <u>이익배당에 참가할 수 있는 사채</u>
  2. 주식이나 그 밖의 다른 유가증권으로 교환 또는 상환할 수 있는 사채
  3. 유가증권이나 통화 또는 그 밖에 대통령령으로 정하는 자산이나 지표 등의 변동과 연계하여 미리 정하여진 방법에 따라 상환 또는 지급금액이 결정되는 사채
③ 제2항에 따라 발행하는 사채의 내용 및 발행 방법 등 발행에 필요한 구체적인 사항은 대통령령으로 정한다.

■ **상법시행령**
제21조(이익참가부사채의 발행) ① 법 제469조제2항제1호에 따라 사채권자가 그 사채발행회사의 이익배당에 참가할 수 있는 사채(이하 "이익참가부사채"라 한다)를 <u>발행</u>하는 경우에 다음 각 호의 사항으로서 정관에 규정이 없는 사항은 이사회가 결정한다. 다만, 정관에서 주주총회에서 이를 결정하도록 정한 경우에는 그러하지 아니하다.

260

상법상 전환사채에 관한 설명으로 옳은 것은?

① 상법은 전환사채의 발행에 무효사유가 있는 경우 그 무효를 인정하기 위하여 신주발행무효의 소를 준용하는 규정을 두고 있다.
② 전환사채는 주식으로 전환될 수 있는 권리가 부착된 특수한 사채이므로 주주총회의 결의에 의해서만 발행할 수 있다.
③ 판례에 의하면 전환사채발행무효의 소는 전환사채를 발행한 날로부터 3개월 내에 제기되어야 한다.
④ 전환사채의 전환으로 인하여 발행할 주식의 수는 전환청구기간 내에는 그 발행을 유보하여야 한다.
⑤ 전환사채의 발행에는 전환사채발행유지청구권이 인정되나 불공정한 가액으로 인수한 자의 책임은 인정되지 않는다.

• •

① 위법·불공정한 신주발행을 다투는 수단으로서 신주발행무효의 소(제429조)는 전환사채 발행에 대하여 준용규정이 존재하지 않는다(제516조 제1항). 따라서 판례는 신주발행무효의 소의 규정을 "유추적용"한다.

> **제516조(준용규정)** ① 제346조제4항, 제424조 및 제424조의2의 규정은 전환사채의 발행의 경우에 이를 준용한다.
>
> **제429조(신주발행무효의 소)** 신주발행의 무효는 주주·이사 또는 감사에 한하여 신주를 발행한 날로부터 6월내에 소만으로 이를 주장할 수 있다.

관련판례

[대법원 2004.8.16. 선고, 2003다9636, 판결]
상법은 제516조 제1항에서 신주발행의 유지청구권에 관한 제424조 및 불공정한 가액으로 주식을 인수한 자의 책임에 관한 제424조의2 등을 전환사채의 발행의 경우에 준용한다고 규정하면서도, 신주발행무효의 소에 관한 제429조의 준용 여부에 대해서는 아무런 규정을 두고 있지 않으나, 전환사채는 전환권의 행사에 의하여 장차 주식으로 전환될 수 있는 권리가 부여된 사채로서, 이러한 전환사채의 발행은 주식회사의 물적 기초와 기존 주주들의 이해관계에 영향을 미친다는 점에서 사실상 신주를 발행하는 것과 유사하므로, 전환사채 발행의 경우에도 신주발행무효의 소에 관한 상법 제429조가 유추적용된다.

② 전환사채발행은 정관에 규정이 없는 경우에는 원칙적으로 이사회 결의에 의한다.

> **제513조(전환사채의 발행)** ② 제1항의 경우에 다음의 사항으로서 정관에 규정이 없는 것은 이사회가 이를 결정한다. 그러나 정관으로 주주총회에서 이를 결정하기로 정한 경우에는 그러하지 아니하다.
> 1. 전환사채의 총액
> 2. 전환의 조건
> 3. 전환으로 인하여 발행할 주식의 내용
> 4. 전환을 청구할 수 있는 기간
> 5. 주주에게 전환사채의 인수권을 준다는 뜻과 인수권의 목적인 전환사채의 액
> 6. 주주외의 자에게 전환사채를 발행하는 것과 이에 대하여 발행할 전환사채의 액

260 ④

③ 신주발행무효의 소가 유추적용되므로 전환사채발행무효의 소는 전환사채를 발행한 날로부터 6개월 내에 제기되어야 한다. 반면 전환사채발행부존재 확인의 소의 경우에는 제소기간의 제한이 없다.

> **관련판례**
>
> [대법원 2004.8.16, 선고, 2003다9636, 판결]
> 전환사채 발행의 경우에도 신주발행무효의 소에 관한 상법 제429조가 유추적용되므로 전환사채발행무효 확인의 소에 있어서도 상법 제429조 소정의 6월의 제소기간의 제한이 적용된다 할 것이나, 이와 달리 전환사채 발행의 실체가 없음에도 전환사채 발행의 등기가 되어 있는 외관이 존재하는 경우 이를 제거하기 위한 전환사채발행부존재 확인의 소에 있어서는 상법 제429조 소정의 6월의 제소기간의 제한이 적용되지 아니한다.

④ 전환종류주식에 관한 규정이 전환사채에도 준용되어, 전환사채의 전환으로 인하여 발행할 주식의 수는 전환청구기간 내에는 그 발행을 유보하여야 한다.

> **제516조(준용규정)** ① 제346조제4항, 제424조 및 제424조의2의 규정은 전환사채의 발행의 경우에 이를 준용한다.
>
> **제346조(주식의 전환에 관한 종류주식)** ④ 제344조제2항에 따른 종류주식의 수 중 새로 발행할 주식의 수는 전환청구기간 또는 전환의 기간 내에는 그 발행을 유보(留保)하여야 한다.

⑤ 불공정한 가액으로 인수한 자의 책임에 관한 규정도 준용한다.

> **제516조(준용규정)** ① 제346조제4항, 제424조 및 제424조의2의 규정은 전환사채의 발행의 경우에 이를 준용한다.
>
> **제424조의2(불공정한 가액으로 주식을 인수한 자의 책임)** ① 이사와 통모하여 현저하게 불공정한 발행가액으로 주식을 인수한 자는 회사에 대하여 공정한 발행가액과의 차액에 상당한 금액을 지급할 의무가 있다.
> ② 제403조 내지 제406조의 규정은 제1항의 지급을 청구하는 소에 관하여 이를 준용한다.
> ③ 제1항 및 제2항의 규정은 이사의 회사 또는 주주에 대한 손해배상의 책임에 영향을 미치지 아니한다.

261

상법상 전환사채발행의 하자에 관한 설명으로 옳은 것은?

① 상법은 전환사채의 발행 무효의 주장방법으로 전환사채발행 무효의 소를 명문으로 인정하고 그 구체적인 내용에 관하여는 신주발행 무효의 소에 관한 규정을 준용한다.
② 전환사채발행 무효의 소에 대한 원고 승소판결은 형성판결로서 대세적 효력이 있으며 전환권 행사에 의해 발행된 신주는 소급하여 무효가 된다.
③ 판례에 의하면 전환사채발행의 무효원인이 이사회결의 하자에서 비롯된 경우 이사회결의 하자의 소 또는 전환사채발행 무효의 소 중에서 선택하여 다툴 수 있다.
④ 전환사채발행 무효의 소는 6개월의 제소기간이 적용된다.
⑤ 전환사채발행 부존재확인의 소는 6개월의 제소기간이 적용된다.

· · · · · · · · · · · · · · · · · · · ·

① 전환사채발행 무효의 소에 관한 독자적인 규정이 없다. 뿐만 아니라 위법·불공정한 신주발행을 다투는 수단으로서 신주발행무효의 소는 전환사채 발행에 대하여 준용규정이 존재하지 않는다. 따라서 판례는 신주발행 무효의 소의 규정을 '유추적용'한다.

261 ④

> **관련판례**
>
> **[대법원 2004.8.16. 선고, 2003다9636, 판결]**
> 상법은 제516조 제1항에서 신주발행의 유지청구권에 관한 제424조 및 불공정한 가액으로 주식을 인수한 자의 책임에 관한 제424조의2 등을 전환사채의 발행의 경우에 준용한다고 규정하면서도, 신주발행무효의 소에 관한 제429조의 준용 여부에 대해서는 아무런 규정을 두고 있지 않으나, 전환사채는 전환권의 행사에 의하여 장차 주식으로 전환될 수 있는 권리가 부여된 사채로서, 이러한 전환사채의 발행은 주식회사의 물적 기초와 기존 주주들의 이해관계에 영향을 미친다는 점에서 사실상 신주를 발행하는 것과 유사하므로, <u>전환사채 발행의 경우에도 신주발행무효의 소에 관한 상법 제429조가 유추적용</u>된다.

② 신주발행 무효를 유추적용하는 것이므로 소급효는 인정하지 않는다.

> **제431조(신주발행무효판결의 효력)** ① 신주발행무효의 판결이 확정된 때에는 신주는 장래에 대하여 그 효력을 잃는다.

③ 전환사채의 효력이 발생한 후에는 이사회 결의의 하자는 전환사채발행절차의 하자로 흡수되므로(흡수설) 전환사채발행무효의 소를 통해서만 다툴 수 있다.

④ 전환사채 발행의 경우에도 신주발행무효의 소에 관한 상법 제429조가 유추적용되므로 전환사채발행무효 확인의 소에 있어서도 상법 제429조 소정의 6월의 제소기간의 제한이 적용된다.

> **제429조(신주발행무효의 소)** 신주발행의 무효는 주주·이사 또는 감사에 한하여 신주를 발행한 날로부터 <u>6월내</u>에 소만으로 이를 주장할 수 있다.

⑤ 전환사채발행 부존재확인의 소는 전환사채 발행의 실체가 없음에도 전환사채발행의 등기가 되어있는 경우에 제기하는 소이다. 전환사채발행 무효확인의 소의 제소기간이 6개월인 것과는 달리, 부존재확인의 소는 제소기간의 제한이 없다.

> **관련판례**
>
> **[대법원 2004.8.16. 선고, 2003다9636, 판결]**
> 전환사채 발행의 경우에도 신주발행무효의 소에 관한 상법 제429조가 유추적용되므로 전환사채발행무효 확인의 소에 있어서도 상법 제429조 소정의 6월의 제소기간의 제한이 적용된다 할 것이나, 이와 달리 **전환사채 발행의 실체가 없음에도 전환사채 발행의 등기가 되어 있는 외관이 존재하는 경우 이를 제거하기 위한 전환사채발행부존재 확인의 소에 있어서는 상법 제429조 소정의 6월의 제소기간의 제한이 적용되지 아니한다.**

262

상법상 전환사채에 관한 설명으로 옳은 것은?

① 전환청구권은 형성권으로서 전환사채권자가 전환을 청구한 때에 전환의 효력이 발생한다.
② 주주 외의 자에 대하여 전환사채를 발행하는 경우 주주명부 폐쇄기간 중에는 전환청구가 금지된다.
③ 주주 외의 자에 대하여 전환사채를 발행하는 경우 회사는 전환으로 인하여 발행할 주식의 종류와 수를 주주에게 통지하여야 한다.
④ 회사가 법령 또는 정관에 위반하거나 현저하게 불공정한 방법에 의하여 전환사채를 발행하는 경우에도 주주의 전환사채발행유지청구권은 인정되지 않는다.
⑤ 회사가 전환사채를 발행한 때에는 그 납입이 완료된 날로부터 본점소재지에서는 2주간 내 지점소재지에서는 3주간 내에 전환사채의 등기를 하여야 한다.

262 ①

∙∙∙∙∙∙∙∙∙∙∙∙∙∙∙∙∙∙∙∙∙∙
① 전환종류주식에 대한 전환권 행사의 경우와 마찬가지이다.

> **제516조(준용규정)** ② 제339조, 제348조, 제350조 및 제351조의 규정은 사채의 전환의 경우에 이를 준용한다.
> **제350조(전환의 효력발생)** ① 주식의 전환은 주주가 전환을 청구한 경우에는 그 청구한 때에, 회사가 전환을 한 경우에는 제346조제3항제2호의 기간이 끝난 때에 그 효력이 발생한다.

② 전환청구는 가능하나 그 기간 중의 주주총회 결의에 대해서는 의결권을 행사할 수 없다.

> **제516조(준용규정)** ② 제339조, 제348조, 제350조 및 제351조의 규정은 사채의 전환의 경우에 이를 준용한다.
> **제350조(전환의 효력발생)** ② 제354조제1항의 기간 중에 전환된 주식의 주주는 그 기간 중의 총회의 결의에 관하여는 의결권을 행사할 수 없다.

③ (ⅰ) 주주 외의 자에게 "전환사채"를 발행하는 경우에는 정관에 규정을 두거나 주주총회의 특별결의를 거쳐야 하는 것이고, 별도로 주주에 대해 통지한다는 규정은 없다. 다만 주주총회의 특별결의에 의하는 경우에는 소집통지서를 통해 이러한 내용이 통지될 것이다(제513조 제4항). (ⅱ) 반면에 주주 외의 자에게 "신주"를 발행하는 경우에는 정관에 규정을 두는 방식만 인정되고 주주총회의 특별결의를 거치는 방식은 인정되지 않는다. 따라서 제3자 신주발행시에는 이에 대한 내용을 주주에게 통지하여야 한다(제418조 제4항).

> **제513조(전환사채의 발행)** ③ 주주외의 자에 대하여 전환사채를 발행하는 경우에 그 발행할 수 있는 전환사채의 액, 전환의 조건, 전환으로 인하여 발행할 주식의 내용과 전환을 청구할 수 있는 기간에 관하여 정관에 규정이 없으면 제434조의 결의로써 이를 정하여야 한다. 이 경우 제418조제2항 단서의 규정을 준용한다.
> ④ 제3항의 결의에 있어서 전환사채의 발행에 관한 의안의 요령은 제363조의 규정에 의한 통지에 기재하여야 한다.
> **제418조(신주인수권의 내용 및 배정일의 지정·공고)** ④ 제2항에 따라 주주 외의 자에게 신주를 배정하는 경우 회사는 제416조제1호, 제2호, 제2호의2, 제3호 및 제4호에서 정하는 사항을 그 납입기일의 2주 전까지 주주에게 통지하거나 공고하여야 한다.

④ 신주발행유지청구권 규정을 준용한다.

> **제516조(준용규정)** ① 제346조제4항, 제424조 및 제424조의2의 규정은 전환사채의 발행의 경우에 이를 준용한다.
> **제424조(유지청구권)** 회사가 법령 또는 정관에 위반하거나 현저하게 불공정한 방법에 의하여 주식을 발행함으로써 주주가 불이익을 받을 염려가 있는 경우에는 그 주주는 회사에 대하여 그 발행을 유지할 것을 청구할 수 있다.

⑤ 2025. 1. 31. 상법 개정으로 지점등기제도 자체가 폐지되었다.

> **제514조의2(전환사채의 등기)** ① 회사가 전환사채를 발행한 때에는 제476조의 규정에 의한 납입이 완료된 날로부터 2주간내에 본점의 소재지에서 전환사채의 등기를 하여야 한다.

263

상법상 주식회사의 전환사채 또는 신주인수권부사채에 관한 설명으로 틀린 것은?

① 전환사채는 사채권자에게 발행회사의 주식으로 전환할 수 있는 권리가 인정된 사채이다.
② 전환사채의 인수권을 가진 주주는 그가 가진 주식의 수에 따라서 전환사채의 배정을 받을 권리가 있으나 각 전환사채의 금액 중 최저액에 미달하는 단수에 대하여는 그러하지 아니하다.
③ 신주인수권부사채의 신주인수권이란 신주의 발행을 청구할 수 있는 권리를 의미하고 사채권자가 이를 행사하면 회사는 당연히 신주를 발행하여야 한다.
④ 신주인수권부사채는 사채권과 신주인수권증권을 분리하여 발행하는 것이 원칙이다.
⑤ 판례에 의하면 경영권방어만을 목적으로 전환사채를 우호세력에게 제3자 배정방식으로 발행하는 것은 무효이다.

••••••••••••••••••••••••

① 전환사채에 관한 정의이다.
② 옳은 내용이다.

> **제513조의2(전환사채의 인수권을 가진 주주의 권리)** ① 전환사채의 인수권을 가진 주주는 그가 가진 주식의 수에 따라서 전환사채의 배정을 받을 권리가 있다. 그러나 각 전환사채의 금액 중 <u>최저액에 미달하는 단수에 대하여는 그러하지 아니하다.</u>

③ 신주인수권에 기한 청약에는 당연배정이 이루어진다. 참고로 신주인수권을 행사하기 위해서는 (전환권 행사의 경우와는 달리) 신주발행가액을 전액 납입하여야 한다.

> **제516조의9(신주인수권의 행사)** ① 신주인수권을 행사하려는 자는 청구서 2통을 회사에 제출하고, <u>신주의 발행 가액의 전액을 납입</u>하여야 한다.

④ 분리형과 비분리형이 모두 가능하다.

> **제516조의2(신주인수권부사채의 발행)** ② 제1항의 경우에 다음의 사항으로서 정관에 규정이 없는 것은 이사회가 이를 결정한다. 그러나 정관으로 주주총회에서 이를 결정하도록 정한 경우에는 그러하지 아니하다. 〈개정 2011.4.14.〉
> 1. 신주인수권부사채의 총액
> 2. 각 신주인수권부사채에 부여된 신주인수권의 내용
> 3. 신주인수권을 행사할 수 있는 기간
> 4. <u>신주인수권만을 양도할 수 있는 것에 관한 사항</u>

⑤ 전환사채발행무효의 소의 대상이 된다.

> **관련판례**
>
> [대법원 2009.1.30, 선고, 2008다50776, 판결]
> [1] 주식회사가 신주를 발행함에 있어 신기술의 도입, 재무구조의 개선 등 회사의 경영상 목적을 달성하기 위하여 필요한 범위 안에서 정관이 정한 사유가 없는데도, <u>회사의 경영권분쟁이 현실화된 상황에서 경영진의 경영권이나 지배권 방어라는 목적을 달성하기 위하여 제3자에게 신주를 배정하는 것은 상법 제418조 제2항을 위반하여 주주의 신주인수권을 침해</u>하는 것이다.
> [2] 신주발행을 사후에 무효로 하는 경우 거래의 안전과 법적 안정성을 해할 우려가 큰 점을 고려할 때 신주발행무효의 소에서 그 무효원인은 가급적 엄격하게 해석하여야 한다.

263 ④

그러나 신주발행에 법령이나 정관의 위반이 있고 그것이 주식회사의 본질 또는 회사법의 기본원칙에 반하거나 기존 주주들의 이익과 회사의 경영권 내지 지배권에 중대한 영향을 미치는 경우로서 주식에 관련된 거래의 안전, 주주 기타 이해관계인의 이익 등을 고려하더라도 도저히 묵과할 수 없는 정도라고 평가되는 경우에는 그 신주의 발행을 무효라고 하지 않을 수 없다.

264

상법상 전환사채와 신주인수권부사채에 관한 설명으로 틀린 것은?

① 주주 외의 자에게 전환사채를 발행하는 경우에는 신기술의 도입, 재무구조의 개선 등 회사의 경영상 목적을 달성하기 위하여 필요한 경우에 한한다.
② 전환사채를 발행한 때에는 전환사채의 납입이 완료된 날로부터 2주간 내에 본점의 소재지에서 전환사채의 등기를 하여야 한다.
③ 전환사채권자가 전환을 청구하는 경우 그 청구한 때에 전환의 효력이 발생한다.
④ 판례에 의하면 신주인수권부사채 발행의 경우에는 신주발행무효의 소에 관한 상법 제429조가 유추적용되지 않는다.
⑤ 각 신주인수권부사채에 부여된 신주인수권의 행사로 인하여 발행할 주식의 발행가액의 합계액은 각 신주인수권부사채의 금액을 초과할 수 없다.

•••••••••••••••••••••••

① 전환주식에 관한 규정을 준용한다.

> **제513조(전환사채의 발행)** ③ 주주외의 자에 대하여 전환사채를 발행하는 경우에 그 발행할 수 있는 전환사채의 액, 전환의 조건, 전환으로 인하여 발행할 주식의 내용과 전환을 청구할 수 있는 기간에 관하여 정관에 규정이 없으면 제434조의 결의로써 이를 정하여야 한다. 이 경우 제418조제2항 단서의 규정을 준용한다.
>
> **제418조(신주인수권의 내용 및 배정일의 지정·공고)** ② 회사는 제1항의 규정에 불구하고 정관에 정하는 바에 따라 주주 외의 자에게 신주를 배정할 수 있다. 다만, 이 경우에는 신기술의 도입, 재무구조의 개선 등 회사의 경영상 목적을 달성하기 위하여 필요한 경우에 한한다.

② 특수사채(전환사채, 신주인수권부사채, 이익참가부사채)의 발행은 등기사항이다.

> **제514조의2(전환사채의 등기)** ① 회사가 전환사채를 발행한 때에는 제476조의 규정에 의한 납입이 완료된 날로부터 2주간내에 본점의 소재지에서 전환사채의 등기를 하여야 한다.
> ② 제1항의 규정에 의하여 등기할 사항은 다음 각호와 같다.
>   1. 전환사채의 총액
>   2. 각 전환사채의 금액
>   3. 각 전환사채의 납입금액
>   4. 제514조제1호 내지 제4호에 정한 사항
> ③ 제183조의 규정은 제2항의 등기에 대하여 이를 준용한다.
> ④ 외국에서 전환사채를 모집한 경우에 등기할 사항이 외국에서 생긴 때에는 등기기간은 그 통지가 도달한 날로부터 기산한다.

264 ④

③ 전환주식에 관한 규정을 준용하여, 전환사채의 전환은 주주가 청구를 한 때부터 전환의 효력이 발생한다(형성권).

> **제516조(준용규정)** ① 제346조제4항, 제424조 및 제424조의2의 규정은 전환사채의 발행의 경우에 이를 준용한다.
> ② 제339조, 제348조, 제350조 및 제351조의 규정은 사채의 전환의 경우에 이를 준용한다.
> **제350조(전환의 효력발생)** ① 주식의 전환은 주주가 전환을 청구한 경우에는 그 청구한 때에, 회사가 전환을 한 경우에는 제346조제3항제2호의 기간이 끝난 때에 그 효력이 발생한다.

④ 에버랜드 전환사채 발행사건에서의 판례의 태도로서, 신주인수권부사채의 경우에도 마찬가지이다.

관련판례

[대법원 2004.6.25. 선고, 2000다37326. 판결]
상법은 제516조 제1항에서 신주발행의 유지청구권에 관한 제424조 및 불공정한 가액으로 주식을 인수한 자의 책임에 관한 제424조의2 등을 전환사채의 발행의 경우에 준용한다고 규정하면서도 신주발행무효의 소에 관한 제429조의 준용 여부에 대해서는 아무런 규정을 두고 있지 않으나, 전환사채는 전환권의 행사에 의하여 장차 주식으로 전환될 수 있는 권리가 부여된 사채로서, 이러한 전환사채의 발행은 주식회사의 물적 기초와 기존 주주들의 이해관계에 영향을 미친다는 점에서 사실상 신주를 발행하는 것과 유사하므로, 전환사채의 발행의 경우에도 신주발행무효의 소에 관한 상법 제429조가 유추적용된다고 봄이 상당하고, 이 경우 당사자가 주장하는 개개의 공격방법으로서의 구체적인 무효원인은 각각 어느 정도 개별성을 가지고 판단할 수밖에 없는 것이기는 하지만, 전환사채의 발행에 무효원인이 있다는 것이 전체로서 하나의 청구원인이 된다는 점을 감안할 때 전환사채의 발행을 무효라고 볼 것인지 여부를 판단함에 있어서는 구체적인 무효원인에 개재된 여러 위법 요소가 종합적으로 고려되어야 한다.

⑤ 사채권자가 회사의 자금조달에 기여한 범위를 넘어 과다하게 신주인수권을 부여받는 것을 방지하려는 취지이다.

> **제516조의2(신주인수권부사채의 발행)** ③ 각 신주인수권부사채에 부여된 신주인수권의 행사로 인하여 발행할 주식의 발행가액의 합계액은 각 신주인수권부사채의 금액을 초과할 수 없다.

265

상법상 사채에 관한 설명으로 틀린 것은?

① 전환사채의 전환으로 회사의 자본금은 증가하지 않는다.
② 주주 이외의 자에게 신주인수권부사채를 발행하는 경우, 신주인수권의 내용에 관하여 정관에 규정이 없으면 주주총회의 특별결의로써 이를 정하여야 한다.
③ 사채의 모집이 완료한 때에는 이사는 지체없이 인수인에 대하여 각 사채의 전액 또는 제1회의 납입을 시켜야 한다.
④ 정관으로 정하는 바에 따라 이사회는 대표이사에게 사채의 금액 및 종류를 정하여 1년을 초과하지 아니하는 기간 내에 사채를 발행할 것을 위임할 수 있다.
⑤ 사채권자집회의 결의는 법원의 인가를 받음으로써 그 효력이 생기지만, 그 종류의 사채권자 전원이 동의한 결의에는 법원의 인가가 필요하지 않다.

・・・・・・・・・・・・・・・・・・・・・・・・・・

① 전환사채의 전환으로 신주가 발행되면 발행주식수가 증가하므로 당연히 자본금이 증가한다.

제348조(전환으로 인하여 발행하는 주식의 발행가액) 전환으로 인하여 신주식을 발행하는 경우에는 전환전의 주식의 발행가액을 신주식의 발행가액으로 한다.

② (ⅰ) 신주의 제3자 배정의 경우에는 반드시 정관규정이 요구되나, (ⅱ) 전환사채와 신주인수권부사채의 제3자 배정의 경우에는 정관규정이 없으면 주총특별결의로도 가능하다.

제516조의2(신주인수권부사채의 발행) ④ 주주외의 자에 대하여 신주인수권부사채를 발행하는 경우에 그 발행할 수 있는 신주인수권부사채의 액, 신주인수권의 내용과 신주인수권을 행사할 수 있는 기간에 관하여 정관에 규정이 없으면 제434조의 결의로써 이를 정하여야 한다. 이 경우 제418조제2항 단서의 규정을 준용한다.
제434조(정관변경의 특별결의) 제433조제1항의 결의는 출석한 주주의 의결권의 3분의 2 이상의 수와 발행주식총수의 3분의 1 이상의 수로써 하여야 한다.

③ "제1회의 납입을 시켜야 한다"는 말은 분할납입이 가능하다는 뜻이다. 주식과 달리 사채는 분할납입이 가능하다.

제476조(납입) ① 사채의 모집이 완료한 때에는 이사는 지체없이 인수인에 대하여 각 사채의 전액 또는 제1회의 납입을 시켜야 한다.
② 사채모집의 위탁을 받은 회사는 그 명의로 위탁회사를 위하여 제474조제2항과 전항의 행위를 할 수 있다.

④ 이사회가 대표이사에게 사채발행을 위임하려면 3가지 요건이 충족되어야 한다. (ⅰ) 정관의 규정에 따라, (ⅱ) 사채의 금액 및 종류를 정하여, (ⅲ) 1년의 범위 내에서.

제469조(사채의 발행) ① 회사는 이사회의 결의에 의하여 사채(社債)를 발행할 수 있다.
④ 제1항에도 불구하고 정관으로 정하는 바에 따라 이사회는 대표이사에게 사채의 금액 및 종류를 정하여 1년을 초과하지 아니하는 기간 내에 사채를 발행할 것을 위임할 수 있다.

⑤ 사채권자집회의 결의는 '소수사채권자의 보호를 위해' 법원이 인가를 얻어야 효력이 발생하는 것이 원칙이나, 사채권자 전원이 동의한 결의는 그러하지 아니한다.

제498조(결의의 효력) ① 사채권자집회의 결의는 법원의 인가를 받음으로써 그 효력이 생긴다. 다만, 그 종류의 사채권자 전원이 동의한 결의는 법원의 인가가 필요하지 아니하다.
② 사채권자집회의 결의는 그 종류의 사채를 가진 모든 사채권자에게 그 효력이 있다.

265 ①

266

상법상 주식회사의 사채(社債)에 관한 설명으로 틀린 것은?

① 회사는 원칙적으로 이사회의 결의에 의하여 사채를 발행할 수 있다.
② 사채의 모집이 완료한 때에는 이사는 지체없이 인수인에 대하여 각 사채의 전액 또는 제1회의 납입을 시켜야 한다.
③ 회사가 채권을 기명식에 한할 것을 정한 때에도, 사채권자가 기명식의 채권을 무기명식으로 할 것을 회사에 청구하면 회사는 사채권자의 청구대로 이를 변경하여야 한다.
④ 주주 외의 자에 대하여 신주인수권부사채를 발행하는 경우, 그 발행할 수 있는 신주인수권부사채의 액, 신주인수권의 내용과 신주인수권을 행사할 수 있는 기간에 관하여 정관의 규정이 없으면 주주총회의 특별결의로써 이를 정하여야 한다.
⑤ 이권있는 무기명식의 사채를 상환하는 경우에 이권이 흠결된 때에는 그 이권에 상당한 금액을 상환액으로부터 공제한다.

• •

① 회사의 자본조달에 관한 의사결정은 원칙적으로 이사회 결의사항이다.

> 제469조(사채의 발행) ① 회사는 이사회의 결의에 의하여 사채(社債)를 발행할 수 있다.
> ② 제1항의 사채에는 다음 각 호의 사채를 포함한다.
>   1. 이익배당에 참가할 수 있는 사채
>   2. 주식이나 그 밖의 다른 유가증권으로 교환 또는 상환할 수 있는 사채
>   3. 유가증권이나 통화 또는 그 밖에 대통령령으로 정하는 자산이나 지표 등의 변동과 연계하여 미리 정하여진 방법에 따라 상환 또는 지급금액이 결정되는 사채
> ③ 제2항에 따라 발행하는 사채의 내용 및 발행 방법 등 발행에 필요한 구체적인 사항은 대통령령으로 정한다.
> ④ 제1항에도 불구하고 정관으로 정하는 바에 따라 이사회는 대표이사에게 사채의 금액 및 종류를 정하여 1년을 초과하지 아니하는 기간 내에 사채를 발행할 것을 위임할 수 있다.

② 덧붙여 「제1회의 납입을 시켜야 한다」는 말은 분할납입이 가능하다는 뜻이다. 주식과 달리 사채는 분할납입이 가능하다.

> 제476조(납입) ① 사채의 모집이 완료한 때에는 이사는 지체없이 인수인에 대하여 각 사채의 전액 또는 제1회의 납입을 시켜야 한다.
> ② 사채모집의 위탁을 받은 회사는 그 명의로 위탁회사를 위하여 제474조제2항과 전항의 행위를 할 수 있다.

③ 사채권자는「언제든지」기명식의 채권을 무기명식으로, 무기명식의 채권을 기명식으로 전환할 것을 회사에 청구할 수 있다. 그러나 기명식 또는 무기명식에「한할 것으로」정한 때에는 그러하지 아니하다.

> 제480조(기명식, 무기명식간의 전환) 사채권자는 언제든지 기명식의 채권을 무기명식으로, 무기명식의 채권을 기명식으로 할 것을 회사에 청구할 수 있다. 그러나 채권을 기명식 또는 무기명식에 한할 것으로 정한 때에는 그러하지 아니하다.

④ (ⅰ) 신주의 제3자 배정의 경우에는 반드시 정관규정이 요구되나, (ⅱ) 전환사채와 신주인수권부사채의 제3자 배정의 경우에는 정관규정이 없으면 주총특별결의로도 가능하다.

> 제516조의2(신주인수권부사채의 발행) ④ 주주외의 자에 대하여 신주인수권부사채를 발행하는 경우에 그 발행할 수 있는 신주인수권부사채의 액, 신주인수권의 내용과 신주인수권을 행사할 수 있는 기간에 관하여 정관에 규정이 없으면 제434조의 결의로써 이를 정하여야 한다. 이 경우 제418조제2항 단서의 규정을 준용한다.

266 ③

제434조(정관변경의 특별결의) 제433조제1항의 결의는 출석한 주주의 의결권의 3분의 2 이상의 수와 발행주식총수의 3분의 1 이상의 수로써 하여야 한다.

⑤ 이권(利券)이란 무기명사채에서 각 이자의 지급시기별로 이자지급청구권을 나타내는 유가증권이다. 무기명사채에서 이권이 흠결되어 있다면(즉 쿠폰이 뜯어져 있다면), 이권 소지인이 언제든지 회사에 이권과 상환으로 이자의 지급을 청구할 수 있는 것이기 때문에(제486조 제2항), 원금 상환시 해당 부분은 공제해야 한다.

제486조(이권흠결의 경우) ① 이권 있는 무기명식의 사채를 상환하는 경우에 이권이 흠결된 때에는 그 이권에 상당한 금액을 상환액으로부터 공제한다.
② 전항의 이권소지인은 언제든지 그 이권과 상환하여 공제액의 지급을 청구할 수 있다.

267
상법상 비상장주식회사에서 주주 외의 자에 대하여 전환사채를 발행하는 경우에 관한 설명으로 틀린 것은?

① 발행할 수 있는 전환사채의 액, 전환의 조건, 전환으로 인하여 발행할 주식의 내용과 전환을 청구할 수 있는 기간에 관하여 정관에 규정이 없으면 주주총회의 보통결의로써 이를 정하여야 한다.
② 전환사채의 발행은 신기술의 도입, 재무구조의 개선 등 회사의 경영상 목적을 달성하기 위하여 필요한 경우에 한한다.
③ 주주총회의 결의로 전환사채의 발행에 관한 사항을 정할 경우 전환사채의 발행에 관한 의안의 요령을 주주총회의 소집통지에 기재하여야 한다.
④ 전환사채의 모집이 완료한 때에는 이사는 지체없이 인수인에 대하여 각 사채의 전액 또는 제1회의 납입을 시켜야 한다.
⑤ 회사가 전환사채를 발행한 때에는 사채의 납입이 완료된 날로부터 2주간 내에 본점의 소재지에서 전환사채의 등기를 하여야 한다.

----

① 특수사채(전환사채, 신주인수권부사채, 이익참가부사채)를 (ⅰ) 주주에게 발행하는 경우에는 이사회결의에 의하고, (ⅱ) 제3자에게 발행하는 경우에는 정관규정이 없으면 주총특별결의에 의한다.

제513조(전환사채의 발행) ③ 주주외의 자에 대하여 전환사채를 발행하는 경우에 그 발행할 수 있는 전환사채의 액, 전환의 조건, 전환으로 인하여 발행할 주식의 내용과 전환을 청구할 수 있는 기간에 관하여 정관에 규정이 없으면 제434조의 결의로써 이를 정하여야 한다. 이 경우 제418조제2항 단서의 규정을 준용한다.
제434조(정관변경의 특별결의) 제433조제1항의 결의는 출석한 주주의 의결권의 3분의 2 이상의 수와 발행주식총수의 3분의 1 이상의 수로써 하여야 한다.

② 전환주식에 관한 규정을 준용하여, 제3자 배정시 경영상 목적을 달성하기 위한 경우에만 인정된다.

제513조(전환사채의 발행) ③ 주주외의 자에 대하여 전환사채를 발행하는 경우에 그 발행할 수 있는 전환사채의 액, 전환의 조건, 전환으로 인하여 발행할 주식의 내용과 전환을 청구할 수 있는 기간에 관하여 정관에 규정이 없으면 제434조의 결의로써 이를 정하여야 한다. 이 경우 제418조제2항 단서의 규정을 준용한다.

267 ①

> **제418조(신주인수권의 내용 및 배정일의 지정·공고)** ② 회사는 제1항의 규정에 불구하고 정관에 정하는 바에 따라 주주 외의 자에게 신주를 배정할 수 있다. 다만, 이 경우에는 <u>신기술의 도입, 재무구조의 개선 등 회사의 경영상 목적을 달성하기 위하여 필요한 경우에 한한다.</u>

③ 주주 외의 자에게 「전환사채」를 발행하는 경우에는 정관에 규정을 두거나 주주총회의 특별결의를 거쳐야 하는 것이고, 별도로 주주에 대해 통지한다는 규정은 없다. 다만 주주총회의 특별결의에 의하는 경우에는 소집통지서를 통해 이러한 내용이 통지될 것이다(제513조 제4항).

> **제513조(전환사채의 발행)** ③ <u>주주외의 자에 대하여 전환사채를 발행하는 경우에 그 발행할 수 있는 전환사채의 액, 전환의 조건, 전환으로 인하여 발행할 주식의 내용과 전환을 청구할 수 있는 기간에 관하여 정관에 규정이 없으면 제434조의 결의로써 이를 정하여야 한다. 이 경우 제418조제2항 단서의 규정을 준용한다.</u>
> ④ 제3항의 결의에 있어서 <u>전환사채의 발행에 관한 의안의 요령은 제363조의 규정에 의한 통지에 기재하여야 한다.</u>

④ 「제1회의 납입을 시켜야 한다」는 말은 분할납입이 가능하다는 뜻이다. 주식과 달리 사채는 분할납입이 가능하다.

> **제476조(납입)** ① 사채의 모집이 완료한 때에는 이사는 지체없이 인수인에 대하여 각 사채의 전액 또는 제1회의 납입을 시켜야 한다.

⑤ 특수사채(전환사채, 신주인수권부사채, 이익참가부사채)의 발행은 등기사항이다.

> **제514조의2(전환사채의 등기)** ① 회사가 전환사채를 발행한 때에는 제476조의 규정에 의한 납입이 완료된 날로부터 2주간내에 본점의 소재지에서 전환사채의 등기를 하여야 한다.
> ② 제1항의 규정에 의하여 등기할 사항은 다음 각호와 같다.
> 1. 전환사채의 총액
> 2. 각 전환사채의 금액
> 3. 각 전환사채의 납입금액
> 4. 제514조제1호 내지 제4호에 정한 사항
> ③ 제183조의 규정은 제2항의 등기에 대하여 이를 준용한다.

TOPIC 40 • 재무제표의 승인

268

상법상 주식회사의 공시에 관한 설명으로 옳은 것은?

① 이사는 회사의 정관·주주총회 의사록·이사회 의사록을 본점과 지점에 비치하여야 한다.
② 이사는 정기총회에서 재무제표를 승인하면 그 다음 날부터 재무제표·영업보고서·감사보고서를 본점에 3년간 비치하여야 한다.
③ 주주와 회사채권자는 회사가 정한 비용을 지급하고 재무제표·영업보고서·감사보고서의 등본이나 초본의 교부를 청구할 수 있다.
④ 이사는 재무제표에 대한 정기총회의 승인을 얻은 경우 지체없이 대차대조표와 손익계산서를 공고하여야 한다.
⑤ 발행주식총수의 100분의 1 이상에 해당하는 주식을 가진 주주와 회사채권자는 영업시간 내에 언제든지 회계의 장부와 서류의 열람을 청구할 수 있다.

••••••••••••••••••••••••

① 이사회 의사록은 비치하지 않는다.

> **제396조(정관 등의 비치, 공시의무)** ① 이사는 회사의 정관, 주주총회의 의사록을 본점과 지점에, 주주명부, 사채원부를 본점에 비치하여야 한다. 이 경우 명의개서대리인을 둔 때에는 주주명부나 사채원부 또는 그 복본을 명의개서대리인의 영업소에 비치할 수 있다.

② 정기총회 승인 후가 아니라 정기총회 1주 전부터, 비치기간은 본점에 5년간, 지점에 3년간이다.

> **제448조(재무제표 등의 비치·공시)** ① 이사는 정기총회회일의 1주간 전부터 제447조 및 제447조의2의 서류와 감사보고서를 본점에 5년간, 그 등본을 지점에 3년간 비치하여야 한다.

③ 재무제표의 경우 주주뿐만 아니라 회사채권자에게도 재무제표 등의 열람등사청구권이 인정된다. 회사채권자에게 열람등사청구권이 인정되는 경우는 "채열/분합계/재/주/부/부/정"으로 정리하자.

> **제448조(재무제표 등의 비치·공시)** ② 주주와 회사채권자는 영업시간내에 언제든지 제1항의 비치서류를 열람할 수 있으며 회사가 정한 비용을 지급하고 그 서류의 등본이나 초본의 교부를 청구할 수 있다.

④ 공고의 대상은 대차대조표만이다.

> **제449조(재무제표 등의 승인·공고)** ③ 이사는 제1항의 서류에 대한 총회의 승인을 얻은 때에는 지체없이 대차대조표를 공고하여야 한다.

⑤ (ⅰ) 주주의 지분비율은 100분의 3이고, (ⅱ) 회사채권자에게는 회계장부열람청구권을 인정하지 않는다.

> **제466조(주주의 회계장부열람권)** ① 발행주식의 총수의 100분의 3 이상에 해당하는 주식을 가진 주주는 이유를 붙인 서면으로 회계의 장부와 서류의 열람 또는 등사를 청구할 수 있다.

269

상법상 주식회사의 회계규정에 관한 설명으로 <u>틀린</u> 것은?

① 이사는 정기총회회일의 6주간 전에 재무제표 및 영업보고서를 작성하여 이사회의 승인을 받은 후 감사 또는 감사위원회에 제출하여야 한다.
② 상장회사의 감사 또는 감사위원회는 이사에게 감사보고서를 주주총회일의 1주전까지 제출할 수 있다.
③ 자본준비금은 자본거래에서 발생한 잉여금을 재원으로 하여 적립되는 법정준비금이다.
④ 회사의 법정준비금의 총액이 자본금의 1.5배를 초과하는 경우 주주총회의 보통결의에 따라 그 초과한 금액 범위에서 자본준비금과 이익준비금을 감액할 수 있다.
⑤ 회사가 액면주식을 발행하고 있는 경우 법정준비금을 자본금으로 전입하면 신주가 발행되므로 순자산이 그만큼 증가한다.

••••••••••••••••••••••••••

① 옳은 내용이다.

> **제447조(재무제표의 작성)** ① 이사는 결산기마다 다음 각 호의 서류와 그 부속명세서를 작성하여 이사회의 승인을 받아야 한다.
> 1. 대차대조표
> 2. 손익계산서
> 3. 그 밖에 회사의 재무상태와 경영성과를 표시하는 것으로서 대통령령으로 정하는 서류
> ② 대통령령으로 정하는 회사의 이사는 연결재무제표(聯結財務諸表)를 작성하여 이사회의 승인을 받아야 한다.
> **제447조의2(영업보고서의 작성)** ① 이사는 매결산기에 영업보고서를 작성하여 이사회의 승인을 얻어야 한다.
> ② 영업보고서에는 대통령령이 정하는 바에 의하여 영업에 관한 중요한 사항을 기재하여야 한다.
> **제447조의3(재무제표등의 제출)** 이사는 정기총회회일의 6주간전에 제447조 및 제447조의2의 서류를 감사에게 제출하여야 한다.

② 감사는 이사로부터 재무제표와 영업보고서를 제출받은 날로부터 "4주 내에" 감사보고서를 작성하여 이사에게 제출해야 한다(제447조의4 제1항). 다만 상장회사의 경우에는 감사보고서를 "주총 1주 전까지" 제출할 수 있도록 하는 특례규정이 있다.

> **제447조의4(감사보고서)** ① 감사는 제447조의3의 서류를 받은 날부터 4주 내에 감사보고서를 이사에게 제출하여야 한다.
> **제542조의12(감사위원회의 구성 등)** ⑥ 상장회사의 감사 또는 감사위원회는 제447조의4제1항에도 불구하고 이사에게 감사보고서를 주주총회일의 1주 전까지 제출할 수 있다.

③ 옳은 내용이다.

> **제459조(자본준비금)** ① 회사는 자본거래에서 발생한 잉여금을 대통령령으로 정하는 바에 따라 자본준비금으로 적립하여야 한다.

④ 옳은 내용이다.

> **제461조의2(준비금의 감소)** 회사는 적립된 자본준비금 및 이익준비금의 총액이 자본금의 1.5배를 초과하는 경우에 주주총회의 결의에 따라 그 초과한 금액 범위에서 자본준비금과 이익준비금을 감액할 수 있다.

269 ⑤

⑤ 틀린 내용이다. 신주가 발행된 만큼 발행주식수가 늘어나므로 자본금이 증가하나, 그만큼 법정준비금이 감소하므로 순자산은 증가하지 않는다.

> **제461조(준비금의 자본금 전입)** ① 회사는 이사회의 결의에 의하여 <u>준비금의 전부 또는 일부를 자본금에 전입할 수 있다.</u> 그러나 정관으로 주주총회에서 결정하기로 정한 경우에는 그러하지 아니하다.
> ② 제1항의 경우에는 <u>주주에 대하여 그가 가진 주식의 수에 따라 주식을 발행하여야 한다.</u> 이 경우 1주에 미달하는 단수에 대하여는 제443조제1항의 규정을 준용한다.

270

주식회사와 관련된 서류 중 주주의 열람 또는 등사 청구에 대하여 회사가 이유를 붙여 거절하거나 청구가 부당함을 증명하여 거절할 수 있음을 상법에서 명문의 규정으로 허용하는 것으로만 묶은 것은?

㈎ 주주명부	㈏ 이사회의사록
㈐ 회계의 장부와 서류	㈑ 재무제표
㈒ 주주총회의사록	

① ㈎, ㈏ ② ㈏, ㈐ ③ ㈐, ㈑
④ ㈑, ㈒ ⑤ ㈎, ㈒

•••••••••••••••••••••••••

㈎ 판례는 주주명부의 경우에도 회사가 그 청구가 부당함을 증명하는 경우 열람청구를 거절할 수 있다고 보고 있으나, 상법상 명문의 규정은 존재하지 않는다.

> **관련판례**
> [대법원 1997.3.19, 자, 97그7, 판결]
> 상법 제396조 제2항에서 규정하고 있는 주주 또는 회사채권자의 주주명부 등에 대한 열람등사청구는 회사가 그 청구의 목적이 정당하지 아니함을 주장·입증하는 경우에는 이를 거부할 수 있다.

㈏ 이사회 의사록 열람등사청구에 대해 회사는 이유를 붙여 거절할 수 있다.

> **제391조의3(이사회의 의사록)** ① 이사회의 의사에 관하여는 의사록을 작성하여야 한다.
> ② 의사록에는 의사의 안건, 경과요령, 그 결과, 반대하는 자와 그 반대이유를 기재하고 출석한 이사 및 감사가 기명날인 또는 서명하여야 한다.
> ③ 주주는 영업시간내에 이사회의사록의 열람 또는 등사를 청구할 수 있다.
> ④ <u>회사는 제3항의 청구에 대하여 이유를 붙여 이를 거절할 수 있다.</u> 이 경우 주주는 법원의 허가를 얻어 이사회의사록을 열람 또는 등사할 수 있다.

㈐ 회계장부는 주주의 청구가 부당함을 회사가 증명하면 이를 거절할 수 있다.

> **제466조(주주의 회계장부열람권)** ① 발행주식의 총수의 100분의 3 이상에 해당하는 주식을 가진 주주는 이유를 붙인 서면으로 회계의 장부와 서류의 열람 또는 등사를 청구할 수 있다.
> ② <u>회사는 제1항의 주주의 청구가 부당함을 증명하지 아니하면 이를 거부하지 못한다.</u>

270 ②

> **관련판례**
>
> **[대법원 2004.12.24. 자, 2003마1575, 결정]**
> 상법 제391조의3 제3항, 제466조 제1항에서 규정하고 있는 주주의 이사회의 의사록 또는 회계의 장부와 서류 등에 대한 열람·등사청구가 있는 경우, 회사는 그 청구가 부당함을 증명하여 이를 거부할 수 있는바, 주주의 열람·등사권 행사가 부당한 것인지 여부는 그 행사에 이르게 된 경위, 행사의 목적, 악의성 유무 등 제반 사정을 종합적으로 고려하여 판단하여야 할 것이고, 특히 주주의 이와 같은 열람·등사권의 행사가 회사업무의 운영 또는 주주 공동의 이익을 해치거나 주주가 회사의 경쟁자로서 그 취득한 정보를 경업에 이용할 우려가 있거나, 또는 회사에 지나치게 불리한 시기를 택하여 행사하는 경우 등에는 정당한 목적을 결하여 부당한 것이라고 보아야 한다.

(라) 주주(및 회사채권자)의 재무제표 열람등사청구에 대해서는 회사가 거절할 수 없다.

> **제448조(재무제표 등의 비치·공시)** ① 이사는 정기총회회일의 1주간전부터 제447조 및 제447조의2의 서류와 감사보고서를 본점에 5년간, 그 등본을 지점에 3년간 비치하여야 한다.
> ② 주주와 회사채권자는 영업시간내에 언제든지 제1항의 비치서류를 열람할 수 있으며 회사가 정한 비용을 지급하고 그 서류의 등본이나 초본의 교부를 청구할 수 있다.

(마) 주주(및 회사채권자)의 주주총회의사록에 대한 열람등사청구에 대해서는 회사가 거절할 수 없다.

> **제396조(정관 등의 비치, 공시의무)** ① 이사는 회사의 정관, 주주총회의 의사록을 본점과 지점에, 주주명부, 사채원부를 본점에 비치하여야 한다. 이 경우 명의개서대리인을 둔 때에는 주주명부나 사채원부 또는 그 복본을 명의개서대리인의 영업소에 비치할 수 있다.
> ② 주주와 회사채권자는 영업시간 내에 언제든지 제1항의 서류의 열람 또는 등사를 청구할 수 있다.

271

상법상 주식회사의 회계에 관한 설명으로 틀린 것은?

① 주주는 영업시간 내에 언제든지 재무제표를 열람할 수 있으며 회사가 정한 비용을 지급하고 그 서류의 등본이나 초본의 교부를 청구할 수 있다.
② 회사는 정관이 정하는 바에 따라 주주총회의 결의로 준비금의 전부 또는 일부를 자본금에 전입할 수 있다.
③ 이사는 매 결산기에 영업보고서를 작성하여 주주총회의 승인을 얻어야 한다.
④ 회사는 자본거래에서 발생한 잉여금을 자본준비금으로 적립하여야 한다.
⑤ 회사는 적립된 자본준비금 및 이익준비금의 총액이 자본금의 1.5배를 초과하는 경우 주주총회의 결의에 따라 그 초과한 금액 범위에서 자본준비금과 이익준비금을 감액할 수 있다.

·······································
① 제448조 제2항

> **제448조(재무제표 등의 비치·공시)** ① 이사는 정기총회회일의 1주간전부터 제447조 및 제447조의2의 서류와 감사보고서를 본점에 5년간, 그 등본을 지점에 3년간 비치하여야 한다.
> ② 주주와 회사채권자는 영업시간내에 언제든지 제1항의 비치서류를 열람할 수 있으며 회사가 정한 비용을 지급하고 그 서류의 등본이나 초본의 교부를 청구할 수 있다.

271 ③

② 준비금의 자본금 전입은 자본조달에 관한 사항이므로 원칙적으로 이사회에서 결정하고, 다만 정관에 규정이 있는 경우에는 주주총회에서 결정한다.

> **제461조(준비금의 자본금 전입)** ① 회사는 이사회의 결의에 의하여 준비금의 전부 또는 일부를 자본금에 전입할 수 있다. 그러나 정관으로 주주총회에서 결정하기로 정한 경우에는 그러하지 아니하다.

③ 재무제표는 정기주총의 승인을 얻어야 하나, 영업보고서는 정기주총에 보고만 하면 된다.

> **제447조(재무제표의 작성)** ① 이사는 결산기마다 다음 각 호의 서류와 그 부속명세서를 작성하여 이사회의 승인을 받아야 한다.
> 1. 대차대조표
> 2. 손익계산서
> 3. 그 밖에 회사의 재무상태와 경영성과를 표시하는 것으로서 대통령령으로 정하는 서류
> ② 대통령령으로 정하는 회사의 이사는 연결재무제표(聯結財務諸表)를 작성하여 이사회의 승인을 받아야 한다.
> **제447조의2(영업보고서의 작성)** ① 이사는 매결산기에 영업보고서를 작성하여 이사회의 승인을 얻어야 한다.
> ② 영업보고서에는 대통령령이 정하는 바에 의하여 영업에 관한 중요한 사항을 기재하여야 한다.
> **제449조(재무제표 등의 승인·공고)** ① 이사는 제447조의 각 서류를 정기총회에 제출하여 그 승인을 요구하여야 한다.
> ② 이사는 제447조의2의 서류를 정기총회에 제출하여 그 내용을 보고하여야 한다.
> ③ 이사는 제1항의 서류에 대한 총회의 승인을 얻은 때에는 지체없이 대차대조표를 공고하여야 한다.

④ 제459조 제1항

> **제459조(자본준비금)** ① 회사는 자본거래에서 발생한 잉여금을 대통령령으로 정하는 바에 따라 자본준비금으로 적립하여야 한다.
> ② 합병이나 제530조의2에 따른 분할 또는 분할합병의 경우 소멸 또는 분할되는 회사의 이익준비금이나 그 밖의 법정준비금은 합병·분할·분할합병 후 존속되거나 새로 설립되는 회사가 승계할 수 있다.

⑤ 준비금의 감액에 대한 설명이다. 법정준비금의 사용은 (ⅰ) 결손의 전보(제460조), (ⅱ) 자본금 전입(제461조), (ⅲ) 준비금의 감액(제461조의2)의 3가지로 한정된다.

> **제461조의2(준비금의 감소)** 회사는 적립된 자본준비금 및 이익준비금의 총액이 자본금의 1.5배를 초과하는 경우에 주주총회의 결의에 따라 그 초과한 금액 범위에서 자본준비금과 이익준비금을 감액할 수 있다.

272

상법상 주식회사의 서류의 비치와 열람에 관한 설명으로 틀린 것은?

① 주주는 영업시간 내에 이사회의사록의 열람을 청구할 수 있고 회사는 그 청구에 대하여 이유를 붙여 거절할 수 있다.
② 주주총회의사록은 본점과 지점에 비치해야 하고 회사채권자는 영업시간 내에 언제든지 이의 열람을 청구할 수 있다.
③ 감사보고서는 정기총회회일의 1주간 전부터 본점에 5년간 비치하여야 하고 주주는 영업시간 내에 언제든지 이를 열람할 수 있다.
④ 회사채권자는 이유를 붙인 서면으로 회계의 장부와 서류의 열람을 청구할 수 있다.
⑤ 합병계약서는 합병을 한 날 이후 6개월이 경과하는 날까지 본점에 비치하여야 하고 회사채권자는 영업시간 내에 언제든지 이의 열람을 청구할 수 있다.

272 ④

① 제391조의3 제3항, 제4항

> **제391조의3(이사회의 의사록)** ① 이사회의 의사에 관하여는 의사록을 작성하여야 한다.
> ② 의사록에는 의사의 안건, 경과요령, 그 결과, 반대하는 자와 그 반대이유를 기재하고 출석한 이사 및 감사가 기명날인 또는 서명하여야 한다.
> ③ <u>주주는 영업시간내에 이사회의사록의 열람 또는 등사를 청구할 수 있다.</u>
> ④ <u>회사는 제3항의 청구에 대하여 이유를 붙여 이를 거절할 수 있다.</u> 이 경우 주주는 법원의 허가를 얻어 이사회의사록을 열람 또는 등사할 수 있다.

② 채권자에게 열람등사청구권이 인정되는 서류는 별도로 반드시 정리해야 한다(채열분합계재주부부정).

> **제396조(정관 등의 비치, 공시의무)** ① 이사는 회사의 정관, <u>주주총회의 의사록</u>을 본점과 지점에, 주주명부, 사채원부를 본점에 비치하여야 한다. 이 경우 명의개서대리인을 둔 때에는 주주명부나 사채원부 또는 그 복본을 명의개서대리인의 영업소에 비치할 수 있다.
> ② <u>주주와 회사채권자는 영업시간 내에 언제든지 제1항의 서류의 열람 또는 등사를 청구할 수 있다.</u>

③ 감사보고서는 재무제표「등」에 해당한다. 재무제표 등은 본점에 5년간, 지점에 3년간 비치해야 한다. 참고로 재무제표 등의 지점 비치는 지점등기가 폐지된 것과는 아무 상관이 없다.

> **제448조(재무제표 등의 비치·공시)** ① 이사는 정기총회회일의 1주간전부터 제447조 및 제447조의2의 서류와 감사보고서를 <u>본점에 5년간, 그 등본을 지점에 3년간 비치하여야 한다.</u>
> ② <u>주주와 회사채권자는 영업시간내에 언제든지 제1항의 비치서류를 열람할 수 있으며</u> 회사가 정한 비용을 지급하고 그 서류의 등본이나 초본의 교부를 청구할 수 있다.

④ 회계장부는 소수주주(3/100)만이 열람·등사청구할 수 있다. 채권자에게 열람·등사청구권이 인정되는 서류는 별도로 반드시 정리해야 한다(채열분합계재주부부정).

> **제466조(주주의 회계장부열람권)** ① <u>발행주식의 총수의 100분의 3 이상에 해당하는 주식을 가진 주주는 이유를 붙인 서면으로 회계의 장부와 서류의 열람 또는 등사를 청구할 수 있다.</u>
> ② 회사는 제1항의 주주의 청구가 부당함을 증명하지 아니하면 이를 거부하지 못한다.

⑤ 「채열/<u>분합계</u>/재/주/부/부/정」으로 정리하자.

> **제522조의2(합병계약서 등의 공시)** ① 이사는 제522조제1항의 주주총회 회일의 2주 전부터 합병을 한 날 이후 6개월이 경과하는 날까지 다음 각 호의 서류를 본점에 비치하여야 한다.
>   1. 합병계약서
>   2. 합병을 위하여 신주를 발행하거나 자기주식을 이전하는 경우에는 합병으로 인하여 소멸하는 회사의 주주에 대한 신주의 배정 또는 자기주식의 이전에 관하여 그 이유를 기재한 서면
>   3. 각 회사의 최종의 대차대조표와 손익계산서
> ② <u>주주 및 회사채권자는 영업시간내에는 언제든지 제1항 각호의 서류의 열람을 청구하거나, 회사가 정한 비용을 지급하고 그 등본 또는 초본의 교부를 청구할 수 있다.</u>

273

상법상 회사에 대한 주주의 회계감독권 중 단독주주권이 아닌 것은?

① 회계장부 열람권
② 영업보고서 열람권
③ 대차대조표 열람권
④ 손익계산서 열람권
⑤ 감사보고서 열람권

•••••••••••••••••••••••••

① 회계장부열람권은 3/100의 지분비율이 요구되는 소수주주권이다. 이 경우 의결권 여부는 불문한다.

> **제466조(주주의 회계장부열람권)** ① 발행주식의 총수의 100분의 3 이상에 해당하는 주식을 가진 주주는 이유를 붙인 서면으로 회계의 장부와 서류의 열람 또는 등사를 청구할 수 있다.
> ② 회사는 제1항의 주주의 청구가 부당함을 증명하지 아니하면 이를 거부하지 못한다.

②, ③, ④, ⑤ 재무제표 등의 열람등사청구권은 단독주주권이다.

> **제447조(재무제표의 작성)** ① 이사는 결산기마다 다음 각 호의 서류와 그 부속명세서를 작성하여 이사회의 승인을 받아야 한다.
> 1. 대차대조표
> 2. 손익계산서
> 3. 그 밖에 회사의 재무상태와 경영성과를 표시하는 것으로서 대통령령으로 정하는 서류
> ② 대통령령으로 정하는 회사의 이사는 연결재무제표(聯結財務諸表)를 작성하여 이사회의 승인을 받아야 한다.
> **제447조의2(영업보고서의 작성)** ① 이사는 매결산기에 영업보고서를 작성하여 이사회의 승인을 얻어야 한다.
> ② 영업보고서에는 대통령령이 정하는 바에 의하여 영업에 관한 중요한 사항을 기재하여야 한다.
> **제448조(재무제표 등의 비치·공시)** ① 이사는 정기총회회일의 1주간전부터 제447조 및 제447조의2의 서류와 감사보고서를 본점에 5년간, 그 등본을 지점에 3년간 비치하여야 한다.
> ② 주주와 회사채권자는 영업시간내에 언제든지 제1항의 비치서류를 열람할 수 있으며 회사가 정한 비용을 지급하고 그 서류의 등본이나 초본의 교부를 청구할 수 있다.

274

상법상 비상장주식회사의 회계에 관한 설명으로 틀린 것은? (이견이 있으면 판례에 의함)

① 상법에는 회사의 회계는 상법과 대통령령으로 규정한 것을 제외하고는 일반적으로 공정하고 타당한 회계의 관행에 따른다고 규정되어 있다.
② 이사는 매결산기에 영업보고서를 작성하여 이사회의 승인을 받은 후 정기총회에 제출하여 그 내용을 보고하여야 한다.
③ 회사채권자는 영업시간 내에 언제든지 재무제표를 열람할 수 있으며, 회사가 정한 비용을 지급하고 그 서류의 등본이나 초본의 교부를 청구할 수 있다.
④ 상법상 연결재무제표를 작성할 의무가 없는 회사의 경우, 이사는 정기총회 회일의 1주간 전부터 재무제표와 그 부속명세서 및 영업보고서와 감사보고서를 본점에 5년간, 그 등본을 지점에 3년간 비치하여야 한다.
⑤ 발행주식총수의 100분의 3 이상의 주식을 보유한 주주가 회계장부의 열람을 재판상 청구한 경우, 소송이 계속되는 동안 그 주식보유 요건이 계속 구비될 필요는 없다.

273 ① 274 ⑤

① 회계관행보다 법령이 우선한다는 것도 알고 있어야 한다.

> **제446조의2(회계의 원칙)** 회사의 회계는 이 법과 대통령령으로 규정한 것을 제외하고는 일반적으로 공정하고 타당한 회계관행에 따른다.

② 재무제표는 정기주총의 승인을 얻어야 하나, 영업보고서는 정기주총에 보고만 하면 된다.

> **제447조의2(영업보고서의 작성)** ① 이사는 매결산기에 영업보고서를 작성하여 이사회의 승인을 얻어야 한다.
> ② 영업보고서에는 대통령령이 정하는 바에 의하여 영업에 관한 중요한 사항을 기재하여야 한다.
>
> **제449조(재무제표 등의 승인·공고)** ① 이사는 제447조의 각 서류를 정기총회에 제출하여 그 승인을 요구하여야 한다.
> ② 이사는 제447조의2의 서류를 정기총회에 제출하여 그 내용을 보고하여야 한다.
> ③ 이사는 제1항의 서류에 대한 총회의 승인을 얻은 때에는 지체없이 대차대조표를 공고하여야 한다.

③ 재무제표의 경우 주주뿐만 아니라 회사채권자에게도 열람등사청구권이 인정된다. 회사채권자에게 열람등사청구권이 인정되는 경우는 "채열/분합계/재/주/부/부/정"으로 정리하자.

> **제448조(재무제표 등의 비치·공시)** ① 이사는 정기총회회일의 1주간전부터 제447조 및 제447조의2의 서류와 감사보고서를 본점에 5년간, 그 등본을 지점에 3년간 비치하여야 한다.
> ② 주주와 회사채권자는 영업시간내에 언제든지 제1항의 비치서류를 열람할 수 있으며 회사가 정한 비용을 지급하고 그 서류의 등본이나 초본의 교부를 청구할 수 있다.

④ 참고로 연결재무제표를 작성할 의무가 있는 회사는 「상법」이 아니라 「주식회사의 외부감사에 관한 법률」에 따라 재무제표 등을 비치 및 공시한다.

> **제448조(재무제표 등의 비치·공시)** ① 이사는 정기총회회일의 1주간전부터 제447조 및 제447조의2의 서류와 감사보고서를 본점에 5년간, 그 등본을 지점에 3년간 비치하여야 한다.
> ② 주주와 회사채권자는 영업시간내에 언제든지 제1항의 비치서류를 열람할 수 있으며 회사가 정한 비용을 지급하고 그 서류의 등본이나 초본의 교부를 청구할 수 있다.

⑤ (ⅰ) 위법행위유지청구권과 대표소송의 경우에는 소제기 당시에만 1/100의 지분비율을 충족하면 되지만, (ⅱ) 그 밖의 소수주주권의 경우에는 소송이 계속되는 동안 지분비율을 유지하여야 한다.

> **관련판례**
>
> [대법원 2017. 11. 9., 선고, 2015다252037, 판결]
> 발행주식의 총수의 100분의 3 이상에 해당하는 주식을 가진 주주는 상법 제466조 제1항에 따라 이유를 붙인 서면으로 회계의 장부와 서류의 열람 또는 등사를 청구할 수 있다. 열람과 등사에 시간이 소요되는 경우에는 열람·등사를 청구한 주주가 전 기간을 통해 발행주식 총수의 100분의 3 이상의 주식을 보유하여야 하고, 회계장부의 열람·등사를 재판상 청구하는 경우에는 소송이 계속되는 동안 위 주식 보유요건을 구비하여야 한다.

275

상법상 비상장주식회사에 대한 회계장부 열람등사청구권에 관한 설명으로 **틀린** 것은? (이견이 있으면 판례에 의함)

① 회계장부 열람등사청구권은 발행주식총수의 100분의 3 이상에 해당하는 주식을 가진 주주가 행사할 수 있다.
② 회계장부 열람등사청구권의 대상이 되는 것은 회계의 장부와 서류이다.
③ 회계장부 열람등사청구는 이유를 붙인 서면으로 해야 한다.
④ 회계장부 열람등사청구권의 행사가 회사업무의 운영 또는 주주 공동의 이익을 해치지 않는다면, 회사에 지나치게 불리한 시기를 택하여 이를 행사하더라도 청구의 목적은 정당하다.
⑤ 회사는 회계장부 열람등사청구권을 행사한 주주의 청구가 부당함을 증명하지 아니하면 이를 거부하지 못한다.

··

① 회계장부열람권은 3/100의 지분비율이 요구되는 소수주주권이다. 이 경우 의결권 여부는 불문한다.

> **제466조(주주의 회계장부열람권)** ① 발행주식의 총수의 100분의 3 이상에 해당하는 주식을 가진 주주는 이유를 붙인 서면으로 회계의 장부와 서류의 열람 또는 등사를 청구할 수 있다.
> ② 회사는 제1항의 주주의 청구가 부당함을 증명하지 아니하면 이를 거부하지 못한다.

대상	공개		비공개	
	재무제표 등	주총의사록	회계장부	이사회 의사록
청구권자	단독주주, 채권자	단독주주, 채권자	소수주주(3/100)	단독주주, ~~채권자~~
이유제시	불필요	불필요	필요	~~필요~~
방법	구두가능	구두가능	서면만	구두가능
회사의 거부권	×	×	○	○
근거	제448조 ①	제396조 ②	제446조	제391조 ③

② 여기서 회계의 장부란 재무제표 작성의 기초가 되는 모든 장부(원장, 전표 등)를 말하고, 회계의 서류란 회계장부 기재의 원재료가 되는 서류(계약서나 영수증 등)를 말한다.

> **제466조(주주의 회계장부열람권)** ① 발행주식의 총수의 100분의 3 이상에 해당하는 주식을 가진 주주는 이유를 붙인 서면으로 회계의 장부와 서류의 열람 또는 등사를 청구할 수 있다.
> ② 회사는 제1항의 주주의 청구가 부당함을 증명하지 아니하면 이를 거부하지 못한다.

③ 구두가 아니라 서면으로 하여야 하고, 열람을 요구하는 이유를 제시해야 한다.

> **제466조(주주의 회계장부열람권)** ① 발행주식의 총수의 100분의 3 이상에 해당하는 주식을 가진 주주는 이유를 붙인 서면으로 회계의 장부와 서류의 열람 또는 등사를 청구할 수 있다.
> ② 회사는 제1항의 주주의 청구가 부당함을 증명하지 아니하면 이를 거부하지 못한다.

④ 회사에 지나치게 불리한 시기(이를테면 감사의 회계감사기간이나 합병을 위한 실사기간 등)을 택하여 행사한다면 그 청구는 부당하다고 본다.

275 ④

> **관련판례**
>
> **[대법원 2004.12.24. 자, 2003마1575, 결정]**
> 상법 제391조의3 제3항, 제466조 제1항에서 규정하고 있는 주주의 이사회의 의사록 또는 회계의 장부와 서류 등에 대한 열람·등사청구가 있는 경우, 회사는 그 청구가 부당함을 증명하여 이를 거부할 수 있는바, 주주의 열람·등사권 행사가 부당한 것인지 여부는 그 행사에 이르게 된 경위, 행사의 목적, 악의성 유무 등 제반 사정을 종합적으로 고려하여 판단하여야 할 것이고, 특히 주주의 이와 같은 열람·등사권의 행사가 회사업무의 운영 또는 주주 공동의 이익을 해치거나 주주가 회사의 경쟁자로서 그 취득한 정보를 경업에 이용할 우려가 있거나, 또는 회사에 지나치게 불리한 시기를 택하여 행사하는 경우 등에는 정당한 목적을 결하여 부당한 것이라고 보아야 한다.

⑤ 주주의 청구가 부당함을 회사가 증명하면 이를 거절할 수 있다.

> **제466조(주주의 회계장부열람권)** ① 발행주식의 총수의 100분의 3 이상에 해당하는 주식을 가진 주주는 이유를 붙인 서면으로 회계의 장부와 서류의 열람 또는 등사를 청구할 수 있다.
> ② 회사는 제1항의 주주의 청구가 부당함을 증명하지 아니하면 이를 거부하지 못한다.

276

상법상 주식회사의 회계에 관한 설명으로 **틀린** 것은?

① 상법상 재무제표의 승인을 이사회의 결의로 할 수 있는 경우가 아닌 한, 이사는 결산기마다 이사회의 승인을 받은 재무제표를 정기총회에 제출하여 그 승인을 요구하여야 하며, 주주총회에서 재무제표의 승인을 얻은 때에는 지체없이 대차대조표를 공고하여야 한다.
② 정기총회에서 재무제표의 승인을 한 후 2년 내에 다른 결의가 없으면, 회사는 이사 또는 감사의 부정행위에 대하여 이사와 감사의 책임을 해제한 것으로 본다.
③ 이익준비금과 자본준비금은 자본금의 결손 보전에 충당할 수 있다.
④ 합병이나 분할 또는 분할합병의 경우 소멸 또는 분할되는 회사의 이익준비금이나 그 밖의 법정준비금은 합병·분할·분할합병 후 존속되거나 새로 설립되는 회사가 승계할 수 있다.
⑤ 회사는 그 자본금의 2분의 1이 될 때까지 매 결산기 이익배당액의 10분의 1 이상을 이익준비금으로 적립하여야 하지만, 주식배당의 경우에는 그러하지 아니하다.

•••••••••••••••••••••

① 이사는 원칙적으로 (i) 결산기마다 재무제표를 작성하여 이사회의 승인을 받아야 하고(제447조 제1항), (ii) 해당 재무제표를 정기주총에 제출하여 그 승인을 요구하여야 하고(제449조 제2항), (iii) 정기주총의 승인 후에는 대차대조표를 공고해야 한다(제449조 제3항). (iv) 다만 일정한 경우 재무제표의 주주총회 승인은 이사회 승인으로 갈음할 수 있다(제449조의2 제1항).

> **제447조(재무제표의 작성)** ① 이사는 결산기마다 다음 각 호의 서류와 그 부속명세서를 작성하여 이사회의 승인을 받아야 한다.
>   1. 대차대조표
>   2. 손익계산서
>   3. 그 밖에 회사의 재무상태와 경영성과를 표시하는 것으로서 대통령령으로 정하는 서류

276 ②

② 대통령령으로 정하는 회사의 이사는 연결재무제표(聯結財務諸表)를 작성하여 이사회의 승인을 받아야 한다.

제449조(재무제표 등의 승인·공고) ① 이사는 제447조의 각 서류를 정기총회에 제출하여 그 승인을 요구하여야 한다.
② 이사는 제447조의2의 서류를 정기총회에 제출하여 그 내용을 보고하여야 한다.
③ 이사는 제1항의 서류에 대한 총회의 승인을 얻은 때에는 지체없이 대차대조표를 공고하여야 한다.

제449조의2(재무제표 등의 승인에 대한 특칙) ① 제449조에도 불구하고 회사는 정관으로 정하는 바에 따라 제447조의 각 서류를 이사회의 결의로 승인할 수 있다. 다만, 이 경우에는 다음 각 호의 요건을 모두 충족하여야 한다.
  1. 제447조의 각 서류가 법령 및 정관에 따라 회사의 재무상태 및 경영성과를 적정하게 표시하고 있다는 외부감사인의 의견이 있을 것
  2. 감사(감사위원회 설치회사의 경우에는 감사위원을 말한다) 전원의 동의가 있을 것

② 이사·감사의 책임이 해제되지 않는 경우로 (ⅰ) 주총에서 책임해제 유보결의를 한 경우, (ⅱ) 이사·감사의 부정행위, (ⅲ) 재무제표승인 당시에 기재되지 않은 손해의 3가지가 있다.

제450조(이사, 감사의 책임해제) 정기총회에서 전조제1항의 승인을 한 후 2년내에 다른 결의가 없으면 회사는 이사와 감사의 책임을 해제한 것으로 본다. 그러나 이사 또는 감사의 부정행위에 대하여는 그러하지 아니하다.

③ 이익준비금과 자본준비금을 합쳐서 법정준비금이라 한다. 법정준비금을 결손보전에 충당하는데 그 순서와 한도에는 제한이 없다. 이익준비금과 자본준비금 중 어느 것을 먼저 사용해도 무방하다.

제458조(이익준비금) 회사는 그 자본금의 2분의 1이 될 때까지 매 결산기 이익배당액의 10분의 1 이상을 이익준비금으로 적립하여야 한다. 다만, 주식배당의 경우에는 그러하지 아니하다.

제459조(자본준비금) ① 회사는 자본거래에서 발생한 잉여금을 대통령령으로 정하는 바에 따라 자본준비금으로 적립하여야 한다.

제460조(법정준비금의 사용) 제458조 및 제459조의 준비금은 자본금의 결손 보전에 충당하는 경우 외에는 처분하지 못한다.

④ 합병·분할에 따른 권리의무의 포괄승계의 취지에서 이해하면 된다.

제459조(자본준비금) ① 회사는 자본거래에서 발생한 잉여금을 대통령령으로 정하는 바에 따라 자본준비금으로 적립하여야 한다.
② 합병이나 제530조의2에 따른 분할 또는 분할합병의 경우 소멸 또는 분할되는 회사의 이익준비금이나 그 밖의 법정준비금은 합병·분할·분할합병 후 존속되거나 새로 설립되는 회사가 승계할 수 있다.

⑤ 이익배당액의 일정비율만큼 이익준비금으로 적립하는 이유는 회사 자산의 과도한 사외유출을 막으려는데 있다. 그런데 주식배당은 이른바 종이배당에 불과하여 회사 자산의 현실적 유출이 없기 때문에, 이익준비금을 적립할 의무가 없다.

제458조(이익준비금) 회사는 그 자본금의 2분의 1이 될 때까지 매 결산기 이익배당액의 10분의 1 이상을 이익준비금으로 적립하여야 한다. 다만, 주식배당의 경우에는 그러하지 아니하다.

277

상법상 비상장주식회사 주주의 회계장부열람권에 관한 설명으로 틀린 것은? (이견이 있으면 판례에 의함)

① 발행주식총수의 100분의 3 이상에 해당하는 주식을 가진 주주는 이유를 붙인 서면으로 회계의 장부와 서류의 열람 또는 등사를 청구할 수 있다.
② 주주가 제출하는 열람·등사청구서에 붙인 '이유'는 그 이유가 사실일지도 모른다는 합리적 의심이 생기게 할 정도로 기재하거나 그 이유를 뒷받침하는 자료를 첨부할 필요는 없다.
③ 주주의 회계장부 열람·등사청구권을 피보전권리로 하는 가처분도 허용된다.
④ 주주의 회계장부 열람·등사권 행사가 회사의 업무의 운영 또는 주주 공동의 이익을 해치거나 주주가 경쟁자로서 취득한 정보를 경업에 이용할 우려가 있거나, 또는 회사에 지나치게 불리한 시기를 택하여 행사하는 경우 등에는 정당한 목적을 결하여 부당한 것이라고 보아야 한다.
⑤ 주주의 열람·등사청구의 대상이 회계서류인 경우에는 그 작성명의인이 반드시 열람·등사제공 의무를 부담하는 회사로 국한되어야 하며, 원본에 국한되는 것이다.

----

① 소수주주의 회계장부열람권에 대한 설명이다. 참고로 재무제표열람청구권은 단독주주권이다.

> **제466조(주주의 회계장부열람권)** ① 발행주식의 총수의 100분의 3 이상에 해당하는 주식을 가진 주주는 이유를 붙인 서면으로 회계의 장부와 서류의 열람 또는 등사를 청구할 수 있다.
> ② 회사는 제1항의 주주의 청구가 부당함을 증명하지 아니하면 이를 거부하지 못한다.

② 주주의 회계장부열람권은 상법상 보장되는 주주의 권리이기 때문에 열람의 이유를 구체적으로 기재하면 충분하고, 그 이유를 뒷받침할 구구절절한 자료까지 첨부할 필요는 없다.

관련판례

[대법원 2022. 5. 13. 선고 2019다270163 판결]
주주가 제출하는 열람·등사청구서에 붙인 '이유'는 회사가 열람·등사에 응할 의무의 존부를 판단하거나 열람·등사에 제공할 회계장부와 서류의 범위 등을 확인할 수 있을 정도로 열람·등사청구권 행사에 이르게 된 경위와 행사의 목적 등이 구체적으로 기재되면 충분하고, 더 나아가 그 이유가 사실일지도 모른다는 합리적 의심이 생기게 할 정도로 기재하거나 그 이유를 뒷받침하는 자료를 첨부할 필요는 없다.

③ 가처분이란 본안판결의 선고 전에 임시적으로 신청인의 권리를 보전하는 법원의 결정을 말한다. 주주의 회계장부 열람·등사청구권에 대한 가처분 결정은 (i) 피신청인인 회사에 대하여 직접 열람·등사를 허용하라는 명령을 내리는 방법뿐만 아니라, (ii) 열람·등사의 대상 장부 등에 관하여 훼손, 폐기, 은닉, 개찬이 행하여질 위험이 있는 때에는 이를 방지하기 위하여 그 장부 등을 집행관에게 이전 보관시키는 방법도 가능하다.

관련판례

[대법원 1999. 12. 21. 선고 99다137 판결]
상법 제466조 제1항 소정의 소수주주의 회계장부열람등사청구권을 피보전권리로 하여 당해 장부 등의 열람·등사를 명하는 가처분이 실질적으로 본안소송의 목적을 달성하여 버리는 면이 있다고 할지라도, 나중에 본안소송에서 패소가 확정되면 손해배상청구권이 인정되는 등으로 법률적으로는 여전히 잠정적인 면을 가지고 있기 때문에 임시적인 조치로서 이러한 회계장부열람등사청구권을 피보전권리로 하는 가처분도 허용된다고 볼 것이고, 이러한 가처분을 허용함에 있어서는 피신청인인 회사에 대하여 직접 열람·등사를 허용하라는 명령

277 ⑤

을 내리는 방법뿐만 아니라, 열람·등사의 대상 장부 등에 관하여 훼손, 폐기, 은닉, 개찬이 행하여질 위험이 있는 때에는 이를 방지하기 위하여 그 장부 등을 집행관에게 이전 보관시키는 가처분을 허용할 수도 있다.

④ 회사에 지나치게 불리한 시기(이를테면 감사의 회계감사기간이나 합병을 위한 실사기간 등)을 택하여 행사한다면 그 청구는 부당하다고 본다.

> **관련판례**
>
> [대법원 2004.12.24, 자, 2003마1575, 결정]
> 상법 제391조의3 제3항, 제466조 제1항에서 규정하고 있는 주주의 이사회의 의사록 또는 회계의 장부와 서류 등에 대한 열람·등사청구가 있는 경우, 회사는 그 청구가 부당함을 증명하여 이를 거부할 수 있는바, 주주의 열람·등사권 행사가 부당한 것인지 여부는 그 행사에 이르게 된 경위, 행사의 목적, 악의성 유무 등 제반 사정을 종합적으로 고려하여 판단하여야 할 것이고, 특히 <u>주주의 이와 같은 열람·등사권의 행사가 회사업무의 운영 또는 주주 공동의 이익을 해치거나 주주가 회사의 경쟁자로서 그 취득한 정보를 경업에 이용할 우려가 있거나, 또는 회사에 지나치게 불리한 시기를 택하여 행사하는 경우 등에는 정당한 목적을 결하여 부당한 것이라고 보아야 한다.</u>

⑤ 회사가 보관하고 있는 회계서류라면 주주의 열람·등사청구가 가능하다. (i) 해당 회계서류의 작성명의인이 제3자일 수도 있고, (iii) 해당 회계서류가 원본이 아니라 사본일 수도 있다.

> **관련판례**
>
> [대법원 2001.10.26, 선고, 99다58051, 판결]
> 상법 제466조 제1항에서 정하고 있는 소수주주의 열람·등사청구의 대상이 되는 '회계의 장부 및 서류'에는 소수주주가 열람·등사를 구하는 이유와 실질적으로 관련이 있는 회계장부와 그 근거자료가 되는 회계서류를 가리키는 것으로서, 그것이 회계서류인 경우에는 그 작성명의인이 반드시 열람·등사제공의무를 부담하는 회사로 국한되어야 하거나, 원본에 국한되는 것은 아니며, 열람·등사제공의무를 부담하는 회사의 출자 또는 투자로 성립한 자회사의 회계장부라 할지라도 그것이 모자관계에 있는 모회사에 보관되어 있고, 또한 모회사의 회계상황을 파악하기 위한 근거자료로서 실질적으로 필요한 경우에는 모회사의 회계서류로서 모회사 소수주주의 열람·등사청구의 대상이 될 수 있다.

TOPIC 41 • 준비금

278
상법상 준비금의 자본금전입에 관한 설명으로 **틀린** 것은?

① 자본준비금과 이익준비금은 어느 것이나 순서에 관계없이 그 전부 또는 일부의 자본금전입이 가능하다.
② 준비금의 자본금전입에 의해 발행된 신주의 효력이 발생하는 시기는 이사회의 결의에 의한 경우 그 결의일이고 주주총회의 결의에 의한 경우는 배정기준일이다.
③ 준비금의 자본금전입에 의해 발행된 신주에 대한 이익배당에 관하여는 배당기준일에 존재하는 주식이기만 하면, 신주의 발행일과 상관없이 구주와 신주 모두 동등하게 이익배당이 진행된다.
④ 종전 주식에 대하여 약식질이 설정되어 있는 경우 등록질이 설정된 경우와 마찬가지로 준비금의 자본금전입에 의해 발행된 신주에 물상대위가 인정된다.
⑤ 판례에 의하면 준비금의 자본금전입으로 발행되는 신주는 구주식의 과실에 해당하지 아니하므로 구주식을 매매하여 인도하기 전에 발행된 신주는 매매의 목적물에 포함되지 않는다.

....

① 법정준비금을 자본금으로 전입할 때에 자본준비금과 이익준비금의 순서는 불문한다.

> **제461조(준비금의 자본금 전입)** ① 회사는 이사회의 결의에 의하여 **준비금의 전부 또는 일부를 자본금에 전입할 수 있다**. 그러나 정관으로 주주총회에서 결정하기로 정한 경우에는 그러하지 아니하다.

② 이사회 결의로 전입하는 경우에는 배정기준일, 주주총회 결의로 전입하는 경우는 결의일이다.

> **제461조(준비금의 자본금 전입)** ① 회사는 이사회의 결의에 의하여 준비금의 전부 또는 일부를 자본금에 전입할 수 있다. 그러나 정관으로 주주총회에서 결정하기로 정한 경우에는 그러하지 아니하다.
> ② 제1항의 경우에는 주주에 대하여 그가 가진 주식의 수에 따라 주식을 발행하여야 한다. 이 경우 1주에 미달하는 단수에 대하여는 제443조제1항의 규정을 준용한다.
> ③ 제1항의 <u>이사회의 결의가 있은 때에는 회사는 일정한 날을 정하여 그 날에 주주명부에 기재된 주주가 제2항의 신주의 주주가 된다</u>는 뜻을 그 날의 2주간전에 공고하여야 한다. 그러나 그 날이 제354조제1항의 기간 중인 때에는 그 기간의 초일의 2주간전에 이를 공고하여야 한다.
> ④ 제1항 단서의 경우에 주주는 <u>주주총회의 결의가 있은 때</u>로부터 제2항의 신주의 주주가 된다.

③ 영업연도 중간에 발행된 신주에 대해 이익배당을 할 때, 이익배당기준일에 주주명부에 기재된 주주라면 구주와 신주를 불문하고 동액배당을 하면 된다.
④ 등록질과 약식질을 불문하고 신주에도 질권의 효력이 미친다(물상대위).

> **제461조(준비금의 자본금 전입)** ② 제1항의 경우에는 주주에 대하여 그가 가진 주식의 수에 따라 주식을 발행하여야 한다. 이 경우 1주에 미달하는 단수에 대하여는 제443조제1항의 규정을 준용한다.
> ⑦ <u>제339조의 규정은 제2항의 규정에 의하여 주식의 발행이 있는 경우에 이를 준용</u>한다.
> **제339조(질권의 물상대위)** 주식의 소각, 병합, 분할 또는 전환이 있는 때에는 이로 인하여 종전의 주주가 받을 금전이나 주식에 대하여도 종전의 주식을 목적으로 한 질권을 행사할 수 있다.

278 ②

⑤ 준비금의 자본금 전입에 따라 발행되는 신주는 과실(果實)이 아니라 주식의 분할에 불과하다. 따라서 매매를 하는 과정에서 과실(果實)의 귀속에 관한 민법규정은 적용되지 않는다.

> **관련판례**
>
> [대법원 2011.7.28. 선고, 2009다90856, 판결]
> 자산재평가법상의 재평가적립금 등의 자본금전입에 따른 무상주의 발행은, 기존 주식의 재산적 가치에 반영되고 있던 자산재평가적립금 등이 전입되면서 자본금이 증가함에 따라 그 증자액에 해당하는 만큼의 신주가 발행되어 기존의 주주에게 그가 가진 주식의 수에 따라 무상으로 배정되는 것이어서, 회사의 자본금은 증가하지만 순자산에는 아무런 변동이 없고 주주의 입장에서도 원칙적으로 그가 가진 주식의 수만 늘어날 뿐 그가 보유하는 총 주식의 자본금에 대한 비율이나 실질적인 재산적 가치에는 아무런 차이가 없으므로 위 무상주는 실질적으로 기존 주식이 분할된 것에 다름 아니다.

■ 민법
제587조(과실의 귀속, 대금의 이자) 매매계약있은 후에도 인도하지 아니한 목적물로부터 생긴 과실은 매도인에게 속한다. 매수인은 목적물의 인도를 받은 날로부터 대금의 이자를 지급하여야 한다. 그러나 대금의 지급에 대하여 기한이 있는 때에는 그러하지 아니하다.

279

상법상 액면주식을 발행하는 비상장주식회사의 법정준비금에 관한 설명으로 옳은 것은?

① 정관에 따라 주주총회 결의로 법정준비금을 자본금으로 전입하는 경우 주주총회 결의가 있은 때로부터 주주는 신주의 주주가 된다.
② 법정준비금을 자본금으로 전입한 경우 회사의 순자산이 증가한다.
③ 신주 발행을 수반하지 않아도 법정준비금을 자본금으로 전입할 수 있다.
④ 법정준비금을 자본금으로 전입하는 경우 줄어드는 법정준비금과 늘어나는 자본금이 같은 금액일 필요는 없다.
⑤ 법정준비금을 자본금의 결손 보전에 충당하는 경우 회사의 순자산이 회사 밖으로 유출된다.

•••••••••••••••••••••••••

① (i) 이사회 결의로 전입하는 경우에는 배정기준일, (ii) 주주총회 결의로 전입하는 경우는 주총결의일이다.

> **제461조(준비금의 자본금 전입)** ① 회사는 이사회의 결의에 의하여 준비금의 전부 또는 일부를 자본금에 전입할 수 있다. 그러나 정관으로 주주총회에서 결정하기로 정한 경우에는 그러하지 아니하다.
> ④ 제1항 단서의 경우에 주주는 주주총회의 결의가 있은 때로부터 제2항의 신주의 주주가 된다.

② 법정준비금의 전입으로 인해 자본금이 증가하고 그에 해당하는 만큼의 무상주가 발행되어 기존의 주주에게 비례적으로 배정되는 것이어서, 회사의 자본금은 증가하지만 순자산에는 아무런 변동이 없다.
③ 법정준비금을 자본금으로 전입하면 그만큼 발행주식수가 늘어나게 된다.

> **제461조(준비금의 자본금 전입)** ① 회사는 이사회의 결의에 의하여 준비금의 전부 또는 일부를 자본금에 전입할 수 있다. 그러나 정관으로 주주총회에서 결정하기로 정한 경우에는 그러하지 아니하다.
> ② 제1항의 경우에는 주주에 대하여 그가 가진 주식의 수에 따라 주식을 발행하여야 한다. 이 경우 1주에 미달하는 단수에 대하여는 제443조제1항의 규정을 준용한다.

④ 준비금의 자본금 전입이란 회사의 법정준비금을 자본금 항목으로 이체하는 것을 말하므로 개념상 줄어드는 준비금과 늘어나는 자본금의 금액은 같다.
⑤ 법정준비금을 자본금의 결손보전에 충당하면 (−)항목인 결손금이 줄어들고 (+)항목인 준비금이 감소한다. 따라서 순자산에는 아무런 변동이 없다.

> **제460조(법정준비금의 사용)** 제458조 및 제459조의 준비금은 자본금의 결손 보전에 충당하는 경우 외에는 처분하지 못한다.

279 ①

TOPIC 42 • 이익배당

280

상법상 비상장회사의 주식배당에 관한 설명으로 옳은 것은?

① 주식배당에는 주주총회의 특별결의를 요하며 그 한도는 이익배당총액의 2분의 1에 상당하는 금액을 초과하지 못한다.
② 주식배당을 받은 주주는 주식배당의 결의를 한 주주총회가 종결한 날의 다음 날부터 신주의 주주가 된다.
③ 주식배당은 이익배당에 해당하고 유상증자가 아니므로 발행예정주식총수 중에 미발행부분이 남아있지 않더라도 신주의 발행이 가능하다.
④ 주식배당의 요건을 위반한 경우 신주발행 무효의 소를 제기할 수 있고 주식배당이 있기 전에는 신주발행의 유지를 청구할 수 있다.
⑤ 배당가능이익이 없는 주식배당의 경우 금전배당의 경우와 마찬가지로 채권자는 자신의 채권액을 한도로 주주에 대해 배당받은 주식을 회사에 반환할 것을 청구할 수 있다.

------

① 주식배당은 재무제표의 승인을 요하는 이익배당에 해당하므로 주주총회의 보통결의 사항이다.

> **제462조의2(주식배당)** ① 회사는 <u>주주총회의 결의에 의하여 이익의 배당을 새로이 발행하는 주식으로써 할 수 있다. 그러나 주식에 의한 배당은 이익배당총액의 2분의 1에 상당하는 금액을 초과하지 못한다.</u>

② 주주총회가 종결한 때부터 주주가 된다.

> **제462조의2(주식배당)** ④ <u>주식으로 배당을 받은 주주는 제1항의 결의가 있는 주주총회가 종결한 때부터 신주의 주주가 된다.</u>

③ 주식배당은 이익배당에 해당하고 유상증자가 아니라는 점은 맞다. 다만 주식배당도 신주발행이므로 발행예정주식총수 가운데 미발행주식이 남아있어야 한다.
④ 주식배당도 신주발행의 일종이므로 위법한 주식배당에 대해서는 신주발행유지청구권(사전적 구제수단), 신주발행무효의 소(사후적 구제수단)이 가능하다.
⑤ (ⅰ) 주식배당의 경우에도 금전배당과 마찬가지로 회사채권자에게 위법배당 반환청구권이 인정되는지는 견해의 대립이 있다. 주식배당은 현실적인 자금유출이 없는 종이배당에 불과하므로 회사채권자를 해하지 않기 때문에 회사채권자에게 반환청구권을 인정하지 않는 견해가 일반적이다. (ⅱ) 다만 회사채권자의 반환청구가 허용된다는 견해에 의하더라도, 이는「자신의 채권액」을 한도로 하는 것이 아니라「위법배당총액」을 대상으로 한다.

> **제462조(이익의 배당)** ① 회사는 대차대조표의 순자산액으로부터 다음의 금액을 공제한 액을 한도로 하여 이익배당을 할 수 있다.
> 1. 자본금의 액
> 2. 그 결산기까지 적립된 자본준비금과 이익준비금의 합계액
> 3. 그 결산기에 적립하여야 할 이익준비금의 액
> 4. 대통령령으로 정하는 미실현이익

280 ④

② 이익배당은 주주총회의 결의로 정한다. 다만, 제449조의2제1항에 따라 재무제표를 이사회가 승인하는 경우에는 이사회의 결의로 정한다.
③ 제1항을 위반하여 이익을 배당한 경우에 회사채권자는 배당한 이익을 회사에 반환할 것을 청구할 수 있다.

281

상법상 액면주식을 발행한 주식회사의 주식배당에 관한 설명으로 옳은 것은?

① 주식배당은 회사가 신주를 발행하지 않고 이미 가지고 있는 자기주식으로써 할 수도 있다.
② 주식배당에 의한 신주의 발행가액은 주주총회의 특별결의로 주식의 시가로 결정할 수 있다.
③ 주식배당을 받은 주주는 주주총회의 주식배당 결의가 있은 영업연도말에 신주의 주주가 된다.
④ 이사는 주식배당에 관한 주주총회의 결의가 있는 때 지체 없이 배당받을 주주와 주주명부에 기재된 질권자에게 그 주주가 받을 주식의 종류와 수를 통지하여야 한다.
⑤ 주식의 등록질의 경우 질권자는 주식배당에 의해 주주가 받을 주식에 대하여 질권을 행사할 수는 없다.

··························

① 신주발행(새로이 발행하는 주식)에 의하여야 하며, 자기주식을 양도하는 경우 현물배당이 된다.

> **제462조의2(주식배당)** ① 회사는 주주총회의 결의에 의하여 이익의 배당을 <u>새로이 발행하는 주식으로써</u> 할 수 있다. 그러나 주식에 의한 배당은 이익배당총액의 2분의 1에 상당하는 금액을 초과하지 못한다.

② 주식의 권면액으로 한다. 시가배당은 허용되지 않는다.

> **제462조의2(주식배당)** ② 제1항의 배당은 주식의 <u>권면액으로</u> 하며, 회사가 종류주식을 발행한 때에는 각각 그와 같은 종류의 주식으로 할 수 있다.

③ 그 주주총회가 종결한 때로부터 신주의 주주가 된다.

> **제462조의2(주식배당)** ④ 주식으로 배당을 받은 주주는 제1항의 <u>결의가 있는 주주총회가 종결한 때부터</u> 신주의 주주가 된다.

④ 옳은 내용이다.

> **제462조의2(주식배당)** ⑤ 이사는 제1항의 결의가 있는 때에는 지체없이 <u>배당을 받을 주주와 주주명부에 기재된 질권자에게 그 주주가 받을 주식의 종류와 수를 통지</u>하여야 한다.

⑤ 주식에 대한 등록질권자의 권리는 주식배당을 통해 발행되는 신주에 미친다.

> **제462조의2(주식배당)** ⑥ 제340조제1항의 질권자의 권리는 제1항의 규정에 의한 주주가 받을 주식에 미친다. 이 경우 제340조제3항의 규정을 준용한다.
> **제340조(주식의 등록질)** ① 주식을 질권(質權)의 목적으로 한 경우에 회사가 질권설정자의 청구에 따라 그 성명과 주소를 주주명부에 덧붙여 쓰고 그 성명을 주권(株券)에 적은 경우에는 질권자는 회사로부터 이익배당, 잔여재산의 분배 또는 제339조에 따른 금전의 지급을 받아 다른 채권자에 우선하여 자기채권의 변제에 충당할 수 있다.

281 ④

282

상법상 액면주식을 발행한 비상장주식회사의 주식배당에 관한 설명으로 옳은 것은?

① 재무제표를 이사회 결의로 승인할 수 있도록 정관 규정을 둔 회사의 경우 주식배당은 이사회 결의로 할 수 있다.
② 주식배당은 회사가 보유하고 있는 자기주식을 교부함으로써 행할 수 있다.
③ 주식배당을 통해 자본금이 증가하면, 그 금액만큼 회사의 법정준비금이 감소한다.
④ 주식배당이 완료된 후에도 변경등기는 필요하지 않다.
⑤ 주식으로 배당을 받은 주주는 주식배당의 결의가 있는 주주총회가 종결한 때부터 신주의 주주가 된다.

••••••••••••••••••••••••

① 제462조의2의 조문구조상 이사회 결의로는 할 수 없다.

> **제462조의2(주식배당)** ① 회사는 주주총회의 결의에 의하여 이익의 배당을 새로이 발행하는 주식으로써 할 수 있다. 그러나 주식에 의한 배당은 이익배당총액의 2분의 1에 상당하는 금액을 초과하지 못한다.

② 신주발행(새로이 발행하는 주식)에 의하여야 하며, 자기주식을 양도하는 경우 현물배당이 된다.

> **제462조의2(주식배당)** ① 회사는 주주총회의 결의에 의하여 이익의 배당을 새로이 발행하는 주식으로써 할 수 있다. 그러나 주식에 의한 배당은 이익배당총액의 2분의 1에 상당하는 금액을 초과하지 못한다.

③ 주식배당은 그 재원이 배당가능이익이므로 이익잉여금이 감소하는 것이지 준비금이 감소하지 않는다. 준비금을 재원으로 하는 경우는 무상증자이다.

④ 주식배당으로 발행주식수와 자본금이 증가하므로 당연히 변경등기가 필요하다.

> **제317조(설립의 등기)** ② 제1항의 설립등기에 있어서는 다음의 사항을 등기하여야 한다.
> 1. 제289조제1항제1호 내지 제4호, 제6호와 제7호에 게기한 사항
> 2. 자본금의 액
> 3. 발행주식의 총수, 그 종류와 각종주식의 내용과 수
>   3의2. 주식의 양도에 관하여 이사회의 승인을 얻도록 정한 때에는 그 규정
>   3의3. 주식매수선택권을 부여하도록 정한 때에는 그 규정
>   3의4. 지점의 소재지
> 4. 회사의 존립기간 또는 해산사유를 정한 때에는 그 기간 또는 사유
> 5. 삭제 〈2011.4.14.〉
> 6. 주주에게 배당할 이익으로 주식을 소각할 것을 정한 때에는 그 규정

⑤ 주주총회가 종결한 때부터 주주가 된다.

> **제462조의2(주식배당)** ① 회사는 주주총회의 결의에 의하여 이익의 배당을 새로이 발행하는 주식으로써 할 수 있다. 그러나 주식에 의한 배당은 이익배당총액의 2분의 1에 상당하는 금액을 초과하지 못한다.
> ④ 주식으로 배당을 받은 주주는 제1항의 결의가 있는 주주총회가 종결한 때부터 신주의 주주가 된다.

282 ⑤

283

상법상 주식회사의 위법배당에 관한 설명으로 옳은 것은?

① 정관에 의하여 중간배당이 가능한 회사가 중간배당을 현물배당으로 했다면 그 외의 소정의 요건을 갖추어도 위법한 배당이 된다.
② 배당가능이익 없이 주식배당이 이루어진 경우에는 회사채권자도 신주발행무효의 소를 제기할 수 있다.
③ 상법 제462조 제1항의 배당가능이익의 범위 내에서 이익배당한 경우에도 그 절차나 시기가 위법한 경우에는 회사나 채권자는 주주에게 위법배당금을 회사에 반환할 것을 청구할 수 있다.
④ 위법한 주식배당으로 신주발행이 무효가 되면 회사는 배당받았던 주주에게 신주의 액면총액을 환급해 주어야 한다.
⑤ 대표이사가 이익배당에 관한 주주총회나 이사회에서 현물배당에 관한 결의가 없었음에도 정관규정만을 근거로 현물배당을 한 경우 회사는 주주에 대하여 지급한 현물의 반환을 청구할 수 있다.

••••••••••••••••••••••

① 중간배당은 현물배당이 가능하다. 참고로 중간배당을 주식배당으로 하는 것은 불가능하다. 주식배당은 주총 결의에 의하여야 하므로 이사회의 결의로 이루어지는 중간배당은 불가능하기 때문이다.

> **462조의2(주식배당)** ① 회사는 **주주총회의 결의에 의하여** 이익의 배당을 새로이 발행하는 주식으로써 할 수 있다. 그러나 주식에 의한 배당은 이익배당총액의 2분의 1에 상당하는 금액을 초과하지 못한다.
>
> **제462조의3(중간배당)** ① 년 1회의 결산기를 정한 회사는 영업년도중 1회에 한하여 이사회의 결의로 일정한 날을 정하여 그 날의 주주에 대하여 이익을 배당(이하 이 조에서 "중간배당"이라 한다)할 수 있음을 **정관으로 정할 수 있다.**
>
> **제462조의4(현물배당)** ① 회사는 정관으로 금전 외의 재산으로 배당을 할 수 있음을 정할 수 있다.
> ② 제1항에 따라 배당을 결정한 회사는 다음 사항을 정할 수 있다.
>   1. 주주가 배당되는 금전 외의 재산 대신 금전의 지급을 회사에 청구할 수 있도록 한 경우에는 그 금액 및 청구할 수 있는 기간
>   2. 일정 수 미만의 주식을 보유한 주주에게 금전 외의 재산 대신 금전을 지급하기로 한 경우에는 그 일정 수 및 금액

② 주식배당의 경우에는 자산의 사외유출이 없으므로 채권자에게 손해가 발생한 바 없다. 신주발행무효의 소는 주주, 이사, 감사에 한한다(상429조).

> **제429조(신주발행무효의 소)** 신주발행의 무효는 **주주·이사 또는 감사에 한하여** 신주를 발행한 날로부터 6월내에 소만으로 이를 주장할 수 있다.

③ 배당가능이익의 범위 내에서 배당이 이루어진 한(협의의 위법배당이 아닌 한), 배당의 절차나 시기가 위법한 것에 불과하다면(광의의 위법배당) 회사채권자에게 제소권이 인정되지 않는다.
④ 주식배당의 경우에는 주주가 납입한 금액이 없으므로 환급의 문제가 발생하지 않는다.
⑤ 배당결의 없이 현물배당이 이루어졌다면 (광의의) 위법한 배당이므로 회사는 주주에 대해서 지급한 현물의 반환을 청구할 수 있다. 이 경우 주주는 선악을 불문하고 보호받을 수 없다.

283 ⑤

284

상법상 주식회사의 이익배당에 관한 설명으로 **틀린** 것은?

① 회사의 배당가능이익은 대차대조표의 순자산액에서 자본금의 액, 그 결산기까지 적립된 자본준비금과 이익준비금의 합계액, 그 결산기에 적립하여야 할 이익준비금의 액 및 대통령령으로 정하는 미실현이익을 공제한 액을 한도로 할 수 있다.
② 주식배당은 회사가 새로이 발행하는 주식으로 배당하는 것이고 그 회사가 이미 가지고 있는 자기주식으로 배당하는 것은 현물배당에 해당한다.
③ 회사는 정관의 정함이 없어도 이사회의 결의에 의하여 금전 외의 재산으로 배당할 수 있다.
④ 연 1회의 결산기를 정한 회사는 영업연도 중 1회에 한하여 이사회의 결의로 일정한 날을 정하여 그 날의 주주에 대하여 중간배당을 할 수 있음을 정관으로 정할 수 있다.
⑤ 배당가능이익이 없는데도 금전배당을 한 경우에 회사채권자는 주주에게 배당받은 이익을 회사에 반환할 것을 청구할 수 있다.

· ·

① 옳은 내용이다.

> 제462조(이익의 배당) ① 회사는 대차대조표의 순자산액으로부터 다음의 금액을 공제한 액을 한도로 하여 이익배당을 할 수 있다.
> 1. 자본금의 액
> 2. 그 결산기까지 적립된 자본준비금과 이익준비금의 합계액
> 3. 그 결산기에 적립하여야 할 이익준비금의 액
> 4. 대통령령으로 정하는 미실현이익

② 주식배당은 새로이 발행하는 주식으로써만 가능하다. 만약 회사가 자기주식으로 배당을 한다면 현물배당에 해당한다.

> 제462조의2(주식배당) ① 회사는 주주총회의 결의에 의하여 이익의 배당을 <u>새로이 발행하는 주식으로써</u> 할 수 있다. 그러나 주식에 의한 배당은 이익배당총액의 2분의 1에 상당하는 금액을 초과하지 못한다.

③ 틀린 내용이다. 현물배당을 하기 위해서는 정관의 정함이 필요하다(상대적 기재사항).

> 제462조의4(현물배당) ① 회사는 <u>정관으로</u> 금전 외의 재산으로 배당을 할 수 있음을 정할 수 있다.

④ 중간배당에 관하여 옳은 내용이다.

> 제462조의3(중간배당) ① <u>년 1회의 결산기를 정한 회사는 영업년도중 1회에 한하여 이사회의 결의로</u> 일정한 날을 정하여 그 날의 주주에 대하여 이익을 배당(이하 이 조에서 "중간배당"이라 한다)할 수 있음을 정관으로 정할 수 있다.

⑤ 이른바 "협의의 위법배당"에 해당하는 경우에 회사채권자는 배당의 반환을 청구할 수 있다.

> 제462조(이익의 배당) ① 회사는 대차대조표의 순자산액으로부터 다음의 금액을 공제한 액을 한도로 하여 이익배당을 할 수 있다.
> 1. 자본금의 액
> 2. 그 결산기까지 적립된 자본준비금과 이익준비금의 합계액
> 3. 그 결산기에 적립하여야 할 이익준비금의 액

284 ③

4. 대통령령으로 정하는 미실현이익
② 이익배당은 주주총회의 결의로 정한다. 다만, 제449조의2제1항에 따라 재무제표를 이사회가 승인하는 경우에는 이사회의 결의로 정한다.
③ 제1항을 위반하여 이익을 배당한 경우에 회사채권자는 배당한 이익을 회사에 반환할 것을 청구할 수 있다.
④ 제3항의 청구에 관한 소에 대하여는 제186조를 준용한다.

285

상법상 비상장주식회사의 이익배당에 관한 설명으로 틀린 것은?

① 이익배당은 각 주주가 가진 주식 수에 따라 하여야 하지만 이익배당에 관한 종류주식의 경우에는 다르게 정할 수 있다.
② 주주총회의 결의에 의하여 이익배당을 새로이 발행하는 주식으로써 하는 경우 그 배당은 이익배당총액의 2분의 1에 상당하는 금액을 초과하지 못한다.
③ 회사가 이익배당안을 결의한 경우 주주의 배당금 지급청구권은 주식과 독립하여 양도할 수 있고 5년의 소멸시효가 적용된다.
④ 판례에 의하면 대주주가 스스로 배당받을 권리를 포기하거나 소액주주의 배당률보다 낮게 하기 위하여 주주총회에서 차등배당을 하기로 한 결의는 유효하다.
⑤ 회사가 정관으로 금전 외의 재산으로 배당할 것을 정한 경우 일정 수 미만의 주식을 보유한 주주에게 금전 외의 재산 대신 금전을 지급하기로 정할 수 없다.

•••••••••••••••••••••••••

① 주주평등원칙의 '법률상' 예외에 해당한다.

> **제464조(이익배당의 기준)** 이익배당은 각 주주가 가진 주식의 수에 따라 한다. 다만, 제344조 제1항을 적용하는 경우에는 그러하지 아니하다.
> **제344조(종류주식)** ① 회사는 이익의 배당, 잔여재산의 분배, 주주총회에서의 의결권의 행사, 상환 및 전환 등에 관하여 내용이 다른 종류의 주식(이하 "종류주식"이라 한다)을 발행할 수 있다.

② 주주에게 금전배당을 받을 권리를 보장하여 주주의 이익배당청구권을 보호하려는 취지이다.

> **제462조의2(주식배당)** ① 회사는 주주총회의 결의에 의하여 이익의 배당을 새로이 발행하는 주식으로써 할 수 있다. 그러나 주식에 의한 배당은 이익배당총액의 2분의 1에 상당하는 금액을 초과하지 못한다.

③ 구체적 배당금지급청구권의 소멸시효는 5년이다.

> **제464조의2(이익배당의 지급시기)** ② 제1항의 배당금의 지급청구권은 5년간 이를 행사하지 아니하면 소멸시효가 완성한다.

④ 대주주 스스로 이익배당청구권의 전부 또는 일부를 일반주주에게 양도한 것으로서 허용된다.

> **관련판례** ⚖️
>
> **[대법원 1980. 8. 26. 선고 80다1263 판결]**
> 주주총회에서 대주주에게는 30프로, 소주주에게는 33프로의 이익배당을 하기로 결의한 것은 **대주주가 자기들이 배당받을 몫의 일부를 떼내어 소주주들에게 고루 나누어 주기로 한 것이니, 이는 주주가 스스로 그 배당받을 권리를 포기하거나 양도하는 것과 마찬가지여서 상법 제464조에 위반된다고 할 수 없다.**

⑤ 어느 주주의 보유주식수가 매우 영세하여 그에 대한 배당액수가 배당에 사용할 현물의 최소단위에 미달하는 경우를 고려하여 위와 같이 정할 수 있다.

> **제462조의4(현물배당)** ② 제1항에 따라 배당을 결정한 회사는 다음 사항을 정할 수 있다.
> 2. 일정 수 미만의 주식을 보유한 주주에게 금전 외의 재산 대신 금전을 지급하기로 한 경우에는 그 일정 수 및 금액

286

상법상 주식회사의 회계에 관한 설명으로 틀린 것은?

① 이익준비금으로 자본금의 결손 보전에 충당하고도 부족한 경우에만 자본준비금으로 결손 보전에 충당할 수 있다.
② 회사는 주식배당의 경우를 제외하고는 그 자본금의 2분의 1이 될 때까지 매 결산기 이익배당액의 10분의 1 이상을 이익준비금으로 적립하여야 한다.
③ 회사는 정관으로 금전 외의 재산으로 배당을 할 수 있음을 정할 수 있다.
④ 회사는 적립된 자본준비금 및 이익준비금의 총액이 자본금의 1.5배를 초과하는 경우에, 주주총회의 결의에 따라 그 초과한 금액 범위에서 자본준비금과 이익준비금을 감액할 수 있다.
⑤ 연 1회의 결산기를 정한 회사는 영업연도 중 1회에 한하여 이사회 결의로 중간배당을 할 수 있음을 정관으로 정할 수 있다.

· ·

① 법정준비금을 결손보전에 충당하는데 그 순서와 한도에는 제한이 없다. 이익준비금과 자본준비금 중 어느 것을 먼저 사용해도 무방하다.
② 맞는 내용이다.

> **제458조(이익준비금)** 회사는 그 자본금의 2분의 1이 될 때까지 매 결산기 이익배당액의 10분의 1 이상을 이익준비금으로 적립하여야 한다. 다만, 주식배당의 경우에는 그러하지 아니하다.

③ 금전 외의 재산으로 배당, 즉 현물배당을 하려면 정관에 규정이 있어야 한다(상대적 기재사항).

> **제462조의4(현물배당)** ① 회사는 <u>정관으로</u> 금전 외의 재산으로 배당을 할 수 있음을 정할 수 있다.

④ 맞는 내용이다.

> **제461조의2(준비금의 감소)** 회사는 적립된 자본준비금 및 이익준비금의 총액이 자본금의 1.5배를 초과하는 경우에 주주총회의 결의에 따라 그 초과한 금액 범위에서 자본준비금과 이익준비금을 감액할 수 있다.

286 ①

⑤ 맞는 내용이다. 중간배당은 정관으로 정한다.

> **제462조의3(중간배당)** ① 년 1회의 결산기를 정한 회사는 영업년도중 1회에 한하여 이사회의 결의로 일정한 날을 정하여 그 날의 주주에 대하여 이익을 배당(이하 이 條에서 "中間配當"이라 한다)할 수 있음을 정관으로 정할 수 있다.

287

상법상 비상장주식회사의 자본금, 준비금, 배당에 관한 설명으로 **틀린** 것은?

① 회사가 무액면주식을 발행하는 경우, 주식의 발행가액 중 자본금으로 계상하지 아니하는 금액은 자본준비금으로 계상하여야 한다.
② 준비금의 자본금 전입을 정관으로 주주총회에서 결정하기로 정한 회사가 아닌 경우, 회사는 이사회의 결의에 의하여 준비금의 전부를 자본금에 전입할 수 있다.
③ 회사는 적립된 자본준비금 및 이익준비금의 총액이 자본금의 1.5배를 초과하는 경우에는 이사회의 결의에 따라 그 초과한 금액의 범위에서 자본준비금과 이익준비금을 감액할 수 있다.
④ 주식배당은 이익배당총액의 2분의 1에 상당하는 금액을 초과하지 못한다.
⑤ 주식배당이 있을 경우, 주식의 등록질권자의 권리는 주주가 주식배당으로 받을 주식에 미친다.

• •

① 무액면주식 발행시 자본금은 발행가액의 1/2 이상의 금액으로서 이사회가 정한 금액으로 한다.

> **제451조(자본금)** ① 회사의 자본금은 이 법에서 달리 규정한 경우 외에는 발행주식의 액면총액으로 한다.
> ② 회사가 무액면주식을 발행하는 경우 회사의 자본금은 주식 발행가액의 2분의 1 이상의 금액으로서 이사회(제416조 단서에서 정한 주식발행의 경우에는 주주총회를 말한다)에서 자본금으로 계상하기로 한 금액의 총액으로 한다. 이 경우 주식의 발행가액 중 자본금으로 계상하지 아니하는 금액은 자본준비금으로 계상하여야 한다.
> ③ 회사의 자본금은 액면주식을 무액면주식으로 전환하거나 무액면주식을 액면주식으로 전환함으로써 변경할 수 없다.

② 정관으로 달리 정하지 않는 한, 자본조달에 관한 의사결정은 이사회 결의사항이다.

> **제461조(준비금의 자본금 전입)** ① 회사는 이사회의 결의에 의하여 준비금의 전부 또는 일부를 자본금에 전입할 수 있다. 그러나 정관으로 주주총회에서 결정하기로 정한 경우에는 그러하지 아니하다.

③ 법정준비금의 사용방법은 (ⅰ) 결손의 보전(제460조), (ⅱ) 자본금 전입(제461조), (ⅲ) 준비금 감액(제461조의2)의 3가지가 있다. 그 중 준비금 감액만 이사회 결의가 아닌 주주총회 결의사항이다.

> **제461조의2(준비금의 감소)** 회사는 적립된 자본준비금 및 이익준비금의 총액이 자본금의 1.5배를 초과하는 경우에 주주총회의 결의에 따라 그 초과한 금액 범위에서 자본준비금과 이익준비금을 감액할 수 있다.

④ 주식배당한도에 대한 설명이다.

> **제462조의2(주식배당)** ① 회사는 주주총회의 결의에 의하여 이익의 배당을 새로이 발행하는 주식으로써 할 수 있다. 그러나 주식에 의한 배당은 이익배당총액의 2분의 1에 상당하는 금액을 초과하지 못한다.

287 ③

⑤ 주식에 대한 등록질권자의 권리는 주식배당을 통해 발행되는 신주에 미친다(물상대위). 약식질의 경우에는 주식배당에 대해 물상대위가 인정되지 않는다고 본다.

> **제462조의2(주식배당)** ⑥ 제340조제1항의 질권자의 권리는 제1항의 규정에 의한 주주가 받을 주식에 미친다. 이 경우 제340조제3항의 규정을 준용한다.
>
> **제340조(주식의 등록질)** ① 주식을 질권(質權)의 목적으로 한 경우에 회사가 질권설정자의 청구에 따라 그 성명과 주소를 주주명부에 덧붙여 쓰고 그 성명을 주권(株券)에 적은 경우에는 질권자는 회사로부터 이익배당, 잔여재산의 분배 또는 제339조에 따른 금전의 지급을 받아 다른 채권자에 우선하여 자기채권의 변제에 충당할 수 있다.

< 주식배당과 준비금의 자본금 전입 >

	주식배당	준비금의 자본금전입(무상증자)
성격	이익배당(과실)	주식분할(원본)
재원	배당가능이익	법정준비금
절차	주총보통결의	이사회결의
시기	정기주총	언제라도
물상대위	등록질만	등록질, 약식질 불문

288

상법상 자본금 10억원 이상인 비상장주식회사의 이익배당 등에 관한 설명으로 틀린 것은?

① 회사는 현물배당을 정관으로 정할 수 있으며 현물배당을 결정한 경우 일정 수 미만의 주식을 보유한 주주에게 현물 대신 금전을 지급하는 것을 정할 수 있다.
② 연 1회의 결산기를 정한 회사는 영업년도 중 1회에 한하여 이사회의 결의로 일정한 날을 정하여 그 날의 주주에 대하여 이익을 배당할 수 있음을 정관으로 정할 수 있다.
③ 주식배당의 경우 회사는 주주총회의 결의에 의하여 이익의 배당을 자기주식으로써 할 수 있다.
④ 주식배당은 주식의 권면액으로 하며, 회사가 종류주식을 발행한 때에는 각각 그와 같은 종류의 주식으로 할 수 있다.
⑤ 상법 제462조 제1항의 배당가능이익 한도를 위반하여 금전으로 이익을 배당한 경우에 회사채권자는 배당한 이익을 회사에 반환할 것을 청구할 수 있다.

······················

① 중간배당과 현물배당의 경우에는 정관에 규정이 있어야 한다(상대적 기재사항).

> **제462조의4(현물배당)** ① 회사는 정관으로 금전 외의 재산으로 배당을 할 수 있음을 정할 수 있다.
> ② 제1항에 따라 배당을 결정한 회사는 다음 사항을 정할 수 있다.
>   1. 주주가 배당되는 금전 외의 재산 대신 금전의 지급을 회사에 청구할 수 있도록 한 경우에는 그 금액 및 청구할 수 있는 기간
>   2. 일정 수 미만의 주식을 보유한 주주에게 금전 외의 재산 대신 금전을 지급하기로 한 경우에는 그 일정 수 및 금액

288 ③

② 중간배당은 정관으로 정한다. 연 1회만 가능하다는 점도 주의하여야 한다. 참고로 자본시장법에서는 분기배당을 규정하고 있다.

> **제462조의3(중간배당)** ① 년 1회의 결산기를 정한 회사는 영업년도중 1회에 한하여 이사회의 결의로 일정한 날을 정하여 그 날의 주주에 대하여 이익을 배당(이하 이 條에서 "中間配當"이라 한다)할 수 있음을 정관으로 정할 수 있다.

③ 주식배당은 새로이 발행하는 주식(신주)으로만 가능하다. 만약 회사가 자기주식(구주)으로 배당을 한다면 현물배당에 해당한다.

> **제462조의2(주식배당)** ① 회사는 주주총회의 결의에 의하여 이익의 배당을 새로이 발행하는 주식으로써 할 수 있다. 그러나 주식에 의한 배당은 이익배당총액의 2분의 1에 상당하는 금액을 초과하지 못한다.

④ 주식의 권면액으로 한다. 시가배당은 허용되지 않는다.

> **제462조의2(주식배당)** ② 제1항의 배당은 주식의 권면액으로 하며, 회사가 종류주식을 발행한 때에는 각각 그와 같은 종류의 주식으로 할 수 있다.

⑤ 이른바 「협의의 위법배당」에 해당하는 경우, 회사채권자는 배당금을 지급받은 주주를 상대로 배당반환을 청구할 수 있다.

> **제462조(이익의 배당)** ① 회사는 대차대조표의 순자산액으로부터 다음의 금액을 공제한 액을 한도로 하여 이익배당을 할 수 있다.
> 1. 자본금의 액
> 2. 그 결산기까지 적립된 자본준비금과 이익준비금의 합계액
> 3. 그 결산기에 적립하여야 할 이익준비금의 액
> 4. 대통령령으로 정하는 미실현이익
> ② 이익배당은 주주총회의 결의로 정한다. 다만, 제449조의2제1항에 따라 재무제표를 이사회가 승인하는 경우에는 이사회의 결의로 정한다.
> ③ 제1항을 위반하여 이익을 배당한 경우에 회사채권자는 배당한 이익을 회사에 반환할 것을 청구할 수 있다.
> ④ 제3항의 청구에 관한 소에 대하여는 제186조를 준용한다.

TOPIC 43 • 합명회사

289

상법상 합명회사에 관한 설명으로 틀린 것은?

① 사원은 설립등기 이전에 출자의무를 현실적으로 전부 이행할 필요는 없다.
② 정관에 다른 정함이 없으면 퇴사한 사원은 노무를 출자의 목적으로 한 경우에 그 지분의 환급을 받을 수 있다.
③ 사원이 자신의 지분을 타인에게 양도하는 경우에는 다른 사원 전원의 동의를 필요로 한다.
④ 사원이 사망한 경우에 정관에 다른 정함이 없으면 그 사원의 지분은 상속되지 않는다.
⑤ 회사가 성립된 이후에 가입한 사원은 그 가입 전에 생긴 회사채무에 대하여는 다른 사원과 동일한 책임을 부담하지 않는다.

∙∙∙∙∙∙∙∙∙∙∙∙∙∙∙∙∙∙∙∙∙∙∙∙∙∙

① 인적회사(합명회사, 합자회사)의 경우에는 전액납입주의가 적용되지 않는다.
② 옳은 내용이다. 여기서 "지분의 환급"이란 금전으로 환급받는 것을 의미한다.

> **제222조(지분의 환급)** 퇴사한 사원은 노무 또는 신용으로 출자의 목적으로 한 경우에도 그 지분의 환급을 받을 수 있다. 그러나 정관에 다른 규정이 있는 때에는 그러하지 아니하다.

③ 사원의 지분의 양도에는 다른 사원 전원의 동의가 필요하며, 지분의 입질에도 다른 사원 전원의 동의가 필요하다.

> **제197조(지분의 양도)** 사원은 다른 사원의 동의를 얻지 아니하면 그 지분의 전부 또는 일부를 타인에게 양도하지 못한다.

④ 기존 사원과 사망한 사원의 상속인 간에는 인적 신뢰관계가 인정되지 않기 때문이다.

> **제218조(퇴사원인)** 사원은 전조의 경우 외에 다음의 사유로 인하여 퇴사한다.
> 1. 정관에 정한 사유의 발생
> 2. 총사원의 동의
> 3. 사망
> 4. 성년후견개시
> 5. 파산
> 6. 제명

⑤ 회사의 성립 후에 가입한 사원도 가입 전의 채무에 대하여도 무한책임을 진다.

> **제213조(신입사원의 책임)** 회사성립후에 가입한 사원은 그 가입전에 생긴 회사채무에 대하여 다른 사원과 동일한 책임을 진다.

289 ⑤

290

상법상 회사설립시 신용이나 노무의 출자가 허용되는 자는?

① 합명회사의 사원
② 합자회사의 유한책임사원
③ 유한책임회사의 사원
④ 주식회사의 주주
⑤ 유한회사의 사원

••••••••••••••••••••

① 신용이나 노무의 출자는 무한책임을 지는 사원(합명회사의 사원, 합자회사의 무한책임사원)에 한정된다.
② 합자회사의 유한책임사원

> 제272조(유한책임사원의 출자) 유한책임사원은 신용 또는 노무를 출자의 목적으로 하지 못한다.

③ 유한책임회사의 사원

> 제287조의4(설립 시의 출자의 이행) ① 사원은 신용이나 노무를 출자의 목적으로 하지 못한다.

291

상법상 합명회사에 관한 설명으로 옳은 것은?

① 합명회사의 원시정관은 공증인의 인증을 받지 않으면 법적 효력이 발생하지 않는다.
② 미성년자가 법정대리인의 동의 없이 설립행위에 참가한 경우 이는 회사설립취소의 소의 원인이 되지 않는다.
③ 업무집행에 관한 의사결정은 원칙적으로 총사원의 과반수로 정하고 따로 업무집행사원을 정한 때에는 업무집행사원 전원의 동의로 정하여야 한다.
④ 사원은 다른 사원 과반수의 결의가 있는 때에 한하여 자기 또는 제3자의 계산으로 회사와 거래를 할 수 있다.
⑤ 정관으로 회사의 존립기간을 정하지 아니하거나 어느 사원의 종신까지 존속할 것을 정한 경우에는 사원은 원칙적으로 6월 전에 예고하고 언제든지 퇴사할 수 있다.

••••••••••••••••••••

① 주식회사(제292조)와 유한회사(제543조 제3항)를 제외한 나머지 회사의 원시정관은 공증인의 인증을 요하지 않는다.

> 제292조(정관의 효력발생) 정관은 공증인의 인증을 받음으로써 효력이 생긴다. 다만, 자본금 총액이 10억원 미만인 회사를 제295조제1항에 따라 발기설립(發起設立)하는 경우에는 제289조제1항에 따라 각 발기인이 정관에 기명날인 또는 서명함으로써 효력이 생긴다.
>
> 제543조(정관의 작성, 절대적 기재사항) ③ 제292조의 규정은 유한회사에 준용한다.

290 ①　291 ④

② 미성년자의 법정대리인 동의 없는 설립행위는 설립의 주관적 하자 중 취소사유에 해당하므로 설립취소의 원인이 된다.

> **제184조(설립무효, 취소의 소)** ① 회사의 설립의 무효는 그 사원에 한하여, 설립의 취소는 그 취소권있는 자에 한하여 회사성립의 날로부터 2년내에 소만으로 이를 주장할 수 있다.
> ② 민법 제140조의 규정은 전항의 설립의 취소에 준용한다.
>
> ■ 민법
> **제140조(법률행위의 취소권자)** 취소할 수 있는 법률행위는 제한능력자, 착오로 인하거나 사기·강박에 의하여 의사표시를 한 자, 그의 대리인 또는 승계인만이 취소할 수 있다.

③ 따로 업무집행사원을 정한 경우 업무집행사원 과반수의 동의로 정한다.

> **제195조(준용법규)** 합명회사의 내부관계에 관하여는 정관 또는 본법에 다른 규정이 없으면 조합에 관한 민법의 규정을 준용한다.
>
> ■ 민법
> **제706조(사무집행의 방법)** ① 조합계약으로 업무집행자를 정하지 아니한 경우에는 조합원의 3분의 2 이상의 찬성으로써 이를 선임한다.
> ② 조합의 업무집행은 조합원의 과반수로써 결정한다. 업무집행자 수인인 때에는 그 과반수로써 결정한다.
> ③ 조합의 통상사무는 전항의 규정에 불구하고 각 조합원 또는 각 업무집행자가 전행할 수 있다. 그러나 그 사무의 완료전에 다른 조합원 또는 다른 업무집행자의 이의가 있는 때에는 즉시 중지하여야 한다.

④ 사원의 자기거래의 승인은 사원 과반수 결의로 승인한다. 이 경우 당해 사원은 특별이해관계인이므로 당해 결의에 의결권이 없다.

> **제199조(사원의 자기거래)** 사원은 다른 사원 과반수의 결의가 있는 때에 한하여 자기 또는 제3자의 계산으로 회사와 거래를 할 수 있다. 이 경우에는 민법 제124조의 규정을 적용하지 아니한다.

⑤ 6개월 전에 예고하고 '언제든지'가 아니라 '영업연도 말에 한하여' 퇴사하는 것이 원칙이다. 다만 부득이한 사유가 있을 때에는 언제든지 퇴사할 수 있다.

> **제217조(사원의 퇴사권)** ① 정관으로 회사의 존립기간을 정하지 아니하거나 어느 사원의 종신까지 존속할 것을 정한 때에는 사원은 영업년도말에 한하여 퇴사할 수 있다. 그러나 6월전에 이를 예고하여야 한다.
> ② 사원이 부득이한 사유가 있을 때에는 언제든지 퇴사할 수 있다.

292

상법상 회사에 관한 설명으로 옳은 것은?

① 민사회사는 상행위 이외의 행위를 영업으로 하는 회사로서 영리성이 없기 때문에 상법상 회사가 될 수 없다.
② 회사가 아니면 상호에 회사임을 표시하는 문구를 사용하지 못하지만 회사의 영업을 양수한 경우에는 그러하지 아니하다.
③ 유한책임회사의 외부관계에 관하여는 정관이나 상법에 다른 규정이 없으면 합명회사에 관한 규정을 준용한다.
④ 합자회사의 유한책임사원은 신용 또는 노무를 출자의 목적으로 할 수 있다.
⑤ 합명회사의 사원은 신용 또는 노무는 물론 채권을 출자의 목적으로 할 수 있다.

••••••••••••••••••••••••

① 상행위를 목적으로 설립한 법인을 "상사회사"라 하고, 그 밖의 영리를 목적으로 설립한 법인을 "민사회사"라 한다. 상사회사와 민사회사 모두 상법상 회사에 해당한다.

> 제169조(회사의 의의) 이 법에서 "회사"란 상행위나 그 밖의 영리를 목적으로 하여 설립한 법인을 말한다.

② 회사가 아니면 회사라는 문자를 사용하지 못한다. 회사의 영업을 양수한 경우에도 같다.

> 제20조(회사상호의 부당사용의 금지) 회사가 아니면 상호에 회사임을 표시하는 문자를 사용하지 못한다. 회사의 영업을 양수한 경우에도 같다.

③ 외부관계가 아니라 내부관계에 관하여 합명회사에 관한 규정을 준용한다.

> 제287조의18(준용규정) 유한책임회사의 내부관계에 관하여는 정관이나 이 법에 다른 규정이 없으면 합명회사에 관한 규정을 준용한다.

④ 유한책임을 지는 사원은 일체 신용 또는 노무를 출자의 목적으로 하지 못한다. 신용 또는 노무를 출자할 수 있는 사원은 합명회사의 사원과 합자회사의 무한책임사원에 한한다.

> 제272조(유한책임사원의 출자) 유한책임사원은 신용 또는 노무를 출자의 목적으로 하지 못한다.

⑤ 합명회사의 사원(및 합자회사의 무한책임사원)의 출자의 목적에는 제한이 없다.

> 제179조(정관의 절대적 기재사항) 정관에는 다음의 사항을 기재하고 총사원이 기명날인 또는 서명하여야 한다.
> 1. 목적
> 2. 상호
> 3. 사원의 성명·주민등록번호 및 주소
> 4. 사원의 출자의 목적과 가격 또는 그 평가의 표준
> 5. 본점의 소재지
> 6. 정관의 작성년월일

292 ⑤

293

상법상 합명회사에 관한 설명으로 옳은 것은?

① 회사설립의 취소는 취소권 있는 사원에 한하여 회사성립의 날로부터 2년 내에 소만으로 이를 주장할 수 있다.
② 사원의 일부가 업무집행사원인 경우에 각 업무집행사원의 업무집행행위에 대하여 다른 업무집행사원의 이의가 있는 때에는 곧 그 행위를 중지하고 사원 전원의 과반수의 결의에 의하여야 한다.
③ 사원이 사망한 경우 정관에 금지규정이 없는 이상 그 상속인이 회사에 대한 피상속인의 권리의무를 승계하여 사원이 된다.
④ 사원은 다른 사원 전원의 동의가 없으면 업무집행권 또는 회사대표권을 가지는지 여부에 관계없이 경업이 금지된다.
⑤ 판례에 의하면 사원의 지위를 취득하는 시점은 총사원의 동의가 있는 때가 아니라 정관의 기재가 실제로 변경된 때로 본다.

••••••••••••••••••••••••

① 주식회사를 제외하고는, 사원의 주관적 하자(제한능력, 사기·강박·착오의 경우)를 이유로 하는 설립취소의 소가 인정된다. 이 경우 제소권자는 취소권 있는 자이다. 지문의 경우 '취소권 있는 사원'을 '취소권 있는 자'로 바꾸어야 옳은 지문이 된다. 취소권 있는 자는 (i) 미성년자가 성년자가 된 경우뿐만 아니라, (ii) 미성년자의 법정대리인도 가능하다.

> **제184조(설립무효, 취소의 소)** ① 회사의 설립의 무효는 그 사원에 한하여, <u>설립의 취소는 그 취소권있는 자에 한하여</u> 회사성립의 날로부터 2년내에 소만으로 이를 주장할 수 있다.

② '사원 전원의 과반수의 결의'가 아니라 '업무집행사원 과반수의 결의'가 맞는 문장이다.

> **제201조(업무집행사원)** ① 정관으로 사원의 1인 또는 수인을 업무집행사원으로 정한 때에는 그 사원이 회사의 업무를 집행할 권리와 의무가 있다.
> ② <u>수인의 업무집행사원이 있는 경우</u>에 그 각 사원의 업무집행에 관한 행위에 대하여 다른 업무집행사원의 이의가 있는 때에는 곧 그 행위를 중지하고 <u>업무집행사원 과반수의 결의</u>에 의하여야 한다.

③ 합명회사의 사원이 사망하면 퇴사의 원인이 되어 그 상속인은 사원의 출자가액을 환급받는 것이 원칙이다(제218조 제3호). 다만 정관으로 상속인이 사망한 사원의 권리의무를 상속하는 것으로 정할 수도 있다(제219조).

> **제218조(퇴사원인)** 사원은 전조의 경우외에 다음의 사유로 인하여 퇴사한다.
> 1. 정관에 정한 사유의 발생
> 2. 총사원의 동의
> 3. <u>사망</u>
> 4. 성년후견개시
> 5. 파산
> 6. 제명
>
> **제219조(사원사망 시 권리승계의 통지)** ① <u>정관으로 사원이 사망한 경우에 그 상속인이 회사에 대한 피상속인의 권리의무를 승계하여 사원이 될 수 있음을 정한 때</u>에는 상속인은 상속의 개시를 안 날로부터 3월내에 회사에 대하여 승계 또는 포기의 통지를 발송하여야 한다.
> ② 상속인이 전항의 통지 없이 3월을 경과한 때에는 사원이 될 권리를 포기한 것으로 본다.

293 ④

④ 사원은 다른 사원 전원의 동의가 없으면 (업무집행권 또는 회사대표권을 가지는지 여부에 관계없이) 경업이 금지된다.

> 제198조(사원의 경업의 금지) ① 사원은 다른 사원의 동의가 없으면 자기 또는 제3자의 계산으로 회사의 영업부류에 속하는 거래를 하지 못하며 동종영업을 목적으로 하는 다른 회사의 무한책임사원 또는 이사가 되지 못한다.

⑤ 정관변경이 없더라도 총사원의 동의만 있으면 사원으로서의 지위를 취득한다.

관련판례

[대법원 1996. 10. 29., 선고, 96다19321, 판결]
합자회사의 성립 후에 신입사원이 입사하여 사원으로서의 지위를 취득하기 위하여는 정관변경을 요하고 따라서 총사원의 동의를 얻어야 하지만, 정관변경은 회사의 내부관계에서는 총사원의 동의만으로 그 효력을 발생하는 것이므로 신입사원은 총사원의 동의가 있으면 정관인 서면의 경정이나 등기부에의 기재를 기다리지 않고 그 동의가 있는 시점에 곧바로 사원으로서의 지위를 취득한다.

294

상법상 회사에 관한 설명으로 틀린 것은?

① 주식회사는 합명회사의 사원이 되지 못한다.
② 합자회사의 주소는 본점소재지에 있는 것으로 한다.
③ 법원은 유한회사가 정당한 사유없이 설립 후 1년 내에 영업을 개시하지 아니하면 직권으로 회사의 해산을 명할 수 있다.
④ 존립중의 유한회사가 합명회사와 합병하는 경우에 합병 후 존속하는 회사는 유한회사이어야 한다.
⑤ 합명회사의 사원이 회사 채무에 관하여 변제의 청구를 받은 때에는 회사가 그 채권자에 대하여 상계할 권리가 있더라도 그 사원은 그 변제를 거부할 수 없다.

••••••••••••••••••••••••

① (ⅰ) 회사는 다른 회사의 무한책임사원이 되지 못한다(제173조). 회사가 다른 회사의 채무에 대하여 무한책임을 부담하는 무한책임사원이 될 경우, 다른 회사가 망하면 회사도 같이 망하기 때문이다. (ⅱ) 다만 유한책임회사의 경우 법인이 업무집행자가 될 수 있다는 명시적인 규정이 존재한다(제287조의3 제4호).

> 제173조(권리능력의 제한) 회사는 다른 회사의 무한책임사원이 되지 못한다.
> 제287조의3(정관의 기재사항) 정관에는 다음 각 호의 사항을 적고 각 사원이 기명날인하거나 서명하여야 한다.
>   1. 제179조제1호부터 제3호까지, 제5호 및 제6호에서 정한 사항
>   2. 사원의 출자의 목적 및 가액
>   3. 자본금의 액
>   4. 업무집행자의 성명(법인인 경우에는 명칭) 및 주소

② 회사의 관한 법률관계는 회사의 본점소재지, 즉 주소지를 기준으로 판단한다.

> 제171조(회사의 주소) 회사의 주소는 본점소재지에 있는 것으로 한다.

294 ⑤

③ 회사의 해산명령사유에 대한 설명이다. 해산판결사유와 해산명령사유를 구별하여야 한다.

> **제176조(회사의 해산명령)** ① 법원은 다음의 사유가 있는 경우에는 이해관계인이나 검사의 청구에 의하여 또는 직권으로 회사의 해산을 명할 수 있다.
> 1. 회사의 설립목적이 불법한 것인 때
> 2. 회사가 정당한 사유없이 설립후 1년내에 영업을 개시하지 아니하거나 1년 이상 영업을 휴지하는 때
> 3. 이사 또는 회사의 업무를 집행하는 사원이 법령 또는 정관에 위반하여 회사의 존속을 허용할 수 없는 행위를 한 때

④ 상법상으로 합병의 상대방에는 제한이 없다. 단, 합병 후 존속하는 회사는 물적회사 측(주식회사, 유한회사, 유한책임회사)이어야 한다.

> **제174조(회사의 합병)** ① 회사는 합병을 할 수 있다.
> ② 합병을 하는 회사의 일방 또는 쌍방이 주식회사, 유한회사 또는 유한책임회사인 경우에는 합병 후 존속하는 회사나 합병으로 설립되는 회사는 주식회사, 유한회사 또는 유한책임회사이어야 한다.
> ③ 해산후의 회사는 존립 중의 회사를 존속하는 회사로 하는 경우에 한하여 합병을 할 수 있다.

⑤ 사원이 회사보다 더 무거운 책임을 부담할 이유가 없기 때문이다.

> **제214조(사원의 항변)** ① 사원이 회사채무에 관하여 변제의 청구를 받은 때에는 회사가 주장할 수 있는 항변으로 그 채권자에게 대항할 수 있다.
> ② 회사가 그 채권자에 대하여 상계, 취소 또는 해제할 권리가 있는 경우에는 사원은 전항의 청구에 대하여 변제를 거부할 수 있다.

295

상법상 정관으로 업무집행사원을 정하고 있지 아니한 합명회사에 관한 설명으로 옳은 것은?

① 회사의 사원 뿐 아니라 회사채권자도 설립무효의 소를 제기할 수 있다.
② 회사는 정관 또는 총사원의 동의로 수인의 사원이 공동으로 회사를 대표할 것을 정할 수 있다.
③ 회사가 총사원의 동의로 해산하는 경우 해산등기가 이루어지면 회사는 소멸한다.
④ 노무를 출자의 목적으로 한 사원이 퇴사한 경우 정관에 정함이 있어야 회사로부터 지분의 환급을 받을 수 있다.
⑤ 회사가 정관으로 존립기간을 정하고 있지 아니한 경우 사원은 부득이한 사유가 있는지 여부를 불문하고 언제든지 퇴사할 수 있다.

----

① 설립무효소송은 사원 및 업무집행자만 제기할 수 있다. 합명회사는 사원이 곧 업무집행자이기 때문에 사원만이 제기할 수 있다.

> **제184조(설립무효, 취소의 소)** ① 회사의 설립의 무효는 그 사원에 한하여, 설립의 취소는 그 취소권있는 자에 한하여 회사성립의 날로부터 2년내에 소만으로 이를 주장할 수 있다.

② 합명회사 사원의 각자대표 원칙에 대한 예외이기 때문에, 정관규정 또는 총사원의 동의가 필요하다.

> **제208조(공동대표)** ① 회사는 정관 또는 총사원의 동의로 수인의 사원이 공동으로 회사를 대표할 것을 정할 수 있다.

③ 해산등기는 보고적 효력에 불과하기 때문에, 실제로 청산절차가 종결되어야 회사가 소멸한다.

295 ②

④ 정관에 다른 규정이 없는 한 지분의 환급을 받을 수 있다.

> **제222조(지분의 환급)** 퇴사한 사원은 노무 또는 신용으로 출자의 목적으로 한 경우에도 그 지분의 환급을 받을 수 있다. 그러나 정관에 다른 규정이 있는 때에는 그러하지 아니하다.

⑤ 합명회사의 정관으로 존립기간을 정하고 있지 아니한 경우, (ⅰ) 원칙적으로 「영업연도말」에 한하여 퇴사할 수 있으나, (ⅱ) 부득이한 사유가 있다면 「언제든지」에 한하여 퇴사할 수 있다.

> **제217조(사원의 퇴사권)** ① 정관으로 회사의 존립기간을 정하지 아니하거나 어느 사원의 종신까지 존속할 것을 정한 때에는 사원은 영업년도말에 한하여 퇴사할 수 있다. 그러나 6월전에 이를 예고하여야 한다.
> ② 사원이 부득이한 사유가 있을 때에는 언제든지 퇴사할 수 있다.

296

상법상 합명회사에 관한 설명으로 틀린 것은?

① 정관을 변경함에는 총사원의 동의가 있어야 한다.
② 설립무효의 판결 또는 설립취소의 판결이 확정되었더라도 그 무효나 취소의 원인이 특정한 사원에 한한 것인 때에는 다른 사원 전원의 동의로써 회사를 계속할 수 있다.
③ 사원이 회사성립 후에 사원으로 가입한 경우 그 가입 전에 생긴 회사채무에 대하여는 책임이 없다.
④ 사원의 지분에 대한 압류는 사원이 장래이익의 배당과 지분의 환급을 청구하는 권리에 대하여도 그 효력이 있다.
⑤ 해산의 사유에는 사원이 1인이 된 경우도 포함된다.

•••••••••••••••••••••••

① 물적회사의 특별결의사항은 인적회사의 총사원 동의사항으로 대응된다. 정관변경은 주식회사에서 주주총회 특별결의사항이므로, 합명회사에서는 총사원의 동의사항이 된다.

> **제204조(정관의 변경)** 정관을 변경함에는 **총사원의 동의**가 있어야 한다.

② 무효나 취소의 원인이 특정한 사원에 한한 것을 주관적 사유라 한다. 주관적 사유의 경우에는 기업유지의 이념상 해당 사원만 퇴사시키고 다른 사원 전원이 동의하여 회사를 계속할 수 있다.

> **제194조(설립무효, 취소와 회사계속)** ① 설립무효의 판결 또는 설립취소의 판결이 확정된 경우에 그 무효나 취소의 원인이 특정한 사원에 한한 것인 때에는 다른 사원 전원의 동의로써 회사를 계속할 수 있다.
> ② 전항의 경우에는 그 무효 또는 취소의 원인이 있는 사원은 퇴사한 것으로 본다.
> ③ 제229조제2항과 제3항의 규정은 전2항의 경우에 준용한다.
>
> **제229조(회사의 계속)** ① 제227조제1호와 제2호의 경우에는 사원의 전부 또는 일부의 동의로 회사를 계속할 수 있다. 그러나 동의를 하지 아니한 사원은 퇴사한 것으로 본다.
> ② 제227조제3호의 경우에는 새로 사원을 가입시켜서 회사를 계속할 수 있다.
> ③ 제1항과 제2항의 경우에 이미 회사의 해산등기를 하였을 때에는 본점의 소재지에서 2주일 내에 회사의 계속등기를 하여야 한다. 〈개정 2024. 9. 20.〉
> ④ 제213조의 규정은 제2항의 신입사원의 책임에 준용한다.

296 ③

③ 회사의 성립 후에 가입한 사원도 가입 전의 채무에 대하여도 무한책임을 진다.

> **제213조(신입사원의 책임)** 회사성립후에 가입한 사원은 그 가입전에 생긴 회사채무에 대하여 다른 사원과 동일한 책임을 진다.

④ 원래 압류 다음 단계는 매각이지만, 합명회사 사원의 지분의 경우에는 다른 사원 전원이 동의하지 않으면 매각이 불가능하다. 따라서 압류채권자 보호를 위해 해당 사원의 이익배당청구권 및 퇴사시 지분환급청구권에 대해서 압류의 효력이 미치도록 하고 있다.

> **제223조(지분의 압류)** 사원의 지분의 압류는 사원이 장래이익의 배당과 지분의 환급을 청구하는 권리에 대하여도 그 효력이 있다.

⑤ 사원이 1인으로 된 때에 해산하는 회사는 합명회사와 합자회사뿐이다.

> **제227조(해산원인)** 회사는 다음의 사유로 인하여 해산한다.
> 1. 존립기간의 만료 기타 정관으로 정한 사유의 발생
> 2. 총사원의 동의
> 3. <u>사원이 1인으로 된 때</u>
> 4. 합병
> 5. 파산
> 6. 법원의 명령 또는 판결

TOPIC 44 · 합자회사

297
상법상 합자회사에 관한 설명으로 옳은 것은?

① 유한책임사원은 신용 또는 노무를 출자의 목적으로 할 수 있다.
② 유한책임사원의 지분의 양도에는 다른 유한책임사원의 동의를 필요로 한다.
③ 유한책임사원은 그 출자가액에서 이미 이행한 부분을 공제한 가액을 한도로 하여 회사채무를 변제할 책임이 있다.
④ 유한책임사원이 타인에게 자기를 무한책임사원이라고 오인시키는 행위를 한 경우에도 오인으로 인하여 회사와 거래를 한 자에 대하여 무한책임사원과 동일한 책임은 없다.
⑤ 유한책임사원 전원이 퇴사한 경우에 무한책임사원은 그 전원이 동의하여도 합명회사로 변경하여 회사를 계속할 수 없다.

••••••••••••••••••••••••••

① 신용 또는 노무의 출자는 무한책임을 지는 사원의 경우에만 가능하다.

> 제272조(유한책임사원의 출자) 유한책임사원은 신용 또는 노무를 출자의 목적으로 하지 못한다.

② 무한책임사원의 지분의 양도에는 (유한책임사원을 포함한) 전 사원의 동의가 필요하지만, 유한책임사원의 지분의 양도에는 무한책임사원 전원의 동의만 있으면 된다.

> 제276조(유한책임사원의 지분양도) 유한책임사원은 무한책임사원 전원의 동의가 있으면 그 지분의 전부 또는 일부를 타인에게 양도할 수 있다. 지분의 양도에 따라 정관을 변경하여야 할 경우에도 같다.

③ 옳은 내용이다.

> 제279조(유한책임사원의 책임) ① 유한책임사원은 그 출자가액에서 이미 이행한 부분을 공제한 가액을 한도로 하여 회사채무를 변제할 책임이 있다.
> ② 회사에 이익이 없음에도 불구하고 배당을 받은 금액은 변제책임을 정함에 있어서 이를 가산한다.

④ 이른바 "자칭 무한책임사원"의 경우에는 무한책임사원의 책임을 진다.

> 제281조(자칭 무한책임사원의 책임) ① 유한책임사원이 타인에게 자기를 무한책임사원이라고 오인시키는 행위를 한 때에는 오인으로 인하여 회사와 거래를 한 자에 대하여 무한책임사원과 동일한 책임이 있다.
> ② 전항의 규정은 유한책임사원이 그 책임의 한도를 오인시키는 행위를 한 경우에 준용한다.

⑤ 무한책임사원 전원의 동의로 합명회사로 변경할 수 있다.

> 제286조(조직변경) ① 합자회사는 사원전원의 동의로 그 조직을 합명회사로 변경하여 계속할 수 있다.
> ② 유한책임사원전원이 퇴사한 경우에도 무한책임사원은 그 전원의 동의로 합명회사로 변경하여 계속할 수 있다.
> ③ 제1항과 제2항의 경우에는 본점의 소재지에서 2주일 내에 합자회사의 해산등기, 합명회사의 설립등기를 하여야 한다.

297 ③

298

상법상 합자회사에 관한 설명으로 틀린 것은?

① 합자회사는 그 사원 전원이 동의하는 경우 또는 유한책임사원 전원이 퇴사하고 무한책임사원 전원이 동의하는 경우에 합명회사로 변경할 수 있다.
② 유한책임사원의 출자는 재산출자에 한정되며 신용 또는 노무를 출자의 목적으로 하지 못한다.
③ 판례에 의하면 무한책임사원이 1인인 경우라도 그가 업무를 집행함에 현저하게 부적임하다면 법원은 해당 사원의 업무집행권한의 상실을 선고할 수 있다.
④ 유한책임사원이 회사에 이익이 없음에도 불구하고 배당을 받은 경우 그 배당금액은 회사의 채무에 관한 해당 사원의 변제책임을 정함에 있어서 이를 가산한다.
⑤ 퇴사한 무한책임사원은 본점소재지에서 퇴사등기를 하기 전에 생긴 회사채무에 대하여 등기후 2년 내에는 다른 무한책임사원과 동일한 책임이 있다.

∙∙∙∙∙∙∙∙∙∙∙∙∙∙∙∙∙∙∙∙∙∙∙∙∙

① 옳은 내용이다.

> 제286조(조직변경) ① 합자회사는 사원전원의 동의로 그 조직을 합명회사로 변경하여 계속할 수 있다.
> ② 유한책임사원전원이 퇴사한 경우에도 무한책임사원은 그 전원의 동의로 합명회사로 변경하여 계속할 수 있다.
> ③ 제1항과 제2항의 경우에는 본점의 소재지에서 2주일 내에 합자회사의 해산등기, 합명회사의 설립등기를 하여야 한다.

② 신용 또는 노무출자를 할 수 있는 사원은 (ⅰ) 합명회사의 사원, (ⅱ) 합자회사의 무한책임사원뿐이다.

> 제272조(유한책임사원의 출자) 유한책임사원은 신용 또는 노무를 출자의 목적으로 하지 못한다.

③ 무한집행사원이 1인인 경우에는 설령 현저한 부적임 또는 중대한 의무위반의 사정이 있더라도 그 권한상실의 선고를 할 수 없다. 합자회사는 최소한 무한책임사원 1인, 유한책임사원 1인을 요건으로 하기 때문이다.

> **관련판례**
>
> [대법원 1977.4.26. 선고, 75다1341, 판결]
> 상법 205조가 규정하고 있는 합자회사의 업무집행 사원의 권한상실선고 제도는 회사의 운영에 있어서 장애 사유를 제거하는데 목적이 있고 회사를 해산상태로 몰고 가자는데 목적이 있는 것이 아니므로 <u>무한책임사원 1인 뿐인 합자회사에서 업무집행사원에 대한 권한상실신고는 회사의 업무집행사원 및 대표사원이 없는 상태로 돌아가게 되어 권한상실제도의 취지에 어긋나게 되어 회사를 운영할 수 없으므로 이를 할 수 없다.</u>

④ 유한책임사원은 원칙적으로 그의 출자가액을 한도로 유한책임을 지는데, 만약 그가 회사로부터 이익초과배당을 받은 사실이 있으면 그 액수만큼을 가산해서 책임을 지도록 한다는 취지이다.

> 제279조(유한책임사원의 책임) ② 회사에 이익이 없음에도 불구하고 배당을 받은 금액은 변제책임을 정함에 있어서 이를 가산한다.

⑤ 합명회사 사원 퇴사시의 책임과 동일하다.

> 제269조(준용규정) 합자회사에는 본장에 다른 규정이 없는 사항은 합명회사에 관한 규정을 준용한다.
> 제225조(퇴사원의 책임) ① 퇴사한 사원은 본점소재지에서 퇴사등기를 하기 전에 생긴 회사채무에 대하여는 등기후 2년내에는 다른 사원과 동일한 책임이 있다.
> ② 전항의 규정은 지분을 양도한 사원에 준용한다.

298 ③

299

상법상 인적회사 사원의 퇴사 및 제명에 관한 설명으로 틀린 것은?

① 합자회사의 무한책임사원이 파산선고를 받더라도 무한책임사원의 의사에 반하여 퇴사시킬 수는 없다.
② 합자회사의 유한책임사원은 성년후견개시를 받은 경우에도 퇴사되지 않는다.
③ 합명회사의 사원은 부득이한 사유가 있는 경우 다른 사원의 동의를 받지 않고 언제든지 퇴사할 수 있다.
④ 합명회사 사원의 지분을 압류한 채권자는 회사와 그 사원에 대하여 6개월 전에 예고하고 영업연도 말에 그 사원을 퇴사시킬 수 있다.
⑤ 합명회사의 사원에게 경업금지의무 위반의 사유가 있는 경우 회사는 다른 사원 과반수의 결의에 의하여 그 사원의 제명선고를 법원에 청구할 수 있다.

• •

① 합명회사의 사원 및 합자회사의 무한책임사원의 파산은 퇴사사유이다.

> **제269조(준용규정)** 합자회사에는 본장에 다른 규정이 없는 사항은 합명회사에 관한 규정을 준용한다.
>
> **제218조(퇴사원인)** 사원은 전조의 경우 외에 다음의 사유로 인하여 퇴사한다.
>   1. 정관에 정한 사유의 발생
>   2. 총사원의 동의
>   3. 사망
>   4. 성년후견개시
>   5. 파산
>   6. 제명

② 합자회사의 유한책임사원은 무한책임사원과는 달리 사망이나 성년후견개시 심판으로 퇴사하지 않는다. 다만 파산은 퇴사사유이다.

> **제283조(유한책임사원의 사망)** ① 유한책임사원이 사망한 때에는 그 상속인이 그 지분을 승계하여 사원이 된다.
> ② 전항의 경우에 상속인이 수인인 때에는 사원의 권리를 행사할 자 1인을 정하여야 한다. 이를 정하지 아니한 때에는 회사의 통지 또는 최고는 그 중의 1인에 대하여 하면 전원에 대하여 그 효력이 있다.
>
> **제284조(유한책임사원의 성년후견개시)** 유한책임사원은 성년후견개시 심판을 받은 경우에도 퇴사되지 아니한다.

③ 옳은 내용이다.

> **제217조(사원의 퇴사권)** ① 정관으로 회사의 존립기간을 정하지 아니하거나 어느 사원의 종신까지 존속할 것을 정한 때에는 사원은 영업년도말에 한하여 퇴사할 수 있다. 그러나 6월전에 이를 예고하여야 한다.
> ② 사원이 부득이한 사유가 있을 때에는 언제든지 퇴사할 수 있다.

④ 지분압류채권자에 의한 퇴사청구를 말한다.

> **제224조(지분 압류채권자에 의한 퇴사청구)** ① 사원의 지분을 압류한 채권자는 영업년도 말에 그 사원을 퇴사시킬 수 있다. 그러나 회사와 그 사원에 대하여 6월전에 그 예고를 하여야 한다.
> ② 전항 단서의 예고는 사원이 변제를 하거나 상당한 담보를 제공한 때에는 그 효력을 잃는다.

299 ①

⑤ 옳은 내용이다.

> **제220조(제명의 선고)** ① 사원에게 다음의 사유가 있는 때에는 회사는 <u>다른 사원 과반수의 결의</u>에 의하여 그 사원의 제명의 선고를 법원에 청구할 수 있다.
> 1. 출자의 의무를 이행하지 아니한 때
> 2. <u>제198조 제1항의 규정에 위반한 행위가 있는 때</u>
> 3. 회사의 업무집행 또는 대표에 관하여 부정한 행위가 있는 때, 권한없이 업무를 집행하거나 회사를 대표한 때
> 4. 기타 중요한 사유가 있는 때
>
> **제198조(사원의 경업의 금지)** ① 사원은 다른 사원의 동의가 없으면 자기 또는 제3자의 계산으로 회사의 영업부류에 속하는 거래를 하지 못하며 동종영업을 목적으로 하는 다른 회사의 무한책임사원 또는 이사가 되지 못한다.

300

상법상 합자회사의 유한책임사원에 관한 설명으로 옳은 것은?

① 유한책임사원도 정관 또는 총사원의 동의로 업무집행권과 대표권을 가질 수 있다.
② 유한책임사원은 무한책임사원의 업무집행을 감시할 수 있으며 업무집행에 이의를 제기한 경우 업무집행사원은 업무집행행위를 곧 중지하여야 한다.
③ 유한책임사원이 무한책임사원으로 변동되는 것은 회사채권자보호에 유리하므로 총사원의 동의가 필요 없다.
④ 유한책임사원이 사망한 경우 그 상속인이 지분을 상속하며 유한책임사원이 성년후견개시 심판을 받은 경우에 그 유한책임사원은 퇴사한다.
⑤ 유한책임사원이 회사에 이익이 없음에도 불구하고 배당을 받은 금액은 회사채무 변제 책임을 정함에 있어서 이를 가산한다.

....

① 합자회사의 유한책임사원에게 대표권은 인정되지 않는다. 업무집행권에 대해서는 견해가 대립된다.

> **관련판례**
>
> [대법원 1966.1.25, 선고, 65다2128, 판결]
> 합자회사의 유한책임사원이 정관 또는 총사원의 동의로서 회사의 대표자로 지정되어 그와 같은 등기까지 경유되었다 하더라도 회사대표권을 가질 수 없다.

② 이의권은 업무집행권이 있는 사원에게 인정된다. 상200조, 상201조.

> **제200조(업무집행의 권리의무)** ① <u>각 사원은</u> 정관에 다른 규정이 없는 때에는 <u>회사의 업무를 집행할 권리와 의무가 있다.</u>
> ② 각 사원의 업무집행에 관한 행위에 대하여 다른 사원의 이의가 있는 때에는 곧 행위를 중지하고 총사원 과반수의 결의에 의하여야 한다.
>
> **제201조(업무집행사원)** ① 정관으로 사원의 1인 또는 수인을 업무집행사원으로 정한 때에는 그 사원이 회사의 업무를 집행할 권리와 의무가 있다.

300 ⑤

② 수인의 업무집행사원이 있는 경우에 그 각 사원의 업무집행에 관한 행위에 대하여 다른 업무집행사원의 이의가 있는 때에는 곧 그 행위를 중지하고 업무집행사원 과반수의 결의에 의하여야 한다.

제269조(준용규정) 합자회사에는 본장에 다른 규정이 없는 사항은 합명회사에 관한 규정을 준용한다.

③ 유한책임사원이 무한책임사원으로 변경되면 업무집행 및 대표행위가 가능해지므로 총사원의 동의가 필요하다.

④ 유한책임사원은 업무집행권이 없는 재산의 출자자에 불과하므로 성년후견개시 심판을 받은 경우에도 퇴사하지 아니한다.

제284조(유한책임사원의 성년후견개시) 유한책임사원은 성년후견개시 심판을 받은 경우에도 퇴사되지 아니한다.

⑤ 옳은 내용이다.

제279조(유한책임사원의 책임) ① 유한책임사원은 그 출자가액에서 이미 이행한 부분을 공제한 가액을 한도로 하여 회사채무를 변제할 책임이 있다.
② 회사에 이익이 없음에도 불구하고 배당을 받은 금액은 변제책임을 정함에 있어서 이를 가산한다.

301

상법상 합자회사에 관한 설명으로 옳은 것은?

① 무한책임사원은 다른 무한책임사원의 동의가 있으면 그 지분의 전부 또는 일부를 타인에게 양도할 수 있다.
② 유한책임사원은 언제든지 영업시간 내에 한하여 회사의 회계장부와 대차대조표 및 기타의 서류를 열람할 수 있고 회사의 업무와 재산상태를 검사할 수 있다.
③ 업무집행사원이 업무를 집행함에 현저하게 부적임하거나 중대한 의무에 위반한 행위가 있는 때에는 유한책임사원도 법원에 업무집행권한의 상실선고를 청구할 수 있다.
④ 무한책임사원은 다른 무한책임사원 과반수의 결의가 있는 때에 한하여 자기 또는 제3자의 계산으로 회사와 거래를 할 수 있다.
⑤ 유한책임사원은 성년후견개시심판 또는 파산선고를 받는 경우에도 법률상 당연히 퇴사하지 아니한다.

••••••••••••••••••••••••

① 무한책임사원의 지분양도는 다른 사원 전원의 동의를 요한다. 반면에 유한책임사원의 지분양도는 무한책임사원 전원의 동의가 있으면 된다.

제197조(지분의 양도) 사원은 다른 사원의 동의를 얻지 아니하면 그 지분의 전부 또는 일부를 타인에게 양도하지 못한다.
제269조(준용규정) 합자회사에는 본장에 다른 규정이 없는 사항은 합명회사에 관한 규정을 준용한다.
제276조(유한책임사원의 지분양도) 유한책임사원은 무한책임사원 전원의 동의가 있으면 그 지분의 전부 또는 일부를 타인에게 양도할 수 있다. 지분의 양도에 따라 정관을 변경하여야 할 경우에도 같다.

② 유한책임사원의 감시권은 영업연도 말에 한하여 행사할 수 있다. 다만 법원의 허가를 얻은 경우에는 언제든지 가능하다.

301 ③

제277조(유한책임사원의 감시권) ① 유한책임사원은 영업년도말에 있어서 영업시간 내에 한하여 회사의 회계장부·대차대조표 기타의 서류를 열람할 수 있고 회사의 업무와 재산상태를 검사할 수 있다.
② 중요한 사유가 있는 때에는 유한책임사원은 언제든지 법원의 허가를 얻어 제1항의 열람과 검사를 할 수 있다.

③ 합자회사의 사원이기만 하면(무한책임사원과 유한책임사원 모두) 업무집행사원에 대하여 업무집행권한의 상실을 법원에 청구할 수 있다. 주식회사의 주주에게 이사의 해임판결청구권이 인정되는 것과 같은 맥락에서 이해하면 된다.

제269조(준용규정) 합자회사에는 본장에 다른 규정이 없는 사항은 합명회사에 관한 규정을 준용한다.
제205조(업무집행사원의 권한상실선고) ① 사원이 업무를 집행함에 현저하게 부적임하거나 중대한 의무에 위반한 행위가 있는 때에는 법원은 사원의 청구에 의하여 업무집행권한의 상실을 선고할 수 있다.
② 제1항의 판결이 확정된 때에는 본점의 소재지에서 등기하여야 한다.

④ "다른 무한책임사원 과반수"가 아니라 "다른 사원 과반수"의 결의를 요한다.

제269조(준용규정) 합자회사에는 본장에 다른 규정이 없는 사항은 합명회사에 관한 규정을 준용한다.
제199조(사원의 자기거래) 사원은 다른 사원 과반수의 결의가 있는 때에 한하여 자기 또는 제3자의 계산으로 회사와 거래를 할 수 있다. 이 경우에는 민법 제124조의 규정을 적용하지 아니한다.

⑤ 성년후견개시는 퇴사사유가 아니지만 파산은 퇴사사유에 해당한다.

제269조(준용규정) 합자회사에는 본장에 다른 규정이 없는 사항은 합명회사에 관한 규정을 준용한다.
제218조(퇴사원인) 사원은 전조의 경우 외에 다음의 사유로 인하여 퇴사한다.
  1. 정관에 정한 사유의 발생
  2. 총사원의 동의
  3. 사망
  4. 성년후견개시
  5. 파산
  6. 제명
제284조(유한책임사원의 성년후견개시) 유한책임사원은 성년후견개시 심판을 받은 경우에도 퇴사되지 아니한다.

302

상법상 합자회사에 관한 설명으로 옳은 것은?

① 중요한 사유가 있는 때에는 유한책임사원은 언제든지 법원의 허가를 얻어 회사의 업무와 재산상태를 검사할 수 있다.
② 무한책임사원은 신용 또는 노무를 출자의 목적으로 하지 못한다.
③ 유한책임사원은 사원 전원의 동의가 있어야만 그 지분의 전부를 양도할 수 있다.
④ 지배인의 선임과 해임은 사원 전원의 과반수의 결의에 의한다.
⑤ 무한책임사원 전원의 동의만으로 합명회사로의 조직변경이 가능하다.

302 ①

① 유한책임사원의 감시권에 대한 설명이다. 원칙은 "영업연도 말"에 가능하지만, 중요한 사유가 있으면 법원의 허가를 얻어 "언제든지" 검사할 수 있다.

> 제277조(유한책임사원의 감시권) ① 유한책임사원은 영업년도말에 있어서 영업시간 내에 한하여 회사의 회계장부·대차대조표 기타의 서류를 열람할 수 있고 회사의 업무와 재산상태를 검사할 수 있다.
> ② 중요한 사유가 있는 때에는 유한책임사원은 언제든지 법원의 허가를 얻어 제1항의 열람과 검사를 할 수 있다.

② 합명회사의 사원의 규정을 준용하는 무한책임사원(제269조, 제22조)은 유한책임사원(제272조)과 달리 노무나 신용을 출자의 목적으로 할 수 있다.

> 제222조(지분의 환급) 퇴사한 사원은 노무 또는 신용으로 출자의 목적으로 한 경우에도 그 지분의 환급을 받을 수 있다. 그러나 정관에 다른 규정이 있는 때에는 그러하지 아니하다.
> 제269조(준용규정) 합자회사에는 본장에 다른 규정이 없는 사항은 합명회사에 관한 규정을 준용한다.
> 제272조(유한책임사원의 출자) 유한책임사원은 신용 또는 노무를 출자의 목적으로 하지 못한다.

③ 합자회사의 무한책임사원이 지분을 양도하는 경우 유한책임사원을 포함한 모든 사원의 동의를 요하지만(제269조, 제197조), 유한책임사원이 지분을 양도하는 경우에는 무한책임사원 전원의 동의만 있으면 족하다(제276조).

> 제197조(지분의 양도) 사원은 다른 사원의 동의를 얻지 아니하면 그 지분의 전부 또는 일부를 타인에게 양도하지 못한다.
> 제269조(준용규정) 합자회사에는 본장에 다른 규정이 없는 사항은 합명회사에 관한 규정을 준용한다.
> 제276조(유한책임사원의 지분양도) 유한책임사원은 무한책임사원 전원의 동의가 있으면 그 지분의 전부 또는 일부를 타인에게 양도할 수 있다. 지분의 양도에 따라 정관을 변경하여야 할 경우에도 같다.

④ 업무집행사원이 별도로 있는 경우에도 무한책임사원 과반수의 결의에 의한다.

> 제274조(지배인의 선임, 해임) 지배인의 선임과 해임은 업무집행사원이 있는 경우에도 무한책임사원 과반수의 결의에 의하여야 한다.

⑤ 조직변경은 회사의 종류를 불문하고(유한회사는 특례 존재) 사원 전원의 동의를 요한다.

> 제286조(조직변경) ① 합자회사는 사원전원의 동의로 그 조직을 합명회사로 변경하여 계속할 수 있다.
> ② 유한책임사원전원이 퇴사한 경우에도 무한책임사원은 그 전원의 동의로 합명회사로 변경하여 계속할 수 있다.
> ③ 제1항과 제2항의 경우에는 본점의 소재지에서 2주일 내에 합자회사의 해산등기, 합명회사의 설립등기를 하여야 한다.

303

상법상 합명회사와 합자회사에 관한 설명으로 옳은 것은?

① 합명회사의 사원은 신용 또는 노무를 출자의 목적으로 하지 못한다.
② 합명회사의 사원이 회사채무에 관하여 변제의 청구를 받은 때에는 회사가 주장할 수 있는 항변으로 그 채권자에게 대항할 수 없다.
③ 합명회사 성립 후에 가입한 사원은 그 가입 전에 생긴 회사 채무에 대해서는 다른 사원과 동일한 책임을 지지 않는다.
④ 합자회사의 유한책임사원은 다른 사원의 동의없이 자기 또는 제3자의 계산으로 회사의 영업부류에 속하는 거래를 할 수 있다.
⑤ 합자회사의 유한책임사원은 사원 전원의 동의가 있어야만 그 지분의 전부 또는 일부를 타인에게 양도할 수 있다.

- -

① 합명회사의 사원과 합자회사의 무한책임사원은 신용 또는 노무를 출자의 목적으로 할 수 있다.

> **제222조(지분의 환급)** 퇴사한 사원은 노무 또는 신용으로 출자의 목적으로 한 경우에도 그 지분의 환급을 받을 수 있다. 그러나 정관에 다른 규정이 있는 때에는 그러하지 아니하다.

② 회사가 공급받은 물건이 불량품이라서 회사가 변제를 거부할 수 있다면, 사원 역시 이를 이유로 변제를 거부할 수 있다. 사원이 회사보다 더 무거운 책임을 부담할 이유가 없기 때문이다.

> **제214조(사원의 항변)** ① 사원이 회사채무에 관하여 변제의 청구를 받은 때에는 회사가 주장할 수 있는 항변으로 그 채권자에게 대항할 수 있다.
> ② 회사가 그 채권자에 대하여 상계, 취소 또는 해제할 권리가 있는 경우에는 사원은 전항의 청구에 대하여 변제를 거부할 수 있다.

③ 합명회사의 사원(및 합자회사의 무한책임사원)은 가입 전의 회사채무에 대하여도 무한책임을 부담한다.

> **제213조(신입사원의 책임)** 회사성립후에 가입한 사원은 그 가입 전에 생긴 회사채무에 대하여 다른 사원과 동일한 책임을 진다.

④ 경업회피의무를 부담하는 것은 무한책임사원이고, 유한책임사원은 경업거래도 가능하고 겸직도 가능하다.

> **제275조(유한책임사원의 경업의 자유)** 유한책임사원은 다른 사원의 동의없이 자기 또는 제3자의 계산으로 회사의 영업부류에 속하는 거래를 할 수 있고 동종영업을 목적으로 하는 다른 회사의 무한책임사원 또는 이사가 될 수 있다.

⑤ 유한책임사원의 지분양도에는 사원 전원의 동의가 아니라 무한책임사원 전원의 동의로 충분하다.

> **제276조(유한책임사원의 지분양도)** 유한책임사원은 무한책임사원 전원의 동의가 있으면 그 지분의 전부 또는 일부를 타인에게 양도할 수 있다. 지분의 양도에 따라 정관을 변경하여야 할 경우에도 같다.

303 ④

304

상법상 합자회사에 관한 설명으로 틀린 것은?

① 합자회사의 정관에는 각 사원의 무한책임 또는 유한책임인 것을 기재하여야 한다.
② 유한책임사원은 신용 또는 노무를 출자의 목적으로 하지 못한다.
③ 회사의 지배인 선임과 해임은 업무집행사원이 있는 경우에도 무한책임사원 전원의 동의가 있어야 한다.
④ 회사는 유한책임사원의 전원이 퇴사한 때에는 해산된다.
⑤ 유한책임사원이 사망한 때에는 그 상속인이 그 지분을 승계하여 사원이 된다.

••••••••••••••••••••••

① 제179조는 합명회사와 합자회사에 공통된 정관의 절대적 기재사항이고, 합자회사는 합명회사와의 구별을 위해 각 사원이 무한책임사원인지 유한책임사원인지 여부를 정관에 기재하여야 한다.

> 제270조(정관의 절대적 기재사항) 합자회사의 정관에는 제179조에 게기한 사항외에 각 사원의 무한책임 또는 유한책임인 것을 기재하여야 한다.
>
> 제179조(정관의 절대적 기재사항) 정관에는 다음의 사항을 기재하고 총사원이 기명날인 또는 서명하여야 한다.
> 1. 목적
> 2. 상호
> 3. 사원의 성명·주민등록번호 및 주소
> 4. 사원의 출자의 목적과 가격 또는 그 평가의 표준
> 5. 본점의 소재지
> 6. 정관의 작성년월일

② 신용 또는 노무의 출자는 합명회사의 사원 및 합자회사의 무한책임사원의 경우에만 가능하다.

> 제272조(유한책임사원의 출자) 유한책임사원은 신용 또는 노무를 출자의 목적으로 하지 못한다.

③ 업무집행사원이 별도로 있는 경우에도 무한책임사원 과반수의 결의에 의한다.

> 제274조(지배인의 선임, 해임) 지배인의 선임과 해임은 업무집행사원이 있는 경우에도 무한책임사원 과반수의 결의에 의하여야 한다.

④ 합자회사는 무한책임사원과 유한책임사원의 2종의 사원으로 구성되는 것이 그 본질이기 때문이다.

> 제285조(해산, 계속) ① 합자회사는 무한책임사원 또는 유한책임사원의 전원이 퇴사한 때에는 해산된다.
> ② 전항의 경우에 잔존한 무한책임사원 또는 유한책임사원은 전원의 동의로 새로 유한책임사원 또는 무한책임사원을 가입시켜서 회사를 계속할 수 있다.
> ③ 제213조와 제229조제3항의 규정은 전항의 경우에 준용한다.

⑤ 무한책임사원과 달리 유한책임사원은 그 인적개성이 중요하지 않기 때문에, 정관에 별다른 규정이 없더라도 지분상속이 가능하다.

> 제283조(유한책임사원의 사망) ① 유한책임사원이 사망한 때에는 그 상속인이 그 지분을 승계하여 사원이 된다.
> ② 전항의 경우에 상속인이 수인인 때에는 사원의 권리를 행사할 자 1인을 정하여야 한다. 이를 정하지 아니한 때에는 회사의 통지 또는 최고는 그 중의 1인에 대하여 하면 전원에 대하여 그 효력이 있다.

304 ③

305

상법상 합자회사에 관한 설명으로 틀린 것은?

① 무한책임사원은 신용 또는 노무를 출자의 목적으로 하는 것이 가능하다.
② 지배인의 선임과 해임은 업무집행사원이 있는 경우에도 무한책임사원 과반수의 결의에 의하여야 한다.
③ 유한책임사원은 다른 사원의 동의없이 자기 또는 제3자의 계산으로 회사의 영업부류에 속하는 거래를 할 수 없다.
④ 유한책임사원은 무한책임사원 전원의 동의가 있으면 그 지분의 전부 또는 일부를 타인에게 양도할 수 있다.
⑤ 유한책임사원은 그 출자가액에서 이미 이행한 부분을 공제한 가액을 한도로 하여 회사채무를 변제할 책임이 있다.

....

① 합명회사의 사원과 합자회사의 무한책임사원은 신용 또는 노무를 출자의 목적으로 할 수 있다.

> **제222조(지분의 환급)** 퇴사한 사원은 노무 또는 신용으로 출자의 목적으로 한 경우에도 그 지분의 환급을 받을 수 있다. 그러나 정관에 다른 규정이 있는 때에는 그러하지 아니하다.

② 합명회사의 경우 지배인의 선임과 해임은 업무집행사원이 있어도 총사원 과반수의 결의에 의한다. 합자회사도 마찬가지이다.

> **제269조(준용규정)** 합자회사에는 본장에 다른 규정이 없는 사항은 합명회사에 관한 규정을 준용한다.
>
> **제203조(지배인의 선임과 해임)** 지배인의 선임과 해임은 정관에 다른 정함이 없으면 업무집행사원이 있는 경우에도 총사원 과반수의 결의에 의하여야 한다.

③ 경업회피의무와 자기거래금지의무는 업무집행권이 있음을 전제로 한다. 따라서 무한책임사원은 경업회피의무를 지는 반면에 유한책임사원은 경업회피의무가 없다.

> **제275조(유한책임사원의 경업의 자유)** 유한책임사원은 다른 사원의 동의없이 자기 또는 제3자의 계산으로 회사의 영업부류에 속하는 거래를 할 수 있고 동종영업을 목적으로 하는 다른 회사의 무한책임사원 또는 이사가 될 수 있다.

④ 무한책임사원의 지분양도의 경우에는 (무한책임사원과 유한책임사원을 포함한) 모든 사원의 동의가 필요하지만, 유한책임사원은 무한책임사원 전원의 동의가 있으면 그 지분을 타에 양도할 수 있다.

> **제276조(유한책임사원의 지분양도)** 유한책임사원은 무한책임사원 전원의 동의가 있으면 그 지분의 전부 또는 일부를 타인에게 양도할 수 있다. 지분의 양도에 따라 정관을 변경하여야 할 경우에도 같다.

⑤ 합자회사의 유한책임사원의 책임은 출자가액을 한도로 한다(유한책임). 덧붙여 합자회사의 유한책임사원은 회사채권자에 대해서 직접 책임을 부담한다는 점도 주의해야 한다(직접책임).

> **제279조(유한책임사원의 책임)** ① 유한책임사원은 그 출자가액에서 이미 이행한 부분을 공제한 가액을 한도로 하여 회사채무를 변제할 책임이 있다.

305 ③

TOPIC 45 • 유한책임회사

306

상법상 유한책임회사에 관한 설명으로 옳은 것은?

① 유한책임회사제도를 도입한 취지상 사원은 신용이나 노무를 출자의 목적으로 할 수 있다.
② 유한책임회사를 대표하는 업무집행자가 그 업무집행으로 인하여 타인에게 손해를 입힌 경우에는 회사는 그 업무집행자와 연대하여 손해를 배상할 책임이 있다.
③ 업무집행자를 포함한 사원 과반수의 동의가 있으면 정관변경 없이도 새로운 사원을 가입시킬 수 있다.
④ 회사가 자기 지분을 취득하는 경우 그 지분은 취득한 때에 소멸하며 그만큼 자본금이 감소한다.
⑤ 사원이 출자한 금전이나 그 밖의 재산의 가액과 잉여금의 합을 자본금으로 한다.

••••••••••••••••••••••••••

① 신용과 노무의 출자는 인적회사의 무한책임사원에게만 가능하다.

> **제287조의4(설립 시의 출자의 이행)** ① 사원은 신용이나 노무를 출자의 목적으로 하지 못한다.
> ② 사원은 정관의 작성 후 설립등기를 하는 때까지 금전이나 그 밖의 재산의 출자를 전부 이행하여야 한다.
> ③ 현물출자를 하는 사원은 납입기일에 지체 없이 유한책임회사에 출자의 목적인 재산을 인도하고, 등기, 등록, 그 밖의 권리의 설정 또는 이전이 필요한 경우에는 이에 관한 서류를 모두 갖추어 교부하여야 한다.

② 회사의 종류를 막론하고 회사 대표자의 업무집행에 따른 손해에 대하여 회사는 연대책임이 있다.

> **제287조의20(손해배상책임)** 유한책임회사를 대표하는 업무집행자가 그 업무집행으로 타인에게 손해를 입힌 경우에는 회사는 그 업무집행자와 연대하여 배상할 책임이 있다.

③ 새로운 사원을 가입시키기 위해서는 정관변경이 필요하다. 덧붙여 정관변경은 총사원 동의사항이다.

> **제287조의23(사원의 가입)** ① 유한책임회사는 정관을 변경함으로써 새로운 사원을 가입시킬 수 있다.
> ② 제1항에 따른 사원의 가입은 정관을 변경한 때에 효력이 발생한다. 다만, 정관을 변경한 때에 해당 사원이 출자에 관한 납입 또는 재산의 전부 또는 일부의 출자를 이행하지 아니한 경우에는 그 납입 또는 이행을 마친 때에 사원이 된다.
> ③ 사원 가입 시 현물출자를 하는 사원에 대하여는 제287조의4제3항을 준용한다.

④ (ⅰ) 유한책임회사가 지분을 취득하는 경우에 그 지분은 취득한 때에 소멸한다. (ⅱ) 자본금감소를 위해서는 정관변경과 채권자보호절차(감소 후의 자본금이 순자산액 미만인 경우)가 필요하다.

> **제287조의9(유한책임회사에 의한 지분양수의 금지)** ① 유한책임회사는 그 지분의 전부 또는 일부를 양수할 수 없다.
> ② 유한책임회사가 지분을 취득하는 경우에 그 지분은 취득한 때에 소멸한다.
> **제287조의36(자본금의 감소)** ① 유한책임회사는 정관 변경의 방법으로 자본금을 감소할 수 있다.
> ② 제1항의 경우에는 제232조를 준용한다. 다만, 감소 후의 자본금의 액이 순자산액 이상인 경우에는 그러하지 아니하다.

306 ②

제232조(채권자의 이의) ① 회사는 합병의 결의가 있은 날부터 2주내에 회사채권자에 대하여 합병에 이의가 있으면 일정한 기간내에 이를 제출할 것을 공고하고 알고 있는 채권자에 대하여는 따로따로 이를 최고하여야 한다. 이 경우 그 기간은 1월 이상이어야 한다.
② 채권자가 제1항의 기간내에 이의를 제출하지 아니한 때에는 합병을 승인한 것으로 본다.
③ 이의를 제출한 채권자가 있는 때에는 회사는 그 채권자에 대하여 변제 또는 상당한 담보를 제공하거나 이를 목적으로 하여 상당한 재산을 신탁회사에 신탁하여야 한다.

⑤ 출자한 금액만 자본금이다.

제287조의35(자본금의 액) 사원이 출자한 금전이나 그 밖의 재산의 가액을 유한책임회사의 자본금으로 한다.

307

상법상 유한책임회사에 관한 설명으로 옳은 것은?

① 유한책임회사는 주식회사 또는 유한회사로 조직변경할 수 있다.
② 업무집행자 중 사원이 아닌 자는 설립무효의 소의 제소권자가 아니다.
③ 잉여금은 각 사원이 출자한 가액에 비례하여 분배하며 정관에 달리 정할 수 없다.
④ 사원이 부득이한 사유가 있을 때에는 언제든지 퇴사할 수 있으나 지분압류채권자에 의한 퇴사청구는 인정하지 않는다.
⑤ 사원이 아닌 자도 업무집행자인 때에는 대표로 될 수도 있다.

• •

① 유한책임회사는 주식회사로만 조직변경이 가능하다.

제287조의43(조직의 변경) ① 주식회사는 총회에서 총주주의 동의로 결의한 경우에는 그 조직을 변경하여 이 장에 따른 유한책임회사로 할 수 있다.
② 유한책임회사는 총사원의 동의에 의하여 주식회사로 변경할 수 있다.

② 설립무효의 소는 사원 및 업무집행자가 제기할 수 있다.

제287조의6(준용규정) 유한책임회사의 설립의 무효와 취소에 관하여는 제184조부터 제194조까지의 규정을 준용한다. 이 경우 제184조 중 "사원"은 "사원 및 업무집행자"로 본다.
제184조 (설립무효, 취소의 소)
① 회사의 설립의 무효는 그 사원에 한하여, 설립의 취소는 그 취소권있는 자에 한하여 회사성립의 날로부터 2년내에 소만으로 이를 주장할 수 있다.

③ 정관으로 다른 정함이 가능하다.

제287조의37(잉여금의 분배)
④ 잉여금은 정관에 다른 규정이 없으면 각 사원이 출자한 가액에 비례하여 분배한다.

④ 합명회사의 퇴사사유 중 부득이한 사유를 원인으로 한 퇴사규정(제217조 제2항)은 적용하지 않는다. 반면 지분압류채권자에 의한 퇴사청구는 인정한다.

제287조의24(사원의 퇴사권) 사원의 퇴사에 관하여는 정관에 달리 정하지 아니하는 경우에는 제217조제1항을 준용한다.

307 ⑤

> **제217조(사원의 퇴사권)** ① 정관으로 회사의 존립기간을 정하지 아니하거나 어느 사원의 종신까지 존속할 것을 정한 때에는 사원은 영업년도말에 한하여 퇴사할 수 있다. 그러나 6월전에 이를 예고하여야 한다.
> ② 사원이 부득이한 사유가 있을 때에는 언제든지 퇴사할 수 있다.
>
> **제287조의29(지분압류채권자에 의한 퇴사)** 사원의 지분을 압류한 채권자가 그 사원을 퇴사시키는 경우에는 제224조를 준용한다.
>
> **제224조 (지분압류채권자에 의한 퇴사청구)** ① 사원의 지분을 압류한 채권자는 영업년도말에 그 사원을 퇴사시킬 수 있다. 그러나 회사와 그 사원에 대하여 6월전에 그 예고를 하여야 한다.
> ② 전항 단서의 예고는 사원이 변제를 하거나 상당한 담보를 제공한 때에는 그 효력을 잃는다.

⑤ 업무집행자가 유한책임회사를 대표하며, 사원이 아닌 제3자도 업무집행자가 될 수 있다.

> **제287조의19(유한책임회사의 대표)** ① 업무집행자는 유한책임 회사를 대표한다.
> ② 업무집행자가 둘 이상인 경우 정관 또는 총사원의 동의로 유한책임회사를 대표할 업무집행자를 정할 수 있다.
> ③ 유한책임회사는 정관 또는 총사원의 동의로 둘 이상의 업무집행자가 공동으로 회사를 대표할 것을 정할 수 있다.
> ④ 제3항의 경우에 제3자의 유한책임회사에 대한 의사표시는 공동대표의 권한이 있는 자 1인에 대하여 함으로써 그 효력이 생긴다.
> ⑤ 유한책임회사를 대표하는 업무집행자에 대하여는 제209조를 준용한다.
>
> **제287조의12(업무의 집행)** ① 유한책임회사는 정관으로 사원 또는 사원이 아닌 자를 업무집행자로 정하여야 한다.

308

상법상 유한책임회사에 관한 설명으로 옳은 것은?

① 채권자는 퇴사하는 사원에게 환급하는 금액이 잉여금을 초과하는 경우 그 환급에 대하여 회사에 이의를 제기할 수 없다.
② 업무를 집행하지 않는 사원은 업무를 집행하는 사원의 과반수 동의가 있으면 그 지분의 전부 또는 일부를 타인에게 양도할 수 있다.
③ 회사는 사원 전원의 동의로 그 지분의 일부를 취득할 수 있으며 회사가 지분을 취득하는 경우 그 지분은 지체 없이 처분하여야 한다.
④ 업무집행자는 다른 사원 과반수의 동의가 있는 경우에만 자기 또는 제3자의 계산으로 회사의 영업부류에 속한 거래를 할 수 있다.
⑤ 업무집행자의 업무집행을 정지하거나 직무대행자를 선임하는 가처분을 하거나 그 가처분을 변경 또는 취소하는 경우에는 본점이 있는 곳의 등기소에서 등기하여야 한다.

....

① 퇴사하는 사원에게 환급하는 금액이 잉여금을 초과한다면 회사채권자의 권리를 해하게 된다. 출자의 환급은 회사채권자에 대한 채무변제보다 앞설 수 없기 때문에 회사채권자는 이에 대해서 이의를 제기할 수 있다.

> **제287조의30(퇴사 사원의 지분 환급과 채권자의 이의)** ① 유한책임회사의 채권자는 퇴사하는 사원에게 환급하는 금액이 제287조의37에 따른 잉여금을 초과한 경우에는 그 환급에 대하여 회사에 이의를 제기할 수 있다.

308 ⑤

② 제1항의 이의제기에 관하여는 제232조를 준용한다. 다만, 제232조제3항은 지분을 환급하더라도 채권자에게 손해를 끼칠 우려가 없는 경우에는 준용하지 아니한다.

제287조의37(잉여금의 분배) ① 유한책임회사는 대차대조표상의 순자산액으로부터 자본금의 액을 뺀 액(이하 이 조에서 "잉여금"이라 한다)을 한도로 하여 잉여금을 분배할 수 있다.
② 제1항을 위반하여 잉여금을 분배한 경우에는 유한책임회사의 채권자는 그 잉여금을 분배받은 자에 대하여 회사에 반환할 것을 청구할 수 있다.
③ 제2항의 청구에 관한 소는 본점소재지의 지방법원의 관할에 전속한다.
④ 잉여금은 정관에 다른 규정이 없으면 각 사원이 출자한 가액에 비례하여 분배한다.
⑤ 잉여금의 분배를 청구하는 방법이나 그 밖에 잉여금의 분배에 관한 사항은 정관으로 정할 수 있다.
⑥ 사원의 지분의 압류는 잉여금의 배당을 청구하는 권리에 대하여도 그 효력이 있다.

② 업무집행사원 '과반수'가 아니라 '전원'의 동의를 받아야 한다.

제287조의8(지분의 양도) ① 사원은 다른 사원의 동의를 받지 아니하면 그 지분의 전부 또는 일부를 타인에게 양도하지 못한다.
② 제1항에도 불구하고 업무를 집행하지 아니한 사원은 업무를 집행하는 사원 전원의 동의가 있으면 지분의 전부 또는 일부를 타인에게 양도할 수 있다. 다만, 업무를 집행하는 사원이 없는 경우에는 사원 전원의 동의를 받아야 한다.
③ 제1항과 제2항에도 불구하고 정관으로 그에 관한 사항을 달리 정할 수 있다.

③ 유한책임회사가 지분을 취득하는 경우에 그 지분은 취득한 때에 소멸한다. 즉 유한책임회사는 자기회사의 지분을 취득할 수 없다.

제287조의9(유한책임회사에 의한 지분양수의 금지) ① 유한책임회사는 그 지분의 전부 또는 일부를 양수할 수 없다.
② 유한책임회사가 지분을 취득하는 경우에 그 지분은 취득한 때에 소멸한다.

④ 다른 사원 '전원'의 동의를 얻어야 한다. 유한책임회사의 대내관계에는 인적회사에 관한 규정이 적용되기 때문이다.

제287조의10(업무집행자의 경업 금지) ① 업무집행자는 사원 전원의 동의를 받지 아니하고는 자기 또는 제3자의 계산으로 회사의 영업부류(營業部類)에 속한 거래를 하지 못하며, 같은 종류의 영업을 목적으로 하는 다른 회사의 업무집행자·이사 또는 집행임원이 되지 못한다.
② 업무집행자가 제1항을 위반하여 거래를 한 경우에는 제198조제2항부터 제4항까지의 규정을 준용한다.

⑤ 합명회사의 사원에 대한 업무집행정지가처분 등의 등기 규정이 준용된다.

제287조의18(준용규정) 유한책임회사의 내부관계에 관하여는 정관이나 이 법에 다른 규정이 없으면 합명회사에 관한 규정을 준용한다.

제183조의2(업무집행정지가처분 등의 등기) 사원의 업무집행을 정지하거나 직무대행자를 선임하는 가처분을 하거나 그 가처분을 변경·취소하는 경우에는 본점이 있는 곳의 등기소에서 이를 등기하여야 한다.

309

상법상 유한책임회사에 관한 설명으로 옳은 것은?

① 유한책임회사는 정관을 변경함으로써 새로운 사원을 가입시킬 수 있다.
② 유한책임회사는 그 지분의 전부 또는 일부를 양수할 수 있다.
③ 사원의 지분을 압류한 채권자는 그 사원을 퇴사시킬 수 없다.
④ 유한책임회사는 총사원의 동의에 의하여 유한회사로 조직변경을 할 수 있다.
⑤ 사원이 아닌 자가 정관에 의해 업무집행자가 된 경우 유한책임회사를 대표할 수 없다.

••••••••••••••••••••••••

① 새로운 사원을 가입시키기 위해서는 정관변경이 필요하다.

> 제287조의23(사원의 가입) ① 유한책임회사는 정관을 변경함으로써 새로운 사원을 가입시킬 수 있다.
> ② 제1항에 따른 사원의 가입은 정관을 변경한 때에 효력이 발생한다. 다만, 정관을 변경한 때에 해당 사원이 출자에 관한 납입 또는 재산의 전부 또는 일부의 출자를 이행하지 아니한 경우에는 그 납입 또는 이행을 마친 때에 사원이 된다.
> ③ 사원 가입 시 현물출자를 하는 사원에 대하여는 제287조의4제3항을 준용한다.

② 유한책임회사가 지분을 취득하는 경우에 그 지분은 취득한 때에 소멸한다.

> 제287조의9(유한책임회사에 의한 지분양수의 금지) ① 유한책임회사는 그 지분의 전부 또는 일부를 양수할 수 없다.
> ② 유한책임회사가 지분을 취득하는 경우에 그 지분은 취득한 때에 소멸한다.

③ 지분압류채권자는 사원을 퇴사시킨 후 퇴사에 따른 지분환급청구권에 대해 강제집행을 하는 방법으로 자신의 채권의 변제에 충당할 수 있다.

> 제287조의29(지분압류채권자에 의한 퇴사) 사원의 지분을 압류한 채권자가 그 사원을 퇴사시키는 경우에는 제224조를 준용한다.
> 제224조 (지분압류채권자에 의한 퇴사청구) ① 사원의 지분을 압류한 채권자는 영업년도말에 그 사원을 퇴사시킬 수 있다. 그러나 회사와 그 사원에 대하여 6월전에 그 예고를 하여야 한다.
> ② 전항 단서의 예고는 사원이 변제를 하거나 상당한 담보를 제공한 때에는 그 효력을 잃는다.

④ 유한회사와 유한책임회사 간에는 조직변경이 인정되지 않는다. 법리적인 이유때문이 아니라 법조문에 규정이 없기 때문이다. 유한책임회사는 주식회사와의 관계에서만 조직변경이 가능하다.

> 제287조의43(조직의 변경) ① 주식회사는 총회에서 총주주의 동의로 결의한 경우에는 그 조직을 변경하여 이 장에 따른 유한책임회사로 할 수 있다.
> ② 유한책임회사는 총사원의 동의에 의하여 주식회사로 변경할 수 있다.

⑤ 업무집행자가 유한책임회사를 대표하며, 사원이 아닌 제3자도 업무집행자가 될 수 있다.

> 제287조의19(유한책임회사의 대표) ① 업무집행자는 유한책임 회사를 대표한다.
> ② 업무집행자가 둘 이상인 경우 정관 또는 총사원의 동의로 유한책임회사를 대표할 업무집행자를 정할 수 있다.
> ③ 유한책임회사는 정관 또는 총사원의 동의로 둘 이상의 업무집행자가 공동으로 회사를 대표할 것을 정할 수 있다.
> ④ 제3항의 경우에 제3자의 유한책임회사에 대한 의사표시는 공동대표의 권한이 있는 자 1인에 대하여 함으로써 그 효력이 생긴다.
> ⑤ 유한책임회사를 대표하는 업무집행자에 대하여는 제209조를 준용한다.
> 제287조의12(업무의 집행) ① 유한책임회사는 정관으로 사원 또는 사원이 아닌 자를 업무집행자로 정하여야 한다.

309 ①

310

상법상 유한책임회사에 관한 설명으로 **틀린** 것은?

① 사원의 책임은 상법에 다른 규정이 있는 경우 외에는 그 출자금액을 한도로 한다.
② 사원의 성명·주민등록번호 및 주소는 정관에 반드시 기재되어야 하므로 1인 사원만으로 회사를 설립할 수 없다.
③ 회사 성립 후에 업무집행자를 변경하려면 정관변경의 절차가 필요하다.
④ 회사를 대표하는 업무집행자가 그 업무집행으로 타인에게 손해를 입힌 경우에 회사는 그 업무집행자와 연대하여 그 손해를 배상할 책임이 있다.
⑤ 회사가 잉여금을 한도로 하여 분배할 수 있다는 상법 규정을 위반하여 잉여금을 분배한 경우에는 회사의 채권자는 그 잉여금을 분배받은 자에 대하여 회사에 반환할 것을 청구할 수 있다.

••••••••••••••••••••••••••

① 회사의 이름 그대로 사원은 유한책임을 부담한다.

> 제287조의7(사원의 책임) 사원의 책임은 이 법에 다른 규정이 있는 경우 외에는 그 출자금액을 한도로 한다.

② (ⅰ) 사원의 성명·주민등록번호 및 주소가 정관에 반드시 기재되어야 하는 것은 맞다.

> 제287조의3(정관의 기재사항) 정관에는 다음 각 호의 사항을 적고 각 사원이 기명날인하거나 서명하여야 한다.
> 1. 제179조 제1호부터 제3호까지, 제5호 및 제6호에서 정한 사항
> 2. 사원의 출자의 목적 및 가액
> 3. 자본금의 액
> 4. 업무집행자의 성명(법인인 경우에는 명칭) 및 주소
>
> 제179조(정관의 절대적 기재사항) 정관에는 다음의 사항을 기재하고 총사원이 기명날인 또는 서명하여야 한다.
> 1. 목적
> 2. 상호
> 3. 사원의 성명·주민등록번호 및 주소

(ⅱ) 인적회사(합명회사, 합자회사)를 제외하고는 1인 회사가 가능하다.

> 제287조의2(정관의 작성) 유한책임회사를 설립할 때에는 사원은 정관을 작성하여야 한다.
> 제178조(정관의 작성) 합명회사의 설립에는 2인 이상의 사원이 공동으로 정관을 작성하여야 한다.
> 제268조(회사의 조직) 합자회사는 무한책임사원과 유한책임사원으로 조직한다.

③ 유한책임회사의 업무집행자의 성명은 정관기재사항이다.

> 제287조의3(정관의 기재사항) 정관에는 다음 각 호의 사항을 적고 각 사원이 기명날인하거나 서명하여야 한다.
> 1. 제179조제1호부터 제3호까지, 제5호 및 제6호에서 정한 사항
> 2. 사원의 출자의 목적 및 가액
> 3. 자본금의 액
> 4. 업무집행자의 성명(법인인 경우에는 명칭) 및 주소

④ 회사의 종류를 막론하고 회사 대표자의 업무집행에 따른 손해에 대하여 회사는 연대책임이 있다.

> 제287조의20(손해배상책임) 유한책임회사를 대표하는 업무집행자가 그 업무집행으로 타인에게 손해를 입힌 경우에는 회사는 그 업무집행자와 연대하여 배상할 책임이 있다.

310 ②

⑤ 물적회사의 경우 회사채권자는 사원 개개인에 대해서는 책임을 물을 수 없는데, 잉여금을 초과하여 사원에게 분배가 이루어지면 회사채권자의 이익을 해하기 때문이다.

> **제287조의37(잉여금의 분배)** ① <u>유한책임회사는 대차대조표상의 순자산액으로부터 자본금의 액을 뺀 액(이하 이 조에서 "잉여금"이라 한다)을 한도로 하여 잉여금을 분배할 수 있다.</u>
> ② <u>제1항을 위반하여 잉여금을 분배한 경우에는 유한책임회사의 채권자는 그 잉여금을 분배받은 자에 대하여 회사에 반환할 것을 청구할 수 있다.</u>
> ③ 제2항의 청구에 관한 소는 본점소재지의 지방법원의 관할에 전속한다.
> ④ 잉여금은 정관에 다른 규정이 없으면 각 사원이 출자한 가액에 비례하여 분배한다.
> ⑤ 잉여금의 분배를 청구하는 방법이나 그 밖에 잉여금의 분배에 관한 사항은 정관으로 정할 수 있다.
> ⑥ 사원의 지분의 압류는 잉여금의 배당을 청구하는 권리에 대하여도 그 효력이 있다.

311

상법상 유한책임회사에 관한 설명으로 틀린 것은?

① 사원은 신용이나 노무를 출자의 목적으로 하지 못하며 정관의 작성 후 설립등기를 하는 때까지 금전이나 그 밖의 재산의 출자를 전부 이행하여야 한다.
② 회사는 그 지분의 전부 또는 일부를 양수할 수 없으며 회사가 지분을 취득하는 경우 그 지분은 취득한 때에 소멸한다.
③ 업무집행자는 사원 과반수의 동의를 받지 아니하고는 같은 종류의 영업을 목적으로 하는 다른 회사의 업무집행자·이사 또는 집행임원이 되지 못한다.
④ 정관에 다른 규정이 없는 경우 정관을 변경하려면 총사원의 동의가 있어야 한다.
⑤ 회사의 내부관계에 관하여는 정관이나 상법에 다른 규정이 없으면 합명회사에 관한 규정을 준용한다.

••••••••••••••••••••••••

① (ⅰ) 신용과 노무의 출자는 인적회사의 무한책임사원에게만 가능하다. (ⅱ) 유한책임회사, 유한회사, 주식회사에서 사원(주주)의 납입은 설립등기 전까지 완료되어야 한다.

> **제287조의4(설립 시의 출자의 이행)** ① <u>사원은 신용이나 노무를 출자의 목적으로 하지 못한다.</u>
> ② 사원은 정관의 작성 후 설립등기를 하는 때까지 금전이나 그 밖의 재산의 출자를 전부 이행하여야 한다.
> ③ 현물출자를 하는 사원은 납입기일에 지체 없이 유한책임회사에 출자의 목적인 재산을 인도하고, 등기, 등록, 그 밖의 권리의 설정 또는 이전이 필요한 경우에는 이에 관한 서류를 모두 갖추어 교부하여야 한다.

② 유한책임회사가 지분을 취득하는 경우에 그 지분은 취득한 때에 소멸한다. 즉 유한책임회사는 자기회사의 지분을 취득할 수 없다.

> **제287조의9(유한책임회사에 의한 지분양수의 금지)** ① <u>유한책임회사는 그 지분의 전부 또는 일부를 양수할 수 없다.</u>
> ② 유한책임회사가 지분을 취득하는 경우에 그 지분은 취득한 때에 소멸한다.

311 ③

③ 경업을 하려면 다른 사원「전원」의 동의를 얻어야 한다.

> **제287조의10(업무집행자의 경업 금지)** ① 업무집행자는 사원 전원의 동의를 받지 아니하고는 자기 또는 제3자의 계산으로 회사의 영업부류(營業部類)에 속한 거래를 하지 못하며, 같은 종류의 영업을 목적으로 하는 다른 회사의 업무집행자·이사 또는 집행임원이 되지 못한다.
> ② 업무집행자가 제1항을 위반하여 거래를 한 경우에는 제198조제2항부터 제4항까지의 규정을 준용한다.

④ (ⅰ) 합명회사, 합자회사, 유한책임회사의 정관변경은 총사원의 동의에 의하고, (ⅱ) 유한회사와 주식회사의 정관변경은 특별결의에 의한다.

> **제287조의16(정관의 변경)** 정관에 다른 규정이 없는 경우 정관을 변경하려면 총사원의 동의가 있어야 한다.

⑤ 유한책임회사는 (ⅰ) 내부관계에 대해서는 인적회사로 보아 합명회사에 관한 규정을 준용하고, (ⅱ) 외부관계에 대해서는 물적회사로 보아 유한책임이 적용된다.

> **제287조의18(준용규정)** 유한책임회사의 내부관계에 관하여는 정관이나 이 법에 다른 규정이 없으면 합명회사에 관한 규정을 준용한다.

TOPIC 46 · 유한회사

312

상법상 유한회사에 관한 설명으로 옳은 것은?

① 출자 1좌의 금액은 100원 이상 균일하여야 하며 자본금의 총액은 제한이 없다.
② 회사의 설립취소는 그 사원·이사·감사에 한하여 회사설립일로부터 2년 내에 소로서만 주장할 수 있다.
③ 사원은 사원총회의 특별결의가 있는 때에 한하여 그 지분의 전부 또는 일부를 타인에게 양도할 수 있다.
④ 이사가 수인인 경우 정관에 다른 정함이 없으면 회사의 업무집행은 이사 과반수의 출석과 출석이사 과반수의 찬성에 의한다.
⑤ 정관변경을 위한 사원총회의 결의는 총사원의 반수 이상이며 출석한 사원의 의결권의 4분의 3 이상을 가지는 자의 동의로 한다.

• •

① 주식회사와 유한회사 모두 최저자본금의 제한은 폐지되었다.

> 제546조(출자 1좌의 금액의 제한) 출자 1좌의 금액은 100원 이상으로 균일하게 하여야 한다.

② 설립무효의 소는 사원·이사·감사에 한하여 제기할 수 있으나, 설립취소의 소의 경우에는 취소권 있는 자가 제소권자이다.

> 제552조(설립무효, 취소의 소) ① 회사의 설립의 무효는 그 사원, 이사와 감사에 한하여 설립의 취소는 그 취소권 있는 자에 한하여 회사설립의 날로부터 2년내에 소만으로 이를 주장할 수 있다.
> ② 제184조제2항과 제185조 내지 제193조의 규정은 전항의 소에 준용한다.

③ 유한회사는 물적회사이므로 사원의 지분은 원칙적으로 양도와 상속이 가능하다. 다만 정관으로 지분의 양도를 제한할 수 있다.

> 제556조(지분의 양도) 사원은 그 지분의 전부 또는 일부를 양도하거나 상속할 수 있다. 다만, 정관으로 지분의 양도를 제한할 수 있다.

④ 유한회사는 이사회가 존재하지 않으므로 몇 명의 이사가 출석하였는지와 무관하게 이사 전원의 과반수 결의에 의한다.

> 제564조(업무집행의 결정, 이사와 회사간의 거래) ① 이사가 수인인 경우에 정관에 다른 정함이 없으면 회사의 업무집행, 지배인의 선임 또는 해임과 지점의 설치·이전 또는 폐지는 이사 과반수의 결의에 의하여야 한다.

⑤ 총사원의 반수 이상이며, 출석한 사원이 아니라 총사원의 의결권의 4분의 3 이상이다. 즉 유한회사의 경우에는 인원 기준과 의결권 기준이 모두 적용된다.

> 제585조(정관변경의 특별결의) ① 전조의 결의는 총사원의 반수 이상이며 총사원의 의결권의 4분의 3 이상을 가지는 자의 동의로 한다.

312 ①

313

상법상 유한회사에 관한 설명으로 틀린 것은?

① 유한회사는 1인 사원에 의한 설립이 가능하며 사원의 수에 제한이 없다.
② 사원은 출자좌수에 따라 지분을 가지는데 출자 1좌의 금액은 100원 이상으로 균일하게 하여야 한다.
③ 업무집행기관은 이사이고 감사는 임의기관으로 되어 있으며 감사위원회제도는 인정되지 않는다.
④ 유한회사는 자본금을 증가하거나 사채발행을 통하여 필요한 자금을 조달할 수 있다.
⑤ 사원은 1출좌 1의결권을 행사할 수 있지만 정관의 정함에 의하여 출자 1좌에 대하여 복수의 의결권을 행사할 수 있다.

••••••••••••••••••••••••

① 인적회사(합명회사, 합자회사)를 제외하고는 1인회사의 설립이 가능하다.

> **제543조(정관의 작성, 절대적 기재사항)** ① 유한회사를 설립함에는 <u>사원이</u> 정관을 작성하여야 한다.

② 옳은 내용이다.

> **제546조(출자 1좌의 금액의 제한)** 출자 1좌의 금액은 <u>100원 이상으로 균일</u>하게 하여야 한다.

③ 유한회사의 경우 "이사회" 및 "감사위원회"에 대해서는 규정 자체가 존재하지 않는다.

> **제562조(회사대표)** ① 이사는 회사를 대표한다.
> ② 이사가 수인인 경우에 정관에 다른 정함이 없으면 사원총회에서 회사를 대표할 이사를 선정하여야 한다.
> ③ 정관 또는 사원총회는 수인의 이사가 공동으로 회사를 대표할 것을 정할 수 있다.
> ④ 제208조제2항의 규정은 전항의 경우에 준용한다.
>
> **제568조(감사)** ① 유한회사는 정관에 의하여 1인 또는 수인의 감사를 둘 수 있다.
> ② 제547조의 규정은 정관에서 감사를 두기로 정한 경우에 준용한다.

④ 소규모·폐쇄성을 특징으로 하는 유한회사는 불특정·다수인으로부터의 자금조달절차인 사채발행이 금지된다.

> **제604조(주식회사의 유한회사에의 조직변경)** ① 주식회사는 총주주의 일치에 의한 총회의 결의로 그 조직을 변경하여 이를 유한회사로 할 수 있다. 그러나 <u>사채의 상환을 완료하지 아니한 경우에는 그러하지 아니하다.</u>

⑤ 주식회사의 경우 1주 1의결권의 원칙에 대한 제한은 "법령"으로만 가능하지만, 유한회사의 경우에는 "정관"의 규정으로도 가능하다.

> **제575조(사원의 의결권)** 각 사원은 출자1좌마다 1개의 의결권을 가진다. 그러나 <u>정관으로 의결권의 수에 관하여 다른 정함을 할 수 있다.</u>

313 ④

314

상법상 유한회사에 관한 설명으로 틀린 것은?

① 정관규정에 따라 감사를 둔 경우 소수사원은 감사해임의 소를 제기할 수 없다.
② 주식회사와 달리 설립취소의 소가 인정되며 그 절차는 합명회사와 같다.
③ 사후증자에는 정관변경을 위한 특별결의와 같은 요건의 의결정족수가 필요하다.
④ 사원의 권리행사와 관련하여 주식회사의 주주에 대한 이익공여금지규정이 준용된다.
⑤ 유한회사는 분할 또는 분할합병 할 수 없으므로 이를 이유로 해산할 수 없다.

••••••••••••••••••••••••

① 이사의 경우 소수주주에 의한 해임청구 규정을 준용하고 있으나, 유한회사의 경우 감사는 임의기관이기 때문에 그러한 준용규정이 없다.

> **제385조(해임)** ① 이사는 언제든지 제434조의 규정에 의한 주주총회의 결의로 이를 해임할 수 있다. 그러나 이사의 임기를 정한 경우에 정당한 이유없이 그 임기만료전에 이를 해임한 때에는 그 이사는 회사에 대하여 해임으로 인한 손해의 배상을 청구할 수 있다.
> ② 이사가 그 직무에 관하여 부정행위 또는 법령이나 정관에 위반한 중대한 사실이 있음에도 불구하고 주주총회에서 그 해임을 부결한 때에는 발행주식의 총수의 100분의 3 이상에 해당하는 주식을 가진 주주는 총회의 결의가 있은 날부터 1월내에 그 이사의 해임을 법원에 청구할 수 있다. 〈개정 1998.12.28.〉
> ③ 제조의 규정은 전항의 경우에 준용한다.
>
> **제567조(준용규정)** 제209조, 제210조, 제382조, 제385조, 제386조, 제388조, 제395조, 제397조, 제399조 내지 제401조, 제407조와 제408조의 규정은 유한회사의 이사에 준용한다. 이 경우 제397조의 "이사회"는 이를 "사원총회"로 한다.

② 설립취소의 소가 인정되지 않는 회사는 주식회사에 한한다. 설립취소의 소에 관한 규정은 합명회사의 규정을 준용한다.

> **제552조(설립무효, 취소의 소)**
> ① 회사의 설립의 무효는 그 사원, 이사와 감사에 한하여 설립의 취소는 그 취소권있는 자에 한하여, 회사설립의 날로부터 2년내에 소만으로 이를 주장할 수 있다.
> ② 제184조제2항과 제185조 내지 제193조의 규정은 전항의 소에 준용한다.

③ 「사후증자」란 유한회사가 증자 후 2년 내에 증자 전부터 존재하는 재산으로서 영업을 위하여 계속하여 사용할 것을 "증자 후" 자본금의 20분의 1 이상의 대가로 취득하는 계약을 말한다(제596조, 제576조 제2항). 주식회사의 「사후설립」에 대응되는 개념이다. 이 경우 사원총회의 특별결의에 의하여야 한다(제576조 제1항).

> **제596조(준용규정)** 제421조제2항, 제548조와 제576조제2항의 규정은 자본금 증가의 경우에 준용한다.
>
> **제576조 (유한회사의 영업양도 등에 특별결의를 받아야 할 사항)** ① 유한회사가 제374조제1항제1호부터 제3호까지의 규정에 해당되는 행위를 하려면 제585조에 따른 총회의 결의가 있어야 한다.
> ② 전항의 규정은 유한회사가 그 성립후 2년내에 성립전으로부터 존재하는 재산으로서 영업을 위하여 계속하여 사용할 것을 자본금의 20분의 1이상에 상당한 대가로 취득하는 계약을 체결하는 경우에 준용한다.

④ 준용규정이 존재하지 않는다.
⑤ 회사의 분할은 주식회사에 대해서만 인정된다.

315

상법상 유한책임회사와 유한회사에 관한 설명으로 옳은 것은?

① 유한책임회사의 사원은 노무나 신용의 출자가 가능하나 유한회사 사원의 경우에는 노무나 신용의 출자가 허용되지 않는다.
② 유한책임회사의 사원은 출자의 전액을 현실적으로 납입할 필요가 없으나 유한회사의 사원은 출자의 전액을 현실적으로 납입하여야 한다.
③ 사원이 사망한 경우 유한책임회사는 원칙적으로 지분이 상속되나 유한회사의 경우에는 지분의 상속이 허용되지 않는다.
④ 유한책임회사와 유한회사의 사원이 성년후견개시결정을 받더라도 상법상의 퇴사사유가 되지 않는다.
⑤ 대표소송의 제기권은 유한책임회사의 경우에는 단독사원권이나 유한회사의 경우에는 자본금 총액의 100분의 3 이상에 해당하는 출자좌수를 요구하는 소수사원권이다.

....

① 유한책임회사(제287조의4 제1항)의 사원이나 유한회사(제548조 제1항)의 사원이나 노무나 신용의 출자가 허용되지 않는다. 노무나 신용의 출자는 합명회사 및 합자회사의 무한책임사원의 경우에만 가능하다.

> 제287조의4(설립 시의 출자의 이행) ① <u>사원은 신용이나 노무를 출자의 목적으로 하지 못한다.</u>
> ② 사원은 정관의 작성 후 설립등기를 하는 때까지 금전이나 그 밖의 재산의 출자를 전부 이행하여야 한다.
> ③ 현물출자를 하는 사원은 납입기일에 지체 없이 유한책임회사에 출자의 목적인 재산을 인도하고, 등기, 등록, 그 밖의 권리의 설정 또는 이전이 필요한 경우에는 이에 관한 서류를 모두 갖추어 교부하여야 한다.
>
> 제548조(출자의 납입) ① 이사는 사원으로 하여금 <u>출자전액의 납입 또는 현물출자의 목적인 재산전부의 급여</u>를 시켜야 한다.

② 유한책임회사(제287조의4 제2항)의 사원이나 유한회사(제548조 제1항)의 사원이나 출자액 전액에 대한 현실적 납입이 필요하다.

> 제287조의4(설립 시의 출자의 이행) ① 사원은 신용이나 노무를 출자의 목적으로 하지 못한다.
> ② <u>사원은 정관의 작성 후 설립등기를 하는 때까지 금전이나 그 밖의 재산의 출자를 전부 이행하여야 한다.</u>
> ③ 현물출자를 하는 사원은 납입기일에 지체 없이 유한책임회사에 출자의 목적인 재산을 인도하고, 등기, 등록, 그 밖의 권리의 설정 또는 이전이 필요한 경우에는 이에 관한 서류를 모두 갖추어 교부하여야 한다.
>
> 제548조(출자의 납입) ① 이사는 사원으로 하여금 <u>출자전액의 납입 또는 현물출자의 목적인 재산전부의 급여</u>를 시켜야 한다.

③ 지문과 반대이다. 사원의 사망은 「대내관계」의 문제이다. (ⅰ) 사원이 사망한 경우 유한책임회사는 사원의 퇴사원인이 되고 정관에 다른 규정이 없는 한 지분이 상속되지 않으나(제287조의26, 제219조), (ⅱ) 유한회사의 경우에는 지분의 상속이 허용된다(제556조).

> 제287조의26(사원사망 시 권리승계의 통지) 사원이 사망한 경우에는 <u>제219조를 준용</u>한다.
>
> 제218조(퇴사원인) 사원은 전조의 경우외에 다음의 사유로 인하여 퇴사한다.
> 　1. 정관에 정한 사유의 발생
> 　2. 총사원의 동의
> 　3. 사망

315 ⑤

    4. 성년후견개시
    5. 파산
    6. 제명

제219조(사원사망 시 권리승계의 통지) ① 정관으로 사원이 사망한 경우에 그 상속인이 회사에 대한 피상속인의 <u>권리의무를 승계하여 사원이 될 수 있음을 정한 때</u>에는 상속인은 상속의 개시를 안 날로부터 3월내에 회사에 대하여 승계 또는 포기의 통지를 발송하여야 한다.
② 상속인이 전항의 통지 없이 3월을 경과한 때에는 사원이 될 권리를 포기한 것으로 본다.

제556조(지분의 양도) <u>사원은 그 지분의 전부 또는 일부를 양도하거나 상속할 수 있다.</u> 다만, 정관으로 지분의 양도를 제한할 수 있다.

④ 성년후견개시결정은 「대내관계」의 문제이다. (ⅰ) 유한회사의 사원은 성년후견이 개시되더라도 상법상의 퇴사사유가 되지 않는다. (ⅱ) 반면에 유한책임회사의 내부관계는 합명회사에 관한 규정을 준용하기 때문에, 유한책임회사 사원의 성년후견개시는 (업무집행사원인지 여부를 불문하고) 퇴사사유에 해당한다.

제287조의18(준용규정) 유한책임회사의 내부관계에 관하여는 정관이나 이 법에 다른 규정이 없으면 <u>합명회사에 관한 규정을 준용</u>한다.

제218조(퇴사원인) 사원은 전조의 경우외에 다음의 사유로 인하여 퇴사한다.
    1. 정관에 정한 사유의 발생
    2. 총사원의 동의
    3. 사망
    4. <u>성년후견개시</u>
    5. 파산
    6. 제명

⑤ (ⅰ) 유한책임회사는 1인 1지분으로써 출자좌수에 대한 개념이 없이 각 사원이 권리를 행사하기 때문에 대표소송 역시 각 사원이 제기할 수 있다. 상법상으로 「사원은」이라고 규정하고 있다(제287조의22 제1항). (ⅱ) 반면 유한회사의 경우 소수사원이 대표소송을 제기할 수 있는데, 이때의 소수사원은 자본금 총액의 3/100 이상에 해당하는 출자좌수를 가진 사원을 의미한다(제565조 제1항).

제287조의22(대표소송) ① <u>사원은</u> 회사에 대하여 업무집행자의 책임을 추궁하는 소의 제기를 청구할 수 있다.
② 제1항의 소에 관하여는 제403조제2항부터 제4항까지, 제6항, 제7항 및 제404조부터 제406조까지의 규정을 준용한다.

제565조(사원의 대표소송) ① <u>자본금 총액의 100분의 3 이상에 해당하는 출자좌수를 가진 사원은 회사에 대하여 이사의 책임을 추궁할 소의 제기를 청구할 수 있다.</u>
② 제403조제2항 내지 제7항과 제404조 내지 제406조의 규정은 제1항의 경우에 준용한다.

316

상법상 유한회사에 관한 설명으로 옳은 것은?

① 이사가 수인인 경우에 정관에 다른 정함이 없으면 이사회에서 회사를 대표할 이사를 선정하여야 한다.
② 이사는 감사가 있는 경우에도 사원총회의 승인이 있는 때에 한하여 자기 또는 제3자의 계산으로 회사와 거래를 할 수 있다.
③ 유한회사는 정관으로 정한 경우에 사원총회의 특별결의로 주식회사로 그 조직을 변경할 수 있다.
④ 유한회사는 사원총회의 특별결의에 의하여 자본금을 증가할 수 있으며 그 결의를 한 때에 자본금 증가의 효력이 생긴다.
⑤ 자본금증가 후에 아직 인수되지 아니한 출자가 있는 때에는 자본금증가결의에 동의한 사원과 이사, 감사가 인수되지 아니한 출자를 공동으로 인수한 것으로 본다.

••••••••••••••••••••••••

① 유한회사의 대표이사는 '사원총회'에서 선정한다. 상법상 유한회사의 '이사회'는 인정하지 않는다.

> **제562조(회사대표)** ② 이사가 수인인 경우에 정관에 다른 정함이 없으면 사원총회에서 회사를 대표할 이사를 선정하여야 한다.

② 유한회사의 이사가 회사와 자기거래를 하려면 감사가 있는 경우에는 감사의 승인, 감사가 없는 때에는 사원총회의 승인을 받아야 한다.

> **제564조(업무집행의 결정, 이사와 회사간의 거래)** ③ 이사는 감사가 있는 때에는 그 승인이, 감사가 없는 때에는 사원총회의 승인이 있는 때에 한하여 자기 또는 제삼자의 계산으로 회사와 거래를 할 수 있다. 이 경우에는 민법 제124조의 규정을 적용하지 아니한다.

③ 유한회사가 주식회사로 조직변경을 하는 것은 원칙적으로 총사원의 일치에 의한 총회결의로 하지만, 정관으로 정한 경우에는 사원총회의 특별결의로 할 수도 있다.

> **제607조(유한회사의 주식회사로의 조직변경)** ① 유한회사는 총사원의 일치에 의한 총회의 결의로 주식회사로 조직을 변경할 수 있다. 다만, 회사는 그 결의를 정관으로 정하는 바에 따라 제585조의 사원총회의 결의로 할 수 있다.
> **제585조(정관변경의 특별결의)** ① 전조의 결의는 총사원의 반수 이상이며 총사원의 의결권의 4분의 3 이상을 가지는 자의 동의로 한다.

④ 유한회사의 자본금 증가는 그 변경등기(증자등기)를 한 때에 효력이 생긴다. 즉 등기에 창설적 효력이 인정된다. 유한회사는 「확정자본주의」를 택하고 있어서 자본금증가는 정관변경사항이므로 사원총회의 특별결의를 요한다는 점도 알고 있어야 한다.

> **제591조(자본금 증가의 등기)** 유한회사는 자본금 증가로 인한 출자 전액의 납입 또는 현물출자의 이행이 완료된 날부터 2주 내에 본점소재지에서 자본금 증가로 인한 변경등기를 하여야 한다.
> **제592조(자본금 증가의 효력발생)** 자본금의 증가는 본점소재지에서 제591조의 등기를 함으로써 효력이 생긴다.

⑤ 이사·감사의 자본충실책임 중 미필출자에 따른 인수담보책임에 관한 내용이다. (ⅰ) 설립시 미필출자의 경우에는 성립 당시의 사원과 이사·감사가 연대하여 자본충실책임을 지지만(제551조), (ⅱ) 증자시 미필출자에 대해서는 이사와 감사가 연대하여 자본충실책임을 진다(제594조 제1항).

316 ③

> **제551조(출자미필액에 대한 회사성립시의 사원 등의 책임)** ① 회사성립 후에 출자금액의 납입 또는 현물출자의 이행이 완료되지 아니하였음이 발견된 때에는 회사성립당시의 사원, 이사와 감사는 회사에 대하여 그 납입되지 아니한 금액 또는 이행되지 아니한 현물의 가액을 연대하여 지급할 책임이 있다.
>
> **제594조(미인수출자 등에 관한 이사 등의 책임)** ① 자본금 증가후에 아직 인수되지 아니한 출자가 있는 때에는 이사와 감사가 공동으로 이를 인수한 것으로 본다.

317

상법상 회사의 사원에 관한 설명으로 틀린 것은?

① 합명회사는 정관의 규정에 의하여도 출자의무가 없는 사원을 인정할 수 없다.
② 합명회사 사원의 입사는 정관기재사항으로서 입사의 시점은 총사원의 동의가 있는 때가 아니라 그 변경내용을 등기한 때로 본다.
③ 유한책임회사의 사원의 지분을 압류한 채권자는 6개월 전에 예고하고 영업연도말에 그 사원을 퇴사시킬 수 있다.
④ 유한책임회사의 사원이 경업금지의무를 위반한 경우 회사는 다른 사원 과반수의 결의에 의하여 그 사원의 제명의 선고를 법원에 청구할 수 있다.
⑤ 유한회사의 사원은 지분의 전부 또는 일부를 타인에게 양도할 수 있으며 지분의 상속도 인정된다.

••••••••••••••••••••••••••

① 어떠한 형태로든 출자를 이행하지 않으면 사원이 아니다.
② 합명회사 사원의 성명이 정관의 절대적 기재사항이기는 하나, 정관변경이 없더라도 총사원의 동의만 있으면 사원으로서의 지위를 취득한다.

> **관련판례**
>
> [대법원 1996. 10. 29., 선고, 96다19321, 판결]
> 합자회사의 성립 후에 신입사원이 입사하여 사원으로서의 지위를 취득하기 위하여는 정관변경을 요하고 따라서 총사원의 동의를 얻어야 하지만, 정관변경은 회사의 내부관계에서는 총사원의 동의만으로 그 효력을 발생하는 것이므로 신입사원은 총사원의 동의가 있으면 정관인 서면의 경정이나 등기부에의 기재를 기다리지 않고 그 동의가 있는 시점에 곧바로 사원으로서의 지위를 취득한다.

③ 합명회사와 같이 지분압류채권자에 의한 퇴사청구 허용한다.

> **제287조의29(지분압류채권자에 의한 퇴사)** 사원의 지분을 압류한 채권자가 그 사원을 퇴사시키는 경우에는 제224조를 준용한다.
>
> **제224조 (지분압류채권자에 의한 퇴사청구)**
> ① 사원의 지분을 압류한 채권자는 영업년도말에 그 사원을 퇴사시킬 수 있다. 그러나 회사와 그 사원에 대하여 6월전에 그 예고를 하여야 한다.
> ② 전항 단서의 예고는 사원이 변제를 하거나 상당한 담보를 제공한 때에는 그 효력을 잃는다.

317 ②

④ 이 경우 합명회사에 관한 규정을 준용한다.

> **제287조의27(제명의 선고)** 사원의 제명에 관하여는 제220조를 준용한다. 다만, 사원의 제명에 필요한 결의는 정관으로 달리 정할 수 있다.
>
> **제220조(제명의 선고)** ① 사원에게 다음의 사유가 있는 때에는 회사는 다른 사원 과반수의 결의에 의하여 그 사원의 제명의 선고를 법원에 청구할 수 있다.
> 1. 출자의 의무를 이행하지 아니한 때
> 2. 제198조 제1항의 규정에 위반한 행위가 있는 때
> 3. 회사의 업무집행 또는 대표에 관하여 부정한 행위가 있는 때, 권한없이 업무를 집행하거나 회사를 대표한 때
> 4. 기타 중요한 사유가 있는 때
>
> **제198조(사원의 경업의 금지)** ① 사원은 다른 사원의 동의가 없으면 자기 또는 제3자의 계산으로 회사의 영업부류에 속하는 거래를 하지 못하며 동종영업을 목적으로 하는 다른 회사의 무한책임사원 또는 이사가 되지 못한다.

⑤ 물적회사의 사원은 원칙적으로 지분양도의 자유가 인정된다.

> **제556조(지분의 양도)** 사원은 그 지분의 전부 또는 일부를 양도하거나 상속할 수 있다. 다만, 정관으로 지분의 양도를 제한할 수 있다.

318

상법상 유한회사에 관한 설명으로 틀린 것은?

① 이사가 수인인 경우에 정관에 다른 정함이 없으면 사원총회에서 회사를 대표할 이사를 선정하여야 한다.
② 현물출자의 목적인 재산의 회사성립 당시의 실가(實價)가 정관에 정한 가격에 현저하게 부족한 때에는, 회사성립 당시의 사원은 회사에 대하여 그 부족액을 연대하여 지급할 책임이 있다.
③ 회사설립의 무효는 그 사원, 이사와 감사에 한하여 회사성립의 날로부터 2년 내에 소만으로 이를 주장할 수 있다.
④ 정관으로 이사를 정하지 아니한 때에는 회사성립 전에 사원총회를 열어 이를 선임하여야 한다.
⑤ 감사가 없는 경우, 이사는 이사 전원의 승인이 있는 때에 한하여 자기 또는 제3자의 계산으로 회사와 거래를 할 수 있다.

• • • • • • • • • • • • • • • • • • • •

① 유한회사는 주식회사와는 달리 이사회가 없기 때문이다.

> **제562조(회사대표)** ① 이사는 회사를 대표한다.
> ② 이사가 수인인 경우에 정관에 다른 정함이 없으면 사원총회에서 회사를 대표할 이사를 선정하여야 한다.
> ③ 정관 또는 사원총회는 수인의 이사가 공동으로 회사를 대표할 것을 정할 수 있다.
> ④ 제208조제2항의 규정은 전항의 경우에 준용한다.
>
> **제568조(감사)** ① 유한회사는 정관에 의하여 1인 또는 수인의 감사를 둘 수 있다.
> ② 제547조의 규정은 정관에서 감사를 두기로 정한 경우에 준용한다.

② 출자재산이 과대평가된 경우의 자본충실책임이다. 설립시에는 모든 사원이, 증자시에는 결의에 찬성한 사원이 책임을 부담한다.

318 ⑤

> **제550조(현물출자 등에 관한 회사성립시의 사원의 책임)** ① 제544조제1호와 제2호의 재산의 회사성립당시의 실가가 정관에 정한 가격에 현저하게 부족한 때에는 회사성립당시의 사원은 회사에 대하여 그 부족액을 연대하여 지급할 책임이 있다.
> ② 전항의 사원의 책임은 면제하지 못한다.

③ 설립무효의 소의 경우에는 사원·이사·감사, 설립취소의 소의 경우에는 취소권 있는 자가 제소권자이다.

> **제552조(설립무효, 취소의 소)** ① 회사의 설립의 무효는 그 사원, 이사와 감사에 한하여 설립의 취소는 그 취소권 있는 자에 한하여 회사설립의 날로부터 2년내에 소만으로 이를 주장할 수 있다.
> ② 제184조제2항과 제185조 내지 제193조의 규정은 전항의 소에 준용한다.

④ 초대이사의 선임에 대한 설명이다.

> **제547조(초대이사의 선임)** ① 정관으로 이사를 정하지 아니한 때에는 회사성립전에 사원총회를 열어 이를 선임하여야 한다.
> ② 전항의 사원총회는 각 사원이 소집할 수 있다.

⑤ 유한회사의 이사가 회사와 자기거래를 하려면 감사가 있는 경우에는 감사의 승인, 감사가 없는 때에는 (이사 전원의 승인이 아니라) 사원총회의 승인을 받아야 한다. 이 때의 사원총회의 승인은 보통결의(총사원 의결권 과반수 출석, 출석의결권의 과반수 찬성)를 말한다.

> **제564조(업무집행의 결정, 이사와 회사간의 거래)** ③ 이사는 감사가 있는 때에는 그 승인이, 감사가 없는 때에는 사원총회의 승인이 있는 때에 한하여 자기 또는 제삼자의 계산으로 회사와 거래를 할 수 있다. 이 경우에는 민법 제124조의 규정을 적용하지 아니한다.

319

상법상 유한회사에 관한 설명으로 옳은 것은?

① 금전출자에 의한 자본금 증가의 경우에 출자의 인수를 한 자는 그 자본금 증가의 등기일로부터 이익배당에 관하여 사원과 동일한 권리를 가진다.
② 이사가 회사에 대하여 소를 제기하는 경우에는 감사만 그 소에 관하여 회사를 대표한다.
③ 이사가 수인인 경우 정관에 다른 정함이 없으면 각 이사가 회사를 대표한다.
④ 현물출자의 목적인 재산의 자본금 증가 당시의 실가가 자본금 증가의 결의에 의하여 정한 가격에 현저하게 부족한 때에는 그 결의에 동의한 사원은 회사에 대하여 그 부족액을 연대하여 지급할 책임이 있다.
⑤ 회사의 설립취소는 그 사원·이사·감사에 한하여 회사설립일로부터 2년 내에 소만으로 이를 주장할 수 있다.

---

① 증자등기일이 아니라 납입한 날부터 배당에 관하여 권리를 가지게 된다.

> **제590조(출자인수인의 지위)** 자본금 증가의 경우에 출자의 인수를 한 자는 출자의 납입의 기일 또는 현물출자의 목적인 재산의 급여의 기일로부터 이익배당에 관하여 사원과 동일한 권리를 가진다.

319 ④

② 주식회사의 경우와는 달리 유한회사의 감사는 임의기관에 불과하다. 따라서 유한회사와 이사 간에 소송을 할 때에는 사원총회가 그 소에 관하여 회사를 대표할 자를 선정하도록 하고 있다.

> 제568조(감사) ① 유한회사는 정관에 의하여 1인 또는 수인의 감사를 둘 수 있다.
>
> 제563조(이사, 회사간의 소에 관한 대표) 회사가 이사에 대하여 또는 이사가 회사에 대하여 소를 제기하는 경우에는 사원총회는 그 소에 관하여 회사를 대표할 자를 선정하여야 한다.

③ 유한회사에서 이사가 수인인 경우에 정관에 다른 정함이 없으면 사원총회에서 회사를 대표할 이사를 선정한다. 반면에 주식회사에서는 이사회가 존재하므로, 이사회에서 대표이사를 선정한다.

> 제562조(회사대표) ① 이사는 회사를 대표한다.
> ② 이사가 수인인 경우에 정관에 다른 정함이 없으면 사원총회에서 회사를 대표할 이사를 선정하여야 한다.
> ③ 정관 또는 사원총회는 수인의 이사가 공동으로 회사를 대표할 것을 정할 수 있다.
> ④ 제208조제2항의 규정은 전항의 경우에 준용한다.

④ 「현물출자 등에 관한 사원의 책임」에 대한 설명이다.

> 제593조(현물출자등에 관한 사원의 책임) ①제586조제1호와 제2호의 재산의 자본금 증가당시의 실가가 자본금 증가의 결의에 의하여 정한 가격에 현저하게 부족한 때에는 그 결의에 동의한 사원은 회사에 대하여 그 부족액을 연대하여 지급할 책임이 있다.

⑤ (ⅰ) 설립무효의 소의 경우에는 사원·이사·감사, (ⅱ) 설립취소의 소의 경우에는 취소권 있는 자가 제소권자이다.

> 제552조(설립무효, 취소의 소) ① 회사의 설립의 무효는 그 사원, 이사와 감사에 한하여 설립의 취소는 그 취소권 있는 자에 한하여 회사설립의 날로부터 2년내에 소만으로 이를 주장할 수 있다.

320

상법상 회사의 업무집행 또는 대표에 관한 설명으로 옳은 것만을 모두 고른 것은? (이견이 있으면 판례에 의함)

> ㄱ. 유한회사에서 이사가 수인인 경우 정관에 다른 정함이 없으면 지점의 설치·이전 또는 폐지는 이사 과반수의 결의에 의하여야 한다.
> ㄴ. 유한책임회사는 정관으로 사원이 아닌 자를 업무집행자로 정할 수 없다.
> ㄷ. 합자회사의 무한책임사원은 정관에 다른 규정이 없는 때에는 각자가 회사의 업무를 집행할 권리와 의무가 있다.
> ㄹ. 합자회사의 유한책임사원은 정관 또는 총사원의 동의로써 회사대표자로 지정되면 업무집행권과 대표권을 가질 수 있다.
> ㅁ. 합명회사에서 수인의 업무집행사원을 정한 경우에 정관 또는 총사원의 동의로 특히 회사를 대표할 자를 정할 수 있다.

① ㄱ, ㄴ　　　　② ㄱ, ㄷ　　　　③ ㄱ, ㄷ, ㅁ
④ ㄴ, ㄷ, ㄹ　　　⑤ ㄴ, ㄹ, ㅁ

●●●●●●●●●●●●●●●●●●●●

옳은 것은 ㄱ, ㄷ, ㅁ 이다.

ㄱ. 유한회사의 경우 (i) 원칙적으로 이사 각자가 업무집행권을 가지지만, (ii) 수인의 이사가 있는 경우에 (유한회사에는 이사회가 별도로 분화되어 있지 않기 때문에) 정관에 다른 정함이 없으면 지배인의 선임·해임, 지점의 설치·이전·폐지 등 회사의 업무집행은 원칙적으로 이사 과반수의 결의에 의하여야 한다.

> 제564조(업무집행의 결정, 이사와 회사간의 거래) ① 이사가 수인인 경우에 정관에 다른 정함이 없으면 회사의 업무집행, 지배인의 선임 또는 해임과 지점의 설치·이전 또는 폐지는 이사 과반수의 결의에 의하여야 한다.

ㄴ. (합명회사나 합자회사와는 달리) 유한책임회사는 사원이 아닌 자를 업무집행자로 정할 수 있다.

> 제287조의12(업무의 집행) ① 유한책임회사는 정관으로 사원 또는 사원이 아닌 자를 업무집행자로 정하여야 한다.

ㄷ. 합명회사의 사원과 합자회사의 무한책임사원은 원칙적으로 각자가 업무집행권이 있다.

> 제273조(업무집행의 권리의무) 무한책임사원은 정관에 다른 규정이 없는 때에는 각자가 회사의 업무를 집행할 권리와 의무가 있다.

ㄹ. 합자회사의 유한책임사원의 경우 (i) 회사의 대외적 대표권은 인정되지 않는다는 것에 대해서 학설과 판례가 일치하나, (ii) 회사의 업무집행은 내부관계에 관한 사항이므로 이에 관한 내용은 임의규정으로 볼 수 있고, 따라서 정관 또는 내부규정에 의하여 유한책임사원에게 업무집행권을 부여하는 것은 가능하다는 것이 다수의 견해이다.

> **관련판례**
>
> [대법원 1966. 1. 25. 선고 65다2128 판결]
> 합자회사의 유한책임사원이 정관 또는 총사원의 동의로서 회사의 대표자로 지정되어 그와 같은 등기까지 경유되었다 하더라도 회사대표권을 가질 수 없다.

> 제278조 (유한책임사원의 업무집행, 회사대표의 금지) 유한책임사원은 회사의 업무집행이나 대표행위를 하지 못한다.

ㅁ. 옳은 내용이다.

> 제207조(회사대표) 정관으로 업무집행사원을 정하지 아니한 때에는 각 사원은 회사를 대표한다. 수인의 업무집행사원을 정한 경우에 각 업무집행사원은 회사를 대표한다. 그러나 정관 또는 총사원의 동의로 업무집행사원중 특히 회사를 대표할 자를 정할 수 있다.

321

상법상 유한회사의 사원총회에 관한 설명으로 틀린 것은?

① 사원총회를 소집할 때에는 사원총회일의 1주 전에 각 사원에게 서면으로 통지서를 발송하거나 각 사원의 동의를 받아 전자문서로 통지서를 발송하여야 한다.
② 정관에 다른 정함이 없는 경우 자본금 총액의 100분의 3 이상에 해당하는 출자좌수를 가진 사원은 회의의 목적사항과 소집의 이유를 기재한 서면을 이사에게 제출하여 총회의 소집을 청구할 수 있다.
③ 총사원의 의결권의 과반수의 동의가 있을 때에는 소집절차 없이 총회를 열 수 있으며 총회의 결의를 하여야 할 경우 서면에 의한 결의를 할 수 있다.
④ 사원총회의 결의는 정관 또는 상법에 다른 규정이 있는 경우 외에는 총사원의 의결권의 과반수를 가지는 사원이 출석하고 그 의결권의 과반수로써 하여야 한다.
⑤ 각 사원은 출자 1좌마다 1개의 의결권을 가지나 정관으로 의결권의 수에 관하여 다른 정함을 할 수 있다.

....

① (주식회사의 주총소집통지가 원칙적으로 주총 2주 전에 발송해야 하는 것과는 달리) 유한회사의 사원총회 소집통지는 총회일 1주 전에 이루어져야 한다.

> **제571조(사원총회의 소집)** ① 사원총회는 이 법에서 달리 규정하는 경우 외에는 이사가 소집한다. 그러나 임시총회는 감사도 소집할 수 있다.
> ② 사원총회를 소집할 때에는 사원총회일의 1주 전에 각 사원에게 서면으로 통지서를 발송하거나 각 사원의 동의를 받아 전자문서로 통지서를 발송하여야 한다.
> ③ 사원총회의 소집에 관하여는 제363조제2항 및 제364조를 준용한다.

② 소수사원의 임시총회소집청구권에 대한 설명이다.

> **제572조(소수사원에 의한 총회소집청구)** ① 자본금 총액의 100분의 3 이상에 해당하는 출자좌수를 가진 사원은 회의의 목적사항과 소집의 이유를 기재한 서면을 이사에게 제출하여 총회의 소집을 청구할 수 있다.
> ② 전항의 규정은 정관으로 다른 정함을 할 수 있다.

③ 총사원의 동의가 있으면 (ⅰ) 소집절차 없이 총회를 열 수 있으며, (ⅱ) 서면결의도 가능하다.

> **제573조(소집절차의 생략)** 총사원의 동의가 있을 때에는 소집절차없이 총회를 열 수 있다.
> **제577조(서면에 의한 결의)** ① 총회의 결의를 하여야 할 경우에 총사원의 동의가 있는 때에는 서면에 의한 결의를 할 수 있다.

④ 사원총회의 보통결의요건에 대한 설명이다.

> **제574조(총회의 정족수, 결의방법)** 사원총회의 결의는 정관 또는 본법에 다른 규정이 있는 경우 외에는 총사원의 의결권의 과반수를 가지는 사원이 출석하고 그 의결권의 과반수로써 하여야 한다.

⑤ 1좌 1의결권 원칙에 대한 설명이다.

> **제575조(사원의 의결권)** 각 사원은 출자1좌마다 1개의 의결권을 가진다. 그러나 정관으로 의결권의 수에 관하여 다른 정함을 할 수 있다.

321 ③

322

상법상 유한회사에 관한 설명으로 틀린 것은?

① 정관에는 각 사원의 출자좌수를 기재해야 한다.
② 사원은 사원총회의 특별결의에 의해서만 그 지분의 전부 또는 일부를 양도할 수 있다.
③ 자본금 총액의 100분의 3 이상에 해당하는 출자좌수를 가진 사원은 회사에 대하여 이사의 책임을 추궁할 소의 제기를 청구할 수 있다.
④ 회사는 감사를 두지 않을 수 있다.
⑤ 자본금 증가는 본점소재지에서 자본금 증가의 등기를 함으로써 효력이 생긴다.

••••••••••••••••••••••••••

① 유한회사의 사원은 정관작성을 통해 확정된다. 따라서 정관에는 각 사원의 성명 및 출자좌수가 기재되어야 한다.

> **제543조(정관의 작성, 절대적 기재사항)** ① 유한회사를 설립함에는 사원이 정관을 작성하여야 한다.
> ② 정관에는 다음의 사항을 기재하고 각 사원이 기명날인 또는 서명하여야 한다.
> 　1. 제179조제1호 내지 제3호에 정한 사항
> 　2. 자본금의 총액
> 　3. 출자1좌의 금액
> 　4. 각 사원의 출자좌수
> 　5. 본점의 소재지

② 물적회사(주식회사, 유한회사)의 사원은 원칙적으로 지분양도가 자유롭다.

> **제556조(지분의 양도)** 사원은 그 지분의 전부 또는 일부를 양도하거나 상속할 수 있다. 다만, 정관으로 지분의 양도를 제한할 수 있다.

③ 유한회사의 경우 소수사원이 대표소송을 제기할 수 있는데, 이때의 소수사원은 자본금 총액의 3/100 이상에 해당하는 출자좌수를 가진 사원을 의미한다.

> **제565조(사원의 대표소송)** ① 자본금 총액의 100분의 3 이상에 해당하는 출자좌수를 가진 사원은 회사에 대하여 이사의 책임을 추궁할 소의 제기를 청구할 수 있다.
> ② 제403조제2항 내지 제7항과 제404조 내지 제406조의 규정은 제1항의 경우에 준용한다.

④ 주식회사의 경우와는 달리 유한회사의 감사는 임의기관에 불과하다.

> **제568조(감사)** ① 유한회사는 정관에 의하여 1인 또는 수인의 감사를 둘 수 있다.

⑤ 유한회사의 자본금 증가는 그 변경등기(증자등기)를 한 때에 효력이 생긴다. 「설립 등 등기」가 아님에도 창설적 효력이 인정되는 유일한 경우이다.

> **제591조(자본금 증가의 등기)** 유한회사는 자본금 증가로 인한 출자 전액의 납입 또는 현물출자의 이행이 완료된 날부터 2주 내에 본점소재지에서 자본금 증가로 인한 변경등기를 하여야 한다.
> **제592조(자본금 증가의 효력발생)** 자본금의 증가는 본점소재지에서 제591조의 등기를 함으로써 효력이 생긴다.

322 ②

323

상법상 각종 회사에 관한 설명으로 옳은 것은?

① 합명회사의 사원이 그 채권자를 해할 것을 알고 회사를 설립한 때에는 채권자는 그 사원과 회사에 대한 소로 회사의 설립취소를 청구할 수 있다.
② 합자회사의 유한책임사원이 사망한 경우 정관에 정함이 없으면 그 상속인은 그 지분을 승계하여 사원이 될 수 없다.
③ 유한책임회사의 사원은 업무를 집행하는 사원이 없는 경우에는 사원 과반수의 동의를 받아야 그 지분의 전부 또는 일부를 타인에게 양도할 수 있다.
④ 유한회사의 각 사원은 이사가 법령 또는 정관에 위반한 행위를 하여 이로 인하여 회사에 회복할 수 없는 손해가 생길 염려가 있는 경우에는 회사를 위하여 이사에 대하여 그 행위를 유지할 것을 청구할 수 있다.
⑤ 상법상의 외국회사는 다른 법률의 적용에 있어서는 법률에 다른 규정이 있는 경우 외에는 대한민국에서 성립된 주식회사로 본다.

....

① 사해설립취소의 소에 대한 설명이다. 이 경우에는 "사원의 채권자"가 원고가 되고, "사원과 회사"가 공동피고가 된다는 점을 유의하여야 한다.

> **제185조(채권자에 의한 설립취소의 소)** 사원이 그 채권자를 해할 것을 알고 회사를 설립한 때에는 채권자는 그 사원과 회사에 대한 소로 회사의 설립취소를 청구할 수 있다.

② 합자회사의 유한책임사원이 사망한 때에는 그 상속인이 그 지분을 승계하여 사원이 된다. 즉, 합자회사 유한책임사원의 사망은 (무한책임사원의 경우와는 달리) 퇴사원인이 아니다.

> **제283조(유한책임사원의 사망)** ① 유한책임사원이 사망한 때에는 그 상속인이 그 지분을 승계하여 사원이 된다.

③ 업무집행사원이 없는 경우에는 사원 전원의 동의를 받아야 한다.

> **제287조의8(지분의 양도)** ① 사원은 다른 사원의 동의를 받지 아니하면 그 지분의 전부 또는 일부를 타인에게 양도하지 못한다.
> ② 제1항에도 불구하고 업무를 집행하지 아니한 사원은 업무를 집행하는 사원 전원의 동의가 있으면 지분의 전부 또는 일부를 타인에게 양도할 수 있다. 다만, 업무를 집행하는 사원이 없는 경우에는 사원 전원의 동의를 받아야 한다.
> ③ 제1항과 제2항에도 불구하고 정관으로 그에 관한 사항을 달리 정할 수 있다.

④ 위법행위유지청구권은 각 사원에게 인정되는 단독주주권이 아니라 소수주주권이다.

> **제564조의2(유지청구권)** 이사가 법령 또는 정관에 위반한 행위를 하여 이로 인하여 회사에 회복할 수 없는 손해가 생길 염려가 있는 경우에는 감사 또는 자본금 총액의 100분의 3 이상에 해당하는 출자좌수를 가진 사원은 회사를 위하여 이사에 대하여 그 행위를 유지할 것을 청구할 수 있다.

⑤ 대한민국에서 성립된 '동종 또는 가장 유사한 회사'로 본다.

> **제621조(외국회사의 지위)** 외국회사는 다른 법률의 적용에 있어서는 법률에 다른 규정이 있는 경우외에는 대한민국에서 성립된 동종 또는 가장 유사한 회사로 본다.

323 ①

TOPIC 47 · 조직변경

324

상법상 회사의 조직변경에 관한 설명으로 옳은 것은?

① 유한회사가 주식회사와 합병하여 합병 후 존속하는 회사가 주식회사인 경우에는 이를 법원에 신고하여야 한다.
② 유한책임회사가 총사원의 동의에 의하여 주식회사로 변경하는 경우 조직변경할 때 발행하는 주식의 발행가액 총액은 회사에 현존하는 순재산액을 초과하지 못한다.
③ 주식회사가 유한회사로 변경하는 경우에는 사채의 상환을 완료한 때에 한하여 주주총회에 출석한 주주의 의결권의 3분의 2 이상의 수와 발행주식총수의 3분의 1 이상의 수의 결의로 그 조직을 변경할 수 있다.
④ 유한회사가 주식회사로 그 조직을 변경하는 경우 회사에 현존하는 순재산액이 조직변경으로 발행하는 주식의 발행가액 총액에 부족할 때에는 조직변경된 주식회사의 이사 및 감사는 연대하여 회사에 그 부족액을 지급할 책임이 있다.
⑤ 유한회사 또는 유한책임회사가 주식회사로 조직변경하는 경우에는 합병에서와 같은 채권자보호절차를 거치지 않아도 된다.

••••••••••••••••••••••••

① 법원에 신고함으로 족한 것이 아니라 법원의 인가를 얻어야 한다. 주식회사 설립의 엄격성을 잠탈하는 것을 방지하기 위함이다.

> 제600조(유한회사와 주식회사의 합병) ① 유한회사가 주식회사와 합병하는 경우에 합병후 존속하는 회사 또는 합병으로 인하여 설립되는 회사가 주식회사인 때에는 법원의 인가를 얻지 아니하면 합병의 효력이 없다.

② 조직변경을 하는 과정에서 자본충실의 원칙을 해하는 상황이 발생하는 것을 막기 위함이다.

> 제287조의44(준용규정) 유한책임회사의 조직의 변경에 관하여는 제232조 및 제604조부터 제607조까지의 규정을 준용한다.
>
> 제607조(유한회사의 주식회사로의 조직변경) ① 유한회사는 총사원의 일치에 의한 총회의 결의로 주식회사로 조직을 변경할 수 있다. 다만, 회사는 그 결의를 정관으로 정하는 바에 따라 제585조의 사원총회의 결의로 할 수 있다.
> ② 제1항에 따라 조직을 변경할 때 발행하는 주식의 발행가액의 총액은 회사에 현존하는 순재산액을 초과하지 못한다.
> ③ 제1항의 조직변경은 법원의 인가를 받지 아니하면 효력이 없다.

③ 총주주의 동의를 요한다.

> 제604조(주식회사의 유한회사에의 조직변경) ① 주식회사는 총주주의 일치에 의한 총회의 결의로 그 조직을 변경하여 이를 유한회사로 할 수 있다. 그러나 사채의 상환을 완료하지 아니한 경우에는 그러하지 아니하다.

④ "조직변경된 주식회사의 이사 및 감사"가 아니라 "조직변경 결의 당시 유한회사의 이사, 감사 및 사원"이 연대하여 책임을 진다. (i) 이사, 감사의 책임은 등기에 따른 책임, (ii) 사원의 책임은 결의찬성에 따른 책임으로 생각하면 된다.

324 ②

제607조(유한회사의 주식회사로의 조직변경) ① 유한회사는 총사원의 일치에 의한 총회의 결의로 주식회사로 조직을 변경할 수 있다. 다만, 회사는 그 결의를 정관으로 정하는 바에 따라 제585조의 사원총회의 결의로 할 수 있다.

② 제1항에 따라 조직을 변경할 때 발행하는 주식의 발행가액의 총액은 회사에 현존하는 순재산액을 초과하지 못한다.

③ 제1항의 조직변경은 법원의 인가를 받지 아니하면 효력이 없다.

④ 제1항에 따라 조직을 변경하는 경우 회사에 현존하는 순재산액이 조직변경으로 발행하는 주식의 발행가액 총액에 부족할 때에는 제1항의 결의 당시의 이사, 감사 및 사원은 연대하여 회사에 그 부족액을 지급할 책임이 있다. 이 경우에 제550조제2항 및 제551조제2항·제3항을 준용한다.

⑤ 물적회사의 조직변경에는 채권자보호절차가 필요하다.

제608조(준용규정) 제232조의 규정은 제604조와 제607조의 조직변경의 경우에 준용한다.

제232조(채권자의 이의) ① 회사는 합병의 결의가 있은 날부터 2주내에 회사채권자에 대하여 합병에 이의가 있으면 일정한 기간내에 이를 제출할 것을 공고하고 알고 있는 채권자에 대하여는 따로따로 이를 최고하여야 한다. 이 경우 그 기간은 1월 이상이어야 한다.

② 채권자가 제1항의 기간내에 이의를 제출하지 아니한 때에는 합병을 승인한 것으로 본다.

③ 이의를 제출한 채권자가 있는 때에는 회사는 그 채권자에 대하여 변제 또는 상당한 담보를 제공하거나 이를 목적으로 하여 상당한 재산을 신탁회사에 신탁하여야 한다.

TOPIC 48 • 합병

325

상법상 비상장 주식회사의 합병에 관한 설명으로 옳은 것은?

① 소규모합병의 경우와 달리 간이합병의 경우는 이사회의 승인결의가 있은 날로부터 2주간 내에 채권자에 대하여 이의를 제출할 것을 공고 또는 최고하여야 한다.
② 흡수합병의 경우 소멸회사가 보유한 소멸회사의 자기주식은 물론이고 존속회사가 보유한 존속회사의 자기주식도 소멸한다.
③ 합병 후 존속하는 회사의 이사로서 합병 전에 취임한 자는 합병계약서에 다른 정함이 없는 한 합병 후 최초로 도래하는 결산기의 정기주주총회가 종료하는 때에 퇴임한다.
④ 판례에 의하면 주주총회의 합병결의에 무효원인이 있는 경우 합병등기 전에는 주주총회결의 무효의 소에 의하고 합병등기 후에는 주주총회결의 무효의 소와 합병무효의 소가 모두 가능하다.
⑤ 합병무효의 원고승소 판결이 있으면 존속회사 또는 신설회사가 합병 후에 취득한 재산은 합병당사회사의 합유가 되고 합병 후에 부담한 채무는 연대채무가 된다.

• •

① 간이합병(제527조의2)이건 소규모합병(제527조의3)이건 채권자보호절차는 필요하다. 이사회결의 후 2주 내에 공고·최고를 하면 된다. 공고와 최고는 선택사항이 아니다. 공고를 한 경우에도 알고 있는 채권자에게는 개별적으로 최고하여야 한다.

> **제527조의5(채권자보호절차)** ① 회사는 제522조의 주주총회의 승인결의가 있은 날부터 2주내에 채권자에 대하여 합병에 이의가 있으면 1월이상의 기간내에 이를 제출할 것을 공고하고 알고 있는 채권자에 대하여는 따로따로 이를 최고하여야 한다.
> ② 제1항의 규정을 적용함에 있어서 제527조의2 및 제527조의3의 경우에는 이사회의 승인결의를 주주총회의 승인결의로 본다.

② 소멸회사는 법인격이 소멸하므로 그 자기주식 역시 소멸하여야 하나, 존속회사의 자기주식은 소멸하지 않는다.
③ 합병 전에 선임된 이사와 감사는 합병 후 존속회사의 주주가 되는 소멸회사의 주주의 의사에 따라 선임된 것이 아니기 때문에, 새로운 주주를 포함시켜 존속회사의 주주 전원으로 구성된 주주총회의 의사를 임원의 선임에 반영시키려는 취지이다.

> **제527조의4(이사·감사의 임기)** ① 합병을 하는 회사의 일방이 합병후 존속하는 경우에 존속하는 회사의 이사 및 감사로서 합병전에 취임한 자는 합병계약서에 다른 정함이 있는 경우를 제외하고는 합병후 최초로 도래하는 결산기의 정기총회가 종료하는 때에 퇴임한다.

④ 합병등기 전에는 주주총회결의 무효의 소에 의하고, 합병등기 후에는 합병무효의 소만 가능하다(흡수설).

> **관련판례**
> [대법원 1993.5.27. 선고, 92누14908, 판결]
> 회사합병에 있어서 합병등기에 의하여 합병의 효력이 발생한 후에는 합병무효의 소를 제기하는 외에 합병결의무효확인청구만을 독립된 소로서 구할 수 없다.

325 ③

⑤ 합유가 아니라 공유이다. 합유는 민법상 조합의 소유관계이다.

> **제239조(무효판결확정과 회사의 권리의무의 귀속)** ② 합병후 존속한 회사 또는 합병으로 인하여 설립한 회사의 합병후 취득한 재산은 합병을 한 회사의 공유로 한다.
> **제530조(준용규정)** ② 제234조, 제235조, 제237조 내지 제240조, 제329조의2, 제374조제2항, 제374조의2제2항 내지 제5항 및 제439조제3항의 규정은 주식회사의 합병에 관하여 이를 준용한다.

326

상법상 합명회사의 합병에 관한 설명으로 틀린 것은?

① 합병 후 존속하는 회사가 주식회사인 경우에 합병할 회사의 일방이 합명회사인 때에는 총사원의 동의를 얻어 합병계약서를 작성하여야 한다.
② 합병결의는 총사원의 동의가 있어야 하며 합명회사 간에는 간이합병이나 소규모합병은 인정되지 아니한다.
③ 회사가 채권자이의기간 내에 이의를 제출할 것을 공고한 이상 알고 있는 채권자에 대하여 따로따로 이를 최고할 필요는 없다.
④ 합병의 무효는 합병등기가 있는 날로부터 6월내에 소만으로 이를 주장할 수 있다.
⑤ 합병무효판결은 제3자에 대하여도 그 효력이 있으나 그 판결확정 전에 생긴 회사의 사원 및 제3자간의 권리의무에 영향을 미치지 아니한다.

••••••••••••••••••••••••

① 인적회사와 주식회사가 합병하는 경우, 인적회사에서는 총사원의 동의로 합병결의를 해야 하는 것은 물론이거니와, 합병계약서의 작성에 있어서도 총사원의 동의가 필요하다.

> **제525조(합명회사, 합자회사의 합병계약서)** ① 합병후 존속하는 회사 또는 합병으로 인하여 설립되는 회사가 주식회사인 경우에 합병할 회사의 일방 또는 쌍방이 합명회사 또는 합자회사인 때에는 **총사원의 동의를 얻어 합병계약서를 작성하여야** 한다.

② 옳은 내용이다. 간이합병 및 소규모합병은 주식회사의 흡수합병의 경우에서만 인정된다.
③ 합병결의의 공고와는 별도로, 회사는 알고 있는 채권자에 대해서는 따로따로 최고하여야 한다.

> **제232조(채권자의 이의)** ① 회사는 합병의 결의가 있은 날부터 2주내에 회사채권자에 대하여 합병에 이의가 있으면 일정한 기간내에 이를 제출할 것을 공고하고 알고 있는 채권자에 대하여는 따로따로 이를 최고하여야 한다. 이 경우 그 기간은 1월 이상이어야 한다.
> ② 채권자가 제1항의 기간내에 이의를 제출하지 아니한 때에는 합병을 승인한 것으로 본다.
> ③ 이의를 제출한 채권자가 있는 때에는 회사는 그 채권자에 대하여 변제 또는 상당한 담보를 제공하거나 이를 목적으로 하여 상당한 재산을 신탁회사에 신탁하여야 한다.

④ 회사법상 소송의 원칙적인 제소기간은 "6월"로 정리하자. 합병무효의 소도 마찬가지이고, 그 기산점은 합병등기일이 된다.

> **제236조(합병무효의 소의 제기)** ① 회사의 합병의 무효는 각 회사의 사원, 청산인, 파산관재인 또는 합병을 승인하지 아니한 회사채권자에 한하여 소만으로 이를 주장할 수 있다.
> ② 전항의 소는 제233조의 등기가 있는 날로부터 6월내에 제기하여야 한다.

326 ③

⑤ 대세효는 인정되나, 소급효는 부인된다. 회사법상 소 중에서 소급효가 인정되는 소송은 주총결의를 다투는 소와 감자무효의 소에 한정된다.

327

상법상 주식회사의 합병에 관한 설명으로 옳은 것은?

① 자회사(甲)가 다른 회사(乙)를 흡수합병하면서 소멸되는 회사(乙)의 주주에게 모회사(丙)의 주식을 교부하고 합병할 수 있다.
② 존속회사(甲)의 주식을 발행하지 않고 소멸회사(乙)의 주주에게 합병대가의 전부를 금전으로만 지급하는 흡수합병은 인정되지 않는다.
③ 합병무효는 각 회사의 주주 또는 이사나 감사가 소만으로 이를 주장할 수 있지만 합병을 승인하지 아니한 채권자는 합병무효의 소를 제기할 수 없다.
④ 존속회사가 합병으로 인하여 발행하는 신주의 총수가 그 회사의 발행주식총수의 100분의 10을 초과하지 않는 경우 그 합병에 반대하는 존속회사의 주주는 주식매수청구권을 행사할 수 있다.
⑤ 사채권자가 합병결의에 이의를 제기하는 경우 그 사채권자는 단독으로 이의제기할 수 있다.

• •

① 이른바 삼각합병에 해당한다. 소멸회사의 주주에게 제공하는 합병교부주식은 존속회사의 주식뿐만 아니라 존속회사의 모회사의 주식도 가능하다.

> **제523조의2(합병대가가 모회사주식인 경우의 특칙)** ① 제342조의2에도 불구하고 제523조제4호에 따라 소멸하는 회사의 주주에게 제공하는 재산이 존속하는 회사의 모회사주식을 포함하는 경우에는 존속하는 회사는 그 지급을 위하여 모회사주식을 취득할 수 있다.
> ② 존속하는 회사는 제1항에 따라 취득한 모회사의 주식을 합병 후에도 계속 보유하고 있는 경우 합병의 효력이 발생하는 날부터 6개월 이내에 그 주식을 처분하여야 한다.

② 합병대가는 합병교부주식뿐만 아니라 대가 전부를 합병교부금으로 지급하는 것도 가능하다.

> **제523조(흡수합병의 합병계약서)** 합병할 회사의 일방이 합병 후 존속하는 경우에는 합병계약서에 다음의 사항을 적어야 한다.
> 1. 존속하는 회사가 합병으로 인하여 그 발행할 주식의 총수를 증가하는 때에는 그 증가할 주식의 총수, 종류와 수
> 2. 존속하는 회사의 자본금 또는 준비금이 증가하는 경우에는 증가할 자본금 또는 준비금에 관한 사항
> 3. 존속하는 회사가 합병을 하면서 신주를 발행하거나 자기주식을 이전하는 경우에는 발행하는 신주 또는 이전하는 자기주식의 총수, 종류와 수 및 합병으로 인하여 소멸하는 회사의 주주에 대한 신주의 배정 또는 자기주식의 이전에 관한 사항
> 4. <u>존속하는 회사가 합병으로 소멸하는 회사의 주주에게 제3호에도 불구하고 그 대가의 전부 또는 일부로서 금전이나 그 밖의 재산을 제공하는 경우에는 그 내용 및 배정에 관한 사항</u>
> 5. 각 회사에서 합병의 승인결의를 할 사원 또는 주주의 총회의 기일
> 6. 합병을 할 날
> 7. 존속하는 회사가 합병으로 인하여 정관을 변경하기로 정한 때에는 그 규정
> 8. 각 회사가 합병으로 이익배당을 할 때에는 그 한도액
> 9. 합병으로 인하여 존속하는 회사에 취임할 이사와 감사 또는 감사위원회의 위원을 정한 때에는 그 성명 및 주민등록번호

327 ①

③ 합병불승인의 채권자도 합병무효의 소의 제소권자에 해당한다.

> **제529조(합병무효의 소)** ① 합병무효는 각 회사의 <u>주주·이사·감사·청산인·파산관재인 또는 합병을 승인하지 아니한 채권자에 한하여</u> 소만으로 이를 주장할 수 있다.
> ② 제1항의 소는 제528조의 등기가 있은 날로부터 6월내에 제기하여야 한다.

④ 소규모합병의 경우 (ⅰ) 존속회사의 주주에게는 주식매수청구권이 인정되지 않지만, (ⅱ) 소멸회사의 주주에게는 (소규모합병이 아니므로) 주식매수청구권이 인정된다.
- 반대주주에게 주식매수청구권이 인정되지 않는 경우 - 소규모합병, 소규모분할합병, 소규모주식교환

> **제527조의3(소규모합병)** ① 합병 후 존속하는 회사가 합병으로 인하여 발행하는 신주 및 이전하는 <u>자기주식의 총수가 그 회사의 발행주식총수의 100분의 10을 초과하지 아니하는 경우에는 그 존속하는 회사의 주주총회의 승인은 이를 이사회의 승인으로 갈음할 수 있다.</u> 다만, 합병으로 인하여 소멸하는 회사의 주주에게 제공할 금전이나 그 밖의 재산을 정한 경우에 그 금액 및 그 밖의 재산의 가액이 존속하는 회사의 최종 대차대조표상으로 현존하는 순자산액의 100분의 5를 초과하는 경우에는 그러하지 아니하다.
> ② 제1항의 경우에 존속하는 회사의 합병계약서에는 주주총회의 승인을 얻지 아니하고 합병을 한다는 뜻을 기재하여야 한다.
> ③ 제1항의 경우에 존속하는 회사는 합병계약서를 작성한 날부터 2주내에 소멸하는 회사의 상호 및 본점의 소재지, 합병을 할 날, 주주총회의 승인을 얻지 아니하고 합병을 한다는 뜻을 공고하거나 주주에게 통지하여야 한다.
> ④ 합병후 존속하는 회사의 발행주식총수의 100분의 20 이상에 해당하는 주식을 소유한 주주가 제3항의 규정에 의한 공고 또는 통지를 한 날부터 2주내에 회사에 대하여 서면으로 제1항의 합병에 반대하는 의사를 통지한 때에는 제1항 본문의 규정에 의한 합병을 할 수 없다.
> ⑤ <u>제1항 본문의 경우에는 제522조의3의 규정은 이를 적용하지 아니한다.</u>

> **제522조의3(합병반대주주의 주식매수청구권)** ① 제522조제1항의 규정에 의한 결의사항에 관하여 이사회의 결의가 있는 때에 그 결의에 반대하는 주주는 주주총회전에 회사에 대하여 서면으로 그 결의에 반대하는 의사를 통지한 경우에는 그 총회의 결의일부터 20일 이내에 주식의 종류와 수를 기재한 서면으로 회사에 대하여 자기가 소유하고 있는 주식의 매수를 청구할 수 있다.
> ② 제527조의2제2항의 공고 또는 통지를 한 날부터 2주내에 회사에 대하여 서면으로 합병에 반대하는 의사를 통지한 주주는 그 기간이 경과한 날부터 20일 이내에 주식의 종류와 수를 기재한 서면으로 회사에 대하여 자기가 소유하고 있는 주식의 매수를 청구할 수 있다.

⑤ 사채권자가 이의를 제기하려면 사채권자집회의 결의가 있어야 한다.

> **제530조(준용규정)** ① 삭제
> ② 제234조, 제235조, 제237조 내지 제240조, 제329조의2, 제374조제2항, 제374조의2제2항 내지 제5항 및 <u>제439조제3항의 규정은 주식회사의 합병에 관하여 이를 준용한다.</u>

> **제439조(자본금 감소의 방법, 절차)** ① 자본금 감소의 결의에서는 그 감소의 방법을 정하여야 한다.
> ② 자본금 감소의 경우에는 제232조를 준용한다. 다만, 결손의 보전을 위하여 자본금을 감소하는 경우에는 그러하지 아니하다.
> ③ <u>사채권자가 이의를 제기하려면 사채권자집회의 결의가 있어야 한다.</u> 이 경우에는 법원은 이해관계인의 청구에 의하여 사채권자를 위하여 이의 제기 기간을 연장할 수 있다.

328

상법상 회사의 합병에 관한 설명 중 **틀린** 것은?

① 합병을 하는 회사의 일방 또는 쌍방이 주식회사, 유한회사 또는 유한책임회사인 경우에는 합병 후 존속하는 회사나 합병으로 설립되는 회사는 주식회사, 유한회사 또는 유한책임회사이어야 한다.
② 유한회사와 주식회사가 합병하는 경우 합병 후 존속하는 회사 또는 합병으로 인하여 설립되는 회사가 주식회사인 때에는 법원의 인가를 얻어야 한다.
③ 유한회사와 주식회사의 합병으로 인하여 존속하는 회사가 유한회사인 경우 주식회사는 사채의 상환을 완료하여야 한다.
④ 주식회사 간 흡수합병의 경우 소멸회사 총주주의 동의가 있거나 그 회사 발행주식총수의 90% 이상을 존속회사가 소유하고 있는 때에는 존속회사 주주총회 승인을 이사회 승인으로 갈음할 수 있다.
⑤ 주식회사 간 흡수합병의 경우 존속회사가 소멸회사의 주주에게 제공하는 재산이 존속회사의 모회사주식을 포함하는 때에는 존속회사는 그 지급을 위하여 모회사주식을 취득할 수 있다.

••••••••••••••••••••••

① 인적회사와 물적회사(유한책임회사 포함)의 합병 자체는 가능하나 합병 후 회사는 물적회사(유한책임회사 포함)라야 한다.

> **제174조(회사의 합병)** ② 합병을 하는 회사의 일방 또는 쌍방이 주식회사, 유한회사 또는 유한책임회사인 경우에는 **합병 후 존속하는 회사나 합병으로 설립되는 회사는 주식회사, 유한회사 또는 유한책임회사이어야 한다.** 〈개정 2011.4.14.〉

② 주식회사 설립의 엄격성을 잠탈하는 것을 방지하기 위함이다.

> **제600조(유한회사와 주식회사의 합병)** ① 유한회사가 주식회사와 합병하는 경우에 합병후 존속하는 회사 또는 합병으로 인하여 **설립되는 회사가 주식회사인 때에는 법원의 인가를** 얻지 아니하면 합병의 효력이 없다.

③ 유한회사는 소규모, 폐쇄적인 회사이므로 사채를 발행할 수 없다.

> **제600조(유한회사와 주식회사의 합병)**
> ② 합병을 하는 회사의 일방이 사채의 상환을 완료하지 아니한 주식회사인 때에는 합병후 존속하는 회사 또는 합병으로 인하여 설립되는 회사는 유한회사로 하지 못한다.

④ 소멸회사 주주총회의 승인을 이사회 승인으로 갈음할 수 있다.

> **제527조의2(간이합병)** ① 합병할 회사의 일방이 합병후 존속하는 경우에 합병으로 인하여 소멸하는 회사의 총주주의 동의가 있거나 그 회사의 발행주식총수의 100분의 90이상을 합병후 존속하는 회사가 소유하고 있는 때에는 **합병으로 인하여 소멸하는 회사의 주주총회의 승인은 이를 이사회의 승인으로 갈음할 수 있다.**

⑤ 이른바 삼각합병의 경우로서, 합병대가를 지급하기 위해 자회사가 모회사 주식을 취득할 수 있다.

> **제523조의2 (합병대가가 모회사주식인 경우의 특칙)**
> 제342조의2에도 불구하고 제523조제4호에 따라 소멸하는 회사의 주주에게 제공하는 재산이 존속하는 회사의 모회사주식을 포함하는 경우에는 존속하는 회사는 그 지급을 위하여 모회사주식을 취득할 수 있다.

328 ④

329

상법상 주식회사의 합병에 관한 설명으로 **틀린** 것은?

① 회사가 주주에게 합병계약서를 승인하기 위한 주주총회의 소집을 통지할 때에는 소집통지서에 합병계약의 요령을 기재하여야 한다.
② 간이합병의 경우 소멸회사의 주주총회는 이사회승인으로 갈음하므로 소멸회사의 주주는 주식매수청구권을 행사할 수 없다.
③ 소멸회사의 주주에게 제공하는 재산이 존속회사의 모회사의 주식을 포함하는 경우 존속회사는 그 지급을 위하여 모회사의 주식을 취득할 수 있다.
④ 회사는 합병계약서를 승인하는 주주총회의 결의가 있은 날부터 2주 내에 채권자에 대하여 합병에 이의가 있으면 1월 이상으로 정한 기간 내에 이를 제출할 것을 공고해야 한다.
⑤ 존속회사의 이사로서 합병 전에 취임한 자는 합병계약서에 다른 정함이 있는 경우를 제외하고는 합병 후 최초로 도래하는 결산기의 정기총회가 종료하는 때에 퇴임한다.

----

① 옳은 내용이다.

> **제522조(합병계약서와 그 승인결의)** ① 회사가 합병을 함에는 합병계약서를 작성하여 주주총회의 승인을 얻어야 한다.
> ② 합병계약의 요령은 제363조에 정한 통지에 기재하여야 한다.
> ③ 제1항의 승인결의는 제434조의 규정에 의하여야 한다.
>
> **제363조(소집의 통지)** ① 주주총회를 소집할 때에는 주주총회일의 2주 전에 각 주주에게 서면으로 통지를 발송하거나 각 주주의 동의를 받아 전자문서로 통지를 발송하여야 한다. 다만, 그 통지가 주주명부상 주주의 주소에 계속 3년간 도달하지 아니한 경우에는 회사는 해당 주주에게 총회의 소집을 통지하지 아니할 수 있다.

② 간이합병이 아닌 소규모합병의 경우에 존속회사 반대주주의 주식매수청구권 행사를 배제한다. 소규모 분할합병, 소규모 주식교환의 경우에도 마찬가지로 결의 반대주주의 주식매수청구권이 배제된다.

> **제527조의3(소규모합병)** ① 합병 후 존속하는 회사가 합병으로 인하여 발행하는 신주 및 이전하는 자기주식의 총수가 그 회사의 발행주식총수의 100분의 10을 초과하지 아니하는 경우에는 그 존속하는 회사의 주주총회의 승인은 이를 이사회의 승인으로 갈음할 수 있다. 다만, 합병으로 인하여 소멸하는 회사의 주주에게 제공할 금전이나 그 밖의 재산을 정한 경우에 그 금액 및 그 밖의 재산의 가액이 존속하는 회사의 최종 대차대조표상으로 현존하는 순자산액의 100분의 5를 초과하는 경우에는 그러하지 아니하다.
> ② 제1항의 경우에 존속하는 회사의 합병계약서에는 주주총회의 승인을 얻지 아니하고 합병을 한다는 뜻을 기재하여야 한다.
> ③ 제1항의 경우에 존속하는 회사는 합병계약서를 작성한 날부터 2주내에 소멸하는 회사의 상호 및 본점의 소재지, 합병을 할 날, 주주총회의 승인을 얻지 아니하고 합병을 한다는 뜻을 공고하거나 주주에게 통지하여야 한다.
> ④ 합병 후 존속하는 회사의 발행주식총수의 100분의 20 이상에 해당하는 주식을 소유한 주주가 제3항의 규정에 의한 공고 또는 통지를 한 날부터 2주내에 회사에 대하여 서면으로 제1항의 합병에 반대하는 의사를 통지한 때에는 제1항 본문의 규정에 의한 합병을 할 수 없다.
> ⑤ 제1항 본문의 경우에는 제522조의3(합병반대주주의 주식매수청구권)의 규정은 이를 적용하지 아니한다.

③ 이른바 「삼각합병」에 해당한다. 상법상 원칙적으로는 자회사가 모회사의 주식을 취득할 수 없지만, 삼각합병을 하기 위해서 필요한 때에는 예외적으로 모회사 주식을 취득할 수 있다. 「합/영/실/포」로 정리하자. 덧붙여 자회사(존속회사)가 이렇게 모회사의 주식을 합병 후에도 계속 보유하고 있는 경우 합병의 효력이 발생한 날로부터 6개월 이내에 그 주식을 처분하여야 한다.

> **제523조의2(합병대가가 모회사주식인 경우의 특칙)** ① 제342조의2에도 불구하고 제523조제4호에 따라 소멸하는 회사의 주주에게 제공하는 재산이 존속하는 회사의 모회사주식을 포함하는 경우에는 존속하는 회사는 그 지급을 위하여 모회사주식을 취득할 수 있다.
> ② 존속하는 회사는 제1항에 따라 취득한 모회사의 주식을 합병 후에도 계속 보유하고 있는 경우 합병의 효력이 발생하는 날부터 6개월 이내에 그 주식을 처분하여야 한다.

④ 합병계약서를 주주총회에서 승인한 후에는 채권자 보호절차를 밟아야 한다.

> **제232조(채권자의 이의)** ① 회사는 합병의 결의가 있은 날부터 2주내에 회사채권자에 대하여 합병에 이의가 있으면 일정한 기간내에 이를 제출할 것을 공고하고 알고 있는 채권자에 대하여는 따로따로 이를 최고하여야 한다. 이 경우 그 기간은 1월 이상이어야 한다.
> ② 채권자가 제1항의 기간내에 이의를 제출하지 아니한 때에는 합병을 승인한 것으로 본다.
> ③ 이의를 제출한 채권자가 있는 때에는 회사는 그 채권자에 대하여 변제 또는 상당한 담보를 제공하거나 이를 목적으로 하여 상당한 재산을 신탁회사에 신탁하여야 한다.

⑤ 흡수합병의 경우 소멸회사의 주주를 보호하기 위해 원칙적으로 존속회사의 경영진을 교체하도록 하고 있다.

> **제527조의4(이사·감사의 임기)** ① 합병을 하는 회사의 일방이 합병후 존속하는 경우에 존속하는 회사의 이사 및 감사로서 합병전에 취임한 자는 합병계약서에 다른 정함이 있는 경우를 제외하고는 합병후 최초로 도래하는 결산기의 정기총회가 종료하는 때에 퇴임한다.

330

상법상 회사의 합병에 관한 설명으로 틀린 것은?

① 흡수합병의 경우 존속회사는 소멸회사의 주주에게 합병대가의 전부 또는 일부로서 금전이나 그 밖의 재산을 제공할 수 있다.
② 간이합병에 반대하는 소멸회사의 주주로서 의결권이 없거나 제한되는 주주는 주식매수청구권을 행사할 수 없다.
③ 소멸회사의 주주에게 제공할 금전의 금액이 존속회사의 최종 대차대조표상으로 현존하는 순자산액의 100분의 5를 초과하는 경우에는 소규모합병을 할 수 없다.
④ 판례에 의하면 주주는 합병비율이 현저하게 불공정한 경우 합병무효의 소를 제기할 수 있다.
⑤ 자회사가 흡수합병을 하는 경우 소멸회사의 주주에게 제공하는 합병대가가 존속회사의 모회사주식을 포함하는 때에는 존속회사는 그 지급을 위하여 모회사주식을 취득할 수 있다.

• •

① 합병대가는 합병교부주식으로 지급하는 것이 원칙이지만(제523조 제3호), 금전이나 그 밖의 재산으로 제공할 수도 있다(동조 제4호).

> **제523조(흡수합병의 합병계약서)** 합병할 회사의 일방이 합병 후 존속하는 경우에는 합병계약서에 다음의 사항을 적어야 한다.

330 ②

> 3. 존속하는 회사가 합병을 하면서 신주를 발행하거나 자기주식을 이전하는 경우에는 발행하는 신주 또는 이전하는 자기주식의 총수, 종류와 수 및 합병으로 인하여 소멸하는 회사의 주주에 대한 신주의 배정 또는 자기주식의 이전에 관한 사항
> 4. 존속하는 회사가 합병으로 소멸하는 회사의 주주에게 제3호에도 불구하고 <u>그 대가의 전부 또는 일부로서 금전이나 그 밖의 재산을 제공하는 경우</u>에는 그 내용 및 배정에 관한 사항

② (ⅰ) 의결권 없는 주주도 합병에 대하여 주식매수청구권을 행사할 수 있으며(제522조의3 제1항), (ⅱ) 간이합병의 경우에는 (소규모합병과는 달리) 주식매수청구권 행사가 가능하다(제522조의3 제2항, 제527조의2).

> **제522조의3(합병반대주주의 주식매수청구권)** ① 제522조제1항에 따른 결의사항에 관하여 이사회의 결의가 있는 때에 그 결의에 반대하는 주주(<u>의결권이 없거나 제한되는 주주를 포함한다.</u> 이하 이 조에서 같다)는 주주총회 전에 회사에 대하여 서면으로 그 결의에 반대하는 의사를 통지한 경우에는 그 총회의 결의일부터 20일 이내에 주식의 종류와 수를 기재한 서면으로 회사에 대하여 자기가 소유하고 있는 주식의 매수를 청구할 수 있다.
> ② <u>제527조의2제2항의 공고 또는 통지를 한 날부터 2주내에 회사에 대하여 서면으로 합병에 반대하는 의사를 통지한 주주</u>는 그 기간이 경과한 날부터 20일 이내에 주식의 종류와 수를 기재한 서면으로 회사에 대하여 자기가 소유하고 있는 주식의 매수를 청구할 수 있다.

> **제527조의2(간이합병)** ① 합병할 회사의 일방이 합병후 존속하는 경우에 합병으로 인하여 소멸하는 회사의 총주주의 동의가 있거나 그 회사의 발행주식총수의 100분의 90이상을 합병후 존속하는 회사가 소유하고 있는 때에는 합병으로 인하여 소멸하는 회사의 주주총회의 승인은 이를 이사회의 승인으로 갈음할 수 있다.
> ② 제1항의 경우에 합병으로 인하여 소멸하는 회사는 합병계약서를 작성한 날부터 2주내에 주주총회의 승인을 얻지 아니하고 합병을 한다는 뜻을 공고하거나 주주에게 통지하여야 한다. 다만, 총주주의 동의가 있는 때에는 그러하지 아니하다.

③ 상법상 소규모합병의 제한에 해당한다(제527조의3 제1항 단서).

> **제527조의3(소규모합병)** ① 합병 후 존속하는 회사가 합병으로 인하여 발행하는 신주 및 이전하는 자기주식의 총수가 그 회사의 발행주식총수의 100분의 10을 초과하지 아니하는 경우에는 그 존속하는 회사의 주주총회의 승인은 이를 이사회의 승인으로 갈음할 수 있다. 다만, <u>합병으로 인하여 소멸하는 회사의 주주에게 제공할 금전이나 그 밖의 재산을 정한 경우에 그 금액 및 그 밖의 재산의 가액이 존속하는 회사의 최종 대차대조표상으로 현존하는 순자산액의 100분의 5를 초과하는 경우에는 그러하지 아니하다.</u>

④ 합병비율의 현저한 불공정은 합병무효의 사유이고, 이 경우 당사회사의 주주는 그 소를 제기할 수 있다.

> **관련판례**
>
> [대법원 2008. 1. 10. 선고 2007다64136 판결]
> 합병비율을 정하는 것은 합병계약의 가장 중요한 내용이고, 그 합병비율은 합병할 각 회사의 재산 상태와 그에 따른 주식의 실제적 가치에 비추어 공정하게 정함이 원칙이며, 만일 그 비율이 합병할 각 회사의 일방에게 불리하게 정해진 경우에는 그 회사의 주주가 합병 전 회사의 재산에 대하여 가지고 있던 지분비율을 합병 후에 유지할 수 없게 됨으로써 실질적으로 주식의 일부를 상실케 되는 결과를 초래하므로, <u>현저하게 불공정한 합병비율을 정한 합병계약은 사법관계를 지배하는 신의성실의 원칙이나 공평의 원칙 등에 비추어 무효이고, 따라서 합병비율이 현저하게 불공정한 경우 합병할 각 회사의 주주 등은 상법 제529조에 의하여 소로써 합병의 무효를 구할 수 있다.</u>

⑤ 이른바 '삼각합병'의 경우 자회사가 모회사의 주식을 예외적으로 취득할 수 있다.

> **제523조의2(합병대가가 모회사주식인 경우의 특칙)** ① 제342조의2에도 불구하고 제523조제4호에 따라 <u>소멸하는 회사의 주주에게 제공하는 재산이 존속하는 회사의 모회사주식을 포함하는 경우에는 존속하는 회사는 그 지급을 위하여 모회사주식을 취득할 수 있다.</u>

331

상법상 주식회사의 합병에 관한 설명으로 틀린 것은?

① 합병계약서를 승인하기 위하여 주주총회를 소집하는 경우 소집통지에 합병계약의 요령을 기재하여야 한다.
② 소멸회사의 주주에게 제공하는 재산이 존속회사의 모회사주식을 포함하는 경우에는 존속회사는 그 지급을 위하여 모회사주식을 취득할 수 있다.
③ 소멸회사의 발행주식총수의 100분의 90 이상을 존속회사가 소유하고 있는 때에는 소멸회사의 주주총회의 승인은 이를 이사회의 승인으로 갈음할 수 있다.
④ 존속회사가 합병으로 인하여 발행하는 신주 및 이전하는 자기주식의 총수가 그 회사의 발행주식총수의 100분의 10을 초과하지 아니하는 경우에는 채권자보호절차를 거치지 않아도 된다.
⑤ 존속회사 또는 신설회사가 합병으로 인하여 전환사채 또는 신주인수권부사채를 승계한 때에는 합병의 등기와 동시에 사채의 등기를 하여야 한다.

·······························

① 주주들이 합병주총결의에서 의결권을 행사하는데 필요한 정보를 제공받아야 하기 때문이다.

> **제522조(합병계약서와 그 승인결의)** ① 회사가 합병을 함에는 합병계약서를 작성하여 주주총회의 승인을 얻어야 한다.
> ② 합병계약의 요령은 제363조에 정한 통지에 기재하여야 한다.
> ③ 제1항의 승인결의는 제434조의 규정에 의하여야 한다.
>
> **제363조(소집의 통지)** ① 주주총회를 소집할 때에는 주주총회일의 2주 전에 각 주주에게 서면으로 통지를 발송하거나 각 주주의 동의를 받아 전자문서로 통지를 발송하여야 한다. 다만, 그 통지가 주주명부상 주주의 주소에 계속 3년간 도달하지 아니한 경우에는 회사는 해당 주주에게 총회의 소집을 통지하지 아니할 수 있다.

② "삼각합병"에 관한 설명이다.

> **제523조의2(합병대가가 모회사주식인 경우의 특칙)** ① 제342조의2에도 불구하고 제523조제4호에 따라 소멸하는 회사의 주주에게 제공하는 재산이 존속하는 회사의 모회사주식을 포함하는 경우에는 존속하는 회사는 그 지급을 위하여 모회사주식을 취득할 수 있다.
> ② 존속하는 회사는 제1항에 따라 취득한 모회사의 주식을 합병 후에도 계속 보유하고 있는 경우 합병의 효력이 발생하는 날부터 6개월 이내에 그 주식을 처분하여야 한다.

③ "간이합병"에 대한 설명이다.

> **제527조의2(간이합병)** ① 합병할 회사의 일방이 합병후 존속하는 경우에 합병으로 인하여 소멸하는 회사의 총주주의 동의가 있거나 그 회사의 발행주식총수의 100분의 90이상을 합병후 존속하는 회사가 소유하고 있는 때에는 합병으로 인하여 소멸하는 회사의 주주총회의 승인은 이를 이사회의 승인으로 갈음할 수 있다.

④ "소규모합병"의 경우에도 채권자보호절차는 생략할 수 없다.

> **제527조의5(채권자보호절차)** ① 회사는 제522조의 주주총회의 승인결의가 있은 날부터 2주내에 채권자에 대하여 합병에 이의가 있으면 1월이상의 기간내에 이를 제출할 것을 공고하고 알고 있는 채권자에 대하여는 따로따로 이를 최고하여야 한다.
> ② 제1항의 규정을 적용함에 있어서 제527조의2 및 제527조의3의 경우에는 이사회의 승인결의를 주주총회의 승인결의로 본다.

331 ④

> 제527조의3(소규모합병) ① 합병 후 존속하는 회사가 합병으로 인하여 발행하는 신주 및 이전하는 자기주식의 총수가 그 회사의 발행주식총수의 100분의 10을 초과하지 아니하는 경우에는 그 존속하는 회사의 주주총회의 승인은 이를 이사회의 승인으로 갈음할 수 있다. 다만, 합병으로 인하여 소멸하는 회사의 주주에게 제공할 금전이나 그 밖의 재산을 정한 경우에 그 금액 및 그 밖의 재산의 가액이 존속하는 회사의 최종 대차대조표상으로 현존하는 순자산액의 100분의 5를 초과하는 경우에는 그러하지 아니하다.

⑤ 전환사채와 신주인수권부사채의 발행은 등기사항이므로, 합병에 의해 해당사채를 승계한 경우에도 이를 등기하여야 한다.

> 제528조(합병의 등기) ① 회사가 합병을 한 때에는 제526조의 주주총회가 종결된 날 또는 보고를 갈음하는 공고일, 제527조의 창립총회가 종결된 날 또는 보고를 갈음하는 공고일부터 2주일 내에 본점의 소재지에서 합병 후 존속하는 회사의 변경등기, 합병으로 인하여 소멸하는 회사의 해산등기, 합병으로 인하여 설립되는 회사의 설립등기를 하여야 한다.
> ② 합병후 존속하는 회사 또는 합병으로 인하여 설립된 회사가 합병으로 인하여 전환사채 또는 신주인수권부사채를 승계한 때에는 제1항의 등기와 동시에 사채의 등기를 하여야 한다.

332

상법상 주식회사의 합병에 관한 설명으로 옳은 것은?

① 간이합병에 반대하는 소멸회사의 주주에게는 주식매수청구권이 인정되지 않는다.
② 존속회사가 소멸회사의 주주에게 제공하기 위하여 취득한 존속회사의 모회사주식 중 합병등기 후 남아 있는 주식은 즉시 처분하여야 한다.
③ 소멸회사의 주주에게 제공할 금액 및 기타 재산의 가액이 존속회사의 최종 대차대조표상으로 현존하는 순자산액의 100분의 5를 초과하는 경우에는, 존속회사의 주주총회의 특별결의가 있어야 합병이 가능하다.
④ 소규모합병의 경우에는 존속회사는 채권자보호절차를 거치지 않아도 된다.
⑤ 존속회사는 소멸회사의 주주에게 합병대가의 일부로서 금전이나 그 밖의 재산을 제공할 수는 있으나, 합병대가의 전부를 금전이나 그 밖의 재산으로 제공할 수는 없다.

••••••••••••••••••••

① 소규모합병과 달리 간이합병의 경우에는 주식매수청구권이 인정된다. 주식매수청구권이 인정되지 않는 경우는 소규모 3종세트(소규모합병, 소규모분할합병, 소규모주식교환)으로 정리하자. 덧붙여 소규모 합병 등에서 주식매수청구권이 부정되는 것은 "존속회사"의 주주에 관한 문제임을 유의해야 한다.

> 제522조의3(합병반대주주의 주식매수청구권) ① 제522조제1항에 따른 결의사항에 관하여 이사회의 결의가 있는 때에 그 결의에 반대하는 주주(의결권이 없거나 제한되는 주주를 포함한다. 이하 이 조에서 같다)는 주주총회 전에 회사에 대하여 서면으로 그 결의에 반대하는 의사를 통지한 경우에는 그 총회의 결의일부터 20일 이내에 주식의 종류와 수를 기재한 서면으로 회사에 대하여 자기가 소유하고 있는 주식의 매수를 청구할 수 있다.
> ② 제527조의2제2항의 공고 또는 통지를 한 날부터 2주내에 회사에 대하여 서면으로 합병에 반대하는 의사를 통지한 주주는 그 기간이 경과한 날부터 20일 이내에 주식의 종류와 수를 기재한 서면으로 회사에 대하여 자기가 소유하고 있는 주식의 매수를 청구할 수 있다.

332 ③

> **제527조의2(간이합병)** ① 합병할 회사의 일방이 합병후 존속하는 경우에 합병으로 인하여 소멸하는 회사의 총주주의 동의가 있거나 그 회사의 발행주식총수의 100분의 90이상을 합병후 존속하는 회사가 소유하고 있는 때에는 합병으로 인하여 소멸하는 회사의 주주총회의 승인은 이를 이사회의 승인으로 갈음할 수 있다.
> ② 제1항의 경우에 합병으로 인하여 소멸하는 회사는 합병계약서를 작성한 날부터 2주내에 주주총회의 승인을 얻지 아니하고 합병을 한다는 뜻을 공고하거나 주주에게 통지하여야 한다. 다만, 총주주의 동의가 있는 때에는 그러하지 아니하다.

② 즉시 처분한다는 것은 현실적으로 불가능하다. 합병의 효력발생일(합병등기일)로부터 6개월 내에 처분하면 된다.

> **제523조의2(합병대가가 모회사주식인 경우의 특칙)** ① 제342조의2에도 불구하고 제523조제4호에 따라 소멸하는 회사의 주주에게 제공하는 재산이 존속하는 회사의 모회사주식을 포함하는 경우에는 존속하는 회사는 그 지급을 위하여 모회사주식을 취득할 수 있다.
> ② 존속하는 회사는 제1항에 따라 취득한 모회사의 주식을 합병 후에도 계속 보유하고 있는 경우 합병의 효력이 발생하는 날부터 6개월 이내에 그 주식을 처분하여야 한다.

③ (ⅰ)합병교부주식의 발행주식의 10/100을 초과하는 경우, (ⅱ) 합병교부금이 순자산액의 5/100을 초과하는 경우에는 소규모합병이 허용되지 않는다.

> **제527조의3(소규모합병)** ① 합병 후 존속하는 회사가 합병으로 인하여 발행하는 신주 및 이전하는 자기주식의 총수가 그 회사의 발행주식총수의 100분의 10을 초과하지 아니하는 경우에는 그 존속하는 회사의 주주총회의 승인은 이를 이사회의 승인으로 갈음할 수 있다. 다만, 합병으로 인하여 소멸하는 회사의 주주에게 제공할 금전이나 그 밖의 재산을 정한 경우에 그 금액 및 그 밖의 재산의 가액이 존속하는 회사의 최종 대차대조표상으로 현존하는 순자산액의 100분의 5를 초과하는 경우에는 그러하지 아니하다.

④ 소규모합병의 경우의 특례는 (ⅰ) 존속회사의 주주총회 결의를 이사회 결의로 갈음할 수 있다는 것과 (ⅱ) 반대주주의 주식매수청구가 인정되지 않는다는 것이다. 소규모합병의 경우에도 채권자보호절차는 반드시 이행해야 한다.

> **제527조의5(채권자보호절차)** ① 회사는 제522조의 주주총회의 승인결의가 있은 날부터 2주내에 채권자에 대하여 합병에 이의가 있으면 1월이상의 기간내에 이를 제출할 것을 공고하고 알고 있는 채권자에 대하여는 따로 따로 이를 최고하여야 한다.
> ② 제1항의 규정을 적용함에 있어서 제527조의2 및 제527조의3의 경우에는 이사회의 승인결의를 주주총회의 승인결의로 본다.
> **제527조의3(소규모합병)** ① 합병 후 존속하는 회사가 합병으로 인하여 발행하는 신주 및 이전하는 자기주식의 총수가 그 회사의 발행주식총수의 100분의 10을 초과하지 아니하는 경우에는 그 존속하는 회사의 주주총회의 승인은 이를 이사회의 승인으로 갈음할 수 있다. 다만, 합병으로 인하여 소멸하는 회사의 주주에게 제공할 금전이나 그 밖의 재산을 정한 경우에 그 금액 및 그 밖의 재산의 가액이 존속하는 회사의 최종 대차대조표상으로 현존하는 순자산액의 100분의 5를 초과하는 경우에는 그러하지 아니하다.

⑤ 합병으로 소멸하는 회사의 주주에게 지급할 합병대가는 주식(합병교부주식)일 수도 있고 금전(합병교부금)일 수도 있다.

> **제523조(흡수합병의 합병계약서)** 합병할 회사의 일방이 합병 후 존속하는 경우에는 합병계약서에 다음의 사항을 적어야 한다.
> 1. 존속하는 회사가 합병으로 인하여 그 발행할 주식의 총수를 증가하는 때에는 그 증가할 주식의 총수, 종류와 수
> 2. 존속하는 회사의 증가할 자본금과 준비금의 총액

3. 존속하는 회사가 합병당시에 발행하는 신주의 총수, 종류와 수 및 합병으로 인하여 소멸하는 회사의 주주에 대한 신주의 배정에 관한 사항
4. <u>존속하는 회사가 합병으로 소멸하는 회사의 주주에게 제3호에도 불구하고 그 대가의 전부 또는 일부로서 금전이나 그 밖의 재산을 제공하는 경우에는 그 내용 및 배정에 관한 사항</u>
5. 각 회사에서 합병의 승인결의를 할 사원 또는 주주의 총회의 기일
6. 합병을 할 날
7. 존속하는 회사가 합병으로 인하여 정관을 변경하기로 정한 때에는 그 규정
8. 각 회사가 합병으로 이익배당을 할 때에는 그 한도액
9. 합병으로 인하여 존속하는 회사에 취임할 이사와 감사 또는 감사위원회의 위원을 정한 때에는 그 성명 및 주민등록번호

333

상법상 회사의 합병에 관한 설명으로 틀린 것은? (이견이 있으면 판례에 의함)

① 해산 후의 회사는 존립 중의 회사를 존속회사로 하는 경우에 한하여 합병할 수 있다.
② 유한회사가 주식회사와 합병하는 경우에 합병 후 존속하는 회사가 유한회사인 때에는 법원의 인가를 얻지 아니하면 합병의 효력이 없다.
③ 소규모합병의 경우 그 합병에 반대하는 존속회사의 주주에게는 주식매수청구권이 인정되지 않는다.
④ 합병승인을 위한 주주총회 결의에 무효사유가 있는 경우, 합병등기 전에는 주주총회 결의무효확인의 소를 제기할 수 있지만 합병등기 후에는 합병무효의 소만 인정된다.
⑤ 합병을 무효로 한 판결이 확정된 때에는, 합병을 한 회사는 합병 후 존속한 회사의 합병 후 부담한 채무에 대하여 연대하여 변제할 책임이 있다.

•••••••••••••••••••••••

① 해산 후의 회사는 청산절차를 거쳐 소멸해야 하기 때문에 존속회사가 될 수 없다.

> 제174조(회사의 합병) ① 회사는 합병을 할 수 있다.
> ② 합병을 하는 회사의 일방 또는 쌍방이 주식회사, 유한회사 또는 유한책임회사인 경우에는 합병 후 존속하는 회사나 합병으로 설립되는 회사는 주식회사, 유한회사 또는 유한책임회사이어야 한다.
> ③ <u>해산후의 회사는 존립 중의 회사를 존속하는 회사로 하는 경우에 한하여 합병을 할 수 있다.</u>

② 주식회사와 유한회사간 합병에 있어 (ⅰ) 합병 후 존속하는 회사가 주식회사인 때에는 법원의 인가를 얻어야 하고(제1항), (ⅱ) 합병 후 존속하는 회사가 유한회사인 때에는 사채의 상환을 완료하여야 한다(제2항).

> 제600조(유한회사와 주식회사의 합병) ① 유한회사가 주식회사와 합병하는 경우에 합병후 존속하는 회사 또는 합병으로 인하여 <u>설립되는 회사가 주식회사인 때에는 법원의 인가를 얻지 아니하면 합병의 효력이 없다.</u>
> ② 합병을 하는 회사의 일방이 <u>사채의 상환을 완료하지 아니한 주식회사인 때에는 합병후 존속하는 회사 또는 합병으로 인하여 설립되는 회사는 유한회사로 하지 못한다.</u>

③ 반대주주에게 주식매수청구권이 인정되지 않는 경우는 (ⅰ) 소규모합병, (ⅱ) 소규모분할합병, (ⅲ) 소규모주식교환의 3가지이다.

333 ②

> 제527조의3(소규모합병) ① 합병 후 존속하는 회사가 합병으로 인하여 발행하는 신주 및 이전하는 자기주식의 총수가 그 회사의 발행주식총수의 100분의 10을 초과하지 아니하는 경우에는 그 존속하는 회사의 주주총회의 승인은 이를 이사회의 승인으로 갈음할 수 있다. 다만, 합병으로 인하여 소멸하는 회사의 주주에게 제공할 금전이나 그 밖의 재산을 정한 경우에 그 금액 및 그 밖의 재산의 가액이 존속하는 회사의 최종 대차대조표상으로 현존하는 순자산액의 100분의 5를 초과하는 경우에는 그러하지 아니하다.
> ⑤ 제1항 본문의 경우에는 제522조의3의 규정은 이를 적용하지 아니한다.
>
> 제522조의3(합병반대주주의 주식매수청구권) ① 제522조제1항의 규정에 의한 결의사항에 관하여 이사회의 결의가 있는 때에 그 결의에 반대하는 주주는 주주총회전에 회사에 대하여 서면으로 그 결의에 반대하는 의사를 통지한 경우에는 그 총회의 결의일부터 20일 이내에 주식의 종류와 수를 기재한 서면으로 회사에 대하여 자기가 소유하고 있는 주식의 매수를 청구할 수 있다.

④ (ⅰ) 합병등기 전에는 주주총회결의 무효의 소에 의하고, (ⅱ) 합병등기 후에는 합병무효의 소만 가능하다(흡수설).

관련판례

> [대법원 1993.5.27. 선고, 92누14908, 판결]
> 회사합병에 있어서 합병등기에 의하여 합병의 효력이 발생한 후에는 합병무효의 소를 제기하는 외에 합병결의무효확인청구만을 독립된 소로서 구할 수 없다.

⑤ 합병을 무효로 한 판결이 확정되면, (ⅰ) 채무는 합병당사회사가 연대하여 변제할 책임이 있고, (ⅱ) 재산은 양 당사회사가 공유한다.

> 제530조(준용규정) ② 제234조, 제235조, 제237조 내지 제240조, 제329조의2, 제374조제2항, 제374조의2 제2항 내지 제5항 및 제439조제3항의 규정은 주식회사의 합병에 관하여 이를 준용한다.
>
> 제239조(무효판결확정과 회사의 권리의무의 귀속) ① 합병을 무효로 한 판결이 확정된 때에는 합병을 한 회사는 합병후 존속한 회사 또는 합병으로 인하여 설립된 회사의 합병후 부담한 채무에 대하여 연대하여 변제할 책임이 있다.

334

상법상 비상장주식회사의 합병에 관한 설명으로 틀린 것은? (이견이 있으면 판례에 의함)

① 소규모합병의 경우 존속회사의 주주는 물론이고 소멸회사의 주주에게도 합병반대주주의 주식매수청구권이 인정되지 않는다.
② 존속회사가 소멸회사의 주주에게 합병 대가의 전부 또는 일부를 존속회사의 모회사주식으로 제공하는 경우 존속회사는 그 지급을 위하여 모회사주식을 취득할 수 있다.
③ 합병 후 존속하는 회사가 주식회사인 경우에, 합병할 회사의 일방이 합명회사 또는 합자회사인 때에는 총사원의 동의를 얻어 합병계약서를 작성하여야 한다.
④ 합병무효의 소는 합병의 등기가 있은 날로부터 6월 내에 제기하여야 한다.
⑤ 현저하게 불공정한 합병비율을 정한 합병계약은 사법관계를 지배하는 신의성실의 원칙이나 공평의 원칙에 비추어 무효이므로, 합병할 각 회사의 주주는 합병무효의 소로써 합병의 무효를 구할 수 있다.

334 ①

① 소규모합병의 경우에는 "존속회사"의 반대주주에게 주식매수청구권이 인정되지 않는다. 반면 "소멸회사"의 입장에서는 소규모합병이 아니기 때문에 반대주주에게 주식매수청구권이 인정된다.

> **제527조의3(소규모합병)** ① 합병 후 존속하는 회사가 합병으로 인하여 발행하는 신주 및 이전하는 자기주식의 총수가 그 회사의 발행주식총수의 100분의 10을 초과하지 아니하는 경우에는 그 존속하는 회사의 주주총회의 승인은 이를 이사회의 승인으로 갈음할 수 있다. 다만, 합병으로 인하여 소멸하는 회사의 주주에게 제공할 금전이나 그 밖의 재산을 정한 경우에 그 금액 및 그 밖의 재산의 가액이 존속하는 회사의 최종 대차대조표상으로 현존하는 순자산액의 100분의 5를 초과하는 경우에는 그러하지 아니하다.
> ② 제1항의 경우에 존속하는 회사의 합병계약서에는 주주총회의 승인을 얻지 아니하고 합병을 한다는 뜻을 기재하여야 한다.
> ③ 제1항의 경우에 존속하는 회사는 합병계약서를 작성한 날부터 2주내에 소멸하는 회사의 상호 및 본점의 소재지, 합병을 할 날, 주주총회의 승인을 얻지 아니하고 합병을 한다는 뜻을 공고하거나 주주에게 통지하여야 한다.
> ④ 합병후 존속하는 회사의 발행주식총수의 100분의 20 이상에 해당하는 주식을 소유한 주주가 제3항의 규정에 의한 공고 또는 통지를 한 날부터 2주내에 회사에 대하여 서면으로 제1항의 합병에 반대하는 의사를 통지한 때에는 제1항 본문의 규정에 의한 합병을 할 수 없다.
> ⑤ 제1항 본문의 경우에는 제522조의3의 규정은 이를 적용하지 아니한다.

> **제522조의3(합병반대주주의 주식매수청구권)** ① 제522조제1항의 규정에 의한 결의사항에 관하여 이사회의 결의가 있는 때에 그 결의에 반대하는 주주는 주주총회전에 회사에 대하여 서면으로 그 결의에 반대하는 의사를 통지한 경우에는 그 총회의 결의일부터 20일 이내에 주식의 종류와 수를 기재한 서면으로 회사에 대하여 자기가 소유하고 있는 주식의 매수를 청구할 수 있다.
> ② 제527조의2제2항의 공고 또는 통지를 한 날부터 2주내에 회사에 대하여 서면으로 합병에 반대하는 의사를 통지한 주주는 그 기간이 경과한 날부터 20일 이내에 주식의 종류와 수를 기재한 서면으로 회사에 대하여 자기가 소유하고 있는 주식의 매수를 청구할 수 있다.

② 이른바 「삼각합병」에 해당한다. 소멸회사의 주주에게 제공하는 합병교부주식은 존속회사의 주식뿐만 아니라 존속회사의 모회사의 주식도 가능하다.

> **제523조의2(합병대가가 모회사주식인 경우의 특칙)** ① 제342조의2에도 불구하고 제523조제4호에 따라 소멸하는 회사의 주주에게 제공하는 재산이 존속하는 회사의 모회사주식을 포함하는 경우에는 존속하는 회사는 그 지급을 위하여 모회사주식을 취득할 수 있다.
> ② 존속하는 회사는 제1항에 따라 취득한 모회사의 주식을 합병 후에도 계속 보유하고 있는 경우 합병의 효력이 발생하는 날부터 6개월 이내에 그 주식을 처분하여야 한다.

③ 인적회사와 주식회사가 합병하는 경우, 인적회사에서는 총사원의 동의로 합병결의를 해야 하는 것은 물론이거니와, 합병계약서의 작성에 있어서도 총사원의 동의가 필요하다.

> **제525조(합명회사, 합자회사의 합병계약서)** ① 합병후 존속하는 회사 또는 합병으로 인하여 설립되는 회사가 주식회사인 경우에 합병할 회사의 일방 또는 쌍방이 합명회사 또는 합자회사인 때에는 총사원의 동의를 얻어 합병계약서를 작성하여야 한다.

④ 회사법상 소송의 원칙적인 제소기간은 "6월"로 정리하자. 합병무효의 소도 마찬가지이고, 그 기산점은 합병등기일이 된다.

> **제236조(합병무효의 소의 제기)** ① 회사의 합병의 무효는 각 회사의 사원, 청산인, 파산관재인 또는 합병을 승인하지 아니한 회사채권자에 한하여 소만으로 이를 주장할 수 있다.
> ② 전항의 소는 제233조의 등기가 있는 날로부터 6월내에 제기하여야 한다.

⑤ 합병비율의 현저한 불공정은 합병무효의 사유이고, 이 경우 당사회사의 주주는 그 소를 제기할 수 있다.

> **관련판례**
>
> [대법원 2008.1.10. 선고, 2007다64136, 판결]
> 합병비율을 정하는 것은 합병계약의 가장 중요한 내용이고, 그 합병비율은 합병할 각 회사의 재산 상태와 그에 따른 주식의 실제적 가치에 비추어 공정하게 정함이 원칙이며, 만일 그 비율이 합병할 각 회사의 일방에게 불리하게 정해진 경우에는 그 회사의 주주가 합병 전 회사의 재산에 대하여 가지고 있던 지분비율을 합병 후에 유지할 수 없게 됨으로써 실질적으로 주식의 일부를 상실케 되는 결과를 초래하므로, 현저하게 불공정한 합병비율을 정한 합병계약은 사법관계를 지배하는 신의성실의 원칙이나 공평의 원칙 등에 비추어 무효이고, 따라서 합병비율이 현저하게 불공정한 경우 합병할 각 회사의 주주 등은 상법 제529조에 의하여 소로써 합병의 무효를 구할 수 있다.

335

상법상 회사에 관한 설명으로 옳은 것은?

① 기본적 상행위가 아닌 그 밖의 행위를 영리 목적으로 하여 설립한 법인은 회사가 될 수 없다.
② 합명회사는 다른 합명회사의 사원이 될 수 있다.
③ 이해관계인이나 검사는 부득이한 사유가 있는 때에는 유한회사의 해산판결을 법원에 청구할 수 있다.
④ 해산후의 회사는 존립 중의 회사를 존속하는 회사로 하는 경우에 한하여 합병을 할 수 있다.
⑤ 합자회사와 주식회사의 합병으로 인하여 신회사를 설립하는 경우에는 정관의 작성 기타 설립에 관한 행위는 주식회사에서 선임한 설립위원이 단독으로 하여야 한다.

••••••••••••••••••••••

① (기본적) 상행위를 목적으로 설립한 법인을 "상사회사"라 하고, 그 밖의 영리를 목적으로 설립한 법인을 "민사회사"라 한다. 상법상 회사는 상사회사와 민사회사를 모두 포함한다.

> **제169조(회사의 의의)** 이 법에서 "회사"란 상행위나 그 밖의 영리를 목적으로 하여 설립한 법인을 말한다.

② 회사는 다른 회사의 무한책임사원이 되지 못한다. 회사가 다른 회사의 채무에 대하여 무한책임을 부담하는 무한책임사원이 될 경우, 다른 회사가 망하면 회사도 같이 망하기 때문이다.

> **제173조(권리능력의 제한)** 회사는 다른 회사의 무한책임사원이 되지 못한다.

③ 해산판결과 해산명령을 구분할 수 있어야 한다. "이해관계인이나 검사의 청구"는 해산명령에서 문제된다. 유한회사에서 해산판결의 청구는 "100분의 10 이상에 해당하는 출자좌수를 가진 사원"이 할 수 있다.

> **제613조(준용규정)** ① 제228조, 제245조, 제252조 내지 제255조, 제259조, 제260조, 제264조, 제520조, 제531조 내지 제537조, 제540조와 제541조의 규정은 유한회사에 준용한다.
>
> **제520조(해산판결)** ① 다음의 경우에 부득이한 사유가 있는 때에는 발행주식의 총수의 100분의 10 이상에 해당하는 주식을 가진 주주는 회사의 해산을 법원에 청구할 수 있다.
> 1. 회사의 업무가 현저한 정돈상태를 계속하여 회복할 수 없는 손해가 생긴 때 또는 생길 염려가 있는 때
> 2. 회사재산의 관리 또는 처분의 현저한 실당으로 인하여 회사의 존립을 위태롭게 한 때

335 ④

④ 해산 후의 회사는 청산절차를 거쳐 소멸해야 하기 때문에 존속회사가 될 수 없다.

> **제174조(회사의 합병)** ① 회사는 합병을 할 수 있다.
> ② 합병을 하는 회사의 일방 또는 쌍방이 주식회사, 유한회사 또는 유한책임회사인 경우에는 합병 후 존속하는 회사나 합병으로 설립되는 회사는 주식회사, 유한회사 또는 유한책임회사이어야 한다.
> ③ 해산후의 회사는 존립 중의 회사를 존속하는 회사로 하는 경우에 한하여 합병을 할 수 있다.

⑤ 각 회사에서 선임한 설립위원이 공동으로 하여야 한다.

> **제175조(동전-설립위원)** ① 회사의 합병으로 인하여 신회사를 설립하는 경우에는 정관의 작성 기타 설립에 관한 행위는 각 회사에서 선임한 설립위원이 공동으로 하여야 한다.

336

A주식회사가 B주식회사를 흡수합병하면서 B회사의 주주들에게 A회사의 자기주식과 금전으로만 합병의 대가를 지급하기로 한 경우 상법상 합병계약서에 기재할 사항에 해당하지 않는 것은? (A회사와 B회사는 비상장회사이며, 간이·소규모합병은 고려하지 않음)

① A회사 및 B회사에서 합병의 승인결의를 할 주주총회의 기일
② 합병을 할 날
③ A회사가 합병으로 인하여 정관을 변경하기로 정한 때에는 그 규정
④ A회사 및 B회사가 합병으로 이익배당을 할 때에는 그 한도액
⑤ A회사의 증가할 자본금에 관한 사항

••••••••••••••••••••••

⑤ 합병대가를 존속회사의 자기주식과 금전으로만 한다면 신주를 발행하지 않는다. 따라서 자본금이 증가하지 않으므로 증가할 자본금에 관한 사항은 합병계약서에 기재할 사항에 해당하지 않는다.

> **제523조(흡수합병의 합병계약서)** 합병할 회사의 일방이 합병 후 존속하는 경우에는 합병계약서에 다음의 사항을 적어야 한다.
> 1. 존속하는 회사가 합병으로 인하여 그 발행할 주식의 총수를 증가하는 때에는 그 증가할 주식의 총수, 종류와 수
> 2. 존속하는 회사의 자본금 또는 준비금이 증가하는 경우에는 증가할 자본금 또는 준비금에 관한 사항
> 3. 존속하는 회사가 합병을 하면서 신주를 발행하거나 자기주식을 이전하는 경우에는 발행하는 신주 또는 이전하는 자기주식의 총수, 종류와 수 및 합병으로 인하여 소멸하는 회사의 주주에 대한 신주의 배정 또는 자기주식의 이전에 관한 사항
> 4. 존속하는 회사가 합병으로 소멸하는 회사의 주주에게 제3호에도 불구하고 그 대가의 전부 또는 일부로서 금전이나 그 밖의 재산을 제공하는 경우에는 그 내용 및 배정에 관한 사항
> 5. 각 회사에서 합병의 승인결의를 할 사원 또는 주주의 총회의 기일
> 6. 합병을 할 날
> 7. 존속하는 회사가 합병으로 인하여 정관을 변경하기로 정한 때에는 그 규정
> 8. 각 회사가 합병으로 이익배당을 할 때에는 그 한도액
> 9. 합병으로 인하여 존속하는 회사에 취임할 이사와 감사 또는 감사위원회의 위원을 정한 때에는 그 성명 및 주민등록번호

337

상법상 비상장주식회사의 합병에 관한 설명으로 틀린 것은?

① 존속회사는 소멸회사의 주주에게 합병 대가의 전부 또는 일부로서 금전이나 그 밖의 재산을 제공할 수 있다.
② 회사는 합병으로 인한 경우 배당가능이익이 없더라도 자기의 주식을 취득할 수 있다.
③ 간이합병의 경우 존속회사, 소멸회사 모두 채권자보호절차를 거쳐야 한다.
④ 소규모합병의 경우 그 합병에 반대하는 소멸회사의 주주에게는 주식매수청구권이 인정되지 않는다.
⑤ 합병무효는 각 회사의 주주·이사·감사·청산인·파산관재인 또는 합병을 승인하지 아니한 채권자에 한하여 소만으로 이를 주장할 수 있다.

• •

① 합병대가는 주식으로 지급할 수도 있고(합병교부주식), 금전이나 그 밖의 재산으로 제공할 수도 있다(합병교부금).

> **제523조(흡수합병의 합병계약서)** 합병할 회사의 일방이 합병 후 존속하는 경우에는 합병계약서에 다음의 사항을 적어야 한다.
> 3. 존속하는 회사가 합병을 하면서 신주를 발행하거나 자기주식을 이전하는 경우에는 발행하는 신주 또는 이전하는 자기주식의 총수, 종류와 수 및 합병으로 인하여 소멸하는 회사의 주주에 대한 신주의 배정 또는 자기주식의 이전에 관한 사항
> 4. 존속하는 회사가 합병으로 소멸하는 회사의 주주에게 제3호에도 불구하고 <u>그 대가의 전부 또는 일부로서 금전이나 그 밖의 재산을 제공하는 경우</u>에는 그 내용 및 배정에 관한 사항

② 특정목적에 의한 자기주식취득은 배당가능이익이 없는 경우에도 가능하다. 「합/영/실/단/청」으로 정리하자.

> **제341조의2(특정목적에 의한 자기주식의 취득)** 회사는 다음 각 호의 어느 하나에 해당하는 경우에는 제341조에도 불구하고 자기의 주식을 취득할 수 있다.
> 1. 회사의 합병 또는 다른 회사의 영업전부의 양수로 인한 경우
> 2. 회사의 권리를 실행함에 있어 그 목적을 달성하기 위하여 필요한 경우
> 3. 단주(端株)의 처리를 위하여 필요한 경우
> 4. 주주가 주식매수청구권을 행사한 경우

자기주식	예외적인 취득	합 / 영 / 실 / 단 / 청	• 합병 또는 영업의 양수 • 회사의 권리 실행 • 단주의 처리 • 주주가 주식매수청구권 행사
	예외적인 질취	합 / 영 / 실	• 합병 또는 영업의 양수 • 회사의 권리 실행

337 ④

③ 간이합병(제527조의2)이건 소규모합병(제527조의3)이건 합병의 경우 회사는 채권자보호절차를 거쳐야 한다. 여기서 회사는 존속회사, 소멸회사 모두를 포함한다.

> **제527조의5(채권자보호절차)** ① <u>회사는</u> 제522조의 주주총회의 승인결의가 있은 날부터 2주내에 채권자에 대하여 합병에 이의가 있으면 1월이상의 기간내에 이를 제출할 것을 공고하고 알고 있는 채권자에 대하여는 따로 따로 이를 최고하여야 한다.
> ② 제1항의 규정을 적용함에 있어서 제527조의2(간이합병) 및 제527조의3(소규모합병)의 경우에는 이사회의 승인결의를 주주총회의 승인결의로 본다.

채권자 보호절차 요구되는 경우	인청 / 물조 / 분결 / 감 / 합	• <u>인</u>적회사의 임의<u>청</u>산 • <u>물</u>적회사 <u>조</u>직변경 • <u>분</u>할시 책임분리<u>결</u>의 • <u>감</u>자 • <u>합</u>병

④ 소규모합병 등에서 주식매수청구권이 부인되는 주주는 「존속회사」의 주주이다.
⑤ 합병불승인의 채권자도 합병무효의 소의 제소권자에 해당한다.

> **제529조(합병무효의 소)** ① 합병무효는 각 회사의 <u>주주·이사·감사·청산인·파산관재인 또는 합병을 승인하지 아니한 채권자에 한하여</u> 소만으로 이를 주장할 수 있다.
> ② 제1항의 소는 제528조의 등기가 있은 날로부터 6월내에 제기하여야 한다.

제소권자	청 / 파 // 감 / 합 / 분	＊<u>청</u>산인, <u>파</u>산관재인 • <u>감</u>자 • <u>합</u>병 • <u>분</u>할
	청 / 포 / 교 / 이	＊<u>청</u>산인 • 주식의 <u>포</u>괄적 <u>교</u>환·<u>이</u>전
	채 // 위 / 감 / 합 / 분	＊<u>채</u>권자 • <u>위</u>법배당 • <u>감</u>자 • <u>합</u>병 • <u>분</u>할

338

상법상 비상장주식회사의 합병에 관한 설명으로 틀린 것은? (소규모합병 또는 간이합병이 아닌 경우를 전제하고, 이견이 있으면 판례에 의함)

① 회사가 합병을 함에는 합병계약서를 작성하여 주주총회의 특별결의로 승인을 얻어야 한다.
② 존속하는 회사는 소멸하는 회사의 주주에게 제공하기 위하여 취득한 모회사의 주식을 합병 후에도 계속 보유하고 있는 경우 합병의 효력이 발생하는 날부터 6개월 이내에 그 주식을 처분하여야 한다.
③ 의결권이 없거나 제한되는 주주도 합병반대주주의 주식매수청구권을 행사할 수 있다.
④ 합병무효의 판결은 소급효가 있으므로, 판결확정전에 존속회사 또는 신설회사와 그 사원 및 제3자 사이에 생긴 권리의무에 영향을 미친다.
⑤ 합병비율이 현저하게 불공정한 경우는 합병무효의 소의 원인이 될 수 있다.

●●●●●●●●●●●●●●●●●●●●●●●

① 주식회사의 합병은 주총특별결의사항이다.

> 제522조(합병계약서와 그 승인결의) ① 회사가 합병을 함에는 합병계약서를 작성하여 주주총회의 승인을 얻어야 한다.
> ② 합병계약의 요령은 제363조에 정한 통지에 기재하여야 한다.
> ③ 제1항의 승인결의는 제434조의 규정에 의하여야 한다.
>
> 제434조(정관변경의 특별결의) 제433조제1항의 결의는 출석한 주주의 의결권의 3분의 2 이상의 수와 발행주식총수의 3분의 1 이상의 수로써 하여야 한다.

② 삼각합병의 경우에 자회사는 취득한 모회사 주식을 합병의 효력발생일(합병등기일)로부터 6개월 내에 처분하면 된다. 일반적인 합병이 경우에 자회사가 취득한 모회사 주식을 취득일로부터 6개월 내에 처분해야 하는 것과 구별해야 한다.

> 제523조의2(합병대가가 모회사주식인 경우의 특칙) ① 제342조의2에도 불구하고 제523조제4호에 따라 소멸하는 회사의 주주에게 제공하는 재산이 존속하는 회사의 모회사주식을 포함하는 경우에는 존속하는 회사는 그 지급을 위하여 모회사주식을 취득할 수 있다.
> ② 존속하는 회사는 제1항에 따라 취득한 모회사의 주식을 합병 후에도 계속 보유하고 있는 경우 합병의 효력이 발생하는 날부터 6개월 이내에 그 주식을 처분하여야 한다.

③ 의결권 없는 주주도 합병에 대하여 주식매수청구권을 행사할 수 있다. 불합리한 합병으로 인해 의결권 없는 주주의 주식가치에 손해가 발생할 수 있기 때문이다.

> 제522조의3(합병반대주주의 주식매수청구권) ① 제522조제1항에 따른 결의사항에 관하여 이사회의 결의가 있는 때에 그 결의에 반대하는 주주(의결권이 없거나 제한되는 주주를 포함한다. 이하 이 조에서 같다)는 주주총회 전에 회사에 대하여 서면으로 그 결의에 반대하는 의사를 통지한 경우에는 그 총회의 결의일부터 20일 이내에 주식의 종류와 수를 기재한 서면으로 회사에 대하여 자기가 소유하고 있는 주식의 매수를 청구할 수 있다.

338 ④

④ 회사법상 소송은 불소급효가 원칙이다. 주총결의하자에 관한 소와 감자무효의 소의 인용판결에만 소급효가 인정된다.

> **제530조(준용규정)** ② 제234조, 제235조, 제237조 내지 제240조, 제329조의2, 제374조제2항, 제374조의2 제2항 내지 제5항 및 제439조제3항의 규정은 주식회사의 합병에 관하여 이를 준용한다.
>
> **제240조(준용규정)** 제186조 내지 제191조의 규정은 합병무효의 소에 준용한다.
>
> **제190조(판결의 효력)** 설립무효의 판결 또는 설립취소의 판결은 제3자에 대하여도 그 효력이 있다. 그러나 판결확정전에 생긴 회사와 사원 및 제3자간의 권리의무에 영향을 미치지 아니한다.

⑤ 합병비율의 현저한 불공정은 합병무효의 사유이고, 이 경우 당사회사의 주주는 그 소를 제기할 수 있다.

> **관련판례**
>
> [대법원 2008. 1. 10. 선고 2007다64136 판결]
> 합병비율을 정하는 것은 합병계약의 가장 중요한 내용이고, 그 합병비율은 합병할 각 회사의 재산 상태와 그에 따른 주식의 실제적 가치에 비추어 공정하게 정함이 원칙이며, 만일 그 비율이 합병할 각 회사의 일방에게 불리하게 정해진 경우에는 그 회사의 주주가 합병 전 회사의 재산에 대하여 가지고 있던 지분비율을 합병 후에 유지할 수 없게 됨으로써 실질적으로 주식의 일부를 상실케 되는 결과를 초래하므로, 현저하게 불공정한 합병비율을 정한 합병계약은 사법관계를 지배하는 신의성실의 원칙이나 공평의 원칙 등에 비추어 무효이고, 따라서 합병비율이 현저하게 불공정한 경우 합병할 각 회사의 주주 등은 상법 제529조에 의하여 소로써 합병의 무효를 구할 수 있다.

TOPIC 49 • 분할

339

무역업과 건설업을 하는 甲주식회사는 건설업 부문을 분할하여 새로 乙주식회사를 설립하는 분할을 하려고 한다. 이와 관련한 상법상 설명으로 **틀린** 것은?

① 甲회사가 분할을 하기 위해서는 분할계획서에 대한 甲회사의 주주총회의 특별결의에 의한 승인이 필요하다.
② 甲회사가 분할을 하기 위해서는 반드시 채권자보호절차를 거쳐야 한다.
③ 乙회사는 분할 전의 甲회사의 채무에 관하여 원칙적으로 甲회사와 연대하여 변제할 책임이 있다.
④ 분할로 인하여 설립되는 乙회사는 甲회사의 권리와 의무를 분할계획서가 정하는 바에 따라서 승계한다.
⑤ 甲회사의 감사는 분할등기가 있은 날로부터 6월내에 분할무효의 소를 제기할 수 있다.

••••••••••••••••••••••••••••

① 분할에 대한 주주총회의 승인요건은 주총특별결의이다.

> **제530조의3(분할계획서·분할합병계약서의 승인)** ① 회사가 분할 또는 분할합병을 하는 때에는 분할계획서 또는 분할합병계약서를 작성하여 주주총회의 승인을 얻어야 한다.
> ② 제1항의 승인결의는 제434조(정관변경의 특별결의)의 규정에 의하여야 한다.
> ③ 제2항의 결의에 관하여는 제344조의3제1항에 따라 의결권이 배제되는 주주도 의결권이 있다.
> ④ 분할계획 또는 분할합병계약의 요령은 제363조에 정한 통지에 기재하여야 한다.
> ⑥ 회사의 분할 또는 분할합병으로 인하여 분할 또는 분할합병에 관련되는 각 회사의 주주의 부담이 가중되는 경우에는 제1항 및 제436조의 결의외에 그 주주 전원의 동의가 있어야 한다.

②, ③ 단순분할의 경우에는 채권자 보호절차를 원칙적으로 필요로 하지 않는다. 분할 후 회사는 분할회사의 채권자에 대하여 원칙적으로 연대책임을 지기 때문이다(제530조의9 제1항). 다만 분할결의를 통해 책임의 분리(동조 제2항)가 이루어지는 경우에는 채권자보호절차가 필요하다.

> **제530조의9(분할 및 분할합병 후의 회사의 책임)** ① 분할회사, 단순분할신설회사, 분할승계회사 또는 분할합병신설회사는 분할 또는 분할합병 전의 분할회사 채무에 관하여 연대하여 변제할 책임이 있다.
> ② 제1항에도 불구하고 분할회사가 제530조의3제2항에 따른 결의로 분할에 의하여 회사를 설립하는 경우에는 <u>단순분할신설회사는 분할회사의 채무 중에서 분할계획서에 승계하기로 정한 채무에 대한 책임만을 부담하는 것으로 정할 수 있다</u>. 이 경우 분할회사가 분할 후에 존속하는 경우에는 단순분할신설회사가 부담하지 아니하는 채무에 대한 책임만을 부담한다.
> ③ 분할합병의 경우에 분할회사는 제530조의3제2항에 따른 결의로 분할합병에 따른 출자를 받는 분할승계회사 또는 분할합병신설회사가 분할회사의 채무 중에서 분할합병계약서에 승계하기로 정한 채무에 대한 책임만을 부담하는 것으로 정할 수 있다. 이 경우 제2항 후단을 준용한다.
> ④ 제2항의 경우에는 제439조제3항 및 <u>제527조의5를 준용한다</u>.

> **제527조의5(채권자보호절차)** ① 회사는 제522조의 주주총회의 승인결의가 있은 날부터 2주내에 채권자에 대하여 합병에 이의가 있으면 1월이상의 기간내에 이를 제출할 것을 공고하고 알고 있는 채권자에 대하여는 따로따로 이를 최고하여야 한다.

339 ②

④ 옳은 내용이다.

> **제530조의10(분할 또는 분할합병의 효과)** 단순분할신설회사, 분할승계회사 또는 분할합병신설회사는 분할회사의 권리와 의무를 분할계획서 또는 분할합병계약서에서 정하는 바에 따라 승계한다.

⑤ 옳은 내용이다.

> **제530조의11(준용규정)** ① 분할 또는 분할합병의 경우에는 제234조, 제237조부터 제240조까지, 제329조의2, 제440조부터 제443조까지, 제526조, 제527조, 제527조의6, 제528조 및 제529조를 준용한다. 다만, 제527조의 설립위원은 대표이사로 한다.
>
> **제529조(합병무효의 소)** ① 합병무효는 각 회사의 주주·이사·감사·청산인·파산관재인 또는 합병을 승인하지 아니한 채권자에 한하여 소만으로 이를 주장할 수 있다.
> ② 제1항의 소는 제528조의 등기가 있은 날로부터 6월내에 제기하여야 한다.

340

상법상 주식회사의 분할에 관한 설명으로 틀린 것은?

① 회사는 분할에 의하여 1개 또는 수개의 존립 중의 회사와 합병할 수 있다.
② 회사분할의 승인을 위한 주주총회 특별결의에 관하여는 의결권이 배제되는 종류주식을 가진 주주도 의결권이 있다.
③ 회사의 분할은 분할계획서에 정한 분할을 할 날에 그 효력이 발생한다.
④ 분할계획서에 다른 정함이 없으면 분할회사와 단순분할신설회사는 분할 전의 분할회사 채무에 관하여 연대하여 변제할 책임이 있다.
⑤ 분할합병으로 인하여 분할합병에 관련되는 각 회사의 주주의 부담이 가중되는 경우에는 주주총회의 특별결의 및 종류주주총회의 결의 이외에 그 주주 전원의 동의가 있어야 한다.

---

① 분할합병에 대한 설명이다.

> **제530조의2(회사의 분할·분할합병)** ① 회사는 분할에 의하여 1개 또는 수개의 회사를 설립할 수 있다.
> ② 회사는 분할에 의하여 1개 또는 수개의 존립 중의 회사와 합병(이하 "分割合併"이라 한다)할 수 있다.

② 합병과 달리 분할(또는 분할합병)의 경우에는 의결권이 배제되는 주주도 분할(또는 분할합병)을 승인하는 주총결의시 의결권이 있다.

> **제530조의3(분할계획서·분할합병계약서의 승인)** ① 회사가 분할 또는 분할합병을 하는 때에는 분할계획서 또는 분할합병계약서를 작성하여 주주총회의 승인을 얻어야 한다.
> ② 제1항의 승인결의는 제434조의 규정에 의하여야 한다.
> ③ 제2항의 결의에 관하여는 제344조의3제1항에 따라 의결권이 배제되는 주주도 의결권이 있다.

③ 분할등기로써 그 효력이 발생한다.

> **제530조의11(준용규정)** ① 분할 또는 분할합병의 경우에는 제234조, 제237조부터 제240조까지, 제329조의2, 제440조부터 제443조까지, 제526조, 제527조, 제527조의6, 제528조 및 제529조를 준용한다. 다만, 제527조의 설립위원은 대표이사로 한다.

340 ③

> **제234조(합병의 효력발생)** 회사의 합병은 합병후 존속하는 회사 또는 합병으로 인하여 설립되는 회사가 그 본점 소재지에서 전조의 등기를 함으로써 그 효력이 생긴다.

④ 이를 분할관련회사의 연대책임이라 한다.

> **제530조의9(분할 및 분할합병 후의 회사의 책임)** ① 분할회사, 단순분할신설회사, 분할승계회사 또는 분할합병 신설회사는 분할 또는 분할합병 전의 분할회사 채무에 관하여 연대하여 변제할 책임이 있다.

⑤ 주주의 유한책임에 반하는 내용의 결의이기 때문에 주주 전원의 동의를 얻어야 한다.

> **제530조의3(분할계획서·분할합병계약서의 승인)** ⑥회사의 분할 또는 분할합병으로 인하여 분할 또는 분할합병에 관련되는 각 회사의 주주의 부담이 가중되는 경우에는 제1항 및 제436조의 결의외에 그 주주 전원의 동의가 있어야 한다.

341

상법상 주식회사의 분할에 관한 설명으로 옳은 것은?

① 인적분할에 의하여 1개 또는 수개의 회사를 설립하는 단순분할의 경우 이에 반대하는 주주는 주식매수청구를 할 수 있다.
② 물적분할에 의하여 설립되는 회사의 주식의 총수를 분할회사가 취득하는 단순분할의 경우 이에 반대하는 주주는 주식매수청구를 할 수 있다.
③ 분할계획서를 승인하는 주주총회의 결의에 있어 의결권이 배제되는 주주는 의결권을 행사할 수 없다.
④ 인적분할의 경우 단순분할신설회사의 주식의 총수를 분할회사의 주주가 취득하므로 단순분할신설회사의 이사는 분할에 관한 사항을 기재한 서면을 일정기간 본점에 비치할 의무가 없다.
⑤ 단순분할신설회사는 분할회사의 권리와 의무를 분할계획서에서 정하는 바에 따라 승계한다.

•••••••••••••••••••••••

①, ② 분할합병의 경우에만 주식매수청구권이 인정되고(제530조의11, 제522조의3), 단순분할의 경우에는 주식매수청구권이 인정되지 않는다. 상법상 주식매수청구권이 인정되는 경우(거합영포)는 별도로 정리하여야 한다.

> **제530조의11(준용규정)** ②제374조제2항, 제439조제3항, 제522조의3, 제527조의2, 제527조의3 및 제527조의5의 규정은 분할합병의 경우에 이를 준용한다.
>
> **제522조의3(합병반대주주의 주식매수청구권)** ① 제522조제1항에 따른 결의사항에 관하여 이사회의 결의가 있는 때에 그 결의에 반대하는 주주(의결권이 없거나 제한되는 주주를 포함한다. 이하 이 조에서 같다)는 주주총회 전에 회사에 대하여 서면으로 그 결의에 반대하는 의사를 통지한 경우에는 그 총회의 결의일부터 20일 이내에 주식의 종류와 수를 기재한 서면으로 회사에 대하여 자기가 소유하고 있는 주식의 매수를 청구할 수 있다.

③ 합병과 달리 분할결의에서는 의결권 없는 주주에게도 의결권행사가 인정된다. 의결권 없는 주주에게 예외적으로 의결권 행사가 인정되는 경우(정종창총분)는 별도로 정리하여야 한다.

341 ⑤

제530조의3(분할계획서·분할합병계약서의 승인) ① 회사가 분할 또는 분할합병을 하는 때에는 분할계획서 또는 분할합병계약서를 작성하여 주주총회의 승인을 얻어야 한다.
② 제1항의 승인결의는 제434조의 규정에 의하여야 한다.
③ 제2항의 결의에 관하여는 제344조의3제1항에 따라 의결권이 배제되는 주주도 의결권이 있다.

④ 인적분할·물적분할을 불문하고 분할계획서 등의 서류를 6개월간 본점에 비치하여야 한다.

제530조의7(분할대차대조표 등의 공시) ① 분할회사의 이사는 제530조의3제1항에 따른 주주총회 회일의 2주 전부터 분할의 등기를 한 날 또는 분할합병을 한 날 이후 6개월 간 다음 각 호의 서류를 본점에 비치하여야 한다.
 1. 분할계획서 또는 분할합병계약서
 2. 분할되는 부분의 대차대조표
 3. 분할합병의 경우 분할합병의 상대방 회사의 대차대조표
 4. 분할 또는 분할합병을 하면서 신주가 발행되거나 자기주식이 이전되는 경우에는 분할회사의 주주에 대한 신주의 배정 또는 자기주식의 이전에 관하여 그 이유를 기재한 서면

⑤ 옳은 내용이다.

제530조의10(분할 또는 분할합병의 효과) 단순분할신설회사, 분할승계회사 또는 분할합병신설회사는 분할회사의 권리와 의무를 분할계획서 또는 분할합병계약서에서 정하는 바에 따라 승계한다.

342

상법상 주식회사의 분할에 관한 설명으로 틀린 것은?

① 분할의 승인을 위한 주주총회의 특별결의에 관하여는 의결권이 배제되는 주주도 의결권이 있다.
② 단순분할에 반대하는 분할회사의 주주에게는 주식매수청구권이 인정되지 않는다.
③ 분할회사가 단순분할에 의하여 설립되는 회사의 주식의 총수를 취득하는 경우, 이에 반대하는 주주에게는 주식매수청구권이 인정되지 않는다.
④ 단순분할신설회사가 분할회사의 분할 전 채무에 대해 연대책임을 지는 경우, 분할회사는 이의를 제기하는 채권자에 대해서 변제 또는 상당한 담보를 제공하거나 이를 목적으로 하여 상당한 재산을 신탁회사에 신탁하여야 한다.
⑤ 단순분할신설회사는 분할회사의 권리와 의무를 분할계획서에서 정하는 바에 따라 승계한다.

··············

① 의결권 없는 주주에게도 (합병의 경우와는 달리) 분할결의에서 의결권이 인정된다.

제530조의3(분할계획서·분할합병계약서의 승인) ① 회사가 분할 또는 분할합병을 하는 때에는 분할계획서 또는 분할합병계약서를 작성하여 주주총회의 승인을 얻어야 한다.
② 제1항의 승인결의는 제434조의 규정에 의하여야 한다.
③ 제2항의 결의에 관하여는 제344조의3제1항에 따라 의결권이 배제되는 주주도 의결권이 있다.

② 합병과는 달리 단순분할의 경우에는 채권자보호절차가 불필요하고, 결의반대주주에게 주식매수청구권도 인정되지 않는다. 단순분할의 경우 회사의 법인격만 2개로 나누어질뿐 순자산의 감소가 없어 주주에게 손해가 발생하지 않기 때문이다.
③ 분할회사가 단순분할에 의하여 설립되는 회사의 주식의 총수를 취득하는 경우란 물적분할을 의미한다. 물적

분할이건 인적분할이건 단순분할의 경우 분할회사의 주주에게는 주식매수청구권이 인정되지 않는다.

④ 단순분할신설회사가 분할회사의 분할 전 채무에 대해 연대책임을 지는 경우에는 채권자보호절차가 불필요하다(제530조의9 제1항). 따라서 채권자가 이의를 제기하는 경우는 발생하지 않는다. 반면에 책임의 분리가 이루어지는 경우에는 채권자보호절차가 필요하므로 채권자가 이의를 제기하는 경우가 발생할 수 있다(제530조의9 제2항, 동조 제4항, 제527조의5).

> **제530조의9(분할 및 분할합병 후의 회사의 책임)** ① 분할회사, 단순분할신설회사, 분할승계회사 또는 분할합병신설회사는 분할 또는 분할합병 전의 분할회사 채무에 관하여 연대하여 변제할 책임이 있다.
> ② 제1항에도 불구하고 분할회사가 제530조의3제2항에 따른 결의로 분할에 의하여 회사를 설립하는 경우에는 단순분할신설회사는 분할회사의 채무 중에서 분할계획서에 승계하기로 정한 채무에 대한 책임만을 부담하는 것으로 정할 수 있다. 이 경우 분할회사가 분할 후에 존속하는 경우에는 단순분할신설회사가 부담하지 아니하는 채무에 대한 책임만을 부담한다.
> ③ 분할합병의 경우에 분할회사는 제530조의3제2항에 따른 결의로 분할합병에 따른 출자를 받는 분할승계회사 또는 분할합병신설회사가 분할회사의 채무 중에서 분할합병계약서에 승계하기로 정한 채무에 대한 책임만을 부담하는 것으로 정할 수 있다. 이 경우 제2항 후단을 준용한다.
> ④ 제2항의 경우에는 제439조제3항 및 제527조의5를 준용한다.
>
> **제527조의5(채권자보호절차)** ① 회사는 제522조의 주주총회의 승인결의가 있은 날부터 2주내에 채권자에 대하여 합병에 이의가 있으면 1월이상의 기간 내에 이를 제출할 것을 공고하고 알고 있는 채권자에 대하여는 따로따로 이를 최고하여야 한다.

⑤ 분할계획서에서 정하는 바에 따라 승계한다.

> **제530조의10(분할 또는 분할합병의 효과)** 단순분할신설회사, 분할승계회사 또는 분할합병신설회사는 분할회사의 권리와 의무를 분할계획서 또는 분할합병계약서에서 정하는 바에 따라 승계한다.

343

상법상 비상장주식회사의 분할 또는 분할합병에 관한 설명으로 옳은 것은? (인적분할임을 가정함)

① 분할합병의 상법상 절차를 종료한 분할승계회사의 이사회는 공고로써 분할승계회사의 주주총회에 대한 분할합병 관련 사항의 보고를 갈음할 수 있다.
② 분할회사의 주주는 분할등기가 이루어지기 전이라도 분할계획서에서 정하여진 분할을 할 날에 단순분할신설회사의 주주가 된다.
③ 분할합병에서 분할승계회사는 분할회사의 주주에게 신주를 발행하거나 자기주식을 이전하지 않고 그 대가의 전부를 금전이나 그 밖의 재산으로 지급할 수는 없다.
④ 분할회사가 주주총회 특별결의에 의하여 단순분할신설회사가 분할계획서에서 승계하기로 정한 채무에 대한 책임만을 부담하는 것으로 정한 경우 분할회사는 채권자보호절차를 거칠 필요가 없다.
⑤ 분할합병 무효판결이 확정된 경우 분할승계회사가 분할합병 후에 취득한 재산은 분할승계회사의 단독 소유로 한다.

343 ①

① 합병(분할합병)의 절차를 간소화한 규정이라고 이해하면 된다.

> **제530조의11(준용규정)** ① 분할 또는 <u>분할합병의 경우</u>에는 제234조, 제237조부터 제240조까지, 제329조의2, 제440조부터 제443조까지, <u>제526조</u>, 제527조, 제527조의6, 제528조 및 제529조를 <u>준용한다</u>. 다만, 제527조의 설립위원은 대표이사로 한다.
>
> **제526조(흡수합병의 보고총회)** ① 합병을 하는 회사의 일방이 합병후 존속하는 경우에는 그 이사는 제527조의5의 절차의 종료후, 합병으로 인한 주식의 병합이 있을 때에는 그 효력이 생긴 후, 병합에 적당하지 아니한 주식이 있을 때에는 합병후, 존속하는 회사에 있어서는 제443조의 처분을 한 후, 소규모합병의 경우에는 제527조의3제3항 및 제4항의 절차를 종료한 후 지체없이 주주총회를 소집하고 합병에 관한 사항을 보고하여야 한다.
> ② 합병당시에 발행하는 신주의 인수인은 제1항의 주주총회에서 주주와 동일한 권리가 있다.
> ③ <u>제1항의 경우에 이사회는 공고로써 주주총회에 대한 보고에 갈음할 수 있다.</u>

② 회사분할등기는 이를 통해 회사분할의 효력이 발생하게 되는 즉, 「창설적 효력」을 갖는 상업등기이므로 분할 등기 전에는 신설회사의 주주가 될 수 없다.

③ 합병에서와 마찬가지로, 회사가 분할을 할 때에도 (단순분할과 분할합병을 불문하고) 분할회사의 주주에게 금전이나 그 밖의 재산을 제공하는 이른바 '교부금분할'과 '현물분할'이 가능하다.

> **제530조의5(분할계획서의 기재사항)** ① 분할에 의하여 회사를 설립하는 경우에는 분할계획서에 다음 각 호의 사항을 기재하여야 한다.
> 5. <u>분할회사의 주주에게 제4호에도 불구하고 금전이나 그 밖의 재산을 제공하는 경우</u>에는 그 내용 및 배정에 관한 사항
>
> **제530조의6(분할합병계약서의 기재사항 및 분할합병대가가 모회사주식인 경우의 특칙)** ① 분할회사의 일부가 다른 회사와 합병하여 그 다른 회사(이하 "분할합병의 상대방 회사"라 한다)가 존속하는 경우에는 분할합병계약서에 다음 각 호의 사항을 기재하여야 한다.
> 4. <u>분할승계회사가 분할회사의 주주에게 제3호에도 불구하고 그 대가의 전부 또는 일부로서 금전이나 그 밖의 재산을 제공하는 경우</u>에는 그 내용 및 배정에 관한 사항

④ 단순분할의 경우에는 원칙적으로 채권자보호절차가 필요하지 않다. 그러나 '분할채무결의(책임의 분리)'가 있는 경우에는 채권자보호절차를 요한다. 채권자보호절차를 이행하지 않은 경우에는 연대책임을 부담한다는 것이 판례의 입장이다.

> **제530조의9(분할 및 분할합병 후의 회사의 책임)** ① 분할회사, 단순분할신설회사, 분할승계회사 또는 분할합병신설회사는 분할 또는 분할합병 전의 분할회사 채무에 관하여 연대하여 변제할 책임이 있다.
> ② 제1항에도 불구하고 분할회사가 제530조의3제2항에 따른 결의로 분할에 의하여 회사를 설립하는 경우에는 <u>단순분할신설회사는 분할회사의 채무 중에서 분할계획서에 승계하기로 정한 채무에 대한 책임만을 부담하는 것으로 정할 수 있다.</u> 이 경우 분할회사가 분할 후에 존속하는 경우에는 단순분할신설회사가 부담하지 아니하는 채무에 대한 책임만을 부담한다.
> ③ 분할합병의 경우에 분할회사는 제530조의3제2항에 따른 결의로 분할합병에 따른 출자를 받는 분할승계회사 또는 분할합병신설회사가 분할회사의 채무 중에서 분할합병계약서에 승계하기로 정한 채무에 대한 책임만을 부담하는 것으로 정할 수 있다. 이 경우 제2항 후단을 준용한다.
> ④ 제2항의 경우에는 제439조제3항 및 <u>제527조의5를 준용한다.</u>
>
> **제527조의5(채권자보호절차)** ① 회사는 제522조의 주주총회의 승인결의가 있은 날부터 2주내에 채권자에 대하여 합병에 이의가 있으면 1월이상의 기간내에 이를 제출할 것을 공고하고 알고 있는 채권자에 대하여는 따로따로 이를 최고하여야 한다.

② 제1항의 규정을 적용함에 있어서 제527조의2 및 제527조의3의 경우에는 이사회의 승인결의를 주주총회의 승인결의로 본다.
③ 제232조제2항 및 제3항의 규정은 제1항 및 제2항의 경우에 이를 준용한다.

> **관련판례**
>
> [대법원 2004.8.30. 선고, 2003다25973, 판결]
> 분할되는 회사와 신설회사가 분할 전 회사의 채무에 대하여 연대책임을 지지 않는 경우에는 채무자의 책임재산에 변동이 생기게 되어 채권자의 이해관계에 중대한 영향을 미치므로 채권자의 보호를 위하여 분할되는 회사가 알고 있는 채권자에게 개별적으로 이를 최고하도록 규정하고 있는 것이고, 따라서 분할되는 회사와 신설회사의 채무관계가 분할채무관계로 바뀌는 것은 분할되는 회사가 자신이 알고 있는 채권자에게 개별적인 최고절차를 제대로 거쳤을 것을 요건으로 하는 것이라고 보아야 하며, 만약 그러한 개별적인 최고를 누락한 경우에는 그 채권자에 대하여 분할채무관계의 효력이 발생할 수 없고 원칙으로 돌아가 신설회사와 분할되는 회사가 연대하여 변제할 책임을 지게 되는 것이라고 해석하는 것이 옳다.

⑤ (ⅰ) 합병 후 취득한 재산은 합병당사회사의 공유로 하고, (ⅱ) 합병 후 부담한 채무는 합병당사회사의 연대채무로 한다.

제530조의11(준용규정) ① 분할 또는 분할합병의 경우에는 제234조, 제237조부터 제240조까지, 제329조의2, 제440조부터 제443조까지, 제526조, 제527조, 제527조의6, 제528조 및 제529조를 준용한다. 다만, 제527조의 설립위원은 대표이사로 한다.

제239조(무효판결확정과 회사의 권리의무의 귀속) ① 합병을 무효로 한 판결이 확정된 때에는 합병을 한 회사는 합병후 존속한 회사 또는 합병으로 인하여 설립된 회사의 합병후 부담한 채무에 대하여 연대하여 변제할 책임이 있다.
② 합병후 존속한 회사 또는 합병으로 인하여 설립한 회사의 합병후 취득한 재산은 합병을 한 회사의 공유로 한다.

TOPIC 50 • 주식의 포괄적 교환 및 이전

344

상법상 주식의 포괄적 교환 또는 이전에 관한 설명으로 옳은 것은?

① 주식의 포괄적 교환의 경우 완전자회사가 되는 회사의 모든 주주는 교환계약에 정한 주식을 교환하는 날에 완전모회사가 되는 회사가 발행하는 주식을 배정받는 계약을 체결하게 된다.
② 회사가 주식의 포괄적 이전을 하는 경우 그 회사의 모든 주주는 신설되는 다른 회사가 주식이전을 위하여 발행하는 주식에 대한 주금납입을 마침으로써 그 신설회사의 주주가 된다.
③ 주식의 포괄적 이전을 하는 경우 설립되는 회사의 자본금은 주식이전의 날에 완전자회사가 되는 회사에 현존하는 순자산액에서 그 완전자회사의 주주에게 지급할 금액을 공제한 액을 초과하지 못한다.
④ 주식의 포괄적 교환 또는 이전에 관하여 이사회의 승인 결의가 있는 경우 그 결의에 반대하는 주주는 주주총회의 결의가 있기 전에 회사에 대하여 자기가 소유하는 주식의 매수를 청구할 수 있다.
⑤ 주식의 포괄적 교환 또는 이전에 관한 무효는 각 회사의 주주·이사·감사·감사위원회의 위원 또는 청산인에 한하여 주주총회 승인결의의 날로부터 2개월 내에 소만으로 이를 주장할 수 있다.

••••••••••••••••••••••

① 회사의 모든 주주는 완전모회사가 주식교환을 위해 교부하는 주식을 배정받는 것이고, 주식교환계약은 완전모회사와 완전자회사가 되는 회사 간에 체결한다.
② 완전자회사의 주주는 자신이 소유한 주식을 완전모회사에 이전하고 완전모회사가 되는 신설회사가 발행한 주식을 교부받아 주주가 되는 것이지 별도로 주금을 납입하는 것이 아니다.

> 제360조의15(주식의 포괄적 이전에 의한 완전모회사의 설립) ① 회사는 이 관의 규정에 의한 주식의 포괄적 이전(이하 이 관에서 "주식이전"이라 한다)에 의하여 완전모회사를 설립하고 완전자회사가 될 수 있다.
> ② 주식이전에 의하여 완전모회사가 되는 회사의 주주가 소유하는 그 회사의 주식은 주식이전에 의하여 설립하는 완전모회사에 이전하고, 그 완전자회사가 되는 회사의 주주는 그 완전모회사가 주식이전을 위하여 발행하는 주식의 배정을 받음으로써 그 완전모회사의 주주가 된다.

③ 주식이전에 의해 설립되는 완전모회사의 자본충실을 기하려는 취지이다(제360조의18). 주식교환의 경우(제360조의7)와 그 내용을 비교해둘 필요가 있다.

> 제360조의18(완전모회사의 자본금의 한도액) 설립하는 완전모회사의 자본금은 주식이전의 날에 완전자회사가 되는 회사에 현존하는 순자산액에서 그 회사의 주주에게 제공할 금전 및 그 밖의 재산의 가액을 뺀 액을 초과하지 못한다.
>
> 제360조의7(완전모회사의 자본금 증가의 한도액) ① 완전모회사가 되는 회사의 자본금은 주식교환의 날에 완전자회사가 되는 회사에 현존하는 순자산액에서 다음 각호의 금액을 뺀 금액을 초과하여 증가시킬 수 없다.
> 1. 완전자회사가 되는 회사의 주주에게 제공할 금전이나 그 밖의 재산의 가액
> 2. 제360조의3제3항제2호에 따라 완전자회사가 되는 회사의 주주에게 이전하는 자기주식의 장부가액의 합계액
> ② 완전모회사가 되는 회사가 주식교환 이전에 완전자회사가 되는 회사의 주식을 이미 소유하고 있는 경우에는 완전모회사가 되는 회사의 자본금은 주식교환의 날에 완전자회사가 되는 회사에 현존하는 순자산액에 그 회사의 발행주식총수에 대한 주식교환으로 인하여 완전모회사가 되는 회사에 이전하는 주식의 수의 비율을 곱한 금액에서 제1항 각호의 금액을 뺀 금액의 한도를 초과하여 이를 증가시킬 수 없다

344 ③

④ 순서가 잘못되었다. 총회 전에 미리 반대의 의사를 서면으로 통지하고, 주총특별결의 후 20일 이내에 주식매수청구권을 행사한다.

> **제360조의5(반대주주의 주식매수청구권)** ① 제360조의3제1항의 규정에 의한 승인사항에 관하여 이사회의 결의가 있는 때에 그 결의에 반대하는 주주(의결권이 없거나 제한되는 주주를 포함한다. 이하 이 조에서 같다)는 주주총회전에 회사에 대하여 서면으로 그 결의에 반대하는 의사를 통지한 경우에는 그 총회의 결의일부터 20일 이내에 주식의 종류와 수를 기재한 서면으로 회사에 대하여 자기가 소유하고 있는 주식의 매수를 청구할 수 있다.

⑤ 제소기간은 "교환의 날(주식교환기일)" 또는 "이전의 날(완전모회사 설립등기일)"로부터 "6월 내"이다.

> **제360조의14(주식교환무효의 소)** ① 주식교환의 무효는 각 회사의 주주·이사·감사·감사위원회의 위원 또는 청산인에 한하여 주식교환의 날부터 6월내에 소만으로 이를 주장할 수 있다.
> **제360조의23(주식이전무효의 소)** ① 주식이전의 무효는 각 회사의 주주·이사·감사·감사위원회의 위원 또는 청산인에 한하여 주식이전의 날부터 6월내에 소만으로 이를 주장할 수 있다.

345

상법상 비상장 주식회사의 구조조정에 관한 설명으로 틀린 것은?

① 합병으로 존속하는 회사는 소멸회사의 주주에게 합병대가의 전부를 금전으로 지급하여 주주의 구성을 그대로 유지할 수 있다.
② 분할에 의하여 새로운 회사가 설립되는 경우에 설립위원은 분할되는 회사의 대표이사가 담당하므로 별도의 설립위원을 선임할 필요가 없다.
③ 주식의 포괄적 교환으로 인하여 주식 교환 관련회사의 주주에게 부담이 가중되는 경우에는 그 주주 전원의 동의도 필요하다.
④ 지배주주가 상법 제360조의24에 따라 적법하게 매도청구권을 행사한 경우에 대상 소수주주는 승낙한 날로부터 2월내에 그 주식을 매도하여야 한다.
⑤ 법원은 주식의 포괄적 이전을 이유로 제기되는 주식이전무효의 소가 그 심리 중에 원인이 된 하자가 보완되고 회사의 현황과 제반사정을 참작하여 주식 이전을 무효로 하는 것이 부당하다고 인정한 때에는 그 청구를 기각할 수 있다.

•••••••••••••••••••

① 합병으로 소멸하는 회사의 주주에게 지급할 합병대가는 주식(합병교부주식)일 수도 있고 금전(합병교부금)일 수도 있다.

> **제523조(흡수합병의 합병계약서)** 합병할 회사의 일방이 합병 후 존속하는 경우에는 합병계약서에 다음의 사항을 적어야 한다.
> 1. 존속하는 회사가 합병으로 인하여 그 발행할 주식의 총수를 증가하는 때에는 그 증가할 주식의 총수, 종류와 수
> 2. 존속하는 회사의 증가할 자본금과 준비금의 총액
> 3. 존속하는 회사가 합병당시에 발행하는 신주의 총수, 종류와 수 및 합병으로 인하여 소멸하는 회사의 주주에 대한 신주의 배정에 관한 사항

345 ④

4. 존속하는 회사가 합병으로 소멸하는 회사의 주주에게 제3호에도 불구하고 그 대가의 전부 또는 일부로서 금전이나 그 밖의 재산을 제공하는 경우에는 그 내용 및 배정에 관한 사항
5. 각 회사에서 합병의 승인결의를 할 사원 또는 주주의 총회의 기일
6. 합병을 할 날
7. 존속하는 회사가 합병으로 인하여 정관을 변경하기로 정한 때에는 그 규정
8. 각 회사가 합병으로 이익배당을 할 때에는 그 한도액
9. 합병으로 인하여 존속하는 회사에 취임할 이사와 감사 또는 감사위원회의 위원을 정한 때에는 그 성명 및 주민등록번호

② 옳은 내용이다.

제530조의11(준용규정) ① 분할 또는 분할합병의 경우에는 제234조, 제237조부터 제240조까지, 제329조의2, 제440조부터 제443조까지, 제526조, 제527조, 제527조의6, 제528조 및 제529조를 준용한다. 다만, 제527조의 설립위원은 대표이사로 한다.
② 제374조제2항, 제439조제3항, 제522조의3, 제527조의2, 제527조의3 및 제527조의5의 규정은 분할합병의 경우에 이를 준용한다.

제527조(신설합병의 창립총회) ① 합병으로 인하여 회사를 설립하는 경우에는 설립위원은 제527조의5의 절차의 종료후, 합병으로 인한 주식의 병합이 있을 때에는 그 효력이 생긴 후, 병합에 적당하지 아니한 주식이 있을 때에는 제443조의 처분을 한 후 지체없이 창립총회를 소집하여야 한다.
② 창립총회에서는 정관변경의 결의를 할 수 있다. 그러나 합병계약의 취지에 위반하는 결의는 하지 못한다.
③ 제308조제2항, 제309조, 제311조, 제312조와 제316조제2항의 규정은 제1항의 창립총회에 준용한다.
④ 제1항의 경우에 이사회는 공고로써 주주총회에 대한 보고에 갈음할 수 있다.

③ 주주유한책임의 원칙에 반하는 경우이므로 그 주주 전원의 동의를 받아야 한다.

제360조의3(주식교환계약서의 작성과 주주총회의 승인) ① 주식교환을 하고자 하는 회사는 주식교환계약서를 작성하여 주주총회의 승인을 얻어야 한다.
② 제1항의 승인결의는 제434조의 규정에 의하여야 한다.
③ 주식교환계약서에는 다음 각호의 사항을 적어야 한다. 〈개정 2011.4.14.〉
1. 완전모회사가 되는 회사가 주식교환으로 인하여 정관을 변경하는 경우에는 그 규정
2. 완전모회사가 되는 회사가 주식교환을 위하여 발행하는 신주의 총수·종류와 종류별 주식의 수 및 완전자회사가 되는 회사의 주주에 대한 신주의 배정에 관한 사항
3. 완전모회사가 되는 회사의 증가할 자본금과 자본준비금에 관한 사항
4. 완전자회사가 되는 회사의 주주에게 지급할 금액을 정한 때에는 그 규정
5. 각 회사가 제1항의 결의를 할 주주총회의 기일
6. 주식교환을 할 날
7. 각 회사가 주식교환을 할 날까지 이익배당을 할 때에는 그 한도액
8. 제360조의6의 규정에 의하여 회사가 자기의 주식을 이전하는 경우에는 이전할 주식의 총수·종류 및 종류별 주식의 수
9. 완전모회사가 되는 회사에 취임할 이사와 감사 또는 감사위원회의 위원을 정한 때에는 그 성명 및 주민등록번호
④ 회사는 제363조의 규정에 의한 통지에 다음 각호의 사항을 기재하여야 한다. 〈개정 2014.5.20.〉
1. 주식교환계약서의 주요내용
2. 제360조의5제1항의 규정에 의한 주식매수청구권의 내용 및 행사방법
3. 일방회사의 정관에 주식의 양도에 관하여 이사회의 승인을 요한다는 뜻의 규정이 있고 다른 회사의 정관에 그 규정이 없는 경우 그 뜻
⑤ 주식교환으로 인하여 주식교환에 관련되는 각 회사의 주주의 부담이 가중되는 경우에는 제1항 및 제436조의 결의 외에 그 주주 전원의 동의가 있어야 한다.

④ "매도청구를 받은 날로부터" 2월 내에 그 주식을 매도하여야 한다. 지배주주의 매도청구권(소수주주의 매수청구권도 마찬가지)은 형성권이기 때문이다.

> **제360조의24(지배주주의 매도청구권)** ① 회사의 발행주식총수의 100분의 95 이상을 자기의 계산으로 보유하고 있는 주주(이하 이 관에서 "지배주주"라 한다)는 회사의 경영상 목적을 달성하기 위하여 필요한 경우에는 회사의 다른 주주(이하 이 관에서 "소수주주"라 한다)에게 그 보유하는 주식의 매도를 청구할 수 있다.
> ② 제1항의 보유주식의 수를 산정할 때에는 모회사와 자회사가 보유한 주식을 합산한다. 이 경우 회사가 아닌 주주가 발행주식총수의 100분의 50을 초과하는 주식을 가진 회사가 보유하는 주식도 그 주주가 보유하는 주식과 합산한다.
> ③ 제1항의 매도청구를 할 때에는 미리 주주총회의 승인을 받아야 한다.
> ④ 제3항의 주주총회의 소집을 통지할 때에는 다음 각 호에 관한 사항을 적어야 하고, 매도를 청구하는 지배주주는 주주총회에서 그 내용을 설명하여야 한다.
>   1. 지배주주의 회사 주식의 보유 현황
>   2. 매도청구의 목적
>   3. 매매가액의 산정 근거와 적정성에 관한 공인된 감정인의 평가
>   4. 매매가액의 지급보증
> ⑤ 지배주주는 매도청구의 날 1개월 전까지 다음 각 호의 사실을 공고하고, 주주명부에 적힌 주주와 질권자에게 따로 그 통지를 하여야 한다.
>   1. 소수주주는 매매가액의 수령과 동시에 주권을 지배주주에게 교부하여야 한다는 뜻
>   2. 교부하지 아니할 경우 매매가액을 수령하거나 지배주주가 매매가액을 공탁(供託)한 날에 주권은 무효가 된다는 뜻
> ⑥ 제1항의 매도청구를 받은 소수주주는 매도청구를 받은 날부터 2개월 내에 지배주주에게 그 주식을 매도하여야 한다.
> ⑦ 제6항의 경우 그 매매가액은 매도청구를 받은 소수주주와 매도를 청구한 지배주주 간의 협의로 결정한다.
> ⑧ 제1항의 매도청구를 받은 날부터 30일 내에 제7항의 매매가액에 대한 협의가 이루어지지 아니한 경우에는 매도청구를 받은 소수주주 또는 매도청구를 한 지배주주는 법원에 매매가액의 결정을 청구할 수 있다.
> ⑨ 법원이 제8항에 따라 주식의 매매가액을 결정하는 경우에는 회사의 재산상태와 그 밖의 사정을 고려하여 공정한 가액으로 산정하여야 한다.

⑤ 이른바 재량기각이 가능하다.

> **제360조의23(주식이전무효의 소)** ① 주식이전의 무효는 각 회사의 주주·이사·감사·감사위원회의 위원 또는 청산인에 한하여 주식이전의 날부터 6월내에 소만으로 이를 주장할 수 있다.
> ② 제1항의 소는 완전모회사가 되는 회사의 본점소재지의 지방법원의 관할에 전속한다.
> ③ 주식이전을 무효로 하는 판결이 확정된 때에는 완전모회사가 된 회사는 주식이전을 위하여 발행한 주식의 주주에 대하여 그가 소유하였던 완전자회사가 된 회사의 주식을 이전하여야 한다.
> ④ 제187조 내지 제193조 및 제377조의 규정은 제1항의 소에, 제339조 및 제340조제3항의 규정은 제3항의 경우에 각각 이를 준용한다.

> **제189조(하자의 보완 등과 청구의 기각)** 설립무효의 소 또는 설립취소의 소가 그 심리중에 원인이 된 하자가 보완되고 회사의 현황과 제반사정을 참작하여 설립을 무효 또는 취소하는 것이 부적당하다고 인정한 때에는 법원은 그 청구를 기각할 수 있다.

346

甲주식회사는 주식의 포괄적 이전에 의하여 乙주식회사를 설립하여 乙회사의 완전자회사가 되고 乙회사는 甲회사의 완전모회사가 되고자 한다. 상법상 이에 관한 설명으로 옳은 것을 모두 고른 것은?

> ㉠ 甲회사는 乙회사가 주식이전에 있어서 발행하는 주식의 종류와 수 및 甲회사의 주주에 대한 주식의 배정에 관한 사항을 정하여 주주총회의 특별결의에 의한 승인을 받아야 한다.
> ㉡ 주식이전으로 인하여 甲회사의 주주의 부담이 가중되는 경우에는 주주총회의 특별결의에 의한 승인이 있으면 그 주주 전원의 동의는 필요하지 않다.
> ㉢ 乙회사의 자본금은 주식이전의 날에 甲회사에 현존하는 순자산액에서 甲회사의 주주에게 제공할 금전 및 그 밖의 재산의 가액을 뺀 액을 초과하지 못한다.
> ㉣ 甲회사는 주주총회에서 주식이전을 결의한 때에는 주식이전의 날에 주권이 무효가 된다는 뜻 등의 사항을 주주명부에 기재된 주주와 질권자에게 통지 또는 공고하여야 한다.
> ㉤ 주식이전의 무효는 각 회사의 주주·이사·감사·감사위원회의 위원 또는 청산인에 한하여 주식이전의 날부터 6월 내에 소만으로 이를 주장할 수 있다.

① ㉠, ㉡
② ㉡, ㉢
③ ㉠, ㉢, ㉤
④ ㉠, ㉡, ㉣, ㉤
⑤ ㉠, ㉡, ㉢, ㉣, ㉤

• •

옳은 것은 ㉠, ㉢, ㉤이다.
㉠ 주식의 포괄적 이전은 주총특별결의 사항이다.

> **제360조의16(주주총회에 의한 주식이전의 승인)** ① 주식이전을 하고자 하는 회사는 다음 각호의 사항을 적은 주식이전계획서를 작성하여 주주총회의 승인을 받아야 한다.
> 1. 설립하는 완전모회사의 정관의 규정
> 2. 설립하는 완전모회사가 주식이전에 있어서 발행하는 주식의 종류와 수 및 완전자회사가 되는 회사의 주주에 대한 주식의 배정에 관한 사항
> 3. 설립하는 완전모회사의 자본금 및 자본준비금에 관한 사항
> 4. 완전자회사가 되는 회사의 주주에게 제2호에도 불구하고 금전이나 그 밖의 재산을 제공하는 경우에는 그 내용 및 배정에 관한 사항
> 5. 주식이전을 할 시기
> 6. 완전자회사가 되는 회사가 주식이전의 날까지 이익배당을 할 때에는 그 한도액
> 7. 설립하는 완전모회사의 이사와 감사 또는 감사위원회의 위원의 성명 및 주민등록번호
> 8. 회사가 공동으로 주식이전에 의하여 완전모회사를 설립하는 때에는 그 뜻
> ② 제1항의 승인결의는 제434조의 규정에 의하여야 한다.
>
> **제434조(정관변경의 특별결의)** 제433조제1항의 결의는 출석한 주주의 의결권의 3분의 2 이상의 수와 발행주식총수의 3분의 1 이상의 수로써 하여야 한다.

㉡ 주주의 부담이 가중되는 경우 그 주주 전원의 동의가 필요하다.

> **제360조의16(주주총회에 의한 주식이전의 승인)** ④ 주식이전으로 인하여 주식이전에 관련되는 각 회사의 주주의 부담이 가중되는 경우에는 제1항 및 제436조의 결의 외에 그 주주 전원의 동의가 있어야 한다.

346 ③

ⓒ 옳은 내용이다(제360조의18). 주식교환에도 동일한 취지의 규정이 있다(제360의7 제1항).

> **제360조의18(완전모회사의 자본금의 한도액)** 설립하는 완전모회사의 자본금은 주식이전의 날에 완전자회사가 되는 회사에 현존하는 순자산액에서 그 회사의 주주에게 제공할 금전 및 그 밖의 재산의 가액을 뺀 액을 초과하지 못한다.
>
> **제360조의7(완전모회사의 자본금 증가의 한도액)** ① 완전모회사가 되는 회사의 자본금은 주식교환의 날에 완전자회사가 되는 회사에 현존하는 순자산액에서 다음 각호의 금액을 뺀 금액을 초과하여 증가시킬 수 없다.
> 1. 완전자회사가 되는 회사의 주주에게 제공할 금전이나 그 밖의 재산의 가액
> 2. 제360조의3제3항제2호에 따라 완전자회사가 되는 회사의 주주에게 이전하는 자기주식의 장부가액의 합계액

ⓔ 통지 또는 공고를 선택적으로 하는 것이 아니다. 통지와 공고를 모두 해야 한다.

> **제360조의19(주권의 실효절차)** ① 주식이전에 의하여 완전자회사가 되는 회사는 제360조의16제1항의 규정에 의한 결의를 한 때에는 다음 각호의 사항을 공고하고, 주주명부에 기재된 주주와 질권자에 대하여 따로 따로 그 통지를 하여야 한다.
> 1. 제360조의16제1항의 규정에 의한 결의를 한 뜻
> 2. 1월을 초과하여 정한 기간내에 주권을 회사에 제출하여야 한다는 뜻
> 3. 주식이전의 날에 주권이 무효가 된다는 뜻

ⓜ 제소권자(주주, 이사, 감사, 감사위원회의 위원, 청산인)에 주의하여야 한다. 「청/포/교/이」로 정리하자.

> **제360조의23(주식이전무효의 소)** ① 주식이전의 무효는 각 회사의 주주·이사·감사·감사위원회의 위원 또는 청산인에 한하여 주식이전의 날부터 6월내에 소만으로 이를 주장할 수 있다.
> ② 제1항의 소는 완전모회사가 되는 회사의 본점소재지의 지방법원의 관할에 전속한다.
> ③ 주식이전을 무효로 하는 판결이 확정된 때에는 완전모회사가 된 회사는 주식이전을 위하여 발행한 주식의 주주에 대하여 그가 소유하였던 완전자회사가 된 회사의 주식을 이전하여야 한다.
> ④ 제187조 내지 제193조 및 제377조의 규정은 제1항의 소에, 제339조 및 제340조제3항의 규정은 제3항의 경우에 각각 이를 준용한다.

347

상법상 다음 각 주식의 효력발생시기에 관한 설명으로 틀린 것은?

① 회사가 전환권을 가진 전환주식을 전환하여 발행하는 주식 – 주권제출기간이 끝난 때
② 전환권을 가진 주주가 전환주식의 전환을 청구하여 발행되는 주식 – 전환을 청구한 때
③ 신주인수권부사채권자가 회사에 신주인수권을 행사하여 발행되는 신주 – 신주의 발행가액의 전액을 납입한 때
④ 완전모회사가 되는 회사가 포괄적 주식교환을 위하여 완전자회사가 되는 회사의 주주에게 발행하는 신주 – 주식교환계약서에서 정한 주식교환을 할 날
⑤ 완전모회사가 되는 회사가 포괄적 주식이전을 위하여 완전자회사가 되는 회사의 주주에게 발행하는 주식 – 주식이전계획서에서 정한 주식이전을 할 날

①, ② 주주가 전환을 청구한 경우와 회사가 전환을 한 경우의 효력발생시기를 구분하여야 한다.

> **제350조(전환의 효력발생)** ① 주식의 전환은 주주가 전환을 청구한 경우에는 그 청구한 때에, 회사가 전환을 한 경우에는 제346조제3항제2호의 기간이 끝난 때에 그 효력이 발생한다.

③ 전환사채의 경우와는 달리 권리 행사만으로는 부족하고 실제로 납입이 이루어져야 한다.

> **제516조의10(주주가 되는 시기)** 제516조의9제1항에 따라 신주인수권을 행사한 자는 동항의 납입을 한 때에 주주가 된다. 이 경우 제350조제2항을 준용한다.

④ 옳은 내용이다.

> **제360조의2(주식의 포괄적 교환에 의한 완전모회사의 설립)** ① 회사는 이 관의 규정에 의한 주식의 포괄적 교환에 의하여 다른 회사의 발행주식의 총수를 소유하는 회사(이하 "완전모회사"라 한다)가 될 수 있다. 이 경우 그 다른 회사를 "완전자회사"라 한다.
> ② 주식의 포괄적 교환(이하 이 관에서 "주식교환"이라 한다)에 의하여 완전자회사가 되는 회사의 주주가 가지는 그 회사의 주식은 주식을 교환하는 날에 주식교환에 의하여 완전모회사가 되는 회사에 이전하고, 그 완전자회사가 되는 회사의 주주는 그 완전모회사가 되는 회사가 주식교환을 위하여 발행하는 신주의 배정을 받거나 그 회사 자기주식의 이전을 받음으로써 그 회사의 주주가 된다.

⑤ 주식교환과는 달리 주식이전의 경우에는 완전모회사가 새로이 설립된다. 따라서 완전모회사의 설립등기가 이루어져야 주식이전의 효력이 발생한다.

> **제360조의21(주식이전의 효력발생시기)** 주식이전은 이로 인하여 설립한 완전모회사가 그 본점소재지에서 제360조의20의 규정에 의한 등기를 함으로써 그 효력이 발생한다.

348

상법상 주식의 포괄적 교환 및 이전, 조직변경에 관한 설명으로 틀린 것은?

① 주식의 포괄적 이전에 의해 설립되는 완전모회사의 자본금은 주식이전의 날에 완전자회사로 되는 회사에 현존하는 순자산액에서 완전자회사의 주주에게 제공할 금전 및 그 밖의 재산의 가액을 뺀 액을 초과하지 못한다.
② 간이주식교환의 경우 완전자회사가 되는 회사의 주주총회의 승인은 이사회의 승인으로 갈음할 수 있고, 이에 반대하는 완전자회사가 되는 회사의 주주는 주식매수청구권을 행사할 수 있다.
③ 주식의 포괄적 교환 및 이전을 위해서는 채권자 보호절차가 필요하다.
④ 주식회사에서 유한회사로의 조직변경을 위해서는 법원의 인가가 필요하지 않으나, 유한회사에서 주식회사로의 조직변경을 위해서는 법원의 인가가 필요하다.
⑤ 주식회사에서 유한책임회사로의 조직변경은 허용되나, 유한회사에서 유한책임회사로의 조직변경은 허용되지 않는다.

348 ③

① 옳은 내용이다(제360조의18). 주식교환에도 동일한 취지의 규정이 있다(제360의7 제1항).

> **제360조의18(완전모회사의 자본금의 한도액)** 설립하는 완전모회사의 자본금은 주식이전의 날에 완전자회사가 되는 회사에 현존하는 순자산액에서 그 회사의 주주에게 제공할 금전 및 그 밖의 재산의 가액을 뺀 액을 초과하지 못한다.
>
> **제360조의7(완전모회사의 자본금 증가의 한도액)** ① 완전모회사가 되는 회사의 자본금은 주식교환의 날에 완전자회사가 되는 회사에 현존하는 순자산액에서 다음 각호의 금액을 뺀 금액을 초과하여 증가시킬 수 없다.
> 1. 완전자회사가 되는 회사의 주주에게 제공할 금전이나 그 밖의 재산의 가액
> 2. 제360조의3제3항제2호에 따라 완전자회사가 되는 회사의 주주에게 이전하는 자기주식의 장부가액의 합계액

② 소규모 주식교환에는 주식매수청구권이 인정되지 않지만, 간이 주식교환에는 주식매수청구권이 인정된다.

> **제360조의5(반대주주의 주식매수청구권)** ① 제360조의3제1항의 규정에 의한 승인사항에 관하여 이사회의 결의가 있는 때에 그 결의에 반대하는 주주(의결권이 없거나 제한되는 주주를 포함한다. 이하 이 조에서 같다)는 주주총회전에 회사에 대하여 서면으로 그 결의에 반대하는 의사를 통지한 경우에는 그 총회의 결의일부터 20일 이내에 주식의 종류와 수를 기재한 서면으로 회사에 대하여 자기가 소유하고 있는 주식의 매수를 청구할 수 있다.
> ② 제360조의9제2항의 공고 또는 통지를 한 날부터 2주내에 회사에 대하여 서면으로 주식교환에 반대하는 의사를 통지한 주주는 그 기간이 경과한 날부터 20일 이내에 주식의 종류와 수를 기재한 서면으로 회사에 대하여 자기가 소유하고 있는 주식의 매수를 청구할 수 있다.
> ③ 제1항 및 제2항의 매수청구에 관하여는 제374조의2제2항 내지 제5항의 규정을 준용한다.

③ 주식의 포괄적 교환·이전의 경우에는 채권자보호절차가 존재하지 않는다. 대상회사의 법인격이 소멸하지 않기 때문이다.

④ 주식회사에서 유한회사로의 조직변경을 위해서는 사채상환이 완료되어야 하고, 유한회사에서 주식회사로의 조직변경을 위해서는 법원의 인가가 필요하다.

> **제607조(유한회사의 주식회사로의 조직변경)** ① 유한회사는 총사원의 일치에 의한 총회의 결의로 주식회사로 조직을 변경할 수 있다. 다만, 회사는 그 결의를 정관으로 정하는 바에 따라 제585조의 사원총회의 결의로 할 수 있다.
> ② 제1항에 따라 조직을 변경할 때 발행하는 주식의 발행가액의 총액은 회사에 현존하는 순재산액을 초과하지 못한다.
> ③ 제1항의 조직변경은 법원의 인가를 받지 아니하면 효력이 없다.

⑤ 유한회사와 유한책임회사 간 조직변경이 인정되지 않는 것은 법리적인 이유때문이 아니라 법조문에 규정이 없기 때문이다.

> **제287조의43(조직의 변경)** ① 주식회사는 총회에서 총주주의 동의로 결의한 경우에는 그 조직을 변경하여 이 장에 따른 유한책임회사로 할 수 있다.
> ② 유한책임회사는 총사원의 동의에 의하여 주식회사로 변경할 수 있다.

349

상법상 주식의 포괄적 교환 및 포괄적 이전에 관한 설명으로 틀린 것은?

① 주식의 포괄적 교환에 의하여 완전자회사가 되는 회사의 주주가 가지는 그 회사의 주식은 주식을 교환하는 날에 주식교환에 의하여 완전모회사가 되는 회사에 이전한다.
② 주식의 포괄적 교환을 하는 회사는 채권자보호절차가 필요하다.
③ 주식이전 무효의 판결이 확정되면 완전모회사는 해산의 경우에 준하여 청산하여야 한다.
④ 간이주식교환의 경우에 완전자회사가 되는 회사의 주주총회의 승인은 이를 이사회의 승인으로 갈음할 수 있다.
⑤ 주식이전은 이로 인하여 설립한 완전모회사가 그 본점소재지에서 2주 내에 주식이전에 의한 등기를 함으로써 효력이 발생한다.

••••••••••••••••••••••••

① 주식의 포괄적 교환의 경우에는 (주식의 포괄적 이전과는 달리) 변경등기일이 아니라 주식교환기일에 그 효력이 발생한다.

> 제360조의2(주식의 포괄적 교환에 의한 완전모회사의 설립) ① 회사는 이 관의 규정에 의한 주식의 포괄적 교환에 의하여 다른 회사의 발행주식의 총수를 소유하는 회사(이하 "완전모회사"라 한다)가 될 수 있다. 이 경우 그 다른 회사를 "완전자회사"라 한다.
> ② 주식의 포괄적 교환(이하 이 관에서 "주식교환"이라 한다)에 의하여 완전자회사가 되는 회사의 주주가 가지는 그 회사의 주식은 주식을 교환하는 날에 주식교환에 의하여 완전모회사가 되는 회사에 이전하고, 그 완전자회사가 되는 회사의 주주는 그 완전모회사가 되는 회사가 주식교환을 위하여 발행하는 신주의 배정을 받거나 그 회사 자기주식의 이전을 받음으로써 그 회사의 주주가 된다.

② 주식의 포괄적 교환은 양 회사의 법인격이 그대로 유지되면서 단지 주주의 구성만 변경되기 때문에 채권자보호절차를 필요로 하지 않는다.
③ 주식이전무효의 판결이 확정되면 설립무효의 소에 관한 규정이 준용되어 완전모회사는 청산절차를 거쳐 소멸한다.

> 제360조의23(주식이전무효의 소) ① 주식이전의 무효는 각 회사의 주주·이사·감사·감사위원회의 위원 또는 청산인에 한하여 주식이전의 날부터 6월내에 소만으로 이를 주장할 수 있다.
> ④ 제187조 내지 제193조 및 제377조의 규정은 제1항의 소에, 제339조 및 제340조제3항의 규정은 제3항의 경우에 각각 이를 준용한다.
>
> 제193조(설립무효, 취소판결의 효과) ① 설립무효의 판결 또는 설립취소의 판결이 확정된 때에는 해산의 경우에 준하여 청산하여야 한다.

④ 간이주식교환으로 간이합병과 같은 개념이다.

> 제360조의9(간이주식교환) ① 완전자회사가 되는 회사의 총주주의 동의가 있거나 그 회사의 발행주식총수의 100분의 90 이상을 완전모회사가 되는 회사가 소유하고 있는 때에는 완전자회사가 되는 회사의 주주총회의 승인은 이를 이사회의 승인으로 갈음할 수 있다.

⑤ 주식교환과는 달리 주식이전의 경우에는 완전모회사가 새로이 설립된다. 따라서 완전모회사의 설립등기가 이루어져야 주식이전의 효력이 발생한다(창설적 효력).

> 제360조의21(주식이전의 효력발생시기) 주식이전은 이로 인하여 설립한 완전모회사가 그 본점소재지에서 제360조의20의 규정에 의한 등기를 함으로써 그 효력이 발생한다.

349 ②

350

상법상 주식의 포괄적 교환 또는 포괄적 이전에 관한 설명으로 틀린 것은?

① 주식이전 무효의 판결은 대세적 효력과 불소급효가 있다.
② 간이주식교환도 아니고 소규모 주식교환도 아닌 경우, 주식의 포괄적 교환을 하고자 하는 회사는 주식교환계약서를 작성하여 주주총회의 특별결의로 승인을 얻어야 한다.
③ 의결권 없는 주식을 가진 주주는 주식교환계약서를 승인하는 주주총회의 결의에 반대하는 경우, 상법상 다른 요건을 갖추더라도 반대주주의 주식매수청구권을 행사할 수 없다.
④ 주식이전으로 인하여 어느 종류의 주주에게 손해를 미치게 될 경우에는 주주총회의 결의 외에 그 종류주식의 주주의 총회의 결의가 있어야 한다.
⑤ 주식교환무효의 소는 완전모회사가 되는 회사의 본점소재지의 지방법원의 관할에 전속한다.

••••••••••••••••••••••••••

① (i) 회사법상 소송은 모두 대세효가 인정된다. (ii) 회사법상 소송 중 소급효가 인정되는 것은 주총결의하자소송과 감자무효소송 뿐이다(소/결/감).
② 주식의 포괄적 교환과 포괄적 이전 모두 주총특별결의사항이다.

> 제360조의3(주식교환계약서의 작성과 주주총회의 승인) ① 주식교환을 하고자 하는 회사는 주식교환계약서를 작성하여 주주총회의 승인을 얻어야 한다.
> ② 제1항의 승인결의는 제434조의 규정에 의하여야 한다.
> 제434조(정관변경의 특별결의) 제433조제1항의 결의는 출석한 주주의 의결권의 3분의 2 이상의 수와 발행주식 총수의 3분의 1 이상의 수로써 하여야 한다.

③ 의결권 여부를 불문하고 주식교환에 반대하는 주주에게는 주식매수청구권이 인정된다.

> 제360조의3(주식교환계약서의 작성과 주주총회의 승인) ④ 회사는 제363조의 규정에 의한 통지에 다음 각호의 사항을 기재하여야 한다.
> 1. 주식교환계약서의 주요내용
> 2. 제360조의5제1항의 규정에 의한 주식매수청구권의 내용 및 행사방법
> 3. 일방회사의 정관에 주식의 양도에 관하여 이사회의 승인을 요한다는 뜻의 규정이 있고 다른 회사의 정관에 그 규정이 없는 경우 그 뜻

④ 종류주주총회가 필요한 경우는 (i) 정관변경으로 종류주주에게 손해발생 우려, (ii) 주식배정에 관하여 주식의 종류에 따라 달리 정하는 경우, (iii) 합병, 분할, 주식교환, 주식이전으로 종류주주에게 손해발생 우려의 3가지이다. "정/배/합"으로 정리하자.

> 제360조의3(주식교환계약서의 작성과 주주총회의 승인) ⑤ 주식교환으로 인하여 주식교환에 관련되는 각 회사의 주주의 부담이 가중되는 경우에는 제1항 및 제436조의 결의 외에 그 주주 전원의 동의가 있어야 한다.

⑤ 완전모회사 본점소재지 지방법원의 전속관할이다.

> 제360조의14(주식교환무효의 소) ① 주식교환의 무효는 각 회사의 주주·이사·감사·감사위원회의 위원 또는 청산인에 한하여 주식교환의 날부터 6월내에 소만으로 이를 주장할 수 있다.
> ② 제1항의 소는 완전모회사가 되는 회사의 본점소재지의 지방법원의 관할에 전속한다.

350 ③

③ 주식교환을 무효로 하는 판결이 확정된 때에는 완전모회사가 된 회사는 주식교환을 위하여 발행한 신주 또는 이전한 자기주식의 주주에 대하여 그가 소유하였던 완전자회사가 된 회사의 주식을 이전하여야 한다. 〈개정 2015. 12. 1.〉
④ 제187조 내지 제189조, 제190조 본문, 제191조, 제192조, 제377조 및 제431조의 규정은 제1항의 소에, 제339조 및 제340조제3항의 규정은 제3항의 경우에 각각 이를 준용한다.

351

상법상 A주식회사가 B주식회사를 완전자회사로 만드는 주식의 포괄적 교환을 하는 경우에 관한 설명으로 옳은 것은? (A회사와 B회사는 비상장회사이며, 간이·소규모 주식교환은 고려하지 않음)

① 주식교환계약서에 대해 B회사의 주주총회 특별결의에 의한 승인이 필요하지만 A회사의 주주총회 특별결의에 의한 승인은 필요하지 않다.
② 주식의 포괄적 교환절차가 완료되면 B회사가 보유하고 있던 A회사 주식은 A회사에게 이전된다.
③ A회사는 주식의 포괄적 교환에 의하여 B회사의 주식 전부를 취득하는 대가로 B회사의 주주에게 금전을 제공할 수는 없다.
④ B회사가 주주총회 특별결의로 주식교환계약서를 승인한 후 B회사 주주에게 주권을 제출할 것을 통지한 경우 B회사 주주가 주권을 제출하면 그 시점에 주권은 무효가 된다.
⑤ 주식교환무효의 소에서 주식교환 무효판결이 확정된 경우 A회사는 주식교환을 위하여 A회사로부터 신주를 발행받았거나 A회사의 자기주식을 이전받은 B회사의 주주에게 B회사 주식을 이전해야 한다.

....

① 주식교환을 하는 당사회사 쌍방 모두 각각 주식교환계약서에 대하여 주주총회의 특별결의에 의한 승인을 얻어야 한다.

> 제360조의3(주식교환계약서의 작성과 주주총회의 승인 및 주식교환대가가 모회사 주식인 경우의 특칙) ① 주식교환을 하고자 하는 회사는 주식교환계약서를 작성하여 주주총회의 승인을 얻어야 한다.
> ② 제1항의 승인결의는 제434조의 규정에 의하여야 한다.

② 주식의 포괄적 교환이 이루어지면 당사회사 간에 완전모자관계가 성립되어 자회사가 모회사의 주식을 취득하는 경우에 해당한다. 이 경우 B회사는 A회사 주식을 주식교환기일부터 6개월 이내에 처분하여야 한다.

> 제342조의2(자회사에 의한 모회사주식의 취득) ① 다른 회사의 발행주식의 총수의 100분의 50을 초과하는 주식을 가진 회사(이하 "母會社"라 한다)의 주식은 다음의 경우를 제외하고는 그 다른 회사(이하 "子會社"라 한다)가 이를 취득할 수 없다.
>   1. 주식의 포괄적 교환, 주식의 포괄적 이전, 회사의 합병 또는 다른 회사의 영업전부의 양수로 인한 때
>   2. 회사의 권리를 실행함에 있어 그 목적을 달성하기 위하여 필요한 때
> ② 제1항 각호의 경우 자회사는 그 주식을 취득한 날로부터 6월 이내에 모회사의 주식을 처분하여야 한다.

③ 교부금합병·현물합병과 교부금분할·현물분할이 인정되는 것과 마찬가지로 「교부금주식교환」이나 「현물주식교환」도 가능하다.

351 ⑤

> **제360조의3(주식교환계약서의 작성과 주주총회의 승인 및 주식교환대가가 모회사 주식인 경우의 특칙)** ③ 주식교환계약서에는 다음 각호의 사항을 적어야 한다.
> 4. <u>완전자회사가 되는 회사의 주주에게 제2호에도 불구하고 그 대가의 전부 또는 일부로서 금전이나 그 밖의 재산을 제공하는 경우에는 그 내용 및 배정에 관한 사항</u>

④ 「주식교환의 날」에 무효가 된다. 여기서 주식교환의 날이란 개개의 주식을 실제로 교환하는 날이 아니라, 주식교환계약서에 교환기일로 지정된 날을 말한다.

> **제360조의8(주권의 실효절차)** ① 주식교환에 의하여 완전자회사가 되는 회사는 주주총회에서 제360조의3제1항의 규정에 의한 승인을 한 때에는 다음 각호의 사항을 주식교환의 날 1월전에 공고하고, 주주명부에 기재된 주주와 질권자에 대하여 따로 따로 그 통지를 하여야 한다.
> 1. 제360조의3제1항의 규정에 의한 승인을 한 뜻
> 2. 주식교환의 날의 전날까지 주권을 회사에 제출하여야 한다는 뜻
> 3. <u>주식교환의 날에 주권이 무효가 된다는 뜻</u>

⑤ 옳은 내용이다.

> **제360조의14(주식교환무효의 소)** ③ 주식교환을 무효로 하는 판결이 확정된 때에는 완전모회사가 된 회사는 주식교환을 위하여 발행한 신주 또는 이전한 자기주식의 주주에 대하여 그가 소유하였던 완전자회사가 된 회사의 주식을 이전하여야 한다.

TOPIC 51 • 회사의 해산 및 청산

352
상법상 회사의 해산명령에 관한 설명으로 틀린 것은?

① 법원은 회사의 설립목적이 불법한 것인 때에는 직권으로 회사의 해산을 명할 수 있다.
② 법원은 회사가 정당한 사유없이 1년 이상 영업을 휴지하는 때에는 이해관계인의 청구에 의하여 회사의 해산을 명할 수 있다.
③ 법원은 이사가 법령에 위반하여 회사의 존속을 허용할 수 없는 행위를 한 때에는 검사의 청구에 의하여 회사의 해산을 명할 수 있다.
④ 법원은 이해관계인이 회사의 해산을 청구한 때에는 직권으로 그 이해관계인에 대하여 상당한 담보를 제공할 것을 명할 수 있다.
⑤ 법원은 해산을 명하기 전이라도 이해관계인이나 검사의 청구 또는 직권으로 회사재산의 보전을 위하여 관리인을 선임할 수 있다.

• •

① 제176조 제1항 제1호
② 동조 제1항 제2호
③ 동조 제1항 제3호
④ 담보제공명령은 회사의 청구에 의하여 하는 것이지, 법원이 직권으로 할 수는 없다(동조 제3항). 해산명령 자체는 직권으로 할 수 있다는 것과 혼동하지 말아야 한다.
⑤ 동조 제2항

> **제176조(회사의 해산명령)** ① 법원은 다음의 사유가 있는 경우에는 <u>이해관계인이나 검사의 청구에 의하여 또는 직권</u>으로 회사의 해산을 명할 수 있다.
>   1. 회사의 설립목적이 불법한 것인 때
>   2. 회사가 정당한 사유없이 설립후 1년내에 영업을 개시하지 아니하거나 1년 이상 영업을 휴지하는 때
>   3. 이사 또는 회사의 업무를 집행하는 사원이 법령 또는 정관에 위반하여 회사의 존속을 허용할 수 없는 행위를 한 때
> ② 전항의 청구가 있는 때에는 법원은 해산을 명하기 전일지라도 이해관계인이나 검사의 청구에 의하여 또는 직권으로 관리인의 선임 기타 회사재산의 보전에 필요한 처분을 할 수 있다.
> ③ 이해관계인이 제1항의 청구를 한 때에는 법원은 <u>회사의 청구에 의하여</u> 상당한 담보를 제공할 것을 명할 수 있다.
> ④ 회사가 전항의 청구를 함에는 이해관계인의 청구가 악의임을 소명하여야 한다.

352 ④

353

상법상 회사의 해산과 청산에 관한 설명으로 틀린 것은? (판례에 의함)

① 청산회사는 해산 후 청산의 목적을 위하여 존속하는 회사로서 그 목적이 청산의 범위 내에 한정된다는 점을 제외하고는 해산 전의 회사와 동일성이 인정된다.
② 회사의 해산 전에 직무집행정지 가처분과 함께 선임된 이사 직무대행자는 회사가 해산하는 경우 당연히 청산인 직무대행자가 된다.
③ 법인이 해산한 경우에 청산인은 파산의 경우를 제외하고 해산등기를 하여야 하고 해산등기를 하기 전에는 제3자에게 해산사실을 대항할 수 없다.
④ 청산종결의 등기를 하였더라도 청산할 채권·채무가 남아 있는 이상 청산은 종료되지 않으므로 그 한도에서 청산법인은 당사자능력이 있다.
⑤ 동업약정에 의해 회사가 설립되어 주식회사로서의 실체를 갖추고 있는 경우 상법상 주식회사의 청산절차에 의하지 않고 동업자들간의 합의로 청산이 이루어지면 동업자들은 잔여재산을 분배받을 수 있다.

---

① 권리능력의 범위가 청산의 범위 내로 축소하기는 하지만 해산 전의 회사와 동일성이 인정된다.

> **제245조(청산 중의 회사)** 회사는 해산된 후에도 청산의 목적범위내에서 존속하는 것으로 본다.

② 회사가 해산하면 합병·분할·분할합병·파산의 경우 외에는 이사가 청산인이 되므로, 이사직무대행자는 회사가 해산하면 당연히 청산인직무대행자가 된다.

관련판례

[대법원 1991.12.24, 선고, 91다4355, 판결]
회사의 이사에 대한 직무집행을 정지하고 그 직무대행자를 선임하는 법원의 가처분이 있는 경우 해산 당시의 이사의 직무는 그 직무대행자에 의하여 이루어지고 직무대행자의 직무행위의 내용은 직무집행이 정지된 이사의 그것과 일응 동일하므로 상법 제531조 제1항에 따라 해산 전 가처분에 의하여 선임된 이사 직무대행자는 회사가 해산하는 경우 당연히 청산인 직무대행자가 된다.

③ 제3자에게 대항하려면 등기가 필요하다.

관련판례

[대법원 1984.9.25, 선고, 84다카493, 판결]
민법 제54조 제1항, 제85조 제1항의 규정에 따르면 법인이 해산한 경우에 청산인은 파산의 경우를 제외하고 해산등기를 하여야 하고 해산등기를 하기전에는 제3자에게 해산사실을 대항할 수 없다.

④ 회사가 해산하면 영업능력은 상실되지만 청산의 목적범위 내에서는 여전히 권리능력이 있다. 설사 청산종결의 등기를 하였더라도 청산할 채권·채무가 남아있는 이상 회사는 소멸하지 않고 당사자능력(소송의 당사자가 될 수 있는 권리능력)이 있다.

관련판례

[대법원 1968.6.18, 선고, 67다2528, 판결]
청산결과의 등기를 하였더라도 채권이 있는 이상 청산은 종료되지 않으므로 그 한도에서 청산법인은 당사자 능력이 있다.

353 ⑤

⑤ 물적회사는 법정청산만이 가능하고 임의청산은 인정되지 않는다.

> **관련판례**
>
> [대법원 2005.4.15, 선고, 2003도7773, 판결]
> 당사자 쌍방이 토지 등을 출자하여 공동으로 주식회사를 설립하여 운영하고, 그 회사를 공동으로 경영함에 따르는 비용의 부담과 이익의 분배를 지분 비율에 따라 할 것을 내용으로 하는 동업계약은 당사자들 사이에서 공동사업을 주식회사의 명의로 하고 대외관계 및 대내관계에서 주식회사의 법리에 따름을 전제로 하는 것이어서 이에 관한 청산도 주식회사의 청산에 관한 상법의 규정에 따라 이루어져야 하고, 따라서 그러한 동업약정에 따라 회사가 설립되어 그 실체가 갖추어진 이상, 주식회사의 청산에 관한 상법의 규정에 따라 청산절차가 이루어지지 않는 한 일방 당사자가 잔여재산을 분배받을 수도 없다.

354

상법상 주식회사의 해산과 청산에 관한 설명으로 틀린 것은?

① 주식회사의 경우에는 주주총회의 특별결의로 해산할 수 있다.
② 회사가 해산하면 청산절차가 개시되지만 주식회사의 분할과 분할합병으로 해산하는 경우 청산절차가 개시되지 않는다.
③ 주식회사가 존립기간의 만료에 의하여 해산한 경우에는 주주총회의 특별결의로 회사를 계속할 수 있다.
④ 주식회사의 청산인은 알고 있는 채권자에 대하여는 각별로 그 채권신고를 최고하여야 하며 그 채권자가 신고를 하지 않은 경우에는 청산에서 제외하여야 한다.
⑤ 청산에서 제외된 채권자는 모든 주주에게 분배하고 남은 잔여재산에 대해서만 변제를 청구할 수 있다.

....

① 옳은 내용이다.

> 제518조(해산의 결의) 해산의 결의는 제434조의 규정에 의하여야 한다.
> 제434조(정관변경의 특별결의) 제433조제1항의 결의는 출석한 주주의 의결권의 3분의 2 이상의 수와 발행주식총수의 3분의 1 이상의 수로써 하여야 한다.

② 주식회사가 분할과 분할합병으로 해산하는 경우에는 분할 전 회사의 권리의무가 분할 후 회사에 승계된다. 따라서 기존의 권리의무관계를 정리하는 의미의 청산절차는 필요하지 않다.

> 제531조(청산인의 결정) ① 회사가 해산한 때에는 합병·분할·분할합병 또는 파산의 경우외에는 이사가 청산인이 된다. 다만, 정관에 다른 정함이 있거나 주주총회에서 타인을 선임한 때에는 그러하지 아니하다.
> ② 전항의 규정에 의한 청산인이 없는 때에는 법원은 이해관계인의 청구에 의하여 청산인을 선임한다.

③ 회사의 계속이 가능한 사유는 (ⅰ) 존립기간의 만료, (ⅱ) 정관에 정한 사유의 발생, (ⅲ) 해산결의에 의한 해산의 3가지가 있다. 법원의 해산명령 내지 해산판결에 의한 경우에는 회사의 계속이 허용되지 않는다.

> 제519조(회사의 계속) 회사가 존립기간의 만료 기타 정관에 정한 사유의 발생 또는 주주총회의 결의에 의하여 해산한 경우에는 제434조의 규정에 의한 결의로 회사를 계속할 수 있다.

354 ④

④ 알고 있는 채권자는 청산에서 제외하지 못한다.

> **제535조(회사채권자에의 최고)** ① 청산인은 취임한 날로부터 2월내에 회사채권자에 대하여 일정한 기간내에 그 채권을 신고할 것과 그 기간내에 신고하지 아니하면 청산에서 제외될 뜻을 2회 이상 공고로써 최고하여야 한다. 그러나 그 기간은 2월 이상이어야 한다.
> ② 청산인은 알고 있는 채권자에 대하여는 각별로 그 채권의 신고를 최고하여야 하며 그 채권자가 신고하지 아니한 경우에도 이를 청산에서 제외하지 못한다.

⑤ 옳은 내용이다.

> **제537조(제외된 채권자에 대한 변제)** ① 청산에서 제외된 채권자는 분배되지 아니한 잔여재산에 대하여서만 변제를 청구할 수 있다.

355

상법상 주식회사의 해산 및 청산에 관한 설명으로 틀린 것은?

① 회사의 업무가 현저한 정돈상태를 계속하여 회복할 수 없는 손해가 생긴 경우 발행주식총수의 100분의 10 이상에 해당하는 주식을 가진 주주는 회사의 해산을 법원에 청구할 수 있다.
② 회사가 청산절차에 들어간 경우 종전의 감사는 그 지위를 상실한다.
③ 정관에 회사의 존립기간을 설립 후 10년으로 정한 경우 회사는 그 기간의 만료로 인하여 해산한다.
④ 회사가 법원의 해산명령이나 해산판결에 의해 해산하는 경우에는 주주총회의 특별결의에 의하여도 회사를 계속할 수 없다.
⑤ 회사가 해산한 때에는 합병·분할·분할합병 또는 파산의 경우 외에는 정관에 다른 정함이 있거나 주주총회에서 타인을 선임한 경우가 아니라면 이사가 청산인이 된다.

•••••••••••••••••••••••••••

① 해산판결의 사유에 해당한다.

> **제520조(해산판결)** ① 다음의 경우에 부득이한 사유가 있는 때에는 발행주식의 총수의 100분의 10 이상에 해당하는 주식을 가진 주주는 회사의 해산을 법원에 청구할 수 있다.
> 1. 회사의 업무가 현저한 정돈 상태를 계속하여 회복할 수 없는 손해가 생긴 때 또는 생길 염려가 있는 때
> 2. 회사재산의 관리 또는 처분의 현저한 실당으로 인하여 회사의 존립을 위태롭게 한 때

② 회사가 해산하더라도 감사의 지위는 종료되지 않는다. 반면에 이사의 경우는 회사의 해산으로 그 지위를 상실하고, 청산인이 업무집행자가 된다.

> **제531조(청산인의 결정)** ① 회사가 해산한 때에는 합병·분할·분할합병 또는 파산의 경우외에는 이사가 청산인이 된다. 다만, 정관에 다른 정함이 있거나 주주총회에서 타인을 선임한 때에는 그러하지 아니하다.
> ② 전항의 규정에 의한 청산인이 없는 때에는 법원은 이해관계인의 청구에 의하여 청산인을 선임한다.

③ 제517조 1호, 제227조 1호

> **제517조(해산사유)** 주식회사는 다음의 사유로 인하여 해산한다. 〈개정 1998.12.28.〉
> 1. 제227조제1호, 제4호 내지 제6호에 정한 사유
>   1의2. 제530조의2의 규정에 의한 회사의 분할 또는 분할합병

355 ②

> **제227조(해산원인)** 회사는 다음의 사유로 인하여 해산한다.
> 1. <u>존립기간의 만료</u> 기타 정관으로 정한 사유의 발생

④ 회사의 계속사유는 "존립기간의 만료 기타 정관에 정한 사유의 발생 또는 주주총회의 결의에 의하여 해산한 경우"이므로 법원의 결정에 따라 해산한 경우에는 회사를 계속할 수 없다.

> **제519조(회사의 계속)** 회사가 존립기간의 만료 기타 정관에 정한 사유의 발생 또는 주주총회의 결의에 의하여 해산한 경우에는 제434조의 규정에 의한 결의로 회사를 계속할 수 있다.

⑤ 옳은 내용이다.

> **제531조(청산인의 결정)** ① 회사가 해산한 때에는 합병·분할·분할합병 또는 파산의 경우외에는 이사가 청산인이 된다. 다만, 정관에 다른 정함이 있거나 주주총회에서 타인을 선임한 때에는 그러하지 아니하다.

356

상법상 주식회사가 다음의 사유로 인하여 해산한 때에 청산절차에 들어가지 않는 경우로만 묶은 것은?

| ㄱ. 합병 | ㄴ. 해산판결 | ㄷ. 파산 |
| ㄹ. 해산명령 | ㅁ. 분할 | ㅂ. 주주총회 특별결의 |

① ㄱ, ㄴ, ㄷ
② ㄱ, ㄷ, ㅁ
③ ㄴ, ㄹ, ㅂ
④ ㄷ, ㄹ, ㅁ
⑤ ㄹ, ㅁ, ㅂ

ㄱ, ㅁ 합병과 분할의 경우 회사는 청산절차 없이 소멸한다. 합병 후 회사 또는 분할 후 회사가 해산한 회사의 영업을 그대로 계속하기 때문에 청산절차를 거칠 필요가 없다.
ㄷ 파산의 경우 청산절차가 아니라 파산법상 파산절차가 진행된다.

357

상법상 회사에 관한 설명으로 <u>틀린</u> 것은?

① 회사란 상행위나 그 밖의 영리를 목적으로 하여 설립한 법인을 말한다.
② 회사는 본점소재지에서 설립등기를 함으로써 성립한다.
③ 회사의 주소는 본점소재지에 있는 것으로 한다.
④ 회사의 업무를 집행하는 사원이 정관에 위반하여 회사의 존속을 허용할 수 없는 행위를 한 때에는, 법원은 직권으로 회사의 해산을 명할 수 있다.
⑤ 해산 후의 회사는 존립 중의 회사를 존속하는 회사로 하는 경우에는 합병할 수 없다.

•••••••••••••••••••••••

① 회사에 대한 정의이다. 상행위를 목적으로 설립한 법인을 "상사회사"라 하고, 그 밖의 영리를 목적으로 설립한 법인을 "민사회사"라 한다.

> **제169조(회사의 의의)** 이 법에서 "회사"란 상행위나 <u>그 밖의 영리를 목적으로 하여 설립한 법인</u>을 말한다.

② 회사의 설립등기에는 창설적 효력이 인정된다.

> **제172조(회사의 성립)** 회사는 본점소재지에서 설립등기를 함으로써 성립한다.

③ 회사의 관한 법률관계는 회사의 본점소재지, 즉 주소지를 기준점으로 판단한다.

> **제171조(회사의 주소)** 회사의 주소는 본점소재지에 있는 것으로 한다.

④ 회사의 해산명령사유에 대한 설명이다. 해산판결사유와 해산명령사유를 구별하여야 한다.

> **제176조(회사의 해산명령)** ① 법원은 다음의 사유가 있는 경우에는 이해관계인이나 검사의 청구에 의하여 또는 직권으로 회사의 해산을 명할 수 있다.
>   1. 회사의 설립목적이 불법한 것인 때
>   2. 회사가 정당한 사유없이 설립후 1년내에 영업을 개시하지 아니하거나 1년 이상 영업을 휴지하는 때
>   3. <u>이사 또는 회사의 업무를 집행하는 사원이 법령 또는 정관에 위반하여 회사의 존속을 허용할 수 없는 행위를 한 때</u>
> ② 전항의 청구가 있는 때에는 법원은 해산을 명하기 전일지라도 이해관계인이나 검사의 청구에 의하여 또는 직권으로 관리인의 선임 기타 회사재산의 보전에 필요한 처분을 할 수 있다.
> ③ 이해관계인이 제1항의 청구를 한 때에는 법원은 회사의 청구에 의하여 상당한 담보를 제공할 것을 명할 수 있다.
> ④ 회사가 전항의 청구를 함에는 이해관계인의 청구가 악의임을 소명하여야 한다.

⑤ 해산 후의 회사는 청산절차를 거쳐 소멸해야 하기 때문에 존속회사가 될 수 없다.

> **제174조(회사의 합병)** ① 회사는 합병을 할 수 있다.
> ② 합병을 하는 회사의 일방 또는 쌍방이 주식회사, 유한회사 또는 유한책임회사인 경우에는 합병 후 존속하는 회사나 합병으로 설립되는 회사는 주식회사, 유한회사 또는 유한책임회사이어야 한다.
> ③ <u>해산후의 회사는 존립 중의 회사를 존속하는 회사로 하는 경우에 한하여 합병을 할 수 있다.</u>

357 ⑤

358

상법상 회사의 해산에 관한 설명으로 옳은 것은?

① 회사의 분할은 합자회사의 해산사유이다.
② 사원이 1인으로 된 때는 유한책임회사의 해산사유이다.
③ 휴면회사의 해산의제는 유한회사의 해산사유이다.
④ 유한책임사원 전원이 퇴사한 때는 합명회사의 해산사유이다.
⑤ 회사가 정당한 사유없이 설립 후 1년 내에 영업을 개시하지 아니하는 때에는 법원은 직권으로 회사의 해산을 명할 수 있다.

••••••••••••••••••••••

① 회사의 분할은 주식회사에만 존재하는 제도이다.

> 제517조(해산사유) 주식회사는 다음의 사유로 인하여 해산한다.
> 1. 제227조제1호, 제4호 내지 제6호에 정한 사유
>   1의2. 제530조의2의 규정에 의한 회사의 분할 또는 분할합병

② 사원이 1인으로 된 때에 해산하는 회사는 합명회사와 합자회사뿐이다. 유한책임회사는 사원이 없게 된 경우라야 해산한다.

> 제287조의38(해산 원인) 유한책임회사는 다음 각 호의 어느 하나에 해당하는 사유로 해산한다.
> 1. 제227조제1호·제2호 및 제4호부터 제6호까지에서 규정한 사항에 해당하는 경우
> 2. 사원이 없게 된 경우
>
> 제227조(해산원인) 회사는 다음의 사유로 인하여 해산한다.
> 1. 존립기간의 만료 기타 정관으로 정한 사유의 발생
> 2. 총사원의 동의
> 3. 사원이 1인으로 된 때
> 4. 합병
> 5. 파산
> 6. 법원의 명령 또는 판결

③ 휴면회사의 해산의제는 주식회사에만 존재하는 제도이다.

> 제520조의2(휴면회사의 해산) ① 법원행정처장이 최후의 등기후 5년을 경과한 회사는 본점의 소재지를 관할하는 법원에 아직 영업을 폐지하지 아니하였다는 뜻의 신고를 할 것을 관보로써 공고한 경우에, 그 공고한 날에 이미 최후의 등기후 5년을 경과한 회사로써 공고한 날로부터 2월 이내에 대통령령이 정하는 바에 의하여 신고를 하지 아니한 때에는 그 회사는 그 신고기간이 만료된 때에 해산한 것으로 본다. 그러나 그 기간내에 등기를 한 회사에 대하여는 그러하지 아니하다.
> ② 제1항의 공고가 있는 때에는 법원은 해당 회사에 대하여 그 공고가 있었다는 뜻의 통지를 발송하여야 한다.
> ③ 제1항의 규정에 의하여 해산한 것으로 본 회사는 그 후 3년 이내에는 제434조의 결의에 의하여 회사를 계속할 수 있다.
> ④ 제1항의 규정에 의하여 해산한 것으로 본 회사가 제3항의 규정에 의하여 회사를 계속하지 아니한 경우에는 그 회사는 그 3년이 경과한 때에 청산이 종결된 것으로 본다.

358 ⑤

④ 합자회사의 해산사유이다. 합명회사에는 유한책임사원이 존재하지 않는다.

> **제285조(해산, 계속)** ① 합자회사는 무한책임사원 또는 유한책임사원의 전원이 퇴사한 때에는 해산된다.
> ② 전항의 경우에 잔존한 무한책임사원 또는 유한책임사원은 전원의 동의로 새로 유한책임사원 또는 무한책임사원을 가입시켜서 회사를 계속할 수 있다.
> ③ 제213조와 제229조제3항의 규정은 전항의 경우에 준용한다.

⑤ 해산명령에 대한 설명이다.

> **제176조(회사의 해산명령)** ① 법원은 다음의 사유가 있는 경우에는 이해관계인이나 검사의 청구에 의하여 또는 직권으로 회사의 해산을 명할 수 있다.
> 1. 회사의 설립목적이 불법한 것인 때
> 2. 회사가 정당한 사유없이 설립후 1년내에 영업을 개시하지 아니하거나 1년 이상 영업을 휴지하는 때
> 3. 이사 또는 회사의 업무를 집행하는 사원이 법령 또는 정관에 위반하여 회사의 존속을 허용할 수 없는 행위를 한 때

	합병	합자	LCC	유한회사	주식회사	회사의 계속
합병	○	○	○	○	○	不可(∵ 청산절차없이 소멸)
분할	×	×	×	×	○	不可(∵ 청산절차없이 소멸)
해산명령 해산판결 파산	○	○	○	○	○	不可(∵ 법원의 결정)
사원 1인	○	○	×	×	×	可
사원결의	전원동의	전원동의		특별결의	특별결의	可
정관사유	○	○	○	○	○	可
휴면회사의 해산의제	×	×	×	×	○	可

359

상법상 비상장 주식회사에서 발행주식총수의 100분의 3에 해당하는 주식을 가진 주주가 행사할 수 있는 권리가 아닌 것은? (의결권배제·제한에 관한 종류주식은 발행되지 않음)

① 해산판결청구권
② 주주제안권
③ 청산인해임청구권
④ 감사해임청구권
⑤ 회계장부열람청구권

••••••••••••••••••••

① 해산판결청구권은 10/100의 지분비율을 요구한다. 10/100의 비율을 요구하는 경우는 "해/상/선/채/소주"로 정리하자.

> **제520조(해산판결)** ① 다음의 경우에 부득이한 사유가 있는 때에는 발행주식의 총수의 100분의 10 이상에 해당하는 주식을 가진 주주는 회사의 해산을 법원에 청구할 수 있다.
> 1. 회사의 업무가 현저한 정돈 상태를 계속하여 회복할 수 없는 손해가 생긴 때 또는 생길 염려가 있는 때
> 2. 회사재산의 관리 또는 처분의 현저한 실당으로 인하여 회사의 존립을 위태롭게 한 때

359 ①

② 비상장회사의 소수주주권의 원칙적인 비율은 3/100이다.

> **제363조의2(주주제안권)** ① 의결권없는 주식을 제외한 발행주식총수의 100분의 3 이상에 해당하는 주식을 가진 주주는 이사에게 주주총회일(정기주주총회의 경우 직전 연도의 정기주주총회일에 해당하는 그 해의 해당일. 이하 이 조에서 같다)의 6주 전에 서면 또는 전자문서로 일정한 사항을 주주총회의 목적사항으로 할 것을 제안(이하 '株主提案'이라 한다)할 수 있다.

③ 이사 해임청구권은 주주총회에서 해임결의가 부결된 경우에 보충적으로 인정되나, 청산인 해임청구권은 그러한 제한이 없다.

> **제539조(청산인의 해임)** ① 청산인은 법원이 선임한 경우 외에는 언제든지 주주총회의 결의로 이를 해임할 수 있다.
> ② 청산인이 그 업무를 집행함에 현저하게 부적임하거나 중대한 임무에 위반한 행위가 있는 때에는 발행주식의 총수의 100분의 3 이상에 해당하는 주식을 가진 주주는 법원에 그 청산인의 해임을 청구할 수 있다.
> ③ 제186조의 규정은 제2항의 청구에 관한 소에 준용한다.

④ 이사 해임청구권 규정을 준용한다.

> **제415조(준용규정)** 제382조제2항, 제382조의4, 제385조, 제386조, 제388조, 제400조, 제401조, 제403조부터 제406조까지, 제406조의2 및 제407조는 감사에 준용한다.
> **제385조(해임)** ② 이사가 그 직무에 관하여 부정행위 또는 법령이나 정관에 위반한 중대한 사실이 있음에도 불구하고 주주총회에서 그 해임을 부결한 때에는 발행주식의 총수의 100분의 3 이상에 해당하는 주식을 가진 주주는 총회의 결의가 있은 날부터 1월내에 그 이사의 해임을 법원에 청구할 수 있다.

⑤ 옳은 내용이다. 참고로 재무제표열람청구권은 단독주주권이다.

> **제466조(주주의 회계장부열람권)** ① 발행주식의 총수의 100분의 3 이상에 해당하는 주식을 가진 주주는 이유를 붙인 서면으로 회계의 장부와 서류의 열람 또는 등사를 청구할 수 있다.
> ② 회사는 제1항의 주주의 청구가 부당함을 증명하지 아니하면 이를 거부하지 못한다.

360

상법상 비상장주식회사의 청산에 관한 설명으로 틀린 것은?

① 회사는 해산된 후에도 청산의 목적범위 내에서 존속하는 것으로 본다.
② 청산인은 법원이 선임한 경우 외에는 언제든지 주주총회의 결의로 이를 해임할 수 있다.
③ 청산인이 그 임무를 집행함에 현저하게 부적임하거나 중대한 임무에 위반한 행위가 있는 때에는 발행주식총수의 100분의 3 이상에 해당하는 주식을 가진 주주는 법원에 그 청산인의 해임을 청구할 수 있다.
④ 청산사무가 종료한 때에는 청산인은 지체없이 결산보고서를 작성하고 이를 주주총회에 제출하여 특별결의로 승인을 얻어야 한다.
⑤ 감사가 있는 회사의 청산인은 정기총회 회일로부터 4주간 전에 대차대조표 및 그 부속명세서와 사무보고서를 작성하여 감사에게 제출하여야 한다.

360 ④

① 권리능력의 범위가 청산의 범위 내로 축소하기는 하지만 해산 전의 회사와 동일성이 인정되어 존속한다.

> **제245조(청산 중의 회사)** 회사는 해산된 후에도 청산의 목적범위내에서 존속하는 것으로 본다.

② (ⅰ) 법원에서 선임한 청산인은 법원만이 해임할 수 있다. (ⅱ) 법원이 선임한 경우 외의 주주총회에서 해임하기 위한 결의요건은 특별결의가 아니라 보통결의이다.

> **제539조(청산인의 해임)** ① 청산인은 법원이 선임한 경우외에는 언제든지 주주총회의 결의로 이를 해임할 수 있다.

③ 이사 해임청구권은 주주총회에서 해임결의가 부결된 경우에 보충적으로 인정되나, 청산인 해임청구권은 그러한 제한이 없다는 점도 알고 있어야 한다.

> **제539조(청산인의 해임)** ① 청산인은 법원이 선임한 경우 외에는 언제든지 주주총회의 결의로 이를 해임할 수 있다.
> ② 청산인이 그 업무를 집행함에 현저하게 부적임하거나 중대한 임무에 위반한 행위가 있는 때에는 발행주식의 총수의 100분의 3 이상에 해당하는 주식을 가진 주주는 법원에 그 청산인의 해임을 청구할 수 있다.
> ③ 제186조의 규정은 제2항의 청구에 관한 소에 준용한다.

④ 일반적인 재무제표등의 승인과 마찬가지로, 청산종결시 결산보고서 역시 주총 보통결의사항이다.

> **제540조(청산의 종결)** ① 청산사무가 종결한 때에는 청산인은 지체없이 결산보고서를 작성하고 이를 주주총회에 제출하여 승인을 얻어야 한다.
> ② 전항의 승인이 있는 때에는 회사는 청산인에 대하여 그 책임을 해제한 것으로 본다. 그러나 청산인의 부정행위에 대하여는 그러하지 아니하다.

⑤ (ⅰ) 내용 자체는 이사의 감사에 대한 재무제표 등 제출의무와 내용이 다를 것이 없다. (ⅱ) 다만 이사의 경우 정기주총 「6주간」 전에 감사에게 제출하여야 하는데 반해, 청산인은 청산절차의 신속한 종결을 위해 정기주총 「4주간」 전에만 감사에게 제출하면 된다.

> **제534조(대차대조표·사무보고서·부속명세서의 제출·감사·공시·승인)** ① 청산인은 정기총회회일로부터 4주간전에 대차대조표 및 그 부속명세서와 사무보고서를 작성하여 감사에게 제출하여야 한다.
> ② 감사는 정기총회회일로부터 1주간전에 제1항의 서류에 관한 감사보고서를 청산인에게 제출하여야 한다.
> ③ 청산인은 정기총회회일의 1주간전부터 제1항의 서류와 제2항의 감사보고서를 본점에 비치하여야 한다.
> ④ 제448조제2항의 규정은 제3항의 서류에 관하여 이를 준용한다.
> ⑤ 청산인은 대차대조표 및 사무보고서를 정기총회에 제출하여 그 승인을 요구하여야 한다.
>
> **제447조의3(재무제표등의 제출)** 이사는 정기총회회일의 6주간전에 제447조 및 제447조의2의 서류를 감사에게 제출하여야 한다.

361

상법상 주식회사의 해산사유에 해당하는 것은 모두 몇 개인가?

> ㄱ. 존립기간의 만료 기타 정관으로 정한 사유의 발생
> ㄴ. 합병
> ㄷ. 주주총회의 보통결의
> ㄹ. 파산
> ㅁ. 주주가 1인으로 된 때
> ㅂ. 법원의 해산명령 또는 해산판결

① 1개 ② 2개 ③ 3개
④ 4개 ⑤ 5개

• •

ㄱ, ㄴ, ㄹ, ㅂ 이 주식회사의 해산사유에 해당한다.

> **제517조(해산사유)** 주식회사는 다음의 사유로 인하여 해산한다.
> 1. 제227조제1호, 제4호 내지 제6호에 정한 사유
>   1의2. 제530조의2의 규정에 의한 회사의 분할 또는 분할합병
> 2. 주주총회의 결의
>
> **제518조(해산의 결의)** 해산의 결의는 제434조의 규정에 의하여야 한다.
>
> **제227조(해산원인)** 회사는 다음의 사유로 인하여 해산한다.
> 1. 존립기간의 만료 기타 정관으로 정한 사유의 발생
> 2. 총사원의 동의
> 3. 사원이 1인으로 된 때
> 4. 합병
> 5. 파산
> 6. 법원의 명령 또는 판결

ㄷ. 해산결의는 주총특별결의사유에 해당한다.

> **제518조(해산의 결의)** 해산의 결의는 제434조의 규정에 의하여야 한다.
> **제434조(정관변경의 특별결의)** 제433조제1항의 결의는 출석한 주주의 의결권의 3분의 2 이상의 수와 발행주식 총수의 3분의 1 이상의 수로써 하여야 한다.

ㅁ. (ⅰ) 합명회사와 합자회사의 경우에는 사원이 1인으로 되는 경우 해산사유이지만, (ⅲ) 유한책임회사, 유한회사, 주식회사의 경우에는 1인회사의 설립과 존속 모두 인정된다.

361 ④

362

상법상 회사의 해산에 관한 설명으로 틀린 것은? (이견이 있으면 판례에 의함)

① 주주총회의 결의로 주식회사가 해산하는 경우, 해산의 결의는 주주총회 특별결의로 하여야 한다.
② 휴면회사의 해산은 주식회사, 유한책임회사, 유한회사에 대해서만 인정되며, 합명회사와 합자회사에 대해서는 인정되지 않는다.
③ 주식회사의 업무가 현저한 정돈상태를 계속하여 회복할 수 없는 손해가 생긴 경우에 부득이한 사유가 있는 때에는 발행주식총수의 100분의 10 이상에 해당하는 주식을 가진 주주는 회사의 해산을 법원에 청구할 수 있다.
④ 주식회사가 존립기간의 만료로 해산한 경우에는 주주총회 특별결의로 회사를 계속할 수 있다.
⑤ 주식회사가 해산한 때에는 이사는 파산의 경우 외에는 지체없이 주주에 대하여 그 통지를 하여야 한다.

••••••••••••••••••••••••••

① 주식회사의 경우에는 주주총회의 특별결의로 해산할 수 있다.

> 제518조(해산의 결의) 해산의 결의는 제434조의 규정에 의하여야 한다.
>
> 제434조(정관변경의 특별결의) 제433조제1항의 결의는 출석한 주주의 의결권의 3분의 2 이상의 수와 발행주식총수의 3분의 1 이상의 수로써 하여야 한다.

② 휴면회사의 해산의제는 주식회사에만 존재하는 제도이다.

> 제520조의2(휴면회사의 해산) ① 법원행정처장이 최후의 등기후 5년을 경과한 회사는 본점의 소재지를 관할하는 법원에 아직 영업을 폐지하지 아니하였다는 뜻의 신고를 할 것을 관보로써 공고한 경우에, 그 공고한 날에 이미 최후의 등기후 5년을 경과한 회사로서 공고한 날로부터 2월 이내에 대통령령이 정하는 바에 의하여 신고를 하지 아니한 때에는 그 회사는 그 신고기간이 만료된 때에 해산한 것으로 본다. 그러나 그 기간내에 등기를 한 회사에 대하여는 그러하지 아니하다.
> ② 제1항의 공고가 있는 때에는 법원은 해당 회사에 대하여 그 공고가 있었다는 뜻의 통지를 발송하여야 한다.
> ③ 제1항의 규정에 의하여 해산한 것으로 본 회사는 그 후 3년 이내에는 제434조의 결의에 의하여 회사를 계속할 수 있다.
> ④ 제1항의 규정에 의하여 해산한 것으로 본 회사가 제3항의 규정에 의하여 회사를 계속하지 아니한 경우에는 그 회사는 그 3년이 경과한 때에 청산이 종결된 것으로 본다.

③ (ⅰ) 해산판결의 사유에 해당한다. (ⅱ) 해산판결청구권은 10/100의 지분비율을 요구한다. 10/100의 비율을 요구하는 경우는 「해/상/선/채/소주」로 정리하자.

> 제520조(해산판결) ① 다음의 경우에 부득이한 사유가 있는 때에는 발행주식의 총수의 100분의 10 이상에 해당하는 주식을 가진 주주는 회사의 해산을 법원에 청구할 수 있다.
> 1. 회사의 업무가 현저한 정돈상태를 계속하여 회복할 수 없는 손해가 생긴 때 또는 생길 염려가 있는 때
> 2. 회사재산의 관리 또는 처분의 현저한 실당으로 인하여 회사의 존립을 위태롭게 한 때

④ 회사의 계속이 가능한 사유는 (ⅰ) 존립기간의 만료, (ⅱ) 정관에 정한 사유의 발생, (ⅲ) 해산결의에 의한 해산의 3가지가 있다. 법원의 해산명령 내지 해산판결에 의한 경우에는 회사의 계속이 허용되지 않는다.

> **제519조(회사의 계속)** 회사가 존립기간의 만료 기타 정관에 정한 사유의 발생 또는 주주총회의 결의에 의하여 해산한 경우에는 제434조의 규정에 의한 결의로 회사를 계속할 수 있다.
>
> **제434조(정관변경의 특별결의)** 제433조제1항의 결의는 출석한 주주의 의결권의 3분의 2 이상의 수와 발행주식총수의 3분의 1 이상의 수로써 하여야 한다.

⑤ 주주가 회사로부터 해산의 통지를 받아야 잔여재산분배의 청구 등 주주의 권리를 행사할 수 있기 때문이다.

> **제521조(해산의 통지, 공고)** 회사가 해산한 때에는 파산의 경우 외에는 이사는 지체없이 주주에 대하여 그 통지를 하여야 한다.

<회사의 해산사유>

	합병	합자	LCC	유한회사	주식회사	회사의 계속
합병	○	○	○	○	○	不可(∵ 청산절차없이 소멸)
분할	×	×	×	×	○	不可(∵ 청산절차없이 소멸)
해산명령 해산판결 파산	○	○	○	○	○	不可(∵ 법원의 결정)
사원 1인	○	○	×	×	×	可
사원결의	전원동의	전원동의	특별결의	특별결의		可
정관사유	○	○	○	○	○	可
휴면회사의 해산의제	×	×	×	×	○	可

부록1 상법 '앞글자' 정리사항

주제	앞글자	내용
제소권자	청/파//감/합/분	※ **청**산인, **파**산관재인 • **감**자 • **합**병 • **분**할
	청/포/교/이	※ **청**산인 • 주식의 **포**괄적 **교**환·**이**전
	채//위/감/합/분	※ **채**권자 • **위**법배당 • **감**자 • **합**병 • **분**할
채권자 보호절차 요구되는 경우	인청/물조/분결/감/합	• **인**적회사의 임의**청**산 • **물**적회사 **조**직변경 • **분**할시 책임분리**결**의 • **감**자 • **합**병
합병 주총결의⇒ 이사회 결의	간이합병	간/소/이	• **간**이합병시 • **소**멸회사의 ⇒ **이**사회 결의로 갈음
	소규모합병	소/존/이	• **소**규모 합병시 • **존**속회사의 ⇒ **이**사회 결의로 갈음
합병·분할의 절차	계/대/결/채/보/등	1. 합병**계**약서(분할계획서) 작성 2. **대**차대조표 등의 공시 3. 합병**결**의 4. **채**권자보호절차 5. 창립총회 or **보**고총회 6. 합병**등**기
주식의 포괄적 교환 및 이전 절차	계/대/결/실/등	1. 주식교환**계**약서(주식이전계획서) 작성 2. **대**차대조표 등의 공시 3. 주식교환(이전)계약 승인**결**의 4. 주권**실**효절차 5. **등**기

주제	앞글자	내용		
해산명령과 해산의제의 구별	일 / 지 / 명 오 / 면 / 제	• 1년 이상 • 영업휴지시 • 해산명령		
		• 5년 이상 • 휴면시 • 해산의제		
주식매수청구권 인정되는 경우	거 / 합 / 영 / 포	• 주식양도 승인거부 • 합병 • 영업양도 등 • 주식의 포괄적 교환·이전		

주제	앞글자		법원에 검사인 선임청구	검사인의 보고 및 변경
변태설립사항 조사	빨 / 리 / 법 모 / 발 / 창	발기설립	이사가	법원에
		모집설립	발기인이	창립총회에

주제	앞글자	절대적 기재사항	정관기재	등기사항
정관의 절대적 기재사항	목 / 상 / 예 / 1 / 본 / 공 시 / 발	• 회사의 목적 • 상호 • 발행예정주식총수 • 액면주식 1주 금액 • 본점 소재지 • 회사가 공고하는 방법	○	○
		• 설립시 발행주식수 • 발기인의 성명·주민번호·주소	○	×

주제	앞글자	종류	검사인의 조사 갈음
변태설립사항의 종류	현 / 재 / 특 / 비 / 보	현물출자	감정인
		재산인수	
		특별이익	공증인
		설립비용	
		발기인보수	

주제	앞글자	내용
1/100 비율	위 / 대 / 주검 / 공통	• 위법행위유지청구권 • 대표소송 • 주총전 검사인 선임청구 • 주총소집 공고로 통지에 갈음(상장회사 한정)
5/100 비율	소금 / 사 / 자	• 소규모합병시 금전교부한도(순자산가액) • 사후설립 • 자기주식 질취한도

주제	앞글자	내용
10 / 100 비율	해 / 상 / 선 / 채 / 소주	• **해**산판결청구권 • **상**호보유주식 • 주식매수**선**택권 제한 • 사**채**권자집회 소집 • **소**규모합병시 **주**식교부한도(발행주식총액)
주주만 행사가능	신 / 대 / 이 / 해	• **신**주발행유지청구(단독주주권) • **대**표소송 (1/100) • **이**사해임청구 (3/100) • **해**산판결청구 (10/100)
상장회사 소수주주권 행사시 6개월 보유기간 요구	임 / 제 / 열 / 해 / 검 / 유 / 대	• **임**시총회소집청구권 • 주주**제**안권 • 회계장부**열**람권 • 이사**해**임판결 청구권 • **검**사인 선임청구권 • 위법행위**유**지청구권 • **대**표소송권
소규모발기설립 특례	소발 / 공 / 납 / 생략	※ **소**규모 **발**기설립 • **공**증인의 인증 • **납**입금보관증명서 ⇒ **생략** 가능

주제		앞글자	내용		
의결권 제한 주식	유형	종 / 자 / 상 / 감 / /특 / 유형		산입	
				발행주식총수	출석한 주식수
			종류주식	×	×
			자기주식	×	×
			상호보유주식	×	×
			감사선임시 3% 초과분	×	×
			특별이해관계인 주식	○	×
	제외되는 경우	제 / 집 / 감 / 통 / 주 / 선 / 제외	• 주주**제**안권 • **집**중투표제 • **감**사선임시 3% 제한 • 주총소집**통**지 • 상장사 **주**요주주(10%) 판단 • 주식매수**선**택권 배제주주(10%) 판단		
	예외적인 의결권 행사	정 / 종 / 창 / 총 / 분 / 행사	• **정**관에서 정한 사항 • **종**류주주총회결의 • **창**립총회결의 • **총**주주의 동의를 요하는 결의 • **분**할(분할합병)결의		

주제		앞글자	내용	
정관으로 배제가능		불소 / 원 / 집	• 주권**불소**지제도 • **원**격회의 • **집**중투표제	
자기 주식	예외적인 취득	합 / 영 / 실 / 단 / 청	• **합**병 또는 **영**업 전부의 양수 • 회사의 권리 **실**행 • **단**주의 처리 • 주주가 주식매수**청**구권 행사	
	예외적인 질취	합 / 영 / 실	• **합**병 또는 **영**업의 양수 • 회사의 권리 **실**행	
자회사의 모회사 주식 예외적인 취득		합 / 영 / 실 / 포	• **합**병 또는 **영**업의 양수 • 회사의 권리 **실**행 • 주식의 **포**괄적 교환·이전	
상대방 선악 불문		상미 / 모 / 자 / 반환 / 가처분	• **상**호양도 **미**등기	상대방 선악불문 유효
			• **모**회사주식 취득제한 • **자**기주식 취득제한 • 위법배당**반환** • 직무집행정지, 직무대행자선임 **가처분** 효력	상대방 선악불문 무효
주총결의를 이사회 결의로 갈음 (정관 기재시)	경우	승 / 리 / 자	• 재무제표 **승**인 • 이**익**배당 • **자**기주식의 취득	
	요건	정 / 감 / 외 / 보	• **정**관규정 • **감**사(위원) 전원 동의 • **외**부감사인의 적정의견 • 주주총회에 **보**고	
법원 직권으로 가능한 경우		상 / 해 / 청 / 주 / 이 / 사비	• **상**업장부 제출명령 • **해**산명령 • **청**산인 선임 • **주**총의장 선임 • **이**사회의장 선임 • **사**채권자 인가**비**용부담	

주제	앞글자	내용
정관상 주식양도 제한시 양도절차	승 / 거 / 지 / 통 / 매	1. 양도승인청구 (30일 내) 2. 회사의 거부통지 (20일 내) 3. 상대방 지정청구 (14일 내) 4. 상대방 지정통지 (10일 내) 5. 상대방의 매도청구
	30 / 20 / 14 / 10	
'인접'지	양 / 주집	• 영업양도인의 경업금지의무 : 동일 또는 인접지역 • 주총소집장소 : 본점소재지 또는 인접지
투표방식 규정	서정 / 전이	• 서면투표는 정관으로 • 전자투표는 이사회결의로
종류주주총회 결의가 필요한 경우	정 / 배 / 합	• 정관변경으로 종류주주에게 손해발생 우려 • 주식배정에 관하여 주식의 종류에 따라 달리 정하는 경우 • 합병, 분할, 주식교환, 주식이전으로 종류주주에게 손해발생 우려
예외적으로 소급효가 인정되는 판결	소 / 결 / 감	※ 소급효 인정되는 경우 • 주주총회 결의 하자 • 감자무효의 소
이사회가 위원회에 위임불가	정 / 대 / 위 / 주	• 정관규정 • 대표이사 선·해임 • 위원회의 설치·폐지, 위원의 선·해임 • 주총승인사항
채권자에게 열람등사청구권 인정	채열 / 분합계 / 재 / 주 / 부 / 부 / 정	※ 채권자의 열람등사청구권 • (분할계획서) 합병계약서 • 재무제표 등(재무제표, 영업보고서, 감사보고서) • 주총의사록 • 주주명부 • 사채권자 원부 • 정관
이사회 승인이 필요한 이사의 의무	경 / 용 / 자	• 경업회피의무 • 사업기회유용금지의무 • 자기거래금지의무
이사 전원 2/3 이상의 찬성 필요	감 / 자 / 용	• 감사위원 해임 • 이사의 자기거래 승인 • 회사기회유용 승인

주제	앞글자	내용
주요주주 금지사항	선 / 외 / 자 / 신 // 금지	• 주식매수선택권 • 상장사 사외이사 • 상장사 자기거래 • 상장사 신용공여 ⇒ 주요주주 금지사항

회사소송의 대표권자	대 / 감 / 법
	대 / 리
		1. 일반회사 (대 / 감 / 법)
		   대표이사 → 감사(위원회) → 법원 결정의 순서
		2. 집행임원 설치회사 (대 / 리)
		   대표집행임원 → 이사회 결정의 순서

액면미달발행 요건	2 / 특 / 저 / 법 / 1월	• 설립 후 2년 경과 • 주총특별결의 • 최저발행가액결정 • 법원의 인가 • 인가 후 1월 내
재무제표 등 작성 절차	6 / 4 / 1 / 1	1. 이사 ⇒ 감사 : 정기주총 6주 전 2. 감사 ⇒ 이사(비상장) : 제출받은 날로부터 4주 내 3. 감사 ⇒ 이사(상장) : 정기주총일의 1주 전까지 4. 재무제표 등의 비치·공시 : 정기주총 1주 전
재무제표 공시	본오 / 지삼	• 본점에서 5년 • 지점에서 3년

유한회사에서 설립(증자)관여자의 책임 — 부 / 설 / 사 / 결 / 사
미 / 설 / 사 / 이 / 감

	설립시		증자시	
	사원	이사·감사	사원	이사·감사
부족한 재산가액 (과대평가)	○	×	결의 찬성한 자	×
미필출자 (등기 후)	○	○	×	○

부록2 상법상 추정규정 정리

상법상 추정인지 간주인지 혼동되는 경우가 많습니다. 추정되는 경우를 정리하고, 그 외의 경우는 간주로 판단하기 바랍니다.

- 회사법

개념	내용	근거
거래상대방의 선의·무중과실 추정	외관법리와 관련하여, 무권리자와 거래한 상대방은 선의·무중과실로 추정한다.	상법상 외관법리에 공통적으로 적용
주권 점유자의 적법소지인 추정	주권의 점유자는 적법한 소지인으로 추정한다.	제336조
	→ 신주인수권증서에 준용	제420조의3
	→ 신주인수권증권에 준용	제516조의6
전자등록부상 적법권리자 추정	전자등록부에 주식을 등록한 자는 그 등록된 주식에 대한 권리를 적법하게 보유한 것으로 추정한다.	제356조의2
주주명부 기재시 주주로 추정	주주명부에 주주로 등재되어 있는 자는 주주로 추정되어, 그 주식에 관한 의결권을 적법하게 행사할 수 있다.	대판 2007다51505
회사 기회유용의 추정	회사의 기회를 유용하여 이사 또는 제3자가 얻은 이익은 회사의 손해로 추정한다.	제397조 제2항
결의에 찬성한 이사로 추정	이사회의 결의에 참가한 이사로서 이의를 한 기재가 없는 자는 찬성한 것으로 추정한다.	제399조 제3항
주주의 권리행사 관련 추정	회사가 특정 주주에게 무상으로 또는 현저하게 적은 반대급부를 얻고 공여한 이익은 주주의 권리행사와 관련하여 공여한 것으로 추정한다.	제467조의2 제2항

세무사 시험대비
2026
세무사
객관식 상법

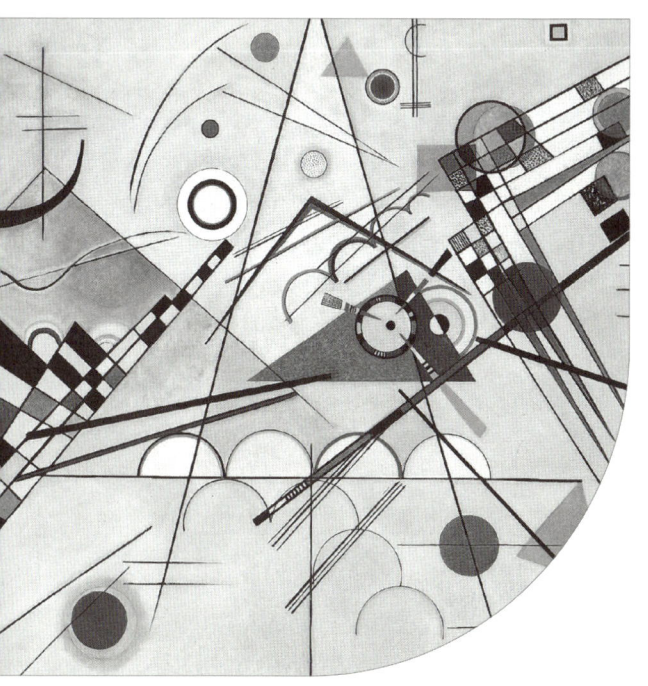

정인국

고려대학교 법학과 졸업
제45회 사법시험 합격
사법연수원 제35기 수료
변호사
미국 공인회계사 시험 합격(Maine 주)
우리경영아카데미 세무사 및 회계사 상법 강의

─ 저 서

- 세무사 객관식 상법
- 하루에 끝장내기 세무사상법
- 도해식 상법 조문노트
- 상법전

제1판1쇄	│	2017년 11월 10일 발행
제2판1쇄	│	2018년 11월 30일 발행
제3판1쇄	│	2019년 12월 2일 발행
제4판1쇄	│	2020년 12월 9일 발행
제5판1쇄	│	2021년 11월 25일 발행
제6판1쇄	│	2022년 10월 31일 발행
제7판1쇄	│	2023년 6월 20일 발행
제8판1쇄	│	2024년 5월 27일 발행
제9판1쇄	│	2025년 5월 15일 발행
지은이	│	정 인 국
펴낸이	│	이 은 경
펴낸곳	│	㈜세경북스
주 소	│	서울특별시 서초구 방배천로26길 25 유성빌딩 2층
전 화	│	02-596-3596
팩 스	│	02-596-3597
신 고	│	제2013-000189호
정 가	│	24,000원

저자와의
협의하에
인지를 생략함

이 책의 모든 권리는 ㈜세경북스에 있습니다.
본 출판사의 동의 없이 내용을 복제하거나 전산장치에
저장·전파할 수 없습니다.
Printed in Korea

ISBN : 979-11-5973-460-1 13360